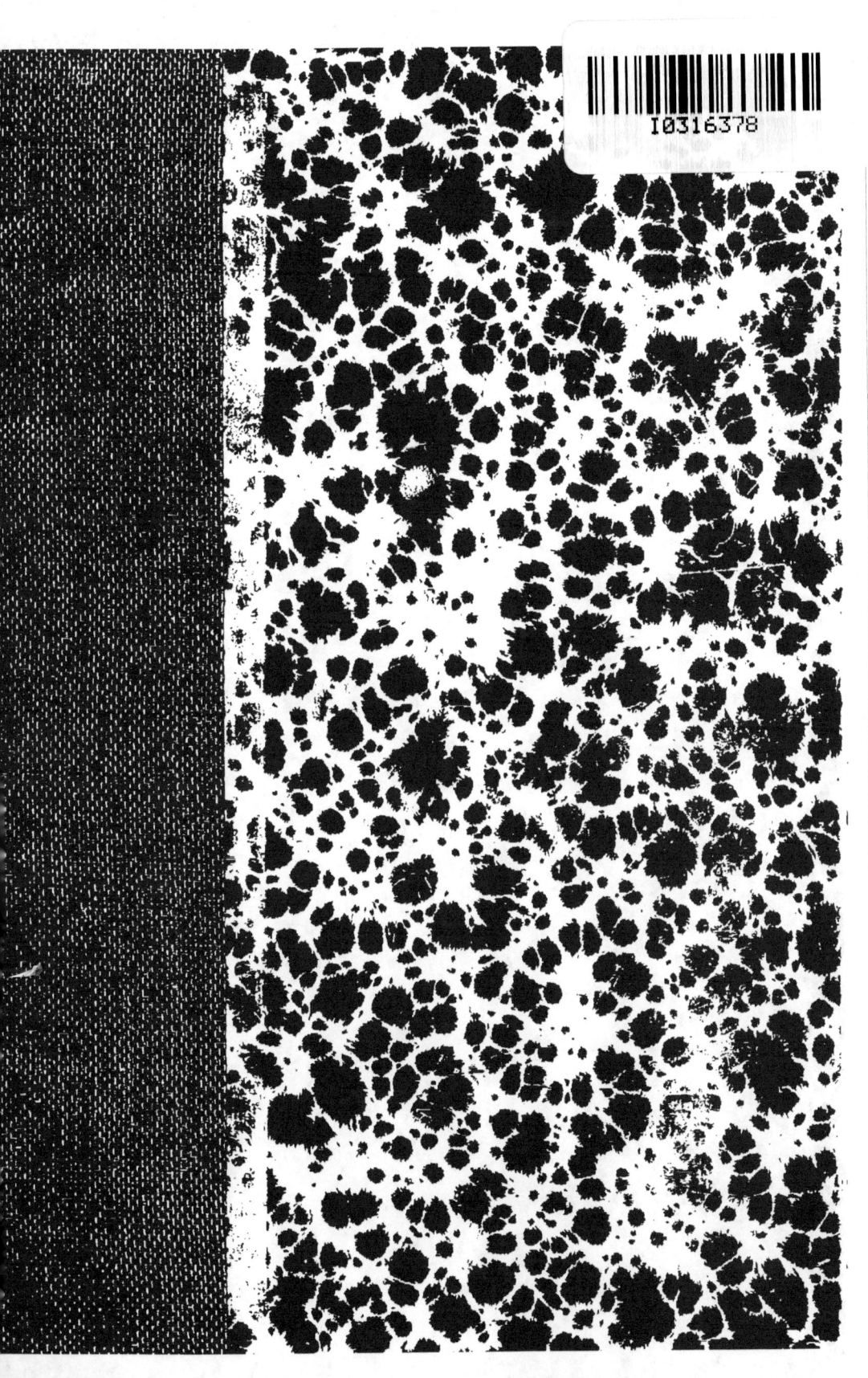

HISTOIRE
DE LA
LITTÉRATURE GRECQUE

PAR

ALFRED CROISET
Membre de l'Institut
Professeur à la Faculté des lettres
de Paris

MAURICE CROISET
Docteur ès lettres
Professeur à la Faculté des lettres
de Montpellier

TOME PREMIER

HOMÈRE — LA POÉSIE CYCLIQUE — HÉSIODE

PAR

Maurice CROISET

PARIS
ERNEST THORIN, ÉDITEUR
LIBRAIRE DES ÉCOLES FRANÇAISES D'ATHÈNES ET DE ROME
DU COLLÈGE DE FRANCE ET DE L'ÉCOLE NORMALE SUPÉRIEURE
7, RUE DE MÉDICIS, 7

HISTOIRE

DE LA

LITTÉRATURE GRECQUE

I.

CHARTRES. — IMPRIMERIE DURAND, RUE FULBERT

HISTOIRE
DE LA
LITTÉRATURE GRECQUE

PAR

ALFRED CROISET
Membre de l'Institut
Professeur à la Faculté des lettres
de Paris

MAURICE CROISET
Docteur ès lettres
Professeur à la Faculté des lettres
de Montpellier

TOME PREMIER

HOMÈRE — LA POÉSIE CYCLIQUE — HÉSIODE

PAR

MAURICE CROISET

PARIS
ERNEST THORIN, ÉDITEUR
LIBRAIRE DES ÉCOLES FRANÇAISES D'ATHÈNES ET DE ROME
DU COLLÈGE DE FRANCE ET DE L'ÉCOLE NORMALE SUPÉRIEURE
7, RUE DE MÉDICIS, 7
—
1887

PRÉFACE

C'est une vérité courante aujourd'hui et presque banale, que l'histoire d'une littérature, pour répondre aux exigences de la science, doit être étudiée dans un esprit essentiellement historique, et non dogmatique. Cette vérité banale est pourtant toute récente. Rappeler comment elle est née, à travers quelles vicissitudes elle a peu à peu pris possession des esprits, quels travaux elle a successivement inspirés, c'est peut-être, au début de cette nouvelle Histoire de la littérature grecque, le moyen le plus commode et le plus agréable de dire ce que nous-mêmes, après tant d'autres, avons tenté de faire.

I

Platon veut qu'on commence par définir les choses dont on parle. Essayons donc de définir, ou, plus exactement, de décrire l'esprit historique.

Etudier historiquement une littérature, ce n'est pas, est-il besoin de le dire? y chercher des faits historiques proprement dits. *Historiquement*, dans cette manière de parler, s'oppose à *dogmatiquement*.

Or le point de vue dogmatique, en matière littéraire, consiste à confronter les écrits avec un idéal antérieur et supérieur, avec un code littéraire, par exemple, ou avec un autre ouvrage érigé en type. Le point de vue historique consiste au contraire à n'apporter dans cette étude aucun idéal à priori, aucune hâte de condamner ou d'absoudre, aucune tendance au panégyrique ou au réquisitoire, mais un esprit libre, curieux de toute vérité, avide de comprendre encore plus que de juger, et bien pénétré de tout ce que signifie ce mot *comprendre*, quand on l'applique à l'infinie complexité soit de la vie soit de l'art. Comprendre un texte, ce n'est pas seulement entendre le sens extérieur et superficiel des mots et voir en gros de quoi il s'agit : c'est discerner, dans leur finesse propre et distincte, tous les traits qui déterminent sa physionomie et qui font que deux œuvres à première vue assez semblables sont en réalité fort différentes ; c'est rattacher ces traits délicats aux causes qui les ont produits ; c'est reconnaître dans chacun d'eux l'héritage de la race, le caractère du temps, les convenances du genre, les lois naturelles de l'évolution technique, la marque personnelle de l'écrivain. Toute œuvre vivante tient par mille liens à ce qui l'environne. Une phrase d'un orateur, un vers d'un poète ressemblent à ces monades de Leibnitz où le monde entier se réfléchit ; ce sont des monades littéraires qui concentrent en elles mille images ; chacune d'elles, à la bien regarder, reflète tout le passé d'une langue, toute l'histoire d'un peuple, et l'esprit même de l'artiste qui leur a donné la dernière forme. Ces images y sont concentrées et comme latentes : il faut les évoquer, les forcer d'apparaître et de s'épanouir. Pour s'aider dans ses recherches, le philologue peut et doit interroger les arts proprement dits, les mœurs, les institutions, l'histoire politique ; il y trouvera des lumières sur le génie de la race et sur celui du temps, et cette connaissance éclairera les textes. Mais il faudra toujours qu'il en revienne aux textes, puisque l'objet précis de son étude est la manière dont cet esprit général d'un peuple s'est reflété dans les œuvres d'art qui s'exécutent avec des mots. Grammaire, histoire de la langue, histoire de la phrase, histoire du sens des mots, voilà ce qu'il doit d'abord posséder à fond pour acquérir l'intelligence de son sujet. L'historien des lettres ressemble par certains côtés à l'historien de la nature : il a comme lui sous les yeux des faits qu'il décrit, qu'il analyse, qu'il compare ; mieux que lui peut-être il saisit la liaison des formes successives, les conditions mêmes des changements ; comme lui, il est avant tout un observateur impartial.

Est-ce à dire qu'il n'ait jamais à juger, et que, satisfait de connaître, il ne doive pas sentir et apprécier ? Sainte-Beuve, un des maîtres de l'esprit historique en matière littéraire, ne le pensait pas : « Soyons, disait-il, comme les naturalistes, faisons des collections ; ayons-les aussi variées et aussi com-

plètes qu'il se peut, mais ne renonçons point pour cela au jugement définitif et au goût, cette délicatesse vive : c'est assez que nous l'empêchions d'être trop impatiente et trop vite dégoûtée, ne l'abolissons pas. La vraie critique, telle que je me la définis, consiste plus que jamais à étudier chaque être, c'est-à-dire chaque auteur, chaque talent, selon les conditions de sa nature, à en faire une vive et fidèle description, à charge toutefois de le classer ensuite et de le mettre à sa place dans l'ordre de l'Art [1]. »
Il y a dans les lettres comme dans la nature des êtres vigoureux et beaux, et d'autres qui sont faibles, chétifs, mal conformés ; il y a des avortons, il y a des monstres ; il y a aussi des âges différents : à côté des formes indécises et comme ébauchées de l'enfance, la plénitude de la maturité, puis le déclin. L'observateur doit noter et dire tout cela. Ce qu'il faut seulement lui demander, c'est de ne pas mépriser, dans les grâces encore imparfaites de l'enfance, les promesses de l'avenir, et de ne pas prendre un début pour une décadence ou un renouvellement pour une barbarie ; c'est aussi de ne pas confondre l'ignorance d'un idéal particulier avec la méconnaissance des lois éternelles et fondamentales de la pensée. Quant à croire que la vivacité des impressions littéraires s'émousse dans ces recherches en apparence exemptes de la préoccupation d'admirer, ce serait une grande erreur. Le sens du beau s'affine

---

1. *Causeries du Lundi*, t. XII, p. 191.

et s'assouplit par la délicatesse et la variété des expériences. Le goût s'élargit sans s'affaiblir. La raison ne prend plus pour sottise tout ce qui dépasse l'étroit horizon des préjugés régnants, mais elle reste inflexible à l'égard de ce qui n'est pas raisonnable. Non que le goût et la raison de l'historien, même vivement émus, s'expriment volontiers par des jugements formels et tranchants ; ces jugements-là lui semblent toujours peu proportionnés à la nature de l'esprit humain ; mais l'accent même de sa voix le trahit, et il faudrait qu'il fût bien gauche pour que sa discrétion donnât le change sur son sentiment.

II

L'antiquité n'a pas connu l'espèce d'histoire littéraire que nous venons d'essayer de décrire. Ce n'est pas qu'elle n'ait produit, à partir surtout de la fondation d'Alexandrie, nombre de travaux fort savants sur ses poètes et ses écrivains de tout genre. Mais c'étaient invariablement ou des recherches de pure érudition (l'Ecole Péripatéticienne en avait déjà donné l'exemple) ou des ouvrages de critique dogmatique écrits par des grammairiens et par des rhéteurs pour l'enseignement de leurs disciples. L'esprit historique tel que nous le concevons n'y paraissait que dans la mesure où il ne peut pas ne pas paraître chaque fois qu'un homme intelligent parle d'un autre homme qui a écrit antérieurement. Les noms de

Denys d'Halicarnasse et de Quintilien donnent bien l'idée de cette sorte de critique. Le *Brutus* de Cicéron et le *Dialogue des orateurs* de Tacite sont plus historiques peut-être par certains côtés, mais on voit bien cependant qu'il n'y a pas lieu de chercher là non plus des ancêtres directs aux historiens modernes des littératures. — Du moyen âge, bien entendu, rien à dire. Arrivons donc à la Renaissance.

Dès le milieu du xv° siècle, en Italie d'abord, ensuite en France et dans toute l'Europe occidentale, un élan puissant emporte les esprits vers l'étude de l'antiquité. La beauté de l'art antique, et en particulier de l'art grec, avait donné le branle aux imaginations : l'humanisme fut la première forme des études sur l'antiquité. Le besoin d'approfondir vint ensuite et produisit la philologie.

Le xvie siècle hérite de ces deux tendances et se partage entre elles, plus philologue peut-être dans sa première moitié, plus humaniste et lettré dans la seconde.

Le célèbre manifeste de Joachim du Bellay exprime bien le sentiment des purs lettrés à l'égard des anciens : il ne s'agit pas à ses yeux de les étudier en historien, en spectateur désintéressé, pour le seul plaisir de savoir au juste et de comprendre ce qu'ils ont été ; il s'agit avant tout de leur dérober le secret de leur beauté toujours jeune. On a hâte de s'abreuver à la source fraîche, vraie fontaine de Jouvence qui fait des miracles. On a mieux à faire, semble-t-il, que de les aimer platoniquement ; il faut, selon l'expression de du Bellay, les piller et les dépouiller. Poètes comme Ronsard, cicéroniens comme Muret, moralistes comme Montaigne, tous demandent à l'antiquité un enseignement direct, un profit immédiat : l'un des images et des rythmes, l'autre d'harmonieuses périodes, le troisième des maximes, des actions, des faits. Aucun n'est historien.

Les érudits et les philologues, plus attachés aux textes, sont mieux dans la voie de l'histoire. Mais eux aussi vont au plus pressé, qui est d'abord de publier les textes, ensuite d'amasser les matériaux nécessaires pour en préparer l'intelligence littérale. Les éditions princeps se multiplient. Budé, Turnèbe, par leurs *Commentarii* et leurs *Adversaria,* préparent le *Thesaurus.* Quand les principaux textes sont publiés, ou même pendant qu'ils se publient, on les traduit, on les commente. Les études sur la langue se poursuivent, et l'admirable *Thesaurus* les résume. Tout cela non plus n'est pas de l'histoire ; ce n'en est que la préparation, et une préparation encore assez lointaine. D'autres matériaux s'accumulent dans les travaux des jurisconsultes sur le droit romain, dans les études dont les institutions antiques sont l'objet. Mais l'idée même d'une histoire littéraire telle que nous l'entendons ne se dégage pas : si elle a flotté confusément devant les yeux de quelques-uns de ces philologues, ce n'a été qu'une vague apparition sans consistance et sans figure.

Tout d'un coup, Bacon paraît, et cette idée, jusque-là confuse, prend un corps. Il proclame la nécessité de l'histoire littéraire; il en détermine les caractères avec une netteté d'intuition surprenante; il déplore que personne encore ne s'y soit appliqué. L'histoire générale sans histoire littéraire ressemble, dit-il, à une statue de Polyphème dont l'œil serait crevé : ce qui manque alors au tout, c'est justement la partie qui fait le mieux connaître le génie propre et la nature de la personne[1]. « Avant tout, dit-il encore, que l'historien des arts et des lettres se préoccupe de ce qui est l'honneur et comme l'âme de l'histoire politique, c'est-à-dire la liaison des effets et des causes; il faut qu'il rappelle la nature du pays et celle de la race, son aptitude innée ou au contraire son défaut d'aptitude aux diverses sciences, les circonstances historiques favorables ou défavorables, les influences religieuses, celles qui viennent des lois politiques, enfin le mérite éminent et l'action féconde des individus pour le progrès des lettres, et les autres faits du même genre. *Mais, dans l'étude de ces choses, je veux qu'au lieu de passer tout son temps, comme font les critiques, à distribuer l'éloge ou le blâme, on se place à un point de vue franchement historique, en disant ce qui est, et ne mêlant qu'avec réserve des jugements aux récits*[2]. »

---

1. *De Augmentis Scientiarum*, livre II, chap. IV (tome I, p. 118 et suiv. des *OEuvres philosophiques* de Bacon, édition Bouillet, Paris, 1834).

2. At haec omnia ita tractari praecipimus ut non criticorum more in laude et censura tempus teratur, sed plane historice res ipsae narrentur, judicium parcius interponatur (p. 119).

Et plus loin : « Il faudrait que l'historien des lettres, sans lire absolument tous les écrits d'une époque, ce qui serait infini, sût au moins les déguster, et, par l'étude des sujets, du style, de la méthode, *évoquer d'entre les morts, comme par une sorte d'incantation, le génie littéraire de ce temps*[1]. » N'est-on pas surpris et charmé de rencontrer, au seuil du XVIIe siècle, une parole aussi lumineuse? Il semblait que l'histoire littéraire, après cette grande clarté, dût faire des progrès rapides : il n'en fut rien.

On dit quelquefois que l'érudition, depuis la fin du XVIe siècle jusqu'au commencement du XIXe, subit en Europe une décadence. Ce n'est pas bien certain. Pendant cette période, les grands noms et les grandes œuvres abondent. La paléographie grecque a Montfaucon, non moins illustre par ses travaux sur les monuments figurés. La bibliographie produit un chef-d'œuvre, la *Bibliotheca græca* de Fabricius, en quatorze volumes petit in-8° (1705-1708), plusieurs fois réimprimée, remaniée, remise au courant (édition de Harless, 1790-1809). La critique verbale est représentée par une longue suite de noms célèbres : les Français Saumaise, Ménage, Guyet dans la première moitié du dix-septième siècle; plus tard les Anglais ou Hollandais Bentley, Hemsterhuys, Ruhnken, Porson, l'Allemand Reiske, les

---

[1] ...Ut ex eorum non perlectione, id enim infinitum quiddam esset, sed degustatione, et observatione argumenti, styli, methodi, genius illius temporis litterarius, veluti incantatione quadam, a mortuis evocetur (p. 120).

Français Brunck et Schweighæuser. Je ne cite que les
« maîtres du chœur ». Tous ces érudits savent le
grec ou le latin admirablement. Jamais le style des
écrivains anciens n'avait encore été étudié de si près,
ni avec une plus fine intelligence des habitudes de
chacun. Ce qui leur manque, c'est un certain sens
du développement historique des choses; c'est l'habitude et le goût de s'élever au-dessus des mots
pour saisir dans sa généralité l'esprit antique, dont
ces mots si bien étudiés et ces œuvres si doctement
commentées dans leur détail ne sont qu'une création
particulière[1]. Ce sont des scoliastes, d'admirables
scoliastes, mais non des historiens.

Ce défaut de sens historique est pourtant bien
plus sensible chez les lettrés. Car les érudits, en
somme, péchaient surtout par omission; mais ils
faisaient bien ce qu'ils faisaient, et ils amassaient de
bons matériaux pour l'avenir. Il est d'ailleurs impossible de ne pas aimer ce qu'on sait si bien, et cet
amour érudit de l'antiquité, sans leur donner encore
à proprement parler le sens historique, élargissait
du moins leur goût. Les lettrés, au contraire, ceux
qui font de la critique littéraire, qui jugent et apprécient, montrent sans cesse, dans le même temps, un
dogmatisme qui ne sait guère qu'osciller entre la
dévotion superstitieuse et la révolte intempérante[2].

---

1. Le petit livre de Tanneguy Lefèvre sur les *Vies des Poètes grecs* ne saurait faire modifier ce jugement général.

2. Je parle ici surtout des lettrés français, qui font la loi, pendant deux siècles, à presque toute l'Europe. Car, pour être

Le sentiment historique repose avant tout sur l'idée du changement. Les théories littéraires du xvii⁰ siècle reposent sur l'idée d'un dogme immuable, d'un canon du beau, à jamais fixé pour tous les siècles. Ce que les humanistes du xvi⁰ siècle avaient fait d'instinct, sans réflexion, c'est-à-dire d'admirer dans les œuvres des anciens surtout ce qu'elles avaient de plus général et ce qui s'en pouvait le mieux détacher, et de prendre ces beautés pour modèles, le xvii⁰ siècle le fait par règle et par système. La poétique d'Aristote n'est plus simplement le résumé philosophique de l'expérience grecque en matière de poésie : c'est un code universel et absolu. C'est un texte sacré qu'on commente, une bible littéraire à l'interprétation de laquelle on applique, ou peu s'en faut, les méthodes des théologiens, avec toute la raideur intolérante d'une doctrine en possession de l'absolu. Les chefs-d'œuvre des anciens ne sont pas seulement des créations vivantes et belles ; ce sont des types éternels sur lesquels on n'a plus qu'à se régler. L'abbé d'Aubignac, dans sa *Pratique du Théâtre*, le P. Le

---

juste, il faut ajouter qu'à l'étranger, et grâce à la forte culture des universités, les élèves des érudits que je viens de rappeler portaient dans l'étude de la littérature, quand ils voulaient s'en mêler, un goût plus sûr et plus éclairé. Grimm, par exemple, élève d'Ernesti, jugeait beaucoup mieux les Grecs qu'on ne faisait en France à la même époque. Voir *Correspond.*, 1ᵉʳ janv. 1765, etc. Mais Grimm faisait alors moins de bruit que Laharpe ; et lui-même d'ailleurs portait plutôt en ces matières un dogmatisme éclairé qu'un sens profond de l'histoire.

Bossu, dans son *Traité du poème épique*, sont les docteurs par excellence de cette scolastique d'un nouveau genre. Toute la querelle des Anciens et des Modernes est sortie de là. On adore les anciens ou on les blasphème. Pour la critique littéraire du xvii° siècle, il n'y a que des degrés sur une échelle unique de perfection. Les uns mettent Homère en haut de l'échelle, et les autres le mettent en bas; personne, ou presque personne, ne le goûte historiquement dans sa véritable originalité.

Les grands écrivains du xvii° siècle sont tous partisans des anciens. La rectitude de leur raison, leur goût sain et relativement simple les a tout de suite mis en communion avec la belle et droite raison des écrivains d'Athènes et de Rome. Et cependant, qui oserait affirmer que le défaut de sens historique n'ait pas nui même au goût littéraire d'un Racine ou d'un Boileau? Racine sentait vivement le charme littéraire d'Euripide et de Sophocle, cela n'est pas douteux; mais que pensait-il d'Eschyle? Et Boileau, l'avocat si chaleureux d'Homère contre Perrault, comment jugeait-il, dans le fond de son âme et une fois le bruit de la lutte apaisé, certaines naïvetés de l'épopée primitive? Durant tout le xvii° siècle, on ne distingue guère les Grecs des Romains : le nom d'Anciens enveloppe à la fois toutes les fines différences et les dissimule. Il y a quelque chose de confus et de mal défini aussi bien dans l'admiration de ceux qui aiment le plus l'antiquité que dans le mépris de ceux qui l'insultent.

On peut noter quelques exceptions, au moins partielles. Je n'ai pas besoin de rappeler les pages célèbres de la *Lettre à l'Académie française* où Fénelon s'exprime avec une justesse si délicate non seulement sur Démosthène (beaucoup de goût suffisait pour les écrire), mais aussi, chose plus notable, sur le naturel délicieux de la tragédie grecque, sur « les peintures si naïves du détail de la vie humaine » dans l'*Odyssée*, et enfin sur tout ce qu'il appelle ailleurs (dans sa lettre à La Motte, du 4 mai 1714) « l'aimable simplicité du monde naissant ». Le *Télémaque* lui-même, malgré l'abîme qui le sépare de l'*Iliade* ou de l'*Odyssée*, ne pouvait être écrit que par un homme qui goûtât la poésie homérique comme Fénélon seul peut-être à cette date la goûtait. Le sentiment littéraire, à ce degré de finesse, suppose un certain sens historique. On sait que Fénelon demandait aux historiens d'observer dans leurs récits et dans leurs tableaux la variété des mœurs, ce qu'il appelait *il costume*. En littérature comme en histoire, il sentait d'instinct la différence des âges, et cela donnait à son goût une délicatesse bien rare alors. Un peu auparavant, sans qu'on puisse fixer la date avec précision, Saint-Evremond (mort en 1703) avait dit, lui aussi, son mot sur la querelle des Anciens et des Modernes, et exprimé à ce sujet des vues littéraires particulièrement pénétrantes et judicieuses[1] : « Si

---

1. Dans son morceau *Sur les poèmes des Anciens* (Œuvres complètes, éd. Des Maizeaux, t. V, p. 118).

Homère vivait présentement, il ferait des poèmes admirables accommodés au siècle où il écrirait. Nos poètes en font de mauvais ajustés à ceux des anciens et conduits par des règles qui sont tombées avec les choses que le temps a fait tomber. Je sais qu'il y a de certaines règles éternelles pour être fondées sur un bon sens, sur une raison ferme et solide qui subsistera toujours, et qui portent le caractère de cette raison incorruptible ..... Concluons que les poèmes d'Homère seront toujours des chefs-d'œuvre, non pas en tout des modèles. Ils formeront notre jugement, et le jugement règlera la disposition des choses présentes[1]. » Il est impossible de mieux dire. Ce sont là de belles exceptions à l'esprit du siècle, mais enfin des exceptions, et dont le siècle suivant ne sut pas toujours faire son profit.

On peut dire que toute la critique littéraire du xviiie siècle vient aboutir au *Cours de littérature* de La Harpe. D'autres critiques, dans le même temps, ont pu avoir les uns plus d'esprit, les autres plus de feu, d'autres encore des idées plus exactes, ou plus originales, ou plus profondes, sur certaines questions particulières : aucun n'est dans l'ensemble un écho plus fidèle ni un plus juste représentant de l'esprit du xviiie siècle. Pour ne parler ici que de la partie de ce *Cours* qui est relative à l'antiquité grecque, beaucoup de choses assurément y sont à louer, plus même peut-être qu'on ne le dit parfois. Et d'abord,

---

1. Cité par M. Egger, *Hellénisme en France*, t. II, p. 118-119.

l'idée même de le professer et de l'écrire. C'était, en 1799, une brillante et hardie nouveauté que cette première histoire des lettres grecques, présentée dans la suite régulière et complète de son développement, et écrite en français par un homme de talent pour l'instruction et le plaisir des gens bien élevés [1]. De plus, chaque fois que La Harpe rencontre dans les écrivains de l'antiquité de certaines beautés raisonnables et fermes qui sont de tous les temps ou qu'on peut sentir sans trop d'étude, il a le goût assez sain pour les reconnaître, et la plume assez habile pour exprimer son sentiment avec chaleur et intérêt. Mais, cela dit, et sans même nous arrêter aux nombreux contre-sens qu'on lui a reprochés, il faut bien avouer que La Harpe a commis une faute plus grave encore, mais qu'il partage avec son siècle: c'est de ne pas paraître soupçonner qu'avant de prononcer sur des œuvres aussi éloignées de nous que celles des Grecs, il est bon de se déprendre, s'il est possible, des habitudes et des opinions de son propre temps, qui sont peut-être des préventions et des préjugés ; c'est qu'on n'entre pas de plainpied, au sortir du théâtre de Voltaire, dans l'intelligence de celui d'Eschyle; c'est que les faits littéraires ont leurs causes, que les races et les époques ont leur génie, et que le premier devoir du véri-

---

1. L'année 1799 est celle où commence la publication du *Cours de littérature*. L'enseignement oral de La Harpe s'était ouvert en 1786, au Lycée.

table historien, en matière littéraire comme en toute autre, est justement de saisir ce génie, de l'*évoquer*, comme disait Bacon, et de renouer la chaîne rompue des effets et des causes. Voilà ce que La Harpe ignorait absolument.

L'Académie des Inscriptions et Belles-Lettres commençait à le comprendre, et il serait injuste de ne pas tenir compte des efforts qu'elle fit au XVIIIe siècle pour découvrir dans les œuvres des anciens le reflet des circonstances où elles sont nées. Nombre de mémoires de l'ancienne série portent la trace de cette préoccupation. On veut expliquer avant de juger. Pindare, par exemple, était depuis longtemps en possession de scandaliser les partisans des modernes ; il offrait à leur ignorance des sujets de raillerie trop faciles. Fraguier, Chabanon, Vauvilliers le justifient en le faisant mieux comprendre. Les recherches de cette sorte se multiplient. Vers la fin du siècle, elles se résument et se couronnent dans un livre qui est à tous égards le chef-d'œuvre de ce genre d'érudition, le *Voyage du jeune Anacharsis*, de l'abbé Barthélemy. C'est la vie grecque dans son ensemble qu'étudiait le docte abbé. La littérature y avait sa place, et les récits d'Anacharsis faisaient passer tour à tour sous les yeux des lecteurs Platon philosophant à l'Académie ou au cap Sunium, l'*Antigone* de Sophocle représentée au théâtre de Bacchus, Xénophon dans sa retraite de Scillonte. Le voyageur scythe retrouvait à Thèbes le souvenir toujours présent de Pindare, à Lesbos celui d'Alcée et de Sappho. Les écrits des anciens, ainsi rattachés à la terre natale, pouvaient en devenir plus vivants, plus intelligibles aussi. Quelques-unes des pages consacrées par l'abbé Barthélemy à la littérature grecque sont au nombre des plus estimables de son livre, notamment celles où il parle de Pindare. Il y avait vraiment dans tout cela beaucoup de savoir et la marque d'un excellent esprit.

Le *Voyage du jeune Anacharsis* était-il donc de tous points un chef-d'œuvre ? Était-ce un de ces livres qui ouvrent à l'esprit des voies nouvelles, qui creusent à la pensée son canal pour une ou plusieurs générations? Non ; c'était plutôt encore, ainsi que le livre de La Harpe, une honorable conclusion à un âge littéraire terminé qu'un recommencement et une entière nouveauté. Stendhal en a parlé quelque part avec son irrévérence habituelle : « Le pays du monde où l'on connaît le moins les Grecs, dit-il, c'est la France, et cela, grâce à l'ouvrage de l'abbé Barthélemy : ce prêtre de cour a fort bien su tout ce qui se faisait en Grèce, mais n'a jamais connu les Grecs. C'est ainsi qu'un petit maître de l'ancien régime se transportait à Londres à grand bruit pour connaître les Anglais: il considérait curieusement ce qui se faisait à la Chambre des pairs ; il aurait pu donner l'heure précise de chaque séance, le nom de la taverne fréquentée par les membres influents, le ton de voix dont on portait les toasts : mais sur tout cela, il n'avait que des remarques puériles. Comprendre quelque chose au jeu de la machine, avoir la moindre

idée de la constitution anglaise, impossible[1]. »
Stendhal en somme a raison, malgré le ton de persiflage un peu pédantesque dont il use et abuse. L'abbé Barthélemy s'attarde trop souvent à décrire ce qui ne vaut pas la peine d'être regardé, et il ne voit pas l'âme des choses. Il répand sur son sujet une élégance terne et monotone qui fausse l'aspect de la réalité. Il n'a pas senti la joie de cette « pure lumière », φάος ἁγνόν, que les poètes grecs ont chantée, ni, avec Socrate marchant pieds nus, la fraîcheur de l'Ilissus. L'esprit de la Grèce lui échappe. Malgré ses efforts méritoires pour nous montrer l'Académie et Scillonte, Platon, dans son livre, garde encore cette robe de docteur que Pascal voulait qu'on lui ôtât, et Xénophon, chassant avec son hôte, a beaucoup moins l'air de l'ancien chef des Dix-Mille que d'un académicien du xviiie siècle lisant à ses confrères un mémoire sur l'*Art de la chasse dans l'antiquité*. Les intentions sont bonnes, le succès est médiocre. Il est évident qu'au temps de l'abbé Barthélemy, et malgré les progrès partiels dont son livre offre la trace, l'atmosphère littéraire est viciée par trop de civilisation. Il faut qu'un grand souffle s'élève pour chasser toutes les conventions, toutes les élégances, pour rendre à l'air de la fraîcheur, et pour donner à l'homme moderne le sentiment des âges disparus.

Cette rénovation s'accomplit à la fin du xviiie siècle

---

1. *Histoire de la peinture en Italie*, livre VI, chap. cxi, note. Stendhal ajoute avec bien de la justesse : « Le seul pays où l'on connaisse les Grecs, c'est Gœttingue. »

et dans les premières années du xixe. Les trois siècles précédents avaient surtout vu dans les choses ce qu'elles ont de général, de simple, de permanent. Mais peu à peu l'expérience avait découvert que la réalité ne se réduit pas si facilement à des formules immuables et raides, que la vie est plus riche, plus variée, plus changeante qu'on ne le croyait. Les voyages, la connaissance et la comparaison d'un plus grand nombre de littératures, l'attention donnée aux poésies populaires, l'étude des arts, le mouvement général des idées, la philosophie, tout, depuis un demi-siècle, préparait cette transformation qui brusquement à la fin éclate de tous côtés, en France et en Allemagne, par des manifestations à la fois diverses et concordantes.

En France, ce ne sont pas les érudits ni les critiques de profession qui l'accomplissent : ce sont des poètes, des hommes d'imagination. André Chénier est un précurseur de l'esprit nouveau. Fils d'une mère grecque, il n'a pas seulement appris l'antiquité dans des livres ; il la sent et il l'aime parce qu'il est de même race ; une affinité mystérieuse et profonde fait tout de suite reconnaître, dans ce Français du xviiie siècle, un descendant légitime de Théocrite. Par lui, l'antiquité grecque se rapproche de nous ; elle sort de la froide région pédantesque où son ombre seule survivait ; elle reparaît vivante et toujours jeune. Quelques années auparavant, un Marseillais, Guys, était allé en Grèce, et en avait rapporté un livre intitulé *Voyage de la Grèce, ou*

Lettres sur les Grecs anciens et modernes avec un parallèle de leurs mœurs. Guys avait constaté avec surprise que la race grecque subsistait, qu'elle continuait de vivre et de chanter, et qu'elle ressemblait à ses ancêtres beaucoup plus qu'on ne s'en doutait. Le *Voyage* de Guys, peu apprécié, semble-t-il, des savants de ce temps-là, préparait de loin pourtant l'*Itinéraire* de Chateaubriand.

Chateaubriand, voilà le grand initiateur de l'esprit historique en France. Malgré les vicissitudes de sa renommée, on peut dire qu'il reste le maître incontestable de la première moitié au moins du xixe siècle, et qu'il est difficile d'exagérer son influence. Ses défauts sont connus ; il sont éclatants : il y a chez lui bien de l'à-peu-près, bien de l'arrangement, bien du charlatanisme parfois. En outre, ces défauts portent leur date ; ayant contribué à créer une mode, ils paraissent surannés depuis que la mode en est disparue. Mais, avec tout cela, combien cet homme est près de nous ! La Harpe et Barthélemy, qu'il a pu rencontrer et coudoyer, appartiennent à un autre âge de l'esprit français. Chateaubriand est séparé d'eux par un abîme, et ce qui l'en éloigne le rapproche de nous. Il a les vives curiosités et les larges sympathies de l'esprit moderne, avide de tout voir, hospitalier à toutes les idées, capable de se plaire tour à tour sur les rives du Meschacébé et sur celles de l'Eurotas, sensible à la poésie sombre des mers du nord comme à l'éclat riant de la nature méridionale, chrétien et païen, romantique et classique successivement ou tout ensemble, artiste par-dessus toutes choses, prompt à se prêter sans se donner jamais. Chateaubriand se prend de passion pour Ossian et pour Milton; il célèbre avec un enthousiasme communicatif les beautés de l'art chrétien, et l'art le mène aux confins de la foi; il trace de l'invasion barbare des tableaux inoubliables; il décrit et chante les sauvages de l'Amérique et les forêts vierges; il vit sous la tente; il traverse les déserts à cheval; il éprouve les sensations des âges primitifs. Voyageur en Italie, en Grèce, en Orient, il puise à la source et retrouve dans sa pureté toute vive et toute fraîche le sentiment de la poésie biblique et de la plus lointaine antiquité classique. Il se dédouble; il sort de lui-même, de son temps et de son pays pour devenir un contemporain d'Abraham ou d'Homère, et il se regarde vivre. Son imagination n'est pas seulement grande, elle est vive et forte : il a le trait pittoresque, le mot aigu, la touche hardie et décisive. Par tous ces caractères, il est le premier en date des « Enfants du siècle », le maître et l'initiateur de tous les autres.

N'oublions pas, à côté de lui, Madame de Staël, bien moins artiste, bien moins sensible aussi aux mérites des littératures du midi, romantique plus que classique et juge souvent récusable des choses grecques, mais intelligence ouverte, instruite des choses du dehors, naturellement libre, rendue plus philosophe encore par la facilité de comparer, et en somme très moderne[1].

1. Benjamin Constant, malgré son peu d'action sur la marche

On sait quel grand mouvement intellectuel suivit cet éveil du siècle. De 1810 à 1830, l'esprit historique se développe et règne partout, non seulement dans l'histoire proprement dite, à laquelle il apporte le mouvement, la couleur et la vie, mais aussi dans la philosophie, dans les arts, dans la littérature. Dès le premier quart du XIX° siècle, il semble qu'une histoire de la littérature grecque telle que Bacon l'avait demandée pouvait être écrite; sinon une histoire définitive (il n'y a rien de définitif dans la science), du moins une histoire qui mît en œuvre les matériaux accumulés par les siècles précédents en les vivifiant par l'esprit nouveau. Pour cela, il fallait un homme qui réunît en lui-même le savoir exact des érudits à la puissance d'évocation et de résurrection que l'école historique moderne réclamait. Malheureusement l'érudition classique, en France, était languissante. Il semblait d'ailleurs qu'elle se défiât d'un mouvement littéraire qui avait l'air d'être plus romantique que classique. Elle ne comprit pas tout de suite que l'orientation générale de l'esprit moderne était changée, et que le goût classique, en devenant plus libre, allait devenir en même temps plus vif. Cependant la préoccupation de l'histoire était désormais trop générale pour que le besoin d'un livre où le développement de la littérature grecque serait retracé dans son en-

générale des idées littéraires, mérite pourtant ici un souvenir pour les pages qu'il a consacrées à Homère dans son livre *De la Religion*. On pourrait aussi, sans sortir du même cercle, nommer l'allemand Auguste-Guillaume Schlegel pour son *Cours de littérature dramatique*.

semble ne fût pas enfin sensible à tous et urgent.
Schœll, en 1813, publia une *Histoire de la littérature
grecque* en deux volumes in-8. Le premier volume
seul était consacré à l'histoire de la littérature grecque
profane; le second renfermait un précis de la littérature sacrée. Cette Histoire eut du succès. En 1822,
l'auteur en donna une seconde édition tellement
accrue et transformée que c'était en réalité un travail tout nouveau. Sous cette nouvelle forme, l'ouvrage avait huit volumes, exclusivement consacrés
à la littérature grecque profane. Des notices bibliographiques assez nombreuses complétaient l'étude
biographique et littéraire des écrivains grecs. Que
le travail de Schœll ait rendu des services, c'est
incontestable. Mais qu'il ait été le seul de cette sorte
en France pendant plus de trente ans, c'est ce qui
prouve à quel point l'esprit historique fut lent à y
pénétrer l'érudition. Car cette Histoire, en somme,
n'est qu'une compilation médiocre, œuvre d'un
homme laborieux sans doute et consciencieux, mais
sans ouverture d'esprit, sans finesse de goût, sans
style, et peu capable même d'apprécier la portée des
changements qui s'accomplissaient autour de lui.
Quelques hommes, dans l'Université française,
auraient pu, dix ou quinze ans plus tard, refaire
l'œuvre de Schœll et l'améliorer singulièrement. Je
ne citerai que l'excellent auteur des *Etudes sur les
Tragiques grecs*, M. Patin. Non qu'il y ait toujours,
même dans ce savant livre, toute la liberté d'esprit
et de goût qu'on aimerait à y trouver : on sent par-

fois, chez cet érudit si exact, chez cet historien si bien informé, un esprit classique quelque peu timide; il n'ose pas toujours être aussi grec que nous le voudrions; il a trop de retours involontaires et de regards en arrière vers le théâtre secondaire et insignifiant du xviiie siècle ou vers celui des classiques du xixe. Mais quelle copieuse et saine érudition ! Quel goût délicat et profond, et déjà rendu libéral par la connaissance précise de l'histoire ! Malheureusement, ni M. Patin ni quelques autres, qui l'auraient pu faire, ne songèrent à nous donner l'ouvrage qui nous manquait, et l'Allemagne prit les devants.

Là, les traditions érudites étaient restées vivantes. Quand la renaissance de l'esprit historique se produisit, elle ne trouva pas, comme en France, une société étrangère aux choses de l'antiquité, des collèges encore tout ébranlés par les secousses violentes de la politique, des maîtres qui ressaisissaient avec peine le fil rompu de la tradition des jésuites, et que leur éducation préparait mal à accepter des idées suspectes d'alliance avec le romantisme et par conséquent d'hostilité contre les classiques du xviie siècle. En Allemagne, les Universités étaient restées des foyers philologiques toujours actifs. Elles avaient conservé les traditions laborieuses du xvie et du xviie siècle. Elles continuaient de laisser une forte empreinte sur tous les esprits. Ceux-ci, quelque hardis et novateurs qu'ils fussent, gardaient l'accent, pour ainsi dire, de leur pays intellectuel, de l'Université. Aussi ne cessaient-ils pas d'en être compris. Quand l'esprit historique se développa, l'érudition devint sans peine son alliée ; non sans quelques résistances partielles assurément, mais l'ensemble fut rapidement gagné. L'esprit nouveau vivifia l'érudition ; celle-ci à son tour le soutint et lui fournit un champ fécond à cultiver.

Les études sur les arts plastiques des anciens jouèrent un grand rôle dans la préparation de cette réforme. Le langage des arts plastiques en effet a quelque chose de plus direct et de plus libre que celui des écrits. Il est moins sujet à se laisser enfermer dans les petits compartiments où les scoliastes coupent les cheveux en quatre. Il se fait mieux entendre de l'âme tout entière, n'étant ni séparé d'elle par les difficultés grammaticales ni morcelé en mots qui analysent l'idée au risque d'affaiblir la sensation. Il était donc naturel que l'évocation historique de l'âme grecque se fît d'abord par ce moyen. Ce fut l'œuvre de Winckelmann, singulièrement dépassé depuis sur bien des points, mais qui eut vraiment l'un des premiers la vision nette et totale de la beauté grecque. Ce que Winckelmann avait fait pour les arts plastiques, Herder le fit pour la poésie; plus encore, il est vrai, pour la poésie hébraïque et pour la poésie allemande que pour celle de la Grèce, mais les principes posés avaient une application générale et s'étendaient à toutes les littératures[1].

---

1. Déjà Lessing avait écrit sur la poésie ancienne des pages

Dans le même temps, une révolution philosophique égale à celle de Descartes se préparait ; Kant était en train de détacher peu à peu la science de la poursuite de l'absolu pour la ramener à l'étude du relatif, c'est-à-dire à la notion historique par excellence. Pendant que Kant vieillissait à Kœnigsberg, Hegel étudiait à Tubingue et commençait à tracer dans son esprit les premiers linéaments de la philosophie du *devenir*. En 1795, Wolf publia ses célèbres *Prolégomènes*. C'était la prise de possession de la philologie par l'esprit nouveau. On pouvait contester ses conclusions, se révolter même contre elles ; mais il était impossible de ne pas admirer la vigueur de cette intelligence qui, en face du plus ancien monument littéraire de l'antiquité grecque, reconstruisait avec une pénétration divinatrice tout l'ensemble des conditions qui l'avaient produit, entrait pour ainsi dire dans l'âme même du poète, puis dans celles de ses auditeurs, et tirait de cette résurrection hardie du passé des conséquences saisissantes de nouveauté. Jamais regard aussi perçant n'avait sondé le mystère des origines d'une littérature. Enfin les lettres pures obéissaient au même esprit. Au seuil du siècle, pour ainsi dire, se dresse Gœthe, dont l'intelligence sereine, à la fois haute et hospitalière, capable de tout comprendre et de tout aimer, est comme l'image même de l'esprit nouveau.

pleines de justesse, mais plutôt (à la façon de Grimm ou à l'exemple des érudits, ses maîtres) par exactitude de savoir et bonne éducation du goût que par un sentiment historique véritable.

L'Université de Gœttingue, grâce à la réunion de quelques savants d'élite, prit bientôt la tête du mouvement philologique qui sortit de cette révolution : Berlin pourtant avait précédé. Gœttingue eut Welcker et Otfried Müller. Mais c'est à Berlin que vivait Bœckh, le véritable maître de la philologie allemande du xix° siècle, et qui eut O. Müller au nombre de ses disciples. C'est Otfried Müller qui donna sur l'histoire de la littérature grecque, en 1840, le premier ouvrage qu'on puisse appeler sans restriction d'aucune sorte un chef-d'œuvre. Déjà, sans doute, l'*Histoire de la poésie grecque* d'Ulrici, parue un peu auparavant, celle de Bode, commencée alors, mais non terminée, et surtout l'*Esquisse de la littérature grecque* de Bernhardy[1], publiée quatre années plus tôt, étaient des œuvres fort remarquables. Mais Ulrici et Bode, qui d'ailleurs laissent de côté la prose grecque, sont trop souvent ou des métaphysiciens ou de purs érudits. Chez Bernhardy, le style est d'une abstraction rebutante : la pensée est en général pénétrante et profonde, mais subtile aussi parfois, et presque toujours hérissée d'une terminologie rébarbative ; de plus l'étendue prodigieuse des notes, véritables merveilles d'ailleurs de savoir et de critique, rend ce livre aussi difficile à lire qu'utile à consulter. Celui d'Otfr. Müller, composé à la demande d'une société anglaise et en

---

1. *Grundriss der Griechischen Litteratur*, Halle, 1836. On sait que cet important ouvrage n'a cessé d'être corrigé, remanié, étendu. La quatrième édition a commencé à paraître en 1876.

vue du public anglais, devait être, par sa destination
même, clair et lisible, savant sans étalage d'érudition, agréable même s'il était possible. Le talent
de Müller en fit une œuvre d'art. La forme et le fond
y étaient dignes l'un de l'autre. Un savoir immense,
attesté par d'admirables travaux antérieurs, avait
amassé les matériaux du livre. Un goût exquis les
avait choisis et disposés. L'intelligence ou, mieux
encore, le sens délicat des choses grecques s'y révèle
à toutes les pages ; une sensibilité littéraire à la fois
discrète et profonde les anime et les échauffe. Une
veine d'éloquence absolument exempte de rhétorique, toute sortie du fond de l'âme (βαθείας φρενός,
comme dit Pindare), et soutenue par une connaissance profonde du sujet, court dans tout le livre et
s'y répand. Il faut se reporter à la date où parut ce
livre pour en sentir tout le prix. Sans doute, certaines parties de l'histoire littéraire avaient déjà été
traitées en France avec des mérites analogues. Mais
c'était de l'histoire littéraire moderne. L'antiquité
grecque et latine semblait réservée aux historiens
de l'espèce de Schœll. Otfried Müller prouva le contraire. Son œuvre était si nouvelle que des savants
de mérite, parmi ses compatriotes, ne la comprirent
pas : ils reprochèrent à Müller de n'avoir pas fait
une compilation érudite. C'était justement de quoi
il fallait le féliciter. Des livres d'érudition peu
lisibles peuvent avoir leurs qualités, mais quel
charme aussi, et quel profit, d'entrer dans l'étude
des lettres grecques sous la conduite non plus d'un

pédant, mais d'un grand et libre esprit, causant de toutes choses en « honnête homme », en philosophe et en artiste, avec cette solidité d'érudition sans doute qui est la probité de la vraie science, mais aussi avec cette élégance rapide et sobre qui est la fleur exquise de l'atticisme! On ne saurait exagérer à cet égard le mérite d'O. Müller ni l'impression profonde qu'il a produite sur les esprits. De nombreux historiens de la littérature grecque sont venus après lui : tous ont plus ou moins subi son influence. Si l'histoire de la littérature grecque est devenue aujourd'hui, aux yeux de tout le monde, une partie de l'histoire générale qui ne dispense pas ceux qui la traitent de l'obligation de savoir se faire lire, c'est en grande partie à Müller qu'on le doit.

III

Quels que soient pourtant les mérites de son œuvre, elle n'a pas découragé et ne devait pas en effet décourager les imitateurs.

D'abord elle est inachevée. Müller se proposait de conduire son récit jusqu'à l'entrée de la période byzantine et chrétienne. La mort l'interrompit. Son dernier chapitre est intitulé Isocrate. La période attique elle-même n'est pas finie : l'auteur n'a pu parler ni de Platon ni de Démosthène.

De plus, les progrès du savoir sont incessants,

même dans les sujets qui semblent les mieux connus. L'ouvrage de Müller date de près d'un demi-siècle. S'il garde toujours un grand mérite général de vérité et d'harmonie, il n'en est pas moins vrai que sur beaucoup de points il laisse aujourd'hui à désirer. En maint endroit il serait à retoucher ou à compléter. Il est souvent plus simple de faire une œuvre nouvelle que de remanier un livre vieilli.

L'esprit même qui anime tout l'ouvrage de Müller, cet esprit dont j'ai dit tout à l'heure les rares qualités, diffère cependant par quelques nuances de celui que nous portons aujourd'hui dans ce genre d'études. O. Müller est un idéaliste qui s'arrête avec complaisance sur les côtés nobles des choses et qui les exprime aussi avec noblesse, en termes graves et généraux. Tout ce qu'il y a dans l'art grec d'harmonie, de grâce, de mesure, est admirablement senti par lui, et rendu avec émotion, quoique d'une manière un peu abstraite. Mais le détail trivial et vivant, les côtés un peu bas quoique réels, les limites mêmes de ce génie grec si justement admiré, tout cela s'efface volontiers chez lui et s'atténue. La littérature, depuis un demi-siècle, sous des influences diverses, s'est habituée à une franchise plus âpre. Nous voulons voir à nu la réalité. Nous exigeons qu'on nous la décrive avec une sincérité absolue, en physiologiste ou en physicien. Que la littérature abuse aujourd'hui du scalpel et de l'anatomie, c'est fort possible ; mais l'abus ne condamne pas l'usage. C'est par une extension légitime et durable de la méthode scientifique que l'esprit contemporain est devenu quelque peu réaliste en tout. La critique littéraire ne saurait échapper à cette loi. Les portraits d'O. Müller sont beaux et ressemblants; ils n'ont pas toujours ce caractère intime, cet accent familier qui rend la ressemblance criante. Au risque de n'être pas toujours optimiste, il faut être vrai.

Enfin les besoins à satisfaire, en matière d'histoire littéraire, sont assez différents pour qu'un seul ouvrage puisse difficilement répondre à tous. Il faut toujours faire un choix ou prendre une route moyenne. Si l'on s'attache à développer l'exposition des idées générales, il est difficile que la bibliographie ne soit pas sacrifiée. Si l'on étend la bibliographie, l'ouvrage devient peu lisible. O. Müller est extrêmement sobre d'indications bibliographiques. En eût-il donné davantage, elles seraient aujourd'hui arriérées et par conséquent insuffisantes.

Par toutes ces raisons, même après O. Müller, il restait quelque chose à faire, et la carrière demeurait ouverte. De nombreux savants s'y sont engagés, mais à l'étranger plutôt qu'en France. Ce n'est pas qu'en France même les beaux et utiles travaux nous fassent défaut. Et, par exemple, pour ne citer que les plus considérables, il est certain que les *Etudes sur les Tragiques grecs* de M. Patin, constamment remaniées et améliorées dans plusieurs éditions successives, et, depuis, les travaux de M. J. Girard, qui forment aujourd'hui quatre volumes (*Sentiment religieux, Poésie grecque, Eloquence attique, Thucydide*) tous inspirés par un sentiment si profond de l'hellénisme, forment un très bel ensemble d'écrits sur la littérature grecque[1]. Mais ce sont là, malgré tout, des écrits détachés, qui ne peuvent rendre tout à fait le même genre de service qu'une histoire suivie. Quant à nos Histoires proprement dites de la littérature grecque, celle de Pierron (la plus ancienne de beaucoup), celles de MM. Burnouf, Nageotte, Deltour, ont leurs mérites de clarté et de brièveté ; mais ce sont des ouvrages fort courts, destinés à l'enseignement secondaire plutôt qu'à l'enseignement supérieur, et qui ne peuvent entrer en comparaison avec les ouvrages beaucoup plus étendus des Anglais et des Allemands, de ces derniers surtout[2]. En Angleterre, Donaldson (traducteur et continuateur d'O. Müller), Mure, Mahaffy ; en Allemagne, Bernhardy (pour les éditions successives et remaniées de son *Grundriss*), Nicolaï (2ᵉ éd. 1873-1874), Munk (réédité en 1880 par Volkmann), Th. Bergk, puis tout récemment (1886) Karl Sittl, — sans parler de Bender, dont l'Histoire est une œuvre de vulgarisation un peu sommaire, — ont parcouru tour à tour, chacun suivant sa méthode et son allure propre, la route déjà suivie

---

1. Les travaux de M. Egger, si nombreux et si estimables, appartiennent plutôt à l'érudition proprement dite qu'à l'histoire littéraire au sens où nous prenons ici ce mot.

2. Dans la catégorie des ouvrages scolaires, je signalerai aussi une *Histoire de la littérature grecque* écrite en grec moderne par M. Eustathopoulos (Σύνοψις τῆς Ἑλληνικῆς γραμματολογίας, Athènes, 2ᵉ éd., 1885), indice intéressant des efforts tentés par la Grèce pour développer chez elle l'instruction classique.

par Otfried Müller. Les uns, comme Bernhardy, ont donné à la bibliographie la première place. Les autres, comme Bergk, l'ont complètement éliminée. La plupart ont suivi une voie intermédiaire. Tous ont ajouté quelque chose à l'œuvre de leurs devanciers, soit des faits nouveaux, soit des idées personnelles, soit des qualités littéraires originales. L'ouvrage de Bergk surtout, malheureusement inachevé, est à beaucoup d'égards un chef-d'œuvre, et, par l'ampleur aisée de la forme aussi bien que par l'érudition, un véritable monument[1].

Nous avons cru qu'il restait à tenter en France et pour la France ce que les savants dont on vient de lire les noms ont fait pour l'Angleterre et pour l'Allemagne, c'est-à-dire de rassembler et de résumer dans un ouvrage unique, suffisamment étendu, facile à lire et à consulter, l'enchaînement des principaux faits et des principales idées que les recherches de la philologie ont mis en lumière sur l'ensemble de la littérature grecque classique. Pour nous comme pour O. Müller, le véritable sujet d'une histoire du genre de celle-ci, c'est moins l'infinie multitude des écrits grecs pris en eux-mêmes et considérés dans un esprit de curiosité bibliographique, que l'esprit grec se manifestant et se déterminant suivant ses lois propres dans la création des

---

1. Le premier volume seul, sur trois, a paru du vivant de Bergk. La rédaction des deux derniers volumes n'était pas entièrement achevée; il y subsiste des lacunes. Le troisième volume comprend l'histoire de la tragédie attique.

genres littéraires, dans l'évolution technique de ces genres, dans le mouvement général de la pensée, dans le génie particulier des écrivains, et enfin dans un certain nombre d'écrits caractéristiques où toutes ces causes convergent et produisent leurs effets. Nous ne parlerons pas avec le même détail de tous ceux qui ont écrit en grec. Les auteurs d'ouvrages étroitement techniques échappent à notre compétence. L'histoire de la littérature n'est pas l'histoire de tous les livres ; c'est l'histoire d'un art, l'art d'écrire. Nous ne considérons comme écrivains que ceux qui sont en quelque degré des artistes, et qui, ayant eu sur l'homme et sur le monde soit une idée générale soit des impressions personnelles, ont su les exprimer. Nous craindrons plus cependant de trop restreindre notre champ d'études que de trop l'étendre, et nous n'enfermerons pas dans des limites trop rigoureuses les manifestations littéraires de l'esprit grec. Nous sommes de l'avis de Sainte-Beuve : « Tout ce qui est d'intelligence générale et qui intéresse l'esprit humain appartient de droit à la littérature[1]. » Notre objet essentiel est de présenter sous forme d'exposition suivie, sur chaque sujet, les conclusions qui nous paraissent les plus justes. Des indications bibliographiques très étendues changeraient entièrement le caractère de cet ouvrage. Cependant nous ne croyons pas qu'il soit bon non plus de les supprimer complètement.

---

1. *Nouveaux Lundis*, t. VII, p. 154.

Il faut donner aux travailleurs les indications essentielles, celles qui leur permettront d'aller plus loin. Il faut aussi marquer les grandes directions de la science, les étapes qu'elle a parcourues. C'est une question de mesure et de choix. Des notes courantes au bas des pages, des notes spéciales en tête des chapitres satisferont aux besoins les plus urgents. Enfin, pour tout ce qui touche à l'intelligence des œuvres, ce qui est, en somme, la partie essentielle d'un travail tel que celui-ci, nous avons fait les plus grands efforts pour être, comme on dit, au courant, et nous espérons y avoir réussi dans la mesure où il est possible d'y réussir. Les travaux sur la littérature grecque sont innombrables. Les lire tous est évidemment impossible. Nous espérons du moins n'avoir rien négligé d'essentiel. Est-il besoin d'ajouter que l'étude des travaux modernes, si nécessaires à connaître, mais si encombrants parfois et si dangereux pour la sensibilité littéraire, n'a jamais été à nos yeux que le moyen de préparer et de rendre plus féconde l'étude immédiate des œuvres antiques, et que, par goût comme par système, c'est à la source elle-même, au texte longuement étudié et savouré, que nous sommes toujours revenus, pour y puiser, avec la fraîcheur et la vivacité des impressions, cette intelligence directe et personnelle du passé sans laquelle on ne saurait ni communiquer à ses lecteurs la flamme intérieure ni ajouter quoi que ce soit à l'héritage de ses devanciers. La tâche était difficile. Nul ne le sait mieux que nous. Nous l'avons entreprise sans illusion, mais sans défaillance, et, pourquoi ne pas l'avouer? avec un peu de cet enthousiasme qui est nécessaire aux œuvres de longue haleine[1].

Avril 1887.

Alfred CROISET.

---

[1]. Les deux collaborateurs dont les noms sont associés à la première page de cette Histoire se sont partagé la tâche de telle sorte que chacune des grandes divisions de l'ouvrage fût essentiellement l'œuvre d'un seul d'entre eux, l'autre n'ayant qu'un rôle de révision et de conseil. Nous espérons que, grâce à une longue habitude de penser en commun, l'unité de l'ouvrage ne souffrira pas de cette division du travail. Quoi qu'il en soit, le nom du véritable auteur sera toujours placé en tête de chacune des parties du livre.

INTRODUCTION

LA RACE GRECQUE ET SON GÉNIE. — SA LANGUE. —
GRANDES PÉRIODES DE L'HISTOIRE
DE SA LITTÉRATURE

I

LA RACE GRECQUE ET SON GÉNIE

Lorsqu'on veut suivre l'évolution intellectuelle et morale d'un peuple dans l'histoire de sa littérature, il paraît indispensable de déterminer d'abord, aussi exactement que possible, d'où il est parti. Qu'était-il avant même d'avoir une littérature ? Quelles qualités primordiales et distinctives portait-il en lui dans ces temps d'ignorance et de naïveté enfantine, où il préparait de loin, d'une manière inconsciente, ses grandes œuvres futures ? A quel degré de perfection ces qualités étaient-elles parvenues, lorsqu'il s'avisa d'en tirer profit dans ses premières productions poétiques ?

Ces questions se présentent d'elles-mêmes à l'esprit. Mais, en ce qui concerne la Grèce, les documents nous manquent pour les résoudre d'une manière satisfaisante. Avant qu'il y eût une nation hellénique à proprement parler, les éléments ethniques qui devaient un jour la constituer ont eu séparément leur vie propre, puis ils se sont groupés ou superposés par une série de combinaisons qui restent encore obscures. Les noms mêmes de ces peuples primitifs nous sont mal connus ; et malgré les découvertes quotidiennes de l'archéologie, ce que nous entrevoyons de leur état moral et des caractères de leur civilisation est en somme bien peu de chose. Nous apercevons dans une sorte de pénombre ces races préhelléniques d'Asie-Mineure et des îles, ces Pélasges répandus un peu partout, ces Danaëns et ces Achéens dont le nom se retrouve sur d'anciens monuments égyptiens. Leurs temples, leurs tombeaux, leurs citadelles nous sont restitués partiellement par les recherches incessantes des savants. On rassemble et on étudie les produits plus ou moins grossiers de leur industrie, on scrute ces objets qui étaient pour eux des œuvres d'art, on essaie d'y retrouver quelques indices de leur goût, de leur culture d'esprit, et aussi des influences étrangères qu'ils ont subies. Recherche pleine d'intérêt et de promesses, mais encore peu avancée. L'histoire de la littérature grecque ne sera en possession de son véritable point de départ que le jour où la science pourra enseigner avec certitude dans quel ordre ces races ou ces groupes de tribus se sont succédé et quels ont été les caractères propres de chacune de ces sociétés préhistoriques. Alors on pourra voir naître et grandir le génie grec, on comptera les éléments essentiels dont il se compose, on saura ce qu'il doit à ses origines lointaines, aux influences étrangères, aux mélanges des races, et à sa propre vigueur. C'est ainsi qu'on étudie les peuples modernes ; on doit espérer que la Grèce, dans un avenir prochain, pourra être connue et décrite de la même manière. Quant à présent, l'application de cette méthode serait trop conjecturale.

Nous égarerions nos lecteurs dans des discussions prolongées, ou nous les entraînerions dans de pures hypothèses. Ils en tireraient peu de profit pour l'intelligence du sujet que nous abordons avec eux.

Ajournons donc ces espérances, et contentons-nous d'exposer brièvement ce qui est certain. De quelque manière que le génie grec se soit formé, nous savons qu'il l'était avant la naissance de l'*Iliade*. Essayons de nous le représenter ici dans ce qu'il a de plus essentiel et par conséquent de plus primitif, en laissant de côté les traits secondaires qui ne se sont révélés en lui qu'en certains temps et par l'effet de circonstances particulières.

Ce qui frappe tout d'abord dans la race hellénique, c'est la variété de ses aptitudes. Le vieux romain Juvénal relevait avec amertume, par la bouche d'Umbricius, la souplesse des Grecs de la décadence qui envahissaient Rome et s'y trouvaient bons pour tous les métiers[1]. Sans prendre trop au sérieux cette boutade d'un poète satirique en colère, on ne peut nier qu'elle ne contienne une part de vérité. Ce que le Romain tournait en ridicule, Thucydide, si sérieux observateur, l'admirait chez les Athéniens de son temps[2]; et les Athéniens, en cela comme en beaucoup d'autres choses, étaient les plus grecs de tous les Grecs. Aristote à son tour remarquait qu'en général les peuples européens, habitant des pays froids, avaient de l'énergie, mais peu de vivacité d'esprit;

---

1. Juvén., *Sat.*, III, 73 sqq.
>   Ingenium velox, audacia perdita, sermo
>   Promptus et Isæo torrentior. Ede quid illum
>   Esse putes; *quemvis hominem secum adtulit ad nos :*
>   Grammaticus, rhetor, geometres, pictor, aliptes,
>   Augur, schœnobates, medicus, magus : omnia novit
>   Græculus esuriens; in cælum, jusseris, ibit.

2. Thucyd., II, 41, 1.

les Asiatiques, au contraire, habitant des pays chauds, de la vivacité d'esprit, mais peu d'énergie, tandis que les Grecs, grâce à leur climat tempéré, alliaient l'énergie du caractère à l'intelligence[1]. Cet égal développement de facultés diverses a été la cause de l'heureux équilibre et de l'harmonie qu'on remarque dans les grandes œuvres de la littérature en Grèce comme dans celles de l'art. L'Hellène a toujours eu de la raison dans l'imagination, de l'esprit dans le sentiment, de la réflexion dans la passion. Jamais on ne le voit entraîné totalement d'un seul côté. Il a, pour ainsi dire, plusieurs facultés prêtes pour chaque chose, et c'est en les associant qu'il donne à ses créations leur véritable caractère.

Par là aussi, il est en contact, de mille manières à la fois, avec la nature et avec ses semblables. Les races lourdes et lentes ne sont capables — à l'origine du moins et avant l'éducation — que d'un nombre restreint d'impressions monotones qui donnent à leurs idées quelque chose de solide. Elles pensent peu, elles imaginent peu ; leurs pensées sont bien assises et leurs conceptions semblent inflexibles. Les Grecs, race éveillée, active, se comportent tout autrement. D'innombrables impressions se forment sans cesse en eux. La nature leur parle un langage infiniment varié, toujours écouté et toujours nouveau. Ils s'intéressent non seulement à ses grands phénomènes, mais aussi à ses aspects changeants, aux nuances délicates et fugitives de sa vie éternelle. Et ce n'est pas là le privilège de l'Ionien d'Asie Mineure, ni de l'habitant de l'Attique ; ce n'est pas même celui des populations riveraines de la mer, qui associent la vie du pêcheur ou du marchand à

---

1. Aristote, *Politique*, VII, 7 (p. 327 *b*, Bekker).

celle du cultivateur. Le laboureur béotien ou locrien, tel que nous le voyons dans les *Travaux* d'Hésiode, celui qui travaille durement dans le pays d'Ascra « froid en hiver et brûlant en été », celui-là même a des impressions d'une vivacité surprenante, et, pour ainsi dire, mille visions si légères et si transparentes que la gaieté ou la tristesse des choses se révèlent au travers. Le cri des oiseaux de passage, l'appel strident de la cigale, la floraison du chardon, toutes ces menues choses familières le touchent comme les propos à la fois mystérieux et précis d'autant d'âmes obscures voisines de la sienne. Voilà pourquoi tous les Grecs partout ont peuplé le monde de dieux, qui ne sont pas des noms ni des puissances inconnues, mais des êtres vivants, presque familiers. En transformant ainsi la nature, ils lui ont seulement rendu ce qu'elle leur donnait. La vie du dehors était venue à eux pleine d'images et de sensations, elle sortait d'eux et elle retournait aux choses pleine de dieux.

Et si le spectacle du monde les a ainsi émus, enchantés et instruits, celui de l'homme ne leur a pas été moins profitable. Le Grec est éminemment sociable. Il recherche joyeusement son semblable, parce qu'il a beaucoup à lui donner et beaucoup à recevoir de lui, et que cet échange est pour lui un des plaisirs les plus vifs. Hésiode, qu'on aime à citer comme le plus ancien témoin de la vie populaire, recommande au paysan laborieux de passer devant la forge et la *lesché* sans s'y arrêter. C'est là que l'on cause longuement en hiver, et il sait combien la tentation d'entrer est forte. Ce ne sont pas les séductions grossières, le vin, la débauche, qu'il craint pour son laboureur ; ce sont les séductions qu'on pourrait appeler délicates, celles de l'esprit plus que celles des sens. L'âme hellénique, en général, est trop ouverte, trop accessible de tous côtés, pour s'enfermer dans une passion sombre et dominante. De là cette grande et précoce expérience de la vie qui se fait remarquer déjà dans les plus anciennes poésies épiques. L'homme s'y montre plein de contrastes, avec des nuances inattendues de sentiments et d'idées, avec des péripéties de passion qui sont admirables; il s'y plie à tous les rôles et s'adapte à toutes les situations; il est chef ou sujet, soumis ou révolté, il est père, époux, fils, ami ou ennemi, le tout non seulement avec naturel et convenance, mais avec une variété profonde. Le jeu des facultés humaines n'a peut-être été dans aucune autre race aussi libre, aussi prompt, aussi étendu.

C'est à cela sans doute qu'il faut attribuer une des plus remarquables qualités de la race grecque, sa vive et inépuisable curiosité, qui se manifeste de tant de manières dans tout ce qu'elle a créé. En fait de sciences naturelles ou morales, d'histoire, de géographie, de philosophie, de mathématiques, les Grecs ont été des curieux dans le meilleur sens du mot, et c'est ainsi qu'ils ont posé les premiers presque tous les grands problèmes et inauguré presque toutes les bonnes méthodes. L'énigme, sous quelque forme qu'elle s'offrit à eux, les a toujours tentés, celle du monde particulièrement. Partout, ils ont voulu voir et connaître. Ce besoin d'interroger tout ce qui peut répondre éclate chez les premiers philosophes physiciens de l'Ionie; il s'exprime avec une naïveté et une grandeur merveilleuses dans tout l'ouvrage d'Hérodote, si profondément hellénique; et, dans l'histoire de toutes les sciences, il reste comme une des gloires de l'école péripatéticienne, qui a ouvert tant de routes à la recherche et attaché tant d'honneur à la connaissance. Dans la poésie même, cette disposition d'esprit se révèle dès la plus haute antiquité. C'était un des charmes de l'*Odyssée* pour ses premiers auditeurs que ces descriptions qui découvraient à leurs esprits curieux tant de choses lointaines et inconnues. Les deux grands poèmes primitifs de la Grèce sont en un sens deux révélations : l'*Iliade* fait apparaître le fond de la nature humaine, et l'*Odyssée* laisse apercevoir l'immensité du monde.

A ces qualités supérieures s'attachaient, il est vrai, des défauts graves aussi bien au point de vue littéraire qu'au point de vue moral. La facilité à tout comprendre et à se prêter à tout est un privilège parfois dangereux. On connaît le précepte de Théognis[1] : « Sache faire comme le poulpe, qui se rend
« semblable d'aspect à la pierre où il s'attache; tan-
« tôt suis tel exemple, et tantôt change de couleur;
« l'habileté vaut mieux que la raideur inflexible
« (κρέσσων τοι σοφίη γίγνεται ἀτροπίης). » Cette pensée se trouvait déjà dans un ancien poème, épique ou didactique, où le héros Amphiaraos disait à son fils Amphiloque, au moment de se séparer de lui :
« Amphiloque, mon enfant, inspire-toi de l'exemple
« du poulpe, et sache l'accommoder aux mœurs de
« ceux vers qui tu viendras; tantôt sous un aspect,
« tantôt sous un autre, montre-toi semblable aux
« hommes parmi lesquels tu habiteras[2]. » A vrai dire, ce conseil n'appartenait en propre à personne : il exprimait une des tendances du caractère national. Le souple et astucieux Ulysse était un des prin-

1. Théognis, 215-218, éd. Bergk (*Poetæ lyrici græci*, 4ᵉ éd., t. II).
2. Athénée, VII, 102. Voir le commentaire de Bergk à propos du passage de Théognis qui vient d'être cité.

cipaux héros de l'épopée, et Hermès représentait le
même type parmi les dieux. Or dans l'histoire de la
littérature, ce qu'avait de dangereux cette souplesse
native de la race se montrera aussi clairement que
ce qu'elle avait d'excellent. Elle prendra possession
de l'art avec une facilité remarquable, elle en tirera
parti brillamment, mais elle en viendra souvent à se
complaire par trop dans l'exercice de ses facultés.
Cicéron nous apprend dans une lettre que Posido-
nios de Rhodes (un philosophe pourtant et des plus
graves) et d'autres encore, qu'il ne nomme pas, lui
écrivaient pour le prier de leur envoyer des notes
sur son consulat : ils se chargeraient ensuite de les
orner ; « instabant ut darem sibi quod ornarent[1]. » On
peut voir là sans doute un trait de la décadence. Mais
il ne faut pas oublier que les décadences ne font pas
apparaître dans le caractère d'une race ce qui n'y
était pas antérieurement. Déjà Cléon, chez Thucydide[2], reproche aux Athéniens d'être « des specta-
teurs de discours et des auditeurs d'actions », c'est-à-
dire de considérer les luttes des orateurs à la tribune
comme un spectacle et les événements comme un
drame émouvant. C'était là le défaut naturel de la
qualité la plus hellénique. Lorsqu'un peuple dispose
de facultés si promptes et si variées, le danger pour
lui, c'est de s'en servir en virtuose, au lieu de les
adapter sérieusement à l'œuvre de la vie humaine.

Si maintenant, outre cette aptitude générale, nous
voulons distinguer chez les Grecs quelques qualités
d'esprit, d'imagination ou de sentiment plus particulières, voici les principales observations qui se
présentent à nous.

1. *Ad Attic.*, II, 1.
2. Thucyd., III, 38, 4.

La race hellénique est essentiellement fine d'esprit[1]. « Dès les temps anciens, dit Hérodote, l'Hel« lène s'est distingué du barbare en ce qu'il est « plus avisé et plus dégagé d'une sotte crédulité[2]. » Ce n'est pas là le fait d'un temps ni d'un groupe d'individus en particulier. La finesse d'esprit se montre chez les plus vieux poètes épiques comme chez les grands tragiques du ve siècle et jusque chez les sophistes de la décadence. Et dans l'existence même de la nation, elle n'est pas moins manifeste que dans la littérature. Elle se mêle à la vie sociale, où elle entretient et excite le goût de la moquerie, des controverses, des contes, des apologues, des sentences ingénieuses ; elle cherche et trouve son emploi dans les affaires, notamment dans la finance et le commerce ; elle domine enfin la vie politique ; car, non seulement à Athènes, mais dans chaque ville de Grèce, nous voyons, partout où quelque lumière d'histoire vient à nous éclairer, des hommes qui traitent finement de leurs intérêts.

Il ne faut pas se laisser tromper à cet égard par certains témoignages anciens trop vite acceptés, qui ont besoin d'explication. On oppose souvent, non sans raison, la gravité du génie dorien à la subtilité élégante du génie ionien ; on plaisante encore, d'après l'autorité d'une fable ésopique, sur la niaiserie des Grecs de Kymé, et on cite proverbialement la lourdeur des Béotiens. Ce sont là ou des vérités relatives fort grossies ou de simples boutades propagées par la malignité. Les peuples qui ont l'esprit fin, et par conséquent satirique, sont les plus portés

---

1. Ingeniorum acumen. Cic. *pro Flacco*, 4.
2. Hérod., 1, 60 : Ἀπεκρίθη ἐκ παλαιτέρου τοῦ βαρβάρου ἔθνεος τὸ Ἑλληνικὸν, ἐὸν καὶ δεξιώτερον καὶ εὐηθείης ἠλιθίου ἀπηλλαγμένον μᾶλλον.

naturellement à se décrier ainsi eux-mêmes par l'effet de certaines différences locales dans les manières ou dans le langage. Il faut bien se garder de les en croire sur parole. Sans alléguer ici les grands noms littéraires ou politiques de la Béotie, on ne persuadera aujourd'hui à personne que les artistes ignorés qui modelaient sans prétention les jolies statuettes de Tanagra aient été des rustres et des lourdauds. Et quant à la gravité dorienne, ce serait une singulière erreur que de la concevoir comme une sorte de pesanteur d'esprit incompatible avec la finesse. Les bons mots des Spartiates étaient justement renommés dans toute la Grèce. Nous en possédons encore, dans la collection des œuvres morales de Plutarque, un ample recueil[1]. Moins gracieux et moins légèrement ironiques que ceux des Athéniens, ils avaient plus de concision et plus de force. Plusieurs sages, célèbres par leurs sentences, appartenaient à la partie dorienne de la Grèce ; et lorsque Cicéron dans son *De Oratore* voulait enseigner à aiguiser les mots spirituels qui sont une arme pour l'éloquence, c'était à tous les Grecs, sans distinction de tribus, qu'il demandait des exemples : « J'ai rencontré chez les Grecs, dit-il, une foule de bons mots : les Siciliens excellent en ce genre, et aussi les Rhodiens et les Byzantins, mais surtout les Athéniens[2]. » Les Grecs de Sicile en général sont pour lui « une nation fine et habile à la discussion (*acuta illa gens et controversa natura*)[3]. » « Jamais, dit-il, un Sicilien n'est dans un si mauvais pas

---

1. Plutarque, *Apophthegmata laconica* et *Lacænarum apophthegmata*.
2. Cicéron, *de Oratore*, 54.
3. Id., *Brutus*, 12.

« qu'il ne trouve quelque bon mot à dire[1]. » Il suffit d'ailleurs d'opposer au génie original de la Grèce le génie d'un peuple étranger, celui de Rome par exemple, pour sentir combien la qualité dont nous parlons est vraiment hellénique. L'esprit romain est sage et fort, naturellement judicieux et précis, mais sa précision même n'a pas l'acuité de l'esprit grec. Plus assuré par là contre les entraînements téméraires de la logique ou les subtilités du raisonnement, combien en revanche il est moins pénétrant !

C'est grâce à cette finesse que les Grecs ont été si tôt et si longtemps des maîtres dans l'analyse morale comme dans le raisonnement. C'est par là aussi qu'ils sont devenus si aisément des sophistes durant certaines périodes de leur histoire, et qu'il y a eu souvent quelque chose de trop ingénieux chez leurs plus grands écrivains. Il leur a toujours été plus facile qu'à d'autres de dégager vivement des idées justes, d'apercevoir et de mettre en lumière les côtés les moins apparents des choses, mais aussi ils ont toujours eu quelque peine à ne discuter que ce qui mérite d'être discuté, à ne chercher que ce qui vaut la peine d'une recherche.

En même temps qu'ils pensaient finement, ils concevaient avec netteté. Les Grecs ont été un peuple d'imagination, mais ils ont cela de commun avec beaucoup d'autres races. On peut croire sans témérité que dans la tête d'un Indou, d'un Scandinave ou d'un Germain, il y a eu généralement autant d'images, et celles-ci aussi fortes, aussi vivantes, que dans la tête d'un Grec. Mais ce qui est propre à la façon de concevoir de ce dernier, c'est que toutes

---

[1] Cicéron, *in Verrem*, II, 43. Nunquam tam male est Siculis, quin aliquid facete et commode dicant.

ces images qu'il portait en lui-même, et qu'il renouvelait sans cesse, présentaient des formes simples et des contours arrêtés. Le vague, l'obscur, l'indéfinissable n'y avaient, pour ainsi dire, aucune part. Tout y était éclairé, sinon également, du moins suffisamment. Il serait exact de dire qu'il ne faisait jamais nuit dans l'imagination d'un Grec. Et comme les choses démesurées sont forcément par quelque endroit des choses obscures, toute conception grecque était naturellement mesurée. Non que la mesure en tout soit, autant qu'on l'a dit quelquefois, un trait essentiel du génie hellénique. Les Grecs en ont manqué assez fréquemment dans la spéculation philosophique comme dans leur vie politique. Mais ils la gardaient sans effort dans les œuvres de l'imagination. Si cette faculté chez l'homme est plus que toute autre sous l'influence directe des sens, il semble que l'habitude de vivre sous un ciel souvent pur et d'avoir sous les yeux des horizons presque toujours nettement limités puisse être considérée comme la cause première de cette qualité vraiment nationale. Accoutumé dès l'enfance à ne jamais rencontrer, en portant ses regards autour de lui, ni l'infini, ni le vague, le Grec ne mettait ni l'un ni l'autre dans les images qu'il se formait à lui-même [1]. Le

---

1. On connaît les beaux vers de la *Médée* d'Euripide à propos des Athéniens : Φερβόμενοι κλεινοτάταν σοφίαν, ἀεὶ διὰ λαμπροτάτου βαίνοντες ἁβρῶς αἰθέρος, κ. τ. ἑ. — Cic., *de Nat. deor.*, II, 16 : Etenim licet videre acutiora ingenia et ad intelligendum aptiora eorum qui terras incolant eas in quibus aer sit purus ac tenuis, quam illorum qui utantur crasso cælo atque concreto. — E. Reclus, *Nouvelle géogr. univ.*, *Europe méridionale*, p. 59 : « Ce qui ravit l'artiste dans les paysages des golfes d'Athènes et d'Argos, ce n'est pas seulement le bleu de la mer, le *sourire infini des flots*, la transparence du ciel, la perspective fuyante des rivages, la brusque saillie

monde de ses souvenirs, de ses fictions et de ses fantaisies ressemblait naturellement à celui qu'il voyait en réalité autour de lui.

Rien n'est plus instructif à cet égard que sa mythologie. Comme elle appartient à toutes les tribus grecques simultanément et à la période la plus ancienne de leur histoire, elle est particulièrement propre à montrer le tour d'imagination qui a prévalu dès les temps les plus reculés dans l'ensemble de la race. Or n'est-il pas remarquable de voir combien les grands phénomènes naturels qui servent de fondement à ses fables y ont pris tout d'abord des formes nettes et simples, aussi arrêtées dans leur physionomie que dans leur contour ? La plupart des dieux y apparaissent comme des êtres humains. S'il reste par hasard en eux à l'origine quelque chose de mal défini, la poésie travaille instinctivement à l'éliminer. On se les représente comme environnés de lumière. Loin de rester à demi plongés dans l'inconnu et dans le mystère, ils en sortent tout entiers pour s'offrir à l'esprit des croyants dans leur beauté sensible. Et lors même que leur nature première se prête le moins à cette transformation, on la leur impose encore autant que possible. Quand l'imagination grecque personnifie l'éclair et la foudre, les tempêtes, les tourbillons, les éruptions volcaniques, c'est-à-dire des forces immenses et déchaînées, elle les simplifie et les limite le plus qu'elle peut. On ne trouve rien absolument dans la mythologie grecque d'analogue aux conceptions

---

des promontoires, c'est aussi le profil si pur et si net des montagnes aux assises de calcaire ou de marbre : on dirait des masses architecturales, et maint temple qui les couronne ne paraît qu'en résumer la forme. »

immenses et fantastiques de l'Inde ni aux rêves obscurs de la race scandinave. Les Cyclopes, les Hécatonchires, Ægéon et Briarée, Typhœos et les Titans, dans leur lutte contre les Olympiens, sont assurément ce qui s'en rapproche le plus ; mais il est visible que la poésie grecque, lorsqu'elle les représente, fait tout son possible pour les rendre aisément concevables sans être trop infidèle à l'idée première qui les a créés ; et il faut ajouter que bien loin de se complaire ordinairement à ces images, elle les a au contraire de plus en plus négligées. Les dieux les plus aimés des poètes ont été les plus humains.

Cette netteté plastique de la conception est un des mérites les plus attrayants de la littérature hellénique. Dans le domaine de l'imagination, tout pour les Grecs est clair, tout est sensible, et comme ces formes si pures sont de plus bien vivantes, elles ont par là même quelque chose qui charme vivement et qui satisfait. Toutefois ces qualités en excluent nécessairement d'autres, ou tout au moins les restreignent d'autant. L'obscurité a sa poésie comme la lumière, et ce qu'on croit entrevoir à travers l'ombre est bien souvent ce qui émeut le plus fortement. Les Romains ont eu peut-être plus que les Grecs ce sens de l'invisible et de l'insaisissable. On trouverait dans Lucrèce et dans Virgile de ces vers profonds qui nous font sentir ce qu'on ne peut voir, et qui ouvrent à l'imagination des perspectives mystérieuses pleines de rêve ou d'effroi :

Impiaque æternam timuerunt sæcula noctem.

Et pourtant les Romains non plus n'ont pas été par nature les poètes du mystère. Cette admirable faculté de rêver en dehors de toutes les formes précises et de sentir au delà des sensations définies et limitées,

nous la trouvons bien plus dans les poèmes de
l'Inde; et les races germaniques et scandinaves l'ont
communiquée plus ou moins à presque tous les
peuples modernes[1]. Chez les Grecs, au contraire, elle
est relativement faible. En revanche, leur netteté de
conception les suit jusque dans les choses abstraites,
et là aussi elle a ses avantages et ses inconvénients.
Aucun peuple n'a donné à la métaphysique plus de
réalité concrète. Non seulement les philosophes
poètes des premiers temps se font une mythologie
à eux qu'ils substituent à la mythologie populaire;
mais, en plein règne de la prose, les disciples
de Socrate ne procèdent pas autrement. Platon se
crée un monde de dieux avec ses Idées, il les voit
revêtues de formes merveilleuses et il nous les décrit. Les généralisations les moins substantielles
deviennent ainsi vivantes; on leur prête, pour ainsi
dire, une physionomie et on se les rend familières.
C'est un grand plaisir assurément, mais n'est-ce pas
aussi un danger pour la science et pour la saine
raison? Les Grecs ont mis dans le monde à eux seuls
plus d'entités métaphysiques que tous les autres
peuples ensemble. Combien n'y a-t-il pas de ces
fantômes qui ont l'air d'être quelque chose et qui ne
sont rien! C'est la finesse et la curiosité de leur
esprit qui en sont principalement coupables, si l'on
veut; mais leur manière de concevoir n'y a-t-elle
pas aussi contribué pour une large part?

Il faut tenir grand compte encore dans l'étude de
la littérature grecque d'un trait de caractère qui n'est
pas simple, mais qui résulte de presque toutes les

---

1. Victor Hugo, *Feuilles d'Automne*, XXXI.
 Car l'âme du poète, âme d'ombre et d'amour,
 Est une fleur des nuits qui s'ouvre après le jour
  Et s'épanouit aux étoiles.

particularités déjà décrites. Bien que la tradition y ait une grande force, la liberté individuelle y éclate partout. On voit les mêmes sujets se perpétuer à travers de nombreuses générations de poètes, mais presque jamais l'autorité des prédécesseurs n'asservit complètement les nouveau-venus. S'ils acceptent si aisément les exemples donnés, c'est même tout justement parce que ces exemples ne les gênent en aucune façon. Ils ont une manière à eux de s'en servir, qui n'implique aucune soumission proprement dite. L'usage des sujets anciens et même des formes consacrées est pour eux comme celui du langage : tout le monde s'en sert, sans croire pour cela imiter personne. Surtout, ce qu'on ne rencontre guère dans la littérature grecque, ce sont ces influences prédominantes qui chez presque tous les peuples ont substitué d'une manière plus ou moins durable une vérité morale de convention à la vérité naturelle. Le Romain a généralement une certaine dignité sénatoriale et consulaire qu'il porte dans tout ce qu'il écrit ; il se fait un rôle à la hauteur de sa situation dans le monde, et il n'exprime que les sentiments qui s'y accommodent. On pourrait écrire en tête d'une histoire de la littérature latine :

Tu regere imperio populos, Romane, memento.

Dans nos littératures modernes, sans exception, le même fait s'est reproduit. Le moyen âge est mystique, chevaleresque et scolastique. Le XVI° siècle est érudit et parfois pédant. Le XVII°, soit en France, soit en Angleterre, soit en Espagne, subit la mode de la galanterie raffinée, du bel esprit, et souvent celle du point d'honneur castillan. Les plus grands génies eux-mêmes, les Shakespeare, les Calderon, les Corneille sont plus ou moins asservis à ces conventions. En Grèce, au contraire, il est difficile, jusqu'à la période alexandrine, de signaler quelque chose d'analogue. Et dans la décadence même, lorsque le génie hellénique n'a plus aussi clairement conscience de sa force ni de son originalité, comme cette liberté native reparaît parfois avec éclat ! En face de Pline et de Tacite, si romains l'un et l'autre, voici Plutarque, avec sa bonne et charmante nature hellénique, si naïvement humaine sous la forme un peu maniérée que son temps lui impose. Enfin quand un Syrien, comme Lucien, s'est fait grec par toute son éducation, par toutes ses lectures, par sa vie tout entière, quelle franchise ne trouve-t-il pas dans cet hellénisme devenu pour lui une seconde nature ! En fait, les Grecs ont été constamment plus voisins qu'aucun autre peuple de la simple vérité humaine. Ce sont eux qui l'ont le moins perdue de vue en tout temps et qui l'ont toujours le plus aisément retrouvée. Par la hardiesse du jugement, par la fantaisie de l'imagination, par la sincérité naïve ou réfléchie des sentiments, l'Hellène échappe à tout ce qui pourrait gêner l'essor de sa nature[1]. Rien d'artificiel ne vient se superposer en lui à la pure humanité. Les caractères propres qu'elle prend dans ses œuvres sont ceux dont il ne peut pas se dispenser, parce qu'il les porte réellement en lui. Ils ne tiennent ni à un rôle accepté ni à une discipline quelconque.

Il nous reste à dire quelques mots, pour terminer ceci, de ce qu'on pourrait appeler la disposition mo-

---

[1]. De là cette personnalité si originale de quelques-uns des grands hommes de la Grèce. On ne trouverait à Rome ni un Socrate, ni un Diogène. Caton le Censeur, comparé à eux, semble raide et gourmé.

rale prédominante de la race hellénique; rien en effet n'intéresse davantage l'histoire littéraire. Des divergences dignes d'attention se sont produites à ce sujet parmi d'éminents critiques. Pour les uns, l'insouciance et la gaieté, voilà le fond du caractère hellénique. « Les Grecs, dit M. Renan, en vrais
« enfants qu'ils étaient, prenaient la vie d'une façon
« si gaie que jamais ils ne songèrent à maudire les
« dieux, à trouver la nature injuste et perfide envers
« l'homme¹. » Et ailleurs le même écrivain nous parle de « cette jeunesse éternelle, de cette gaieté,
« qui ont toujours caractérisé le véritable Hellène,
« et qui, aujourd'hui encore, font que le Grec est
« comme étranger aux soucis profonds qui nous
« minent². » D'autre part, l'auteur du *Sentiment religieux en Grèce,* M. Jules Girard, qui a senti si profondément l'âme hellénique, prend le contre-pied de ces affirmations. « Il y a eu en réalité chez le Grec, dit-il,
« un souci de lui-même, de sa condition et de sa
« destinée, qui s'éveilla en même temps que sa brillante
« lante imagination, qui mit dans ses premières
« œuvres, quelque énergiques qu'elles fussent d'ail-
« leurs, un accent de plainte dont rien chez les modernes
« dernes n'a dépassé la force pathétique³. » Ce qu'il y a de vérité dans cette dernière opinion, nul ne peut sérieusement le méconnaître. Mais si elle représente avec force le résultat d'un examen érudit et attentif, la première résume à grands traits, avec une exagération sans doute volontaire, une impression générale, qui, malgré les corrections indispensables, demeure juste dans son ensemble. Assuré-

---

1. *Les Apôtres,* p. 328.
2. *Ibid.,* p. 339. Cf. E. Reclus, ouv. cité, p. 64.
3. *Le Sentiment religieux en Grèce,* 2ᵉ éd., Paris, 1879, p. 6.

ment les Grecs avaient l'esprit trop fin et le jugement trop libre pour ne pas s'aviser de bonne heure de tout ce qu'il y a d'obscur dans la condition humaine et d'injuste ou d'irritant parfois dans la marche des choses. Il était impossible en même temps que leur vive sensibilité ne souffrît pas des misères de la vie. Mais s'il s'agit de constater la disposition morale qui prédominait en eux, celle qu'on peut observer le plus souvent dans leur littérature, il paraît bien vrai que ce n'était pas en somme cette conception triste des choses que les modernes ont souvent exprimée et qui se montre aussi chez quelques écrivains latins. Ils pouvaient sans doute s'écrier avec Théognis, dans un moment d'affliction ou de révolte : « La meilleure des choses pour l'homme, c'est de « ne pas naître, de ne jamais voir la lumière écla- « tante du soleil ; une fois né, c'est de franchir le « plus tôt possible les portes d'Aïdès, et de se cou- « cher dans la tombe en amassant la terre sur sa « tête[1]. » Mais il y a loin de ces plaintes doulou- reuses qui échappent parfois aux natures les moins mélancoliques à une habitude profonde de la pensée et du sentiment. Toute la poésie des Grecs est en définitive la poésie de la vie ; leur idéal constant est un idéal de jeunesse et de beauté, qu'ils cherchent sans cesse à réaliser et auquel ils aiment à attacher leur pensée. La grande cause de la tristesse habi- tuelle, c'est-à-dire le sentiment profond d'une dis- proportion constante entre ce que l'on conçoit et ce que l'on fait, entre ce que l'on désire et ce que l'on obtient, cette cause intime de la plainte moderne, les Grecs l'ont à peine connue. Quelques penseurs parmi eux ont pu s'en douter ; mais la race grecque,

1. Théognis, 425-428, éd. Bergk.

dans son ensemble, a été, plus que toute autre, amie de la vie, jouissant de ses pensées et de ses sentiments, et portée par nature à un optimisme toujours actif [1].

Voilà, dans ses traits généraux, le type hellénique tel que nous le concevons. L'histoire de la littérature grecque tout entière, vue de haut, n'est que le développement de ces observations fondamentales.

II

LA LANGUE GRECQUE

La langue d'un peuple est la première révélation littéraire de son génie. Elle est elle-même une œuvre de l'esprit, et toutes les autres œuvres de l'esprit dépendent d'elle. Quelle que soit l'importance de l'élément héréditaire qu'elle renferme, son originalité propre, dès qu'elle en a une, manifeste de la manière la plus frappante les qualités de la race. Elle devient une des formes de son idéal, et elle exerce son influence sur tout ce qui se fait désormais par la pensée et par le sentiment.

Nous ne considérerons pas ici la langue grecque

---

[1]. Aristote (*Problèmes*, XXX, 1) se demande pourquoi les hommes supérieurs dans la philosophie, la politique, la poésie ou les arts sont généralement mélancoliques. Sans doute son observation portait surtout sur des Grecs, mais elle ne leur était pas spéciale. Si elle est complètement juste, ce qui peut être mis en doute, on devrait en conclure simplement que les grands hommes en Grèce n'ont pas échappé tout à fait à une loi générale, mais il faudrait bien se garder de chercher là un trait de caractère national.

comme la considèrent les linguistes. Il ne s'agit pas pour nous de l'étudier curieusement dans son origine, dans les détails de sa formation, ni dans les particularités infinies de sa structure. Nous l'envisageons toute formée, dans ses caractères les plus généraux, sans attacher grande importance à ses variations, et nous cherchons à nous rendre compte de ce qui la distingue plus ou moins essentiellement des autres langues littéraires de même famille.

Dès les premiers temps de la littérature, la langue grecque a été finement et musicalement accentuée. Dans toutes les langues modernes de l'Europe, y compris le néo-grec, l'accentuation consiste essentiellement en un renforcement de la voix sur une des syllabes de chaque mot. Par une conséquence qui nous semble aujourd'hui nécessaire, la syllabe accentuée s'allonge. Il n'en était pas de même dans le grec ancien. L'accent y était surtout mélodique. Il avait pour effet principal de faire prononcer la voyelle accentuée sur un ton plus aigu. Entre cette voyelle et les autres, l'intervalle, selon Denys d'Halicarnasse, était d'une quinte[1]. Que l'élévation de la note sur la syllabe accentuée ait eu peu à peu pour conséquence de faire prononcer cette syllabe avec plus de force et de l'allonger, c'est ce qui résulte clairement de l'histoire même de l'accent grec, devenu, dès les premiers siècles de notre ère, à peu près semblable à ce qu'il est aujourd'hui dans le néo-

---

1. Denys d'Halic., *de Compos. verbor.*, 11 : Διαλέκτου μὲν οὖν μέλος ἑνὶ μετρεῖται διαστήματι τῷ λεγομένῳ διὰ πέντε, ὡς ἔγγιστα. Lire tout le passage qui est fort curieux. On y voit notamment que les syllabes frappées de l'accent circonflexe étaient à la fois aiguës et graves, c'est-à-dire que la voix, en les prononçant, passait rapidement d'un ton élevé à un ton plus bas. L'effet devait être celui d'une véritable modulation musicale, d'une sorte de chant atténué.

grec. Cette transformation fut graduelle, et il n'est pas douteux qu'elle ait commencé à se produire de bonne heure ; mais il est certain aussi que, pendant toute la période classique et encore au temps de Denys d'Halicarnasse, c'était le caractère mélodique (et non le caractère rythmique) qui prédominait dans l'accent, au moins parmi ceux qui parlaient avec élégance et correction. On élevait la voix sur la syllabe accentuée, mais on ne la renforçait que faiblement. Voilà pourquoi la versification grecque classique est complètement indépendante de l'accent ; rien ne prouve mieux à quel point celui-ci différait dans l'antiquité hellénique de ce qu'il est aujourd'hui. La transformation ultérieure de l'accent entraîna la disparition de ce système de versification : on est en droit d'en conclure qu'il ne se serait jamais établi si l'accent eût été à l'origine ce qu'il fut dans la suite. Quand la syllabe accentuée fut distinguée des autres par un renforcement très sensible de la voix et qu'elle fut devenue la seule syllabe longue du mot, les vers d'Homère et de Sophocle sonnèrent faux. Il fallut créer un système de versification fondé sur l'accent, puisque celui-ci avait fini par tout absorber. Mais pendant de longs siècles, les trois éléments essentiels de la musique du langage, à savoir l'intensité du son, sa durée et son acuité, étaient restés distincts et indépendants les uns des autres. L'accent grec était donc délicat autant que musical. Il se posait avec légèreté sur les mots sans les écraser ni les déformer. C'était une fine note qui faisait ressortir une syllabe, mais qui laissait discrètement aux autres leur valeur. Il était en outre varié. Au lieu de s'attacher exclusivement, comme l'accent latin, à la pénultième et à l'antépénultième, il se portait fréquemment sur les finales ; et lorsque celles-ci terminaient un membre de phrase, cette tonalité élevée frappait vivement l'oreille[1]. Dans l'intérieur des phrases, au contraire, elle s'atténuait volontairement, afin de lier les mots les uns aux autres et de donner au langage plus de fluidité. En somme, par le caractère général de l'accentuation, la façon de parler des Grecs devait produire surtout l'impression d'une facilité élégante et variée.

Le même caractère se montrait dans la constitution intime des mots en ce qui concerne le groupement des sons et leur prosodie. Il suffit de lire comparativement une phrase de Xénophon et une phrase de Tite-Live prises au hasard, pour remarquer immédiatement combien diffère dans les deux langues le nombre proportionnel des voyelles et des consonnes. Pour une même quantité de voyelles, le latin emploie environ un quart de consonnes de plus que le grec. Et pourtant la langue attique, qui est celle de Xénophon, est beaucoup moins riche en voyelles que celle d'Homère, qui l'est elle-même beaucoup moins que celle d'Hérodote. Si l'on établissait une proportion moyenne, elle serait donc encore plus favorable au grec. Parmi les langues littéraires modernes, l'italien seul lui est comparable à cet égard. Mais ce n'est pas seulement par le nombre relatif des voyelles que le grec est remar-

---

1. Quelques dialectes locaux, en particulier celui de Lesbos, faisaient exception à cet égard (R. Meister, *Die griechischen Dialecte*, Goettingen, 1882, I, p. 31 et suiv.); mais ce n'est là qu'une particularité sans importance au point de vue général qui est le nôtre. Quant à l'accentuation dorienne, malgré ses caractères propres, elle ne devait pas différer sensiblement du type que nous représentons ici (Ahrens, *de Dialecto dorica*, Gottingæ, 1843, p. 26; R. Meister, *Bemerkungen zur dorischen Accentuation*, Leipzig, 1883).

quable ; c'est aussi et surtout par leur indépendance. Le mot grec περιέφερε n'a que cinq voyelles comme le mot latin correspondant *circumferebat*, mais trois voyelles au moins du mot latin s'unissent dans la prononciation aux consonnes suivantes et forment avec celles-ci des sons composés (*cir*, *cum*, *bat*), tandis que les cinq voyelles du mot grec sonnent avec pureté, comme si elles étaient isolées. Il est à remarquer aussi que les cinq voyelles du mot grec sont brèves, tandis que, sur les cinq du mot latin, trois sont longues. En général les voyelles brèves étaient très nombreuses en grec, bien plus nombreuses qu'en latin. Dans le vers épique latin, c'est le spondée qui domine, surtout avant Virgile; dans Homère, c'est le dactyle. Ces syllabes brèves échappaient naturellement au renforcement de la voix, à cette augmentation d'intensité qui paraît s'être produite très anciennement pour les syllabes longues par l'effet même de leur durée plus grande. Il en résultait que le rythme général de la prononciation grecque était plutôt facile et coulant que coupé et comme martelé par des intonations vigoureuses.

La netteté et la finesse de l'articulation devaient par suite donner au langage beaucoup de grâce et de clarté sans exiger un grand effort des organes. Il est possible qu'à l'origine, dans la période préhistorique, cette qualité ait même été voisine d'un défaut. Il devait y avoir dans la langue grecque trop de sons simples formés d'une voyelle soit isolée, soit accompagnée d'une seule consonne. Sous cette forme, elle pouvait manquer un peu de vigueur et garder quelque chose d'enfantin. L'instinct populaire y remédia de bonne heure en resserrant les syllabes, principalement par les contractions. Dans la poésie épique la plus ancienne, nous les voyons déjà fort en usage. A côté des formes archaïques, qui sont ouvertes et décomposées, nous en trouvons d'autres plus récentes et plus resserrées (par exemple les génitifs en ω à côté des génitifs anciens en οιο). On sent que la langue achève alors de se dégager de ses manières primitives et qu'elle tend à un mode d'expression plus concis et plus viril. Ce progrès, malgré certains temps d'arrêt (par exemple chez Hérodote), s'est poursuivi dans la période historique, et le dialecte attique l'a mené à son terme naturel, fort éloigné encore de la gravité un peu pesante du latin [1].

Le système primitif des consonnes a quelque peu souffert de cette facilité de la prononciation. Dès la période préhistorique, le *sigma*, quand il était simple entre deux voyelles, avait presque complètement disparu ; et le *digamma*, qui a subsisté longtemps dans le parler populaire et même dans l'orthographe des inscriptions en dehors des pays ioniens et attiques, n'a exercé que peu de temps son influence sur la langue littéraire. Il y avait là le germe d'un inconvénient qui aurait pu devenir grave. Les mots, en s'altérant ainsi, s'éloignaient trop de leur forme primitive, et leurs relations mutuelles devenaient plus obscures ; en outre la prononciation perdait de sa force et par conséquent de sa valeur. Mais un sentiment instinctif des qualités nécessaires du langage empêcha ce double dommage de se produire. Après s'être adoucie et allégée, la langue resta

---

1. G. Meyer, *Griech. Gramm.*, Leipzig, 1880, § 122 : Am meisten hat das Ionische Herodots getrennte Vocale geduldet; am weitesten in der Contraction geht das Attische; die übrigen Mundarten nehmen eine Mittelstellung ein, stehen aber im Allgemeinen dem Ionischen næher als dem Attischen.

encore vigoureuse et suffisamment fidèle à ses origines[1].

Une chose particulièrement digne d'attention en grec, c'est la nature des finales. Les mots, quels qu'ils soient, ne se terminent jamais que par des voyelles ou par une des trois consonnes sonores ν, ρ, ς, cette dernière simple ou composée, ξ et ψ. Les Grecs fuyaient donc instinctivement les désinences sourdes ou rudes. Par suite, les mots se liaient les uns aux autres avec une facilité extrême, et la fluidité du langage en était accrue sans qu'il perdît rien en netteté.

Voilà pour la prononciation. La formation des mots mérite aussi quelques remarques. Les procédés de dérivation familiers au grec n'ont rien de particulier; nous retrouvons dans beaucoup d'autres langues, et en latin notamment, l'emploi de suffixes analogues, qui permettent de tirer d'une seule racine un grand nombre de mots. Il ne semble même pas

---

[1]. Les déformations de mots dont il est ici question sont sensibles lorsque l'on compare le grec au latin, par exemple l'éolien αὔως (pour αὔσως) et l'ionien ἠώς au latin *aurora*, le grec ἰός au latin *virus*. On trouve dans Hésychius des formes telles que καίνιτα pour κασιγνήτη. On ne peut nier, ce me semble, qu'il n'y ait là un excès. Une langue s'affaiblit en effaçant ainsi des articulations caractéristiques. Mais les Grecs ont souvent résisté avec beaucoup de sens à cette influence fâcheuse. C'est ainsi que dans des formes verbales telles que λύσω, ἔλυσα, le sigma s'est heureusement maintenu, quelle qu'en soit d'ailleurs la raison (G. Meyer, *Gr. Gr.*, § 224). Les aspirations ont toujours tenu une grande place dans le langage, malgré quelques divergences dialectales. Denys d'Halicarnasse les louait avec raison (*de Compos. verbor.*, 14 : Κράτιστα μὲν οὖν ἐστιν ὅσα τῷ πνεύματι πολλῷ λέγεται... τὰ δὲ δασέα καὶ τὴν τοῦ πνεύματος προσθήκην (ἔχει) ὥστε ἐγγὺς τοῦ τελειότατα εἶναι ἐκεῖνα). Et il est à remarquer que l'usage vulgaire distinguait à peine les muettes fortes (π, κ, τ) des aspirées correspondantes (G. Meyer, *Gr. Gr.*, § 206).

qu'il y ait de différence bien notable à cet égard entre les ressources naturelles des deux langues. Mais le grec a beaucoup plus profité des siennes que le latin. C'est le développement intellectuel du peuple qui a produit celui du langage. A mesure qu'ils ont inventé la rhétorique, la science morale, la politique, la philosophie, les Grecs se sont fait sans peine un vocabulaire spécial et complet pour chacune de ces études nouvelles, et ils n'ont eu besoin pour cela de rien emprunter à personne. Avant même la naissance des sciences proprement dites, la variété de la vie chez ce peuple aux sensations fines et multiples avait eu pour effet naturel de susciter dès les temps anciens un langage remarquablement riche. La même idée était exprimée de plusieurs manières, entre lesquelles la finesse naturelle de la race établissait bientôt dans l'usage des nuances délicates[1].

En ce qui concerne les mots composés, la comparaison du grec et du latin est particulièrement instructive. La faculté d'associer plusieurs racines ou plusieurs radicaux pour en constituer un terme nouveau est commune originairement aux deux langues. Mais peu mise à profit par les Latins, elle s'affaiblit chez eux de bonne heure au point de disparaître presque entièrement. Cela tient, semble-t-il, à ce que leur esprit, moins délié et moins analytique,

---

1. Comparer par exemple entre eux les mots μένος, μῆνις, χόλος, κότος, θυμός qui appartiennent tous simultanément à la langue homérique avec le sens plus ou moins accusé de *colère*. La différence entre χόλος et κότος est bien sentie et finement indiquée dans ces vers (*Il.*, I, 81) :

εἴ περ γάρ τε χόλον γε καὶ αὐτῆμαρ καταπέψῃ,
ἀλλά τε καὶ μετόπισθεν ἔχει κότον, ὄφρα τελέσσῃ,
ἐν στήθεσσιν ἑοῖσι.

confondait les idées ainsi associées, de telle sorte qu'elles leur apparaissaient bientôt ensemble comme une idée simple ; la distinction primitive des éléments s'effaçait et la notion composée devenait un tout indivisible. Phénomène bien sensible encore, même pour nous, dans des mots tels que *opifex, artifex, tubicen,* et une foule d'autres, que l'esprit ne songe plus à décomposer, tant leur dualité originelle a disparu. En fait, dans les mots composés latins, l'un des radicaux, perdant à peu près sa valeur propre, n'est plus qu'un suffixe, et la composition n'est guère dès lors qu'un procédé particulier de dérivation. Voilà pourquoi elle a cessé bientôt de s'exercer comme une fonction régulière dans la vie du langage. Combien les choses ne sont-elles pas différentes à cet égard chez les Grecs ! Pour eux, ce jeu de l'intelligence, groupant des éléments divers de pensée dans des combinaisons nouvelles et toujours vivantes, était aussi facile qu'agréable. Leur esprit vif et leur imagination nette ne perdaient jamais de vue complètement les idées ou les images distinctes qu'ils se plaisaient ainsi à rapprocher dans des composés ingénieux ou sonores. Chacune d'elles gardait une part de sa valeur propre tout en mettant, pour ainsi dire, l'autre en commun. Rien de plus aisé à constater dans les épithètes de l'ancienne poésie épique par exemple. Mais peut-être l'étude de la prose classique est-elle encore plus décisive à cet égard. Sans doute les composés qu'on peut appeler descriptifs y sont devenus fort rares, mais l'aptitude à grouper les idées sans les confondre se montre aussi vivante qu'autrefois. Tandis qu'en latin, les verbes composés n'admettent guère qu'une seule préposition modifiant le sens du verbe simple (*jacio, injicio*)[1], dans la prose grecque la plus pure les verbes composés avec deux et même trois prépositions ne sont pas rares[2].

Le système de la déclinaison grecque offre un cas de moins que celui de la déclinaison latine ; et en général on peut dire que si l'on compare l'état où il se présente à nous dans la période historique avec celui qu'on peut soupçonner pour un âge antérieur, on y remarque une tendance prononcée à simplifier[3]. Toutefois dans cette simplification progressive, la langue grecque, par un phénomène curieux, a toujours gardé les formes du duel, comme s'il en coûtait à ces esprits clairs et précis de n'établir aucun intermédiaire entre *un* et *beaucoup*.

Le système de conjugaison, bien que simple aussi, lorsqu'on le compare à celui de la langue sanscrite par exemple, est cependant complexe relativement à la série des flexions du verbe latin[4]. Les Grecs ont plus de formes verbales synthétiques que les Latins ;

1. Madvig, *Gramm. lat.*, § 206, a, Rem. I (traduction Theil).
2. Dans un verbe tel que προεξάγειν par exemple, que l'on rencontre chez Hérodote et chez Thucydide pour dire *conduire le premier des troupes hors du camp*, le sens général n'est intelligible qu'autant que chacun des trois éléments constituants garde toute sa valeur propre. Et lorsque Thucydide encore, et après lui Xénophon, se servent du verbe ἀντεπεξιέναι, ils expriment dans un seul mot quatre idées distinctes (1º *aller*, 2º *hors du camp*, 3º *à l'attaque*, 4º *au devant de l'ennemi*), dont aucune ne disparaît dans l'ensemble. De tels exemples montrent d'une manière concluante combien la faculté d'analyse était inhérente à l'esprit grec.
3. On trouve en grec la trace de plusieurs cas perdus, un *locatif*, un *instrumental*, comme en latin d'ailleurs.
4. G. Curtius (*Das Verbum d. griech. Sprache*, Leipzig, 1876 ; Introduction) a dressé une intéressante statistique des formes verbales dans les trois langues, qui permet de faire aisément la comparaison.

ceux-ci par suite devaient souvent traduire par une périphrase ce que les autres exprimaient par un seul mot. C'est ainsi que nous trouvons en grec un mode de plus qu'en latin, l'*Optatif,* un temps de plus, l'*Aoriste,* et des formes temporelles plus nombreuses pour l'*Infinitif* et le *Participe;* nous y rencontrons aussi, à côté de la voix *active* et de la voix *passive,* une troisième voix, appelée *moyenne,* qui permet de marquer par une simple désinence des nuances délicates dans la manière d'envisager le rôle du sujet. De cette comparaison, il serait très inexact de conclure que les Grecs aient pu traduire dans leur langage beaucoup de modifications particulières d'idées ou de sentiments qui échappaient aux Latins. En réalité ceux-ci disaient à peu près les mêmes choses par d'autres procédés, et c'est encore ce qui nous arrive à nous modernes, qui parlons des langues plus analytiques. La différence caractéristique n'est donc pas dans le nombre ni dans la nature des idées exprimées, mais dans le mode d'expression et dans l'état d'esprit qu'il suppose. En général, comme on le sait communément aujourd'hui, le procédé synthétique a prédominé, dans l'histoire des langues, avant le procédé analytique. Il correspond à une certaine phase de l'évolution du langage. Ses avantages et ses inconvénients sont aisés à concevoir. Il donne à la langue quelque chose de régulier et d'ordonné dans la variété; il permet de constituer autour d'un même radical des séries de formes parallèles, rattachées les unes aux autres par l'analogie et pourtant différentes; par là il a une sorte de beauté qui tient de celle des œuvres d'art. En outre, il condense plus fortement les pensées, il met plus de sens et de valeur dans chaque mot, il en fait des groupes pleins de vie. Mais l'inconvénient apparaît dans l'avantage même. L'emploi d'un tel procédé est difficile ; il exige de l'esprit trop d'attention, trop de suite, trop de régularité ; il crée des formes trop voisines les unes des autres, entre lesquelles le discernement exact ne peut être fait dans l'usage que par des intelligences ou très fines ou très patientes. Voilà pourquoi les peuples chez qui l'intelligence est plus solide que fine, ou chez lesquels la préoccupation pratique prédomine ordinairement sur le sens de l'art, ont en général fort peu usé de ce procédé ou l'ont abandonné de plus en plus. A ce point de vue, la langue grecque représente une sorte de juste milieu fort remarquable. Elle mélange en effet, dans ses procédés d'élocution, la synthèse et l'analyse avec une liberté et une grâce tout à fait particulières. Elle doit aux procédés de l'une cette régularité, cette richesse de formes, cette beauté d'ordonnance et de symétrie, qu'aucune autre langue classique ne possède au même degré. Mais en même temps, elle emprunte à l'autre une vivacité, une clarté et aussi une aisance qui ne sont pas moins remarquables. Elle est ainsi également appropriée à la prose et à la poésie, aux discussions et aux descriptions, aux besoins du langage courant et à ceux de l'art oratoire. Et pour en revenir au point particulier que nous traitons en ce moment, nulle part cet heureux tempérament ne se révèle mieux que dans la série des formes verbales. La conjugaison grecque a autant de voix qu'il y a de manières réellement distinctes d'envisager le rôle du sujet, autant de modes qu'il y a de façons essentielles pour l'esprit de concevoir une action, autant de temps qu'il y a de grandes divisions possibles dans la durée. Mais dans l'usage, les Grecs, sans s'asservir à une régularité gênante, ont laissé tomber ce qui était surabondant, ont substitué le procédé analytique au procédé synthétique là où ils y ont vu quelque avantage, et ont déterminé avec une finesse judicieuse la valeur exacte des formes qu'ils conservaient[1].

Si de l'étude des flexions, nous passons à celle de la syntaxe, ce qui appelle notre attention, c'est encore la liberté intelligente et ingénieuse qui s'y associe tout naturellement à l'ordre. Quand la langue grecque établit une règle, c'est-à-dire un usage certain et généralement appuyé sur une raison, il est rare qu'elle s'y asservisse. Elle a, pour ainsi dire, sa logique à elle, souple, légère, artistique, qui n'est pas du tout la logique impérieuse et inflexible de l'école. Par exemple, celle-ci, avec son dogmatisme absolu, défend de mettre au passif un verbe qui ne comporte pas à l'actif de complément direct, et les langues qui aiment les lois rigoureuses lui obéissent ponctuellement. Nous disons en français : *je nuis à quelqu'un*, et, comme ce *quelqu'un* est complé-

---

[1]. Il suffit de parcourir une liste des verbes grecs dits *irréguliers*, pour remarquer combien de formes, naturellement indiquées par l'analogie, la langue grecque a laissées tomber en désuétude ou peut-être même n'a jamais créées. D'une manière générale, la langue du temps de Périclès ou d'Alexandre est moins riche que la langue homérique. On trouve pourtant alors dans la conjugaison quelques formes que celle-ci ne connaissait pas, par exemple les futurs passifs en θήσομαι, les parfaits dits *aspirés*, tels que πέπραχα. Cela prouve que le procédé synthétique était encore vivant pour les Grecs; mais ils continuaient à en user avec choix et modération. C'est ainsi que les formes synthétiques des modes du parfait et celles du plus-que-parfait (λελύκω, λελύκοιμι, ἐλελύκειν) étaient fréquemment remplacées dans le langage écrit, et sans doute beaucoup plus souvent encore dans l'usage courant, par les formes analytiques correspondantes (λελυκώς ὦ, εἴην, ἦν), parce qu'elles impliquaient un sens assez complexe que l'analyse mettait mieux en lumière.

ment indirect du verbe *nuire*, nous n'osons pas dire *je suis nui par quelqu'un*. Il y aurait là un manque de symétrie qui nous paraîtrait barbare. Les Latins nous ressemblaient à cet égard, ou nous leur ressemblons. Les Grecs, par respect pour la logique, ont, il est vrai, la même règle ; mais, avec une liberté qui a bien aussi sa raison, ils l'éludent souvent sans scrupule, surtout lorsqu'ils peuvent obtenir ainsi une fine et ingénieuse antithèse [1].

Les règles de subordination et de corrélation sont à peu près les mêmes en grec et en latin. Dans les deux langues, on arrive par des moyens simples, à l'aide des modes et des temps combinés avec l'usage des conjonctions, à marquer très nettement et très finement le rapport de deux ou de plusieurs jugements que l'on veut rattacher les uns aux autres. Mais outre l'avantage que le grec tire de la richesse de sa conjugaison, il a encore ici celui d'une logique moins absolue et d'une plus grande élégance de procédés [2]. Il est curieux de voir avec quelle facilité naturelle il rompt au besoin le rapport grammatical des propositions, pour donner à l'une d'elles plus de vivacité. Cela est extrêmement sensible dans les interrogations indirectes. Le latin, conformément à la logique, les traite invariablement comme subor-

---

1. Xénoph., *Banquet*, VIII, 2 : Νικηράτος ἐρῶν τῆς γυναικός ἀντερᾶται. — Isocr., III, 57 : Ἢν γὰρ καλῶς ἄρχεσθαι μάθωσι, πολλῶν ἄρχειν δυνήσονται. — Xénoph., *Banquet*, IV, 31 : Οὐκέτι ἀπειλοῦμαι, ἀλλ' ἤδη ἀπειλῶ ἄλλοις.

2. Par exemple, la simple particule ἄν ou κε peut changer une proposition relative en proposition intentionnelle : dans les vers suivants (*Iliad.*, XXIV, 75), ὡς seul signifierait *afin que*, tandis que ὥς κεν signifie *comment*, ce qui modifie le ton de la phrase :
ὄφρα τί οἱ εἴπω πυκινὸν ἔπος, ὥς κεν Ἀχιλλεύς
δώρων ἐκ Πριάμοιο λάχῃ.

données, ce qu'il marque en les mettant au subjonctif. Procédé éminemment rationnel. Pour le Grec, c'est l'imagination qui prévaut ici sur la logique, et comme en général la question a plus d'importance et frappe plus l'esprit que le membre de phrase d'où elle dépend, il en fait le plus souvent une proposition principale et la traite comme telle [1]. Aussi loin que nous pouvons remonter dans l'histoire de la langue grecque, nous trouvons la preuve de cette liberté intelligente.

Signalons enfin l'usage des particules. On sait combien ces fines attaches des pensées sont nombreuses et délicates aussi bien dans la poésie homérique que chez les écrivains du cinquième et du quatrième siècle. Ce sont en général des mots anciens, dont le sens et la valeur s'étaient affaiblies peu à peu. Il n'en est que plus remarquable de voir avec quelle sûreté les Grecs se servaient de ces termes peu significatifs par eux-mêmes, mais qui gardaient pourtant quelque chose de leur sens primitif. Ils les alliaient les uns aux autres, les combinaient de diverses manières selon leurs affinités, les rapprochaient ou les opposaient, en un mot les maniaient avec aisance, en vue d'avertir l'esprit, de faire deviner d'avance la pensée, de rattacher les phrases les unes aux autres ou de les mettre en contraste. Et la brièveté même de ces petits mots, qui semblaient se perdre dans le tissu du discours, permettait de faire de tout cela une sorte de jeu, où l'agilité intellectuelle du Grec trouvait à s'exercer [2].

---

1. Isée, VI, 13 : Ἐρομένων ἡμῶν εἰ ζῇ, ἐν Σικελίᾳ ἔφασαν ἀποθανεῖν. On dirait en latin : Rogantibus nobis an *viveret*, responsum est eum in Sicilia interiisse.

2. Noter tout particulièrement l'emploi des particules μέν et δέ,

Ces observations, extrêmement incomplètes et sommaires, suffisent cependant à marquer les caractères généraux de la langue grecque au point de vue littéraire. Sonore et variée, elle se prêtait aussi bien à l'expression des passions fortes et des idées vigoureuses qu'à celle des nuances délicates du sentiment et de la pensée. Excellente pour la poésie par la beauté simple de son accentuation et par l'ampleur mesurée de ses formes, elle lui fournissait en abondance et avec une égale facilité soit les expressions éclatantes et descriptives qui enchantent l'imagination, soit les termes précis et énergiques qui sont pour l'homme plein de sa passion ou de son idée comme autant de traits. Elle avait, dès le temps d'Homère, des ressources multiples pour caresser l'oreille et pour séduire les esprits, lorsqu'elle coulait « plus douce que le miel » des lèvres d'un orateur tel que Nestor, ou « plus pressée que les flocons de la neige d'hiver » de celles d'un Ulysse ; elle en avait aussi pour les frapper par des sentences concises, à la manière de Ménélas apportant dans l'assemblée des Troyens ses réclamations et ses menaces : παῦρα μὲν, ἀλλὰ μάλα λιγέως, « quelques paroles seulement, mais nettes et vibrantes. » Et déjà, à voir cette richesse discrète, cette souplesse fine et brillante, on pouvait pressentir quelle admirable prose sortirait un jour d'une telle poésie. La langue d'Homère n'eut qu'à vivre quelques siècles, à mûrir, pour ainsi dire, aux rayons de la sagesse morale et politique, pour devenir tout naturellement, et sans aucune modification profonde, la prose naïve et brillante d'Hé-

qui ont servi dès les premiers temps de la littérature à étiqueter en quelque sorte les parties d'un développement, dans l'intérêt de la clarté et du raisonnement.

rodote, la prose concise et forte de Thucydide, le langage merveilleux de Platon, mêlant toutes les grâces et toutes les splendeurs de la poésie aux plus subtiles finesses de la métaphysique, le parler simple et précis de Xénophon, si net, si juste, si élégant, et enfin l'éloquence de Démosthène, c'est-à-dire le pur langage de la raison et de la passion, également lumineux et pathétique.

Nous n'avons rien dit jusqu'ici de la diversité des dialectes. C'est qu'elle n'a pour nous qu'une importance secondaire à côté de celle des caractères généraux de la langue. Toutefois, elle est trop brillamment représentée dans l'histoire de la littérature, pour que nous la passions entièrement sous silence.

Les dialectes qui ont été parlés dans la Grèce ancienne sont loin d'être encore classés d'une manière absolument méthodique et définitive [1]. Dans un pays divisé en une foule de petits États, qui ne se composaient parfois que d'une ville et de quelques bourgades confédérées, il était impossible que le langage parlé n'offrît pas des variétés presque infinies. Mais ces particularités locales, extrêmement intéressantes pour la linguistique, ne comptent pas dans la littérature. Celle-ci ne connaît que quelques types principaux, l'Ionien, le Lesbien, le Dorien, l'Attique, et enfin ce qu'on a nommé la langue commune.

---

1. L'opinion de l'antiquité à ce sujet est exprimée par Strabon (VIII, 1, 2) qui établit en quelque sorte le tableau de répartition des dialectes. Mais il ne donne que les grandes lignes de cette répartition et ne s'occupe nullement d'un classement détaillé et vraiment scientifique. Il y a pour lui quatre dialectes répartis en deux groupes : l'*Ionien* et l'*Attique* constituent le premier, l'*Eolien* et le *Dorien* le second. Le point de vue moderne est tout autre. G. Meyer (*Griech. Gramm.*, p. XII) l'expose ainsi : « Die alte Ein-

L'ionien a été le dialecte de la poésie épique et plus tard celui de la prose à ses débuts. Il se distingue par sa fluidité, par la multiplicité des voyelles, par sa douceur, dont on peut voir comme un signe extérieur dans la prédominance du son atténué de l'$η$ sur le son plein de l'$α$. Ces traits sont plus accusés encore dans le nouvel ionien d'Hérodote que dans le vieil ionien des poèmes homériques. L'ionien est le grec d'Asie, légèrement amolli soit par des influences que nous ignorons, soit par l'effet de l'hérédité chez une partie de la race grecque vivant dans des conditions particulières [1]. Dans le vieil ionien, la force native du parler hellénique résiste encore à cet amollissement, et il en résulte une des plus belles formes de la langue grecque, celle peut-être qui unit le plus de délicatesse, de variété, de grâce à l'énergie primitive.

Le lesbien n'a eu de grande importance littéraire que dans la poésie lyrique d'Alcée et de Sapho. Si

---

theilung der griechischen Mundarte in Dorisch, Æolisch und Ionisch (mit Attisch) kann nur so weit heute aufrecht erhalten bleiben, als man unter Æolisch alles dasjenige versteht, was weder dorisch noch ionisch ist, ohne damit ein Præjudiz für eine auf ursprünglicher Einheit beruhende Verwandschaft erwecken zu wollen ». Et plus loin : « Eine ins einzelne gehende Darstellung der Verwandtschaftverhæltnisse aller griechischen Mundarten unter einander zu geben ist auch die jetzige Wissenschaft noch nicht im Stande ». Il faut donc s'abstenir quant à présent de toute affirmation sur l'âge relatif des dialectes et sur leurs relations respectives avec un type primitif.

1. Otfr. Muller (*Litt. grecq.*, t. I, p. 19 de la traduction Hillebrand, in-12), regardait l'ionien comme une modification du grec primitif, qui se serait produite d'abord sur le continent et de là aurait été transportée en Asie. On tend plutôt aujourd'hui à considérer l'Asie elle-même comme le foyer de l'ionisme. Voyez Curtius, *Hist. grecque*, t. I, ch. II.

curieux que soit ce dialecte au point de vue de la linguistique, il ne tient donc qu'une petite place dans l'histoire de la littérature. Le lesbien avait, comme le dorien, quelque chose de mâle et de sonore, avec moins de rudesse et plus de grâce. Son accentuation, moins variée que celle de l'ionien, devait le rapprocher davantage du latin, auquel il ressemblait aussi, plus qu'aucun dialecte grec, par ses flexions.

Tout autre a été le rôle littéraire du dorien. C'est avec l'ionien la langue de la poésie, et son influence se fait sentir encore dans la période attique. La poésie lyrique chorale lui appartient dès l'origine et reste jusqu'à la fin dans sa dépendance. La gravité était sa qualité propre. Il recherchait les sons pleins, ceux de l'ᾱ et de l'ω principalement, avec une prédilection qui lui donnait une certaine lourdeur dans l'usage courant[1]. Mais le dorien littéraire y échappait par le mélange de formes, qui est commun à toute la poésie grecque.

De tous les dialectes grecs, l'attique est celui dont la fortune littéraire a été la plus brillante, et en qui se réalise le type le plus achevé de la langue nationale. Proche parent de l'ionien, le dialecte attique lui ressemble par l'atténuation des sons pleins, mais il s'en distingue par une fermeté que l'ionien a perdu de bonne heure. Plus serré dans la contexture de ses mots, il a toute la force désirable avec une certaine

---

1. On connaît la jolie scène des *Syracusaines* de Théocrite, où l'étranger alexandrin reproche à Gorgo et à Praxinoa qui parlent dorien d'*écraser* tous les mots (v. 88, πλατειάσδοισαι ἄπαντα). A quoi Gorgo répond fièrement, en assénant à l'interrupteur un des plus lourds adverbes de son vocabulaire, qu'elles parlent péloponnésien, πελοποννασιστὶ λαλεῦμες, tout comme Bellérophon de Corinthe en son temps.

rapidité élégante et concise. Toutes les qualités propres à la langue grecque, telles que nous les avons énumérées précédemment, brillent donc dans le dialecte attique comme dans leur foyer naturel [1]. Nous étudierons dans la suite avec plus de détails les caractères de la langue d'Athènes au moment du grand éclat de la littérature athénienne. Bornons-nous ici à lui faire sa place à côté des autres dialectes dont il vient d'être question.

Il est à remarquer que presque jamais, dans la littérature, aucun de ces dialectes n'a été employé d'une manière tout à fait exclusive. Grâce à l'autorité immense d'Homère, le vieil ionien de l'ancienne poésie épique, qui était déjà lui-même un langage mêlé, a exercé son influence sur toutes les formes de la poésie, et quel que fût le dialecte prédominant dans tel ou tel genre, les poètes se sont toujours réservé le droit d'y mêler des éléments empruntés à ce fonds commun. De même le grand éclat de la poésie lyrique dorienne a été cause que le dorien est devenu la langue naturelle du lyrisme choral, et que les poètes dramatiques d'Athènes ont gardé l'habitude de mélanger les formes doriennes aux formes attiques et aux formes homériques dans les parties chantées de leurs pièces. Ce mélange des dialectes, habilement ménagé, est devenu ainsi un moyen nouveau de variété, dont les langues modernes, ce semble, n'offrent guère d'exemple.

On appelle langage commun (κοινή) celui dont se servent les prosateurs grecs, sans distinction d'origine, à partir du temps d'Alexandre. C'est en

---

[1]. Les anciens remarquaient déjà fort bien ce caractère du dialecte attique, qui a emprunté à tous les autres quelques-unes de leurs qualités propres. [Xénoph.], *Rép. ath.*, II, 8.

somme, au point de vue des formes, le dialecte attique à peine modifié. Nous l'étudierons, comme langue littéraire, au commencement de la période où il domine.

L'étude de la langue, comme celle du type hellénique, nous amène donc tout naturellement à la division de l'histoire littéraire en grandes périodes.

III

CARACTÈRES GÉNÉRAUX DE LA LITTÉRATURE GRECQUE. LES GRANDES PÉRIODES DE SON HISTOIRE.

La littérature grecque, considérée dans la suite de son développement, offre cette particularité que tout y est normal ; les changements y sont lents et réguliers ; jamais ils ne prennent le caractère de révolution.

Les influences étrangères elles-mêmes ont agi sur le génie grec sans brusquerie et sans violence. Sans doute les Grecs ont beaucoup appris des autres nations. Ils ont dû aux Phéniciens l'écriture, aux peuples de l'Asie Mineure la musique et un certain nombre d'idées religieuses qui ont pris une grande place dans leur vie morale ; l'Egypte, l'Assyrie, la Perse, Rome leur ont tour à tour ouvert des horizons nouveaux, et ils ont profité de leurs relations intellectuelles avec tous les peuples qu'ils ont connus. Ce serait donc une idée très inexacte que de se les représenter comme enfermés en eux-mêmes et tirant tout de leur propre fonds. Mais voici où se montre bien leur éminente originalité : si importants qu'aient été les emprunts faits par eux aux civilisations étrangères, jamais du moins ils n'ont accepté du dehors une forme littéraire toute faite. Différence profonde entre leur littérature et celle des Romains par exemple. Chez ces derniers, l'épopée, la tragédie, la comédie, l'élégie, la poésie lyrique, l'art oratoire lui-même, en un mot tous les genres littéraires sont arrivés de Grèce déjà organisés, déjà pourvus de traditions et soumis à des règles. Il a fallu que le génie national s'accommodât de ces formes étrangères, et c'est dans l'imitation qu'il est arrivé peu à peu à se retrouver lui-même. Il en a été ainsi de presque toutes les littératures modernes, dans leur période de renaissance du moins. Au contraire, les Grecs n'ont jamais trouvé devant eux un genre littéraire tout constitué. Que leurs idées fussent spontanées ou qu'elles leur vinssent du dehors, ils les ont groupées à leur manière, et leurs œuvres ont toutes été créées en pleine liberté, d'après un sentiment purement hellénique.

Dans ces conditions, la formation de ce qu'on nomme en littérature les genres offre un intérêt tout particulier. Quand les Grecs ont fait pour la première fois des poèmes épiques, des odes, des tragédies, ils n'avaient sous les yeux aucun exemple de tragédie, d'ode, ni d'épopée. Rien, par conséquent, ne gênait leur fantaisie. Ils auraient pu inventer à la fois vingt sortes d'épopées, construire des quantités d'odes de formes différentes, enfanter des drames où le caprice individuel se serait donné libre carrière. De telles œuvres sans doute se seraient encore réparties en groupes d'après quelques grandes ressemblances fondamentales que l'esprit humain ne peut éluder ; mais elles n'auraient pas donné naissance à des genres proprement dits. La notion même de genre littéraire suppose certaines convenances reconnues et acceptées, d'où l'on ne s'écarte plus. Si les genres sont nés en Grèce en dehors de toute tradition et de toute influence étrangère, et malgré l'indépendance naturelle à la race hellénique, c'est apparemment que cette classification naturelle des œuvres de l'esprit convenait à ces intelligences nettes et précises. Il leur semblait que chaque chose devait avoir son caractère propre et porter en quelque sorte sa destination écrite sur son visage. De même qu'un temple différait d'un gymnase, une tragédie ne pouvait pas ressembler à une comédie. Un instinct très fin et très vif, un discernement très délicat ont donc établi chez les Grecs, à mesure que l'occasion s'en est présentée, un certain nombre de types dont l'excellence n'a plus été contestée. Mais comme les convenances que chacun de ces types représentait étaient parfaitement senties de tous et répondaient vraiment à des instincts nationaux, les grands écrivains les ont observées sans effort et par suite sans timidité scrupuleuse. C'est ce qui explique comment ces mêmes genres, qui ont paru quelquefois une servitude aux modernes, n'en était pas une pour les Grecs. Ils érigeaient leurs instincts en lois, tandis que nous, bien souvent, nous avons reçu des lois toutes faites, et nous y avons plié nos instincts.

Il résulte de là tout naturellement que les phases successives de la littérature grecque ancienne doivent être caractérisées par l'importance croissante de la réflexion dans l'emploi des facultés naturelles, fait essentiel de toute évolution intellectuelle régulière. A l'origine, c'est l'imagination et le sentiment, sous leur forme naïve, à demi inconsciente et spontanée, qui prédominent : non qu'il n'y ait déjà dans cette spontanéité beaucoup de réflexion et de calcul ; mais en somme les idées sont encore élémentaires, et le jugement, faute de connaissances, n'a pas acquis toute sa maturité. A la fin, c'est le spectacle contraire qui s'offre à nous : les qualités naïves ont disparu et le savoir raisonneur a pris le dessus en tout sur l'imagination. La division en grandes périodes nous est donnée par cette vue générale. Elle doit mettre en lumière les phases principales de ce changement lent et progressif.

Nous distinguerons d'après cela quatre périodes dans l'histoire que nous allons retracer : la période *ionio-dorienne*, la période *attique*, la période *alexandrine*, et la période *romaine*.

1. Période ionio-dorienne (du xe siècle environ à la fin du vi^e avant notre ère). — C'est en Ionie, sur les rivages de l'Asie Mineure, que le génie grec se révèle par ses premières grandes créations. Entre le xe siècle et le viiie, les chants épiques succèdent aux hymnes. D'abord courts et isolés, ils se groupent bientôt, et finissent par constituer de grands ensembles. La poésie de l'Ionie est héroïque. Mais elle suscite sur le continent grec un autre genre épique qui vise à instruire. Ces deux sortes de poésie, représentées éminemment l'une par Homère, l'autre par Hésiode, remplissent à elles seules toute la première partie de cette période. C'est donc l'essor de l'imagination qui est le caractère principal de la littérature de ce temps. Et toutefois la poésie hésiodique marque déjà un besoin nouveau d'exactitude, de vérité morale et historique, qui dénote un progrès incontestable de la réflexion.

Ce progrès s'accuse dans la poésie lyrique qui

s'annonce dès la seconde moitié du viiie siècle et domine jusqu'à la fin du vie. Des sentiments plus personnels, une habitude de pensée plus mûre, un jugement plus ferme et plus varié sur les choses de la vie donnent naissance à l'élégie et à l'iambe. Puis les progrès de la musique, le goût des combinaisons rythmiques nouvelles et aussi l'essor plus libre de la passion produisent la poésie lyrique proprement dite. Malgré l'éclat des noms d'Alcée et de Sapho qui appartiennent à l'île éolienne de Lesbos, cette poésie peut être considérée comme surtout dorienne. C'est à Sparte, c'est dans le Péloponnèse, c'est dans les villes grecques de Sicile qu'elle grandit et s'épanouit bientôt par une floraison magnifique. Ce qui caractérise éminemment cet âge, c'est la croissance rapide de la raison qui s'associe à toutes les formes nouvelles d'une poésie pleine de force et d'éclat. Presque tous les grands poètes du temps, Archiloque, Simonide d'Amorgos, Callinos, Tyrtée, Alcée et Sapho, Stésichore, Arion, Théognis, Phocylide, Simonide de Céos et Pindare jugent de haut la vie humaine ; ils dominent de plus en plus l'antique mythologie et l'illuminent par des réflexions encore respectueuses, mais déjà hardies. On sent que la lumière se fait dans le monde des idées ; elle ne touche encore que les hautes cîmes, mais elle les éclaire vivement.

Dans la fin de cette période, deux choses nouvelles apparaissent, la prose et la philosophie. Elles n'y ont encore l'une et l'autre qu'une importance secondaire, mais leurs premiers essais suffisent à montrer que le génie grec va entrer dans une phase nouvelle de son développement.

II. Période attique (ve et ive siècles). — C'est

sous l'influence prédominante d'Athènes que ce progrès s'accomplit. Dès l'année 510 avant notre ère, Athènes est organisée en démocratie. Ses victoires dans les guerres médiques au commencement du v° siècle lui assurent la primauté en Grèce. Elle devient la plus grande cité commerçante et en même temps le principal foyer de lumière du monde hellénique. Ses revers dans la guerre du Péloponnèse ne lui enlèvent pas cette prépondérance intellectuelle. Elle la garde encore durant tout le iv° siècle, jusqu'après les conquêtes d'Alexandre, qui changent la face du monde grec. Tout ce qui se produit de remarquable dans les lettres pendant ces deux siècles est plus ou moins athénien. Seule, la comédie sicilienne d'Epicharme et de Sophron fait exception à cet égard.

La grande création poétique de ce temps, c'est le drame sous ses diverses formes, tragédie, comédie, genre satyrique. De même que, dans la période précédente, le lyrisme avait succédé à l'épopée par un progrès naturel de la réflexion, de même à présent le drame prend la place de la poésie lyrique, qui est reléguée à l'arrière-plan. Né au siècle précédent, ce genre nouveau s'organise avec Eschyle et atteint sa perfection avec Sophocle et Euripide. Il réalise l'alliance la plus étroite entre l'esprit de combinaison, c'est-à-dire l'analyse, et la puissance créatrice de l'imagination. La comédie suit, pour ainsi dire, pas à pas les destinées de la tragédie. Elle s'organise dans la première moitié du v° siècle et règne avec éclat pendant toute la seconde, grâce au génie d'Aristophane et d'Eupolis. Elle aussi unit la réflexion la plus juste et la plus mûre à l'essor de l'imagination, celle-ci prenant chez elle toutes les libertés de la plus folle fantaisie.

La prose, qui apparaissait seulement à la fin de la période ionio-dorienne, se perfectionne rapidement dans la première moitié de la période attique. En même temps qu'elle devient un remarquable instrument d'analyse, elle se prête à tous les besoins d'un exposé qui tantôt se contente de précision et de clarté, tantôt vise à l'effet dramatique. L'histoire, sortant des mains des logographes, est agrandie par Hérodote et aussitôt après condensée par Thucydide. Le premier en fait un genre plein de vie, plein d'instruction curieuse et variée, et en outre naturellement dramatique. Le second, sans lui rien ôter de ce qu'elle avait d'émouvant chez son prédécesseur, enseigne une fois pour toutes aux esprits réfléchis à la considérer comme une école de raison et d'expérience. Après eux, elle reste comme une des études préférées de tous ceux que le spectacle des choses humaines intéresse. Xénophon et Ctésias, Ephore et Théopompe, pour ne citer que quelques noms illustres, la traitent selon la variété de leurs aptitudes personnelles : car elle invite à la fois ceux qui savent peindre et ceux qui se plaisent à juger.

L'éloquence, qui est aussi ancienne que la parole humaine, devient dans le même temps un genre littéraire, en ce sens qu'elle donne lieu à des œuvres écrites qui la préparent, lui viennent en aide ou la sauvent de l'oubli. Et peut-être, dans ce grand essor de la prose s'élevant au rang qu'abandonne alors la poésie, est-ce à elle surtout qu'il est donné de recueillir ce que celle-ci a laissé de passion ou d'imagination sans emploi. Si elle n'est guère qu'ingénieuse et savante chez les sophistes et chez Antiphon lui-même, elle est déjà vivante, variée, dramatique chez Lysias et Isée, humaine et personnelle chez Isocrate, puis elle s'affranchit tout à coup de ses dernières timidités et révèle l'âme tout entière chez Démosthène et Eschine, chez Lycurgue et chez Hypéride.

La philosophie, à la fin de la période ionio-dorienne, s'était produite avec hardiesse et grandeur, soit dans la prose, soit dans la poésie. Au début de la période attique, devenue plus mûre, elle rompt avec la poésie, et s'établit, pour ainsi dire, au cœur de la société cultivée. Son influence est grande au temps de Socrate, plus grande au ive siècle. Il y a encore un brillant reflet de l'ancienne poésie dans la prose de Platon. Chez Xénophon, c'est la sagesse du sens commun qui s'exprime seule dans une langue claire, élégante et finement exacte. Avec Aristote, nous voyons la philosophie devenir une science, aussi bien par la forme que par la méthode ; et toute l'école péripatéticienne reste fidèle à la tradition du maître. Les autres sectes suivent la même tendance. On discute, on s'attache aux idées abstraites : l'imagination et le sentiment ne figurent plus dans l'école que comme des matières d'observation et de raisonnement.

Ainsi durant les deux siècles de la période attique, nous voyons la prose se substituer en Grèce à la poésie et la réflexion l'emporter sur le jeu plus naïf et plus spontané des facultés. Toutefois la poésie subsiste encore dans le ive siècle, et la comédie moyenne ou nouvelle, entre les mains d'Antiphane, de Diphile, de Philémon et de Ménandre, produit des œuvres aussi charmantes qu'instructives. Mais cette poésie elle-même se ressent de la prédominance de la prose, dont elle se rapproche chaque jour. Elle n'a plus la hardiesse ni la liberté de celle d'autrefois. Elle est sage, réfléchie, pleine d'expérience et de modération. Elle se tient le plus près possible de la réalité, et elle fait de la philosophie morale comme on en fait autour d'elle, moins le dogmatisme qu'elle évite.

III. Période alexandrine (IIIe et IIe siècles). — Les conquêtes d'Alexandre mettent fin à l'importance politique d'Athènes et par suite à sa primauté littéraire. Le monde grec voit brusquement reculer ses limites et agrandir son horizon. Des royaumes helléniques se fondent, des capitales nouvelles surgissent, entourées de l'éclat que leur donnent des monarchies à demi orientales. Alexandrie, bâtie par le conquérant, devient en quelques années une des plus grandes villes du monde. Les Ptolémées y rassemblent autour d'eux les littérateurs et les savants. C'est elle qui est reconnue alors comme le foyer principal de la haute civilisation grecque, tandis qu'au second rang d'autres capitales, telles que Pergame, Antioche, Syracuse, font de plus en plus oublier Athènes. Mais dans le cours du deuxième siècle avant notre ère, Rome grandit chaque jour et son ombre s'étend sur le monde grec. En 146, la Grèce devient une province romaine, et les Grecs, lettrés ou savants, quittant leur patrie, affluent de plus en plus auprès de leurs nouveaux maîtres. Dès la fin de ce siècle, Rome est réellement le centre du monde civilisé, et plus de soixante-dix ans avant la bataille d'Actium, qui fera de l'Egypte elle-même une province romaine (30 av. J.-C.), on peut dire que la période alexandrine est close, puisque tous les regards sont tournés vers un seul point du monde et que ce point est Rome.

Les deux siècles qui constituent ensemble cette période marquent la dernière phase de l'évolution naturelle du génie grec. C'est alors qu'il devient surtout chercheur et raisonneur. Il excelle dans les mathématiques, il s'adonne avec passion à la philosophie et à l'érudition, et il transforme la poésie elle-même en une matière de combinaisons ingénieuses, d'où l'inspiration naïve est absente. On fonde partout des bibliothèques. La critique et la grammaire se constituent : Aristarque et Cratès partagent l'attention du monde lettré. La mythologie se résume et se condense dans de vastes recueils; l'histoire explique et commente les lois, les institutions, les mœurs, et se plaît aux discussions; la philosophie domine les écoles, remplit les bibliothèques et se fait admettre jusqu'au foyer domestique; la rhétorique succède à l'éloquence. La poésie devient savante : les Callimaque, les Philétas, les Rhianos, les Apollonios de Rhodes sont des érudits en même temps que des poètes. Théocrite lui-même, créateur dans un siècle qui l'est si peu, appartient à son temps par son goût pour les œuvres concises et travaillées, d'une facture rare, dont le mérite consiste en grande partie dans une finesse ingénieuse et délicate.

IV. Période romaine (du Ier siècle av. J.-C. au commencement du VIe siècle ap. J.-C.). — A partir du milieu du Ier siècle avant notre ère, commence dans l'histoire de la littérature grecque une nouvelle et dernière période, qu'on peut appeler *romaine,* puisque Rome domine alors le monde entier. Elle s'étend depuis César jusqu'à Justinien, embrassant ainsi une durée de cinq siècles.

Le génie grec n'a plus alors aucune faculté nouvelle à mettre au jour. Il use, plus ou moins heureusement, de son expérience lentement acquise, et il produit encore nombre d'œuvres remarquables, mais dans lesquelles l'imitation du passé l'emporte sur la nouveauté.

Le siècle d'Auguste est surtout pour les Grecs un siècle d'histoire et de critique. Strabon, Diodore, Denys d'Halicarnasse sont les plus grands noms de ce temps. La poésie n'a plus qu'une existence artificielle dans l'épigramme, dans les improvisations, ou dans des panégyriques tels que le poème d'Archias sur le consulat de Cicéron. Les Grecs de ce temps sont à demi romains par leurs idées, par leurs amitiés et par leurs admirations.

Toutefois un mouvement d'indépendance se dessine après la mort d'Auguste et produit bientôt le siècle des Antonins. L'esprit grec, sans échapper à la prépondérance romaine, tend à relever ses traditions déchues. Il y réussit en partie dans l'art oratoire avec Dion Chrysostome et les sophistes, dont la réputation devient immense au temps d'Adrien, d'Antonin, de Marc-Aurèle; dans la philosophie morale et dans l'histoire avec Plutarque, Arrien, Appien, Marc-Aurèle lui-même, romain hellénisé, que l'on peut considérer comme un Grec; dans la prose satirique avec Lucien.

Mais après cet éclat, le déclin se manifeste d'une manière définitive. L'histoire, honorée encore par Hérodien et Dion Cassius, disparaît ensuite, ou du moins cesse d'être ni un art ni une science. L'éloquence sophistique, simple procédé habilement entretenu, semble par là même plus durable, et elle brille depuis le commencement du IIIe siècle jusque vers la fin du IVe avec Philostrate et Longin, Himérios, Thémistios et Libanios; mais elle n'est en réalité que l'ombre d'un art déchu, et Julien lui-même ne lui rend pas la vie. Le roman naît alors, sans produire aucune œuvre qui mérite d'être considérée comme une création originale. La philosophie est peut-être ce qu'il y a de plus remarquable en ce temps. Ammonios au IIe siècle, Plotin et Porphyre au IIIe, Jamblique au IVe, Syrianos, Proclos, Damascios, Olympiodore et Simplicios au Ve et au VIe, prouvent, par une sorte de renouvellement des doctrines anciennes, que la vitalité de l'esprit grec n'est pas encore éteinte. Ce temps, si peu poétique en apparence, produit même une poésie. Nonnos et Colouthos, peut-être aussi Quintus de Smyrne, puis Musée et Triphyodore sont les derniers représentants de la tradition hellénique affaiblie, et annoncent déjà le moyen âge byzantin, bien qu'ils appartiennent encore par l'esprit et l'imitation à l'antiquité.

Nous ne mentionnons pas dans cette dernière période les écrivains et les orateurs chrétiens malgré le grand éclat de leurs œuvres et de leurs noms, parce qu'ils ne peuvent être étudiés convenablement dans une histoire générale de la littérature grecque. Nourris d'un autre esprit et puisant leurs inspirations ailleurs que dans la simple tradition hellénique, ils forment, entre les écrivains grecs, une série distincte que nous laissons en dehors du cadre de cet ouvrage.

Le spectacle de la longue évolution que nous venons d'esquisser appelle quelques réflexions indispensables. Le génie grec a eu pendant sept ou huit siècles un essor magnifique; puis, pendant une période presque égale, il est resté inférieur à lui-même, pour disparaître ensuite dans l'ombre du moyen âge byzantin. Cette décadence n'est pas imputable aux défauts de la race hellénique, bien qu'elle les ait rendus plus sensibles. La domination romaine en a été la première cause, puis la situation politique de l'Empire à partir du IIIe siècle. Jamais, pendant ce temps, la race grecque ne s'est trouvée groupée et constituée dans des conditions de force, d'indépendance, d'unité morale, qui lui aient permis de se ressaisir elle-même. Rien ne prouve que, si ces conditions lui eussent été offertes, elle n'aurait pas pu, tout en restant fidèle à son génie, renouveler ses traditions, se refaire peu à peu un ensemble d'idées et de sentiments nouveaux, en un mot recommencer une seconde évolution, analogue à celle dont elle avait une première fois offert le spectacle. Le christianisme pouvait devenir l'occasion naturelle de ce développement, et il a semblé un instant, au IVe siècle, que cela allait peut-être se produire. Mais le christianisme a trouvé son centre en Occident, et l'Orient, en lutte avec les barbares, Perses, Bulgares, Goths, et plus tard Arabes et Turcs, n'a jamais vu s'établir dans son sein un état de choses qui permît une renaissance hellénique. Il ne faut donc pas se hâter de dire que la littérature grecque a pris fin parce que l'esprit grec était épuisé. La vérité est que l'occasion lui a toujours manqué de mettre à profit ses ressources pour recommencer une vie nouvelle. Le développement d'une littérature est en somme celui d'une tradition. La Grèce en a créé une première, qu'elle a conduite glorieusement à son terme naturel à travers une série de phases régulières. La fortune lui a refusé les moyens d'en constituer une seconde.

CHAPITRE PREMIER

LES ORIGINES

SOMMAIRE.

I. Ancienneté de la poésie en Grèce. — II. Les Muses et la poésie thrace ou piérienne. Orphée et Linos. Musée, Eumolpe et Pamphos. — III. Le culte d'Apollon et la poésie apollinienne. Olen. — IV. Chrysothémis, Philammon et Thamyris. La poésie des hymnes. — V. Les Éoliens et les Ioniens en Asie Mineure. — VI. Les héros. Les aventures héroïques. Légendes de la Guerre de Troie et des Retours. — VII. Les premiers chants épiques. Récits d'ensemble ; récits épisodiques. Leur groupement spontané.

I

L'histoire proprement dite ne commence pour la littérature grecque qu'avec les poèmes homériques, aucune œuvre plus ancienne n'étant parvenue jusqu'à nous[1]. De tout ce qui a précédé ces poèmes, il ne restait dans l'antiquité qu'un souvenir des plus confus, altéré par des fictions de toute sorte. Et toutefois plus l'intelligence des choses primitives s'est développée de nos jours, plus il est devenu impossible de négliger ces origines. Non seulement elles excitent par elles-mêmes un vif intérêt, comme tout

---

1. Fl. Joseph, c. *Apion*, I, 2, p. 438 (Havercamp) : Ὅλως δὲ παρὰ τοῖς Ἕλλησιν οὐδὲν ὁμολογούμενον εὑρίσκεται γράμμα τῆς Ὁμήρου ποιήσεως πρεσβύτερον.

ce qui révèle les premières tentatives et les premiers succès du génie humain, mais il faut reconnaître de plus, qu'en les laissant absolument de côté, on s'exposerait à mal apprécier ce qui a suivi. L'*Iliade* et l'*Odyssée* ne peuvent être bien étudiées qu'après qu'on s'est fait une idée de la lente évolution poétique dont elles marquent la phase la plus brillante. Considérées isolément, elles remplissent l'esprit d'un étonnement profond : on ne les comprend qu'en les rattachant à toute une série d'œuvres antérieures qu'il faut essayer au moins d'entrevoir.

D'ailleurs les découvertes récentes et presque quotidiennes de l'archéologie, ainsi que les progrès constants de la science historique, attirent en quelque sorte la pensée plus fortement qu'autrefois vers la haute antiquité du peuple grec. Si obscure que soit encore pour nous la période primitive, elle s'est éclairée pourtant de certaines lueurs qui encouragent l'imagination. Depuis que des recherches heureuses nous ont fait connaître quelque chose de la vie, des arts, du luxe même des anciens habitants de l'Argolide et de l'Attique, depuis qu'on s'est mis à suivre, dans les îles de la mer Egée, la trace des populations successives qui les ont habitées, depuis enfin que les vieux sanctuaires nous ont livré quelques-uns de leurs secrets, il semble qu'on soit moins téméraire en cherchant à deviner ce que les hommes de ces temps anciens ont pu penser et de quelles créations poétiques ils ont été capables. Ces Achéens, qui sont nommés dans les monuments égyptiens de la xixe dynastie et qui envahissaient l'Egypte sous Ménéphtah I, vers le xive ou le xve siècle avant notre ère, étaient sans doute déjà un peuple puissant[1].

---

1. Maspéro, *Hist. anc. des peuples de l'Orient*, p. 251-253.

Leur vie matérielle, dont nous recueillons aujourd'hui les indices[1], nous autorise à nous représenter en quelque mesure une vie intellectuelle et morale qui en était l'efflorescence. Quand on voit les arts décoratifs, bien que relevant en grande partie de l'habileté manuelle, manifester, si longtemps avant la période historique, l'existence d'un goût déjà cultivé et jusqu'à un certain point indépendant, on se sent disposé à croire que d'autres arts, où l'esprit seul est en jeu, n'étaient pas alors complètement ignorés.

Et en effet la poésie se laisse entrevoir dans cette période obscure sous deux formes principales : l'une plus libre, à laquelle appartiennent les chants de deuil et d'hyménée, les péans, les thrènes ou lamentations, et quelques mélodies populaires accompagnées de paroles plus ou moins expressives ; l'autre plus régulière et presque hiératique, qui est celle des hymnes. La première contient déjà en germe quelque chose de ce qui sera plus tard la poésie lyrique ; nous en parlerons plus loin. La seconde n'est autre chose que le commencement même de la

---

1. Collignon, *Archéologie grecque*, p. 18 : « La civilisation de « ce peuple est empreinte d'une grandeur barbare ; l'or est pro- « digué dans les sépultures des chefs achéens de Mycènes. » L'influence orientale est sensible dans quelques-uns des bijoux trouvés à Mycènes par M. Schliemann dans les fouilles qu'il commença en 1874 ; mais « le plus grand nombre de ces objets est le « produit d'une industrie locale et accuse un style encore rude et « imparfait. Tels sont les vases d'or, un grand plastron de même « métal, et les boutons d'or repoussé et ciselé, qui décoraient les « objets de bois ou de cuir, comme les pommeaux d'épée. Ces « monuments offrent un système d'ornementation très original... « C'est le même système qui prévaut sur les poteries faites au « tour et décorées de peintures, trouvées dans les tombeaux ; or « l'origine locale de ces vases ne saurait être douteuse. »

poésie épique ; à ce titre, elle doit attirer dès à présent notre attention.

II

C'est sur le versant septentrional du mont Olympe, dans la région nommée Piérie, qu'une tradition ancienne plaçait le lieu de naissance des Muses[1]. Cette petite bande de terre montagneuse fut en effet un des berceaux de la poésie hellénique. Là habitait, dans l'âge préhistorique, un groupe de tribus thraces, proches parentes des Phrygiens et des Grecs. En un temps où l'hellénisme n'était pas encore constitué, aucune limite infranchissable ne séparait ces peuples de leurs voisins plus méridionaux. L'Olympe et le mont Piéros, qui en est le prolongement, forment ensemble comme une ligne brisée qui va du Sud au Nord parallèlement au rivage du golfe Thermaïque sur une longueur d'environ soixante ou quatre-vingts kilomètres, entre l'embouchure du Pénée et celle de l'Haliacmon. Venus du Nord et resserrés à l'Ouest et à l'Est entre cette montagne et la mer, les Piériens devaient naturellement chercher une issue vers le Sud. C'est dans cette dernière direction qu'ils entrèrent en contact avec les Grecs proprement dits. A une date incertaine, une colonie de ces Piériens émigra, dit-on, vers le centre de la péninsule hellénique et vint s'établir au pied de l'Hé-

---

1. *Théogonie*, v. 53 : Μοῦσαι Ὀλυμπιάδες, κοῦραι Διὸς αἰγιόχοιο, — τὰς ἐν Πιερίῃ Κρονίδῃ τέκε πατρὶ μιγεῖσα — Μνημοσύνη. Cf. v. 60-62. Sur l'origine des Muses et leur culte, consulter Decharme, *Les Muses*, et aussi le chapitre relatif au même sujet dans la *Mythologie de la Grèce antique* du même auteur.

licon, où elle fonda Ascra[1]. Quoi qu'il faille penser du fait réel qui se cache sous cette tradition à demi légendaire, la relation entre la poésie héliconienne et la poésie piérienne n'est pas douteuse ; toutes deux relevaient du même culte, et la plus récente, celle de l'Hélicon, aimait à se considérer elle-même comme issue de l'autre.

Au reste le propre des traditions est de simplifier. Il est bien probable qu'en fait ni la Piérie ni l'Hélicon n'ont eu, dans l'histoire de la poésie grecque, toute l'importance qui leur est ainsi attribuée. Quand la civilisation fut assez avancée parmi les tribus helléniques pour que l'homme pût s'arracher par instants aux préoccupations absorbantes de la vie matérielle, la poésie religieuse dut prendre un peu partout un rapide essor. En venant de l'Orient, ces tribus avaient apporté avec elles des hymnes plus ou moins semblables à ceux qu'on retrouve dans l'Inde et en général chez tous les peuples primitifs de même origine. Dans les derniers siècles de la période préhistorique, à mesure que les sanctuaires se multiplièrent et que le culte devint plus pompeux, cette poésie religieuse crût aussi en importance et se perfectionna. Ce fut vers ce temps probablement que le culte des Muses, parti des localités piériennes de Pimpléa et de Libéthron, puis établi en Béotie dans la région de l'Hélicon, prit un éclat nouveau. Son influence s'exerça au loin ; les poètes qui le célébraient firent école ; on reconnut

---

1. Strabon, IX, 2, 25. — Cf. X, 3. Voyez aussi le témoignage de Pausanias, IX, 29. Il tend à faire supposer que déjà quelque chose d'analogue au culte des Muses existait en cet endroit ; mais il y a là un mélange de traditions anciennes et d'inventions plus récentes qu'il est bien difficile d'éclaircir.

partout les déesses piériennes pour les dispensatrices de l'inspiration poétique, et on rattacha à la Piérie par diverses légendes les représentants réels ou fictifs de la poésie transformée.

L'extrême simplicité morale et intellectuelle de ces temps antérieurs à l'histoire se reflétait naturellement dans ces antiques créations du génie national. Les populations de la Grèce, autant que nous pouvons en juger, cherchaient alors leur subsistance dans le travail dur et obstiné de la terre : ni industrie active, ni grand commerce ; une vie rude, pauvre, asservie et inquiète ; la guerre fréquente, et par conséquent les incursions et les pillages ; tout le monde, comme le dit énergiquement Thucydide, avait les armes à la main (πᾶσα ἡ Ἑλλὰς ἐσιδηροφόρει). Au lieu de villes ouvertes, des enceintes fortifiées, bâties en pierres énormes sur des collines ; et là des chefs de guerre qui sans doute défendaient au besoin l'homme des champs et lui donnaient asile derrière leurs remparts en cas de danger, mais qui aussi, en temps de paix, le pressuraient cruellement et l'assujettissaient à de lourdes corvées. Dans cette existence sombre, la grande joie, c'était la religion des ancêtres et ses fêtes. L'âme naturellement poétique de ce peuple si bien doué s'y délassait et s'y retrempait. Ses instincts d'ordre, d'idéal, de grandeur simple le prédestinaient à la prière poétique et chantée. Zeus, l'ancien dieu pélasgique, le maître suprême, l'habitant divin des hautes cimes, Zeus, l'éther divinisé, possesseur de la foudre, assembleur de nuages et bienfaiteur souverain des hommes, était celui à qui s'adressaient principalement les hommages de la poésie primitive. Sous ce nom vénéré, c'était la nature même qu'on adorait d'une manière à demi consciente, la nature terrible et souriante, infinie en malfaisance comme en bonté, tantôt sombre et destructrice, tantôt lumineuse et doucement apaisée. Les Muses, en devenant helléniques, devinrent aussi les filles de Zeus, qu'elles célébraient constamment. Dès le temps d'Hésiode, la notion de cette origine est fixée dans une formule presque invariable : « Muses de l'Olympe, filles de Zeus qui tient l'égide[1]. » Vivant auprès de leur père, leur fonction propre est de le charmer en chantant[2]. Elles célèbrent, pour lui plaire, les dieux, leur naissance, leurs attributs, leur infinie diversité[3]. Lui-même est le principal sujet de leurs chants ; c'est par lui qu'elles les commencent et les finissent[4]. Ce qui est attribué ainsi aux Muses par la tradition hésiodique, c'est ce que les poètes de la Grèce primitive avaient dû faire depuis des temps reculés. Ils chantaient les dieux à un peuple simple et croyant, et en les chantant ils les enseignaient. Interprètes de la pensée commune, mais supérieurs à la foule en raison et en réflexion, ils dégageaient une à une les idées qui germaient confusément en elle, ils notaient les attributs divins vaguement conçus, ils inventaient, sous la dictée inconsciente d'une multitude avide de mystères, les premiers mythes, ils marquaient les rapprochements et les contrastes, les parentés divines et les hostilités cosmogoniques, en un mot ils ébauchaient

---

1. *Théogon.*, 25, 52.
2. *Théogon.*, 51.
3. *Théogon.*, 11-21, 38, 44-52, 65-68.
4. *Théogon.*: 47. Ζῆνα, θεῶν πατέρ' ἠδὲ καὶ ἀνδρῶν — ἀρχόμεναι θ' ὑμνεῦσι θεαὶ λήγουσαί τ' ἀοιδῆς. Ce dernier vers est justement suspect en raison de son incorrection métrique. Mais, interpolé ou non, il a sa valeur comme témoignage ; car il n'a pu être introduit là qu'en raison d'un usage existant et certainement ancien.

devant des auditeurs toujours curieux et ravis l'histoire future de l'Olympe. Si simple que fût ce chant primitif, sorte de mélopée grave et douce, longuement narrative, on ne saurait dire ni même concevoir aujourd'hui quelles émotions profondes et quel enchantement religieux il faisait naître chez les vieux Cadméens de Thèbes ou chez les Danaëns d'Argos, quand il retentissait auprès de l'autel. Qu'on relise, dans la *Théogonie*, pour s'en faire une idée, la description si délicieuse de l'hymne nocturne des Muses, « à la voix aussi suave que le lys » : « De leur bouche, le chant s'échappe, charmant et « sonore. La joie se répand souriante dans la de- « meure de Zeus qui fait trembler le monde, elle se « répand avec leur voix douce et caressante. L'écho « la répète au loin sur les cîmes neigeuses de « l'Olympe et dans les palais des Immortels [1]. »

De ces poètes primitifs, dont le rôle fut si grand pourtant dans le progrès de la civilisation, nous ne savons rien ; et l'antiquité elle-même ne les a pas mieux connus. Mais pour se dissimuler son ignorance, elle a créé un certain nombre de personnalités mythiques, Orphée et Linos, Musée, Eumolpe, Pamphos, dont nous devons dire quelques mots.

Orphée et Linos, prêtres et poètes tous deux, nous sont représentés comme des Thraces, fils de Calliope [2]. Mais, à vrai dire, ni l'une ni l'autre de ces deux légendes ne semble de nature à nous fournir cet élément de vérité historique qu'on trouve dans un grand nombre d'anciens récits. En ce qui concerne Linos, on est à peu près d'accord aujourd'hui pour le considérer comme un person-

---

1. *Théogon.*, v. 39 et suiv.
2. Apollodore, I, 3, 2.

nage entièrement fabuleux. Une vieille invocation populaire, l'αἴλινος, qui n'était autre chose que les mots sémitiques *aï lenu* hellénisés, a vraisemblablement donné naissance à son nom et à sa légende[1]. Une fois le personnage créé, on lui fit une histoire fictive, qui ne nous apprend rien sur le développement réel de la poésie primitive[2]. Il est inutile de la rappeler ici. Orphée, de son côté, n'appartient pas plus à l'histoire que Linos, dont il fut quelquefois considéré comme le frère[3]. Son nom ne figure ni dans Homère, ni dans Hésiode; il a dû être inventé dans un temps postérieur. Quand il apparaît dans l'histoire littéraire, c'est pour servir à autoriser toute une littérature apocryphe dont nous aurons à parler dans la suite. Aristote, qui disposait de tant d'informations aujourd'hui perdues, ne croyait déjà plus à son existence[4]; son opinion a prévalu de nos jours. La légende d'Orphée[5], si intéressante et si poétique qu'elle soit d'ailleurs, nous est donc en définitive aussi inutile que celle de Linos. Elle appartient à la mythologie et à la fiction, mais elle est en dehors de l'histoire littéraire.

On pourrait en dire autant de celle de Musée, si

---

1. Preller, *Griech. Mythol.*, t. I, p. 377. Bergk, *Griech. Liter.*, t. I, p. 322.
2. Elien, *Hist. variée* (Hercher), III, 32; Diod., III, 59.
3. Apollod., I, 3, 2.
4. Cic., *de Nat. deor.*, I, 38 : Orpheum poetam docet Aristoteles nunquam fuisse. — Toutes les questions relatives à Orphée ont été surtout élucidées de nos jours par Lobeck dans son *Aglaophamus*, t. I, l. II (Kœnigsberg, 1829).
5. Apollod., I, 3, 2; I, 9, 16; I, 9, 25; Hermésianax, fr. 2, v. 1-14 (*Anthol. lyr.* de Bergk); Phanoclès, fr. 1 (ibid.); Diod., III, 64; IV, 25; Virgile, *Géorgiques*, IV, v. 453 et suiv. — Généalogies fictives jusqu'à Homère et Hésiode : *Concours d'Hom. et d'Hés.*; Suidas, Ὅμηρος; Proclus, *Vita Homeri*.

elle ne nous laissait du moins entrevoir une des routes que suivit la poésie primitive pour pénétrer dans la Grèce centrale. Les traditions relatives à Musée sont loin d'être concordantes. On faisait de lui le fils de Méné, c'est-à-dire de la Lune, le fils ou le disciple d'Orphée. Thrace d'origine, il avait été, disait-on, le premier prêtre des mystères d'Eleusis [1]. Des poésies religieuses apocryphes furent composées plus ou moins anciennement sous son nom, notamment un hymne à Déméter [2]. Il représentait donc une poésie sacerdotale rattachée à la Piérie par ses origines et à l'Attique par le choix de ses sujets. Si cette idée était réellement fondée sur une tradition solide, ce que nous ne pouvons ni nier ni affirmer, il faudrait admettre que la poésie piérienne, en même temps qu'elle pénétrait jusqu'à l'Hélicon par la Thessalie, dut arriver par mer à Eleusis sur les côtes de l'Attique; il n'y a rien là d'invraisemblable. Le nom d'Eumolpe, le Thrace, qui, d'après la légende [3], vint s'établir à Eleusis et y célébra avec les filles de Céléus les rites des déesses, se rattache naturellement à celui de Musée, qu'on lui a quelquefois donné pour fils; au reste Eumolpe, ancêtre réel ou fictif de la famille sacerdotale des Eumolpides, ne semble pas avoir été considéré lui-même ordinairement comme poète.

En Attique, la vieille poésie religieuse a encore un autre représentant dans la personne de Pamphos. Au dire de Pausanias, ce serait même lui qui

---

1. Hermésianax, fr. 2, v. 15 et suiv. (*Anthol. lyr.* de Bergk); Diod., IV, 25; Pausan., X, 7, 2; Eurip., *Rhésos*, 945. — Légende de Musée à Athènes, son tombeau sur le Musée, Paus., I, 25.

2. Pausan., I, 22.

3. Pausan., I, 38.

aurait composé pour les Athéniens les hymnes les plus anciens[1]. Les érudits du IIe et du IIIe siècles après J.-C. lui attribuaient des hymnes à Déméter, à Artémis, à Poséidon, à Zeus, à Eros, aux Charites, compositions évidemment apocryphes, qui étaient peut-être toutes récentes alors[2]. Il résulte toutefois de cette attribution que Pamphos était regardé comme un de ceux qui, par leurs hymnes sacrés, avaient fixé la tradition religieuse en Attique et dans la partie voisine de la Béotie; et comme d'autre part on ne lui faisait honneur d'aucune innovation poétique ni musicale, nous avons quelque droit de le considérer comme un simple héritier de la vieille tradition piérienne.

En faisant dans tout ceci, comme il convient, la part des doutes nécessaires, il n'en reste pas moins qu'une poésie religieuse, aussi élémentaire qu'on voudra dans ses formes, mais considérable par son influence, a certainement existé dans la Grèce continentale dès les temps préhistoriques. Le premier grand perfectionnement qu'elle reçut lui vint de son contact avec une autre poésie issue des îles et de l'Orient grec.

III

Il est reconnu aujourd'hui que la religion d'Apollon est venue d'Asie en Grèce. Nous ne nous demanderons pas ici jusqu'où il convient de pénétrer vers l'Orient pour en découvrir la première origine. Il suffit de rappeler que pour les Grecs Apollon est

---

1. Pausan., IX, 29.
2. Pausan., I, 38; VII, 21; VIII, 36; IX, 27, 29, 35. – Philostrate, *Héroïque*, p. 301 (Kayser).

lycien presque autant que délien. Si la Lycie n'a pas été le point de départ de son culte, elle en fut tout au moins la dernière et principale station sur la route d'Asie en Grèce [1]. Or c'est à la Lycie également que se rattache la poésie apollinienne primitive.

Cette poésie en effet a pour représentant plus ou moins légendaire le lycien Olen. Ce personnage passait à tort ou à raison au temps d'Hérodote pour l'auteur d'hymnes qui étaient chantés à Délos par les femmes du pays. Le témoignage de l'historien est fort curieux : « Les femmes déliennes, dit-il, se rassem-
« blent pour chanter un hymne que leur a fait le
« lycien Olen, et dans lequel elles invoquent par
« leur nom les vierges hyperboréennes Opis et
« Argé. Au dire des Déliens, c'est d'eux que les
« habitants des îles et les Ioniens ont appris à invo-
« quer ces vierges dans des hymnes et à célébrer
« ces fêtes [2]. » Les chants en question se rapportaient au culte d'Apollon, puisqu'on y invoquait les vierges hyperboréennes, personnages légendaires de son cycle. Ainsi Délos se regardait elle-même comme le foyer d'une poésie religieuse d'origine asiatique, qui avait rayonné autour d'elle sur les îles et chez les Ioniens, et Apollon, son dieu, était aussi le dieu de cette poésie. Ce que Pausanias nous apprend de plus sur Olen n'ajoute pas grand'chose à ces faits. Il lui attribue un certain nombre de compositions poétiques, dont l'authenticité évidemment n'est rien moins que vraisemblable [3], et il

---

1. Preller, *Griech. Mytholog.*, t. i, p. 200-201.
2. Hérodote, IV, 35.
3. Pausan., I, 18; VIII, 21; IX, 27; hymne à Ilithye. — V, 7, hymne à Achæa. — II, 13, hymne à Héra.

le proclame le plus ancien auteur d'hymnes qu'il y ait eu en Grèce [1]. Outre ces hymnes d'Olen, les Déliens citaient encore d'autres hymnes anciens en l'honneur d'Apollon, par exemple ceux qu'ils attribuaient à la Sibylle Hérophile antérieure à la guerre de Troie [2]. Ces faits rapprochés les uns des autres montrent assez combien était forte et vivace parmi les habitants de cette île l'idée qu'une grande poésie religieuse avait pris naissance chez eux, autour du sanctuaire de leur dieu.

Jusqu'à quel point cette prétention délienne était-elle justifiée par les faits ? Il est impossible aujourd'hui de dire exactement comment les choses durent se passer dans des temps aussi reculés. Peut-être d'autres points du monde gréco-oriental, tels que la Crète par exemple, auraient-ils eu tout autant de droit que Délos à réclamer pour eux l'honneur de cette initiative poétique. Mais ce serait là une dispute de médiocre importance. Ce qu'on ne peut nier, ce semble, d'après les traditions alléguées, c'est qu'il y ait eu, dès les temps les plus anciens de l'établissement du culte apollinien dans ces parages, une poésie liée à ce culte, qui se reconnaissait elle-même comme soumise originairement à des influences asiatiques. Ces traditions nous permettent de croire que la poésie en question était indépendante de celle des Muses, dont nous avons parlé précédemment. Celle-ci se rattachait à la Piérie ; celle-là à la Lycie ; l'une célébrait principalement Zeus et les dieux de son cycle, l'autre était consacrée à Apollon. Ce sont sans doute deux mani-

---

1. Pausan., IX, 27 : Λύκιος Ὠλὴν ὅς καὶ τοὺς ὕμνους τοὺς ἀρχαιοτάτους ἐποίησεν Ἕλλησιν.
2. Pausan., IX, 12.

festations à peu près contemporaines du génie hellénique, nées toutes deux d'un même état général de civilisation et répondant aux mêmes besoins, mais, autant que nous pouvons en juger, dues à des influences diverses et marquées par suite de caractères différents.

Plus novateurs que leurs frères d'Europe, les Grecs orientaux se sont toujours montrés moins sévères qu'eux dans leurs goûts. Il est donc vraisemblable que leur poésie religieuse a dû, dès l'origine, se parer, pour ainsi dire, plus richement, en faisant une plus large part à l'élément musical. C'est ce que les traditions anciennes semblent confirmer, lorsqu'elles attribuent à Apollon la cithare et à Olen l'invention du vers hexamètre.

La phorminx ou cithare (φόρμιγξ, κίθαρις ou κιθάρα), bien qu'inventée selon la légende mythologique par Hermès [1], est proprement l'instrument d'Apollon. La poésie ancienne a représenté bien des fois ce dieu jouant de la cithare, tandis que les Muses chantent des hymnes [2]. Il est donc naturel de penser que cet instrument a été dès la plus haute antiquité associé à son culte, et que l'un et l'autre ont eu à peu de chose près les mêmes destinées. La cithare, fort simple à l'origine, convenait très bien aux chants primitifs [3]. Elle se prêtait à marquer fortement le

---

1. *Hymne homérique à Hermès*, v. 25 et suiv. Il est facile de voir que dans cette légende Hermès joue simplement le rôle d'inventeur, parce que l'invention est son attribut essentiel; mais la cithare ne lui appartient pas.

2. *Iliade*, I, 603 : ...φόρμιγγος π ερικαλλέος, ἣν ἔχ' Ἀπόλλων — Μουσάων θ' αἳ ἄειδον ἀμειβόμεναι ὀπὶ καλῇ. Les passages analogues sont nombreux; voyez notamment *Hymne à Hermès*, v. 4 et suiv., 335 et suiv.; Pindare, *Ném.*, V, 41 et suiv., Bergk.

3. On sait en quoi elle consistait essentiellement : des cordes

rythme, et par suite elle dut contribuer au perfectionnement qu'il reçut par la création de l'hexamètre.

Diverses traditions avaient cours dans l'antiquité au sujet des origines du vers épique. On en faisait honneur principalement, soit à la première Pythie de Delphes, Phémonoë, soit au lycien Olen [1]. Cette seconde attribution est évidemment la plus vraisemblable. Le collège sacerdotal de Delphes, en donnant aux oracles la forme de vers, se proposait de les rendre à la fois plus faciles à retenir et plus majestueux ; il devait de toute nécessité se servir pour cela de mètres déjà connus, déjà familiers par conséquent à ceux qui venaient consulter le dieu ; et parmi les mètres de ce genre, il était impossible qu'il ne préférât pas ceux qui étaient consacrés aux hymnes religieux. La poésie a donc servi de modèle

---

tendues au-dessus d'une sorte de boîte sonore, formée parfois d'une écaille de tortue, s'attachaient par leur extrémité supérieure à un *joug* (ζυγόν) porté par deux *bras* (πήχεις) ; le musicien les faisait vibrer soit en les touchant du doigt, soit à l'aide d'une petite pièce d'ivoire ou de métal recourbée qu'on appelait le *perculseur* (πλῆκτρον). Le nombre de ces cordes s'accrut à mesure que l'art musical fit des progrès : on peut dire, sans fixer de dates, qu'il y en eut d'abord trois, puis quatre, dans la période primitive.

1. Theod. Mall. ap. Gaisford, *Script. lat. rei metricæ*, 537 : « Metrum dactylicum hexametrum inventum primitus ab Orpheo Critias asserit, Democritus a Musæo, Persinus a Lino, permulti ab Homero. » Clem. *Strom.*, I, c. 16 : Ἔτι φασὶ τὸ ἡρῷον τὸ ἑξάμετρον Φανοθέαν τὴν γυναῖκα Ἰκαρίου, οἱ δὲ Θέμιν, μίαν τῶν Τιτανίδων, εὑρεῖν. — Phémonoe : Proclus, *Chrestom.* ap. Photium, cod. 239 (p. 319, éd. Bekker) : Καὶ (λέγει Πρόκλος) ὅτι τὸ ἔπος πρῶτον μὲν ἐφεῦρε Φημονόη ἡ Ἀπόλλωνος προφῆτις ἑξαμέτροις χρησμοῖς χρησαμένη. Cf. Eustath. ad *Iliad.*, p. 4, 1. — Olen : Pausan., X, 5. — Traditions divergentes, Plutarque : *Pourquoi la Pythie a cessé de parler en vers*, p. 621, et beaucoup d'autres.

à l'oracle, et non l'oracle à la poésie[1]. Ajoutons, s'il faut ici un témoignage, que la tradition favorable à Olen, c'est-à-dire à la poésie apollinienne orientale, est rappelée et confirmée par une Béotienne[2]; ce fait prouve que, même dans la Grèce centrale, les prétentions de Delphes étaient loin d'être acceptées.

Que faut-il d'ailleurs entendre au juste par l'invention de l'hexamètre ? Il est bien clair qu'un organisme aussi parfait n'a guère pu naître un beau jour tout formé de l'esprit d'un homme[3]. C'est l'expérience seule, selon l'observation d'Aristote, qui a dû l'approprier à sa destination[4]. On peut se faire au moins une idée de ses transformations probables.

Le pied qu'on nomme *dactyle* est l'élément fondamental de l'hexamètre[5]. Deux choses le caractérisent nettement. Il est composé de deux temps égaux, et le temps fort y précède le temps faible; il faut ajouter que le second temps, bien qu'égal au premier, en diffère pourtant, puisque l'un est

---

1. L'oracle de Delphes d'ailleurs ne semble avoir pris toute son importance que postérieurement au grand développement de la poésie épique ionienne. Bouché-Leclercq, *Hist. de la divination dans l'antiquité*, Paris, 1879-1882, t. I, p. 359 et suiv.

2. Bœo, dans Pausan., X, 5 : Πρῶτος δ' ἀρχαίων ἐπέων τεκτήνατ' ἀοιδάν.

3. G. Hermann, *Elem. doctrinæ metricæ*, p. 331 : Nec sane immerito divinum quid habere visa est hujus versus inventio, etc.

4. Aristote, *Poétique*, 24 : Τὸ δὲ μέτρον τὸ ἡρωϊκὸν ἀπὸ τῆς πείρας ἥρμοκεν (sc. τῇ ἐποποιΐᾳ)... et plus loin : αὐτὴ ἡ φύσις διδάσκει τὸ ἁρμόττον αὐτῇ.

5. *Philologus*, t. XI, p. 328, article de E. von Leutsch sur l'*Origine des noms des pieds grecs*. L'auteur établit que le dactyle est le pied le plus ancien et qu'il y a eu d'abord une poésie purement dactylique (p. 349).

formé d'une longue, l'autre de deux brèves. Il résulte de là que le dactyle est grave et bien pondéré, sans monotonie et sans lourdeur. Il convenait, par suite, mieux que tout autre pied, à des chants religieux plus solennels que passionnés, et sans doute le sentiment des premiers poètes d'hymnes ne s'y est pas trompé. Dès qu'on eut commencé à chercher un moyen de rythme dans la quantité relative des syllabes et dans leur groupement, ce qui fut le fait de l'instinct, on dut reconnaître immédiatement qu'entre les combinaisons élémentaires qui s'offraient d'elles-mêmes, aucune n'était mieux appropriée que celle-là à l'usage qu'on en voulait faire[1].

Mais le dactyle une fois adopté comme pied fon-

---

1. Bergk (*Geschichte der griech. Literatur*, t. I, p. 382 et suiv.) exprime une opinion fort différente. Frappé de l'importance du rythme anapestique dans les chants populaires de l'ancienne Grèce, il pense que les premiers hymnes religieux et même les premiers chants épiques durent être composés dans ce mètre, et que l'hexamètre sortit plus tard de la réunion de deux membres anapestiques incomplets (le premier diminué de son commencement : ⏑⏑⏑⏑⏑⏑; le second de sa fin : ⏑⏑⏑⏑⏑⏑⏑⏑⏑). Si l'on rapproche bout à bout ces deux membres, on a en effet un vers hexamètre, ou du moins l'apparence d'un vers hexamètre; en réalité le rythme en est tout différent. Le moindre défaut de cette combinaison est d'être entièrement arbitraire. D'ailleurs la conjecture même sur laquelle elle s'appuie est loin d'être probable. Sans doute l'anapeste domine dans les chants *populaires*; mais les hymnes religieux n'ont jamais été des chants *populaires*; ils ont dû avoir au contraire dès l'origine un caractère de gravité, de solennité, qui justifiait et exigeait même l'emploi d'un rythme particulier. Le mètre dactylique était aussi naturel à la langue grecque que le mètre anapestique, et il serait absolument incroyable qu'on eût fait usage de l'un et ignoré la valeur de l'autre, jusqu'au jour où un heureux hasard en aurait révélé la beauté dans une combinaison aussi savante que fortuite.

damental dans les hymnes religieux, il est peu vraisemblable qu'on soit arrivé immédiatement à reconnaître qu'il convenait d'assembler les pieds de ce genre six par six pour en composer des groupes toujours identiques.

Si l'on considère le vers de l'épopée homérique, il semble qu'on y retrouve encore la trace d'une soudure plus ou moins ancienne qui aurait réuni en un seul tout deux parties autrefois distinctes, bien qu'étroitement liées. La césure penthémimère et la césure dite κατὰ τρίτον τροχαῖον, si fréquentes et si naturelles, en sont comme le témoignage subsistant[1]. D'autre part la comparaison du vers hexamètre avec le pentamètre ne laisse-t-elle pas apercevoir aussi cet ancien état de choses? Dans le pentamètre en effet, nous voyons une série de six pieds partagés en deux groupes égaux qui se terminent l'un et l'autre par un pied incomplet. On peut expliquer ces faits en admettant une forme élémentaire commune (‑ ◡◡ ‑ ◡◡ ‑, ou ‑ ◡◡ ‑ ◡◡ ‑ ◡) d'où seraient issus l'hexamètre et le pentamètre[2]. Un heureux instinct fit sentir de bonne heure, et peut-être même dès l'origine, l'avantage de grouper ces membres deux à deux. Ce groupement dut donner naissance d'abord à une sorte de strophe ; puis la soudure des deux membres devint plus intime, et le vers épique se forma. Ce sont là des conjectures assez pro-

---

1. G. Hermann, *Elem. doctr. metricæ*, p. 332. — Marius Victorinus, I, 19. Incisiones etiam versuum, quas Græci τομάς vocant, ante omnia in hexametro necessario observandæ sunt; omnis enim versus in duo cola formandus est qui herous hexameter merito nuncupabitur, si competenti divisionum ratione dirimatur. — Cf. Christ, *Metrik der Griechen und Römer*, § 205 (2ᵉ éd., Leipsig, 1879).

2. Cf. A. Kœchly, *Opuscula philologica*, t. II, p. 8.

bables, mais en somme des conjectures. Ce qu'il importe de dire, c'est que la constitution définitive de l'hexamètre fut une œuvre des plus remarquables. La dignité naturelle unie à l'agrément, la grandeur associée à la variété, et avec cela une sorte d'égalité qui convient aux longs récits, telles sont les qualités propres grâce auxquelles ce rythme facilita la naissance de l'épopée et la servit ensuite merveilleusement [1].

Il est impossible de savoir où et quand se firent ces progrès successifs du mètre épique. Peut-être fut-il ébauché simultanément par les poètes de la Grèce continentale et par ceux des îles. Mais ceux-ci sans doute en tirèrent tout d'abord meilleur parti, et quand la poésie d'Apollon vint se fondre avec celle des Muses, l'essor que prit le génie hellénique ne dut pas peu contribuer au progrès de cet art naissant.

IV

Delphes semblait être le lieu prédestiné où les influences gréco-orientales devaient se mêler avec celles de la Piérie. Par ses origines et ses relations en effet, le grand sanctuaire de la Phocide se rattachait à la fois au nord de la Thessalie et à la Crète, c'est-à-dire aux deux foyers primitifs de la culture

---

1. G. Hermann, *Elem. doctr. metr.*, ch. XXVI, § 1. Quis est enim qui, si accuratius ejus naturam consideraverit, non admiretur eximiam illam Græcorum solertiam, qui in ipsis artis primordiis statim illud metrum repererint, in quo omnia quæ gratam varietatem, venustatem, dignitatem carminibus adderent, conjuncta cernerentur? etc. — Arist., *Poét.*, 24 : Τὸ γὰρ ἡρωϊκὸν στασιμώτατον καὶ ὀγκωδέστατον τῶν μέτρων ἐστίν.

hellénique, à celui du Nord et à celui de l'Orient. Aussi, lorsque Delphes sortit de l'obscurité, la fusion de ces deux influences ne tarda pas à s'y opérer.

La plus ancienne tradition relative aux concours poétiques de Delphes met précisément ce fait en pleine lumière. « Le premier concours établi à
« Delphes dont on fasse mention, nous dit Pausanias,
« le premier pour lequel des prix aient été insti-
« tués, consistait dans le *chant d'un hymne en l'honneur*
« *du dieu*. Chrysothémis le Crétois y chanta et y fut
« vainqueur ; on dit qu'il était fils de Carmanor qui
« purifia Apollon. Après Chrysothémis, Philammon,
« dit-on, fut vainqueur au concours du chant, et,
« après Philammon, Thamyris, son fils... ; Hésiode,
« à ce qu'on prétend, ne fut pas admis au concours,
« parce qu'il ne savait pas s'accompagner en jouant
« de la cithare [1]. »

Que nous apprend en somme cette tradition ? D'abord, que les premiers concours de Delphes furent des concours de poésie religieuse, ce qui confirme l'idée générale que nous exposons en ce moment ; en second lieu, que ces concours attirèrent successivement des poètes venus de la Grèce insulaire et orientale, tels que le Crétois Chrysothémis, puis d'autres qui nous sont partout donnés comme des Thraces, tels que Philammon et son fils Thamyris ; enfin que tous ceux qui concoururent à Delphes chantaient des hymnes en l'honneur d'A-

---

1. Pausan., X, 7. On sait que l'établissement régulier des jeux pythiques par décret des Amphictions date du commencement du vi[e] siècle (vers 585); mais on admettait généralement qu'ils avaient existé longtemps auparavant, comme en témoigne la narration relative à la fausse mort d'Oreste dans l'*Electre* de Sophocle, et il ne paraît pas douteux qu'il n'y ait une part de vérité historique dans la tradition rapportée ici.

pollon et s'accompagnaient de la cithare. Si nos conjectures précédentes sont fondées, ce dernier fait est particulièrement intéressant ; car il nous fait voir quelques-uns au moins des héritiers de la tradition piérienne acceptant les inventions nouvelles de la Grèce orientale et accomplissant ainsi la fusion féconde des deux poésies originairement distinctes. Apollon apportait aux Muses, outre ses rythmes perfectionnés, l'usage d'un instrument nouveau qui chantait en même temps que le poète et donnait à ses vers plus d'éclat et de sonorité. Les Muses de leur côté lui prêtaient sans doute quelque chose de la gravité religieuse et mystique de leurs vieilles traditions. Une alliance étroite et définitive se faisait entre ces divinités si bien faites pour s'entendre, Apollon devenant le maître du chœur divin, le dieu de toute poésie et de tout idéal, tandis que les Muses, inférieures à lui en dignité, restaient cependant les dispensatrices immédiates de l'inspiration [1].

Est-il possible maintenant de faire dans ces événements généraux la part personnelle de quelques hommes et de démêler un peu de vérité biographique au milieu des légendes relatives aux personnages qui viennent d'être cités ? Voici en quelques mots ce que l'on sait ou ce que l'on peut deviner sur chacun d'eux.

Chrysothémis n'a, pour ainsi dire, point de légende [2]. Mais, poète et crétois, fils de Carmanor, qui passait pour avoir purifié Apollon, il personnifie clairement par tous ses titres à la fois la poésie

---

1. *Théogon.*, v. 94 : Ἐκ γὰρ Μουσάων καὶ ἑκηβόλου Ἀπόλλωνος — ἄνδρες ἀοιδοὶ ἔασιν ἐπὶ χθόνα καὶ κιθαρισταί.
2. Pausan., X, 7 ; Proclus, chez Photius, cod. 320.

religieuse apollinienne, venue à Delphes des îles grecques de la mer Egée.

Ce qui nous est rapporté de Philammon et de Thamyris se réduit également à peu de chose. Tous deux nous sont représentés comme des Thraces [1] ; ils doivent donc être rangés dans cette classe de chanteurs sacrés que la Piérie avait vue naître et qui de là s'était répandue dans la Grèce continentale ; mais, comme nous venons de le remarquer, tous deux, malgré cette origine, nous sont donnés comme des esprits ouverts aux nouveautés musicales et poétiques. Philammon passait en outre pour avoir institué les mystères de Lerne et appartenait ainsi à la série des initiateurs du culte de Déméter et de Iacchos [2]. On lui attribuait aussi des nomes lyriques analogues à ceux de Terpandre [3] ; il est à peine besoin de dire que cette attribution provenait évidemment d'une confusion entre les hymnes sacrés dont nous venons de parler, chants d'un caractère grave et monotone, plus narratifs que lyriques, et les compositions musicales déjà beaucoup plus savantes de Terpandre. Quant aux dates, les anciens plaçaient la vie de Philammon dans la période antérieure au retour des Héraclides [4] ; le vieux poète aurait donc été un contemporain des dynasties achéennes du Péloponnèse.

Thamyris, qui passait pour le fils de Philammon, a un peu plus de célébrité que lui. Par la légende mythologique de son origine, il se rattachait à la

---

1. Suidas, Φιλάμμων, Θάμυρις; *Iliade*, II, 594; Strabon, VIII, 25; Julien, *Epist.*, 41.
2. Pausan., II, 37. Cette tradition est d'ailleurs considérée par Pausanias comme peu fondée.
3. Suidas, Τέρπανδρος.
4. Pausan., II, 37.

fois à Delphes et à la Thrace : sa mère, la nymphe Argiope, l'avait conçu près du Parnasse ; puis elle avait quitté le pays, et lui avait donné le jour chez les Odryses[1]. S'il faut traduire ceci en langage historique, il est difficile, ce me semble, de ne pas l'interpréter ainsi : Thamyris, comme poète, était à la fois un Piérien et un Delphien, Piérien par l'héritage poétique et religieux qu'il avait reçu et qu'il gardait, Delphien par les influences apolliniennes que Philammon avait subies avant lui et qui lui furent transmises. Mais la renommée de Thamyris provenait surtout de sa rivalité légendaire avec les Muses. C'est dans l'*Iliade* que nous trouvons le plus ancien récit de ce curieux épisode, rappelé ensuite par plusieurs écrivains de l'antiquité. On montrait en Messénie, près d'une rivière nommée Balyra, un endroit autrefois appelé Dorion ; c'était là, disait-on, que Thamyris, revenant d'Œchalia (plus tard Andania), demeure du roi Eurytos, avait rencontré les Muses et les avait défiées de chanter mieux que lui ; vaincu par elles, il était devenu aveugle en expiation de sa témérité, et avait oublié son art de chanteur et de citharaiste[2]. Cette légende atteste d'abord l'introduction très ancienne de la poésie religieuse dans le Péloponnèse. Eurytos d'Œchalia, d'après les traditions, était le contemporain de Nélcus, père de Nestor[3]. Quant au sens de la lutte de Thamyris avec les Muses, il a été généralement interprété d'une manière qui n'est peut-être pas exacte. Le texte homérique nous représente Thamyris comme venant

---

1. Pausan., VIII, 33.
2. *Iliade*, II, 594 et suiv.; Apollod., I, 3; Strabon, VIII, 25; Pausan., IV, 2.
3. Cela résulte des légendes rapportées par Pausanias, IV, 2.

de chez Eurytos : par suite Otfried Müller et Bergk ont vu en lui un des premiers aèdes qui seraient allés de palais en palais chanter les légendes héroïques, et ils ont considéré sa lutte avec les Muses comme celle de la poésie profane naissante avec l'ancienne poésie religieuse. La légende ne dit rien de cela. Thamyris passait au contraire pour un poète d'un caractère à demi sacerdotal ; nous venons de voir qu'au dire de Pausanias il fut vainqueur au concours de Delphes en chantant un hymne à Apollon ; et cette opinion était si bien celle de l'antiquité qu'on lui attribuait une *Théologie* en trois mille vers [1]. En outre cette opposition entre la poésie religieuse et la poésie profane n'est guère admissible dans ces temps primitifs, car la seconde célébrait les héros fils des dieux, et par conséquent, bien loin de s'opposer à la première, s'en autorisait au contraire pour la compléter. Il faut traduire autrement la vieille tradition messénienne, et cela paraît facile. Andania ou Œchalia a été anciennement un des sanctuaires révérés de la Grèce [2]. Thamyris, en sa qualité de chanteur sacré, y composait et y récitait ses hymnes. Sans doute, docile aux influences de l'Orient grec, il se montra novateur dans son art. Une tradition faisait de lui l'inventeur de la quatrième corde de la cithare primitive [3]. Sans attacher une grande valeur à ce genre d'assertions, on peut croire du moins qu'il n'était pas considéré à tort comme ayant été animé d'un esprit de progrès. C'est sans doute à quelque innovation tentée ou accomplie par lui qu'il faut rapporter la légende en question [4]. Elle nous

1. Suidas, Θάμυρις.
2. Pausan., IV, 1.
3. Diod., III, 59.
4. Pline (*Hist. nat.*, VII, 56) attribue à Thamyris, sans aucune

laisse deviner quelque chose du développement de la poésie dans la Grèce primitive et de l'opposition contre laquelle les novateurs eurent plus d'une fois à lutter[1].

En quoi consistait cette poésie si complètement perdue ? Par quels caractères essentiels se distinguait-elle des chants héroïques qui devaient naître d'elle ? On ne peut mettre en doute qu'elle ne fût surtout énumérative. Si les témoignages anciens relatifs aux chants des Muses ne semblent pas décisifs à cet égard, la simple réflexion peut les compléter et les confirmer. La vie morale était encore trop simple et trop naïve pour que chaque poète eût des sentiments personnels à exprimer. L'élément lyrique, dans ces hymnes, devait donc se réduire à des invocations plus ou moins multipliées; le nom du dieu y revenait souvent, entouré d'épithètes brillantes ou sonores, qui satisfaisaient la piété. Le poète en développait le sens soit par quelque récit rudimentaire, où les faits étaient seulement indiqués sans aucune peinture de passions, soit par des formules générales qui exprimaient la puissance du dieu. Sans chercher dans la littérature de l'Inde des exemples plus ou moins analogues, nous pouvons en trouver dans la poésie grecque elle-même. Il ne faut pas songer ici aux hymnes dits homériques, qui sont, comme nous le verrons plus loin, des œuvres d'un genre tout différent, issues de la grande

vraisemblance d'ailleurs, l'invention de la musique purement instrumentale : Cithara sine voce cecinit Thamyris primus.

1. Si la légende de Thamyris fut localisée à Dorion, c'est peut-être que ce lieu, tout proche d'Œchalia, était celui des fêtes où les hymnes étaient chantés. Il est possible aussi que le nom de la rivière voisine Balyra et l'étymologie populaire (ἀποβάλλειν τὴν λύραν, Pausan., IV, 1) suffisent à expliquer cette localisation.

épopée. Mais au début des *Travaux* d'Hésiode, se rencontre une invocation, probablement ajoutée après coup au poème, qui peut représenter assez bien le type de ces antiques compositions :

« Muses de Piérie, dit le poète, déesses des chants « qui donnent la gloire, venez, célébrez Zeus, votre « propre père, dans vos hymnes ; Zeus, par qui sont « tous les mortels, inconnus ou illustres, glorieux « ou obscurs selon sa divine volonté. Sans peine, il « donne la force ; sans peine, il la brise ; sans peine « aussi, il humilie celui qu'on enviait, et il élève « celui qu'on ne voyait pas ; sans peine, il redresse « ce qui est courbé et flétrit ce qui est glorieux, « lui, le dieu qui fait gronder la foudre dans les « airs, Zeus, assis dans sa demeure sublime. Prête « l'oreille, vois et entends, et que l'équité règle tes « jugements[1]. »

L'archaïsme des expressions, le tour hiératique des pensées semblent attester l'antiquité de ce morceau. Il est remarquable par sa forme sentencieuse et par la multiplicité des formules. Ce sont là des traits qu'on devait rencontrer souvent dans les anciens hymnes[2]. Mais celui-ci n'exprime que des pensées générales ; il ne contient aucun récit, ni même aucune indication de faits mythiques. D'autres hymnes sans doute étaient plus narratifs. On peut s'en faire une idée par plusieurs passages de la *Théogonie* hésiodique, tels que la brève narration relative à Styx et à ses enfants (v. 383-403), l'éloge d'Hécate et l'énumération de ses honneurs (409-452). Seulement il ne faut pas oublier que, dans un genre

---

1. *Travaux*, 1-9.
2. Cf. la prière d'Achille, *Iliad.*, XVI, 233 : Ζεῦ ἄνα, Δωδωναῖε, Πελασγικέ, τηλόθι ναίων, — Δωδώνης μεδέων δυσχειμέρου...

unique, les œuvres particulières ont certainement varié, comme toujours en Grèce, avec les temps, les lieux et la diversité de caractère des poètes.

D'ailleurs les circonstances, auxquelles ces hymnes devaient s'approprier, n'étaient pas toujours les mêmes. Hérodote nous apprend que chez les Perses un mage, assistant à chaque sacrifice, chantait pendant la cérémonie une poésie théogonique[1]. Quelque chose d'analogue a pu exister anciennement en Grèce. Le sacrifice appelle naturellement l'hymne, qui lui donne sa signification et qui le consacre. En outre, toute cérémonie religieuse est une occasion de réunion, et quel moment serait plus convenable pour parler des dieux que celui où l'on se réunit pour les honorer? L'hymne dut par conséquent à l'origine faire partie des rites du sacrifice, soit qu'il fût chanté pendant la cérémonie même[2], soit qu'on le réservât pour le repas qui en était la suite[3]. Toutefois les traditions relatives à Chrysothémis, à Thamyris, à Olen semblent attester un autre usage un peu différent de celui-ci, bien que sans doute simultané. Les hymnes étaient chantés aussi auprès des sanctuaires, dans les fêtes qui attiraient la foule, et où naquirent sans doute les premiers concours[4].

---

1. Hérod., I,132 : Μάγος ἀνὴρ παρεστεὼς (τῇ θυσίῃ) ἐπαείδει θεογονίην, οἵην δὴ ἐκεῖνοι λέγουσιν εἶναι τὴν ἐπαοιδήν.

2. Platon, *Lois*, III, xv (p. 700 H. Est.) : Καί τι ἦν εἶδος ᾠδῆς εὐχαὶ πρὸς θεούς, ὄνομα δὲ ὕμνοι ἐκαλοῦντο. On voit dans Callimaque (*Hymne à Zeus*, 1) que l'hymne est chanté παρὰ σπονδῇσι. Cf. Proclus, *Chrestom.*, chez Photius, *Biblioth.*, p. 320 : Ὁ δὲ κυρίως ὕμνος πρὸς κιθάραν ᾔδετο ἑστώτων. K. F. Hermann, *Lehrbuch d. Gr. Alt.*, II, § 29, note 6.

3. Ath., XIV, 24 : Ἀλλὰ μὴν οἱ ἀρχαῖοι περιέλαβον καὶ ἔθεσι καὶ νόμοις τοὺς τῶν θεῶν ὕμνους ᾄδειν ἅπαντας ἐν ταῖς ἑστιάσεσιν.

4. Pausan., X, 7, 2 : Ἀρχαιότατον δὲ ἀγώνισμα γενέσθαι μνημονεύουσι καὶ ἐφ' ᾧ πρῶτον ἆθλα ἔθεσαν (à Delphes), ᾆσαι ὕμνον εἰς τὸν θεόν.

C'est là que le talent des premiers aèdes de profession dut trouver l'occasion de se produire avec éclat, et c'est là aussi par conséquent que la poésie, devenant plus hardie à mesure qu'elle se sentait plus admirée, prit véritablement son essor.

Quoi qu'il en soit d'ailleurs de cette histoire obscure, on ne peut douter qu'à la période des hymnes ne corresponde un développement considérable de l'esprit grec, et que l'influence de cette poésie primitive sur la poésie épique n'ait été fort grande. « Ce sont les poètes Homère et Hésiode, dit Hérodote, qui ont fait la théogonie grecque, en donnant aux dieux leurs noms, en fixant les honneurs et les attributs de chacun d'eux, en dépeignant leurs formes[1]. » Le grand historien s'est trompé. L'honneur qu'il attribuait à Homère et à Hésiode revient incontestablement aux poètes des hymnes. Durant une période de temps que nous ne pouvons déterminer, ils ont chanté avec plus ou moins d'art et de talent les dieux de chaque cité, et, lorsqu'ils se mirent à voyager de sanctuaire en sanctuaire, ils contribuèrent à former, en les groupant, l'Olympe hellénique. Ce sont eux surtout qui ont popularisé les caractères, les attributs, les formes mêmes de ces dieux ; ils ont attaché à leurs noms certaines épithètes qu'une vénération traditionnelle a conservées par la suite. De là vient qu'on rencontre en grand nombre dans la poésie épique des adjectifs archaïques, qui ne répondent plus ni au goût, ni aux habitudes de langage du temps, mais qui s'y maintiennent par la force de l'usage[2] ; de là vient

---

1. Hérodote, II, 53.
2. Des qualifications telles que ἀκαλαρρείτης, βριήπυος, ἐνυάλιος, ταλαύρινος, βοῶπις, etc., sont certainement plus anciennes que les chants héroïques.

aussi qu'on en trouve tant d'autres dont le sens général et purement descriptif atteste qu'ils ont pris naissance dans une poésie plus religieuse que dramatique[1]. Les hymnes ont été l'école des premiers chants épiques, comme ces chants à leur tour ont été celle de l'épopée homérique.

V

Chez un peuple aussi vif d'esprit que le peuple grec, cette poésie primitive ne pouvait rester bien longtemps semblable à elle-même. Elle eut certainement son progrès intérieur, et ce progrès devait la conduire peu à peu à une transformation. Les grands événements des xii⁰ et xi⁰ siècles avant notre ère, — établissement des Doriens dans le Péloponnèse, chute de la puissance achéenne dont Mycènes était le centre, fondation d'états éoliens et ioniens sur le littoral de l'Asie Mineure, — tous ces mouvements d'hommes, de passions et d'idées eurent sur la poésie une influence profonde et décisive.

Dès la fin du xii⁰ siècle, peut-être même avant l'invasion dorienne, il semble que la puissance achéenne de Mycènes soit ébranlée. Sous Oreste, fils et vengeur d'Agamemnon, une grande émigration se prépare déjà, d'après le témoignage de Strabon[2]. Une partie des Achéens se lève, quitte

---

[1]. Il paraît évident en effet que si la poésie héroïque avait créé elle-même ses épithètes, elle les aurait empruntées à l'ordre d'idées qui lui était particulièrement familier. Or c'est ce qu'elle ne fait presque jamais. Par exemple, entre les nombreuses épithètes attribuées à la mer, il n'y a que celle de εὐρύπορος qui ait quelque rapport avec les légendes héroïques.

[2]. Consulter sur tous ces faits le témoignage capital de Strabon, XIII, 1, 3-4 (Meineke).

ses foyers, va chercher quelque part une nouvelle patrie. Ils se rassemblent à Aulis sous Penthilos, fils d'Oreste ; puis ce chef, et après lui son fils Archélaos et son petit-fils Gras, amènent ces exilés à travers la Thrace et l'Hellespont jusqu'au nord de la Troade. Ils traversent la péninsule dardanienne et viennent s'établir à Lesbos. D'autres Achéens, sous Kleuas et Malos, également descendants d'Agamemnon, arrivent peu après de Locride en traversant directement la mer Egée. Plus hardis que leurs prédécesseurs, ils prennent pied sur le continent même de la « Sainte Asie », autour de Kyme, près de l'Hermos. Dans le cours du xie siècle, ce mouvement continue. Toute une série d'émigrations ioniennes, qui semblent avoir eu l'Attique pour point de départ, jettent sur le même rivage, mais plus au sud, entre l'Hermos et le Méandre, des colonies principalement composées des fugitifs que l'invasion du Péloponnèse et ses conséquences chassaient de leur domicile. A leur tête figurent, selon la tradition antique, des chefs fils de l'Athénien Codros et par conséquent issus de la race pylienne des Nélides.

L'histoire de ces établissements grecs d'Asie Mineure nous est malheureusement presque inconnue du xie siècle au viiie, c'est-à-dire pendant la période où naît justement la poésie épique. Toutefois, dans cette obscurité même, il y a quelques faits essentiels que nous devons relever, parce qu'ils ont eu la plus haute importance pour cette poésie.

L'exil rapproche les hommes. Dépossédés de leur ancienne patrie, les Grecs d'Asie durent se sentir en quelque sorte plus frères les uns des autres. Nous voyons parmi eux les Ioniens se grouper en confédération autour du sanctuaire de Poséidon

Heliconios au Panionion de Mycale; il est possible que les Achéo-Eoliens du littoral mysien se soient associés entre eux de la même manière. En tout cas, il y eut bien certainement dans ce groupe de colonies une communauté de souvenirs, d'abord inconsciente, dont la poésie ne tarda pas à s'emparer. Une bonne partie de ces fugitifs venaient du Péloponnèse. Le dernier grand souvenir qui leur était resté du pays natal, c'était celui de la brillante civilisation achéenne d'Argos et de Mycènes, dont l'image idéalisée demeurait empreinte à jamais dans leur esprit. Les Achéens de Lesbos et de la Mysie, qui, sous les descendants d'Agamemnon, formaient à l'origine le groupe le plus homogène, gardaient ce souvenir avec un attachement particulier; mais les Ioniens, leurs voisins, n'avaient aucune répugnance à s'y rallier, car leurs pères avaient été associés à cette puissance. Donc tous ces Grecs d'Asie étaient des Grecs d'avant la conquête dorienne. Comme nos réfugiés français du xviie siècle après la proscription religieuse de Louis XIV, ils gardaient quelque chose d'antique et vivaient en imagination dans le passé, ce qui ne les empêchait nullement d'ailleurs d'appliquer leur intelligence pratique aux choses du présent. Au milieu même de leurs discordes, les traditions conservées et aimées étaient leur signe de ralliement. D'ailleurs ils les enrichissaient et les élargissaient par des mélanges incessants. On trouvait en Eolide des Béotiens à côté des Achéens; en Ionie, à côté des anciens habitants de l'Egialée péloponnésienne, on trouvait des Abantes, des Minyens, des Cadméens, des Dryopes, des Phocidiens, des Arcadiens, des Epidauriens, des Pyliens. La nouvelle Grèce d'Asie fut comme le creuset où se fit la fusion de leurs légendes: il s'y forma, pour ainsi parler, un large Achéisme, qui fut la première forme de l'Hellénisme.

De plus ces hommes intelligents et énergiques eurent l'avantage, fruit de leur malheur même, de se trouver en contact avec des peuples différents. Les Ioniens durent, pour s'établir à l'embouchure du Méandre, faire une rude guerre aux Cariens, tribus asiatiques, que la science moderne tend à rattacher à la race Kouschite, et qui avaient eu par leur étroite alliance avec les Phéniciens une période de gloire et de puissance[1]. Les Achéens arrachèrent le sol de leurs cités futures aux tribus aryennes des Dardaniens et des Mysiens. Les uns et les autres devinrent voisins des Phrygiens, peuple de même origine qu'eux, dont les monuments attestent encore aujourd'hui le génie original et le sens artistique[2]. Là se trouvaient aussi les Lydiens, les Lélèges, plus au sud les Lyciens, races mélangées. Ces rencontres de peuples, même hostiles, sont toujours marquées dans l'histoire par des échanges heureux. L'esprit humain n'a pas de moyen de progrès plus efficace que la comparaison. La race grecque, en se transportant en Asie, et en s'y retrouvant au milieu d'autres races dont sans doute elle s'était dégagée quelques siècles auparavant, accrut ses facultés natives, emprunta et imita, et en même temps prit une conscience plus nette de sa personnalité.

Enfin il faut noter encore que l'occupation du littoral d'Asie, grâce aux avantages naturels du pays, créa bientôt pour ceux qui l'accomplirent des conditions d'existence toutes nouvelles. Si nous admet-

---

1. Maspero (*Histoire ancienne des peuples de l'Orient*, p. 238) renvoie à l'ouvrage d'Eckstein, *les Cares dans l'antiquité*.
2. Maspero, même ouv., p. 239 et suiv.

tons que le XIe siècle tout entier, comme cela est probable, fut absorbé par les difficultés du premier établissement, par les guerres, par les travaux indispensables, par les fondations des villes, par l'appropriation du sol, nous pouvons fixer approximativement aux années qui suivirent l'an 1000 avant notre ère le début d'une période de prospérité croissante pour les Grecs d'Asie. Les poèmes homériques, dans les rares allusions qu'ils font aux choses contemporaines, nous montrent des villes fortifiées et bien bâties, des routes déjà tracées, des ports et des chantiers, de grands palais décorés à la mode assyrienne de plaques en métal et de vives couleurs, des jardins fruitiers, des vignobles, des terres bien arrosées grâce à une canalisation intelligente[1]. Nous voyons, dans la célèbre description du bouclier d'Achille au XVIIIe livre de l'*Iliade*, une scène admirable de labour, qui éveille en nous des idées de fécondité paisible : un roi, c'est-à-dire un riche propriétaire, y fait accomplir par ses serviteurs des travaux bien ordonnés, que ses dieux bénissent. L'ancienne poésie atteste ainsi par avance ce qu'Hérodote confirmera plus tard : « Les Ioniens « qui se réunissent au Panionion, dit-il, sont, de « tous les peuples que je connais, ceux qui ont bâti « leurs villes sous le plus beau ciel et le climat le « plus favorable[2]. » Et un peu plus loin : « Les « Eoliens d'Asie ont un territoire meilleur encore « que celui des Ioniens, bien que leur climat soit « moins excellent[3] ». Il est vrai que l'*Iliade* nous laisse apercevoir aussi, parmi ces images des choses

---

1. Buchholz, *Die homerischen Realien*, t. II, Leipsig, 1883,
2. Hérod., I, 142.
3. Hérod., I, 149.

contemporaines qu'elle évoque trop rarement, quelques scènes de guerre, une ville assiégée qui appelle du secours, une embuscade, des pillages et des incendies. Cela prouve simplement qu'au milieu de cette vie, en somme heureuse et facile, on gardait encore les armes à la main et l'instinct guerrier au fond de l'âme. Circonstance éminemment favorable à une poésie qui devait retracer des aventures de guerre, mais qui ne pouvait être chantée que dans la paix.

Tout ceci explique suffisamment le grand essor que prit la poésie épique en Asie Mineure, probablement dans le cours du x° siècle. Nous reviendrons plus loin, à propos de l'*Iliade* et de l'*Odyssée,* sur cette question de date et de lieu de naissance. Mais il importe, pour bien comprendre la suite des faits, de mettre dès à présent ce grand événement à sa vraie place. A coup sûr, nous ne pouvons pas affirmer qu'il n'y ait eu dans la Grèce propre, vers le même temps, quelque progrès de la poésie, analogue à celui dont l'Asie Mineure fut alors témoin[1]. Mais dans ces ombres des temps préhistoriques, l'histoire littéraire ne peut saisir que les faits principaux. Or l'essor poétique dont nous parlons s'est produit alors en Asie Mineure d'une manière si brillante que tout autre fait analogue, plus ou moins probable, disparaît pour nous. Essayons de nous en rendre compte maintenant plus complètement, en montrant par quelle transformation naturelle la poésie héroïque est sortie des hymnes.

---

1. Légendes à ce sujet. Élien, *Hist. variée.* XI, 2 : Ὅτι ἦν Ὀροιβαντίου Τροιζηνίου ἔπη πρὸ Ὁμήρου, ὥς φασιν οἱ Τροιζήνιοι λόγοι. Cet Orœbantios de Trézène n'est cité nulle part ailleurs, et il faut avouer que ces λόγοι Τροιζήνιοι sont une médiocre autorité.

VI

Le sujet naturel de la poésie épique proprement dite, ce sont les aventures héroïques.

De nos jours, la mythologie comparée a dissipé en grande partie l'obscurité qui enveloppait autrefois les héros primitifs de la Grèce[1]. Sans entrer ici dans des discussions qui lui appartiennent en propre, rappelons ce qu'elle a mis en lumière. Les héros, à l'origine du moins, étaient conçus en Grèce comme fils ou petits-fils des dieux. Quelques-uns d'entre eux étaient en réalité d'anciens dieux, longtemps honorés d'un culte local, et plus tard réduits à un rang inférieur par la prédominance des divinités nouvelles. Thésée en Attique, Castor et Pollux en Laconie, Idas et Lyncée en Messénie sont des exemples de ce fait souvent signalé. Dans d'autres légendes héroïques, telles que celle d'Héraclès, on trouve un curieux mélange de souvenirs nationaux et de croyances étrangères. Enfin beaucoup de récits relatifs aux héros étaient des traditions revêtues de formes poétiques qui conservaient la mémoire de l'origine des tribus et de leurs anciennes relations ainsi que de quelques grands événements de leur histoire. Il y avait donc des héros plus mythiques, pour ainsi dire, et d'autres plus historiques ; mais ces distinctions, intéressantes à d'autres points de vue, n'ont en réalité aucune importance pour l'histoire littéraire. La poésie épique, dans les œuvres où nous pouvons l'étudier, n'en a plus conscience à aucun degré. Fiction et réalité, tout se confond

---

1. Preller, *Griech. Mythol.*, t. II, p. 1-8 (3ᵉ éd., Plew). Decharme, *Mythologie de la Grèce antique*, Paris, 1879, l. IV, *les Héros*.

pour elle. Elle croit aux héros comme elle croit aux dieux, sans leur demander d'où ils viennent. Ce que la science moderne analyse, elle, au contraire, le synthétise spontanément. Il n'y a point pour elle d'éléments divers dans la légende ; celle-ci est à ses yeux quelque chose de vrai dans toutes ses parties, un ensemble vivant, qui a ses racines partout et qui s'alimente incessamment à toutes les traditions anciennes.

Il n'est pas douteux que les héros n'aient figuré dès l'origine dans les hymnes religieux de la Grèce primitive : les uns, parce qu'ils étaient dieux eux-mêmes, les autres, parce que, issus des dieux, ils avaient place naturellement dans des récits qui embrassaient toutes les choses divines. Les hymnes formaient une sorte de cycle sans cesse élargi ; les héros y eurent de jour en jour plus d'importance.

Bien des choses durent contribuer à les mettre en faveur. Plus ils devinrent distincts des dieux, plus ils furent aptes à intéresser les hommes. Malgré tout ce que l'imagination grecque avait pu faire pour humaniser les dieux, ceux-ci devaient cependant garder, à moins de déchoir complètement, une grandeur et une puissance qui les maintenaient toujours fort au-dessus de l'humanité. On leur attribuait, il est vrai, des passions, des craintes, des joies, et même, dans une assez large mesure, des peines et des souffrances. Toutefois il fallait bien qu'ils échappassent du moins à la mort : cela suffisait pour qu'ils fussent en toutes choses dans une condition différente de celle des hommes. Les héros au contraire pouvaient mourir, et, bien que doués de qualités merveilleuses, ils étaient hommes. C'était là pour eux, au point de vue de la poésie, un avantage notable. Poètes et auditeurs s'identifiaient avec eux bien plus facilement. On vivait de leur vie, on s'exaltait dans leur force, on souffrait de leurs anxiétés, on triomphait de leurs victoires[1]. D'ailleurs ils étaient plus attachés que les dieux à leur lieu de naissance. Ceux-ci, par leur nature même, tendaient sans cesse à devenir les dieux de tout le monde ; les héros demeuraient toujours les représentants d'un certain groupe d'hommes. Ils n'avaient pas d'Olympe qui leur servît de domicile commun, ils ne formaient pas une famille. Leur terre natale restait leur lieu d'habitation naturel ; ils appartenaient à leur peuple, et conservaient à jamais dans leur physionomie ses traits distinctifs. On les en aimait davantage et on s'intéressait d'autant plus à leurs aventures. Voilà pourquoi, après avoir figuré dans les hymnes des anciens temps, ils ne pouvaient manquer, à mesure que la poésie devenait plus libre et plus vivante, de grandir en importance.

Il est plus que probable que, dès la période achéenne, les héros furent groupés par la légende en des récits d'aventures communes. Ce groupement ne nous paraît pas appartenir, comme on l'a dit, à une phase distincte de l'évolution légendaire[2]. Si certains héros, tels qu'Héraclès et Thésée, étaient ordinairement représentés comme isolés, ce n'était pas qu'ils eussent été conçus par la poésie dans un âge plus ancien ; cela tenait simplement à l'origine même et à la nature des traditions qui les concernaient. La légende héroïque est libre, complexe et capricieuse ; elle a pu produire et elle a produit des récits de diverse sorte simultanément. Les guerres des tribus, leurs alliances, leurs entreprises com-

---

1. Consulter par exemple à ce sujet Hérod., V, 67.
2. Bergk, Griech. Liter., t. I, p. 420.

munes se sont reflétées dans des fictions à demi réelles. Tantôt on a fait d'un seul personnage le représentant de tout un peuple, tantôt on a réuni dans les légendes plusieurs héros comme un intérêt commun les avait réunis dans la réalité. C'est ainsi que naquirent les récits relatifs à la guerre des Lapithes, aux deux guerres de Thèbes, à la chasse de Méléagre, et beaucoup d'autres dont nous retrouvons çà et là la trace. La plupart sans doute sont antérieurs à la colonisation de l'Asie Mineure, du moins sous leur forme primitive. Mais dans l'ignorance absolue où nous sommes de ce qu'ils étaient alors, il doit suffire de les mentionner ici.

L'essor d'imagination auquel donnèrent lieu les grands mouvements de peuples signalés plus haut développa considérablement ces légendes héroïques primitives. Les émigrants emportaient avec eux leurs traditions; et, en les mêlant les unes aux autres ou simplement en les comparant entre elles, ils les enrichissaient. En outre, la grandeur même de leurs entreprises et de leurs établissements nouveaux exerça naturellement son influence sur les fictions et les souvenirs qui remplissaient leur esprit. Beaucoup de légendes anciennes grandirent alors tout simplement parce que ceux qui en étaient les héritiers avaient grandi eux-mêmes. A mesure que les fils prenaient une plus haute idée d'eux-mêmes, ils attribuaient à leurs pères des exploits plus merveilleux. Tydée a dû gagner ainsi aux succès des descendants de Diomède, et Agamemnon a profité de la hardiesse des chefs qui se disaient issus de son sang. La gloire remonte aussi bien qu'elle descend. La guerre de Thèbes est devenue plus sanglante à mesure que la fiction a rendu plus longue et plus terrible celle de Troie, et celle-ci à son tour n'a pas dû sans doute tirer peu d'éclat des conquêtes réelles de l'émigration achéo-éolienne.

Cette légende de la guerre de Troie intéresse particulièrement l'histoire littéraire, puisqu'elle a donné naissance à l'*Iliade* et à l'*Odyssée*. Il est difficile de déterminer exactement aujourd'hui ce qu'elle contient de réalité. Peut-être cette guerre représente-t-elle moins une expédition grandiose et unique qu'une série d'hostilités souvent répétées entre la puissance achéenne de la Grèce continentale et la puissance dardanienne de la Troade. Lorsque les Éoliens, au XIe siècle, prirent pied sur la côte d'Asie, lorsqu'ils eurent conquis Lesbos et le rivage mysien, refoulé ce qui restait encore de Dardaniens et bâti des villes au pied de l'Ida, les souvenirs des faits anciens mêlés à ceux des événements récents durent tendre à se grouper en une légende collective. De même qu'une histoire poétique s'est faite pendant le moyen âge autour de Charlemagne, de même une histoire non moins poétique se fit alors autour d'Agamemnon et d'Achille : l'un représentait les Achéens du Péloponnèse, l'autre ceux de la Phthie. La véritable guerre de Troie, transfigurée grâce à la poésie naissante, devint ainsi une sorte d'expédition idéale qui résumait toute la gloire achéenne. Par là même, elle exerça sur toutes les légendes antérieures une attraction naturelle. Chaque cité et chaque tribu voulut y avoir son représentant ; tous les héros vinrent à elle peu à peu et s'y associèrent. Quelques-uns même, tels que le pylien Nestor, s'y trouvèrent mêlés à des compagnons d'armes, qui, d'après la légende, n'étaient pas de leur temps. Mais en général les généalogies étaient déjà assez bien fixées par la poésie de l'âge précédent, pour que ces confusions fussent difficiles. Ce fut donc la dernière génération de héros qui figura dans cette guerre. D'autre part on la rattacha à la série des événements plus récents par la légende des retours, qui ramenait les vainqueurs de Troie dans leur patrie, c'est-à-dire aux lieux mêmes d'où leurs petits-fils, les chefs de la colonisation éolienne, se souvenaient d'être partis. Cette légende des retours ne fut d'abord sans doute qu'une partie tout à fait secondaire de la légende générale de la guerre de Troie, dont elle formait le dénouement. Mais peu à peu, on y mêla le souvenir de catastrophes et de crimes domestiques qui avaient ensanglanté des demeures royales; on y fit entrer le récit plus ou moins fictif de voyages involontaires accomplis par les chefs achéens que la tempête avait dispersés; elle prit alors une importance tout autre. Les progrès de la navigation et les légendes maritimes qui se formaient dans les villes grecques d'Asie Mineure tendirent à l'augmenter chaque jour. Ce fut bientôt dans ce cycle de récits comme une seconde partie distincte, aussi intéressante et plus nouvelle que la première.

Ce grand travail d'imagination et de création poétique ne se fit pas en entier, bien certainement, avant que la poésie épique fût née. Ce fut elle-même qui l'accomplit en grande partie, à mesure qu'elle en éprouva le besoin. Quelques témoignages anciens peuvent nous aider à comprendre comment elle s'y prit et quels succès elle obtint d'abord.

VII

Dans notre moyen âge français, nous voyons la poésie épique débuter par des compositions qu'on a coutume d'appeler *cantilènes;* simples récits versifiés qui étaient chantés par le peuple. Rien ne nous autorise à croire qu'il en ait été de même en Grèce. Quand la poésie épique y prit naissance, la poésie religieuse, à ce qu'il semble, était en état de lui léguer un ensemble de préceptes et d'exemples, qui durent la dispenser d'un long apprentissage. La matière changea, mais la forme ne fut d'abord qu'à peine modifiée. Les premiers chants épiques étaient sans doute de véritables hymnes un peu plus développés. Ils débutaient par une invocation à un dieu[1], puis ils racontaient une aventure héroïque au lieu d'exposer un mythe ; la différence était insensible ; et il est assez probable que le passage d'un genre à l'autre se fit, pour ainsi dire, entre les mains des aèdes, sans que ceux-ci eussent même bien clairement conscience de la transformation qu'ils accomplissaient.

Le premier fonds de ces chants était emprunté aux traditions anonymes qui circulaient alors partout. Mais à coup sûr les poètes de ces temps anciens, loin de s'asservir à ces traditions, en usaient avec elles très librement. L'imagination d'un peuple jeune est trop complaisante pour refuser à ses poètes le droit d'embellir les choses. Ceux-ci, qui sentaient en eux l'esprit d'un dieu et qui passaient pour effectivement inspirés, croyaient même dans une certaine mesure créer la vérité des événements par la manière dont ils les racontaient. Lorsqu'il n'y a encore dans une nation ni histoire, ni critique, lorsque tout le passé apparaît comme obscur et vague, il est naturel que celui qui éclaircit le mieux les faits, qui les présente d'une manière à la fois vraisemblable et intéressante, qui les coordonne

---

1. *Odyssée*, VIII, 499.

pour les rendre plus intelligibles, soit cru de tout le monde sur parole, pourvu qu'il respecte les données très générales de la tradition ; et lui-même ne peut guère manquer de considérer son œuvre comme une révélation divine. Le germe de la légende était donc seul antérieur aux récits des aèdes ; mais en réalité ce furent ces récits qui dégagèrent la légende et lui permirent de se développer. Un assentiment immédiat fut donné à leurs inventions les plus heureuses à mesure qu'elles se produisaient ; elles prirent corps et elles devinrent quelque chose d'historique.

Ces premiers chants épiques ne pouvaient guère traiter que les grands événements de chaque légende. Il fallait tirer de l'obscurité les choses principales pour qu'il fût possible aux autres d'apparaître. Mais chaque composition qui obtenait quelque succès devenait par là même propre à en susciter d'autres qui la continuaient et l'étendaient. Elle mettait en lumière quelques faits nouveaux autour desquels d'autres épisodes venaient bientôt se grouper. Une sorte de solidarité s'établit ainsi spontanément entre les aèdes. Sans qu'il y eût d'entente positive entre eux, ils acceptaient les inventions les uns des autres, lorsqu'ils les trouvaient admises déjà dans la croyance publique, et ils se contentaient de les enrichir par des additions toujours croissantes.

Quand la légende fut assez complète et assez connue du public dans ses parties essentielles, il se produisit un fait curieux, qui est d'une importance capitale pour expliquer la formation de l'*Iliade* et de l'*Odyssée :* c'est que les chants nouveaux, à mesure qu'ils naissaient, commencèrent à se grouper entre eux. On savait d'avance la suite des événements principaux, on connaissait le caractère des personnages, leur rôle, leurs grandes actions. Par suite, lorsqu'un aède, en racontant un épisode dramatique, avait réussi à exciter particulièrement l'intérêt ou l'admiration en faveur de tel ou tel héros, l'esprit de ses auditeurs allait de lui-même à d'autres épisodes connus où le même héros figurait, et le désir du public invitait le poète à les traiter également. Plus le poète avait eu de succès d'abord avec ses personnages, moins il pouvait ensuite les abandonner. Lui-même s'attachait à eux en raison du talent qu'il avait mis à les faire agir et parler. Une sorte d'affinité s'établissait entre eux et lui : il les aimait comme les créations de son esprit, et il revenait de préférence aux scènes où il était question d'eux comme à celles où il se sentait le plus en possession de son génie. Il en résultait qu'un même aède était conduit à traiter par exemple toute une série de scènes relatives à Achille ou à Diomède ou à Ulysse, en se conformant à certaines données générales qu'il avait en partie reçues de la tradition, en partie déterminées lui-même. Un tel groupement ne constituait pas des épopées à proprement parler ; c'était quelque chose d'intermédiaire entre les chants entièrement isolés et les longs développements continus.

Le VIIIᵉ livre de l'*Odyssée* nous met sous les yeux les faits que nous signalons ici ; et à ce titre, il doit être considéré comme le plus important document relatif à l'histoire de la poésie épique en Grèce.

Ulysse inconnu est accueilli chez Alkinoos, roi des Phéaciens. Un banquet a lieu le lendemain de son arrivée, dans la matinée. Un vieil aède aveugle, Démodocos, y vient prendre place. On l'invite à chanter ; il se lève, et la Muse lui suggère de retracer une querelle qui eut lieu entre Achille et

Ulysse en présence d'Agamemnon. Cette querelle nous est mal connue. Mais ce que nous voyons très bien, c'est que l'aède est censé choisir à son gré dans la légende qui est alors le plus en faveur, c'est-à-dire dans celle de la guerre de Troie, un épisode qui met particulièrement en lumière les qualités d'Ulysse et qui le montre même supérieur à Achille. C'est donc Ulysse qui est le héros de son chant. Le récit émeut profondément les auditeurs ; à chaque pause du chanteur qui ménage ses forces et son succès, des acclamations et des encouragements éclatent, jusqu'à ce qu'il ait achevé. Voilà bien le premier fait noté plus haut. L'aède a dégagé de la légende un épisode tout à l'honneur d'Ulysse ; il a représenté celui-ci d'une manière si intéressante et si vivante que son public est pris d'admiration pour le héros. Tout naturellement ce public redemandera le même personnage au poète, qui sera obligé de le satisfaire.

En effet, le soir, un nouveau banquet a lieu, où le même aède et les mêmes convives se retrouvent en présence. Quand le repas est fini, l'étranger, encore inconnu, se lève ; il adresse à l'aède des paroles flatteuses, le loue de son talent et du choix de son sujet, puis il l'invite à raconter un autre épisode lié au premier, celui du cheval de bois, dernier acte du siège d'Ilios, où Ulysse a joué le rôle principal :
« Démodocos, je te loue entre tous les mortels :
« c'est la Muse, fille de Zeus, qui t'a instruit, ou
« bien c'est Apollon. Car en vérité ton chant est
« parfait, lorsque tu dis la destinée des Achéens, ce
« qu'ils ont fait, ce qui leur est arrivé, ce qu'ils ont
« souffert. Eh bien, donne-nous maintenant autre
« chose à la suite ; chante le cheval de bois que
« construisit Epéos avec l'aide d'Athéné, et que le

« divin Ulysse fit entrer par ruse dans l'acropole
« d'Ilios, l'ayant rempli d'hommes qui dévastèrent
« la cité. Si tu me dis cela comme il convient, moi
« de mon côté je répéterai partout qu'un dieu bien-
« veillant a mis en toi le don divin du chant[1]. »
Ainsi c'est bien le récit du matin qui est la raison
d'être immédiate du récit du soir; c'est parce que
l'aède a mis une première fois en scène le personnage d'Ulysse avec naturel et pathétique, parce qu'il
a su faire ressortir la grandeur de son caractère et
la finesse de son esprit, qu'il est invité à retracer un
autre épisode où le même personnage va reparaître
d'une manière non moins glorieuse. Dans l'*Odyssée*,
il est vrai, cela répond aussi à un tout autre dessein, qui est de préparer la révélation qu'Ulysse,
encore inconnu des Phéaciens, va leur faire de son
nom; mais ce dessein est secret, et celui qu'Ulysse
avoue ouvertement doit avoir assez de vraisemblance
pour le dissimuler; il faut donc que sa demande et
la manière dont il la justifie soient en accord avec
les usages qui régnaient en ce temps.

Et maintenant peut-on interpréter cette scène
d'une manière différente? Est-il possible d'admettre
par exemple, avec Welcker[2], que Démodocos soit
censé réciter des fragments d'un poème proprement
dit, d'une *Petite Iliade*, composée antérieurement par
lui? Rien n'est plus contraire à l'évidence. Le texte
homérique ne nous donne nullement l'idée d'un
poème continu dont on détacherait des épisodes; il
nous montre des chants distincts, mais liés entre
eux par le sujet, ce qui est fort différent. Ulysse
vient d'être jeté à Skhérie par un naufrage après un

1. *Odyssée*, VIII, 487-498.
2. Welcker, *Der epische Cyclus*, t. I, p. 268 et suiv.

séjour de sept ans dans l'île de Calypso : comment saurait-il si Démodocos a fait un poème sur tel ou tel sujet? Ce qu'il est censé connaître, ce sont les événements que la renommée a publiés partout ; l'un de ces événements étant mentionnés par l'aède, il peut lui demander sans invraisemblance d'en raconter un autre qui s'y rattache étroitement. Cet ensemble de *dires* qui courent le monde, voilà manifestement ce que le poète homérique appelle οἴμη, proprement la *route* suivie par le récit populaire à travers une série d'inventions variées[1].

Il est vrai que le viiiᵉ chant de l'*Odyssée* appartient à un temps bien postérieur à celui où nous nous plaçons en ce moment, puisque l'*Odyssée*, comme nous le verrons, est née après l'*Iliade,* et que le viiiᵉ chant semble être un des plus récents du poème ; en outre la composition même de ce chant est suspecte à la critique moderne, qui tend à en considérer la seconde partie comme une imitation de la première, ajoutée après coup. Mais n'hésitons pas à dire que cela n'infirme en rien les conclusions que nous croyons avoir le droit d'en tirer. De quelque façon et en quelque temps qu'ait été composée cette partie de l'*Odyssée,* elle révèle certainement un usage qui subsistait encore quand elle fut achevée. Or, si l'on récitait ainsi des chants détachés, directement empruntés à la tradition, lorsque l'*Iliade* et la plus grande partie de l'*Odyssée* avaient déjà pris naissance, à plus forte raison devait-on le

---

1. *Odyssée*, VIII, 74 : Οἴμης, τῆς τότ' ἄρα κλέος οὐρανὸν εὐρὺν ἵκανεν. Il ne faut donc pas donner à ce mot par une interprétation tout arbitraire et forcée le sens de *poème ;* il désigne simplement une tradition connue et fixée, à laquelle l'aède emprunte les épisodes qui lui plaisent. La tradition relative à la guerre de Troie est l'οἴμη que Démodocos dans l'*Odyssée* met à contribution.

faire, lorsque ni l'un ni l'autre de ces grands ensembles n'existait. Nous pouvons donc être certains qu'au temps où la poésie épique prit son essor, les choses se passaient ordinairement ainsi. Les traditions étaient déjà riches, variées, et fixées dans leurs traits essentiels ; le public les connaissait en gros : les aèdes les lui racontaient en détail. Leurs récits, bien qu'indépendants les uns des autres par la composition comme ils l'étaient par la récitation, se rattachaient entre eux par suite de certaines relations naturelles des épisodes et par le rôle prédominant attribué à certains héros. Il se formait ainsi, à mesure que ces récits partiels naissaient, non de grands poèmes au sens propre du mot, mais des groupes de chants, qui pouvaient avoir, selon les circonstances et le génie des auteurs, plus ou moins d'unité intime.

L'*Iliade,* à sa naissance, ne fut pas autre chose qu'un de ces groupes, et nous pouvons espérer maintenant, en l'étudiant de près à la lumière de cette idée, en comprendre la formation.

CHAPITRE II

L'ILIADE. — ANALYSE CRITIQUE DU POÈME

BIBLIOGRAPHIE

Manuscrits. — Pour l'étude détaillée des manuscrits de l'*Iliade*, consulter J. La Roche, *Die homerische Textcritik im Alterthum*, Leipsig, 1866, appendice. — Résumés utiles : A. Pierron, *Iliade*, t. I, Introduction ; W. Christ, *Iliadis Carmina*, Proleg., p. 100. — Nous ne mentionnerons ici que les manuscrits les plus importants ou les plus curieux. En voici la liste par ordre d'ancienneté probable :

1º Plusieurs *Papyrus* (provenant de tombeaux égyptiens), savoir : a, les deux *Papyrus de Batissier*, appartenant au Musée du Louvre, l'un, probablement antérieur à l'ère chrétienne, et contenant seulement les débris des 39 premiers vers du livre I ; l'autre, du 1er siècle ap. J.-C., offrant 61 fragments de vers ; — b, le *Papyrus de Paris* (nº 3 du Louvre), appelé aussi à tort *Papyrus de Drovetti*, du 1er siècle ap. J.-C., fragment du XIIIe livre (26-47, 107-111, 149-173). Ce papyrus et les précédents ont été publiés *in extenso* dans les *Notices et extraits des manuscrits*, t. XVIII, 2e partie ; — c, le *Papyrus de Bankes*, du 1er siècle ap. J.-C., trouvé dans l'île d'Eléphantine, XXIVe l., 127-804 ; — d, le *Papyrus d'Harris,* un peu plus récent, XVIIIe l., 311-617. — En général, tous ces fragments, si intéressants par leur antiquité et si curieux au point de vue paléographique, sont aussi fautifs que mutilés ; la critique du texte n'a presque rien à en tirer.

2° Le *Palimpseste syrien* (S, *Syriacus*) du British Museum, ive siècle ap. J.-C., fragments des livres XII, XIII, XIV, XV, XVI, XVIII, XIX, XX, XXI, XXII, XXIII, XXIV. Belle écriture, mais texte fort incorrect. Edité par Cureton, in-folio, Londres, 1851, avec fac-simile.

3° L'*Ambrosianus*, dit *Iliade peinte* (*Ilias picta*), à cause des miniatures dont il est orné ; ve siècle ap. J.-C., selon Angelo Mai ; 58 feuillets in-4°, contenant seulement quelques fragments du poème.

Ce sont là plutôt des curiosités que des ressources pour l'établissement du texte. Les manuscrits importants sont les quatre suivants :

4° Le *Venetus* ou *Marcianus* A (Bibliothèque de Saint-Marc, à Venise, 454), xe siècle. Manuscrit d'une valeur exceptionnelle, resté inaperçu jusqu'à la fin du siècle dernier, signalé et réellement découvert par le français d'Ansse de Villoison, en 1781. Il contient, outre un texte soigné, les *signes critiques* d'Aristarque, et un grand nombre d'anciennes scolies, qui nous donnent la substance des écrits d'Aristonicos (Περὶ σημείων Ἰλιάδος, 1er siècle av. J.-C., explication des signes critiques d'Aristarque, selon sa doctrine), de Didyme Chalcentère (Περὶ τῆς Ἀριστάρχου διορθώσεως, même temps), d'Hérodien (Ἰλιακὴ προσῳδία, iie siècle ap. J.-C.), de Nicanor (Περὶ στιγμῆς, *sur la ponctuation*, même temps). C'est donc une sorte d'abrégé de l'immense travail critique fait sur l'*Iliade* par les savants les plus autorisés de la période alexandrine et romaine.

5° Le *Venetus* ou *Marcianus* B (Biblioth. de Saint-Marc, 453), xie siècle ; contient toute une série de scolies (les scolies B de Venise), qui complètent sur quelques points l'immense recueil du *Venetus* A.

6° Le *Laurentianus* C (Biblioth. de Florence, XXXII, 3), xie siècle, médiocrement correct ; quelques bonnes leçons cependant.

7° Le *Laurentianus* D (Biblioth. de Florence, XXXII, 15), xie ou xiie siècle, plus rapproché du *Venetus* A que le précédent ; remarquable par l'omission certainement intentionnelle du Catalogue (II, 494-877).

Outre ces manuscrits relativement anciens, il y en a beaucoup d'autres plus récents et de moindre valeur. Nous ne les énumérerons pas ici. Mentionnons seulement celui de Cambridge (*Cantabrigiensis*), que l'on a cru à tort un des plus anciens sur l'autorité de Barnes, et les *manuscrits de Vienne* G, H, L (xiii⁰ et xiv⁰ siècles).

L'étude comparée de ces manuscrits a démontré qu'ils remontaient tous à une récension éclectique du iii⁰ ou du iv⁰ siècle ap. J.-C. (Wolf, *Iliade*, *Préf.*, p. xxxvi). Cette récension avait pour fondement le grand travail d'Aristarque. De là vient qu'un certain nombre de vers rejetés par le critique alexandrin ne figurent dans aucun de nos manuscrits ; ils ont été rétablis dans le texte d'après des citations d'auteurs anciens (IX, 458-461 : cf. Plutarque, *De audiendis poetis*, 8, et *De adulatore et amico*, 33 ; XVIII, 604-605 : cf. Athénée, V, p. 180 D). Toutefois la récension éclectique, si fidèle à celle d'Aristarque dans ces passages, s'en écarte dans d'autres. Tous les manuscrits ont conservé certaines leçons qu'Aristarque rejetait (XI, 466, msc. ἵκετο φωνή, Aristarque ἵκετ' αὐτή) ; souvent ils préfèrent au texte adopté par lui les variantes de Didyme et d'Hérodien (II, 258, 330 ; I, 116). Il résulte de là qu'ils procèdent d'un type commun contemporain d'Hérodien ou légèrement postérieur à ce grammairien ; mais ils en procèdent librement, et chacun d'eux avec des variantes qu'il est bon de comparer (W. Christ, pass. cité). — Au reste, tous ces manuscrits ne peuvent nous donner que l'état du texte de l'*Iliade* durant la période alexandrine et romaine, les plus récents même pendant la période byzantine. La science moderne est en droit de remonter au delà, car elle en a le moyen.

Scolies. — Ici encore, nous renvoyons pour les détails à l'ouvrage cité de J. La Roche. Les scolies de l'*Iliade* sont nombreuses et d'origines diverses. Des découvertes nouvelles grossissent encore de temps à autre la collection. Bornons-nous aux choses essentielles.

Les plus importantes des scolies de l'Iliade sont les Scolies A de Venise ; nous en avons dit et expliqué la valeur à propos du *Venetus* A, où elles sont contenues. On peut dire qu'elles dispensent presque de toutes les autres. — LES SCOLIES B DE VENISE sont d'une médiocre utilité.

Le groupe des PETITES SCOLIES comprend la principale partie de celles qui étaient seules connues avant la découverte de Villoison (*Scolia minora, brevia, vetusta*); on les appelle aussi *Scolies de Didyme*; mais elles ne sont en aucune façon l'œuvre de Didyme Chalcentère, et elles n'ont d'autre titre à être ainsi désignées que la reproduction plus ou moins exacte de quelques remarques de ce grammairien. Edition princeps, due à Jean Lascaris, in-folio, Rome, 1517.

Mentionnons enfin toute une série de scolies additionnelles, généralement de très médiocre valeur : les *Scolies du manuscrit de Townley*, celles de *Leipzig* qui vont jusqu'au livre XVII, celles de *Moscou*, de *Leyde*, du *manuscrit Harleyen*, etc. Récemment encore, en 1875, M. l'abbé Duchesne a découvert un certain nombre de scolies nouvelles au monastère grec de Vatopédi. — Bekker a publié à Berlin, 1827, en 3 vol. in-4°, la collection des *Scolies sur l'Iliade*, avec le *Lexique* d'Apollonius le sophiste et des index complets. Plus récemment, G. Dindorf a donné une nouvelle édition des scolies grecques sur le même poème, *Scholia graeca in Iliadem*, 4 vol. in-8, Leipzig, 1875-1877.

A côté des scolies proprement dites, il convient de signaler ici les travaux de quelques critiques anciens, qui en sont indépendants : les *Recherches homériques* de Porphyre (Ὁμηρικὰ ζητήματα), dont une édition complète a paru récemment (*Porphyrii quaestionum homericarum ad Iliadem pertinentium reliquias collegit* H. Schrader, in-8°, Leipzig, 1880-82); — l'abrégé d'un ouvrage du grammairien Zénodore (date inconnue), intitulé Τῶν περὶ συνηθείας ἐπιτομή; cet ouvrage comprenait dix livres; l'abrégé que nous possédons a été retrouvé en 1868 par le savant français Em. Miller et publié par lui dans ses *Mélanges de littér. grecque*, Paris, 1868 ; — le volumineux et indigeste commentaire d'Eustathe, qui fut archevêque de Thessalonique au XIIe siècle (Παρεκβολαὶ εἰς τὴν Ὁμήρου Ὀδύσσειαν καὶ Ἰλιάδα); la partie relative à l'*Iliade* a été publiée par Stallbaum, 4 vol. in-4°, Leipzig, 1827-1830 ; — enfin le fragment du commentaire de Jean Tzetzès (XIIe siècle), intitulé Ἐξήγησις εἰς τὴν Ὁμήρου Ἰλιάδα, publié par G. Hermann, in-8°, Leipzig, 1814 ; son Ὑπόθεσις ἀλληγορηθεῖσα en vers politiques n'est qu'un abrégé sans intérêt des poèmes homériques.

Un certain Apollonius, contemporain d'Auguste, avait composé un lexique spécial de l'*Iliade* et de l'*Odyssée*. Un abrégé incomplet et mutilé de cet ouvrage a été tiré en 1770 de la Bibliothèque de Saint-Germain-des-Prés par d'Ansse de Villoison et publié par lui en 1773. On le trouvera, comme nous l'avons dit tout à l'heure, dans le recueil des scolies de Bekker. — Il faut ajouter que le *Grand Etymologique,* sans pouvoir être considéré assurément comme un lexique spécial des poésies homériques, contient, à propos des termes homériques, un grand nombre d'explications empruntées à la critique alexandrine. Voir, outre l'édition de Gaisford, le supplément publié par Em. Miller dans ses *Mélanges de littér. grecque* d'après un manuscrit de Florence. — Le *Lexique* d'Hésychius offre également des ressources d'interprétation dues à la critique ancienne.

Editions. — (On trouvera une revue assez détaillée des principales éditions de l'*Iliade* dans l'introduction déjà citée d'A. Pierron ; mais cette revue, faite à un point de vue très systématique, ne nous paraît pas donner une idée juste du travail critique contemporain.)

L'édition princeps de l'*Iliade* fut publiée à Florence au xve siècle (*Homeri carmina,* 2 vol. in-fol., 1488) par le grec Démétrius Chalcondyle, d'après les manuscrits alors en usage dans les écoles byzantines.

Au xvie siècle, les principales éditions furent celles des Alde (*première,* 2 vol. in-8°, Venise, 1504, reproduction fidèle de l'*édition princeps,* avec quelques vers de plus ; *deuxième,* 2 vol. in-8°, Venise, 1517, avec d'assez nombreux changements ; *troisième,* 2 vol. in-8°, Venise, 1524) ; — celle des Junte, 2 vol., Florence, 1519 ; — la *Romaine* (4 vol. in-fol. 1542-1550), édition princeps des *Commentaires d'Eustathe ;* — l'édition d'Henri Estienne, Paris, 1566, premier volume de ses *Poetae graeci principes heroici carminis ;* elle était faite d'après les éditions antérieures revisées sur « un vieux manuscrit » ; ce texte fort soigné a constitué la *Vulgate;* en 1588, H. Estienne la publia de nouveau à part, avec des corrections et une traduction latine.

Au xviie siècle, nous ne citerons que l'édition de Schrévélius avec les *scolies de Didyme,* 2 vol. in-4°, Amsterdam, 1655-1656 ; nombreuses fautes typographiques.

Le xviiie siècle produisit d'abord la très médiocre édition de Barnes avec toutes les scolies alors connues, Londres, 1711 ; puis celle de Samuel Clarke (4 vol. in-4°, Londres, 1729-1740), très indigne de la grande réputation de son auteur ; — cette édition fut revisée et notablement améliorée par A. Ernesti, 5 vol. in-8°, Leipsig, 1759-64. — Jusque-là, le texte admis était toujours celui de la *Vulgate,* c'est-à-dire en somme celui des manuscrits byzantins, révisé par H. Estienne, et plus ou moins amendé par ses successeurs. La découverte de Villoison permit de restituer le texte de la période alexandrine et romaine. Il en fournit lui-même les éléments dans son édition du *Venetus A* (*Homeri Ilias, ad veteris codicis veneti fidem recensita,* in-fol., Venise, 1788). — F.-A. Wolf les utilisa dans son excellente récension de l'*Iliade* (2 vol. in-8°, Halle, 1794), à laquelle il adjoignit en 1795 les célèbres prolégomènes. Cette récension, améliorée par Wolf dans plusieurs éditions successives, donne le texte de l'*Iliade,* tel qu'il était vers le second siècle de notre ère, après les travaux d'Aristarque et de tous les critiques qui l'avaient suivi.

Dans le cours du xixe siècle jusqu'à nos jours, plusieurs tendances critiques se sont manifestées à propos du texte de l'*Iliade.*

Il y a d'abord des critiques — et c'est le grand nombre — qui prennent pour base de toute récension l'excellent travail de Villoison, et qui tendent par conséquent à donner un texte qu'on pourrait appeler *alexandro-romain,* c'est-à-dire aristarchien par ses origines, mais amélioré par la critique des savants successeurs d'Aristarque pendant la période romaine. Cette tendance est représentée avec éclat par la grande édition de Heyne (*Homeri carmina cum versione latina et annotatione,* 9 vol. in-8°, Leipsig, 1802-1822); elle devait comprendre toute la poésie homérique, mais l'*Iliade* seule a paru. C'est un vaste et commode répertoire, où l'auteur a réuni toutes les ressources critiques qui existaient de son temps ; des dissertations spéciales sur une foule de questions homériques y remplissent cinq volumes. A la même tendance se rattache l'édition de Dugas-Montbel, accompagnée d'une traduction et de commentaires (9 vol. in-8°, Paris, 1828-34, avec l'*Histoire des poésies homériques*).

D'autres ont prétendu ou prétendent encore restituer le texte d'Aristarque lui-même. Négligeant de parti pris le travail des successeurs de ce critique, ils veulent en revenir à l'*Iliade* qu'il avait constituée au second siècle avant notre ère. L'initiateur de ce mouvement a été Karl Lehrs par sa dissertation *De Aristarchi studiis homericis*, Kœnigsberg, 1833. G. Dindorf, qui suivait encore la précédente tendance lorsqu'il publia sa première édition d'Homère (Leipsig, 1826-28), reproduite dans la collection Didot, se laissa convertir entièrement par Lehrs, et sa quatrième édition de 1855 est un essai de restitution du texte aristarchien. — Cette méthode a été appliquée avec une sorte de passion dans l'*Iliade* d'A. Pierron (2 vol. in-8°, 2ᵉ édition, Paris, 1883), qui fait partie de la collection d'éditions savantes publiées par la maison Hachette. — C'est aussi en somme celle de J. La Roche (*Ilias*, 2 vol. in-8°, Leipzig, 1873-76).

La troisième tendance, qui nous paraît la vraie, consiste à traiter le texte de l'*Iliade* avec une entière indépendance vis-à-vis des critiques anciens. Les progrès de la philologie permettent à la science moderne de se faire une idée beaucoup plus précise de ce que devait être à l'origine l'*Iliade* qu'il n'était permis à Aristarque de le concevoir. S'attacher docilement à la critique alexandrine, c'est donc se faire ignorant sans y être obligé. Nous n'en voyons pas le profit. Il est vrai que cette indépendance peut donner lieu à beaucoup d'écarts ; la sagesse consiste à les éviter, et non à suivre la routine. Notons en ce genre la bizarre édition de Payne Knight (*Carmina homerica Ilias et Odyssea*, Londres, 1820), essai par trop fantaisiste d'une restitution de l'orthographe grecque la plus ancienne ; — le remarquable travail de Bekker (2 vol.,

Berlin, 1843, et Bonn, 1858), suivie en Angleterre par Paley (*The Iliad of Homer, with english notes,* in-8°, Londres, 1866); — la curieuse tentative d'A. Kœchly, dont nous parlerons dans le chapitre suivant (*Iliadis carmina XVI, scholarum in usum restituta,* Leipzig, 1861); — enfin l'édition toute récente de W. Christ (*Homeri Iliadis carmina sejuncta, discreta, emendata, prolegomenis et apparatu critico instructa,* Leipzig, 1884), qui présente, avec discrétion et hardiesse tout à la fois, les derniers résultats du travail critique auquel l'*Iliade* ne cesse de donner lieu [1].

1. N'ayant d'autre prétention que de donner quelques indications générales, nous ne faisons pas figurer dans cet aperçu bibliographique les éditions à l'usage des classes, même les plus connues, comme celles de Faesi et Franke (1851-52), de Ameis et Henze (1868-80), de J. La Roche (1870-78), de Düntzer (1866-67), avec des notes explicatives en allemand.

SOMMAIRE.

I. Nécessité d'analyser les poèmes homériques pour trouver Homère. Division de l'*Iliade* en livres et en sections.— II. Livre I : *La Querelle*. Sa valeur et son importance. — III. Livres II-X. Rupture du plan primitif. Sujets variés. — IV. Livre XI. Retour à l'idée principale : La *Défaite d'Agamemnon et de ses compagnons* en l'absence d'Achille. — V. Livres XII-XV. Développement épisodique de la situation : L'Attaque du camp et des vaisseaux.—VI. Livres XV (fin)-XVII. *La Patroclie.*— VII. Livres XVIII-XXIV. La fin du poème ou *Achilléide*, constituée autour du récit de la *Mort d'Hector* (XXIIe livre). — VIII. Conclusion.

I

C'est par une analyse critique de l'*Iliade* qu'il nous paraît indispensable de commencer l'étude des grandes épopées grecques. Tout ce qui se rapporte à leur formation est obscur et profondément incertain. Par suite, nous ne pouvons pas ici, suivant la méthode ordinaire, aller du poète à son œuvre : nous possédons l'œuvre, mais nous cherchons le poète ; l'*Iliade* seule peut nous apprendre ce que cache le nom d'Homère.

Dans cette analyse nécessaire notre dessein est de marquer à grands traits les caractères propres des parties principales, d'indiquer rapidement par quoi les autres en diffèrent et comment elles s'y rattachent néanmoins, en un mot de laisser pressentir aux lecteurs en présence du texte même les conclusions que nous essaierons de dégager dans le chapitre suivant[1]. Il est bon de se placer quelques

---

1. Les remarques qui vont suivre sont loin de nous appartenir toutes ; mais il serait aussi fastidieux que difficile de faire une note

instants au cœur de la poésie homérique avant de se risquer à lui demander son secret.

Un mot d'abord de la division extérieure du poème. L'*Iliade* est aujourd'hui répartie, comme l'*Odyssée*, en vingt-quatre livres ou *rhapsodies*[1]. Chacun de ces livres est désigné par une des lettres de l'alphabet ionien, qui devint, comme on le sait, à partir de l'an 403 avant notre ère, l'alphabet attique officiel, et plus tard resta comme l'alphabet commun de tous les Grecs[2]. Dans la *Vie d'Homère*, attribuée à Plutarque, il est dit que cette division fut l'œuvre du célèbre critique alexandrin Aristarque[3]; elle ne remonterait point par conséquent au delà du second siècle avant notre ère. Eustathe confirme ce témoignage en l'obscurcissant; car, en même temps qu'Aristarque, il nomme, comme auteur de cette même division, un autre critique alexandrin presque aussi célèbre, Zénodote, sans distinguer la part de chacun[4]. Quel qu'en soit l'auteur, il paraît certain

---

sur chacune d'elles pour la restituer à son premier auteur. Contentons-nous de dire que l'analyse donnée par Bergk dans son *Histoire de la littérature grecque* et les *Prolégomènes* de W. Christ nous ont été particulièrement utiles, comme résumant beaucoup de travaux antérieurs.

1. Le mot *rhapsodies* employé par Eustathe dans son commentaire pour désigner les livres de l'*Iliade* est tout à fait impropre, bien qu'il ait passé dans l'usage; car il semblerait impliquer que chaque livre a formé, en un temps quelconque, une unité de récitation, ce qui n'est pas. Le terme de *chants*, dont on se sert quelquefois, ne convient pas mieux, et la raison en est la même. Ce sont des *livres* à proprement parler, ou plutôt des *tomes*, c'est-à-dire des sections destinées à former des groupes de même importance ou peu s'en faut.

2. F. Lenormant, art. *Alphabetum*, dans le *Dictionnaire des Antiquités* de Daremberg et Saglio.

3. [Plutarque], *Vie d'Homère*, c. 4.

4. Eustathe, *Comment. sur l'Iliade*, p. 5 (Stallbaum).

qu'elle était inconnue avant les grammairiens alexandrins. On ne la trouve usitée dans aucune citation antérieure, et elle répond à tout un système de divisions que les bibliothécaires d'Alexandrie mirent à la mode. Utile pour l'usage courant, elle n'a donc en elle-même aucune valeur pour l'étude que nous entreprenons. Ajoutons qu'elle est souvent très arbitraire, comme on le verra par l'analyse du poème.

Mais à côté de cette division alphabétique, nous en trouvons une autre plus intéressante. Celle-ci est représentée par des titres variés, qui désignent brièvement certains épisodes saillants (Μῆνις, Ὅρκια, etc.). Quelques-uns de ces titres figurent chez Platon et chez Aristote, et ces écrivains ne connaissent d'autre division de l'*Iliade* que celle-là[1]; les autres nous ont été conservés par divers auteurs entre lesquels il faut nommer Elien et surtout Eustathe; ce dernier cite tous ces titres dans son commentaire[2]. Quelques-uns s'appliquent à des morceaux fort étendus[3]; d'autres au contraire ne conviennent qu'à des scènes très courtes[4]. Il ne faut donc pas croire que chaque morceau pourvu d'un titre spécial ait dû à l'origine être récité isolément. La longueur des uns, la brièveté des autres excluent également cette hypothèse. Le plus probable, c'est

---

1. Arist., *Poét.*, 16 et 24. Platon, *République*, l. X, p. 614 B; *Cratyle*, p. 428 C; *Petit Hippias*, p. 364 E; *Ion*, p. 539 B.

2. Elien, *Hist. variée*, XIII, 14. — Cf. la table iliaque de Bovillæ, C. I. G., n° 6125.

3. Par exemple le titre de Διομήδους ἀριστεία désignait non seulement le Ve livre actuel auquel on l'applique ordinairement, mais aussi le VIe. Hérodote, II, 116, cite un passage du VIe livre actuel comme détaché de la Διομήδους ἀριστεία.

4. Le titre de Λοιμός en tête du Ier livre ne désigne proprement qu'un épisode d'une trentaine de vers. Le reste est désigné par le mot Μῆνις.

qu'un certain nombre de ces titres seulement appartenaient à des morceaux indépendants ; quant aux autres, introduits peu à peu dans l'usage par une analogie fort naturelle, ils ont servi à désigner certains épisodes connus ; mais ces épisodes n'étaient jamais produits en public isolément et ne pouvaient pas l'être.

11

Quelque opinion qu'on ait sur la formation de l'*Iliade* et sur l'âge relatif de ses diverses parties, on ne saurait douter que le premier livre, dans son ensemble, ne soit le plus ancien de tout le poème. C'est là en effet qu'en est établie la donnée essentielle, à savoir l'absence d'Achille. Sans doute, la légende avait bien pu raconter déjà qu'Achille et Agamemnon s'étaient un jour querellés à propos d'une captive, et qu'Achille avait cessé par dépit de prendre part pendant quelque temps aux combats. Mais qu'on y réfléchisse : tant que cette querelle n'avait pas été distinguée entre tous les événements d'égale importance par un chef-d'œuvre, eût-il été concevable qu'elle s'imposât comme une donnée nécessaire à toute une série de chants? Évidemment non : ce qui lui a donné cette valeur et cette autorité, c'est le succès du récit admirable qui est parvenu jusqu'à nous. D'ailleurs l'antiquité de ce récit est confirmée par tous ses caractères.

Deux groupes de scènes remplissent ce premier livre en s'équilibrant mutuellement : l'un qui comprend la peste et la querelle proprement dite (v. 1-317); l'autre, où sont racontées les conséquences immédiates de la querelle et le développement qu'elle prend par l'intervention des dieux (v. 318-611).

C'est en invoquant la muse selon l'usage traditionnel que le poète ouvre son récit (v. 1-7). Sous une forme très vague, une sorte de sommaire des événements futurs est contenue dans cette invocation. Beaucoup de souffrances pour les Achéens, beaucoup d'âmes de héros descendant chez Hadès, beaucoup de cadavres livrés en pâture aux chiens et aux vautours, voilà, entre les choses à venir, celles qu'il nous découvre. On ne peut s'empêcher de remarquer que le véritable développement du poème actuel n'apparaît là que très imparfaitement. Rien n'annonce dans ce résumé préliminaire les grands événements qui en rempliront la seconde moitié, la mort de Patrocle, le retour d'Achille, sa victoire sur Hector. Le poète, uniquement occupé des revers des Achéens, ne semble pas avoir la moindre idée de leur triomphe final ; il voit la colère d'Achille funeste aux siens et il ne songe pas au jour où, par une péripétie des plus dramatiques, elle doit se retourner contre les Troyens et leur devenir bien plus funeste encore. Que faut-il conclure de là ? Ces vers, en raison même de leur peu de précision, ne peuvent pas avoir été composés par un aède pour servir d'introduction au poème après son achèvement complet. C'est donc bien l'auteur de la *Querelle* qui a dû les mettre en tête de son chant ; seulement ne devient-il pas plus que probable par là même qu'en les composant, il n'avait aucune conception arrêtée des événements qui figurent aujourd'hui dans l'*Iliade?*

L'action commence, et aussitôt elle nous captive par un intérêt simple et profond. Les Achéens ont pris à Chrysès, prêtre d'Apollon, sa fille Chryséis et ils l'ont donnée à leur roi Agamemnon ; le vieillard, qui veut ravoir son enfant, vient au camp pour la réclamer, le front couronné des bandelettes sacrées et les mains pleines d'or. Agamemnon le repousse durement. Scène courte, mais d'un pathétique admirable. La prière du vieux prêtre désespéré monte vers Apollon ; le dieu l'entend, sa colère éclate, il lance ses traits contre les Achéens. Pendant neuf jours, la peste ravage le camp ; au bout de ce temps, Achille convoque l'assemblée et décide le devin Calchas à révéler la cause de la colère du dieu. Calchas dénonce l'outrage fait par Agamemnon à Chrysès. Il n'en faut pas plus pour mettre en feu les passions d'où naîtra tout le poème. Voilà le chef suprême désigné comme l'auteur des maux dont souffre l'armée ; furieux, il invective le devin et s'en prend à tous les chefs indirectement : résigné à rendre Chryséis, puisqu'il le faut, il entend bien du moins être dédommagé de son sacrifice. Une telle prétention irrite l'impatient Achille ; ainsi s'engage la querelle. Les menaces et les provocations, les outrages et les plaintes amères s'entrecroisent. Aux paroles violentes succéderaient des actes plus violents encore sans l'intervention d'Héré et d'Athéné. Achille avait déjà tiré à demi son épée ; il la remet au fourreau, mais il jure solennellement qu'un jour les Achéens regretteront de ne plus le voir combattre pour eux. En vain le vieux Nestor intervient avec des paroles de paix ; Agamemnon répète qu'il se dédommagera aux dépens d'Achille en lui enlevant sa captive Briséis, et Achille de son côté renouvelle sa déclaration de haine et d'hostilité. L'assemblée se disperse alors et Achille se retire, tandis qu'Agamemnon se prépare à renvoyer Chryséis à son père et fait purifier le camp.

Tout cela se tient et forme un ensemble qui se suffit à lui-même. On se représente aisément un tel

morceau comme indépendant. Rien n'y dénote chez
le poète la conception précise d'une suite, arrêtée déjà dans son esprit. S'il y a des allusions aux
événements futurs, elles sont vagues et n'annoncent
rien qui ne pût être connu des auditeurs par les
données générales de la légende[1]. Le poète n'introduit, à proprement parler, aucun de ses personnages comme nouveau ; il n'expose pas non plus la
situation des Achéens au début de l'action ; manifestement, son public sait d'avance les antécédents
et les conséquences de la scène particulière qu'il
extrait de la légende. Au début de l'*Odyssée*, nous
sentons la préoccupation de marquer le commencement d'une grande action, en notant son point d'attache avec les événements antérieurs : « En ce temps-
« là, nous dit l'auteur, tous les autres qui avaient
« échappé à la mort cruelle étaient chez eux... ;
« seul, Ulysse... » Cela suffit à nous avertir. Un tel
début prouve à lui tout seul, qu'au temps où il a été
composé, l'*Odyssée* apparaissait déjà comme un grand
ensemble. Au commencement de l'*Iliade*, rien de
semblable. Ce sera seulement au second livre, et
d'une manière incidente, dans un passage sans doute
plus récent, que le rapport chronologique du poème
actuel avec l'ensemble de la guerre sera indiqué.
La *Querelle* est, pour ainsi dire, en dehors de tout
calcul exact de temps, comme une scène qui avait
toute sa valeur par elle-même et qui pouvait se

---

1. Les seules allusions de ce genre sont contenues dans les paroles d'Athéné (v. 212-214) et dans les déclarations d'Achille. Elles nous font savoir seulement que les Achéens paieront chèrement l'offense faite à ce héros. Mais si le fait de la querelle figurait déjà dans la légende avant que ce chant eût été composé, ce qui ne paraît pas douteux, ses conséquences générales y figuraient nécessairement aussi.

placer par suite à un moment quelconque de la guerre.

La seconde partie du même livre se rattache étroitement à la première, qui aurait pu se passer d'elle, mais dont elle-même ne peut se passer. Agamemnon envoie prendre Briséis dans la tente d'Achille. Celui-ci la livre, mais en renouvelant son serment de haine et de vengeance. Puis, seul, amèrement affligé, il invoque sur le rivage sa mère Thétis; plainte admirable, où l'accent filial se mêle à celui de l'orgueil irrité. La déesse apparaît, écoute ses plaintes, gémit à son tour dans un sentiment de tendresse toute maternelle, et s'engage à demander vengeance à Zeus, lorsque ce dieu, absent de l'Olympe pour douze jours, y sera revenu. En attendant, Achille reste à l'écart, éloigné des combats et des assemblées, tandis qu'Ulysse, envoyé par Agamemnon, reconduit la jeune Chryséis à son père qui révoque solennellement sa malédiction. Enfin le douzième jour arrive : Thétis va trouver Zeus, et, par une prière pressante, elle obtient de lui la promesse solennelle que les Achéens auront le dessous jusqu'à ce qu'ils aient donné satisfaction à son fils. Le secret de cette promesse est surpris par Héré, pleine de sollicitude pour les Achéens. Une altercation vive éclate entre elle et Zeus. Le fils d'Héré, Héphaestos, intervient pour rétablir la paix et la cordialité : après un festin joyeux, les dieux se séparent pour se livrer au repos.

Comme on le voit, ce groupe de scènes ne constitue pas un tout, distinct du premier : c'est une suite et rien de plus. Cette suite semble être une sorte d'agrandissement que le poète a fait subir à sa première création. Quelques légères contradictions de détails peuvent passer pour des indices de ce double travail[1]. Mais ce qui est bien plus instructif à cet égard, c'est que le second groupe révèle une certaine imitation du premier. Le poète reproduit sous des formes nouvelles quelques-uns des motifs qui lui ont déjà réussi et dont sa pensée semble avoir peine à se détacher. Achille, au bord de la mer, invoquant Thétis, nous fait songer à Chrysès sur le rivage, invoquant Apollon. Dans la plainte du héros, la querelle nous est retracée une seconde fois ; elle était en drame tout à l'heure, elle est maintenant en récit. La prière de Chrysès à son dieu pour l'apaiser offre, jusque dans la forme, la contre-partie de celle qu'il lui adressait précédemment pour demander vengeance ; le serment de Zeus est comme le redoublement du serment d'Achille ; enfin la dispute d'Héré et de Zeus rappelle de loin celle d'Achille et d'Agamemnon, d'autant plus que de part et d'autre il s'agit des droits du pouvoir suprême ; et l'intervention même d'Héphaestos entre les deux divinités n'est pas sans analogie avec celle de Nestor entre les deux héros. Cette seconde partie, tout en nous montrant le développement naturel des événements de la première, en est donc comme une ingénieuse variation. Par suite, si l'on y reconnaît le même art et la même pensée, on peut croire du moins qu'elle n'a été conçue pour faire suite à la première que quand celle-ci était déjà en possession du succès.

Quelles ont été les raisons du poète lorsqu'il a

---

1. Lachmann les a notées le premier (*Betrachtungen über Homers Ilias*, éd. Haupt, Berlin, 1874, p. 6). Les dieux sont présents dans l'Olympe pendant la querelle (221-222) ; et lors de l'entrevue de Thétis avec son fils, qui a lieu le même jour (v. 318, 348), il est dit qu'ils sont tous partis la veille pour l'Ethiopie (v. 424).

ainsi agrandi son œuvre ? Si nous ne nous trompons, la conception de cette seconde partie ne s'explique pas uniquement par le besoin de compléter la première : on y sent aussi l'intention de donner plus de force et d'éclat à un fait capital, l'offense d'Achille ; et pourquoi cette intention, sinon pour préparer d'autres chants qui devaient être composés d'après cette donnée ? Les déclarations d'Achille y sont renouvelées en présence des messagers d'Agamemnon, l'outrage est rappelé dans l'entretien avec Thétis, le personnage du héros grandit par les réflexions douloureuses que sa mère fait sur sa destinée, enfin le serment solennel de Zeus avec l'appareil de majesté et de terreur qui l'entoure, avec les révoltes inutiles qu'il provoque dans l'Olympe, donne l'impression profonde de la gravité des événements accomplis et de l'étendue des conséquences qu'ils produiront. C'est grâce à ce complément remarquable que le chant de *la Querelle* a pu devenir la base de tout un édifice de poésie, et par suite il semble difficile de nier que son auteur ait eu en le complétant ainsi la pensée de l'approprier à cette destination. Mais résulte-t-il de là que les chants futurs, dont le poète devait avoir dès lors quelque idée, lui soient apparus à ce moment sous la forme du poème continu que nous avons aujourd'hui sous les yeux ? En aucune façon. La prière de Thétis et le serment de Zeus attestent même le contraire. Thétis demande à Zeus que les Achéens aient le dessous jusqu'à ce qu'ils aient donné satisfaction à son fils, et c'est là ce que promet Zeus [1]. Or cette promesse ne s'accorde que très imparfaitement avec l'action du

---

1. v. 509. Τόφρα δ' ἐπὶ Τρώεσσι τίθει κράτος, ὄφρ' ἂν Ἀχαιοὶ
υἱὸν ἐμὸν τίσωσιν, ὀφέλλωσίν τέ Ϝε τιμῇ.

poème; car les Achéens donnent complète satisfaction à Achille au neuvième livre en lui accordant tout ce que Thétis avait demandé pour lui, et ils n'en continuent pas moins à subir des désastres par la volonté du dieu suprême ; leurs affaires vont même de mal en pis, jusqu'à ce qu'il plaise à Achille d'envoyer Patrocle au combat et ensuite de renoncer à sa colère pour le venger. Zeus fait donc en réalité dans le poème beaucoup plus qu'il n'a promis à Thétis au début, et il vient un moment où il agit par suite d'un engagement qui n'a plus de valeur et qui ne peut plus en avoir. A partir du neuvième livre, il est, pour ainsi dire, à la discrétion d'Achille, et il semble qu'il appartienne désormais à celui-ci de fixer l'instant où la colère du dieu devra cesser. Si le poète avait su d'avance ce qu'il voulait faire dans la suite, si en composant la scène du serment de Zeus il en avait déjà déterminé toutes les conséquences, il n'est pas douteux qu'il n'eût adapté plus exactement les termes de ce serment aux événements futurs. La vérité est qu'il n'entrevoyait encore ceux-ci que confusément.

Le premier livre dans son ensemble nous paraît donc révéler chez son auteur l'intention et le projet d'une continuation, mais en excluant l'idée d'un plan arrêté d'avance, par conséquent celle d'un poème à proprement parler. Ce que nous devinons au travers de son œuvre, c'est une conception encore vague de chants futurs qu'il se proposait de tirer successivement de la légende.

Cela étant, le meilleur moyen de reconnaître dans le reste du poème actuel ce qui appartient à ce poète primitif sera toujours de comparer chaque groupe de scènes à celles de ce premier livre. Notons-en donc brièvement les caractères essentiels. Et

d'abord, l'extrême simplicité des moyens. Très peu
de personnages : dans la querelle, Achille et Agamemnon sont comme isolés ; les émotions des assistants n'existent pas pour le poète : il est tout entier
à ses acteurs principaux et ne songe aucunement à
la foule. En général, du reste, sa poésie n'a pas
d'arrière-plan : toute l'action se passe sur le devant
de la scène ; c'est un bas-relief plein de vigueur,
mais sans perspective. Même simplicité dans les descriptions. Toutes sont utiles, brèves et fortes ; l'effet
en est concentré en deux ou trois traits, quelquefois en un seul. Le surnaturel prend chez lui quelque
chose de naturel : ses dieux sont grands et puissants ; ils ont de la majesté, mais point de pompe ;
leur intervention dans les choses humaines est libre
et franche ; ils ne se dissimulent pas sous des visages étrangers ; Athéné et Thétis apparaissent à
Achille sans emprunter pour cela la forme de mortelles. Tout est donc simple chez ce vieux poète,
mais en même temps fort et grand. La vérité des
sentiments et des passions lui est familière ; il fait
parler et agir ses personnages sans effort apparent,
sans subtilité, avec une naïveté pleine d'énergie.
D'ailleurs la douceur et la tristesse ne lui sont pas
plus étrangères que la force, comme on peut le voir
par la scène de Thétis et d'Achille ; mais il a de
la gravité et de la réserve jusque dans l'attendrissement ; rien ne lui est plus inconnu que la mollesse et la recherche du brillant.

III

Il faudrait passer par-dessus les neuf livres qui,
dans le poème actuel, viennent immédiatement

après le premier, pour trouver la suite naturelle du récit qui vient d'être analysé. Ces neuf livres renferment pourtant quelques-uns des plus beaux morceaux de l'*Iliade*. De là un problème des plus délicats. Disons immédiatement qu'il se résout assez simplement, si l'on considère ces morceaux comme primitivement indépendants. C'est la liaison seule qui est ici défectueuse, et notre analyse va le montrer.

Voici tout d'abord un indice singulièrement probant : c'est une invention capitale qui n'aboutit à rien. Au début du livre II, Zeus, seul éveillé pendant la nuit, songe aux moyens de tenir sa promesse et de faire périr beaucoup d'Achéens auprès des vaisseaux. Après réflexion, le meilleur parti à prendre lui paraît celui-ci : il fait venir Oniros (le Songe) et lui ordonne d'aller trouver Agamemnon pendant son sommeil : qu'il lui dise d'armer ses soldats et de les mener au combat ; s'il attaque maintenant, il prendra Troie. Comment douter en lisant cela que cette fausse promesse ne doive avoir pour effet nécessaire une attaque imprudente des Achéens, suivie d'une défaite sanglante? Une telle invention, si elle a jamais fait partie d'un plan combiné d'avance ou simplement d'un développement régulier, ne peut être stérile. Il serait absurde d'admettre qu'un poète créateur a imaginé cette méditation nocturne de Zeus et cette tromperie divine si réfléchie pour n'en rien tirer par la suite. Voyons donc ce qui en résulte.

Agamemnon, réveillé au lever du jour, convoque les chefs en conseil particulier. Il leur fait connaître le songe que Zeus vient de lui envoyer, et, comme conséquence naturelle de la promesse trompeuse du dieu, il propose de faire prendre les armes aux troupes. C'est bien là ce que nous attendions. Mais auparavant, il veut éprouver ses soldats, chose dont le Songe n'a point parlé. Cette épreuve, qui donne son nom au livre II (Πεῖρα), est des plus étranges. Rien de ce que nous avons vu antérieurement ne la justifie en quoi que ce soit. Tout au contraire, les Grecs viennent d'être décimés par la peste et troublés par la retraite d'Achille. Est-ce le moment, si l'on désire encore les faire combattre, de leur proposer la levée du siège, et cela sans aucune préparation ? Agamemnon émet cependant son avis dans l'assemblée des chefs sans le motiver le moins du monde ; il semble que ce soit là une de ces idées qui entrainent d'elles-mêmes l'assentiment : et en effet sa proposition est acceptée sans discussion, sur une réflexion insignifiante de Nestor. Alors on réunit l'armée tout entière en assemblée. L'épreuve a lieu : Agamemnon feint de vouloir se rembarquer ; aussitôt la multitude des Achéens se lève avec des cris de joie et se précipite vers les vaisseaux. Tout serait perdu sans Ulysse, inspiré par Héré et Athéné[1]. Les chefs même, qui savent pourtant qu'il s'agit d'une simple épreuve, ont couru aux vaisseaux comme les autres ; ni Agamemnon, ni aucun d'eux ne fait quoi que ce soit pour arrêter la foule ; et bien loin de proclamer alors, comme la vraisemblance l'exigerait, cette promesse de victoire reçue de Zeus par l'intermédiaire du songe, ils n'en font pas même mention. Ce serait l'argument approprié, et cet argument nécessaire est entièrement passé sous si-

---

1. Arist., *Poétiq.*, XV, 2, blâme ici l'intervention des dieux, comme une machine épique. Il est inconcevable en effet qu'Ulysse n'agisse pas ici par suite de ce qui a été convenu avec Agamemnon, mais qu'il ait besoin d'une inspiration particulière des dieux.

lence. Seul, Ulysse, par son énergie, arrête le flot humain et ramène les Achéens à l'assemblée, où il châtie l'insolence de Thersite : il prend la parole alors et rappelant les oracles anciennement rendus à Aulis, il fait décider que l'on restera. Quant à Agamemnon, son rôle est nul, et dans tout cela il n'est toujours pas dit un seul mot de la promesse de Zeus [1]. Le dieu a voulu tromper les Achéens, mais il ne les trompe point. On ne peut nier qu'il n'y ait là une série de contradictions graves et une incohérence de plan inacceptable. Or il est impossible d'expliquer cette incohérence par des interpolations partielles : car elle tient à ce que les deux faits principaux, la promesse de Zeus et l'épreuve, ne sont pas en accord l'un avec l'autre. Il faut donc nécessairement que des morceaux distincts aient été raccordés ici maladroitement [2].

Suit tout un long développement épisodique. Les Achéens réunis de nouveau, Nestor propose de les ranger par tribus et par phratries. De là un double *catalogue*, celui des vaisseaux achéens d'une part (v. 484-785) et de l'autre celui des forces troyennes (v. 786-877). Il est reconnu aujourd'hui d'une manière presque unanime que le premier de ces deux

---

[1]. C'est seulement plus tard, dans le banquet des chefs, que Nestor fait allusion à cette promesse divine (v. 436). Encore cette allusion est-elle incertaine, car les paroles de Nestor pourraient bien se rapporter tout simplement au sacrifice qui vient d'avoir lieu et qui a été accueilli par Zeus (v. 420).

[2]. Kœchly, *Opusc.*, t. I, p. 41, exprime l'opinion que le livre II est composé de deux récits originairement distincts qui ont été fondus ensemble. Son exposé, sans être convaincant, est du moins fort ingénieux et propre à donner assez bien l'idée du genre de remaniements successifs auxquels certaines parties de l'*Iliade* ont pu être soumises.

morceaux ne convient pas à la place qu'il occupe, et qu'il a dû y être inséré tardivement [1]. Quant au second, comme il correspond au premier, il y a lieu de croire qu'il a été composé pour en être comme le complément [2].

1. Otfr. Müller, *Hist. de la litt. gr.*, traduction Hillebrand, édition in-12, tome I, p. 107 et suiv. Kœchly, *Dissertatio secunda de Iliadis carminibus, Opusc.*, t. I, p. 21. Bergk, *Griech. Liter.*, t. I, p. 557. Principales preuves : — Contradictions : Mégès, fils de Phylée et roi de Dulichion (II, 628) ; le même, roi des Epéens et habitant l'Elide (XIII, 692 ; XV, 519). Médon, navarque du vaisseau de Philoctète, de Méthone (II, 727) ; le même, chef des Phthiens de Phylaque (XIII, 693 ; XV, 334). Ajax de Salamine, à peine mentionné incidemment (557-550), malgré sa grande importance dans l'Iliade. — Nouveautés : les Arcadiens (v. 603-614), inconnus dans le poème ; de même pour Nirée de Syme et les Grecs des îles de la côte d'Asie (v. 671-680) ; de même pour les Rhodiens et leur chef Tlépolème (v. 653-670), qui ne figure que dans un épisode manifestement interpolé du Ve chant. Importance des Athéniens (v. 546-566), et en particulier de leur chef Menestheus, « le plus habile des hommes à ranger des cavaliers et des fantassins couverts de boucliers », éloge que rien ne justifie dans le poème. — En outre, ce catalogue n'est pas à sa place dans un récit qui s'ouvre la dixième année de la guerre. Il n'a pas été composé pour la circonstance, car il mentionne les Myrmidons qui ne combattent pas. Enfin il est difficile d'expliquer pourquoi l'auteur énumère des vaisseaux, lorsqu'il ne s'agit pas de batailles navales, et pourquoi il commence par les Béotiens (d'où le nom de Βοιωτία employé quelquefois comme synonyme de Κατάλογος τῶν νεῶν), ce qui serait naturel seulement si le catalogue précédait par exemple le récit d'une expédition partant d'Aulis.

2. Otfr. Müller, ouvrage cité, p. 110. Bergk, p. 567. — Omissions : Il n'est rien dit des Caucones ni des Lélèges, alliés importants des Troyens, souvent cités dans le poème (X, 429, 829 ; XX, 96, 329 ; XXI, 86) ; rien non plus d'Astéropéos. — Nouveautés : Ecnomos le devin, tué par Achille dans la rivière (II, 861) ; inconnu dans l'*Iliade*. De même Amphimaque (II, 871). Otfr. Müller remarque en outre que Stasinos n'aurait pas mis à la fin des *Chants cypriens* un catalogue des alliés de Troie, comme nous

Le combat va-t-il enfin s'engager? allons-nous sortir de ces détours déjà compliqués ? Les deux armées s'avancent l'une contre l'autre ; elles sont sur le point d'en venir aux mains, lorsque tout à coup un combat singulier se trouve substitué à l'engagement général que nous attendions. Pâris vient de défier les chefs Achéens, et c'est Ménélas qui répond au défi. Une convention est conclue à ce sujet. — Tandis qu'on la prépare, Hélène se rend sur les murs de Troie, et là, accueillie avec une tendresse paternelle par le vieux Priam, avec admiration par les vieillards troyens, elle montre à Priam les principaux chefs achéens en les lui désignant par leur nom ; nouvel épisode, célèbre sous le nom de Τειχοσκοπία. Étranger à l'action, on conçoit avec quelle facilité il a pu y être ajouté après coup. — Cependant la convention se conclut. Si Ménélas est vainqueur, les Achéens reprendront Hélène et recevront de plus un dédommagement ; moyennant ces avantages, ils lèveront le siège et se retireront ; si au contraire Ménélas est vaincu, ils s'en iront sans aucun dédommagement[1]. Est-ce là une suite possible de l'action commencée ? La fausse promesse de victoire faite par Zeus au roi Agamemnon devient de plus en plus inutile. Celui-ci, bien loin de se laisser tromper par les paroles du dieu, n'en tient aucun compte. S'il y croyait, la convention serait inacceptable. Comment admettre qu'il renonce, sans même

savons par Proclos qu'il le fit, si l'*Iliade* eût déjà contenu un catalogue semblable.

1. On a remarqué qu'une telle convention se comprendrait mieux la première année de la guerre que la dixième. Cela est vrai. Mais les invraisemblances de ce genre sont de celles que tous les poètes se permettent sans scrupule.

délibérer, à un succès certain et complet pour l'espoir très incertain d'un succès beaucoup moindre ? Cette invraisemblance énorme n'est même pas atténuée par la seule excuse poétique qu'elle eût comportée, c'est-à-dire par l'entraînement des passions : car la convention est conclue froidement et solennellement, non entre les combattants, mais entre les deux chefs suprêmes. On va chercher pour cela le vieux Priam dans Troie, on l'amène dans la plaine du Scamandre, et là le pacte est scellé par un sacrifice et des serments, dont le poète nous donne tous les détails. Le combat singulier a lieu ; la description en est conforme à un type que nous retrouverons plusieurs fois dans l'*Iliade*. Pâris va être vaincu et tué, quand Aphrodite le sauve, comme elle sauvera Enée au cinquième livre. Tandis qu'elle le transporte auprès d'Hélène et fait succéder, malgré celle-ci, l'amour aux combats, Ménélas erre au front de l'armée troyenne, cherchant vainement son adversaire disparu.

Alors Héré et Athéné, qui ne veulent pas que la convention soit exécutée parce qu'elle sauverait Troie, obtiennent de Zeus l'autorisation de la faire rompre ; sans cela la guerre était finie et le serment de Zeus restait sans effet. Pour qu'il n'y ait pas contradiction absolue entre le rôle joué ici par Zeus et l'engagement pris par lui envers Thétis, on interprète avec complaisance la pensée du poète : le dieu fait semblant, dit-on, de se laisser contraindre, mais en réalité il connaissait d'avance la prière qui lui serait adressée par les déesses et la faisait entrer dans ses calculs. Nous sommes surpris en ce cas que cela ne soit pas indiqué expressément ; cette antique poésie est d'ordinaire plus naïve. Les deux déesses poussent le Lycien Pandaros à une perfidie. De loin, tandis que les Achéens, sur la foi du pacte conclu, sont sans défiance, Pandaros lance une flèche à Ménélas et l'atteint. On s'empresse autour du blessé ; mais déjà les Troyens ont spontanément repris les armes et s'avancent pour combattre ; les Achéens sont donc forcés d'en faire autant. Au milieu de ce mouvement en avant, Agamemnon passe rapidement en revue les siens, encourageant les uns et excitant les autres. C'est l'épisode intitulé Ἀγαμέμνονος ἐπιπώλησις (v. 223-441), aussi facile à détacher de l'ensemble que la Τειχοσκοπία du livre précédent. Sans qu'il soit absolument exact de dire, comme on l'a fait, que cette revue fait double emploi avec le *Catalogue* du livre II, il est difficile de croire que les deux morceaux aient pu appartenir simultanément à un même plan primitif. Quant à la fin du quatrième livre (v. 422-544), elle se rattache en réalité au livre suivant : c'est le commencement des *Exploits de Diomède*.

Ces deux livres III et IV forment, comme on le voit, un groupe qui semble s'être constitué autour d'une seule invention, celle du pacte. Ce groupe se rattache mal à ce qui précède ou même le contredit, et il est sans influence sur ce qui suit. On peut le supprimer tout entier par la pensée sans inconvénient. Au point de vue littéraire, il offre certains caractères propres : une action lente et de peu d'intérêt, une certaine surabondance de détails[1], rien de la manière rapide et grande du *Chant de la Querelle*. L'abus des formules y est particulièrement sensible[2] ; l'imagination n'anime et n'éclaire que

---

1. Voyez notamment la conclusion du pacte (surtout III, 310).
2. Dans les 58 premiers vers du livre III, on trouve cinq fois la formule Ἀλέξανδρος θεοειδής à la fin du vers ; dans le livre tout

faiblement le style. Quant aux deux remarquables épisodes de la Τειχοσκοπία et de l' Ἐπιπώλησις, il serait peut-être téméraire de vouloir décider s'ils ont été composés primitivement avec le reste ou s'ils y ont été ajoutés après coup ; la seconde supposition est du moins plus vraisemblable. Le mérite de ces deux épisodes est frappant ; mais ils ont l'un et l'autre ceci de caractéristique, que ce sont des thèmes poétiques et non des moments de l'action. Le premier accuse en outre un goût descriptif qui semble étranger à l'énergique et simple auteur des parties primitives de l'*Iliade*[1] ; le second est remarquable par une symétrie trop apparente, où l'on ne retrouve pas la liberté suprême qui est la marque du génie[2].

Avec le dernier morceau du livre IV, commence un nouveau groupe qui comprend aujourd'hui la fin du livre IV (à partir du vers 442) et les livres V, VI et VII. C'est le récit d'un grand combat qui remplit toute une journée et se termine le soir par la conclusion d'un armistice.

Considéré dans son ensemble, ce groupe se rattache mal à l'action commencée. La promesse de

---

entier (461 v.), on trouve quatorze fois la formule Ἀρηίφιλος Μενέλαος placée de la même manière. Cette monotonie ou cette négligence est loin d'être ordinaire dans le poème.

1. Celui-ci ne décrit jamais ses héros autrement que par un mot. Il ne s'attache pas aux particularités physiques qui les distinguent. Ici au contraire, le poète spécifie, dans de fort beaux vers d'ailleurs, leur stature, leur attitude, leur manière même de parler. C'est là, semble-t-il, le fait d'une observation plus analytique. Voy. III, 168-170, 193-198, 209-224, 226-227.

2. Agamemnon, parcourant les rangs de son armée, adresse d'abord trois éloges à Idoménée, aux Ajax et à Nestor, puis trois blâmes à Ménesthée, à Ulysse et à Diomède.

Zeus à Thétis y est sans effet, car les Achéens sont constamment vainqueurs. Rien d'ailleurs n'avertit le lecteur que l'effet de cette promesse ne soit que retardé : en réalité, elle est purement et simplement oubliée, et Zeus reste à peu près étranger à ce qui se passe. Quant à sa fausse promesse à Agamemnon, transmise au commencement du livre II par l'intermédiaire du Songe, elle est bien plus oubliée encore. La bataille s'engage sans qu'il y soit fait allusion et sans qu'elle y contribue en rien. Il est donc manifeste à présent qu'elle a été faite vainement, ce qui montre assez combien on aurait tort de chercher en tout ceci un plan primitif. Mal relié par conséquent à l'ensemble de l'action, ce groupe ne tient pas mieux à ce qui le précède immédiatement. En effet, ni au moment de la mort de Pandaros, ni lors du défi d'Hector, ni ailleurs, il n'y sera question du pacte antérieurement conclu et violé. Il semble que l'épisode du pacte n'existait pas encore lorsque le récit de ce premier grand combat a été composé.

Prenons à présent ce récit en lui-même. Il se divise en plusieurs parties distinctes. La première comprend la bataille proprement dite, c'est-à-dire la fin du livre IV et tout le livre V. C'est le chant des *Exploits de Diomède* au sens précis du mot, bien que ce titre ait été étendu dans l'antiquité à ce qui suit. Les deux armées sont aux prises ; Arès et Athéné excitent les combattants ; celle-ci prête à Diomède une valeur extraordinaire, et, pour lui laisser libre carrière, elle décide Arès à se retirer. Alors se déroule, dans une magnifique narration, la série des exploits du héros argien. Blessé par Pandaros, il est guéri sur-le-champ par Athéné : elle l'excite de nouveau et lui ordonne même d'attaquer Aphrodite, s'il la rencontre sur le champ de bataille.

Désormais rien ne résiste à Diomède. Il trouve devant lui Énée et Pandaros, montés sur le même char ; il tue Pandaros, force Énée à fuir et le blesse dans sa fuite. Aphrodite, mère d'Énée, vient au secours de son fils : Diomède frappe et blesse la déesse elle-même. Celle-ci s'enfuit dans l'Olympe sur le char d'Arès, et là, elle est consolée par sa mère Dioné, tandis qu'Apollon, par ses menaces, repousse enfin Diomède et met Énée hors de danger. C'est la première partie de la bataille (IV, 422-V, 453).

Une chose rend immédiatement suspecte la place qui lui est attribuée dans l'*Iliade* actuelle. Comment se fait-il que dans la première bataille du poème, le principal rôle soit attribué, du côté des Achéens, à Diomède plutôt qu'à Agamemnon, et du côté des Troyens, à Énée plutôt qu'à Hector ? En ce qui concerne Agamemnon, le rôle effacé qui lui est donné ici est d'autant plus inacceptable qu'après s'être vanté dans la *Querelle* de pouvoir aisément se passer d'Achille, il est moralement obligé de se signaler plus que personne sur le champ de bataille. Ajoutons qu'il a de plus, pour l'exciter à combattre, la promesse de victoire apportée par le songe, promesse si oubliée jusqu'à présent. La prééminence d'Énée sur Hector n'est pas moins étonnante : car Énée ne sera, dans le reste de l'*Iliade*, qu'un personnage secondaire, tandis qu'Hector est réellement le premier des Troyens. Ce double renversement des rôles ne peut guère s'expliquer d'une manière satisfaisante que par une seule hypothèse. Il faut admettre que le chant des *Exploits de Diomède* a été composé lorsque les premières places dans l'action étaient déjà prises. En le comparant au livre XI (*les Exploits d'Agamemnon*), on trouve la confirmation de cette hypothèse. Celui-ci est le modèle ; l'autre est une sorte de variation admirable, qui peut bien provenir du même poète, mais qui est certainement d'une date postérieure [1]. Le rôle de Zeus peut aussi servir à la même démonstration : autant le dieu, au onzième livre, est actif et vigilant dans l'accomplissement de son serment, autant il se montre incertain et sans volonté au cinquième.

La seconde moitié de ce livre semble être une sorte d'extension de la première. Ce sont deux morceaux destinés évidemment à constituer un groupe et qui se ressemblent sans se répéter. L'exploit de Diomède contre Aphrodite, qui est le fait principal de la première partie, se renouvelle dans la seconde sous une forme plus merveilleuse par son exploit contre Arès. Cette rencontre du héros et du dieu est le point vers lequel tout converge. Si nous dégageons l'idée primitive des quelques additions qui l'obscurcissent aujourd'hui, tout se réduit en effet à une série d'événements fort simples qui nous y mènent en droite ligne. Arès a ranimé le courage des Troyens ; il marche devant eux avec Enyo et jette la terreur partout. Diomède, lui-même, se retire intimidé. Mais alors Héré et Athéné interviennent ; elles obtiennent l'assentiment de Zeus et descendent de l'Olympe sur le champ de bataille. Là Héré, par son exhortation puissante, rend le courage aux Achéens, tandis qu'Athéné de son côté excite de nouveau Diomède. Elle monte avec lui sur son char à la place de Sthénélos et le dirige contre Arès. Grâce à elle, le dieu est vaincu par le héros, et, blessé, il remonte dans l'Olympe ; la scène qui a lieu entre Zeus et lui rappelle, par une sorte de

---

[1]. Cf. *Annuaire de l'Association des Etudes grecques*, 1884, p. 54 et suiv. (*Etudes sur l'Iliade*).

symétrie voulue, celle d'Aphrodite et de Zeus à la fin de la première partie. Ce plan primitif si simple est principalement troublé aujourd'hui par l'épisode du combat singulier de Tlépolème et de Sarpédon (v. 628-698), qui est sans rapport avec le reste du poème et trahit clairement son origine plus récente [1]. En outre, il est possible que tout le début de cette seconde partie du livre V ait été remanié dans l'intention de faire à Sarpédon un rôle qu'il n'avait pas primitivement.

Bien que le livre VI vise expressément la situation qui vient d'être décrite, on est conduit à se demander en l'examinant si ce n'est pas une simple pièce de raccord destinée à encadrer quelques morceaux plus anciens. Ces morceaux sont au nombre de deux : l'entrevue d'Hector avec Hélène et Pâris, et l'entretien d'Hector et d'Andromaque (Ἕκτορος καὶ Ἀνδρομάχης ὁμιλία), qui donne son nom à tout l'ensemble.

Tandis que les divers chefs achéens multiplient leurs exploits, Hector, sur les conseils d'Hélénos, se décide à quitter le champ de bataille pour aller prier sa mère Hécube de porter une offrande solennelle à la déesse Athéné. Démarche entièrement inutile à l'action, puisque cette offrande sera sans effet; et en outre comment ne pas remarquer combien le départ d'Hector est mal justifié par la raison qui en est

---

1. Tlépolème et les Rhodiens ne figurent nulle part ailleurs dans l'*Iliade*, sauf dans le *Catalogue* (II, 653-670). Cela est d'autant moins acceptable, que Tlépolème est représenté ici comme un héros égal aux plus redoutables, et digne en tout de son père Héraclès. Il a dû être introduit dans l'*Iliade* sous l'influence des légendes d'Héraclès, que nous aurons à signaler en plusieurs autres passages.

donnée? Tout autre des nombreux fils de Priam pouvait aussi bien se rendre auprès d'Hécube à sa place. C'est donc là tout simplement un prétexte assez mal combiné : en réalité Hector rentre dans Troie pour donner occasion aux deux entrevues qui vont suivre. — En son absence, a lieu sur le champ de bataille la *Rencontre de Diomède et de Glaucos* (v. 119-234), épisode indépendant, sans lien avec l'ensemble, qui manifestement a été inséré là plus tard[1]. — Hector est dans Troie. Hécube, d'après son avis, monte avec ses femmes au temple d'Athéné, et supplie vainement la déesse de briser la lance de Diomède. Pendant ce temps, Hector se rend chez Pâris, pour le décider à revenir combattre. La scène qui a lieu entre eux est belle, surtout par le rôle d'Hélène; mais il est fort douteux qu'elle ait appartenu originairement à l'*Iliade*. Si Pâris est absent du champ de bataille, dans le poème tel qu'il est aujourd'hui, la raison en est tout accidentelle : c'est l'issue de son combat singulier avec Ménélas au livre III ; or les paroles d'Hector à son frère et les réponses de celui-ci ne paraissent pas se rapporter exactement à cette situation ; on croit comprendre, en les lisant, que l'absence de Pâris tient à un dissentiment entre les Troyens et lui, dont l'*Iliade* ne nous rend pas compte. A l'entrevue avec Pâris, succède une des plus belles créations de la poésie homérique, les *Adieux d'Hector et d'Andromaque*. Cette scène, si admirablement délicate et touchante, n'a pas été faite non plus pour occuper la place qu'elle tient aujourd'hui. Manifestement, dans la pensée du poète, les

---

[1]. L'auteur de cet épisode s'est si peu soucié de ce qui précédait qu'il fait dire à Diomède venant de combattre contre Aphrodite et contre Arès, Οὐκ ἂν ἔγωγε θεοῖσιν ἐπουρανίοισι μαχοίμην (v. 129).

deux époux se voient alors pour la dernière fois. Les tristes pressentiments de l'un et de l'autre n'ont toute leur valeur poétique qu'à la condition d'être vrais. Par suite, il y a trop d'intervalle dans l'*Iliade* entre ces adieux et la mort d'Hector, qui n'aura lieu qu'au vingt-deuxième livre ; de plus, à la fin du septième livre, une trêve d'un jour sera conclue, qui implique nécessairement un retour d'Hector dans Troie. Et pourtant le livre XXII, qui est, comme nous le verrons plus tard, un des plus anciens du poème, semble bien imiter en quelques passages l'épisode des adieux. Tout dénote donc que celui-ci a dû être composé comme un morceau indépendant, à peu près dans le même temps que les chants primitifs de l'*Iliade* ou peut-être un peu plus tôt, et sans doute par le même poète. Plus tard un arrangeur l'a rattaché à l'*Iliade,* ainsi que l'*Entretien avec Pâris,* en composant, précisément pour cela, les autres parties du livre VI.

Le livre VII achève dans l'*Iliade* actuelle le récit de la bataille commencée à la fin du livre IV après la rupture du pacte, mais il l'achève de telle façon qu'il est à peu près impossible d'y voir l'œuvre d'un poète développant régulièrement une idée épique. En effet, sans raison valable, la bataille s'interrompt tout à coup pour faire place à un combat singulier. Athéné, au livre précédent, avait refusé d'écouter les prières des femmes troyennes qui lui demandaient de briser la lance de Diomède ; or, malgré ce refus de la déesse, Diomède, en pleine victoire, disparaît de la scène. Hector sort des rangs et défie les chefs Achéens ; son défi est accepté, et le sort désigne Ajax pour lui tenir tête. Il y a là plusieurs difficultés. Comment les Achéens vainqueurs consentent-ils à interrompre eux-mêmes volontairement leurs succès ?

Comment acceptent-ils un nouveau pacte avec les Troyens après celui qui a été violé le matin même, et cela sans faire aucune allusion à cette trahison?[1] Voilà pour les invraisemblances. Mais au point de vue de l'art de composer, que penser de cette bataille furieuse qui se termine par un combat singulier? Et ce combat singulier est le second de cette journée; et il répète, comme il est naturel, les péripéties du premier. Il est inadmissible par suite qu'il ait pu être composé par le grand poète qui a fait les *Exploits de Diomède*. Lorsqu'on cherche à en deviner l'origine, l'explication la plus vraisemblable est celle-ci : le récit des *Exploits de Diomède*, une fois mis à la place qu'il occupe dans le poème, avait besoin d'un dénoûment; il fallait que la journée se terminât d'une manière quelconque; l'auteur du raccord, incapable de créer par lui-même des scènes égales aux précédentes, a mis fin à la bataille par une intervention d'Athéné et d'Apollon, qui est une simple machine épique; et, en guise de dénoûment, il a imaginé d'insérer là le récit d'un combat singulier, dans lequel l'imitation devait rendre sa tâche moins lourde. — La fin du livre VII (v. 313-482), désignée sous le titre d'*Enlèvement des morts* (Νεκρῶν ἀναίρεσις), est un morceau d'un mérite poétique fort médiocre et dénué de toute vraisemblance. Une trêve d'un jour est conclue pour permettre d'ensevelir les morts, et les Grecs en profitent pour entourer leur camp d'un

---

1. Hector seul en dit un mot (v. 69) en rejetant tout sur Zeus. C'est là une atténuation assez maladroite de l'invraisemblance signalée. Elle prouve que l'auteur du VIIe livre a eu conscience de cette invraisemblance, mais il a passé outre par les raisons que j'indique.

rempart formidable. L'invention n'est pas heureuse ; car outre que le temps matériel est ridiculement insuffisant pour un travail aussi considérable, il est clair que rien dans la situation ne justifie une mesure de défense qui n'a pas été prise depuis neuf ans. On peut donc être assuré que ce morceau a été introduit dans l'*Iliade*, non par choix, mais par nécessité ; il se relie au livre XII (l'*Assaut du mur*) qui ne pouvait être inséré dans le poème sans cette préparation.

Le lendemain matin, la lutte reprend : c'est la seconde bataille de l'*Iliade* ; elle fait le sujet du livre VIII (Κόλος μάχη). Au début, une fort belle scène, où Zeus ordonne aux dieux de s'abstenir et prononce de terribles menaces contre ceux qui enfreindront ses ordres. Quelle que soit l'origine de ce remarquable morceau, il est isolé dans le livre VIII et il n'y est pas à sa place : car Zeus est mal obéi. Le récit de la bataille, funeste aux Achéens, est en somme pauvre et presque vide[1]. Dès le commencement, tous les principaux chefs sont frappés de terreur ; le combat proprement dit se réduit à quelques épisodes : rien de la belle et simple ordonnance du livre XI par exemple, où un sujet analogue sera traité d'une manière vraiment homérique. Le poète semble embarrassé de sa tâche ; pour se tirer d'affaire, il raconte longuement une tentative vaine d'Héré et d'Athéné cherchant à intervenir en faveur des Achéens. La nuit arrive, sans que la journée ait été réellement remplie. Les

---

1. Toute cette seconde bataille est contenue dans le livre VIII, tandis que la première comprend les livres IV-VII, et la troisième les livres XI-XVIII. Elle est pourtant censée durer autant que les autres.

Achéens sont rentrés dans leur camp ; les Troyens campent dans la plaine entre le Xanthe et les vaisseaux. Evidemment un récit ainsi composé n'est pas l'œuvre du poète primitif. Et ce qui achève la démonstration, c'est que des passages nombreux y dénotent l'imitation des chants suivants et en particulier du livre XI [1]. Le huitième livre a été fait pour rendre possible l'introduction du neuvième dans le poème : la démarche suppliante que feront les Achéens auprès d'Achille dans ce livre IX n'était concevable qu'après une grande défaite ; c'est le tableau de cette défaite que l'auteur du livre VIII s'est proposé de tracer, et il a réalisé son dessein en poète, mais sans liberté et sans essor, avec la préoccupation visible d'un raccord à opérer.

La nuit a séparé les combattants. Agamemnon rassemble les chefs et propose de lever le siège. Cette proposition, déjà faite antérieurement, est répétée ici dans les mêmes termes ; mais au livre II, ce n'était qu'une feinte, tandis qu'à présent elle exprime la pensée réelle du roi. Un pareil abus dans l'imitation suffit à révéler un raccord. Le véritable sujet du neuvième livre n'est abordé qu'au moment où s'assemble la réunion intime dans laquelle on décide d'envoyer une ambassade à Achille pour le fléchir (v. 89). Cette ambassade est composée d'Ulysse et d'Ajax, auxquels s'adjoint dans le poème actuel le vieux Phénix. Accueillis courtoisement par Achille, ils essayent de l'apaiser, et cette tentative donne lieu à un échange de discours qui ont été justement admirés dans l'antiquité et de nos jours. Seul, le long développement narratif de Phénix tran-

---

1. Kayser, *Homerische Abhandlungen*, Leipzig, 1881, p. 57 et suiv.

che par sa lenteur avec les morceaux d'éloquence naïve et vigoureuse auxquels il est associé. Quant aux paroles emportées d'Achille, elles sont comparables aux plus beaux passages du chant de *la Querelle*, dont elles reproduisent d'ailleurs exactement les qualités distinctives. Nul doute pour nous par conséquent sur l'origine vraiment homérique de tous ces développements. Mais, chose inattendue, ils sont inconciliables avec le poème actuel. D'une part, ils ne s'accordent pas avec la promesse de Zeus à Thétis, car la satisfaction pleine et entière ici offerte à Achille est de nature à dégager le dieu de son serment, sans que les Achéens aient encore cruellement souffert. Et d'autre part ils s'accordent encore moins avec ce qui va suivre. Sans discuter toutes les difficultés de détail[1], relevons la contradiction formelle qui existe entre l'*Ambassade* et le commencement du livre XVI. Là, Achille, prêt à envoyer Patrocle au combat, lui recommandera de modérer volontairement son succès, « afin que les Achéens lui rendent sa jeune captive et qu'ils lui apportent de beaux présents » (XVI, 83). En d'autres termes il veut obtenir au seizième livre, par un calcul de politique, précisément ce qui lui est offert au neuvième dans le poème actuel et ce qu'il y refuse avec un emportement appuyé de serments qui n'admettent pas de retour. Ces deux scènes ne peuvent appartenir à un même plan[2]; il en résulte que le

---

1. XI, 608 : Νῦν ὀίω περὶ γούνατ' ἐμὰ στήσεσθαι Ἀχαιούς — λισσομένους. XVI, 71 : Τάχα κεν φεύγοντες ἐναύλους — πλήσειαν νεκύων, εἴ μοι κρείων Ἀγαμέμνων — ἤπια εἰδείη.

2. Il est impossible, malgré l'opinion contraire de Bergk (*Griech. Liter.*, t. I, p. 594), de considérer le passage du livre XVI comme une interpolation, car ce passage tient au développement même de l'idée; en outre, une interpolation doit avoir une raison d'être :

livre IX n'a pas pu être fait en vue du récit continu que nous lisons aujourd'hui. Comment résoudre cette apparente contradiction? Voilà un développement magnifique que nous attribuons sans hésiter au poète primitif; et nous le trouvons en désaccord avec les plus vieilles parties du poème. Quelle explication vraisemblable donner de ces faits, sinon qu'il a dû être composé par l'auteur du chant de *la Querelle* comme un récit indépendant[1]? Plus tard on l'aura fait entrer dans l'*Iliade* comme les *Adieux d'Hector et d'Andromaque* au moyen de raccords plus ou moins adroits. Ajoutons qu'il a subi probablement soit avant, soit après son entrée dans le poème, une addition importante, celle du rôle de Phénix tout entier, qui n'appartenait pas à la composition primitive[2].

Le livre X ou *Dolonie* raconte une expédition nocturne qui est censée faite par Ulysse et Diomède dans le camp troyen pendant la même nuit, à la suite de l'ambassade. Ils y massacrent le thrace Rhésos et ses compagnons nouvellement arrivés au secours des

---

celle-ci serait injustifiable, puisqu'elle contredit une des plus remarquables scènes du poème. Quel rhapsode aurait ignoré l'*Ambassade*, si l'*Ambassade* eût appartenu au récit même dont il exposait une partie?

1. Une fois que la *Querelle* fut devenue populaire et que tout le monde connut l'offense faite à Achille et la violence de son ressentiment, l'auteur devait tout naturellement avoir l'idée de raconter comment les Achéens tentèrent de le fléchir après des désastres supposés. Il n'était aucunement nécessaire que cette ambassade eût une date fixe ni qu'elle fît partie d'un récit continu.

2. Le discours de Phénix est une longue narration mythologique qui ne répond pas au reste de la composition. On a remarqué (Bergk, *Griech. Liter.*, t. I, p. 395), qu'en parlant des députés, le poète se sert constamment du duel, comme si Ulysse et Ajax étaient seuls en scène : v. 182, 183, 185, 192, 196, 197, 198.

Troyens, puis au retour ils mettent à mort l'espion troyen Dolon ; d'où le titre de l'épisode. Tout ce livre était déjà considéré dans l'antiquité comme un morceau ajouté à l'*Iliade* primitive[1] ; la critique moderne s'est ralliée à peu près unanimement à cette opinion qui s'impose[2]. Rhésos et ses Thraces, qui sont représentés là comme les principaux auxiliaires des Troyens, ne sont mentionnés nulle part ailleurs dans l'*Iliade ;* ils apparaissent et disparaissent tout à coup ; il en est de même du merveilleux attelage dont Diomède s'empare. D'ailleurs l'action de la *Dolonie* ne peut raisonnablement trouver place dans la nuit déjà si remplie d'événements où a lieu l'ambassade, et elle ne se rattache en rien ni à ce qui précède ni à ce qui suit. Enfin par les caractères de l'invention poétique et du style, ce livre se distingue profondément des parties anciennes du poème. On y remarquera le goût des détails, des descriptions de costumes, de l'arrangement symétrique poussé jusqu'à la monotonie. Rien ne ressemble moins à la grande manière de l'auteur de la *Querelle* et des *Exploits de Diomède.*

IV

Après la *Dolonie,* les choses sont à peu près dans le même état qu'à la fin du 1er livre. A travers ces

---

1. Eustathe, p. 785, 41 : Φασὶ δὲ οἱ παλαιοὶ τὴν ῥαψῳδίαν ταύτην ὑφ' Ὁμήρου ἰδίᾳ τετάχθαι καὶ μὴ ἐγκαταλογηθῆναι τοῖς μέρεσι τῆς Ἰλιάδος, ὑπὸ δὲ Πεισιστράτου τετάχθαι εἰς τὴν ποίησιν.

2. Duentzer, *Die Doloneia* (*Homerische Abhandlungen,* Leipzig, 1872, p. 303-325). — Nitzsch lui-même, le défenseur déterminé de l'unité primitive de l'*Iliade,* considérait la *Dolonie* comme une addition.

longs récits qui vont du livre II au livre X, la situation n'a pas sensiblement changé. On peut raccorder sans le moindre effort le XI⁰ livre au I⁰ʳ. Ce n'est même pas assez dire : en réalité, si nous nous les représentons comme liés immédiatement l'un à l'autre, non seulement les scènes qui vont suivre n'en souffrent pas, mais elles y gagnent en valeur morale, parce qu'elles semblent plus naturelles et plus justifiées.

Que nous met sous les yeux ce XI⁰ livre ? Une grande bataille livrée et perdue par les Achéens. C'est le matin : Eris, envoyée par Zeus, prépare tout pour que la lutte soit terrible et sanglante. Agamemnon, plein de confiance et d'ardeur, s'arme pour combattre. Rien de plus naturel après la querelle du I⁰ʳ livre, mais rien de moins vraisemblable après les désastres du VIII⁰ et l'ambassade du IX⁰ [1]. Avant que la bataille s'engage, Zeus manifeste énergiquement sa volonté et prend la direction des événements [2]. Par ses ordres, nul dieu n'interviendra ; lui seul conduit les choses à son gré en vue de venger Achille, comme il l'a promis à Thétis. Autant son action était jusqu'alors incertaine et mal combinée, autant elle devient tout à coup ferme et appropriée. Nouvelle preuve du rapport étroit de ce chant avec celui de la *Querelle*.

---

[1]. Il y a une véritable contradiction morale entre le début du IX⁰ livre, qui nous montre Agamemnon accablé, et cette première scène du XI⁰, où il est plein d'espoir et d'assurance. Et pourtant dans le poème actuel, ces deux scènes ne sont séparées que par une nuit, pendant laquelle le refus violent opposé par Achille aux tentatives de réconciliation d'Agamemnon a dû achever de désespérer celui-ci.

[2]. Cette déclaration fait aujourd'hui double emploi avec celle qui figure au début du livre VIII, et elles sont difficiles à concilier ensemble.

Une fois l'action engagée, les événements marchent avec une rectitude admirable qui ne nuit en rien à la variété du récit. Agamemnon, jouant véritablement ici son rôle de chef, se signale avant tous les autres, et ses exploits ont justement donné à ce récit son titre (Ἀγαμέμνονος ἀριστεία). Zeus prévient Hector de rester à l'écart tant qu'Agamemnon sera là, et de se tenir prêt à entrer en scène dès qu'il aura disparu. Donc tout se fait par son ordre, et, dans la victoire même, nous ne cessons pas un instant de pressentir la défaite. De là une remarquable clarté de composition. Vers le milieu du jour, Agamemnon est blessé et forcé à la retraite. Alors les choses changent de face. Hector se précipite dans la mêlée, « semblable à un coup de vent violent, qui du haut « de la montagne tombe sur la sombre mer ». La résistance des Achéens se partage en trois phases dramatiques, dont l'émouvante succession aboutit à la déroute finale : chacune a son caractère distinct et peut être désignée par le nom des héros qui y figurent au premier rang : d'abord Diomède et Ulysse, puis Ulysse seul, puis Ménélas et Ajax. Tous sont blessés ou repoussés. Ajax, resté le dernier, recule pas à pas; Zeus, fidèle jusqu'au bout à son rôle, le force enfin à céder, et le champ de bataille est ainsi perdu.

Tout ce récit, que G. Hermann qualifiait de divin[1], est en effet un des plus beaux de l'*Iliade;* mais ce que nous devons surtout remarquer, c'est qu'il offre précisément les mêmes caractères que le livre I. L'ordonnance en est d'une simplicité extrême ; les événements s'y développent avec abondance, sans qu'il y ait un instant de confusion ; chaque person-

---

1. G. Hermann, *Opusc.*, V, p. 52.

nage principal y paraît à son tour, de telle sorte que jamais le rôle d'aucun d'entre eux ne se mêle avec celui d'un autre. Mais ce plan si simple comporte une admirable richesse de récits partiels. En variant les actions et les sentiments, le poète suscite en nous à son gré des impressions aussi diverses que profondes, qui nous conduisent par un progrès naturel jusqu'au dénoûment. Et ce qu'il y a de plus éminent en lui, c'est ce que nous avons déjà principalement admiré au livre I, à savoir le don de créer des êtres vivants, de faire parler les passions, de saisir immédiatement dans chaque situation et pour chaque personnage le sentiment vrai, enfin d'attribuer à chaque héros sa physionomie propre sans avoir besoin pour cela de le décrire. Tout ce qui constitue le type homérique est donc là réuni et s'y manifeste au plus haut degré.

Ces observations s'appliquent à tout le récit de la bataille, c'est-à-dire à la principale partie du livre XI (v. 1-596); mais elles ne conviennent en aucune manière à ce qui suit (v. 597-fin). Cette fin est en effet un épisode absolument distinct du récit précédent. Nestor emmène sur son char Machaon blessé. Achille les aperçoit de sa tente, mais, comme il ne reconnaît pas le blessé, il envoie Patrocle savoir qui il est. Patrocle vient dans la tente de Nestor et refuse de s'y arrêter, alléguant l'impatience d'Achille. Cela n'empêche pas Nestor de lui adresser un long discours étranger à la circonstance. En s'en retournant, Patrocle rencontre Eurypyle blessé, et oubliant de plus en plus qu'il est attendu si impatiemment, il reste avec lui. Ce n'est qu'au livre XV, lorsque l'action aura marché, qu'à la vue du désastre des Achéens il pensera enfin à revenir vers Achille. Il sera auprès de lui au début du XVIe livre, sans qu'il y soit fait aucune mention précise de son retour, et là ni l'un ni l'autre ne paraîtront se souvenir du premier motif de ces allées et venues. Tout indique par conséquent que cet épisode de la commission de Patrocle a été ajouté après coup et probablement altéré lui-même par des additions postérieures. En tout cas, il ne saurait être considéré comme une partie intégrante du beau récit auquel il fait suite immédiatement dans l'*Iliade*[1].

V

Tout ce qui est compris entre la défaite des Achéens et l'intervention de Patrocle (c'est-à-dire les livres XII, XIII, XIV et la plus grande partie du livre XV) peut être considéré soit comme une continuation de ce qui précède, soit comme une préparation à la *Patroclie*. Ce sont des chants d'âges divers et de mérite inégal, au milieu desquels éclatent dans plusieurs passages des beautés de premier ordre, bien que d'ailleurs aucun de ces chants ne semble avoir fait partie du noyau primitif du poème.

Tout d'abord l'assaut du mur et la prise du camp (Τειχομαχία). Le poète du livre précédent se représentait le camp des Achéens comme entouré d'un simple fossé ; cela est évident par de nombreux pas-

---

1. G. Hermann est le premier qui ait signalé les difficultés résultant de cette commission de Patrocle, et par ses observations à ce sujet il a jeté beaucoup de lumière sur les relations des parties qui composent le milieu de l'*Iliade* (*De interpolatore homerico*, *Opusc.* t. V). — Parmi les additions, la plus apparente est le long récit de Nestor, peut-être emprunté à quelque ancien chant épique selon la supposition de Nitzsch (*Sagenpoesie*, p. 129) et de Bergk (*Griech. Lit.*, p. 601).

sages[1]. Ici les choses changent, et nous nous trouvons en présence d'un rempart véritable, solidement bâti en pierres, avec des tours en bois et des parapets ; les portes en sont fermées par de lourds battants munis eux-mêmes de fortes traverses. Ce camp est une place forte ; c'est celui que nous avons vu construire sur les conseils de Nestor à la fin du septième livre, et nous nous expliquons maintenant l'épisode si invraisemblable de cette construction, qui semblait oublié ; il était indispensable pour permettre d'introduire dans l'*Iliade* le récit d'un assaut. Ce rempart merveilleux a été inventé par un poète qui a voulu donner une suite au récit de la défaite des Achéens : désireux de nouveauté, il a imaginé un assaut. Nous verrons plus loin que le combat auprès des vaisseaux, qui forme à la fin du quinzième livre le vrai début de la *Patroclie*, est certainement antérieur à l'*Assaut*. On avait donc raconté déjà et la perte du champ de bataille (XIe livre) et la lutte furieuse soutenue ensuite jusque dans le camp (fin du XVe livre et commencement du XVIe). Quel autre moyen dès lors d'étendre le récit, que de supposer quelque circonstance intermédiaire ? Une chose semblait même tout indiquée : c'était d'imaginer que les Troyens avaient été arrêtés quelque temps entre les deux phases de leur victoire. Pour les arrêter, il fallait un obstacle : de là l'invention du rempart et de l'assaut. Le douzième livre est donc une addition aux chants primitifs. Mais cette addition, ne peut-elle pas du moins être considérée comme l'œuvre de l'auteur même de ces chants, désireux d'agrandir et de compléter sa première création ? Nous ne le croyons pas. L'invention fondamentale, celle du rempart, a

---

1. XI, v. 48, 51, 277, 311, 557, 569.

quelque chose d'artificiel. Ce qui distingue essentiellement l'art homérique proprement dit, c'est la simplicité extrême des moyens unie à la grandeur de l'effet. L'auteur du onzième livre n'aurait certainement pas eu besoin de cette grosse construction pour créer un épisode dramatique : il nous aurait émus et passionnés tout aussi fortement avec l'attaque et la défense d'une simple palissade. Le récit est fort beau, cela est vrai ; mais il y a quelque naïveté à poser comme principe que tout ce qui est beau dans l'*Iliade* appartient nécessairement par là même au poète primitif ; la vraie question est de savoir si cela est beau du même genre de beauté que le premier livre ou le onzième. Or il est difficile de nier que les narrations du douzième livre ne dénotent un art plus savant, et par là même moins spontané. L'action est plus en dehors des personnages, elle n'est pas aussi complètement faite avec leurs passions, elle donne plus de place et d'importance aux événements, et par suite les phases morales n'en sont pas aussi nettement marquées. Il faut ajouter que ce récit introduit le troyen Polydamas comme un personnage connu (v. 60), bien que son rôle appartienne aux livres suivants, et qu'il met au premier rang Sarpédon et ses Lyciens, qu'on ne voit pas figurer dans les chants les plus anciens du poème.

Avec le treizième livre, commence un récit d'un caractère nouveau assez apparent encore sous des interpolations presque évidentes, récit qui remplit les livres XIII et XIV, ainsi que la première partie du livre XV.

Le camp est forcé. Il semble que l'action devrait se précipiter ; elle se ralentit au contraire. Zeus, voyant les Troyens victorieux et par conséquent la vengeance qu'il a promise à Achille en voie de se réaliser, détourne ses regards. Il en résulte que les événements cessent d'être dirigés et flottent au hasard. Poséidon profite de ce que Zeus est distrait pour venir au secours des Achéens. Une description pleine d'éclat et de grandeur nous fait assister à son voyage, assez inutile d'ailleurs, à travers les mers (v. 10-38). Tantôt sous les traits de Calchas, tantôt sous ceux d'un personnage anonyme, le dieu excite les principaux chefs. A vrai dire, il s'agite plus qu'il n'agit. Une longue bataille, extrêmement confuse, se déroule devant nous. Mais il faut subir d'abord un épisode de très médiocre intérêt : c'est l'entretien aussi languissant qu'inutile entre Idoménée et Poséidon (v. 206-245), puis entre Idoménée et Mérionès (v. 246-332). Idoménée, du côté des Achéens, Enée, du côté des Troyens, sont les principaux héros du combat : narration toute en épisodes [1], sans progrès sensible, jusqu'au moment où Hector, rassemblant les siens pour une attaque commune, se porte avec toute la masse des Troyens contre Ajax (v. 723-837).

L'intervention de Poséidon étant à peu près sans effet, le quatorzième livre débute par un conseil des chefs achéens, où Agamemnon propose encore une fois de se rembarquer. Ulysse, puis Diomède, font écarter cette proposition. Tout ce que nous voyons ici rappelle ou répète ce que nous avons déjà vu : c'est un des morceaux les plus faibles de l'*Iliade*. Poséidon reparaît pour la quatrième fois sous les traits d'un vieillard inconnu, et il fait lever l'assemblée par une exhortation ardente. Au milieu de ces

---

1. C'est là que se trouve une des contradictions de détail les plus notables de l'*Iliade*. Le roi des Paphlagoniens, Pylæménès, qui a été tué par Ménélas au livre V (v. 575-579), suit ici en pleurant le corps de son fils tué sous ses yeux (v. 656-659).

délibérations stériles succédant à des luttes sans résultat, rien n'avance. Fatigués de ces lenteurs, nous nous plaignons du sommeil d'Homère, lorsque tout à coup éclate un brillant et célèbre épisode, *Zeus trompé* (Διὸς ἀπάτη). Héré, pour seconder les desseins de Poséidon et détourner l'attention de Zeus, vient trouver celui-ci sur le Gargaron, elle l'enivre de son amour, et, avec l'aide du Sommeil, elle l'endort. Poséidon, aussitôt prévenu, est ainsi mis en état d'agir à son gré (v. 153-362), comme il l'a été déjà au début du livre précédent. Il intervient donc pour la cinquième fois, excite les Achéens, et leur suggère l'idée étrange de faire entre eux un échange d'armures. Lui-même marche à leur tête. Les Troyens plient; Hector, blessé par Ajax, est emporté par ses compagnons sur les bords du Scamandre, où il ne reprend connaissance que difficilement. Pendant ce temps, les Troyens sont éloignés des vaisseaux, chassés du camp et repoussés dans la plaine.

Alors Zeus se réveille. Il s'aperçoit de ce qui se passe, s'irrite et avise à remettre les choses dans l'état où elles étaient avant son sommeil. Poséidon, sommé par lui de se retirer, cède à regret, mais n'ose résister. Apollon ranime Hector, et lui-même, se mettant à la tête des Troyens, chasse les Achéens vainqueurs, comble le fossé de leur camp sur un large espace et renverse le rempart. Tout est donc comme si ce rempart n'avait jamais existé, ce qui revient à dire que l'action se raccorde ici à la situation décrite à la fin du onzième livre, quand les Achéens, après avoir perdu le champ de bataille, se réfugiaient auprès de leurs vaisseaux.

Là se termine véritablement l'épisode de l'intervention de Poséidon commencé au début du livre XIII, épisode dont l'artifice d'Héré forme le centre. Si nous nous le représentons comme un ensemble en le détachant du reste par la pensée, on ne peut nier qu'il ne révèle une certaine unité de conception et d'exécution. Le poète s'est proposé évidemment de rattacher son récit à celui du livre XII, dont il accepte les données. Il n'est pas douteux que son œuvre n'ait été surchargée d'interpolations. Quelle qu'en ait pu être l'importance, elle se distingue de celle de son prédécesseur par certains caractères propres. Le récit est médiocrement conduit [1]; mais l'imagination très brillante du poète se déploie dans des scènes isolées, plus descriptives que dramatiques, telle que l'arrivée de Poséidon (XIII, 10-38), si admirée de Longin avec raison, et l'embrassement de Zeus et d'Héré sous le nuage d'or (XIV, v. 346-351)[2]. Les allusions qu'il fait à la légende d'Héraclès (XIV, 250 et suiv.; XV, 25 et suiv.) sont un indice curieux à relever, qui semble dénoter encore une fois l'influence de poésies contemporaines relatives à ce sujet.

Passons rapidement sur deux morceaux de raccord (v. 367-591) qui suivent immédiatement. Le premier

---

1. W. Christ, *Iliadis carm.*, Proleg. p. 41, remarque, après Schœmann, qu'entre le vers 595 du livre XI et le vers 591 du livre XV, il ne se passe rien, sauf l'Assaut du mur, qui fasse avancer l'action en quoi que ce soit.

2. Hoffmann, *Quaestiones homericae*, Clausthal, 1848, t. II, p. 232 : Apparet ejusmodi fuisse hujus poetae ingenium quod luxuriaret in describendis rebus minoribus, quas summa cum elegantia exornat, velut initium libri N et praeclarissimam illam comparationem M 278 et quae leguntur Ξ 384-400, at minus aptum fuisse hunc poetam ad efficiendum clarum et concisum narrationis progressum; pertinent ejus carmina ad id genus quod eximia singularum partium, maxime minorum, pulchritudine et vi magis lectores delectat quam aequabili et modesto totius narrationis habitu atque tenore.

(v. 367-414) nous montre, à l'aide de vers généralement empruntés, Patrocle sortant de la tente d'Eurypyle à la vue du désastre des Achéens et se rendant auprès d'Achille ; c'est une nouvelle scène ajoutée à l'épisode qui termine le livre XI, comme pour nous en rappeler le souvenir et préparer le rôle de Patrocle au livre XVI[1]. Le second morceau (v. 415-591) est fort supérieur : c'est un beau récit de combat qui semble avoir pour but de remettre plus exactement encore les choses au point où les avait laissées le grand récit du livre XI ; il est remarquable en effet qu'il se termine justement par le même vers (v. 591, cf. xi, 595). Il faut y voir probablement une sorte de complément ajouté après coup au grand épisode central de l'*Iliade*, à la Διὸς ἀπάτη.

VI

Nous arrivons ainsi à la *Patroclie,* c'est-à-dire à la principale péripétie de l'*Iliade*. Le début de cette partie du poème est facile à reconnaître à partir du vers 592 du livre XV. Nous trouvons là, en effet, une sorte de résumé des événements, qui n'a d'autre objet que de bien déterminer la situation et d'en rappeler les données essentielles au commencement d'un récit dont l'intérêt en dépend.

Les Troyens, sous la conduite d'Hector, se ruent sur les vaisseaux. Ajax, que nous retrouvons ici dans le premier rôle comme à la fin de la partie pri-

---

1. Patrocle, si pressé à la fin du livre XI, prend ici tout son temps, et de plus il a complètement oublié la commission dont il était chargé par Achille (390-404). Voyez sur ces vers Hermann, *Opusc.*, t. V, p. 61.

mitive du XIe livre, les défend vaillamment. Superbe description de combat, qui appartient à la plus belle manière homérique.

Les Achéens semblent perdus, quand Patrocle intercède pour eux auprès d'Achille. Malgré le péril extrême, celui-ci refuse de combattre lui-même, mais il permet à son ami de se revêtir de ses armes et de repousser les Troyens. Il n'est que temps. Déjà Ajax est refoulé, sa lance est brisée par Hector qui réussit même à mettre le feu à un vaisseau. Achille à cette vue presse Patrocle ; il fait armer en hâte ses Myrmidons, et enfin, après une prière solennelle, les envoie au combat. L'arrivée de cette masse d'hommes en rangs serrés change la face des choses. L'incendie est éteint, les Troyens sont éloignés des vaisseaux et bientôt forcés de repasser tumultueusement le fossé du camp[1]. Rien de plus épique que la peinture de cette déroute. — Notons-y en passant l'épisode du *Combat singulier de Patrocle et de Sarpédon* (v. 419-691), terminé par la mort de Sarpédon et la fuite des Lyciens. Les Lyciens semblent étrangers aux chants primitifs de l'*Iliade;* il est donc possible que le récit de ce combat singulier, si facile d'ailleurs à détacher du reste, ait été inséré après coup dans la *Patroclie*[2]. — En poursuivant les

---

1. L'auteur de la *Patroclie* ignore le rempart, ce qui semble prouver que sa composition est antérieure à cette invention. Voilà pourquoi l'auteur de la Διὸς ἀπάτη qui voulait raccorder son œuvre à la fois au chant de l'*Assaut*, où figure le rempart, et à la *Patroclie*, où il est inconnu, a dû le faire détruire par Apollon à la fin de son récit (XV, 364-366). Cette grande et grosse construction disparaît donc aussi merveilleusement qu'elle a été édifiée.

2. On y trouve d'ailleurs deux allusions au livre XII (v. 512 et 558). — Sur les Lyciens méridionaux et leur rôle dans l'*Iliade*, voir Christ, *Prolegom.*, § 34. — Le récit de la mort de Sarpédon est imité de très près de celui de la mort d'Hector au XXIIe livre.

Troyens, Patrocle atteint Hector dans la plaine ; il tue le conducteur de son char, Kébrionès, et une lutte furieuse s'engage autour du cadavre. L'intervention d'Apollon donne la victoire à Hector. Patrocle, à moitié désarmé par le dieu et blessé par Euphorbos, est achevé par Hector et meurt en lui prédisant qu'il sera vengé par Achille.

La *Patroclie* proprement dite est complète dans les limites de ce récit. Elle se relie tout naturellement aux parties les plus anciennes du poème, c'est-à-dire d'une part à la *Défaite des Achéens* (livre XI) qui tient elle-même au chant de la *Querelle*[1], et d'autre part à la *Mort d'Hector* (livre XXII). Elle présente d'ailleurs les caractères que nous avons signalés comme propres à ces chants, la simplicité de l'ordonnance, la clarté de la progression, le jeu des passions[2]. Il est plus difficile de dire dans quelle relation elle est avec le chant de l'*Ambassade*. Un passage du discours d'Achille à Patrocle semblerait prouver qu'elle est antérieure à ce chant, comme nous l'avons déjà remarqué plus haut : Achille recommande en effet à son ami de ne pas pousser trop loin ses succès, afin que les Achéens aient besoin de lui et qu'ils essaient

---

1. Toutefois cette liaison n'est pas absolument exacte. Car au livre XI (v. 84-86) il est midi ; et au chant XVI (v.777), après tant d'événements intermédiaires, le milieu du jour vient seulement d'être dépassé. Cela est très choquant dans le poème actuel où tant de choses arrivent entre les deux moments ainsi indiqués ; mais, même en rapprochant la *Patroclie* de la *Défaite des Achéens*, l'inexactitude subsisterait encore.

2. Il n'y a pas lieu par conséquent de s'arrêter à de très légères particularités telles que l'apostrophe narrative du poète à son héros (v. 20 Τὸν δὲ βαρὺ στενάχων προσέφης, Πατροκλέες ἱππεῦ. Cf. v. 584, 693, 744, 787, 812, 842). Il peut arriver à un poète d'adopter un jour un procédé de ce genre et d'y renoncer ensuite.

de le fléchir par des présents (v. 83-86); chose inconcevable, si ces présents lui ont été déjà offerts et s'il les a formellement refusés. Mais d'autre part, dans ce même discours, on croit trouver une allusion très précise à des paroles prononcées par Achille dans la scène de l'Ambassade (v. 61-63, cf. ix, 650-653). Il y a donc là deux données contradictoires. On suppose généralement que le second passage est interpolé. A tort peut-être : car il pourrait bien se faire que l'allusion ne fût qu'apparente, et qu'en réalité ce passage de la *Patroclie* fût précisément la source du passage de l'*Ambassade* auquel il paraît se rapporter. Quant à la relation de la *Patroclie* avec la *Mort d'Hector,* elle est moins douteuse. La scène de la mort de Patrocle rappelle de très près celle de la mort d'Hector, à laquelle en outre elle fait directement allusion. On ne peut guère douter en les comparant que la *Patroclie* n'ait été composée après la *Mort d'Hector.* Cela n'empêcherait d'ailleurs aucunement qu'elle fût l'œuvre du même poète et qu'elle ait été comprise par lui dans la série des chants primitifs qui ont constitué le noyau de l'*Iliade.* C'est là en somme l'opinion la plus vraisemblable, bien qu'elle ne s'impose pas, nous le reconnaissons, avec une entière évidence.

Le XVIIe livre roule tout entier sur les combats livrés autour du corps de Patrocle. On conçoit par conséquent qu'il soit regardé comme indispensable à l'action par ceux qui voient dans l'*Iliade* primitive un poème continu. Patrocle tué, il faut bien, si le récit ne doit subir aucune interruption, que nous apprenions comment son corps a été rendu à Achille. Mais si l'on écarte cette idée systématique, le jugement sera tout différent. Le récit est long, confus et monotone ; peu ou point d'invention, pas une situation vraiment dramatique. C'est un va et vient, au milieu duquel abondent les réminiscences ou les emprunts directs, le XIe livre étant particulièrement mis à contribution. Chercher dans cette composition les parcelles dispersées d'un récit primitif qui aurait disparu peu à peu sous les surcharges est une tentative purement chimérique. Nous le considérons dans son ensemble comme un de ces développements tardifs qui sont venus s'ajouter avec plus ou moins de succès au corps primitif de l'*Iliade*. Le dessein principal de son auteur ou de ses auteurs est d'ailleurs visible : on a voulu compléter la *Patroclie* et préparer certaines parties des chants suivants, qui, à vrai dire, n'avaient aucun besoin de cette préparation.

VII

Le nom d'*Achilléide*, qui n'a point de valeur historique, est une dénomination commode pour désigner les sept derniers chants de l'*Iliade* : Achille en effet les remplit tout entiers. Par là, ils forment un groupe ; mais cela ne veut pas dire qu'ils aient été créés ensemble, ni qu'ils soient l'œuvre du même poète.

Distinguons d'abord dans ce groupe les livres XVIII et XIX, qui en forment comme l'introduction.

Le début du livre XVIII s'offre à nous comme la fin du récit précédent ; mais il est visible qu'il est bien plutôt le prélude de l'épisode principal qui va suivre, c'est-à-dire de la *Fabrication des armes*. Antiloque apporte à Achille la nouvelle de la mort de Patrocle. Achille est d'abord comme écrasé par la violence de sa douleur; son désespoir attire hors des profondeurs de la mer Thétis et son cortège de Néréides.

Insensible aux consolations et aux craintes de sa mère, le héros ne songe qu'à venger son ami, et par conséquent il renonce implicitement à sa colère contre les Achéens : une nouvelle passion prend dans son cœur la place de l'ancienne. Thétis alors promet à son fils des armes pour remplacer celles qu'Hector a prises à Patrocle, et cette promesse est évidemment l'objet principal de la scène, qui se relie ainsi étroitement à tout l'épisode de la *Fabrication des armes*. Que faut-il d'ailleurs en penser ? L'énumération des Néréides, leur rassemblement dans la grotte de Thétis, leur arrivée en long cortège auprès de la tente d'Achille, leurs pleurs, leur départ, tout cela est d'un goût plus descriptif que la vieille poésie homérique. En revanche les sentiments d'Achille sont peints avec force et grandeur ; son désespoir et son dévouement passionné à l'ami qu'il a perdu nous touchent profondément ; et lorsque, après le départ de Thétis, il s'avance au bord du fossé sur l'ordre d'Iris et arrête par son cri la poursuite des Troyens qui veulent arracher aux deux Ajax le corps de Patrocle, l'invention est saisissante. Aussi a-t-on essayé de dégager dans cette première partie du dix-huitième livre les éléments anciens des additions postérieures [1] ; mais cela n'a pu être fait encore d'une manière satisfaisante, et il paraît plus naturel, quant à présent, de la considérer comme un tout digne de figurer à côté des beaux morceaux du poème. — Ce début du XVIII° livre forme donc un magnifique commencement de drame, dont Eschyle profitera un jour ; mais aussitôt après, l'action se divise d'une manière fâcheuse ; plus d'unité ni de progrès : au lieu d'une construction simple et grande en larges

---

1. Voir l'édition de W. Christ.

assises, nous avons sous les yeux un agencement ingénieux de petits matériaux. Deux scènes parallèles se succèdent : d'une part l'*Assemblée nocturne des Troyens* (v. 243-313), où Polydamas conseille de rentrer dans Troie, tandis qu'Hector persiste à vouloir attaquer les vaisseaux dès que le jour reparaîtra ; d'autre part les *Honneurs funèbres* rendus pendant la même nuit au corps de Patrocle par Achille et les Myrmidons (v. 314-368). L'une et l'autre de ces deux scènes trahissent une origine récente. La première semble avoir été faite d'après quelques paroles d'Hector au vingt-deuxième livre (v. 100-104); la seconde est un simple complément, assez inutile par lui-même, mais qui a dû sa naissance à un besoin de symétrie. Il fallait que les Achéens, comme les Troyens, fissent quelque chose pendant cette nuit.— Épisodes sur épisodes : toute la seconde moitié du XVIIIe livre est remplie par le récit de la visite de Thétis à Héphaestos, et par la belle description des armes que le dieu forge pour le héros. Dans l'antiquité déjà, Zénodote, frappé de voir combien la description du bouclier était inutile à l'action, la considérait comme une addition au texte primitif[1]. On a remarqué en outre : que toute cette description semble dénoter des procédés techniques plus avancés que ceux dont témoignent les autres parties de *l'Iliade*; que, comparée aux parties primitives du poème, elle trahit un goût moins sévère et un art plus épisodique; qu'on croit y sentir déjà les manières de penser et de s'exprimer qui domineront dans l'*Odyssée*. Tout cela est vrai; mais en réalité, c'est sans doute l'épisode de Thétis et d'Héphaestos tout entier qu'il faut considérer comme un com-

---

1. Scolie du vers 483.

plément plus ou moins tardif. Il n'est devenu nécessaire en effet qu'au temps où les chants primitifs ont été constitués à l'état de poème. Il a fallu expliquer alors comment Achille, dans le chant de *la Mort d'Hector*, était revêtu d'armes divines[1], et cette explication que le public primitif ne demandait pas parce qu'il la trouvait dans la légende, on a pris plaisir à la mettre en forme d'épisode dans le poème lui-même.

Il n'y a dans tout le dix-neuvième livre qu'une scène vraiment utile à l'action générale du poème : c'est celle de la *Réconciliation d'Achille et d'Agamemnon*. Tout le reste est vide ou rempli de détails sans intérêt. Nous voyons Thétis intervenir elle-même pour éloigner les mouches du cadavre d'Hector : petite besogne pour une déesse. Puis, après la réconciliation, le temps se passe à discuter si l'on prendra le repas, oui ou non, avant de combattre. Sur ce sujet un débat très long a lieu : Ulysse fait tout un discours plein de sentences générales : finalement, on décide qu'il faut manger pour mieux combattre. Achille seul refuse de prendre aucune nourriture. En vain on s'efforce de le faire changer d'avis; il faut qu'Athéné elle-même intervienne pour le nourrir d'ambroisie à son insu. Rien n'est moins homérique que ces inventions. A la fin seulement, le récit se relève tout à coup, lorsque le poète nous montre Achille s'armant, plein de colère, pour aller

---

1. XXII, v. 316. Il se pourrait bien aussi que ce vers qui manque dans quelques manuscrits fût une interpolation. Dans ce cas, l'épisode de Thétis et d'Héphaestos et de la fabrication des armes serait tout simplement une de ces inventions merveilleuses qui ont été surajoutées aux chants primitifs, lorsque ceux-ci commencèrent à paraître trop simples.

chercher et tuer Hector, malgré la prophétie effrayante de son cheval Xanthos doué pour un instant de la parole. Qu'est-ce donc en somme que ce XIX° livre ? Un ensemble médiocre, dans lequel sont encadrés deux morceaux importants : la *Réconciliation* au début et l'*Armement d'Achille* à la fin. Le premier peut être regardé comme plus ancien que le reste du livre, à condition d'admettre que le discours d'Agamemnon a été largement interpolé [1]. Mais faut-il l'attribuer à l'auteur même de la *Querelle?* Si l'*Iliade* a été dès l'origine un poème continu, une scène de réconciliation y était nécessaire, et c'est pourquoi les partisans de cette opinion considèrent généralement celle que nous possédons comme un débris de la scène primitive. A vrai dire, rien dans le texte ne nous paraît de nature à appuyer cette hypothèse. Le personnage d'Achille n'y est certainement pas celui que nous attendons. On a peine à croire que l'auteur de la *Querelle* l'eût représenté si apaisé et que la nouvelle passion — puisque c'est elle qui dompte l'ancienne — ne se fût pas exprimée plus fortement dans son discours. Toute la scène des présents et des serments qui suit la réconciliation est en rapport étroit avec celle de l'*Ambassade* du livre IX. Toutefois il y est parlé de l'ambassade comme si elle avait eu lieu la veille (v. 145 et 195), tandis que d'après le poème elle a eu lieu effectivement l'avant-veille. Ce détail indique peut-être qu'au moment où la *Réconciliation* a été composée, l'*Iliade* n'était pas encore complètement formée et que par suite la chronologie des évé-

---

1. Il faudrait en retrancher toute la légende de la naissance d'Héraclès (v. 91-136). Nous avons déjà vu au livre XV combien les légendes d'Héraclès avaient eu d'influence sur les interpolations de l'*Iliade*.

nements n'y était pas fixée comme elle l'est aujourd'hui. — Quant au morceau de la fin, l'*Armement d'Achille* (v. 357-424), bien qu'il ne soit pas indispensable au récit de la *Mort d'Hector*, il a fort bien pu en faire partie dès l'origine, et rien n'empêche d'y voir le début primitif de ce beau récit.

Nous voici au livre XX; ici commence le combat qui doit se terminer par la mort d'Hector. Mais au début (v. 1-74), nous assistons à une assemblée générale des dieux, qui, sur l'avis de Zeus, se partagent entre les adversaires et descendent dans la plaine où bientôt ils prendront part aux combats. Ce morceau est visiblement destiné à préparer la *Théomachie* du livre suivant, et par conséquent ce que nous aurons à dire de l'origine de cet épisode s'appliquera également à ces soixante-quatorze vers. Suivons donc l'action : Achille cherche Hector; Apollon excite contre lui Enée, et de là un combat singulier qui remplit la plus grande partie du livre (v. 75-380). Ce récit, à n'en pas douter, est relativement récent. Outre qu'il renferme de nombreuses imitations, il n'est rien moins que dramatique; il arrête l'action, et l'abus des discours y est manifeste. Notons aussi un emploi du surnaturel bien moins simple et bien plus éloigné de la vraisemblance que dans les parties anciennes de l'*Iliade*[1]. L'intention de l'auteur semble avoir été de grandir le rôle d'Enée, et bien loin que la généalogie de ce héros nous fasse l'effet d'une interpolation conformément à une opi-

---

1. Voir au v. 335 de quelle manière Poséidon sauve Enée.— Christ, *Iliadis carmina*, Proleg. p. 27 : Aeneae certamen cum Achille illepidissimum et ex laciniis aliorum carminum, atque etiam ejusdem libri (201-202 = 432-433), misere consutum, si quod additamentum Iliadis, divino Homeri ingenio indignum est, ut vere Homerum, si hos quoque versus fecisset, dormitasse diceres, etc.

nion assez commune, nous serions plutôt tenté d'y voir la raison d'être de tout l'épisode. — Il n'y a en somme que la fin de ce vingtième livre (v. 381-503) qui puisse sembler au premier abord appartenir au récit primitif. Le poète nous y montre Achille chassant devant lui la foule des Troyens qu'il massacre et rencontrant enfin pour la première fois Hector, qui est dérobé à ses coups par Apollon. Mais dans ce morceau même, le principal épisode, c'est-à-dire le combat d'Achille et d'Hector, est fait d'imitations, et il en est de même de la description finale qui nous fait voir le char d'Achille écrasant les morts et tout rougi de sang. En outre le merveilleux y présente le même caractère d'invraisemblance inutile et d'exagération que dans le morceau précédent[1]. Nous serions porté à croire en conséquence que cette partie du récit a été ajoutée au combat d'Achille et d'Énée comme introduction aux scènes suivantes.

Le *Combat près du fleuve* fait suite en effet d'une manière immédiate à cette description. Achille porte çà et là le carnage sur les bords du Xanthe et dans le lit même du fleuve. Il tue le Thrace Astéropée. Le fleuve alors s'irrite contre lui, et comme Achille le brave, il cherche à l'engloutir sous ses eaux soulevées. Achille fuit; le Xanthe le poursuit; bientôt même il appelle à son aide le Simoïs : les deux fleuves débordent, inondent la plaine, roulent les cadavres et les armes. Achille périrait sans l'assistance des dieux; mais Héphaestos, sur l'ordre d'Héré, vient

---

1. Le trait lancé par Hector est détourné par le souffle d'Athéné, tandis qu'au Ve livre, c'était avec la main que la déesse écartait de Diomède la lance d'Arès (v. 853), et de plus le trait ainsi détourné revient en arrière à son point de départ (v. 437-441). Ce sont là des indices d'un goût fort différent.

à son secours. Ses feux dessèchent les eaux débordées. L'embrasement arrête l'inondation et la refoule. Enfin le Xanthe demande grâce, et tout s'apaise. Rien n'est plus célèbre que ce récit : c'est l'œuvre d'un poète d'une grande et brillante imagination, en qui les qualités dramatiques s'unissent aux qualités descriptives d'une manière merveilleuse ; mais si l'on veut y trouver le caractère homérique, il faut changer le sens de ce mot. Ce qui caractérise essentiellement l'art homérique, tel qu'il nous est apparu déjà dans le chant de la *Querelle*, dans les *Exploits d'Agamemnon*, dans la *Patroclie*, et ailleurs, c'est, nous l'avons dit, la grandeur de l'effet associée à l'extrême simplicité des moyens. Or, dans la lutte d'Achille et du Xanthe, c'est le contraire qui nous frappe. L'effet est grand, mais il est obtenu par des moyens extraordinaires. Faire sortir un fleuve de son lit, puis, comme si cela même était insuffisant, en appeler un second à son aide, déchaîner un incendie à travers une plaine et nous la montrer tout entière en feu, mettre en lutte deux éléments, en un mot bouleverser tout pour un seul homme qu'une simple vague suffisait à engloutir, c'est le fait d'un poète à qui rien ne coûte, pourvu qu'il étonne et qu'il effraye. A ce morceau succède l'épisode appelé proprement *Combat des dieux* (v. 383-585), qui est rejeté presque unanimement par la critique. Sans raison, les dieux des partis ennemis se provoquent deux à deux, et ces défis n'aboutissent qu'à des échanges de paroles ou à des rencontres qui semblent à peine sérieuses. Nulle part, on peut le dire, l'interpolation n'est plus évidente que là. En comparant ce morceau au précédent, il semble naturel de penser qu'il a dû être composé antérieurement et que le combat d'Héphaestos et du Xanthe est simplement un brillant épisode ajouté après coup à la pauvre *Théomachie* qui existait déjà.

Immédiatement après le combat des dieux, commence (au vers 526) le sublime récit de la *Mort d'Hector*, qui comprend, avec la fin de ce livre, le livre suivant tout entier. Tandis que les Troyens éperdus rentrent en foule par les portes de la ville, ouvertes aux fuyards sur l'ordre de Priam, une ruse d'Apollon éloigne pour un instant Achille qui s'attache à la poursuite d'un vain fantôme. Hector, seul entre les Troyens, s'arrête au pied des murs, et l'attend. En vain, du haut du rempart, son père et sa mère le supplient tour à tour de rentrer : il reste sourd à leurs appels déchirants, décidé à combattre. Mais voici qu'Achille paraît, et soudain une frayeur irrésistible le saisit. Il fuit, poursuivi par son adversaire, et le poète nous fait assister à toutes les émotions de cette course ardente dont la vie d'Hector est l'enjeu. Rien de plus beau dans tout le poème. Zeus abandonne le malheureux Hector à sa destinée : alors Athéné arrête Achille, puis elle vient auprès d'Hector sous les traits de son frère Déiphobos et lui persuade de tenir tête à celui qui le poursuit. Les deux ennemis sont donc face à face. Le combat s'engage. Hector, trahi par les dieux, est vaincu et tombe, la gorge percée, mais vivant encore. Il prie Achille de respecter du moins son corps, de le rendre aux siens après sa mort ; Achille, impitoyable, achève le vaincu en l'insultant, et Hector meurt, non sans prédire à son cruel vainqueur que lui aussi tombera bientôt. Aussitôt, pendant que les Achéens se réjouissent en chantant le péan autour du cadavre de leur terrible ennemi, le poète, par un contraste aussi simple qu'émouvant, nous montre la douleur navrante du vieux Priam, celle d'Hécube, et surtout le désespoir et les lamentations touchantes d'Andromaque. La beauté incomparable de ce long récit est dans la vérité et la force des sentiments, dans la variété des péripéties qui naissent sans apprêt de la suite naturelle des événements, dans la manière puissante dont le poète fait valoir les grandes situations dramatiques et marque les phases principales de l'action. C'est le chant le plus pathétique de l'*Iliade* et il n'en est aucun qui porte à un plus haut degré les caractères distinctifs des parties primitives. Comme dans le chant de la *Querelle*, le poète se contente du plus petit nombre possible de personnages : il lui suffit de deux hommes qu'il met face à face pour composer et dérouler sous nos yeux le drame le plus émouvant et le plus rempli[1]. Ce récit de la *Mort d'Hector* est visiblement le noyau de l'*Achilléide*, et les parties suivantes, c'est-à-dire la fin du poème, de même que les parties précédentes, semblent y avoir été ajoutées postérieurement.

1. Les quelques allusions, réelles ou apparentes, qui, dans le XXIIe livre, se rapportent à diverses parties de l'*Iliade*, ne prouvent rien contre l'antériorité de ce chant. Les vers 46-52 ont pu être introduits après coup, lorsque l'*Iliade* fut complète, pour rappeler la mort de Lycaon et de Polydore; mais il ne me paraît pas impossible non plus qu'ici comme ailleurs l'allusion apparente ait précédé le passage auquel elle paraît se rapporter et lui ait donné naissance. Il en est de même des vers 100-103, qui semblent viser la scène du XVIIIe livre où figure Polydamas; mais cette scène, dans le récit où elle est intercalée, ne tient à rien; n'est-il pas vraisemblable qu'elle a été faite après coup d'après les vers de la *Mort d'Hector* qui semblent aujourd'hui destinés à la rappeler ? — En revanche, je crois que le XXIIe livre est postérieur aux *Adieux d'Hector et d'Andromaque* du VIe. Le vers 105 du XXIIe livre me paraît évidemment emprunté au vers 442 du VIe; la relation inverse n'est pas possible; car le sentiment ici exprimé est plus complètement juste au VIe livre qu'au XXIIe.

LIVRE XXIII

Le XXIII° livre se compose de deux morceaux étendus. Le premier (v. 1-256) est le récit des funérailles de Patrocle. Ce qui manque le plus à ce récit, c'est la grandeur, par conséquent le caractère essentiellement homérique. Tout y est décrit avec convenance, les sentiments comme les actions, sans que le poète toutefois semble jamais s'oublier lui-même, ni s'élever au-dessus de son art. Le court épisode du message d'Iris auprès des vents, qui tardent à venir allumer la flamme du bûcher de Patrocle, est caractéristique de cette manière ; la poésie n'y sort pas naturellement des choses, mais l'auteur s'efforce de les orner pour les rendre poétiques. Au récit des funérailles proprement dites fait suite celui des jeux funèbres célébrés par Achille en l'honneur de Patrocle (v. 257-897). Ce second morceau du XXII° livre a été jugé par quelques critiques très supérieur au premier[1]. Il renferme en effet de réelles beautés dans sa première partie, mais l'ordonnance n'en est rien moins que satisfaisante. Le poète nous décrit successivement huit jeux différents, ce qui est trop. L'attention se fatigue, et il en a tellement conscience lui-même, qu'il sent bientôt le besoin de se hâter. La course des chars est seule racontée en détails, avec d'ingénieuses péripéties qui la rendent très dramatique. Mais ensuite le narrateur passe rapidement sur le pugilat, la lutte, la course à pied, le combat singulier, le jeu du disque, le tir à l'arc et le concours du javelot[2]. Son désir d'abréger est par-

---

1. Bergk, *Griech. Liter.*, t. I, p. 639.
2. Il est vraisemblable que trois de ces jeux, le combat singulier, le jeu du disque, le tir à l'arc ont été ajoutés après coup. Cela résulte des deux passages où Achille (v. 621-623) et Nestor (v. 634-640) ne mentionnent que cinq jeux (Lachmann, *Betracht.*, p. 86, et

ticulièrement sensible dans le récit de la lutte, dont il élude la dernière partie au moyen d'un artifice : Achille donne des prix égaux aux deux rivaux, Ajax et Ulysse, et met fin à leur combat « afin que d'autres Achéens puissent aussi concourir » (v. 737). Cette préoccupation d'être complet au risque de sacrifier les éléments dramatiques du développement n'a rien assurément d'homérique [1].

L'objet du vingt-quatrième livre, qui termine l'*Iliade*, c'est le *Rachat du corps d'Hector* (Ἕκτορος λύτρα). Les dieux prennent pitié d'Hector privé de sépulture. Zeus fait venir Thétis et la charge de préparer Achille à rendre le corps de son ennemi vaincu. De son côté, il envoie Iris au vieux Priam pour le décider à aller lui-même demander à Achille le cadavre de son fils. Priam part la nuit, malgré les prières d'Hécube. Grâce à l'assistance d'Hermès qui vient à lui, sans se laisser reconnaître, il pénètre dans le camp des Grecs et arrive jusqu'à la tente d'Achille. Il se jette à ses pieds, et dans une scène admirable réussit à le fléchir. Tout est beau

---

Lehrs, *De Aristarchi studiis homeric.*, p. 424). Mais, cette addition supprimée, la critique subsiste et n'est presque pas atténuée.

1. Je n'insiste pas ici sur d'autres arguments que l'on donne ordinairement pour prouver que cette description des jeux est moins ancienne que les parties primitives de l'*Iliade*. On fait remarquer par exemple que les héros qui prennent part aux jeux, Agamemnon et Diomède notamment, ont été blessés tout récemment et qu'ils se sont depuis lors abstenus du combat ; à plus forte raison doivent-ils être hors d'état de se mêler aux jeux. Ce sont là des raisons de stricte vraisemblance qui ont, je crois, peu de valeur en tout état de cause, et qui n'en auraient aucune si ce chant avait été originairement indépendant, bien que rattaché à la série. Ce qui est plus significatif, c'est le rôle important d'Eumèle, fils d'Admète, et d'Epéios, constructeur du cheval de bois, tous deux inconnus dans l'*Iliade*, sauf dans le *Catalogue*.

dans ce récit justement célèbre. Achille fait laver le corps d'Hector et donne à Priam l'hospitalité sous sa tente. Mais avant le jour, Priam, sous la conduite d'Hermès, quitte le camp et rentre dans Troie. Là, il assemble tout le peuple pour pleurer le glorieux guerrier tombé sous les coups d'Achille. Au milieu des femmes, Andromaque, Hécube, Hélène se répandent successivement en plaintes touchantes[1]. La forme symétrique de ces plaintes, qu'on a exagérée en voulant les réduire en strophes[2], est remarquable et heureusement appropriée à la monotonie naturelle de la douleur. On célèbre les funérailles d'Hector, et c'est par cette scène d'une noble tristesse que s'achève le poème.

Ce vingt-quatrième livre constitue un ensemble dont l'unité ne paraît pas douteuse. La scène entre Priam et Achille en est le centre ; ce qui précède en forme l'introduction, et ce qui suit en est le dénoûment naturel. Il y a quelque lenteur dans la première partie et les personnages y sont faiblement

---

1. On a considéré ces plaintes comme une addition postérieure (Seibel, *Die Klage um Hector*, p. 37 et suiv. Cf. Christ, *Prolegom.*, p. 27). Rien ne me paraît moins vraisemblable. Nécessaires à la proportion du développement, elles sont parfaitement dans le ton général du XXIVᵉ livre. On dit que les aèdes ou chanteurs spéciaux des funérailles sont qualifiés d'ἐξάρχους (v. 721), et que néanmoins, à propos d'Andromaque, d'Hécube, d'Hélène, nous voyons employés les verbes ἦρχε (v. 723), ἐξῆρχε (v. 747), ἐξῆρχε encore (v. 761), ce qui implique contradiction. L'objection me semble de peu de valeur. Les aèdes de profession peuvent commencer par une plainte générale, un *thrène*, auquel répond le cri de douleur des femmes ; puis chacune des parentes les plus rapprochées *commence* à son tour une lamentation particulière, à laquelle répond encore le même cri (ἐπὶ δὲ στενάχοντο γυναῖκες). Les deux choses ne s'excluent pas.

2. Kœchly, *Opusc. phil.*, II, p. 65.

caractérisés, mais tout le livre plaît par la délicatesse et la douceur des sentiments, et lorsque le poète met Priam en présence d'Achille, il atteint sans effort au pathétique le plus sublime. Malgré cela, il paraît difficile de l'identifier avec l'auteur du vingt-deuxième chant et des parties les plus anciennes de l'*Iliade*. On a remarqué souvent combien le rôle d'Hermès, insignifiant dans le reste du poème et considérable au contraire dans l'*Odyssée*, prend d'importance dans ce récit du *Rachat d'Hector*. C'est là une observation qui a sa valeur, bien qu'après tout cette innovation ne soit pas absolument inexplicable, même dans l'hypothèse d'un poète unique. Mais les indices tirés des caractères littéraires nous semblent plus décisifs. Le ton général est plus voisin de celui de l'*Odyssée* que de celui des parties anciennes de l'*Iliade*. De nombreuses expressions sont même empruntées à telle ou telle partie de ce poème[1]. D'ailleurs tout ce qui précède l'action principale, c'est-à-dire la scène du conseil des dieux et la partie du récit relative à Thétis, révèle un imitateur, qui, à vrai dire, semble même un peu embarrassé de ses personnages et ne réussit que médiocrement à leur donner un rôle digne d'eux[2]. L'idée du vingt-quatrième livre a dû naître du passage du vingt-deuxième,

---

1. Christ, *Iliad. carm.*, Préf., p. 34. Il faut faire le travail de rapprochement soi-même, à l'aide des renvois notés au bas des pages, pour constater combien ce XXIVe livre est réellement voisin de l'*Odyssée*.

2. Noter aussi les différences de versification. Christ, *Metrik d. Griechen und Römer*, 2e éd., p. 166 : Dass auch zwischen den einzelnen Gesängen des Homer ein grosser Unterschied in der Kunst des Versbaues waltet, wird sich jedem leicht ergeben, der nur einmal die melodischen Verse der Μῆνις und der Πρεσβεία mit den ungelenken Rythmen der Λύτρα Ἔκτορος verglichen hat.

où Priam gémit sur la mort de son fils et annonce, dans son désespoir, l'intention d'aller redemander son corps à Achille. Un poète d'un noble talent a développé cette donnée et en a fait le dénoûment du poème. Moins original et moins puissant que l'auteur des chants primitifs, il a su s'inspirer des exemples de son grand devancier et emprunter quelque chose de sa poésie, en y mêlant ce qu'il y avait dans sa propre nature de plus délicat et de plus tendre.

VIII

Résumons-nous. De l'analyse qui précède ressortent certaines observations essentielles dont nous aurons à tenir compte en expliquant la formation de l'*Iliade*. Voici les principales :

1° Un petit nombre seulement de parties du poème sont primitives et portent la marque d'une origine commune.

2° Si l'on détache ces parties de celles qui les entourent aujourd'hui, on remarque immédiatement que quelques-unes d'entre elles — et ce sont les principales, — sans former un poème continu, constituent du moins une série de chants liés par l'ordre des événements et par le développement d'une même situation. Ce sont : la *Querelle* (l. I), les *Exploits d'Agamemnon* ou la *Défaite des Achéens* (l. XI), la *Patroclie* (l. XVI avec quelques parties adjacentes), et la *Mort d'Hector* (l. XXII). Ces chants sont de telle nature qu'ils pouvaient être récités isolément, sans qu'il manquât rien d'essentiel aux auditeurs, les événements intermédiaires étant ou superflus, ou suffisamment expliqués par quelques vers d'introduction, ou enfin connus par la légende. — A côté de ces chants, s'en trouvent quelques autres, également primitifs et probablement de même origine, mais dont la place dans la série n'est pas aussi nettement marquée par la nécessité même du développement dramatique. Ce sont : les *Exploits de Diomède* (l. V), les *Adieux d'Hector et d'Andromaque* (fin du livre VI), l'*Ambassade* (livre IX sous sa forme primitive), et peut-être encore quelques autres morceaux (comme par exemple les belles parties du livre II, la scène d'*Hector chez Pâris* au livre VI, etc.), sur l'origine desquels il est difficile de se prononcer aujourd'hui.

3° Les autres parties du poème sont d'origine diverse. Elles ont été ajoutées plus tard aux chants primitifs, les unes à titre de libre développement, les autres comme pièces de raccord, mais toutes, à quelques très rares exceptions près, ont été spécialement composées pour tenir la place qu'elles occupent.

C'est sur ces données résultant de l'étude même du poème qu'il faut essayer maintenant de fonder une explication historique de sa formation.

CHAPITRE III

FORMATION DE L'ILIADE

SOMMAIRE

I. Opinion traditionnelle sur l'unité primitive de l'*Iliade*. Objections préliminaires. Invraisemblance d'une grande composition au temps où est né le poème. — II. Discussion des systèmes d'unité primitive. Nitzsch et Otfried Müller. — III. L'*Iliade* considérée comme un assemblage de petits poèmes indépendants. Wolf. Dugas-Montbel. Lachmann. Réfutation de cette manière de voir. — IV. Systèmes intermédiaires. Wolf, God. Hermann. Hypothèse de Grote. Guigniaut et Koechly. — V. Vérité probable. Le premier noyau de l'*Iliade*. Chants liés en série et chants annexes. — VI. Chants de développement. — VII. Chants de raccord.

L'antiquité semble ne s'être fait qu'une idée assez vague de la composition des poèmes homériques. Elle les étudiait et les admirait sous leur forme traditionnelle plutôt qu'elle ne s'interrogeait méthodiquement sur leur origine. Une opinion fort répandue, comme nous le verrons plus loin, attribuait au tyran d'Athènes, Pisistrate, la constitution définitive de ces poèmes. On admettait donc qu'auparavant, pendant une période de temps plus ou moins longue, ils avaient dû être dans un état mal défini, qu'on qualifiait de dispersion[1]. Mais cette opinion, autant

---

1. Epigr. anc. (*Anecd. graeca* de Villoison, t. II, p. 183) :

que nous pouvons en juger, n'impliquait en aucune façon qu'on ne crût pas à leur unité primitive. Les grands critiques Alexandrins, Aristarque en particulier, pensaient que des éléments étrangers s'étaient mêlés diversement à la poésie authentique d'Homère. Par là même, ils attestaient leur croyance en un poète de ce nom, auteur de l'*Iliade* ainsi que de l'*Odyssée*; et le soin qu'ils prenaient d'effacer ou d'expliquer les contradictions ou les divergences entre les parties de son œuvre supposée témoigne que, dans leur pensée, cette œuvre était une composition continue et complète, dont l'unité première ne leur paraissait pas douteuse.

Cette manière de voir peut donc être considérée d'une façon générale comme celle de l'antiquité. Elle a passé des anciens aux modernes par tradition; et ceux-ci l'ont reçue d'autant plus aisément qu'elle répondait à l'aspect extérieur des poèmes aussi bien qu'à leurs propres habitudes littéraires. Composer un ouvrage, fût-ce un poème épique, d'après un plan arrêté d'avance, devait sembler chose toute naturelle dans un temps où personne n'aurait songé à procéder autrement. En outre jusqu'à la fin du xviiie siècle, la plupart des scolies anciennes étant ignorées, on ne se faisait pas une idée exacte des difficultés aperçues par les anciens eux-mêmes et de l'incertitude de leur tradition relativement à ces poèmes.

On a vu dans le chapitre précédent combien cette croyance dogmatique et traditionnelle à l'unité primitive de l'*Iliade* est inconciliable avec l'étude atten-

---

Σποράδην τὸ πρὶν ἀειδόμενον. Cic., *de Orat.*, III, 34 : Homeri libros confusos antea. Elien, *Hist. var.*, XIII, 14 : Τὰ Ὁμήρου ἔπη πρότερον διῃρημένα ᾖδον οἱ παλαιοί.

tive et comparée des diverses parties du poème. Mais indépendamment des innombrables objections de détail qu'elle soulève, on peut la combattre aussi par certains arguments généraux que nous devons mentionner ici à titre d'observations préliminaires. Ces arguments ont été produits pour la première fois d'une manière vraiment méthodique et savante par Fr.-Aug. Wolf dans ses célèbres *Prolégomènes,* publiés en 1795. C'est cet ouvrage qui a posé pour le monde savant les questions homériques[1]. Bien que les idées de Wolf aient été depuis lors réfutées en partie, nous croyons que ce qui en reste est assez important et assez vigoureux pour mériter réflexion.

Wolf s'était proposé principalement d'établir que l'écriture était inconnue, ou du moins hors d'usage, au temps où fut composée l'*Iliade*[2]; et comme un aussi long travail de composition lui semblait impossible sans le secours de cet art auxiliaire, il concluait de là ou laissait conclure à ses lecteurs que le poème actuel était un simple assemblage de morceaux anciens rapprochés les uns des autres par l'industrie des arrangeurs de Pisistrate. La critique, depuis un siècle, a considérablement affaibli la partie essentielle de sa démonstration. D'une part, elle a fait voir combien il était hasardeux de fixer une limite précise à la puissance de la mémoire. En étudiant chez divers peuples et en divers temps les produc-

---

1. Lire, dans la *Revue des Deux-Mondes* du 1ᵉʳ mars 1848, un article de M. Galusky sur Wolf. On y trouve à la fois d'intéressants renseignements biographiques et un exposé critique de ses idées sur Homère.
2. Il avait été précédé dans cette démonstration par Robert Wood, auteur du remarquable *Essai sur le génie original d'Homère* (en anglais, Londres, 1769), traduit en français par Demeunier, Paris, 1777.

tions de la poésie épique primitive, on a recueilli des exemples qui ne permettent pas de douter qu'en l'absence de l'écriture certains hommes heureusement doués et spécialement exercés ne puissent composer et retenir un nombre de vers presque prodigieux. D'autre part, on a dû reconnaître que la date de l'introduction de l'écriture en Grèce était fort incertaine ; et en somme, on ne saurait affirmer que les aèdes homériques, pourvus d'une instruction particulière en raison de leur profession même, n'aient pas été en état, sinon d'écrire couramment, du moins d'aider leur mémoire par un système de signes, deux siècles peut-être avant le commencement des Olympiades [1]. Mais si l'on se dégage de ce

---

1. En négligeant les traditions fabuleuses des Grecs sur l'origine de leur écriture, dont ils attribuaient l'invention ou l'introduction soit à Orphée, soit à Musée, soit à Linos, soit à Palamède, on ne peut laisser entièrement de côté le témoignage d'Hérodote (V, 58-60). D'après cet historien, les lettres phéniciennes auraient été importées en Grèce par Cadmos, puis modifiées peu à peu dans leur forme; les Ioniens se les seraient appropriées les premiers et en auraient fait usage pour écrire sur des peaux préparées. Les plus anciennes inscriptions grecques connues sont celles de Théra : quelques-unes d'entre elles semblent remonter au IXe siècle, ou tout au moins à la première moitié du VIIIe ; elles sont donc antérieures aux Olympiades. Il est clair que l'écriture elle-même doit être notablement plus ancienne en Grèce que ces vieux monuments : des inscriptions n'ont de raison d'être qu'autant que la connaissance de l'art d'écrire est déjà assez répandue. D'ailleurs l'alphabet de Théra, bien que très voisin du prototype phénicien, en diffère cependant d'une manière sensible; et ces différences ne s'expliqueraient pas sans un assez long usage antérieur et un oubli plus ou moins prolongé du modèle. Il est donc probable qu'en effet, comme le dit le vieil historien, c'est bien au premier établissement des Phéniciens en Grèce, et particulièrement à la colonie cadméenne de la Béotie, que doit être rapportée l'introduction de l'Alphabet parmi les populations grecques. Cf. Lenor-

débat obscur où les conjectures ont trop de part, voici un fait qui subsiste et qui a une importance capitale. Quand même on admettrait que l'*Iliade* a pu être écrite dès l'origine ou partiellement notée — ce qui est après tout extrêmement douteux, — il est bien certain du moins qu'elle n'a pas été faite pour être lue. Or c'est là le point capital. L'écriture, pendant longtemps, n'a pu être chez les Grecs qu'un moyen mnémonique : il n'y avait ni livres à proprement parler ni lecteurs. Cela suffit pour qu'il soit certainement difficile de concevoir ce que l'auteur d'un si long poème aurait bien pu se proposer.

Pour assigner à son immense travail un but raisonnable, on doit imaginer de grandes récitations continues analogues à celles qui avaient lieu plus tard à Athènes aux fêtes des Panathénées. Il fallait des occasions de ce genre pour que le poème pût se produire dans son entier ; et s'il n'avait dû être livré au public que partiellement, la construction laborieuse d'un si vaste ensemble était superflue. Mais ces grandes récitations, si nécessaires à l'hypothèse de l'unité primitive, nous ne les voyons mentionnées nulle part. L'*Odyssée*, qui met en scène des aèdes, avec l'intention manifeste de montrer leur art dans toute sa splendeur, ne connaît rien de semblable. Et quand ces récitations apparaissent dans l'histoire, elles nous sont présentées comme une innovation dont on fait honneur soit à Solon, soit à un fils de Pisistrate [1]. La croyance à l'unité primitive de l'*Iliade*

---

mant, art. *Alphabetum* dans le *Dict. des Antiquités* de Daremberg et Saglio. Consulter aussi Nitzsch, *De Historia Homeri*, fascicul. prior, et Bergk, *Gesch. der griechisch. Liter.*, t. I, p. 185.

1. Diog. Laerce, *Solon*, 57. — [Platon], *Hipparque*, p. 228, B : Ἱππάρχῳ ...ὅς τὰ Ὁμήρου ἔπη πρῶτος ἐκόμισεν εἰς τὴν γῆν ταυτηνὶ καὶ

implique donc tout d'abord une hypothèse, qui, loin de s'appuyer sur des témoignages anciens, est en désaccord avec ceux qui nous sont parvenus.

Il faut ajouter que cette hypothèse est loin d'être satisfaisante en elle-même. Qu'on y réfléchisse en effet. Comment ces grandes récitations ont-elles pu naître ? La seule manière vraisemblable d'en expliquer l'origine, c'est d'admettre qu'elles se sont organisées peu à peu à mesure que le besoin s'en est fait sentir ; et ce besoin a dû résulter tout naturellement de la formation de ces groupes de chants que nous avons signalés ; les récitations ont grandi en même temps que ces groupes eux-mêmes grandissaient ; cela est aisé à concevoir et conforme à la nature des choses. Mais si l'on reconnaît qu'antérieurement à l'*Iliade* il n'y avait que des chants de peu d'étendue, et si l'on suppose que la principale innovation homérique a été précisément de créer un poème proprement dit, il faut admettre du même coup que les grandes récitations n'existaient pas avant l'*Iliade;* ce qui revient à dire que l'auteur de ce poème, en le composant, aurait eu en vue de l'approprier à des usages encore inconnus et de se placer en dehors des conditions qui étaient alors imposées à la poésie. Il aurait fait à dessein une œuvre dont le mérite propre ne pouvait être apprécié que dans des circonstances tout à fait nouvelles et en somme fort incertaines, puisqu'il s'agissait de modifier pour les produire les habitudes du public. On ne peut nier qu'il n'y ait là tout au moins une grave invraisemblance.

Et cette invraisemblance paraîtra sans doute plus

ἠνάγκασε τοὺς ῥαψῳδοὺς Παναθηναίοις ἐξ ὑπολήψεως ἐφεξῆς αὐτὰ διιέναι, ὥςπερ νῦν ἔτι οἴδε ποιοῦσι.

forte encore pour peu qu'on veuille donner quelque attention à certaines conséquences nécessaires de l'hypothèse traditionnelle. Si l'*Iliade* est l'œuvre d'un poète unique développant un plan arrêté d'avance, ou bien il a composé son œuvre tout entière avant de la donner au public, ou bien il en a récité les diverses parties isolément à mesure qu'elles étaient achevées. Examinons ces deux façons différentes de concevoir les choses.

Si l'on admet que l'œuvre a été faite d'un seul jet pour être livrée intégralement au public dans une de ces grandes récitations supposées, tout d'abord on rend bien plus inexplicables encore les contradictions intimes du poème, la marche flottante de l'action, les lenteurs du développement ; mais, ce qui est plus grave peut-être, c'est qu'on est condamné alors à se représenter le poète comme adonné pendant un temps nécessairement fort long à un travail de méditation solitaire et silencieuse, qui contraste étrangement avec les habitudes d'esprit de cet âge encore primitif. Nous voyons dans l'*Odyssée* les aèdes préférer toujours la dernière légende, la plus nouvelle, et la prendre en quelque sorte au milieu même de son succès pour en faire le sujet de leur poésie [1]. Cela donne l'idée d'une sorte de concours incessant entre tous ces hommes de talent pour apporter à leurs auditeurs quelque chose qui n'eût pas encore été dit. Concevrait-on, dans un tel milieu, un poète laissant vieillir à dessein la nouveauté entre ses mains et se taisant plusieurs années en vue d'un succès aussi incertain qu'éloigné ? N'est-ce pas dénaturer cette poésie vivante et toute voisine de l'improvisation que de la supposer

---

1. *Odyss.*, I, v. 351.

si lente à éclore, si studieuse et si maîtresse d'elle-même dans ses longs calculs ? Et les nécessités même de la vie et de la profession d'aède, telles qu'on peut les deviner, permettent-elles cette supposition ?

Dirons-nous, pour échapper à ces difficultés, que le poète a dû donner au public les parties de son œuvre à mesure qu'elles étaient achevées ? Dans quel ordre pense-t-on que ces parties du poème aient été ainsi composées et récitées par leurs auteurs ? Celui qu'elles occupent aujourd'hui est-il aussi celui de leur publication ? L'*Iliade* se refuse à cette hypothèse ; qui voudrait croire par exemple que le second livre qui n'aboutit à rien, et tant d'autres qui sont dans le même cas, ont pu être récités à l'origine sans les grands épisodes suivants[1] ? Il faut donc admettre que le poète a donné les principales parties de son œuvre au public avant les autres. Mais si l'on va jusque-là, quelle nécessité désormais de lui attribuer la composition du poème complet? Les grands épisodes se suffisaient à eux-mêmes, puisqu'ils ont pu être récités isolément. Pourquoi vouloir à tout prix que les autres, qui sont de simples compléments, soient nés de la même pensée, alors même qu'ils s'y rattachent mal et qu'ils portent la marque d'une origine différente ?

Une autre raison qui poussait Wolf à mettre en doute l'unité primitive de l'*Iliade*, c'est que les Grecs,

---

1. Pour serrer de près cette hypothèse, tout un développement serait nécessaire : nous nous bornons ici à indiquer l'idée. Qu'on ne nous oppose pas les romans modernes publiés en feuilletons. Leurs auteurs n'ont pas affaire à un public rassemblé par hasard pour un banquet ou une fête; quand il y a suspension, chacun des lecteurs sait qu'il aura la suite à échéance fixe. La régularité moderne change ici les conditions du tout au tout.

selon lui, n'avaient appris que tardivement à construire un ensemble. Il lui paraissait impossible qu'à une époque très reculée, un homme, même supérieur, eût pu agencer les parties d'une aussi vaste construction poétique. Sous cette forme, l'affirmation a évidemment quelque chose d'arbitraire. Mais en nous invitant à réfléchir à l'art de la composition dans l'*Iliade*, elle nous met sur la voie d'observations peut-être décisives.

Assurément la plupart des scènes du poème sont liées les unes aux autres, mais elles le sont souvent si légèrement qu'elles nous laissent oublier, lorsque nous les lisons, leur relation avec l'ensemble. Voici par exemple le cinquième livre, les *Exploits de Diomède*. C'est un des beaux épisodes du poème. Songeons-nous, en l'admirant, à l'action générale et en particulier à la vengeance d'Achille que ces succès semblent éloigner indéfiniment? Y songeons-nous au sixième livre, lorsque Hector est rentré dans Troie, lorsqu'il adresse à sa femme et à son enfant ces adieux touchants? Ces scènes nous occupent tout entiers; elles sont quelque chose d'indépendant; elles nous détournent et nous retiennent. Le même caractère est frappant dans toute l'*Iliade*. Les épisodes s'y insèrent et se développent avec une liberté qui équivaut à un véritable oubli de l'ensemble. Mais si nous examinons chacune des parties du poème en elle-même, nous ne trouvons plus rien de cette façon de composer flottante et capricieuse, partout du moins où le caractère homérique est le plus nettement marqué. Les grandes scènes sont conduites avec une rectitude et une simplicité parfaitement conformes à toutes les habitudes de l'esprit grec. Bien loin de se plaire aux détours, le poète les néglige parfois plus que nous ne le voudrions.

Lorsqu'il nous raconte la querelle d'Agamemnon et d'Achille, il est tout entier à cette querelle, seul et unique sujet de son récit, et il ne nous parle ni des émotions des assistants ni du lieu où les choses se passent : la peste même, qui pendant neuf jours dévaste le camp, est indiquée sommairement, mais non décrite. Nous sentons un esprit attaché à une seule grande idée, qui ne voit rien au delà ni à côté. La même netteté précise, la même rapidité, la même manière de dégager le principal des accessoires nous frappe dans le récit du combat final entre Achille et Hector au vingt-deuxième livre : pas un mot des témoins ni de leurs sentiments pendant toute la narration proprement dite[1], pas un détour, pas un arrêt ; il n'y a pour le poète et pour nous que deux hommes en présence, l'un déjà vainqueur, l'autre qui retarde sa mort plutôt qu'il ne défend sa vie ; l'action tend à son dénoûment par une suite de progrès rapides, en droite ligne. Voilà ce qui apparaît clairement dans toutes les grandes scènes de l'*Iliade*. Il y a donc un contraste frappant entre l'art de composer qui se révèle dans les parties considérées isolément et celui qu'on cherche dans l'ensemble. Autant l'un est rapide, sûr de lui-même et de son dessein, habile à se passer d'épisodes et à trouver dans le sujet même l'abondance et la variété, autant l'autre est lent, incertain, accoutumé à s'égarer et à suppléer par de petits artifices à l'absence des grandes lignes. En présence d'une diversité aussi profonde, on est en droit de dire que ces deux ma-

---

1. Ce silence est d'autant plus remarquable que les parents et les amis d'Hector sont censés assister au combat du haut des murs d'Ilion, et, qu'avant le combat, Priam et Hécube ont cherché à obtenir de leur fils qu'il rentrât dans la ville.

nières de faire n'ont pas pu se rencontrer simultanément chez un même homme, parce qu'elles sont contradictoires ; et par conséquent l'auteur des grandes parties du poème ne peut pas être en même temps l'auteur de l'ensemble. S'il avait conçu un tout, quelque grandiose qu'il fût, il l'aurait conçu nécessairement selon ses habitudes d'esprit. Il ne l'a pas fait parce qu'on ne pouvait pas le faire de son temps, et nous en revenons ainsi à la formule même de Wolf, justifiée par l'observation, à savoir que les Grecs ont appris plus tard seulement à construire de grands ensembles.

Ce sont là les réflexions générales et préliminaires qui nous paraissent pouvoir être opposées tout d'abord à l'opinion traditionnelle. Mais pour la discuter d'une manière plus précise et plus efficace, il faut la considérer dans les systèmes modernes qui lui ont donné une forme scientifique.

II

Deux de ces systèmes méritent particulièrement d'être étudiés de près : ce sont ceux de Nitzsch et d'Otfried Müller[1]. Ils représentent ensemble le plus

---

1. Nous choisissons ici Nitzsch et Otfr. Müller, non seulement à cause de leur notoriété, mais parce que chacun d'eux nous offre une théorie liée dans toutes ses parties. Il a paru d'ailleurs, en faveur de l'unité primitive, bien d'autres travaux, dont quelques-uns sont fort dignes d'attention. Nous citerons particulièrement l'ouvrage de M. Havet, *De Origine et unitate poematum homericorum*, Paris, 1843. C'est un remarquable morceau de critique au point de vue unitaire, plutôt qu'une discussion détaillée. M. Havet se contente d'expliquer, à titre d'exemples, quelques-unes des contradictions signalées dans l'*Iliade*. Depuis lors la critique antiunitaire a singulièrement fortifié ses positions. — Mentionnons,

remarquable effort de la critique moderne en faveur de l'opinion traditionnelle, légèrement amendée.

Les idées de Nitzsch[1], soutenues avec les ressources d'une érudition considérable, mais singulièrement subtile et confuse, ont dû leur importance à ce qu'elles constituaient une réaction scientifique contre la tentative de Wolf. Homère, d'après Nitzsch, aurait composé l'*Iliade* à peu près telle que nous la lisons, sauf quelques interpolations dues aux rhapsodes; dans cette grande œuvre, il aurait mis largement à profit mainte composition antérieure où dominait déjà l'idée d'un dessein de Zeus défavorable aux Achéens; mais en les faisant entrer dans son poème, il les aurait appropriées à son intention personnelle, qui était de représenter la colère d'Achille d'abord funeste aux Achéens, puis plus fatale encore à lui-même, et enfin s'apaisant par l'effet des supplications de Priam[2]. Tout naturelle-

---

parmi les travaux plus récents, la dissertation très substantielle de Baumlein (*Philologus*, t. VII); l'ouvrage de R. Volkmann, *Geschichte und Kritik der Wolfschen Prolegomena zu Homer*, Leipzig, 1874; enfin le tome premier des *Vindiciae carminum Homericorum* de E. Buchholz, Leipzig, 1885.

1. Voyez surtout *De historia Homeri maximeque de scriptorum carminum aetate meletemata* (1er fasc., Hanovre, 1830; 2e fasc., Hanovre, 1837); *Die Sagenpoesie der Griechen*, Leipzig, 1852. — Il y a peu de lectures plus pénibles; et en ce qui concerne ce dernier ouvrage particulièrement, on a le droit de se demander, après l'avoir lu, si réellement il peut se lire. M. Galusky écrivait à propos de Nitzsch en 1848, dans l'article sur Wolf cité plus haut: « Ses compatriotes même commencent à se lasser de la barbarie de son langage et du désordre de ses pensées. » S'il en était ainsi alors, je pense que la publication de ce gros volume a dû les en dégoûter définitivement. En tout cas, on peut répondre des étrangers.

2. *De histor. Homeri*, p. 112 (fascic. prior): Ergo ut dicam quod mihi nunc maxime probatur, Homerum interpretor eum, qui ex

ment cet Homère ainsi conçu avait dû vivre lorsque la poésie épique touchait déjà au terme de sa floraison, puisqu'en somme il avait plutôt arrangé selon sa conception personnelle les inventions des autres, qu'il n'avait inventé par lui-même. Aussi Nitzsch le supposait-il peu antérieur aux Olympiades, et il arrivait ainsi à rendre assez vraisemblable qu'il eût employé l'écriture, chose indispensable pour ce vaste travail de raccordement et de combinaison réfléchie. Son Homère devenait donc un poète presque savant, un littérateur plutôt qu'un aède, qui avait composé industrieusement un vaste récit épique à l'aide de la vieille poésie, au moment où celle-ci allait disparaître. Si l'on se reporte à l'analyse qui remplit notre précédent chapitre, les points les plus faibles de ce système apparaissent d'eux-mêmes. Tout d'abord il repose sur l'idée fort contestable que l'*Iliade* se ramène tout entière au développement du caractère d'Achille[1] ; nous avons vu combien la réalité répondait peu à cette manière de voir. De plus il suppose que toutes les parties du poème, ou du moins un bon nombre d'entre elles, ont été accom-

---

variis antiquiorum carminibus, quae de rebus Trojanis fuerint minora, multum profecerit, et qui *Iliadem*, quae antea de Jovis βουλῇ fuisset, conformaverit in hanc quam legimus de ira Achillis, primum Graecis gravi, deinde in ipsum vertente, donec Priami maxime admonitione, in temperantiam humanaeque sortis conscientiam vocatur. In hoc carmine plurima ex antiquioribus retenta suspicor.

1. Même ouvrage (fasc. posterior), ch. V : *Iliadem* vero viderat (Aristoteles) eam belli Trojani condicionem habere, quae a primis irae causis profecta, omnibus ejus effectibus exhaustis, in Achillis animo ad humanitatem revocato compositoque Hectoris funere consisteret. Quod non ita dicimus, quasi Achillis ira *insit* omnibus quae per Iliadis progressum eveniunt, at subest tamen.

modées après coup à la conception unitaire, tandis qu'en les étudiant de près on se convainc au contraire qu'elles ont été presque toutes composées pour tenir précisément la place qu'elles occupent aujourd'hui. L'hypothèse de Nitzsch impliquerait un travail de réparation et d'appropriation vraiment prodigieux, et il devient alors inconcevable qu'un poète d'un esprit aussi puissant se soit donné tant de peine pour rassembler et combiner des morceaux de mérite fort inégal, au lieu de développer librement par lui-même le thème nouveau dont il était l'auteur. Concevoir le premier la pensée si remarquable d'un développement moral tiré d'un caractère, et se servir pour ce développement de matériaux anciens manifestement impropres à cet objet, c'est là, au point de vue littéraire, une chose contraire à toutes les lois de l'esprit humain. La théorie que nous combattons pourrait, en somme, se formuler ainsi : un génie novateur, d'une hardiesse et d'une grandeur incomparables, se mettant au service de toutes les médiocrités passées pour les faire valoir généreusement.

Otfried Müller, un des esprits qui dans notre siècle ont fait le plus d'honneur à l'Allemagne savante, avait un trop vif sentiment de la vérité morale et poétique pour accepter une telle hypothèse. S'il défend, lui aussi, dans son *Histoire de la littérature grecque*[1], l'unité primitive de l'*Iliade*, il la conçoit en réalité d'une manière toute différente. Son Homère n'est pas, comme celui de Nitzsch, un poète doublé d'un arrangeur qui économise adroitement sa peine et son génie, c'est tout simplement un poète. Il l'imagine se servant sans doute des œuvres anté-

---

1. Chap. V.

rieures, mais s'en servant librement, non pas en les insérant telles quelles dans sa composition, mais en l'enrichissant à propos par d'heureux emprunts ou d'intelligentes imitations. La grande idée de ce poète, pour Otfried Müller, c'est d'avoir conçu comme sujet possible d'un poème épique une série de péripéties purement morales qui prédominent dans son œuvre sur les événements eux-mêmes. Rien de mieux que cette façon de comprendre Homère lorsqu'on la considère abstraitement et en elle-même ; mais dès qu'on l'étudie sur le poème, elle cesse d'être satisfaisante.

Non seulement en effet les quelques interpolations admises par Otfried Müller ne suffisent pas à expliquer les nombreuses différences de manières et les inégalités de talent que nous avons signalées ; mais, ce qui est bien plus grave, la contexture générale du poème est en désaccord avec l'idée fondamentale qu'il attribue à son auteur. « Sans doute, dit-il, « une vieille légende, bien antérieure à Homère, « racontait déjà comment Hector périt par la main « d'Achille pour avoir tué Patrocle et comment le « fils de Thétis n'était point venu au secours du « meilleur de ses amis, parce que, irrité contre les « Grecs qui lui avaient fait un affront, il ne prenait « plus part à leurs combats. C'est le changement « qui se passe dans le cœur d'Achille et qui le trans- « forme d'ennemi des Grecs en ennemi des Troyens, « que le poète choisit comme le point culminant de « son poème, comme le moment décisif de l'action « entière. » Cette manière de voir est la conséquence logique de la conception d'Otfried Müller. Si en effet le développement du caractère d'Achille a été la raison d'être de l'*Iliade*, il semble nécessaire que le point culminant du poème soit le changement essentiel de ce caractère. Cela devrait être, mais cela n'est pas ; et il n'y a que la force d'une idée préconçue qui ait pu tromper sur ce point l'esprit si judicieux d'Otfried Müller. En réalité, les livres XVIII et XIX, qui nous montrent précisément Achille passant d'un sentiment au sentiment contraire, bien loin d'être, comme il le laisse entendre sans oser y insister, les plus beaux ou les plus importants du poème, sont au contraire du nombre de ceux qui présentent le moins les caractères homériques. Et si l'on en exclut tout ce qui est épisodique, tout ce qui a pu être ajouté après coup, pour considérer seulement la crise morale à proprement parler, c'est-à-dire le message d'Antiloque et l'entrevue d'Achille avec sa mère au début du dix-huitième livre ou encore la réconciliation au dix-neuvième, il est certainement impossible d'attribuer à ces morceaux la valeur exceptionnelle que leur prête Otfried Müller. Le message d'Antiloque et l'entrevue d'Achille avec sa mère sont de belles scènes, mais elles n'ont pas l'ampleur qu'elles devraient avoir nécessairement si l'hypothèse en question était vraie. Je remarque en particulier que le poète n'a pas tiré du personnage de Thétis ce qu'on aurait été en droit d'en attendre dans une scène capitale; elle exprime de nouveau des sentiments déjà exprimés par elle, mais elle ne tente rien pour changer la résolution de son fils, et par suite la passion nouvelle de celui-ci, faute de contradiction, n'éclate pas avec toute la force qu'elle devrait avoir, étant admis que toute la suite du poème en dépend. C'est donc altérer la physionomie vraie de l'*Iliade* que de vouloir y découvrir un plan dramatique aussi fortement conçu. En réalité, les grandes scènes morales sont celles de la *Querelle*, de l'*Ambassade*, de la *Mort d'Hector;* et on a peine à croire qu'un poète, qui a été capable de créer de telles choses, eût produit la médiocre *Réconciliation* que nous avons, si dès le début ses regards avaient été fixés sur ce moment décisif de l'action et si tout son récit eût été ménagé, comme le voudrait Otfried Müller, en vue de cette scène unique.

Ecartons donc le système de l'unité primitive que ses plus éminents défenseurs n'ont pas pu mettre en accord avec l'observation impartiale du poème[1], et considérons à présent le système opposé.

III

« Dès le xvi⁰ siècle, Scaliger doutait de l'unité des
« compositions homériques[2]. A la fin du xvii⁰, d'Au-
« bignac et Perrault attaquent sur ce point l'opinion
« vulgaire avec plus d'audace que de bon sens[3].
« Vers le même temps, Bentley tranche la question
« en trois lignes. La Motte, en 1714, n'est pas éloigné
« des mêmes doutes. Voltaire, que l'on rencontre
« partout où il faut douter, et même où il ne faut pas
« douter, écrit avec insouciance dans son *Essai sur*
« *le poème épique* : « Quand Homère composa l'*Iliade*
« (supposé qu'il soit l'auteur de tout cet ouvrage), il
« ne fit que mettre en vers une partie de l'histoire
« et des fables de son temps. » Le fondateur de la

---

1. Voir à ce sujet H. Bonitz, *Ueber den Ursprung der homer. Gedichte*, 5ᵉ édit., Vienne, 1881. Grâce aux notes, cette dissertation est une véritable revue des questions homériques.
2. J.-C. Scaliger, *Poétique*, ch. V, p. 11, et ch. XLI, p. 450 (édition de 1561).
3. Perrault, *Parallèle des anciens et des modernes*, Paris, 1688. D'Aubignac, *Conjectures académiques ou dissertations sur l'Iliade*, Paris, 1715.

« philosophie de l'histoire, Vico, par une sorte d'in-
« tuition savante dont ses devanciers ne doivent pas
« lui ôter le mérite, car il les connaissait à peine de
« nom, découvre que le véritable Homère n'est autre
« chose que la Grèce héroïque racontant ses
« exploits [1]; il reconnaît volontiers autant d'Ho-
« mères qu'il y avait de villes grecques se dispu-
« tant l'honneur d'avoir produit le poème de l'*Iliade*
« et de l'*Odyssée* [2]. »

Bien que Wolf, incidemment au moins, ait laissé deviner des opinions assez différentes dont nous parlerons plus loin, il est difficile de ne pas le considérer comme le véritable patron de ce système qui décompose l'*Iliade* primitive en une foule de petits poèmes distincts. L'idée qu'on emporte des *Prolégomènes*, c'est que l'*Iliade* et l'*Odyssée* sont un assemblage de morceaux originairement distincts qui ont été faits séparément par les Homérides et réunis plus tard en un corps par les soins de Pisistrate. En négligeant d'étudier et d'indiquer tout d'abord ce que cette multiplicité primitive, qu'il entrevoyait, devait contenir d'unité pour être concevable, Wolf a ouvert la porte à toutes les hypothèses hasardeuses qui ne pouvaient manquer de se produire.

Elles ont trouvé leur expression principale en France dans l'*Histoire des poésies homériques* que

---

1. *Principi di Scienza Nuova*, Napoli, 1725 (le livre III est intitulé *Della discoverta del vero Omero*). « Vico, dit Dugas Montbel, est le premier qui ait compris que les poésies homériques n'étaient pas seulement une œuvre littéraire, que c'était la poésie d'une époque, la voix de tout un peuple, en un mot l'énergique expression de la civilisation héroïque de la Grèce et de l'Ionie. » (*Hist. des poésies homériq.*, en tête de la traduction de l'*Iliade*, p. LXXVII).

2. Egger, *Mémoires de littérature ancienne*, p. 74.

Dugas-Montbel a jointe à sa traduction de l'*Iliade*[1]. Là, l'unité primitive est niée hardiment. L'auteur, plein des idées de Wolf et de Vico, se représente les chants qui ont plus tard formé l'*Iliade,* comme naissant spontanément à la suite des événements qui en sont l'objet. « A peine dix ans s'étaient écoulés
« depuis la chute d'Ilion, écrit-il, que déjà dans les
« palais des rois on chantait chaque jour tout ce que
« publiait la renommée sur les triomphes et les infor-
« tunes des Grecs... Ce fut dans cette contrée de l'A-
« sie Mineure, qui dans la suite reçut le nom d'Ionie,
« que ces poèmes prirent naissance ; ce fut là qu'on
« chanta d'abord la valeur d'Achille, de Diomède,
« des deux Ajax, la puissance d'Agamemnon, le
« courage d'Hector et la noble douleur du vieux
« Priam. » De là, dans la pensée de l'auteur, autant de récits poétiques distincts et entièrement indépendants les uns des autres ; et ces récits, selon lui, seraient devenus plus tard l'*Iliade,* grâce à un travail d'élimination, d'addition, de juxtaposition et de raccord, qui aurait été quelque peu ébauché déjà par les rhapsodes, plus sérieusement commencé par Solon, mais réellement entrepris et achevé par Pisistrate. Le véritable Homère, pour Dugas-Montbel, se résolvait donc en une multitude de chanteurs, et il exprimait cette idée en s'appropriant une phrase de Vico : « Si les peuples de la Grèce ont tant discuté
« sur la patrie d'Homère, si presque tous le voulu-
« rent pour leur concitoyen, c'est que les peuples
« grecs furent eux-mêmes cet Homère. »

---

1. Edition de l'*Iliade*, texte et traduction en regard, 9 vol. in-8°, 1828-1834 ; l'*Histoire des poésies homériques* est à la fin de l'ouvrage. Elle a été réimprimée en tête de la même traduction, publiée chez Didot en 1 vol. in-18.

188 CHAPITRE III. — FORMATION DE L'ILIADE

Le système de Dugas-Montbel, malgré les remarques de détail que l'auteur a semées dans ses notes pour le confirmer, ne s'appuyait pas sur une analyse complète ni sur une comparaison très attentive des parties du poème. C'étaient surtout des vues générales, qui s'autorisaient des témoignages anciens relatifs au travail de Pisistrate et à l'état de dispersion primitif des poèmes homériques. Les recherches précises autant que hardies de Karl Lachmann vinrent donner à ces hypothèses une force toute nouvelle.

Dans deux mémoires, lus devant l'Académie des sciences de Berlin, le 7 décembre 1837 et le 11 mars 1841 [1], Lachmann soumettait toute l'*Iliade* à une étude minutieuse destinée à montrer la diversité d'origine de ses parties. A vrai dire, il ne se prononçait nulle part très nettement sur les relations premières de ces parties entre elles, et il est difficile par suite de dire comment il se représentait la formation du poème actuel. Mais laisser complètement de côté, comme il le faisait, l'unité primitive, quelque opinion qu'il en eût, pour accuser seulement les diversités des parties, c'était donner crédit au système que nous venons d'indiquer. En notant une foule de divergences, il arrivait à décomposer l'*Iliade* en dix-neuf chants primitifs de dimensions et de valeurs diverses [2]. Sans entrer ici dans la critique des dé-

1. Les deux mémoires de Lachmann ont été réunis sous le titre commun de *Betrachtungen über Homers Ilias* et publiés avec quelques additions par un disciple de l'auteur, Moritz Haupt, Berlin, 3ᵉ édition, 1876.
2. Voici les titres qu'il donnait à ces dix-neuf chants : 1. Μῆνις. 2. Λιταί. 3. Ὄνειρος. 4. Ἀγορά. 5. Βοιωτία. 6. Ὅρκοι. 7. Τειχοσκοπία. Ἀγαμέμνονος ἐπιπώλησις. 8. Διομήδους ἀριστεία. 9. Ἕκτορος καὶ Ἀνδρομάχης ὁμιλία. 10. Πρεσβεία. 11. Δολώνεια. 12. Ἀγαμέμνονος ἀριστεία.

tails, il y a un grave et décisif reproche à formuler contre cette manière de faire : c'est qu'elle met, en apparence tout au moins, tous ces chants primitifs sur la même ligne, en ne distinguant pas, entre eux, ceux qui ont produit ou attiré les autres. La décomposition de l'*Iliade* ainsi opérée nous donne l'idée d'une multiplicité primitive de chants analogue à celle que concevait Dugas-Montbel ; il semblerait, à envisager de cette façon le vieux poème, que ses éléments divers aient été assemblés fortuitement ou par un artifice quelconque, sans qu'il y eût en eux dès l'origine aucun germe de leur unité actuelle. Or l'analyse que nous en avons faite nous a montré clairement certaines parties essentielles, d'où les autres ont dû naître par un développement organique. Tout système qui n'explique pas ce développement, qui ne le montre pas en action dans la mesure du possible, et qui détache seulement les parties les unes des autres, altère par là même très gravement la physionomie vraie de l'ensemble. C'est en cela que la méthode de Lachmann est condamnable. Mais il faut se hâter d'ajouter que ses études ont été remarquablement fécondes, et qu'en fait c'est d'elles que procède presque toute la critique homérique depuis quarante ans. D'ailleurs ce qui était resté obscur dans la pensée ou dans les écrits de Lachmann a été éclairci dans une certaine mesure par quelques-uns de ses nombreux disciples, et nous aurons tout à l'heure à noter chez l'un d'eux, A. Koechly, une théorie de la formation de l'*Iliade* bien plus synthétique et par conséquent plus voisine de la vérité qu'on n'aurait pu s'y attendre

---

13. Τειχομαχία. 14. Ἐπὶ ναυσὶ μάχη. 15. Διὸς ἀπάτη. 16. Πατρόκλεια. 17. Ἀχιλληΐς. 18. Ἆθλα. 19. Ἕκτορος λύτρα.

d'après la méthode trop exclusivement analytique du maître [1].

Les invraisemblances de ces systèmes opposés ne pouvaient manquer de susciter des explications intermédiaires. Celles-ci se ramènent toutes à une distinction entre l'*Iliade* actuelle, résultant d'additions et de remaniements successifs, et l'*Iliade* primitive, que l'on cherche à reconstituer avec plus ou moins de précision et de succès. Nous allons examiner quelques-unes des principales.

IV

Le système le plus ordinairement accepté en ce genre est celui qui consiste à représenter l'*Iliade* primitive comme un poème complet, beaucoup moins étendu que l'*Iliade* actuelle. Il semble bien que ce fût là au fond la pensée de Wolf lui-même, lorsqu'il écrivait dans la préface de son édition de l'*Iliade* en 1794 : « On pourra, si je ne me trompe, arriver à
« démontrer clairement qu'il faut n'attribuer à Ho-
« mère que la plus grande partie des chants de ses
« deux poèmes, le reste étant l'œuvre des Homérides
« qui ont suivi les lignes tracées par lui d'avance [2] ».

---

1. Em. Egger a résumé dans ses *Conclusions sur les poèmes homériques* (*Mémoires de litt. anc.*, p. 96 et suiv.) les idées exposées par lui à ce sujet dans son cours de 1845-1846. Le savant et regretté professeur s'inspirait des opinions de Wolf et de Vico : « Je ne comprends pas, disait-il en parlant de Schiller (p. 108), « qu'un grand poète de nos jours ait pu préférer l'Homère de la « tradition classique à l'Homère multiple et vivant de Wolf et de « Vico. » Mais avec la modération naturelle de son esprit, il en indiquait plutôt la vraisemblance générale qu'il ne cherchait à les formuler en un système. Ces pages sont encore pleines d'intérêt.
2. Wolf, *Kleine Schriften*, I, 211 : Id tamen, ni fallor, poterit

La même idée se retrouve, mais cette fois dégagée et exprimée avec bien plus de netteté, dans la remarquable et féconde dissertation sur les *Interpolations dans Homère* que Godefroy Hermann publia en 1832 : « Toutes les difficultés seraient résolues, écrivait-il, « si nous admettions qu'Homère a composé deux « poèmes de médiocre étendue, l'un sur *la Colère « d'Achille,* l'autre sur *le Retour d'Ulysse,* et que ces « chants, répétés ensuite partout, peu à peu accrus « et perfectionnés, ont porté à la postérité le nom « d'Homère comme celui du plus ancien poète[1] ». C'est sur cette opinion, plus ou moins modifiée dans le détail, qu'a vécu presque toute la critique contemporaine. On la retrouve, pour ne citer ici que quelques noms, dans le cours de Fauriel[2], dans les dissertations de Kayser[3], dans l'*Histoire de la littérature grecque* de Bernhardy et dans celle de Bergk, enfin dans l'édition critique de l'*Iliade* de W. Christ. Très satisfaisante à première vue, elle offre de sérieuses difficultés quand on la poursuit dans ses con-

effici, ut liquido appareat Homero nihil praeter majorem partem carminum tribuendum esse, reliqua Homeridis, praescripta lineamenta persequentibus.

1. G. Hermann, *Opusc.*, t. V, p. 70 : Dissipari vero has dubitationes et solvi facillima quadam ratione dixi, si statueremus ... Homerum duo non magni ambitus carmina *de ira Achillis Ulyxisque reditu* composuisse, quae deinceps a multis cantata paulatimque aucta atque expolita Homeri nomen ad posteros ut poetae vetustissimi propagavissent.
2. Ce cours fut professé à la Faculté des lettres de Paris durant l'année classique 1835-1836. M. Egger en rendit compte dans le *Journal général de l'Instruction publique* en une série de douze articles rédigés avec l'aide du professeur lui-même. Ces articles ont été résumés à leur tour dans l'*Annuaire de l'Association pour l'encouragement des études grecques*, 1880.
3. *Abhandlungen*, p. 43.

séquences. Car si l'*Iliade* primitive était un poème complet qui subsiste dans le poème actuel, on doit pouvoir à peu près l'y retrouver sous la forme d'un récit continu ; et c'est en effet ce que la plupart des critiques s'efforcent de faire. Mais pour établir cette continuité, tout en faisant les retranchements nécessaires, il faut prendre un petit morceau ici, un autre là, en les découpant assez arbitrairement au milieu des parties qu'on délaisse. Et en outre on se heurte à une difficulté beaucoup plus grave, bien que souvent dissimulée par l'adresse du critique, c'est que quelques-unes des parties indispensables à l'action semblent dénoter un art inférieur et une origine plus récente. Que ces morceaux soient regardés comme primitifs par les défenseurs de l'unité absolue, on le comprend ; mais qu'ils soient maintenus à leur rang par ceux qui décomposent le poème d'après les différences intimes des parties, cela ne s'explique que par la nécessité de faire honneur au système accepté.

L'opinion soutenue par l'historien anglais Grote, bien qu'elle mérite d'être indiquée à part, n'échappe aucunement à cette critique[1]. Pour lui, l'*Iliade* est formée d'abord d'une *Achilléide* primitive, comprenant quatorze livres du poème actuel (I, VIII, XI-XXII), d'ailleurs accrus eux-mêmes et interpolés ; puis de divers autres chants, originairement distincts ou appartenant à d'autres poèmes (livres II à VII, IX, X),

---

1. M. Mahaffy, dans son *History of greek litteratur*, l'a faite sienne en la recommandant comme la plus vraisemblable de toutes. — On doit signaler incidemment au lecteur l'article intéressant de Mérimée sur Grote (*Revue des Deux-Mondes*, 1er avril 1847) ; l'hypothèse homérique de l'historien anglais y est exposée brièvement et approuvée.

qui sont venus postérieurement s'ajouter à l'*Achilléide* et l'ont transformée en *Iliade* ; enfin de deux chants supplémentaires (livres XXIII et XXIV), composés en dernier lieu. Or, pour n'emprunter nos objections qu'à l'analyse même du poème, il est visible, d'après le chapitre précédent, que cette opinion pèche de plusieurs manières : d'abord en ce qu'elle admet dans l'*Iliade* primitive des chants tels que le VIII° livre, qui manifestement ont été faits à l'aide d'emprunts et pour servir de raccords ; ensuite en ce qu'elle n'explique pas suffisamment la subordination des livres II-VII à la donnée générale du poème ; enfin, en ce qu'elle reconnaît comme parties intégrantes de l'*Achilléide* des scènes, qui, pour être nécessaires à l'action, n'en sont pas moins, ainsi que nous venons de le dire, d'origine relativement récente. Il faut ajouter qu'elle a encore le grand inconvénient de substituer à l'accroissement organique et naturel un accroissement artificiel, bien moins satisfaisant pour l'esprit.

Parmi les tentatives faites pour échapper à ces diverses difficultés, les plus remarquables me paraissent être celles de Guigniaut d'une part et de Koechly de l'autre. Guigniaut, dans sa *Notice sur Homère*[1], a très bien vu qu'il fallait attribuer nécessairement l'unité de l'*Iliade* à une conception primitive comprenant l'action dans toute son étendue, et que d'un autre côté la mise en œuvre de cette conception dans ses diverses parties ne pouvait être imputée à un même poète. Son erreur a été de se représenter cette conception primitive sous la forme d'un plan proprement dit, qui se serait transmis par

---

1. En tête du *Dictionnaire d'Homère et des Homérides* de Theil et Hallez d'Arros.

héritage aux Homérides et qu'ils auraient peu à peu exécuté. Il est trop manifeste que cette notion d'un plan distinct de l'ouvrage lui-même ne peut se concilier avec la liberté et la souplesse de la vieille poésie épique, surtout si l'on admet que l'écriture fût alors hors d'usage. Mais ce n'est là qu'une erreur de forme, pour ainsi dire, qui ne doit pas compromettre ce qu'il y a de juste dans l'idée même. Koechly, disciple de Lachmann, et se plaçant par suite à un point de vue tout opposé, néglige trop l'unité de l'*Iliade* actuelle ; mais ce qu'il a eu le mérite de mettre en lumière, c'est que le premier germe du poème a dû être non pas un poème à proprement parler, mais une série de chants détachés qui se reliaient les uns aux autres[1]. Qu'il ait d'ailleurs mal défini cette série primitive, peu importe : l'idée n'en reste pas moins. C'est en combinant ces deux conceptions qu'on peut sans doute approcher le plus possible de la vérité.

V

L'analyse de l'*Iliade* nous a fait reconnaître qu'un certain nombre de parties du poème présentent des caractères communs très frappants. Quelques-unes

---

1. *Homer und das griechische Epos*, dissertation publiée en 1843 dans la *Zeitschrift für die Alterthumwissenschaft*, reproduite dans les *Opuscula philologica*, t. II ; voir surtout p. 14 et 15. Cf. aussi *Dissertation sur l'Odyssée*, p. 73 du même volume. — L'édition de l'*Iliade*, publiée par Koechly dans la collection Teubner en 1860 sous le titre d' Ἰλιὰς μικρά, offre seize chants extraits du poème homérique. L'ensemble est ainsi détruit, ce qui est un grave inconvénient, sans que nous puissions voir comment les parties procèdent les unes des autres.

de ces parties forment une série chronologique, en ce sens que les événements qu'elles rapportent occupent nécessairement une place déterminée dans le temps les uns par rapport aux autres. Tels sont le *Chant de la Querelle*, les *Exploits d'Agamemnon*, la *Patroclie*, la *Mort d'Hector*. Si on suppose ces morceaux récités dans leur ordre naturel, ils constituent ensemble, non une épopée proprement dite, puisqu'ils ne se suivent pas sans interruption, mais un groupe de chants d'un genre très approchant, puisqu'ils mettent en scène les moments principaux d'une même action. Qu'ils aient pu être composés et récités ainsi, cela n'a rien qui doive surprendre, pour peu qu'on se représente combien la légende déjà connue permettait facilement aux auditeurs de combler les lacunes du récit; et d'autre part dans quel intérêt et par quel calcul un grand poète aurait-il traité en détail des épisodes secondaires avant que ces scènes bien plus importantes eussent été mises en pleine lumière? Allons plus loin : la *Patroclie* elle-même, qui présente moins nettement que les trois autres chants les caractères de la composition primitive, n'est en aucune façon indispensable à la série fondamentale dont nous parlons. Il aurait suffi au poète de la *Mort d'Hector* de rappeler en dix ou quinze vers le fait connu de la mort de Patrocle pour que son dernier chant satisfît à toutes les conditions de vraisemblance exigées alors d'un morceau épique.

Une telle série de chants ressemblait en somme d'assez près à celle que nous voyons attribuée à Démodocos au huitième livre de l'*Odyssée*, et nous avons dit plus haut comment elle put naître. Voici donc ce qui nous semble être la vérité sur ce point. L'*Odyssée* nous apprend positivement que de telles séries ont existé, et l'*Iliade*, analysée avec soin, nous livre une de ces séries encore très reconnaissable dans la masse de poésie plus récente où elle est aujourd'hui engagée.

Mais à côté de ces morceaux, nous avons remarqué qu'il s'en rencontrait d'autres dans l'*Iliade*, qui semblent également primitifs et qui pourtant n'ont pas de place déterminée dans la série indiquée, bien qu'ils se rapportent à la même donnée générale : par exemple les *Adieux d'Hector et d'Andromaque* et l'*Ambassade* dégagée des altérations et des additions qu'elle a subies. Rien de plus naturel ; car le poète ne se sentait pas obligé de disposer toutes les situations qu'il imaginait de telle manière qu'elles se fissent suite rigoureusement les unes aux autres. Quelques-unes étaient liées chronologiquement : soit ; mais pourquoi aurait-il cru nécessaire de s'assujettir partout à cette exactitude ? Dans sa pensée, nous l'avons dit déjà, l'entrevue d'Hector et d'Andromaque était censée avoir lieu peu de temps avant la mort d'Hector : c'était là une donnée implicite qui dominait son récit ; mais quel besoin pour lui de la traduire d'une manière expresse ? Du moment qu'il ne faisait pas un poème, il n'avait pas à assigner une fois pour toutes à la scène qu'il composait ainsi une place fixe dans un développement arrêté ; s'il pouvait, dans la récitation, la lier à celle de la mort d'Hector qui jusqu'à un certain point lui faisait suite, rien en somme ne l'y obligeait, et elle ne perdait pas sa valeur pour être isolée. Il y avait dans tout cela une liberté que nous nous représentons mal, dominés que nous sommes par la superstition du livre et de l'œuvre immuable dans sa forme première. De même, le récit de l'Ambassade se rapportait bien, dans la pensée du poète, à un moment où les Achéens, vaincus par suite de l'absence d'Achille, se voyaient réduits à une situation presque désespérée ; mais ce moment n'était pas pour lui une phase déterminée d'un récit suivi. Ses auditeurs voulaient de belles narrations poétiques, et ils se souciaient peu que l'assemblage en fût plus ou moins exact. De tels chants étaient donc faits à propos des précédents et, pour ainsi dire, à côté d'eux ; ils les supposaient connus, sans s'y rattacher rigoureusement. Et l'on comprend ainsi que l'auteur de la *Patroclie*, s'il a composé son chant, comme cela paraît probable, après celui de l'*Ambassade*, ait pu néanmoins prêter à son Achille des paroles qui impliquent que la démarche des Achéens n'a pas encore eu lieu ; en fait elle n'avait à ce moment aucune place fixe dans une série déterminée.

Voilà donc, selon ce qui nous paraît vraisemblable, le premier état de l'*Iliade* : des chants isolés, mais connexes, les uns liés entre eux par la suite nécessaire des événements et formant une série plus ou moins interrompue, les autres flottant autour de ceux-là sans y être encore attachés par des liens rigides. Cette conception est-elle d'ailleurs susceptible d'une précision absolue ? Nous ne le croyons pas. Quel était au juste le nombre de ces chants ? Quelle était l'étendue exacte de chacun d'eux ? A quelle date relative ont-ils été composés ? Autant de questions qui sont aujourd'hui et qui seront peut-être toujours un objet de recherches et de discussions. Mais qu'importe après tout ? Quelles que soient les réponses et les divergences, elles ne portent pas atteinte aux vues générales que nous exposons ici.

Une seule remarque au sujet du classement chronologique des parties du poème : s'il y a chance d'en déterminer les dates respectives par comparaison, c'est en s'attachant aux choses mêmes, c'est-à-dire au fond du récit, plutôt qu'à des détails tels que vers empruntés ou allusions apparentes. Il est clair en effet que le poème ayant été bien des fois retouché avant de recevoir sa forme actuelle, beaucoup de ces traits isolés ont pu et ont dû y être introduits après coup : on se proposait par là de marquer la place que le morceau prenait dans l'arrangement général, à mesure que celui-ci se constituait.

Quoi qu'il en soit d'ailleurs de l'origine et de l'âge de tel ou tel morceau en particulier, la chose importante à noter, c'est que le poète, auteur de ces premiers chants, sans avoir fait lui-même un poème, a été le véritable fondateur du poème actuel. Il n'a pas légué un plan proprement dit à ses successeurs, mais, ce qui revient au même, il leur a légué une action dont le tracé futur était comme jalonné d'avance, car elle consistait essentiellement en trois ou quatre grandes scènes, qui, par leur sujet et leurs relations, constituaient un commencement, un milieu et une fin. « J'appelle un tout, dit Aristote, dans sa « *Poétique*, ce qui a un commencement, un milieu et « une fin [1]. » On ne saurait mieux dire, et voilà en quel sens l'*Iliade* primitive, sans être un poème, était pourtant un tout [2].

VI

Suivons à présent la destinée probable de ces premiers chants. Comment cette action primitive

---

1. *Poétique*, chap. VII. Ὅλον δ' ἐστὶ τὸ ἔχον ἀρχὴν καὶ μέσον καὶ τελευτήν.
2. Il y avait quelques rapports évidemment entre une épopée ainsi construite et les trilogies d'Eschyle par exemple. Les différences sont d'ailleurs évidentes.

ainsi ébauchée arriva-t-elle à se développer si largement et à se transformer en un poème continu ? Par un accroissement organique, dont on peut, jusqu'à un certain point, raconter l'histoire.

Tous les chants secondaires de l'*Iliade*, c'est-à-dire tous ceux qui n'appartiennent pas au noyau primitif, se divisent en deux groupes très inégaux par le mérite et l'importance ; il est nécessaire de les bien distinguer pour comprendre la formation du poème. Ce sont les chants de développement d'une part, et d'autre part les chants de raccord.

Les chants de développement sont ceux qui ont été composés d'après les données des chants primitifs pour créer de nouveaux épisodes à côté des anciens. Leur naissance peut être expliquée sommairement.

Représentons-nous le succès et la nouveauté des chants primitifs. Si ces chants avaient ressemblé à la masse des productions épiques antérieures ou contemporaines, il n'y aurait eu aucune raison pour qu'ils devinssent le germe d'une floraison poétique aussi considérable. Mais ils en différaient profondément. Ce qui les distinguait d'une façon éminente, c'était l'intensité de la vie morale. L'homme y avait pris avec éclat la prédominance sur les événements. Tandis que les aèdes antérieurs et contemporains racontaient sans doute avec une certaine sécheresse des faits légendaires, il s'était rencontré un poète de génie qui, dans le récit d'une querelle, d'une bataille, d'un combat singulier, avait su mettre en jeu quelques-unes des passions les plus fortes de la nature humaine ; par là même, il avait créé quelque chose d'inconnu et d'inattendu, l'épopée dramatique et morale. Rien, ce me semble, ne peut nous rendre l'impression profonde qu'une telle nouveauté dut produire. Quelle admiration naïve et enthousiaste pour ces chants, qui étaient l'image de la vie, et dans lesquels on voyait et on entendait de véritables passions! Quand leur auteur eut disparu, après les avoir mis au monde et récités lui-même successivement, ils restèrent comme un groupe d'une beauté incomparable ; supériorité qui explique suffisamment pourquoi d'autres aèdes en les récitant à leur tour eurent l'idée de les accroître.

Mais il faut songer de plus que ces aèdes, ou du moins un bon nombre d'entre eux, semblent avoir appartenu originairement à une même famille. Nous aurons à parler plus loin avec quelques détails des Homérides de Chios. Il importe de dire dès à présent qu'il y eut là très certainement un groupe d'hommes, unis entre eux par des liens domestiques et religieux, qui furent à l'origine les dépositaires des premiers chants de l'*Iliade*. Grâce à eux, ces chants se répandirent promptement soit dans les villes du littoral, soit dans les îles, et partout sans doute furent accueillis avec la même faveur. Combien par suite les mieux doués de ces aèdes ne durent-ils pas se sentir vivement sollicités à créer de nouveaux épisodes à côté des anciens[1]? L'idée de respecter une œuvre existante, c'est-à-dire de la conserver dans sa forme première par égard pour l'originalité de son auteur, est relativement moderne. Elle ne

---

1. Cette sorte d'accroissement d'un premier groupe de chants peut se produire même dans un poème proprement dit et du fait de l'auteur. M. Galusky (article cité, p. 865) mentionne le fait suivant : « Wieland, dans ses relations avec Wolf, ne niait pas que « les choses eussent pu se passer telles qu'elles étaient présentées « dans les *Prolégomènes*; il faisait même à ce sujet des confidences « intéressantes sur les additions successives dont s'était formé « son poème d'*Obéron*. »

peut naître que lorsqu'une grande partie du public en vient, par une éducation littéraire avancée et délicate, à chercher l'auteur dans son œuvre et à s'intéresser à tout ce qui distingue sa manière. A l'origine des littératures, rien de pareil n'a lieu : l'auteur n'est rien, et l'œuvre est tout. Tout le monde indistinctement conspire à l'étendre et à la compléter, aussi bien ceux qui l'écoutent que ceux qui l'interprètent. Un récit n'est alors pour les auditeurs qu'une série d'événements qui les touchent et les passionnent. Ils ne demandent qu'à y voir apparaître des scènes nouvelles qui en augmentent et en multiplient l'effet ; et les chanteurs, qui le redisent les uns après les autres, trouvent leur intérêt et leur plaisir à satisfaire en cela leur public. Appliquons cela aux Homérides : ayant, pour ainsi dire, dans leur domaine de famille la source de cette poésie nouvelle qui enchantait alors tous les habitants des villes ioniennes, comment l'auraient-ils fermée de leurs propres mains? D'autres sans doute, à côté d'eux, continuaient à mettre en œuvre l'ensemble de la légende héroïque : l'*Iliade*, nous l'avons remarqué, laisse deviner, en maint passage, l'existence de chants contemporains étrangers au cycle troyen. Rien ne prouve que les Homérides eux-mêmes aient absolument dédaigné ces sujets communs; mais les chants relatifs à la colère d'Achille étaient leur gloire, et ils les préféraient. N'oublions pas d'ailleurs que les Grecs n'ont jamais conçu la nouveauté littéraire tout à fait à notre manière. Les poètes cycliques, dont nous aurons à parler un peu plus loin, ont cru faire du nouveau en complétant l'*Iliade* et l'*Odyssée*, quand ces deux poèmes furent constitués. Après eux, les poètes lyriques furent novateurs aussi en traitant les sujets que l'épopée avait épuisés, sauf à les rajeunir par des scènes dues à leur imagination ou empruntées à des mythes locaux. Et plus tard encore, quand la tragédie reprit sous une troisième forme ces mêmes sujets, on vit des poètes du plus grand génie s'imiter indéfiniment les uns les autres, en remettant sans cesse sur la scène les mêmes personnages et les mêmes situations. Les Homérides n'ont pas fait autre chose trois ou quatre siècles plus tôt. Ils ont gardé, de génération en génération, ce qui plaisait à leur public dans le legs de leurs prédécesseurs, mais en le renouvelant par des additions qui suffisaient à leur goût de nouveauté.

Déterminer exactement dans quel ordre chronologique ces additions se sont succédé est chose impraticable actuellement, et il est fort possible même que la critique n'arrive jamais à ce résultat idéal, bien qu'après tout il ne soit pas sans honneur ni sans utilité de le poursuivre. Mais ce qu'on peut faire du moins, c'est de les grouper selon leur nature de manière à mieux rendre raison de ce qu'ont voulu leurs auteurs.

Et tout d'abord il est à peine besoin de dire quelle grande part a eue l'imitation au développement du groupe primitif. Les deux parties de la *Diomédie*, qui constituent ensemble le VIe livre actuel, semblent bien n'avoir pas eu d'autre origine : la première partie est une admirable imitation des *Exploits d'Agamemnon* (XIe livre actuel), et cette première partie a donné naissance elle-même à la seconde, qui n'en est qu'une variante. Il y a là de telles beautés poétiques qu'on peut se demander si ce n'est pas l'auteur même des chants primitifs qui s'est ainsi imité lui-même. En ce cas, il aurait le premier donné l'exemple d'un procédé dont ses successeurs devaient user largement. Rien n'est plus instructif à cet égard que de comparer entre eux les nombreux combats singuliers de l'*Iliade*. Celui d'Achille et d'Hector en est le type et sans doute le premier modèle. Sur ce modèle ont été faits, avec plus ou moins d'originalité dans l'imitation, ceux de Patrocle et d'Hector, de Patrocle et de Sarpédon, de Tlépolème et de Sarpédon, d'Hector et d'Ajax, de Pâris et de Ménélas, d'Achille et d'Énée. On arriverait peut-être, par une étude patiente, à les classer en série selon les inventions accessoires qui s'y ajoutent au motif principal.

Mais l'imitation a été plus souvent un moyen qu'un motif d'extension. Les aèdes en général ne créaient pas de nouveaux épisodes pour le simple plaisir d'imiter les anciens. Ce qui semble avoir surtout déterminé le premier accroissement de l'*Iliade,* c'est le désir qu'ils avaient de compliquer la marche des événements et d'embellir par le merveilleux ce qui paraissait trop simple dans les inventions primitives. On peut citer, comme exemples remarquables de cette double tendance, le douzième livre ou l'*Assaut du mur,* et la plus grande partie de ce que nous avons nommé l'*Achilléide,* c'est-à-dire des sept derniers livres. L'auteur de la défaite des Achéens racontée dans le onzième livre actuel se représentait le camp entouré d'un simple fossé et d'une palissade ; à la fin du combat qu'il avait décrit, les Achéens avaient perdu le champ de bataille et étaient rejetés au delà de ce fossé, poursuivis par Hector. Un aède, d'une remarquable imagination d'ailleurs, un des plus grands Homérides après Homère, a trouvé cela trop simple : il a conçu la pensée de représenter le camp comme entouré d'un véritable mur avec des créneaux et des tours puissantes, afin d'avoir l'occasion d'ajouter au récit primitif la description bien plus riche en incidents d'un assaut. On ne peut nier qu'il ne l'ait fait en vrai poète. Mais l'invention fondamentale, comme nous l'avons déjà remarqué, trahit, dans son invraisemblance naïve, un besoin de nouveauté que le poète primitif ne pouvait connaître et qui répugnait même à la nature de son génie. Dans l'*Achilléide,* presque tous les épisodes célèbres, la *Fabrication des armes,* le *Combat des dieux,* le *Combat d'Achille et du Xanthe* procèdent d'une intention analogue. Il avait suffi au premier poète de mettre Achille en face d'Hector pour tirer de cette simple invention un des plus beaux drames que l'imagination humaine ait jamais créés. Il faut à ses successeurs un fleuve soulevé, une inondation, toute une plaine bouleversée par les flots, puis la lutte étrange de la flamme et de l'eau, c'est-à-dire une série d'inventions, frappantes assurément, mais extraordinaires. D'un bout à l'autre du poème, nous retrouvons, comme le précédent chapitre l'a fait voir, cette double série d'inventions juxtaposées, les unes simples, tirées tout entières de la vérité morale, les autres merveilleuses et plus ou moins compliquées. Et, chose remarquable, les premières occupent ce qu'on peut appeler les positions essentielles du poème, tandis que les secondes sont toujours là par surcroît, témoignant de l'effort fait par d'ingénieux et brillants successeurs pour développer l'œuvre de leur inimitable devancier. Tout le groupe des livres XIII, XIV et XV, qui a pour centre la scène où Héré éloigne Zeus du champ de bataille et qui nous montre l'intervention de Poséidon rendant un instant la victoire aux Achéens, tout ce groupe qui constitue la principale péripétie de l'*Iliade* avant la *Patroclie,* me paraît devoir son origine à la tendance que je signale ici[1].

Un autre motif dont l'influence n'a pas été moins grande dans l'extension des chants primitifs de l'*Iliade,* c'est le besoin de compléter les parties déjà existantes ; motif qui devint naturellement de plus en plus fort à mesure que le groupe toujours grossissant apparut davantage comme un ensemble.

Ce besoin prit d'ailleurs plusieurs formes. Une des plus curieuses, ce fut le désir de justifier certaines allusions apparentes des chants antérieurs. Souvent les premiers aèdes, obéissant à ce goût de précision qui est si naturel à la poésie grecque, avaient imaginé à titre d'exemples dans les discours fictifs de leurs personnages des faits de pure invention qui étaient censés s'être accomplis précédemment. C'est ainsi qu'Andromaque, dans son entretien avec Hector, rapporte, pour l'engager à ne pas sortir de la ville et à défendre le rempart, que trois fois déjà les Achéens ont donné l'assaut au même endroit[2]. Non seulement cet assaut ne figure pas dans l'*Iliade,* mais il n'y a rien absolument dans les autres chants qui se rapportent de près ou de loin à quelque chose de semblable. C'est donc une fausse allu-

---

[1]. Il est à remarquer que les Grecs n'ont jamais cessé de grossir ou de retoucher ainsi leurs récits primitifs pour les rendre plus merveilleux ou plus romanesques. Lorsque l'on compare les légendes, telles qu'elles figurent dans l'épopée, avec les mêmes légendes, telles qu'on les trouve chez les mythologues alexandrins ou byzantins, on s'aperçoit de l'importance de ces additions et de leur nature. Il serait fort extraordinaire que la poésie épique, au temps de sa croissance la plus active, eût échappé à cette tendance.

[2]. Le fait est même rapporté avec quelques détails et les noms des héros achéens qui y ont pris part sont mentionnés; VI, v. 433-437.

sion, que le poète s'est permise pour donner plus de force à sa pensée. De même dans l'*Odyssée*, Eumée, au XIV° livre, pour expliquer qu'il ne peut ajouter foi aux récits de son hôte, raconte qu'il a déjà été trompé par un Etolien qui prétendait avoir vu Ulysse[1]. Il est bien clair que c'est là encore un fait imaginé pour les besoins de l'argumentation, en dehors de toute donnée légendaire. On comprend fort bien que de telles allusions aient dû suggérer plus d'une fois à des aèdes, pendant la naissance de l'*Iliade*, l'idée de les justifier en créant précisément les scènes auxquelles elles semblaient se rapporter. L'épisode de l'*Assemblée des Troyens* au XIX° livre (v. 243-313), où Hector repousse les conseils de Polydamas qui veut l'obliger à rentrer dans Troie, me paraît être né ainsi des paroles prononcées par le même héros au XXII° livre (v. 100-103). Et c'est encore de la même manière que la célèbre scène du XXIV° livre, qui nous fait voir Priam aux pieds d'Achille, a dû sortir des lamentations de Priam au XXII° (v. 408-429), dont elle n'est que le développement. Ce fait curieux mérite d'autant plus l'attention qu'il est de nature à nous tromper sur l'âge relatif de certains morceaux. Nous sommes portés à croire toujours que l'allusion est postérieure au récit qu'elle vise : or en plus d'une occasion assurément, c'est le récit au contraire qui est sorti de l'allusion, purement fictive à l'origine[2].

Mais il y a bien d'autres sortes de morceaux complémentaires dans l'*Iliade*. Citons particulièrement ceux qui y ont été insérés dans des vues intéressées.

---

1. *Odyssée*, XIV, 379 et suiv.
2. Ce que je signale ici a été fort bien exposé dans l'ouvrage de M. B. Niese : *Die Enstehung der homerischen Poesie*.

Plus l'*Iliade* grandit et prit de l'importance, plus les chefs des principales tribus grecques établies en Asie durent tenir à y voir figurer leurs ancêtres. C'est ainsi sans doute que s'est développé le rôle de Nestor[1], c'est ainsi que ceux de Glaucos et de Sarpédon semblent avoir été ajoutés, c'est ainsi que celui d'Idoménée et de son compagnon Mérionès s'est étendu en dehors même des nécessités de l'action. Nous sommes réduits à cet égard à des conjectures plus ou moins plausibles ; mais si chacune en particulier peut être contestée, l'idée dont elles s'inspirent toutes est vraiment hors de doute. Voilà pour les additions d'intérêt particulier. Il y en a d'autres qu'on pourrait appeler compléments d'intérêt général. Les premiers chants homériques, en grandissant comme nous le voyons, tendirent naturellement à absorber toutes les légendes relatives à la guerre de Troie. On ne voulait pas les laisser perdre, et on ne pouvait guère les conserver autrement qu'en leur faisant une place dans ce grand ensemble. Bien que le poème fût tout autre chose à l'origine qu'une histoire complète de la guerre, il tendait par son développement à en devenir tout au moins une image abrégée. C'est même là ce qui explique comment plus tard il a servi de noyau à la poésie cyclique. Mais, bien avant déjà, on peut se rendre compte ainsi de certaines additions, telles que le *Catalogue des vaisseaux* au livre II, l'*Entretien d'Hélène et de Priam* (Τειχοσκοπία) au IIIe, la *Revue d'Agamemnon* au IVe, qui ont bien plutôt leur place naturelle dans une *Iliade* proprement dite, c'est-à-dire dans un récit complet

---

1. Notamment par le long récit qui lui est attribué à la fin du XIe livre.

du siège d'Ilion, que dans le poème au sujet bien plus restreint qui porte aujourd'hui ce nom.

Enfin il convient de mentionner encore parmi les causes d'additions l'influence de quelques poésies contemporaines. Certains discours narratifs, tels que celui de Phénix au onzième livre, les longues allusions à la légende d'Héraclès dans plusieurs parties du poème actuel, semblent témoigner de ce fait. Toutefois, réduits en cette matière à deviner, nous devons nous borner à une simple indication.

VII.

A côté des chants de développement, dont nous venons de parler, nous trouvons dans l'*Iliade* un certain nombre de chants qu'on peut appeler *chants de raccord*, car ils n'ont d'autre objet que de rattacher les uns aux autres des morceaux déjà existants.

Une des erreurs qui ont fait le plus de tort aux opinions dérivées de celle de Wolf a été de se représenter le raccordement général des parties du poème comme opéré après coup et en une seule fois. Rien n'est plus contraire soit à la vraisemblance, soit aux indications fournies par le poème lui-même. Il résulte en effet de tout ce qui précède que ce raccordement a dû se faire au moment même où naissaient les chants nouveaux, puisque ceux-ci étaient faits précisément pour s'ajuster aux anciens. L'*Assaut du mur* par exemple, qui forme aujourd'hui le livre XII, est venu se greffer, pour ainsi dire, sur le récit des *Exploits d'Agamemnon*, qui forme le XIe. Il n'était besoin là d'aucun raccord. Le premier des deux chants servait d'introduction à l'autre, lorsqu'on les récitait ensemble ; mais il pouvait arriver aussi qu'on les récitât isolément, car le poème une fois connu du public, personne n'éprouvait de difficulté à comprendre la situation supposée et continuée intentionnellement dans le second. De la même façon, la *Mort d'Hector*, noyau de la fin du poème actuel, a pu porter successivement tel ou tel épisode précédent ou suivant, qui à son tour en a porté d'autres. Le même effet s'est produit dans chaque groupe ; et le plus souvent par conséquent aucun travail postérieur n'a été nécessaire pour réunir des morceaux qui naissaient en quelque sorte tout réunis.

Toutefois, comme nous l'avons dit, certaines parties, ou primitives ou du moins très anciennes, avaient été composées d'une manière plus indépendante : tout en reconnaissant la donnée générale, elles ne se rattachaient d'une manière étroite et directe à aucun chant déjà existant, et par suite elles n'avaient point de place fixe dans la série. Les *Exploits de Diomède*, les *Adieux d'Hector et d'Andromaque*, l'*Ambassade* en sont des exemples. De bonne heure, les aèdes homériques durent éprouver le besoin de faire cesser cet état de choses. A mesure que l'ensemble des chants existants apparaissait plus nettement sous la forme d'une longue chaîne d'événements liés les uns aux autres, il devenait plus nécessaire de ne rien laisser d'essentiel en dehors de cet enchaînement. Il fallut donc fixer les chants flottants ; et c'est pour cela qu'on fit des chants de raccord.

Les *Exploits de Diomède* durent être un des premiers chants ainsi fixés. Sa place dans la série fut déterminée par une considération très simple. C'était une grande victoire des Achéens. Or entre la défaite qui forme le sujet des *Exploits d'Agamemnon* et la *Patroclie*, il n'y avait aucun moyen d'insérer le récit d'une telle victoire, à moins de bouleverser tout ce qui existait déjà. On le plaça donc au début après le chant de *la Querelle*. Mais comme ce récit n'avait pas été composé en vue de cette destination, il ne se rattachait ni à ce qui précédait ni à ce qui suivait. En conséquence on sentit le besoin de séparer ces morceaux mal concordants par des scènes diverses qui fussent de nature à atténuer ce manque de suite. Il est probable que cela se fit assez lentement, et que cette partie de l'*Iliade* est celle qui est restée le plus longtemps ouverte. On peut expliquer ainsi l'espèce de confusion et d'incohérence qui y règne.

L'épisode des *Adieux d'Hector et d'Andromaque* eut un sort analogue. Bien que son auteur ne l'eût placé nulle part à proprement parler, il est visible, comme nous l'avons dit, que pour lui cette scène était censée précéder de peu la *Mort d'Hector*. Mais il était impossible, dans la série d'événements qui s'était organisée peu à peu, de faire une place convenable à cet épisode dans la seconde partie du récit. Hector ne pouvait rentrer dans Troie ni pendant la défaite des Achéens, ni pendant l'assaut du mur, ni pendant la Patroclie, puisque dans tous ces récits il figurait constamment au premier rang des combattants. On fut donc forcé de placer son entrevue dernière avec Andromaque au milieu de ces chants mal cohérents de la première partie, qui entourent les *Exploits de Diomède* ; et on l'adapta du mieux que l'on put à ce dernier récit. Le raccord est ici d'autant plus visible qu'il est moins satisfaisant. C'est au moment où tout fuit devant Diomède, où les Troyens ont par conséquent le plus besoin de leurs chefs et notamment d'Hector, que le devin Hélénos conseille tout à coup à celui-ci de quitter le champ de bataille pour un motif sans importance. Hector lui obéit, et c'est ainsi qu'il rentre dans Troie. On avouera qu'il est difficile de choisir plus mal son heure ; et les justifications qui ont été proposées sont de celles qu'on peut qualifier de désespérées[1]. Voilà donc un raccord manifeste. Il en est de même du septième livre qui fait suite à cette scène des *Adieux d'Hector et d'Andromaque :* nous avons exposé plus haut comment le combat singulier d'Hector et d'Ajax, qui en est le sujet, ne pouvait guère s'expliquer que par le désir de donner à peu de frais un dénoûment à la bataille racontée dans les *Exploits de Diomède*.

L'*Ambassade* était aussi à l'origine un de ces chants flottants. La place qu'elle occupe dans le poème actuel lui fut assignée de même par une sorte de nécessité. La *Patroclie* marquait le moment où Achille, en face du péril imminent des Achéens, se décidait à faire quelque chose en leur faveur ; l'*Ambassade* au contraire le montrait s'obstinant dans un refus de concours absolu. Elle devait donc être antérieure. Par là même, on se vit obligé de la placer avant la série d'événements non interrompus qui aboutissent au départ de Patrocle, et par conséquent avant le chant des *Exploits d'Agamemnon*. Mais d'autre part la vraisemblance morale exigeait qu'elle fût aussi éloignée

---

1. Le besoin de ces justifications s'est fait sentir dès l'antiquité. On peut voir dans les scolies celles que proposaient les grammairiens décidés à rendre raison de tout. Quand une chose a tant besoin d'être justifiée, il est toujours probable qu'elle ne peut pas l'être. (Voir Porphyre, *Quaestiones homericae*, édition Schrader, t. I, p. 90.)

que possible de la *Querelle*, puisqu'Agamemnon ne pouvait se décider à une démarche aussi humiliante immédiatement après avoir offensé Achille et l'avoir traité avec tant de mépris. Ces raisons combinées la firent placer après les *Exploits de Diomède* et les chants qui en dépendent. Seulement, comme ces chants ne rapportaient que des avantages obtenus par les Achéens et que l'Ambassade ne pouvait se comprendre qu'après une grande défaite, il fallut bien créer celle-ci. De là le livre VIII, qui n'est vraiment qu'un chant de raccord et qui en porte si manifestement tous les caractères.

On pourrait multiplier ces exemples, mais en multipliant aussi les conjectures. Qu'il suffise donc ici d'avoir indiqué la nature de ces raccords. L'*Iliade* s'acheva ainsi peu à peu. Plus elle grandit, plus elle devint une et serrée. Aucun de ceux qui travaillèrent ainsi à l'étendre et à la compléter ne se proposa sans doute jamais de la réciter d'un bout à l'autre; l'usage des récitations courtes et indépendantes avait suffi à la faire naître et suffit aussi à la transformer en un poème proprement dit. Ce n'est donc pas l'artifice d'un arrangeur ni d'une commission de littérateurs qui l'a faite ce qu'elle est; ce fut le libre travail de plusieurs poètes dominés par la grandeur d'une création primitive qu'ils voulurent perfectionner en la développant. L'unité était vraiment en elle tout d'abord, mais à mesure que les vides du récit primitif se comblèrent, elle apparut de plus en plus nettement. S'il était permis d'exprimer ces faits par une image qui les rendrait plus sensibles, on pourrait dire que le premier poète avait élevé de sa main puissante sur l'immense terrain de la légende trois ou quatre tours superbes pour marquer l'espace qu'il s'y était réservé; ses successeurs les relièrent peu à peu les unes aux autres d'abord par d'autres constructions poétiques, plus richement décorées, mais moins simples et moins grandioses ; puis par une simple muraille destinée à fermer les intervalles qui restaient ouverts. Ainsi se forma avec le temps une enceinte continue, et la cité épique qui s'était constituée de cette manière fut appelée l'*Iliade*.

Quand les poèmes cycliques prirent naissance, c'est-à-dire vers le commencement des Olympiades, au milieu du VIIIe siècle avant notre ère, tout ce travail était achevé. L'*Iliade* était désormais un poème complet et fermé. On ne pouvait plus rien y ajouter en dedans ; on l'accrut tout naturellement par le dehors.

CHAPITRE IV

LE GÉNIE ET L'ART DANS L'ILIADE

SOMMAIRE.

I. Dimensions et proportions du poème. Unité du sujet. Marche de l'action. Variété. — II. Le récit. L'ordre et la clarté associés à la vie et au mouvement. Vérité morale. Simplification hardie. Art de composition dans les principaux récits. Grandeur et idéal. Les héros et la foule. — III. Descriptions et comparaisons. Discours. — IV. Les personnages. Caractère d'Achille; son développement. Les autres héros. Personnages de femmes; Andromaque, Hécube, Hélène. Valeur morale et nationale de ces caractères. — V. Les dieux. — VI. La langue et la versification.

I.

Lorsque nous comparons l'*Iliade* aux œuvres poétiques des âges suivants, sa grande étendue nous frappe tout d'abord. Elle résulte à la fois de la manière dont le poème s'est formé et d'une tendance qui est naturelle au genre narratif dans sa première expansion. Toutefois, s'il est vrai qu'à notre point de vue l'*Iliade* est longue, et si déjà dans l'antiquité cette longueur avait fini par passer en proverbe[1], nous

---

1. Eschine, *contre Ctésiphon*, 100 : Ψήφισμα μακρότερον τῆς Ἰλιάδος. Cic., *ad Attic.*, VIII, 11 : Tanta malorum impendet Ἰλιάς.

ne devons pas oublier qu'elle est singulièrement courte en comparaison des immenses épopées de l'Inde. Le *Ramayana* et le *Mahabharata* — ces puissantes créations d'un peuple de même origine que les Grecs, mais d'un génie bien différent — font ressortir par le contraste cette brièveté relative de l'épopée grecque. Là le récit surabonde et déborde; un épisode devient un poème; tout y est immense, et le regard se perd dans les profondeurs d'une action confuse, comme dans l'obscurité d'une forêt impénétrable[1]. Ce sont des masses de poésie plutôt que des poèmes. Dans l'*Iliade* au contraire, tout est mesuré. Il en résulte que le poème, dans son entier, présente éminemment cette qualité qu'Aristote a si bien définie dans sa *Poétique* par le terme d'εὐσύνοπτον[2]. L'*Iliade*, comme il le dit, se laisse bien embrasser d'un seul coup d'œil. Lorsqu'on vient de la lire d'un bout à l'autre, on n'a pas d'effort à faire pour se la représenter tout entière : les parties essentielles reparaissent d'elles-mêmes dans la mémoire, et les autres, moins nettes, ne sont cependant pas tellement effacées qu'elles ne forment comme un fond à cette image poétique. On ne peut s'empêcher alors de remarquer que l'étendue acquise peu à peu par le poème dans ses accroissements successifs lui a donné une grandeur d'aspect que les chants primitifs ne possédaient pas au même degré. Et l'in-

---

1. Le *Ramayana* a environ quarante mille vers; le *Mahabharata* en a deux cent mille; l'*Iliade* en a moins de seize mille.

2. Aristote, *Poétique*, 23 : Διό... καὶ ταύτῃ θεσπέσιος ἂν φανείη Ὅμηρος παρὰ τοὺς ἄλλους, τῷ μηδὲ τὸν πόλεμον, καίπερ ἔχοντα ἀρχὴν καὶ τέλος, ἐπιχειρῆσαι ποιεῖν ὅλον· λίαν γὰρ ἂν μέγα καὶ οὐκ εὐσύνοπτον ἔμελλεν ἔσεσθαι ἢ τῷ μεγέθει μετριάζον καταπεπλεγμένον τῇ ποικιλίᾳ. Νῦν δ' ἓν μέρος ἀπολαβὼν ἐπεισοδίοις κέχρηται [αὐτῶν] πολλοῖς, οἷον νεῶν καταλόγῳ καὶ ἄλλοις ἐπεισοδίοις, οἷς διαλαμβάνει τὴν ποίησιν (W. Christ).

fluence même qu'il a exercée a prouvé par la suite que cette étendue n'était pas sans beauté. Eschyle n'aurait peut-être jamais conçu la trilogie dramatique ni Hérodote le plan de son histoire, si l'*Iliade*, avec son large développement, n'eût été devant leurs yeux comme un modèle. Telle qu'elle est, elle fait naître dans l'esprit une idée de fécondité large et pourtant mesurée, d'abondance contenue, qui entre pour une part dans l'admiration dont elle est l'objet.

Cette mesure dans l'abondance est d'autant plus remarquable que l'honneur en revient à toute une série de poètes fort inégaux en mérite. Après tout, il eût été possible de grossir encore le poème actuel, et il n'était pas tellement fermé quand il parvint à son achèvement, que tout épisode nouveau en fût nécessairement exclu d'avance. S'il est resté ce qu'il est, c'est qu'à un certain moment poètes et public ont senti d'instinct qu'il n'y avait plus rien à y ajouter, et qu'en le développant davantage on l'alourdirait au lieu de l'enrichir. En ce sens, les dimensions de l'*Iliade* sont un remarquable indice de l'esprit de mesure qui a été de bonne heure un des traits caractéristiques du génie grec. Il faut reconnaître d'ailleurs que le jugement naturel des poètes a dû être éclairé et guidé en cela par les habitudes de la récitation publique. Celle-ci imposait une étendue nécessaire et à peu près uniforme à chaque chant isolé ; cette étendue des scènes principales détermina indirectement celle du poème tout entier.

Mais tout cela n'aurait pas suffi à faire que toutes les parties du poème vinssent se rassembler d'elles-mêmes sous le regard, sans cette unité intime qui fut créée tout d'abord par l'auteur des chants primitifs et que ses continuateurs respectèrent. C'est

une pure discussion de métaphysique littéraire que
de se demander, comme on l'a fait trop souvent, si
le sujet du poème est la colère d'Achille, ou le dessein de Zeus, ou toute autre chose de même genre.
Ni les poètes homériques, ni leur public, ne se
posaient de pareilles questions. Absolument étrangers à ces abstractions subtiles, ils ne concevaient
un sujet poétique que sous forme de scènes vivantes,
liées les unes aux autres. La première grande scène
de l'*Iliade* était une querelle à la suite de laquelle
Achille jurait que les Achéens, désormais privés de
son secours, auraient à se repentir de l'avoir offensé.
La dernière grande scène devait, par une véritable
nécessité morale, montrer la réconciliation opérée,
non par des engagements et des discours, mais par
des faits, par une victoire décisive, par la mort
d'Hector. C'est par le nom d'Hector qu'Achille effrayait
les Achéens en se séparant d'eux[1]; c'est par la
mort du héros troyen qu'il les rassure lorsqu'il est
revenu à eux[2]. Ces deux scènes qui se répondent
sont le fondement même de l'unité du poème. Le
reste n'avait en somme, à ce point de vue, qu'une
importance secondaire, et l'on s'explique très bien
qu'une fois ces deux termes extrêmes bien définis
cette unité ait subsisté, malgré tout ce qui semblait
devoir la compromettre. On savait d'où l'on partait
et où l'on allait: peu importaient quelques détours
de plus ou de moins; on ne risquait jamais de s'égarer. Et toutefois, ici encore, nous devons remarquer
la rectitude relative du poème. Étant données les

1. *Iliade*, I, 240 : Ἦ ποτ' Ἀχιλλῆος ποθὴ ἵξεται υἶας Ἀχαιῶν — σύμ-
παντας... —.. εὖτ' ἄν πολλοὶ ὑφ' Ἕκτορος ἀνδροφόνοιο — θνήσκοντες πίπτωσι.
2. *Iliade*, XXII, 393. Ἠράμεθα μέγα κῦδος· ἐπέφνομεν Ἕκτορα δῖον — ᾧ
Τρῶες κατὰ ἄστυ θεῷ ὣς εὐχετόωντο.

conditions dans lesquelles il s'est formé, il est surprenant de voir combien l'unité fondamentale a été respectée, et quels efforts on a fait, là même où il fallait bien la sacrifier quelque peu, pour s'en écarter le moins possible. L'*Iliade*, conçue comme une œuvre collective, atteste certes d'une manière remarquable cette libre et intelligente docilité dont l'esprit grec devait plus tard donner tant de preuves éclatantes.

Si d'ailleurs la marche de l'action est quelquefois lente, si même dans la première partie surtout, cette lenteur va jusqu'à l'embarras, il ne faut peut-être pas trop le regretter. Grâce à la manière dont elle s'est formée, l'*Iliade* offre, dans son unité, le spectacle d'une étonnante variété. C'est là une des qualités qui la distingue le plus avantageusement d'un grand nombre de poèmes épiques. Les scènes qui s'y succèdent ne se ressemblent les unes aux autres que de loin en loin. Et cette variété ne tient pas seulement à ce fait qu'à côté des grandes mêlées furieuses nous rencontrons des épisodes de sentiment et de description, comme les *Adieux d'Hector et d'Andromaque*, *Zeus trompé par Héré*, ou le *Bouclier d'Achille*. Virgile a su insérer également dans son poème des épisodes de diverses sortes, et pourtant l'*Énéide* n'échappe pas complètement à la monotonie. La variété de l'*Iliade* est bien plus profonde. Elle tient à des différences d'imagination, de sentiments, de style même : ici la grandeur et la simplicité antique, là une grâce brillante et presque pompeuse, ailleurs des inventions merveilleuses, et tout à côté le naturel le plus dédaigneux des artifices poétiques. Si ces dissemblances allaient jusqu'aux disparates, elles seraient excessives, et l'*Iliade* n'aurait jamais été un poème. Mais voilà justement le trait hellénique. De même qu'au Parthénon l'inégalité de mérite des sculpteurs qui ont travaillé sous les ordres de Phidias, si sensible qu'elle soit, n'a point compromis l'unité générale de l'édifice, de même celle des aèdes homérides n'a point détruit l'unité morale du poème. Tout différents qu'ils aient été les uns des autres, il y a cependant certains caractères communs de goût, de mesure, de clarté, de vie, qui se retrouvent chez tous à des degrés divers. Ils sont fils du même sol, héritiers de la même tradition, épris des mêmes modèles, dominés par le respect d'une même œuvre. On ne saurait assez dire combien cette variété dans l'unité, si heureusement imprimée sur le premier chef-d'œuvre poétique du peuple grec, a été utile à la liberté de son développement.

II.

Si de cette vue d'ensemble, nous passons à l'étude particulière des éléments dont se compose la beauté totale du poème, la perfection du récit est la première chose à remarquer. Dans les parties supérieures de l'*Iliade*, cette perfection est incontestable et vraiment éclatante ; dans les autres, l'art du narrateur est inégal sans doute, mais, sous l'influence des exemples et de la tradition, il reste partout à une hauteur à laquelle aucune autre épopée en somme ne s'est jamais maintenue.

C'est d'abord par la conception lumineuse des objets représentés que la poésie homérique est admirable. Une vision nette et claire, à laquelle rien d'essentiel n'échappe. Hommes et choses apparaissent au poète sans confusion ; images distinctes, qui se présentent à son esprit naturellement dégagées et ordonnées. Une merveilleuse faculté d'analyse toute spontanée lui permet d'apercevoir dans chaque situation tout ce qu'elle contient d'intéressant ; les conceptions complexes se décomposent d'elles-mêmes dans son esprit à mesure qu'elles y prennent naissance ; sa pensée est ordre et clarté. Mais dans cette clarté il n'y a ni froideur ni sécheresse. L'analyse instinctive dont nous parlons n'est pas celle de la réflexion qui ne laisse subsister que des abstractions. Ici, c'est l'imagination qui décompose, au moment même où elle crée, et tous les éléments qu'elle sépare sont vivants. Dans une action donnée, elle découvre des phases successives, toutes intéressantes, toutes tendant à une même fin ; dans un sentiment général, elle distingue des péripéties morales aussi vraies que délicates et variées. Le résultat de cette analyse, c'est donc la vie et le mouvement, mais le mouvement ordonné, progressif, toujours intelligible, la vie simplifiée, dégagée de ses obscurités, devenue, pour ainsi dire, toute claire et toute transparente. Rien d'extraordinaire dans de tels récits, presque point de merveilleux, car l'ordinaire, ainsi interprété, suffit à tout. Des coups de théâtre, parce que la nature humaine en comporte, parce qu'il s'en produit sans cesse en nous et autour de nous, mais des coups de théâtre vraisemblables, et jamais de ces soubresauts capricieux qui proviennent uniquement des fantaisies individuelles d'un auteur.

Quel récit pourrait être comparé sous ce rapport à celui du combat d'Hector et d'Achille au vingt-deuxième livre ? Une série de scènes passent sous nos yeux ; l'hésitation d'Hector, sa fuite, le jugement des dieux, la tromperie si dramatique d'Athéné, le combat proprement dit, et enfin l'admirable dialogue entre le mourant et son vainqueur ; autant de péripéties, qui se fussent évanouies entre les mains d'un moindre poète, et qui, dans l'œuvre homérique, ont toutes leur valeur propre par la manière étonnante dont chaque situation a été tour à tour discernée et distinctement représentée. Qu'on relise par exemple, entre toutes ces scènes, celle de la fuite. Avec quelle clarté n'est-elle pas détaillée ! Comme chaque moment en est indiqué et caractérisé avec justesse ! Tout est vu et dessiné d'un trait, les acteurs, leurs mouvements, le lieu du drame et les souvenirs qui s'y rattachent, l'action elle-même et ses phases :

« Hector attendait ; Achille vint à lui, semblable à Enyalios, dieu guerrier et bondissant ; sur son épaule droite, sa lance, taillée dans un frêne du Pélion, vibrait dans sa course d'un mouvement terrible ; autour de sa poitrine, l'airain resplendissait semblable à la lueur d'un grand feu ou à l'éclat du soleil levant. Quand Hector le vit, un tremblement le saisit ; incapable de tenir pied désormais, il n'osa pas rester auprès des portes, et, terrifié, prit la fuite. Alors le fils de Pélée bondit après lui, sûr de ses pieds agiles, aussi prompt que l'épervier des montagnes, le plus rapide des oiseaux, quand il fond sur une palombe ; celle-ci, sous les serres de son ennemi, hâte sa fuite ; l'épervier, déjà sur elle, pousse des cris aigus, et sans cesse se jette en avant, affamé de la saisir. Tel Achille, avide de sa proie, volait droit à Hector ; et le Troyen, tout tremblant, se rapprochait du mur de la ville d'une course effarée. Et ainsi au pied de la tour du guet et du figuier sauvage, tous deux, serrant le mur de près et suivant la route des chars, ils passèrent ; et ils atteignirent les bassins limpides où jaillissent deux sources du Scamandre tourbillonnant. L'une roule des flots tièdes, et une vapeur s'en élève, comme si un feu brûlait en-dessous ; l'autre en été coule aussi froide que la neige ou la grêle, ou que l'eau congelée. Tout auprès sont de vastes et beaux lavoirs de pierre, où les femmes des Troyens et leurs filles gracieuses lavaient les riches étoffes autrefois, quand c'était la paix, avant que les fils des Achéens ne fussent venus. C'est là qu'ils passèrent alors en courant, l'un fugitif, l'autre acharné à la poursuite ; devant, un brave fuyait, mais, derrière, un guerrier bien meilleur encore le poursuivait d'un pas agile ; il ne s'agissait pas alors de gagner une brebis ou une peau de bœuf, prix ordinaires proposés aux coureurs ; c'était pour la vie d'Hector dompteur de coursiers qu'ils luttaient de vitesse. Quand des chevaux habitués à vaincre courent comme emportés, ils tournent autour de la borne : un grand prix est proposé au vainqueur, soit un trépied, soit une femme dont le mari est mort ; ainsi Achille et Hector tournèrent trois fois autour de la ville de Priam d'une course effrénée, et les dieux contemplaient ce spectacle[1]. »

Tout est raison et justesse dans cette narration, si pathétique pourtant. Ni digression, ni réflexions oiseuses, ni remplissages d'aucune sorte, ni omission de circonstances touchantes ou simplement nécessaires. Le sentiment lui-même, si sincère et si fort qu'il soit, n'est point ce qui conduit le poète ; c'est la pensée qui le mène, et par conséquent c'est la raison. Jamais son émotion ne l'écarte de son dessein, jamais elle ne l'emporte au delà du but. Chaque chose est à sa place et reste dans sa mesure ; tout a son utilité, dramatique ou morale ; on sent là je ne sais quelle sereine possession de soi-même associée à la sensibilité la plus profonde et à l'imagination la plus forte. Si la personnalité du poète se montre si peu dans les récits de l'épopée grecque et si les choses seules y appellent notre attention, c'est précisément en raison de la pureté des images qui viennent tour à tour se réfléchir dans ce limpide miroir. Il n'y a là que la nature même et la vérité, découvertes du premier coup par une merveilleuse intuition.

Mais ce qu'il faut remarquer surtout dans les récits de l'*Iliade*, comme le trait vraiment hellénique,

---

1. *Iliade*, XXII, 131.

ou pour dire plus encore, vraiment homérique, c'est la simplicité hardie de cette raison si nette et si lumineuse. Nulle poésie au monde n'est plus pénétrée de cette croyance, réfléchie ou inconsciente, que l'art est un choix. Viser à un certain effet, et l'obtenir par une combinaison simple de moyens appropriés, voilà en quelque sorte sa formule. Le parti pris si assuré avec lequel elle passe par dessus les détails inutiles, et même par dessus ceux qu'on pourrait croire utiles, toutes les fois qu'elle a besoin d'aller vite, est admirable. La minutie lui est aussi étrangère que la précision lui est naturelle. Tout inspirée de la réalité, elle y est moins asservie qu'aucune poésie connue. Les hommes et les choses ne se montrent au poète qu'en ce qu'ils ont d'essentiel, et par suite, pour les peindre, il procède par larges touches avec liberté et grandeur. Plein d'une impression dominante qu'il veut traduire, il sacrifie tout ce qui ne s'y rapporte pas ; ou plutôt il n'y a pas de sacrifice, car il semble que la justesse puissante de son esprit ne lui permette seulement pas de s'y arrêter. Par là encore et surtout, la poésie de l'*Iliade* est le type de l'art grec, à moins qu'on ne préfère dire qu'elle est le type de l'art absolument.

Grâce à ces qualités, la composition des grands récits de l'*Iliade* est particulièrement remarquable. On ne saurait dire qu'elle soit étudiée ni savante, tant on y sent peu le travail et la préméditation ; mais les plus longs développements s'y distribuent avec une aisance et un ordre qui révèlent assez une conduite réfléchie. Une ample action dramatique, comme la défaite des Achéens au XIe livre, est embrassée sans peine par le poète dans son ensemble. Il y distingue du premier coup d'œil la chose essentielle à montrer, qui est dans ce cas le déploiement extraordinaire de valeur des héros Achéens et l'inutilité de cette valeur. Il faut que dans cette bataille furieuse Agamemnon et les siens se surpassent eux-mêmes, qu'ils apportent au combat toute leur fougue et toute leur force, qu'ils soient, pour ainsi dire, humainement vainqueurs, bien que vaincus par la volonté des dieux. Ce sera une victoire terminée en défaite, mais qui restera glorieuse et superbe jusque dans la déroute finale. Voilà l'idée maîtresse, et il est visible qu'elle constitue pour le poète le seul plan qu'il veuille suivre. Bien différent d'un historien qui se croirait obligé avec raison de nous faire connaître le terrain, la disposition des troupes et leurs mouvements principaux, en un mot, de nous faire l'exposé stratégique de la bataille, Homère n'a souci que de nous en décrire les grandes phases dramatiques; le reste, s'il en est question incidemment, n'est pour lui qu'accessoire. Cette idée morale suffit à ordonner toute la narration et à en régler le mouvement. Ayant toujours la même conception générale présente à l'esprit, il marche sûrement à son dénoûment, sans lenteur ni précipitation. Il le fait pressentir, puis il l'éloigne, il prolonge la victoire par des épisodes qui nous montrent Agamemnon triomphant et comme invincible, et pourtant il ne s'attarde pas au point de compromettre l'idée principale; il y a dans son récit comme un mouvement général qui nous entraîne et qui va en s'accélérant à mesure qu'approche le terme nécessaire. Quand Agamemnon blessé a disparu, quand la défaite commence, Ulysse et Diomède remplissent un instant la scène, mais déjà leur courage même est marqué du caractère de la défaite; c'est une sorte de fureur inquiète, plutôt que cette valeur impétueuse d'Agamemnon qui tout à l'heure renversait tout. Et lorsque blessés à leur tour, ils s'éloignent du champ de bataille, nos regards et nos cœurs se portent d'eux-mêmes vers Ajax, qui résiste seul en reculant pas à pas, et en qui se concentrent toute la force et toute l'espérance des Achéens. L'unité de ce vaste récit, comme sa variété et son mouvement, proviennent donc des qualités que nous signalions tout à l'heure, de la clarté d'une imagination puissante et de sa hardiesse à simplifier.

La grandeur est, avec la clarté et le mouvement, le trait le plus saillant du récit homérique. Elle résulte surtout de ce que le poète a constamment devant les yeux un idéal bien supérieur à la réalité. A plusieurs reprises, il est question dans l'*Iliade* de la force merveilleuse des héros : ils soulèvent sans effort des pierres que plusieurs hommes d'aujourd'hui, nous dit le narrateur, auraient peine à remuer. Expression naïve d'une idée qui est partout présente. L'humanité dépeinte dans le poème est une humanité idéale, que le poète et ses contemporains considéraient, il est vrai, comme réelle dans le passé, mais non dans le présent. On imaginait pour elle des richesses merveilleuses, des arts tout puissants ; les héros sont couverts d'or, leurs armes sont ciselées avec une perfection dont aucun artiste du temps n'était assurément capable. C'est là le seul genre d'exagération que se permette cette poésie si vraie. D'ailleurs il faut remarquer que dans l'exagération même, elle se garde naturellement de dépasser une certaine mesure qui lui est indiquée par un sens délicat de la vraisemblance. Si les héros de l'*Iliade* sont plus robustes et plus légers que les hommes les plus lestes et les plus vigoureux, cette supériorité n'est pas telle pourtant que notre imagination ne puisse l'admettre à titre d'exception. La poésie homérique se souvient de la réalité alors même qu'elle la dépasse, et elle reste sensée jusque dans ses fantaisies. Elle veut procurer à ses auditeurs le plaisir de l'idéal, mais comme elle sait bien qu'on le détruit dès qu'on éveille le sentiment de l'impossible! Son art est de ménager l'imagination tout en favorisant son essor. Tout ce qu'elle crée est grand, rien n'est démesuré. Ces batailles immenses et furieuses sont encore des batailles d'hommes, et non de géants. Agamemnon et Diomède, Ulysse et Ajax luttent à eux seuls contre des masses d'hommes, mais on ne les voit pas comme notre Roland tuer cent mille ennemis avec leur épée. Jamais ce genre d'exagération enfantine n'apparaît dans les grandes narrations de l'*Iliade*. L'hyperbole y est audacieuse et magnifique, comme elle doit l'être dans la poésie vraiment héroïque; mais dans cette audace même, il y a une raison solide, qui ne s'oublie jamais.

Ajoutons que la grandeur homérique ne devient pas monotone comme celle de tant d'épopées, parce qu'elle est tempérée par un sentiment profond et constant de la faiblesse humaine. Le poète peut bien s'exalter lui-même dans ses conceptions, mais combien il sait fortement ce que c'est que l'homme, et comme il compatit à ses misères! Les plus vaillants héros de l'*Iliade* ont leurs faiblesses. Diomède est sur le point de fuir lorsque Ulysse le rappelle et le retient: « Fils de Tydée, oublions-nous notre valeur? « Allons, ami, viens ici, tiens-toi debout près de « moi. Quelle honte pour nous, si l'impétueux Hector « s'emparait de nos vaisseaux! » Et Diomède, vaillant entre tous, lui répond avec autant de simplicité que de vrai courage: « Eh bien donc, je resterai, et « je tiendrai ferme avec toi. Mais nous n'aurons guère

« à nous en réjouir, car Zeus l'assembleur de nuages
« est aujourd'hui pour les Troyens et contre nous [1]. »
Voilà la vérité. Il y en a vingt exemples dans l'*Iliade*.
Ajax lui-même, l'intrépide Ajax, a peur. Tous ces
héros, si forts et si vaillants qu'ils soient, sont pourtant des hommes, et le poète nous en fait souvenir à propos, afin que nous nous attachions à eux
davantage. S'il en est ainsi des chefs illustres, que
dire de ces combattants nombreux et obscurs qui
s'agitent sur le champ de bataille et tombent le plus
souvent sous leurs coups? La grande foule anonyme
elle-même se compose d'hommes, et le poète ne
dédaigne pas de peindre leurs sentiments. Il nous
fait sentir ces larges et puissants courants d'exaltation
ou de terreur qui passent sur les multitudes, et par
là il nous intéresse à elles. Les armées homériques
ont une âme collective.

« Eris poussa une clameur terrible et aiguë, et elle mit au
cœur de chacun des Achéens une courageuse ardeur de combattre et de s'obstiner à la lutte. Soudain la guerre leur devint plus douce que le retour sur les vaisseaux creux vers
leur chère patrie [2]. »

Véritable ivresse de sang et de gloire, à laquelle
s'oppose un peu plus loin le tableau de la terreur
des Troyens fuyant devant Agamemnon.

« Atride s'acharnait à la poursuite, encourageant les Danaëns
à grands cris. Les Troyens, fuyant le long du tombeau d'Ilos,
antique Dardanide, couraient à travers la plaine en passant
près du figuier, pressés d'atteindre la ville. La clameur d'Atride
s'élevait sans cesse derrière eux, car il volait sur leurs traces,

---

1. *Iliade*, XI, 319.
2. *Iliade*, XI, 10.

les bras tout trempés de sang. Quand enfin les premiers eurent atteint les portes Scées et le chêne, ils s'arrêtèrent et s'attendirent les uns les autres. Une partie de leurs compagnons, encore au milieu de la plaine, couraient effarés, semblables à des bœufs qu'un lion a surpris au milieu de la nuit et qui fuient de toutes parts; un seul est en proie à la mort; le lion a brisé son cou de sa mâchoire formidable, et il lèche son sang en dévorant ses intestins. Tel l'Atride, le puissant Agamemnon, poursuivait les Troyens, tuant les derniers des fuyards, l'un après l'autre; les survivants hâtaient follement leur course, mais beaucoup tombaient de leurs chars, sur la face ou sur le dos, frappés par le vainqueur; car, baissant sa lance, il bondissait en avant [1]. »

Certes, la force descriptive est admirable ici; mais ce qu'il y a de plus étonnant dans le morceau, c'est la puissance avec laquelle le poète a su peindre cette chose indescriptible, la terreur d'une foule, et la faire passer en nous.

Cette profonde et mâle sensibilité homérique a d'ailleurs bien souvent aussi des délicatesses et des tendresses qu'on serait tenté d'appeler *virgiliennes,* si l'on pouvait définir un modèle par l'imitation la plus exquise qui en ait été faite. Le poète s'intéresse à tous ces guerriers d'un rang secondaire qui succombent sous les coups des chefs; et à chaque instant, au milieu des récits de massacre, des épisodes touchants nous sont offerts. Pour nous dire leur mort, il rencontre des mots simples et profonds, empruntés au fonds éternel des affections humaines.

« Agamemnon saisit le glaive d'Iphidamas de sa puissante main, et il l'attira à lui, fort comme un lion; l'épée fut arrachée de la main du vaincu; alors le roi frappa son ennemi à la gorge, et le fit tomber. Et soudain Iphidamas roulant

---

1. *Iliade*, XI, 166.

sur le sol s'endormit du lourd sommeil d'airain ; infortuné, il avait quitté sa femme pour porter secours aux Troyens, sa jeune et chère femme, dont il ne devait plus voir la beauté[1]. »

Cette grâce et ce charme de la vie entrevus dans l'ombre même de la mort, ce dernier sourire de tout ce qu'on a aimé et que l'on va quitter, Homère le premier en a compris la tristesse infinie et en a fait comme un élément nécessaire de la poésie héroïque. Mais chez lui cette tendresse humaine est toujours associée aux inspirations les plus hautes et les plus viriles. On passe des unes aux autres sans surprise, mais avec une émotion profonde. C'est l'humanité tout entière, à la fois grande et faible, mêlant la fureur du combat à la douceur des plus chers souvenirs, l'humanité résumée dans quelques contrastes aussi simples que sublimes.

III

La description est en quelque sorte partout dans le récit homérique, ici développée et formant épisode, ailleurs introduite d'une façon accessoire sous forme de comparaisons, plus souvent encore brève et mêlée au courant même de la narration.

Cette dernière forme de description, celle qu'on pourrait appeler par excellence la description narrative, tant elle se fond intimement dans le tissu des événements, est de beaucoup la plus usitée dans l'*Iliade*. Elle est, pour ainsi dire, la forme la plus ordinaire du récit homérique, car c'est le

---

1. *Iliade*, XI, 238.

propre de cette poésie que de peindre tout en racontant. Elle peint par le choix de l'expression, par le son des mots, par le tour de la phrase, mais surtout par la netteté et la force de l'image. Qu'on prenne au hasard quelques vers dans une des parties anciennes du poème, non pas un morceau éclatant qui se détache du reste, mais au contraire un fragment du récit ordinaire.

« Alors, par leur ardeur, les Danaëns brisèrent enfin la ligne ennemie, et un cri de victoire éclata à travers les rangs. En tête Agamemnon s'élançait ; et il tua un guerrier, Bianor, chef d'une troupe de combattants, et avec lui son compagnon Oïlée qui menait les chevaux. Bondissant hors du char, Oïlée s'était jeté devant lui ; mais au milieu de son élan même, Agamemnon le frappa de sa lance aiguë entre les deux sourcils, et l'airain massif du casque n'arrêta pas le fer ; la pointe traversa la visière, puis l'os du front, et elle déchira en dedans tout le cerveau ; et Oïlée tomba en plein élan[1]. »

Toute la narration dans les chants primitifs est ainsi : toujours rapide, brève, et pourtant largement rythmée, montrant chaque chose en un mot, et jamais rien qui ne touche ou qui ne frappe. Une intuition nette et précise, sans sécheresse néanmoins ; quelques traits qui dessinent les personnages, indiquent le mouvement, éveillent l'imagination. Nulle poésie n'est plus suggestive ; aucune ne produit plus d'effet avec moins d'efforts.

Ce qu'elle décrit ainsi sans chercher cependant à décrire, c'est sans doute une fiction, mais toute composée de traits réels. Le poète homérique d'une manière générale doit être conçu comme un observateur et nullement comme un rêveur : il sait à peu près tout

---

1. *Iliade*, XI, 90 et suiv.

ce qu'on peut savoir de son temps, et il le sait bien : les détails, même techniques, lui sont familiers ; il a une idée précise de chaque métier : labour, chasse, pêche, fabrication des armes, tissage des étoffes, construction, stratégie et tactique, médecine même, rien des choses contemporaines ne lui est inconnu [1]. Si l'archéologue y trouve son compte, le simple lecteur en est presque aussi vivement charmé. C'est la vie entière d'une société encore jeune que nous avons ainsi sous les yeux. L'épopée traitée de cette manière ressemble à une histoire finement et familièrement descriptive : on ne se lasse pas d'admirer cette variété de détails dans un récit pourtant si libre et si grand.

En général la description, dans les parties les plus anciennes de l'*Iliade*, est toujours ainsi mêlée à la narration. Le poète ne décrit pas pour le simple plaisir de décrire. Mais quand le sujet s'y prête, quand la mise en scène doit rendre l'action elle-même plus dramatique, tout naturellement alors les traits descriptifs se multiplient et se groupent en tableaux :

1. De là l'utilité et l'intérêt si vif des ouvrages spéciaux où sont expliqués tous ces détails matériels de la vie homérique. Citons au moins ici celui de E. Buchholtz, *Die homerische Realien*, 3 vol. in-8° en 6 parties, Leipzig, 1871-1885, véritable encyclopédie homérique qu'on a sans cesse besoin de consulter en lisant l'*Iliade* ou l'*Odyssée*. C'est aussi cette précision descriptive qui a donné lieu à tant de discussions sur le site de Troie et aux belles fouilles de M. Schliemann. On trouvera d'utiles indications à cet égard dans l'ouvrage qui vient d'être cité. La stratégie de l'*Iliade* a été tout particulièrement étudiée par un Grec savant et lettré, M. Georges Nicolaïdès, Ἰλιάδος στρατηγικὴ διασκευὴ καὶ τοπογραφία, Athènes, 1883. Tout récemment encore M. Ch. Hanriot a publié dans le *Bulletin de la Faculté des Lettres de Poitiers* (juin 1885) une étude de géographie homérique sur le *Camp troyen*.

« Chrysès priait, et Phœbus Apollon l'entendit. A grands pas, du haut de l'Olympe, il descendit, le cœur courroucé, portant sur ses épaules son arc et son large carquois. Et dans les mouvements de sa colère, ses flèches s'agitaient bruyamment au rythme bondissant de son pas ; et il venait vers le camp, semblable à la nuit. Il s'assit à distance des vaisseaux, puis il lança un trait ; et l'arc d'argent fit entendre un effroyable sifflement [1]. »

C'est là, disons-le, la véritable manière homérique. Dans les parties plus récentes, nous trouvons des descriptions plus développées, plus brillantes, qui ont été peut-être admirées davantage et qui sont en effet admirables, mais non pas supérieures, ni même égales. Tel est par exemple le célèbre morceau, cité par Longin, où est représenté le voyage de Poséidon à travers les mers, au début du treizième livre :

Le dieu attela au timon du char ses deux chevaux aux pieds d'airain, au vol rapide, à la crinière d'or ondoyante ; lui-même se revêtit d'une armure d'or ; il prit dans ses mains les rênes formées d'une bande d'or assoupli, monta sur son char, et s'élança sur les vagues. Les monstres marins bondissaient autour de lui, sortant en foule de leurs obscures retraites, et ils reconnaissaient bien le roi de la mer. Frémissantes de joie, les vagues s'écartaient ; et les chevaux volaient avec un élan merveilleux ; et, sous le char, l'essieu d'airain n'était pas même mouillé [2]. »

Si belle que soit cette peinture, elle se distingue de la précédente à deux signes : d'abord elle est moins liée au récit, moins utile à l'action ; l'autre était un acte essentiel du drame, celle-ci n'est qu'un magnifique décor ; ensuite l'art y est plus apparent,

---

1. *Iliade*, I, 43-49.
2. *Iliade*, XIII, 23-30.

et si l'effet en est presque aussi grand, les moyens sont bien moins simples. On peut donc distinguer plusieurs manières descriptives dans l'*Iliade*, répondant à divers âges de la composition et à diverses origines. Mais si nous remontons au type premier, tel que nous le trouvons dans les descriptions les plus anciennes, et que de celles-là nous passions aux morceaux plus récents, nous aurons lieu d'admirer comment la tradition poétique primitive s'est maintenue en somme dans tout le poème à travers les variations mêmes du goût et la diversité des manières.

Une autre forme que prend fréquemment l'élément descriptif dans l'*Iliade*, c'est celle de la comparaison. Les comparaisons descriptives abondent dans le poème, aussi bien dans les parties les plus anciennes que dans les autres. Évidemment elles se rencontraient déjà dans les chants héroïques qui ont précédé et préparé la naissance de l'*Iliade*. Dès que la poésie épique prit son essor, les aèdes durent chercher à orner leurs récits en même temps qu'à rendre leurs conceptions aussi vivantes que possible. Les comparaisons répondaient à ce double besoin ; l'usage fréquent qu'on en fit contribua à leur donner bientôt une forme quelque peu convenue. Une fois que la ressemblance générale entre les choses comparées était indiquée, le poète eut le droit de développer à son gré les descriptions épisodiques qui s'offraient à lui[1]. C'est cette liberté qui nous frappe tout d'abord dans les comparaisons homé-

---

1. C'est ce que Perrault dans ses *Dialogues* appelait des comparaisons à longue queue. Voyez Boileau, *Réflexions critiques sur quelques passages du rhéteur Longin*, VI, où se trouvent des remarques fort judicieuses à ce sujet.

riques. Elles traduisent avec force et sincérité l'impression voulue, mais elles ne se contentent pas de la traduire, et autour de cette impression elles développent volontiers toute une scène qui mérite d'être admirée pour elle-même. Grâce à cette ampleur, elles étendent de la manière la plus heureuse l'horizon du poème. Dans un récit de guerre, elles nous font voir incidemment, et comme par d'ingénieuses échappées de vue, des scènes de chasse, des épisodes de la vie rustique ou urbaine, et plus souvent encore les aspects divers de la nature. Par là, elles ne contribuent pas médiocrement à l'agréable variété du poème.

Beaucoup d'entre elles d'ailleurs sont remarquables par leur valeur descriptive. En mettant sous les yeux de ses auditeurs des scènes de la vie commune qui leur sont familières, le poète sait traduire d'une manière saisissante l'aspect imaginaire des grandes scènes de guerre qu'il raconte. Veut-il peindre deux fronts de bataille opposés l'un à l'autre ?

« Semblables, dit-il, à deux lignes de moissonneurs qui s'avancent l'une vers l'autre à travers les sillons dans un champ de blé ou d'orge, riche domaine, et qui font tomber devant elles les épis en gerbes épaisses, ainsi les Troyens et les Achéens, s'élançant les uns contre les autres, frappaient devant eux [1]. »

Quelquefois elles étonnent notre goût moderne par une familiarité hardie et expressive. Ajax, pressé par une foule d'ennemis, assailli d'une nuée de traits, ne recule pourtant que pas à pas ; toute son énergie s'est tournée en une obstination héroïque :

---

1. *Iliade*, XI, 67 et suiv.

« Tel un âne, qui s'est jeté dans une pièce de terre, s'y obstine malgré des enfants ; en vain on lui brise des bâtons sur le dos ; il renverse les blés épais tout autour ; les enfants le frappent à coups redoublés, mais leurs coups sont sans effet sur lui, et ils ne le font enfin sortir qu'à grand'peine quand il s'est repu à son gré. Tel Ajax, le glorieux fils de Télamon, assailli par les Troyens ardents et par la foule de leurs alliés qui frappaient son bouclier de leurs longues lances, résistait en reculant [1]. »

Mais le plus souvent, c'est par la force et la grandeur que les comparaisons homériques nous ravissent. La chasse dans les temps anciens étant comme une image naturelle de la guerre, ses épisodes en fournissent d'admirables au poète. Ulysse est entouré d'ennemis :

« Tandis qu'il avisait au danger, les rangs des Troyens vinrent sur lui avec leurs grands boucliers et ils l'enveloppèrent de tous côtés, mettant ainsi le péril et la mort au milieu d'eux. Quand autour d'un sanglier des chiens et des chasseurs ardents s'élancent à l'attaque, la bête sort du hallier épais, aiguisant ses blanches défenses dans ses mâchoires recourbées ; on se jette sur elle de tout côté, mais ses dents se heurtent avec bruit, et les assaillants s'arrêtent, pleins d'effroi. De même autour d'Ulysse, cher à Zeus, s'élançaient les Troyens [2].

Les descriptions de la nature, surtout celles des aspects divers de la mer, ne l'inspirent pas moins heureusement.

« Hector frappait les chefs des Danaëns et après eux la foule, comme le vent d'ouest, fondant sur les blancs nuages amassés par le Notos, les secoue de son choc impétueux et les pousse violemment au loin ; des flots énormes roulent, et

1. *Iliade*, XI, 558 et suiv.
2. *Iliade*, XI, 414 et suiv.

l'écume soulevée par le vent vole dans les airs, tandis que la rafale se déchaîne en mugissant. Ainsi Hector renversait devant lui cette foule de têtes serrées [1].

Il faudrait multiplier à l'infini ces exemples pour donner une idée exacte de la variété de choses qui figurent ainsi dans l'*Iliade* incidemment. Nous devons à cette façon d'illustrer le récit beaucoup de renseignements intéressants sur la vie contemporaine. Et ce rapprochement perpétuel de la réalité et de la fiction, si intimement associées l'une à l'autre, contribue à donner à l'ensemble un air de vérité qui nous charme.

Un autre ornement du récit homérique, ce sont les discours nombreux prêtés aux personnages ; ces discours font de la narration une sorte de drame. C'est l'imitation de la vie réelle qui les a introduits dans l'épopée ; et par suite, il y en a, comme dans la vie réelle, de publics et de privés. Souvent le poète représente ses personnages s'entretenant les uns avec les autres, s'exhortant mutuellement, se défiant sur le champ de bataille ou se faisant connaître de leurs adversaires ; les paroles qu'il leur prête ne sont pas alors des discours à proprement parler, c'est simplement l'expression spontanée de leurs sentiments. Mais, à côté de ces entretiens, il y a de véritables discours publics. Les chefs délibèrent entre eux et exposent leurs opinions dans le conseil, ils s'adressent au peuple assemblé et ils discutent devant lui, ou bien encore ils vont porter officiellement comme ambassadeurs des propositions au nom de tous. Nous trouvons là l'image des mœurs du temps. Il y avait déjà une éloquence publique

---

1. *Iliade*, XI, 304 et suiv.

dans les cités grecques lorsque l'*Iliade* prit naissance, et par suite il y a aussi une éloquence publique dans ce poème lui-même[1]. Cette éloquence a été admirée à bon droit dans l'antiquité comme elle l'est de nos jours ; mais elle l'a été d'une manière qui n'est pas toujours parfaitement juste. Le passage principal de Quintilien sur l'excellence oratoire d'Homère est classique[2]. On y sent très fortement une tendance fâcheuse, consistant à louer chez le poète homérique l'emploi d'une foule de procédés ingénieux, qui n'ont été classés et dénommés que beaucoup plus tard dans les écoles de rhéteurs. Certes, il y avait de l'adresse déjà et du calcul dans l'éloquence publique, telle qu'elle a pu être pratiquée par les contemporains de l'*Iliade*, et il est tout naturel par conséquent qu'il y en ait aussi dans les discours que le poète prête à ses héros. Ceux-ci parlent comme des hommes habitués à réfléchir, qui ont le sentiment de l'effet qu'ils veulent produire, et qui ne laissent pas flotter leurs pensées ni leurs paroles au hasard. Que l'on puisse en conséquence observer chez eux une sorte de rhétorique, nous en

---

1. Consulter à ce sujet Fr. Blass, *Die attische Beredsamkeit*, Introduction; G. Perrot, *L'Éloquence politique et judiciaire à Athènes*, ch. I ; Maurice Croiset, *De publicae eloquentiae principiis apud Graecos in homericis carminibus*.

2. *Instit. orat.*, X, 1, 46 : Hic enim (Homerus)... omnibus eloquentiae partibus exemplum et ortum dedit ; ... nec poetica modo, sed oratoria virtute eminentissimus. Nam ut de laudibus, exhortationibus, consolationibus taceam, nonne vel nonus liber, quo missa ad Achillem legatio continetur, vel in primo inter duces illa contentio, vel dictae in secundo sententiae omnes litium ac consiliorum explicant artes ? ...Jam similitudines, amplificationes, exempla, digressus, signa rerum et argumenta, ceteraque probandi ac refutandi, sunt ita multa, ut etiam qui de artibus scripserunt, plurimi harum rerum testimonium ab hoc poeta petant..., etc.

convenons ; mais c'est une rhétorique toute primitive, tout élémentaire, faite surtout d'expérience personnelle, d'observation, d'imitation directe. Elle sort de la vie, et non de l'école. Une chose remarquable dans ces discours, c'est le grand rôle que le caractère de l'orateur y joue. Les personnages se jettent, pour ainsi dire, tout entiers dans la discussion : il semble qu'ils comptent moins pour persuader sur leurs arguments que sur leur autorité personnelle. Ils discutent peu, ils n'entrent presque jamais dans les raisons de leurs adversaires, ils ne vont pas chercher les objections pour les réfuter, ils affirment et ils veulent être crus. D'ailleurs ils ne développent pas, parce qu'ils ne savent pas analyser. Ils conçoivent les choses fortement, mais d'un seul coup, et ils voient chaque pensée comme un tout indivisible. Une courte phrase, un seul mot même est quelquefois pour eux l'équivalent de toute une démonstration par l'intensité de passion qu'ils y mettent. C'est donc la force et la justesse naturelle de l'affirmation qui font surtout la valeur de cette éloquence. Par là même, son mérite dramatique est éminent. Ce sont les grands discours de l'*Iliade* qui mettent surtout en relief les personnages ; ils ne sont pas seulement un ornement du poème, ils en font la vie et l'excellence morale.

II

Le don de créer des êtres fictifs semblables à des êtres réels a été le don homérique par excellence. C'est cette qualité éminente qui a mis le premier auteur de l'*Iliade* si fort au-dessus de ses devanciers, et bien que ses successeurs n'aient pu l'égaler à cet égard, ils l'ont encore imité avec assez de succès pour affermir la tradition qu'il avait créée[1].

Il est probable que la plupart des héros de l'*Iliade* avaient déjà une personnalité poétique, avant que le premier chant de ce poème eût pris naissance. Quelques-unes des épithètes qui s'attachent ordinairement à leur nom semblent le démontrer. Ce n'est pas dans l'*Iliade* qu'Achille a été surnommé pour la première fois « Achille aux pieds légers » (πόδας ὠκὺς Ἀχιλλεύς); Agamemnon était déjà dans la poésie antérieure « le roi qui commande au loin » (εὐρυκρείων Ἀγαμέμνων), et Nestor « le doux orateur des Pyliens » (λιγὺς Πυλίων ἀγορητής). Ces qualifications étaient toutes fort simples ; elles consistaient en un seul trait, et elles étaient d'autant plus propres à donner l'essor aux imaginations qu'elles leur laissaient plus de liberté.

L'œuvre de l'épopée fut de développer conformément au sentiment populaire ces données primitives qui n'étaient encore qu'à l'état d'indications. Elle y réussit en créant des situations qui exigèrent de la part des personnages mis en scène des sentiments forts et variés, et en les faisant valoir dans de larges récits. Grâce à cette origine, les personnages les plus marquants de l'*Iliade* sont à la fois très vivants et d'une nature très simple. Nés de la légende et de l'imagination populaire, et non d'une conception abstraite, ils sont pleins de réalité. Si peu complexe que soit le caractère de chacun d'eux, il serait impossible de l'exprimer par une formule ; ce ne sont pas des types généraux, mais des

---

[1]. Sur les personnages homériques, consulter les études spéciales de M. Delorme, *Les hommes d'Homère*, et de M. Camboulin, *Les femmes d'Homère*.

hommes aux traits bien individuels. En cela, l'épopée homérique ressemble à l'histoire. Mais elle en diffère par la simplicité. Moins enchaînée à l'exactitude, elle choisit et elle élimine plus librement. De là vient qu'elle ne laisse rien d'obscur dans l'âme de ses personnages ; comme elle ne s'attache en chacun d'eux qu'à un petit nombre de traits saillants, elle peut les mettre en pleine lumière. La vérité morale est chez elle tout en dehors, et elle éclate sans qu'on ait besoin de la chercher.

Achille, c'est la jeunesse héroïque, une force et une beauté presque divines dans un mortel. La légende l'a donné au poète de la *Querelle* comme un type de grâce virile, avec l'orgueil de la victoire et la tristesse de la mort prochaine. Tout le reste est sorti de la situation même, interprétée avec un sentiment profond de la vérité humaine. La *Querelle* lui prête une grandeur admirable. C'est lui qui prend l'initiative de remédier aux maux présents. Il promet à Calchas sa protection, et on sent aussitôt que personne dans l'armée n'est puissant contre lui :

> Sois sans crainte, devin, et dis-nous les choses que tu sais par révélation. Car j'en atteste Apollon cher à Zeus, — le dieu que tu invoques toi-même, Calchas, quand tu découvres aux Danaëns les desseins d'en haut, — personne ici, tant que moi je serai vivant, tant que mes yeux ne seront point fermés, ne portera sur toi des mains violentes dans l'enceinte de ce camp, personne entre tous les Danaëns, quand même celui que tu crains serait Agamemnon, si glorieux d'être le premier des Achéens[1].

Point de petitesse d'aucune sorte dans son âme: à la fois fier et modéré au début, il montre hardi-

---

1. *Iliade*, I, 85-91.

ment à Agamemnon son injustice et lui promet pourtant un dédommagement. Mais quand le roi le menace personnellement, alors sa colère éclate sous l'injure. Cette colère est toute faite d'un orgueil juvénile auquel se joint naïvement le souci des profits perdus, curieux indice de la race et du temps ; elle est l'expression spontanée du caractère, toute colorée du feu de la passion :

Ah ! chef impudent, trop habile chercheur de profits, quel Achéen désormais voudrait se prêter à tes désirs, et sur ton ordre se mettre en route ou engager le combat ? Quant à moi, ce n'est pas en haine des guerriers troyens que je suis venu ici livrer bataille, car ils n'ont rien fait dont j'aie à me plaindre. Jamais ils n'ont chassé mes bœufs, jamais ravi mes chevaux, jamais ils ne sont venus dans le pays fertile de Phthie dévaster mes champs ; entre eux et moi, il y a trop de montagnes couronnées de forêts, il y a la mer mugissante. C'est donc pour toi, homme effronté, oui, c'est pour toi que nous sommes ici, afin de te donner satisfaction ; c'est la vengeance de Ménélas, c'est la tienne, impudent, que nous réclamons des Troyens. Et voilà de quoi tu n'as ni pensée ni souci ! Il faut que tu me menaces de m'enlever toi-même une récompense pour laquelle j'ai pris tant de peine et que m'ont donnée les fils des Achéens ! Jamais nos parts ne sont égales, lorsque les nôtres détruisent quelque ville opulente de la Troade. Les plus rudes tâches de la guerre tumultueuse, c'est mon bras qui les accomplit ; mais quand vient le partage, à toi la plus large récompense, à moi un faible salaire, auquel je tiens pourtant ; c'est ce que je remporte dans mes vaisseaux après les fatigues de la guerre. Eh bien donc, je m'en irai à Phthie, car il vaut bien mieux m'en retourner chez moi avec mes vaisseaux recourbés ; et je n'ai pas l'intention de rester ici sans honneur pour t'amasser à toi richesses et profits[1]. »

L'injure d'Agamemnon pénètre comme un trait dans cette âme irascible, et elle y reste fixée. Rien

1. *Iliade*, I, 149.

ne donne mieux l'idée de son énergie puissante, que le calme apparent avec lequel le jeune héros se laisse enlever Briséis, une fois qu'il a arrêté le projet et la forme de sa vengeance. Cet enlèvement était, il est vrai, donné par la légende, et le poète ne l'a pas créé. Mais ce qui lui appartient en propre, c'est cette modération dans la plus violente colère, qui traduit si admirablement la profondeur de la blessure et la force du ressentiment :

« Salut, hérauts, messagers de Zeus et des hommes : approchez ; ce n'est pas à vous que j'en veux, c'est à Agamemnon qui vous envoie ici à cause de la jeune Briséis. Allons, noble Patrocle, fais sortir la jeune fille et remets-la leur pour qu'ils l'emmènent. Mais qu'en même temps ils me soient témoins devant les dieux bienheureux et devant les hommes mortels, et aussi devant le roi violent, si jamais il a besoin de moi pour écarter des autres un désastre. Car il est en proie à un vertige de mort, et il ne sait pas réfléchir à la fois au passé et à l'avenir pour assurer le succès des Achéens auprès des vaisseaux[1]. »

Dans la scène de l'*Ambassade,* nous retrouvons la même âme. Rien n'y a faibli. C'est un dramatique spectacle que le réveil de cette grande colère après les paroles affables adressées par Achille aux députés qui sont ses hôtes. Le contraste est saisissant entre cette noble courtoisie, cette fierté douce et bienveillante, et l'emportement soudain de la passion qui s'exaspère au moindre contact. L'injure est aussi vive qu'au premier instant, et toutes les forces de cette nature héroïque se soulèvent en tumulte autour du grief unique qui domine toutes ses pensées. — Passons à la *Mort d'Hector*. Achille y

---

1. *Iliade*, I, 334.

reparaît avec le même éclat. Une passion nouvelle, celle de venger son ami, a succédé alors en lui à l'ancienne passion, à celle de sa vengeance personnelle. Elle est nouvelle, mais elle a les mêmes caractères que l'ancienne. Elle possède l'âme tout entière, elle la soulève jusque dans ses dernières profondeurs. Tout ce qu'il y a dans Achille de forces morales, son courage intrépide, sa confiance en lui-même, sa résolution inflexible en face même d'une destinée qu'il n'ignore pas, et surtout son dévouement ardent à un sentiment qui est pour lui comme une religion, tout cela se dresse à la fois contre Hector :

« Hector, ennemi détesté, ne me parle pas de promesses mutuelles. Point de serments entre les lions et les hommes ; point d'entente entre les loups et les agneaux ; la haine, et toujours la haine ! De même entre toi et moi : ni amitié ni promesse ; il faut que l'un ou l'autre meure et qu'il rassasie de son sang Arès, l'opiniâtre combattant. Appelle à toi toute ta vertu ; c'est maintenant qu'il est à propos d'exceller à manier la lance et à combattre. Plus de fuite possible pour toi : Pallas Athéné va te dompter par mon fer ; tu paieras en une seule fois les deuils de tous mes amis, massacrés par ton bras[1]. »

Si le don suprême de la poésie est de mettre tout l'homme dans une passion, jamais peut-être ce don ne s'est révélé plus merveilleusement. La vengeance de Patrocle, voilà le seul objet auquel tend toute l'action d'Achille au vingt-deuxième livre ; mais dans ce rôle si simple, la richesse de sa nature éclate : sa haine implacable est unie à tous les sentiments qui lui sont propres ; elles les absorbe et les transforme en elle-même, mais ne les supprime pas.

1. *Iliade*, XXII, 261.

Dans les développements ajoutés plus tard à ce grand caractère, nous relevons deux scènes particulièrement remarquables : la douleur d'Achille après la mort de son ami Patrocle et sa générosité en face du vieux Priam. Ni l'une ni l'autre ne sont tout à fait égales à celles que nous venons de signaler. La première est plutôt esquissée qu'achevée ; on n'y sent pas toute la fécondité d'invention du grand poète de la *Querelle*. La donnée de la seconde est admirable, mais il ne faut pas oublier qu'elle était indiquée déjà avec ses principaux détails au vingt-deuxième livre ; quant à l'exécution, elle mérite tous les éloges par une naïveté profondément humaine qui associe la vérité du sentiment à la grandeur de l'imagination. Si ces deux scènes ne sont pas du poète primitif, on doit remarquer combien la tradition qu'il avait créée était forte et à quel point le personnage conçu d'abord par lui s'imposait désormais à ses successeurs. Ceux-ci ne savaient pas, il est vrai, autant que leur devancier, déployer à la fois toutes les richesses de son âme, mais ils lui conservaient toujours à quelque degré la noblesse et la grandeur.

Nous n'étudierons pas ici, à côté d'Achille, tous les autres personnages de l'*Iliade*, mais nous devons en dire pourtant quelques mots. La variété de leurs caractères est une des beautés du poème. Il est à peu près certain qu'elle existait déjà dans la légende et dans les poésies antérieures ; mais l'*Iliade* a fixé ce qui était encore flottant et elle a donné un corps à des créations simplement esquissées. Dans le onzième livre seul, c'est-à-dire dans le récit de la défaite que subissent les Achéens quand ils essayent de se passer d'Achille, les personnages de Diomède, d'Ulysse et d'Ajax, qui se succèdent au premier rang, sont caractérisés tour à tour par des traits individuels. Le courage impétueux et la fougue de Diomède, la vivacité de ses passions qui se marque dans son apostrophe à Pâris[1], ne ressemblent pas au sang-froid ni à l'énergie réfléchie d'Ulysse, non plus qu'à l'opiniâtreté muette d'Ajax, dont l'entêtement héroïque est si hardiment caractérisé par la célèbre comparaison traduite plus haut[2]. L'audace brillante du premier, le dévouement intelligent du second, l'intrépidité un peu lourde du troisième ont été conçus si nettement que tous les détails de la narration, actes ou paroles, descriptions ou comparaisons, tendent également à faire ressortir ces différences. Et de là elles ont passé dans le reste du poème. Il en est de même pour les autres grands personnages. Chacun a sa physionomie propre : le vieux Nestor, avec sa sagesse bienveillante et son indulgence si heureusement alliée à l'énergie des conseils ainsi qu'à une liberté de réprimande qu'il revendique comme le privilège de son grand âge ; le noble Hector, si plein de toutes les affections humaines, si dévoué aux siens, si admirable dans la victoire et dans la défaite ; le malheureux Priam, pliant sous l'infortune, sans force morale en face de la destinée terrible qui le frappe, dépouillé même un instant de sa majesté naturelle par l'excès de sa douleur, et réalisant ainsi sous nos yeux la misère

---

1. XI, 385 et suiv. : Τοξότα, λωβητήρ, κέρα ἀγλαέ, παρθενοπῖπα κ.τ.έ. C'est une invective amère et moqueuse, où chaque mot est un trait de raillerie et une vengeance.
2. Voir p. 245. Cf. Boileau, *Réflexions critiques sur quelques passages du rhéteur Longin*, IX, et la note de Mme Dacier sur ce passage du XIe livre dans les *Remarques* qui accompagnent sa traduction de *l'Iliade*.

humaine dans toute l'étendue dont elle paraît susceptible[1].

Les personnages de femmes méritent d'être cités tout particulièrement comme exemples de ce don poétique de vérité et de variété. Il y en a trois principaux dans l'*Iliade*, sans parler des déesses : Andromaque, Hécube, Hélène. Les deux premières appartiennent certainement par les parties les plus essentielles de leur rôle au groupe des chants primitifs. Nous pouvons donc y voir l'œuvre du poète qui a vraiment donné naissance à l'*Iliade*. Le caractère d'Andromaque est une des plus belles créations de la poésie ancienne. Épouse et mère avec cette sorte de passion exclusive qui est si naturelle à la femme, elle ne conçoit pas les impossibilités morales qui empêchent Hector de rentrer dans Troie ; elle ne voit qu'une chose, c'est qu'elle veut le sauver, parce qu'il est tout pour elle et tout aussi pour son enfant :

« Hector bien-aimé, ton ardeur te perdra ; tu n'as pas pitié de ton enfant encore muet ni de moi, infortunée, qui bientôt serai veuve. Ils vont te tuer, ces Achéens, en s'élançant tous ensemble contre toi. Ah ! mieux vaudrait pour moi, si je viens à te perdre, descendre sous la terre ; car, une fois que la destinée t'aura frappé, plus de consolation pour moi, rien que des souffrances ! Je n'ai plus ni mon père ni ma mère vénérée..... Mais toi, Hector, tu es pour moi un père, une mère bien aimée, un frère, tu es mon époux florissant de jeunesse. Oh ! aie pitié ; reste ici sur cette tour, ne fais pas de ton fils un orphelin, de ta femme une veuve ; range nos combattants auprès du figuier, du côté où la ville est le plus

---

1. Sur Priam, voyez Chateaubriand, *Génie du Christianisme*, l. II, chap. IV ; la scène du XXIVᵉ livre s'y trouve traduite et analysée, non sans quelque subtilité, mais avec une grande force de sentiment.

accessible et où l'on peut arriver jusqu'au rempart en courant[1]. »

Le sentiment est sa raison, et le poète la fait parler successivement avec l'éloquence de la tendresse dans sa prière et avec l'éloquence du désespoir dans son affliction. Mais quelle que soit l'effusion de son âme, il n'oublie jamais de lui garder en toute circonstance une grâce noble qui mêle à sa douleur un charme de beauté. Au départ d'Hector, elle sourit à travers ses larmes en voyant l'effroi naïf d'Astyanax; et quand le cri des Troyens lui apprend qu'Hector a succombé, elle tombe évanouie sur le rempart, sans qu'aucune violence extérieure manifeste ce qu'elle éprouve[2].

Hécube n'a qu'un rôle secondaire; toutefois il est impossible d'oublier son appel déchirant à Hector au début du vingt-deuxième livre, et son désespoir à la fin du même récit.

Quant à Hélène, les passages où elle figure semblent être d'origine diverse; mais ils s'accordent sur quelques données essentielles, à savoir les reproches qu'elle se fait à elle-même et l'admiration que sa beauté excite parmi les Troyens. La scène la plus caractéristique est celle du sixième livre où est racontée son entrevue avec Hector. Il y a une

---

1. *Iliade*, VI, 407.
2. On peut lire sur Andromaque l'appréciation de Chateaubriand, *Génie du Christian.*, l. II, chap. VI, mais plus par curiosité littéraire que pour y chercher la vérité; car le parti pris de l'auteur a nui singulièrement à la rectitude de son jugement. Cf. Saint-Marc Girardin, *Littérature dramatique*, chap. XIV, où les principales parties du rôle d'Andromaque sont traduites et sainement appréciées. Voyez aussi une bonne étude de Camboulin dans l'ouvrage cité plus haut.

touchante vérité morale dans le sentiment qu'elle éprouve pour le vaillant héros, quand il reproche à Pâris sa mollesse :

« Hector, quelle sœur as-tu en moi ? Une femme audacieuse, malfaisante et funeste. Ah ! pourquoi, le jour où ma mère me mit au monde, un coup de vent furieux ne m'a-t-il pas emportée au loin dans la montagne ou dans les flots de la mer bruyante ? Que n'y ai-je été engloutie avant que tout ceci n'arrivât ! Ou du moins, puisque les dieux en avaient décidé autrement, que ne m'ont-ils donné d'être l'épouse d'un homme vaillant qui aurait su s'indigner et sentir l'outrage ? Quant à celui-ci, nulle volonté en lui ni maintenant ni jamais ; sa faiblesse lui vaudra plus d'une honte. Allons, entre chez nous, frère, et assieds-toi sur ce siège, car tu as beaucoup à souffrir à cause de moi, misérable, et à cause de la faute de Pâris ; Zeus nous a infligé une triste destinée, afin que nous soyons dans l'avenir un sujet de chants parmi les hommes [1]. »

Ses lamentations du vingt-quatrième livre sur le corps d'Hector ne sont en quelque sorte que le développement de ce qui apparaît là : à travers ses amers regrets, se montre le souvenir d'une admiration respectueuse et tendre à la fois :

« Hector, toi qui me fus cher entre tous les frères de mon mari, je suis l'épouse d'Alexandre issu des dieux, car c'est lui qui m'a amenée à Troie ; que ne suis-je morte auparavant ! Voici déjà la vingtième année que j'ai quitté mon pays ; et jamais, durant ce temps, je n'ai entendu de toi un seul mot blessant ou léger. Au contraire, si quelque autre dans le palais me parlait durement, soit l'un de mes beaux-frères, soit une de leurs femmes ou l'une de tes sœurs, soit ma belle-mère — car Priam, lui, était toujours pour moi comme un tendre père — qui que ce fût, tu le réprimandais, et tu me protégeais de ta bonté et de tes douces paroles. Voilà pourquoi je pleure à la fois sur toi et sur moi, le cœur plein d'une amère tris-

---

1. *Iliade*, VI, 344.

tesse ; car je n'ai plus personne dans la vaste Troie qui soit pour moi doux et bon comme tu l'étais ; je fais horreur à tous. »

Les poètes qui ont mis ce personnage dans l'*Iliade* l'ont plutôt laissé entrevoir qu'ils ne l'ont expliqué. Peut-être, en raison de sa situation même, le fond de ses sentiments était-il trop difficile à démêler. L'Hélène de l'*Iliade* n'a donc qu'un rôle épisodique, son caractère est peu étudié, mais sa situation est au-dessus de l'un et de l'autre : elle est la cause de la guerre, et elle jette sur tout le poème l'éclat de son incomparable beauté. « Ah! certes, s'écrient les vieillards troyens en la voyant paraître, il n'y a pas lieu de s'indigner si les Troyens et les Achéens souffrent tant de maux depuis si longtemps pour une telle femme ; son visage est tout semblable à celui d'une déesse [2]. »

Mais si le don de créer la vie et de manifester les sentiments est merveilleux dans l'*Iliade,* il ne faut pas croire pourtant qu'il se montre partout égal à lui-même. Il y a bon nombre de personnages dans le poème, même parmi les plus illustres, qui n'ont qu'une physionomie indécise ; tels sont Idoménée et son ami Mérionès, tels aussi Eurypyle et le fils d'Héraclès, Tlépolème. Les Homérides n'étaient pas tous des Homère. Cette inégalité se fait sentir même dans les parties récentes des rôles primitifs. Achille par exemple est absolument médiocre dans toute la première partie du vingt-unième livre, où un poète continuateur l'a mis en présence d'Enée ; nous ne retrouvons là aucun des traits essentiels de son

---

1. *Iliade*, XXIV, 762.
2. *Iliade*, III, 156.

caractère ; et ce qui lui manque le plus, c'est précisément ce qui lui est ailleurs le plus propre, la passion.

Entre tous les personnages qui ont souffert de la façon dont l'*Iliade* s'est faite, il n'en est aucun qui ait été plus maltraité qu'Agamemnon. Ici l'inégalité, le manque de suite, l'inconstance du sentiment sont portés au plus haut degré, et la dispersion des scènes empêche seule qu'on n'en soit généralement frappé comme on devrait l'être. L'Agamemnon de la *Querelle*, si hautain et si passionné, personnage superbe d'épopée, ne se retrouve dans le poème qu'au XI° livre, où il se montre en héros. C'est là visiblement la conception première, un roi puissant, chef d'une confédération de princes dont il se fait respecter par sa valeur personnelle autant que par les forces dont il dispose, orgueilleux de sa haute situation et très jaloux de ses privilèges.

« Va-t'en, dit-il à Achille qui le brave, fuis bien loin, si c'est là ton bon plaisir ; ce n'est certes pas moi qui te supplierai de rester ici pour ma cause. J'ai auprès de moi d'autres princes qui m'honoreront, et plus encore qu'eux tous Zeus aux sages pensées... Va-t'en donc chez toi avec tes vaisseaux et tes amis, et règne sur tes Myrmidons ; je suis indifférent à ce que tu penses, et je n'ai pas souci de ta colère [1]. »

Mais à mesure que le poème s'est compliqué, rien n'était plus difficile que de soutenir ce personnage au travers des péripéties qui doivent le conduire à la réconciliation avec Achille. Les aèdes homérides y ont échoué. Au IX° livre avant l'*Ambassade*, au XIV° après la prise du camp, Agamemnon se montre sans force et sans volonté. Il ne sait

---

1. *Iliade*, I, 173.

plus que pleurer et proposer le départ¹. La vraisemblance morale n'est pas même ménagée par la mise en scène ; on sent que les auteurs de ces morceaux se servent d'une donnée dont ils ont besoin, sans l'approprier véritablement à sa destination.

Toutefois ces disparates n'ont qu'une faible importance dans l'ensemble du poème. Les beautés morales dominent et les font oublier. Les principaux personnages du récit se font admirer de nous dans une série de scènes où nous les retrouvons constamment avec les grands traits de leur physionomie, toujours vivants et suffisamment semblables à eux-mêmes. Sans doute il n'y a encore chez aucun d'eux développement régulier et suivi d'un caractère, comme plus tard dans certaines tragédies. L'épopée primitive ne comportait pas cette étroite liaison des parties ni cette succession savante de phases qui s'expliquent l'une par l'autre. Mais si elle ne réalisait pas encore pleinement cet idéal de l'art au service de la vérité morale, elle le laissait déjà entrevoir avec une remarquable netteté. Les grandes scènes s'y continuent les unes les autres. Elle sait non seulement créer les situations émouvantes et les faire valoir, mais encore y engager si profondément les acteurs dont elle dispose, que leur nature intime s'y révèle tout entière ; elle sait enfin y poser les grandes questions morales qui doivent apparaître dès que les intérêts humains sont en jeu, et qui changent d'aspect au gré des passions qui s'agitent.

1. La manière dont Diomède l'insulte au IXᵉ livre (37-40) caractérise bien fortement cette seconde conception si étrangement mêlée aujourd'hui à la première :

Σοὶ δὲ διάνδιχα δῶκε Κρόνου παῖς ἀγκυλομήτεω·
σκήπτρῳ μέν τοι δῶκε τετιμῆσθαι περὶ πάντων·
ἀλκὴν δ' οὔτοι δῶκεν, ὅ τε κράτος ἐστὶ μέγιστον.

Voilà pour la valeur morale des personnages de *l'Iliade*; leur valeur nationale en résulte naturellement. Il était impossible à des poètes grecs de pénétrer si avant dans la vérité humaine sans mettre en lumière en même temps les caractères propres de leur race. L'idéal hellénique, tel qu'il se montre dans *l'Iliade*, est un composé d'intelligence, d'énergie, de piété sans mysticisme, de raison pratique, de sentiments d'honneur associés à un souci assez marqué de l'intérêt personnel. Mais il n'est pas réalisé dans un personnage exclusivement, qui en serait comme la froide abstraction. Il est dans tous partiellement, inégalement, quelquefois brillant et plein d'éloquence, quelquefois obscurci par la passion; et il se dégage soit des discussions, soit des réflexions, soit des leçons de l'expérience, c'est-à-dire de l'action même. Il est hors de doute que le génie grec s'est reconnu lui-même très promptement dans cette œuvre qu'il avait créée, et que *l'Iliade*, dès qu'elle sortit de l'Ionie, devint le poème hellénique par excellence, comme elle l'a été pendant toute la période classique et au delà [1].

V.

A côté ou plutôt au-dessus des hommes, les dieux jouent dans *l'Iliade* un très grand rôle [2]. Nous devons dire ici quelques mots de ce rôle, au point de vue

---

1. Consulter à ce sujet Lauer, *Geschichte der Homerisch. Poesie*, Berlin, 1851 (p. 5-58), et Sengebusch, *Dissertatio homerica prior*, en tête de *l'Iliade* de G. Dindorf dans la biblioth. Teubner.
2. A. Bertrand, *Les dieux protecteurs des héros grecs ou troyens dans l'Iliade*, Rennes, 1858; et en général, Naegelsbach, *Die Homerische Theologie*, Nuremberg, 1840 (2ᵉ édit., par Autenrieth, Nuremberg, 1861).

littéraire exclusivement, puisque la question, si souvent agitée, du merveilleux dans le poème épique s'y trouve impliquée.

Et tout d'abord il est vraiment superflu de faire remarquer que, pour les poètes homériques, il n'y avait pas une mythologie poétique différente des croyances contemporaines. Les dieux de l'épopée étaient aussi les dieux de la vie ordinaire. On ne demandait à l'imagination du public aucune complaisance et on n'invoquait aucune convention littéraire pour les lui faire accepter. En représentant les dieux comme en représentant les hommes, le poète mettait en scène ce qu'il considérait comme une réalité vivante.

Ces dieux, d'après la croyance commune, avaient une forme humaine et des passions humaines. Toutefois, comme la plupart d'entre eux n'avaient été à l'origine que des personnifications des grands phénomènes naturels, quelque chose de cette ressemblance primitive avec la nature subsistait encore en eux[1]. Le peuple concevait Zeus comme un homme d'une force et d'une majesté merveilleuses, mais il l'imaginait au milieu des nuages qui s'assemblaient à son appel, tenant la foudre dans sa puissante main et capable d'ébranler le monde d'un seul mouvement de sa tête. La vengeance d'Apollon, quand il frappait ses ennemis, participait du mystère et de la soudaineté des fléaux inattendus qui viennent s'abattre sur les hommes : ses flèches sifflaient à travers les airs, et l'on croyait entendre frémir dans les murmures du vent la corde terrible de son arc d'argent. Poséidon habitait les abîmes transparents de la mer,

1. J. Girard, *Le sentiment religieux en Grèce d'Homère à Eschyle*, chap. I.

au fond d'une grotte, où il trônait comme un roi ; quand il sortait de là, on se le représentait traversant les mers en dominateur, apaisant ou soulevant les flots à son gré, entouré d'un cortège tumultueux de monstres marins qu'une sorte de terreur religieuse attirait au passage de leur maître. Tout cela était le fond même de la croyance populaire : ces images étaient familières à tous les esprits, et le poète n'avait qu'à les dégager, à les rendre plus lumineuses, pour que ses auditeurs reconnussent avec une pieuse admiration dans ses descriptions éclatantes ce qu'ils entrevoyaient dans leur propre pensée. A chaque instant dans l'*Iliade* la nature apparaît ainsi derrière les dieux, et elle jette sur eux comme un reflet de sa beauté grandiose. D'ailleurs ces dieux ne sont pas seulement des personnifications plus ou moins transformées de ses phénomènes changeants. Ils la représentent aussi en ce qu'elle a d'ordonné. La religion grecque, au temps de l'*Iliade*, impliquait déjà, dans sa conception du monde, des idées de régularité et d'unité, dont la notion des dieux ne pouvait manquer de profiter. Ces idées se personnifient tout particulièrement dans la Destinée, qui se laisse apercevoir dans le poème comme supérieure aux dieux, sans que le poète d'ailleurs paraisse songer aucunement à en préciser la vraie nature ni les rapports exacts avec les passions divines. C'est une notion obscure encore, mais singulièrement forte et majestueuse, qui donne à toute la philosophie du poème une profondeur remarquable. La même conception fondamentale explique aussi toute la hiérarchie divine, et par conséquent la suprématie de Zeus. Cette suprématie, il est vrai, est éludée et même bravée, mais jamais d'une manière définitive. Zeus en somme se fait obéir de tous ; sa volonté n'est pas seulement la plus grande force morale et physique qu'il y ait dans l'univers, elle est même capable de dompter à elle seule toutes les résistances coalisées, et elle mène de haut les événements avec une puissance irrésistible qui ne contribue pas médiocrement à la grandeur du récit.

C'est donc à la fois par ce qu'ils tiennent de la nature et par ce qu'ils doivent à une philosophie encore élémentaire que les dieux de l'*Iliade* s'imposent si fortement à l'imagination. Mais outre cela, ils entrent profondément dans l'action par les passions tout humaines qui les animent. Si plusieurs d'entre eux sont déjà à quelques égards les dieux de toute l'humanité, ce caractère d'universalité n'apparaît encore que bien faiblement chez la plupart et n'entraîne nullement comme conséquence l'impartialité. En général la poésie homérique, dans l'*Iliade*, les conçoit comme ils avaient dû être conçus antérieurement par les auteurs des chants épiques dont elle procède. Ce sont des dieux nationaux tout dévoués au peuple auquel ils appartiennent. Apollon est le dieu d'Ilios, parce qu'en fait il avait régné sur la vieille cité dardanienne avant que son culte ne s'établît en Grèce ; Héré est la déesse d'Argos ; Athéné, celle de l'hellénisme tout entier sous sa forme achéenne. Il est vrai que les ennemis de leur peuple les prient aussi ; mais ils ont à lutter alors contre une défaveur instinctive de leur part. Les divinités ont un patriotisme dans la poésie homérique, un patriotisme qui ne tient pas à une convention arbitraire, mais qui est reconnu par la croyance commune et attesté par d'antiques traditions : c'est une des choses qui contribuent le plus à en faire d'excellents personnages d'épopée.

Outre ces préférences générales, il en est d'ailleurs

de particulières, qui sont parfois ou des sentiments profonds ou de véritables passions. Thétis est mère ; elle a toutes les tendresses et toutes les sollicitudes de l'amour maternel. Et en général, lorsqu'une divinité s'allie à un homme dans l'*Iliade*, elle fait vraiment cause commune avec lui.

« A présent, dit Athéné à Achille au XXIIe livre, j'espère qu'à nous deux nous allons remporter une grande gloire, en triomphant d'Hector, si insatiable qu'il soit de combattre. Non, il n'est plus possible qu'il nous échappe, quand même son protecteur Apollon, l'habile archer, se mettrait en peine pour le sauver, jusqu'à se jeter aux pieds de Zeus qui tient l'égide. Allons, fais halte et reprends haleine ; je me charge d'aller te le chercher et de l'amener à te combattre en face[1]. »

Le dieu est intimement associé à son héros, il a la même ardeur au combat, les mêmes haines et les mêmes perfidies, il l'aide au besoin à insulter ses ennemis avant la lutte et après la victoire. De tels personnages divins apportent dans les chants où ils se mêlent toute une somme nouvelle d'émotions variées.

D'ailleurs leur secours puissant, bien loin de diminuer l'action personnelle du héros, l'augmente au contraire. La poésie homérique ne connaît pas les subtilités métaphysiques ni théologiques. Elle ne se demande pas, lorsqu'elle représente la fureur de Diomède excité par Athéné, quelle est, dans les mouvements impétueux de son âme, la part de l'action divine et celle de sa propre nature. « Courage, « Diomède, dit la déesse, assaillons les Troyens ; je « t'ai mis au cœur cette fermeté inébranlable qu'avait « ton père, le cavalier Tydée, au bouclier sonore.[2] »

1. *Iliade*, XXII, 216.
2. *Iliade*, V, 124-126.

Est-ce là une opération mystérieuse qui supprime l'énergie personnelle du héros? Aucun des auditeurs d'Homère n'aurait même pu concevoir pareille chose. Une parole humaine, l'exhortation d'un chef ou d'un ami, un regard parfois, suffit à doubler le courage du combattant. La parole ou le regard d'un dieu produisent les mêmes effets avec une puissance bien supérieure, sans qu'il y ait là plus de mystère. Ni le poète ni son public ne se posaient à eux-mêmes de questions difficiles et obscures en face de pareils spectacles; mais avec leur foi naïve, ils goûtaient profondément la jouissance de contempler ces âmes héroïques devenues tout à coup plus héroïques encore par l'influence d'une divinité amie. C'est une des beautés dramatiques de l'*Iliade* que ces relations incessantes des héros avec les dieux. On les voit tour à tour appeler ardemment le secours et le surcroît de force dont ils ont besoin, se plaindre avec amertume quand cet appui leur manque, s'exalter dans l'assurance de la victoire quand il leur est accordé, et toutefois trouver en eux-mêmes assez de courage soit pour braver la défaveur divine, comme Ajax, soit pour défendre leur vie en désespérés, comme Hector, quand il se sent trahi et abandonné. Le sentiment religieux n'est donc pas surajouté dans ces chants au sentiment héroïque; il y est mêlé si intimement, qu'on ne pourrait l'en supprimer sans déchirer violemment le tissu dont leur poésie est faite [1].

---

1. J. Girard, ouv. cité, p. 67. « L'état naturel d'un héros d'Homère, c'est l'état merveilleux, puisque partout, autour de lui et en lui-même, il croit voir ou sentir la divinité; mais cet état merveilleux ne supprime pas son activité propre et n'affaiblit nullement l'intérêt qu'il nous inspire, car c'est pour lui-même une source perpétuelle d'émotions et *une occasion de développer sa force* par l'exaltation ou par la lutte. »

Ces observations s'appliquent à tout le poème ; et toutefois il y a aussi, dans cet ordre d'idées, des différences notables entre les parties anciennes et les nouvelles. Dans les parties anciennes, les dieux n'interviennent que par des actes importants. Au livre I, Apollon lance ses traits sur les Achéens pour venger son prêtre, Athéné arrête Achille au moment où il va tirer l'épée contre Agamemnon, Thétis vient se concerter avec lui pour assurer sa vengeance ; ce sont autant de scènes dramatiques et de moments de l'action. En outre le merveilleux y est à la fois grandiose et discret ; point de description pompeuse ; les dieux se révèlent par un seul signe et sont reconnus seulement de celui à qui ils ont affaire.

« Tandis qu'Achille roulait ces pensées dans son âme, et que déjà il tirait du fourreau sa longue épée, Athéné vint à lui, descendant du haut des airs ; elle était envoyée par Héré, qui avait même affection et même sollicitude pour les deux héros. Elle s'arrêta debout derrière lui, et posant la main sur sa blonde chevelure, elle lui apparut à lui seul : aucun autre ne pouvait la voir. Achille fut saisi de surprise ; il se retourna et aussitôt reconnut Athéné : car les yeux de la déesse lançaient des éclairs [1]. »

C'est là l'antique et simple manière ; mais il arriva pendant la croissance de l'*Iliade*, qu'à force de faire intervenir les dieux, les aèdes finirent par s'apercevoir que le merveilleux était par lui-même un ornement très propre à relever certaines parties du récit ; et peu à peu, ils en firent usage comme d'un moyen connu et commode, soit pour se donner l'occasion de descriptions brillantes, soit pour remplir des vides, soit tout simplement pour ajouter un agrément de

---

1. *Iliade*, I, 193 et suiv.

plus à leurs développements. On peut choisir comme exemple de cette manière le message d'Iris auprès de Borée et de Zéphyre au XXIII⁰ livre ¹. Il s'agit là uniquement d'exciter la flamme du bûcher de Patrocle, et pour une chose aussi simple les dieux interviennent, Iris va porter aux vents les ordres de Zeus, on discourt, on s'agite, comme si le sujet en valait la peine.

En opposant ce passage au précédent, on a les deux termes extrêmes d'une longue série qui comprend naturellement une foule d'inventions intermédiaires.

Dans son ensemble, le monde divin de l'Iliade est aussi vivant, aussi intéressant que le monde héroïque. En se mêlant à celui-ci, il lui prête sa majesté, et il permet au poète de faire apparaître, derrière la grandeur purement humaine de ses héros, une grandeur religieuse qui devait toucher vivement des âmes croyantes.

VI.

Terminons cette rapide étude en disant quelques mots de la langue de l'*Iliade*².

---

1. *Iliade*, XXIII, 192 et suiv.
2. La langue de l'*Iliade* comme celle de l'*Odyssée* doit être étudiée dans les lexiques spéciaux. Mentionnons ceux d'Autenrieth, de Crusius, de Seiler, de Dœderlein, de Theil et Hallez d'Arros, et surtout le grand *Lexicon homericum* d'Ebeling, en deux volumes, récemment achevé. M. Monro a publié en anglais une *Grammaire du dialecte homérique*. Ahrens avait donné déjà quelque chose d'analogue (*Formenlehre des homerischen Dialectes*, Göttingen, 1852). Les Prolégomènes des *Iliadis carmina* de W. Christ contiennent d'excellentes remarques sur ce sujet.

La langue homérique offre, dans l'*Iliade*, un mélange bien digne d'attention. On y trouve en effet, non seulement des mots en grand nombre qui ont disparu plus tard de l'usage, mais des procédés de déclinaison et de conjugaison qui lui sont propres, et des formes qui appartiennent à des dialectes divers.

Toute l'antiquité a cru que la poésie homérique, contemporaine de plusieurs dialectes coexistants, avait emprunté de côté et d'autre ce qu'elle croyait bon de s'approprier. De là était résultée, pensait-on, une sorte de langue composite, dont le fond était le dialecte ionien de ce temps, mais qui admettait aussi un assez grand nombre de formes éoliennes et même doriennes. « Il ne suffit pas à Homère, dit
« Dion Chrysostôme, de mêler ensemble les diverses
« façons de parler des Hellènes, et de s'exprimer
« tantôt en éolien, tantôt en dorien, tantôt en ionien;
« il faut encore qu'il parle *olympien* (διαστὶ διαλέγε-
« σθαι)[1]. » On peut voir chez les grammairiens et commentateurs anciens un certain nombre de formes homériques qui sont signalées par eux comme éoliennes ou comme doriennes, et dont ils semblent attribuer de même l'origine à un choix plus ou moins arbitraire du poète.

Toutefois une observation plus éclairée et plus méthodique a permis de reconnaître qu'il n'y a point dans la langue de l'*Iliade* de formes doriennes. Celles qu'on qualifiait ainsi ont été ou corrigées ou désignées autrement. Tout se réduit en réalité à un mélange d'ionisme et d'éolisme[1].

---

1. *Orationes*, XI, 23. Cf. Plutarque, *de Vita et poesi Homeri*, B. ch. 8 : Λέξει δὲ ποικίλῃ κεχρημένος, τοὺς ἀπὸ πάσης διαλέκτου τῶν Ἑλληνίδων χαρακτῆρας ἐγκατέμιξεν. Ἐξ ὧν δῆλός ἐστι πᾶσαν γῆν Ἑλλάδα ἐπελθὼν καὶ πᾶν ἔθνος.

2. Christ, *Iliadis carmina*, Prolégomènes, p. 127.

Les formes éoliennes se trouvent d'abord dans un grand nombre de locutions traditionnelles, formules ou épithètes[1]. C'est là un fait très important à noter, car il prouve évidemment que la poésie homérique est surtout éolienne par ce qu'elle a de plus ancien. Ces formules ont été créées dans une langue éolienne, non dans une langue ionienne, et plus tard, consacrées par l'usage, elles ont gardé leur forme primitive. Mais l'emploi de l'éolisme dans la langue homérique n'est pas restreint à ces vieilles choses souvent répétées et presque immuables. On trouve, en dehors des formules et des épithètes consacrées, des formes éoliennes substituées à des formes ioniennes quand la nécessité de la mesure l'exige ; on les trouve même là où elles sont non pas indispensables, mais simplement plus commodes. Il est clair par là que la poésie homérique s'adressait originairement à un auditoire pour lequel ces formes n'étaient ni inconnues ni désagréables. Les Ioniens qui entendirent d'abord l'*Iliade* avaient donc assez d'habitude de l'éolisme pour reconnaître immédiatement les formes propres à ce dialecte, et ils trouvaient peut-être une certaine saveur particulière à des sons qui n'étaient pas tout à fait ceux dont ils se servaient quotidiennement.

La langue ionienne de l'*Iliade* différait d'ailleurs elle-même assez notablement de celle qui était alors courante. Formée par une succession peut-être déjà longue de poètes, elle conservait par héritage un assez grand nombre d'archaïsmes d'une part, et de l'autre des expressions ou des locutions que ces poètes avaient créées pour leur usage.

---

1. Sur les éolismes d'Homère, voir Hinrichs, *De Homericae elocutionis vestigiis aeolicis*, Iéna, 1875.

Pour expliquer cet état de la langue homérique, on a supposé récemment que les chants de l'*Iliade* avaient été composés d'abord en éolien et traduits plus tard seulement en ionien. Les formes éoliennes subsistantes seraient alors celles qui auraient résisté à cette transposition en raison des difficultés métriques [1]. Le texte de l'*Iliade* ne se prête pas à cette hypothèse : car d'abord il renferme des formes éoliennes qui auraient pu, sans inconvénient pour la mesure, être transposées en ionien ; et en second lieu, si elle était exacte, il devrait y avoir des différences notables, au point de vue du nombre des formes éoliennes, entre les parties anciennes ainsi traduites et les plus récentes qui ne l'auraient pas été ; or en fait, cette inégalité n'existe pas. D'ailleurs, si la langue éolienne avait produit dès ces temps anciens une œuvre telle que l'*Iliade*, il serait absolument impossible de concevoir pour quelles raisons cette œuvre aurait passé ensuite dans une langue différente au lieu de garder sa forme primitive. On ne pourrait s'en rendre compte qu'en supposant une décadence profonde de l'éolisme entre deux périodes brillantes, l'une épique, représentée par l'*Iliade* et l'*Odyssée*, l'autre lyrique, par l'école lesbienne ; il n'y a aucune circonstance historique qui rende cela vraisemblable.

Mais cette supposition n'est pas nécessaire. L'état de la langue de l'*Iliade* s'explique sans peine par les origines de la poésie grecque. Celle-ci a pris naissance dans la Grèce centrale sous forme d'hymnes, puis elle a grandi dans les villes éoliennes d'Asie Mineure sous forme de chants épiques de peu d'éten-

---

1. Voyez en tête de l'*Odyssée* de A. Fick les *Prolégomènes* où est exposée cette curieuse opinion.

duc. Elle s'est fait ainsi un langage qu'elle a consacré dès l'origine par son caractère religieux et ensuite par ses succès. Plus tard la grande épopée est née en Ionie sur les confins de l'Eolide. Tout naturellement elle a parlé ionien, mais un ionien mélangé d'éolismes que la tradition lui suggérait et que les mœurs acceptaient. Toute l'explication de la langue homérique est dans ces quelques faits. C'est donc une langue composite, mais ce n'est pas un mélange arbitraire de tous les dialectes contemporains. Le poète qui la parle a souvent le choix entre plusieurs formes, ce qui donne à sa diction beaucoup de souplesse et de variété, mais ces formes ne sont pas prises au hasard entre toutes celles que lui offrait l'usage contemporain ; encore moins sont-elles fabriquées par lui artificiellement à l'aide d'allongements ou de raccourcissements ; ce sont ou des formes anciennes conservées par la poésie pour son usage particulier ou des formes contemporaines appartenant au dialecte du poète. Il est donc tantôt volontairement archaïque, tantôt fidèle à l'usage régnant. Sa liberté est grande, plus grande assurément, et de beaucoup, que ne le fut dans la suite en Grèce celle des écrivains de l'âge classique, mais c'est une liberté raisonnée et respectueuse de la tradition.

Ce que nous disons ici des formes verbales peut s'appliquer également au choix des mots. Il est visible que les poètes homériques se font une règle constante de ne pas employer le vocabulaire ordinaire, celui de tout le monde et de tous les jours, afin de donner à leur récit plus de noblesse. Ils mettent en pratique pour cela plusieurs procédés traditionnels fort simples. Comme ils aiment les formes archaïques, ils ont aussi le goût des termes anciens. Quelquefois, mais exceptionnellement, ils nous les signalent eux-mêmes comme appartenant à la langue des dieux, distincte de celle des hommes[1]. Mais ordinairement ils les mêlent tout simplement aux mots contemporains, afin de donner à la phrase quelque chose d'insolite qui la relève[2]. La longue liste des ἅπαξ εἰρημένα de l'*Iliade* est évidemment formée en grande partie d'éléments archaïques de ce genre.

Un autre moyen dont ils usent pour ennoblir leur élocution, c'est l'emploi des mots composés. Profitant d'une faculté naturelle à la langue grecque, ils créent, avec une hardiesse que le langage ordinaire ne pouvait pas admettre, des expressions brillantes et sonores, formées d'un groupe d'éléments qui parlent tous à l'imagination. Ce sont surtout les adjectifs qui deviennent ainsi comme les ornements naturels du discours poétique. Ils lui apportent une

---

1. *Iliade*, XIV, 290 : Ὄρνιθι λιγυρῇ ἐναλίγκιος, ἥντ' ἐν ὄρεσσιν — χαλκίδα κικλήσκουσι θεοί, ἄνδρες δὲ κύμινδιν. Cf. I, 403, Briarée et Ægéon; XX, 74, Xanthe et Scamandre. C'est ce que les anciens appelaient la *dionymie* homérique. Le grammairien Ptolémée d'Alexandrie avait écrit Περὶ τῆς παρ' Ὁμήρῳ διωνυμίας παρὰ θεοῖς καὶ ἀνθρώποις. J'interprète ici la dionymie comme les commentateurs anciens semblent l'avoir généralement interprétée. Cette façon de voir a été contestée de nos jours très fortement, mais à tort, selon moi. Voir Lobeck, *Aglaophamus*, II, p. 858 suiv.; Nauck, dans les *Jahrbücher* de Jahn, Supplém. VIII, p. 548 suiv.; Bernhardy, *Griech. Lit.*, I, p. 182.

2. Aristote, *Poétique*, chap. xxi et xxii. — A vrai dire, il est fort difficile aujourd'hui de déterminer sûrement l'âge des mots dans le texte homérique. On est réduit sur ce sujet à des conjectures; mais plusieurs sont à peu près certaines. Aristote signale ἀρητήρ pour ἱερεύς (*Iliade*, I, 94; Arist., *Poét.*, ch. xxi) comme un mot *fabriqué* (πεποιημένον); n'est-ce pas plutôt un de ces mots anciens ?

magnificence de sons et d'images qui prête au récit épique richesse et grandeur. Mais ce qu'il faut remarquer dans cette richesse, c'est qu'elle ne nuit en rien à la clarté. Les mots composés de la poésie épique diffèrent en cela très notablement de ceux que créa plus tard la poésie lyrique, en particulier le dithyrambe. Presque tous sont formés d'un radical de nom et d'un radical d'adjectif qui le qualifie (λευκώλενος, δολιχόσκιος); c'est le procédé de composition le plus simple et le plus clair : quand la langue homérique associe entre eux d'autres éléments, elle le fait toujours dans le même esprit, de façon que le sens du mot nouveau ressorte avec éclat. Indépendamment des expressions composées, il y a beaucoup d'autres créations poétiques dans la langue d'Homère. Nous nous bornons à signaler celles qui sont de l'essence même de toute poésie, comme en général toutes les métaphores et toutes les manières indirectes de traduire la pensée. On ne peut trop admirer à cet égard et les ressources qu'elle sait trouver et l'art avec lequel elle en use. Elle a autant de force et de grandeur que de finesse et de grâce ; elle sait décomposer ou au contraire resserrer une expression selon le besoin ; elle possède à la fois l'abondance et la vigueur[1]. Il est bien remarquable en particulier de voir combien ce soin de grandir et d'embellir l'élocution est éloigné d'une fausse noblesse. Partout les choses simples sont énoncées simplement, les mots propres sont employés à propos soit pour éviter des longueurs, soit pour donner de la force au style, et les périphrases, quand elles se mêlent

---

1. Quintilien, X, 46 : Hunc nemo in magnis rebus sublimitate, in parvis proprietate superaverit. Idem laetus ac pressus, jucundus et gravis, tum copia, tum brevitate mirabilis.

au tissu du discours, servent non à l'amollir, mais à le rendre plus brillant[1].

La structure des phrases et des propositions est souple et variée avec une extrême simplicité. Les assemblages compliqués de pensées sont absolument inconnus de la poésie homérique, même dans les discours, comme nous l'avons fait observer plus haut, et à plus forte raison dans le récit. C'est la juxtaposition qui est la loi ordinaire de ce style naïf et clair. Lorsque par hasard la phrase se prolonge, — ce qui est exceptionnel, — les pensées successives s'ajoutent les unes aux autres dans l'ordre où elles se présentent à l'esprit; jamais elles ne sont déplacées en vue d'enfermer par exemple les propositions incidentes dans la proposition principale ou de partager toute la phrase en groupes symétriques. Dans cette série d'additions qui constitue le développement même de la pensée, le poète use d'ailleurs d'une grande liberté. La rigueur de logique et d'analogie que le progrès de l'esprit analytique introduisit plus tard dans la langue lui est encore étrangère[2]. On peut qualifier d'inexpérience ce laisser-aller, et il est certain qu'il tient en effet à un état d'esprit caractérisé par une réflexion encore élémentaire; mais il faut reconnaître qu'il s'associe fort bien dans la langue homérique à une connaissance familière de tous les secrets du style. Cette phrase flottante et si peu liée a parfois une vigueur

---

1. *Iliade*, I, 88 : Οὔτις ἐμεῦ ζῶντος καὶ ἐπὶ χθονὶ δερκομένοιο. Ces derniers mots équivalent à βλέποντος, mais il n'est personne qui ne sente ce qu'ils ajoutent de force à l'affirmation en même temps que de beauté extérieure à l'expression.

2. Voyez sur ce sujet les réflexions de G. Hermann dans sa dissertation: *De legibus quibusdam sublilioribus sermonis homerici* (*Opusc.*, t. II, p. 18-58).

extraordinaire. Elle se redresse brusquement, se précipite ou s'arrête avec un sentiment juste de l'effet qu'elle doit produire. Rien dans son allure qui rappelle l'uniformité un peu traînante des récits populaires. Elle a des tours pleins de vivacité, des surprises, des élans imprévus, elle sait détacher un mot comme un trait, ou le faire pénétrer comme un coup d'épée. Elle décrit comme elle veut par le son des mots, par leur place, par la façon dont elle les groupe ou les sépare[1]. C'est un art consommé associé à une naïveté incontestable.

La langue homérique est d'ailleurs fort bien servie en cela par une versification à la fois très simple et très rythmée[2]. Au temps où les chants de l'*Iliade* naquirent, l'hexamètre avait atteint déjà toute sa perfection. Grâce à une longue pratique, la raideur primitive avait complètement disparu. La variété de formes dont nous parlions tout à l'heure permettait au poète d'éluder avec une extrême facilité les gênes apparentes de la quantité. La structure du vers n'était d'ailleurs assujettie qu'à un très petit nombre de règles absolues. La variété des césures en particulier offrait au génie poétique de grandes ressources et se prêtait à une foule d'effets. La pensée pouvait sans inconvénient dépasser les limites du vers; elle remplissait au besoin plusieurs hexamètres ou s'arrêtait au milieu de l'un d'entre eux;

---

1. Notez des vers tels que celui-ci, remarqué et cité par Denys (*De compos. verborum*, 5):

Λίγξε βιός, νευρὴ δὲ μέγ' ἴαχεν, ἄλτο δ' ὀϊστός.

L'art le plus raffiné n'a rien imaginé de plus descriptif ni rien fait de plus *habile*.

2. Consulter sur ce sujet Drobisch, *Untersuchungen über die Formen des Hexameter des Virgil, Horaz und Homer*, Berichte d. k. Sächs. Ges. d. Wissensch., Philol.-hist. Cl., XX (**1868**).

c'était le privilège de ce rythme si net, si aisé à saisir, qu'en le brisant ainsi on ne le détruisait pas. Mais si tout était possible dans cette versification si appropriée à l'épopée, rien n'y était indifférent. Elle mettait en relief admirablement ce qu'on la chargeait de faire valoir, et l'*Iliade* atteste dans ses parties les plus anciennes à quel point les vieux poètes épiques de l'Ionie avaient le sentiment profond et délicat de ce qu'ils pouvaient demander à un instrument si excellent. L'appropriation du vers et de ses artifices à la pensée et surtout au sentiment est chez eux admirable. C'est en partie l'habileté de leur versification qui nous fait voir les choses, quand ils décrivent, ou entendre jusqu'à l'accent des personnages, quand ils les font parler[1].

De tout cela résulte la beauté propre de la poésie de l'*Iliade*. Elle est de telle nature qu'il n'est besoin d'aucune réflexion pour la comprendre. Une richesse infinie de pensées et de sentiments dans une transparence incomparable de langage et de versification, voilà en quelque sorte sa formule. Ce qui la caractérise éminemment, c'est qu'elle est avant tout une poésie parlée ou chantée, et non écrite. Peu importe ici la date de l'écriture et la question de savoir si en fait aucune partie du poème n'a été écrite par son auteur. Dans l'ensemble la poésie de

---

1. Qu'on relise par exemple ces quatre vers des menaces d'Agamemnon à Chrysès (I, 29-32) :

Τὴν δ' ἐγὼ οὐ λύσω, πρίν μιν καὶ γῆρας ἔπεισιν
ἡμετέρῳ ἐνὶ οἴκῳ, ἐν Ἄργεϊ, τηλόθι πάτρης,
ἱστὸν ἐποιχομένην καὶ ἐμὸν λέχος ἀντιόωσαν·
ἀλλ' ἴθι, μή μ' ἐρέθιζε, σαώτερος ὥς κε νέηαι.

Il n'est personne qui ne sente ce que la coupe de ces vers, la variété de leur allure, la composition prosodique des mots et enfin leur place ont de valeur dramatique.

'Iliade donne l'impression de la parole vivante. Elle en a la naïveté, la liberté, la hardiesse d'allure et a simplicité de réflexion. Pour le mouvement et la vie, elle n'a point d'égale.

CHAPITRE V

L'ODYSSÉE. — ANALYSE DU POÈME

BIBLIOGRAPHIE

Manuscrits. — Nous n'avons pour l'*Odyssée* ni papyrus ancien, comme pour l'*Iliade,* ni manuscrit comparable en valeur au *Venetus* A. Les plus anciens manuscrits de l'*Odyssée* ne semblent pas remonter au delà du xiie siècle. On en trouvera l'énumération complète dans l'édition de l'*Odyssée* de Hayman, t. I, préface, 3ᵉ partie, ou dans celle de La Roche. Ils sont tous sans exception médiocrement corrects.

Les plus importants sont le *Palatinus*, les trois manuscrits de Milan (*Ambrosiani*), le *Harleianus*, les manuscrits de Vienne, celui de Hambourg, l'*Augustanus* de Munich, les manuscrits de Paris.

Ces manuscrits ne nous donnent par eux-mêmes que l'état du texte pendant le moyen âge byzantin. Mais on peut, grâce aux indications qu'ils contiennent, remonter souvent plus haut, et il n'y a pas grande exagération à dire que le texte alexandrin de l'*Odyssée* nous est en somme presque aussi connu que celui de l'*Iliade*. Au reste, la remarque faite plus haut sur les manuscrits de l'*Iliade* s'applique également à ceux de l'*Odyssée*. La science philologique a le droit de ne pas s'enchaîner aujourd'hui à un texte qui ne représente qu'une tradition médiocrement éclairée.

Scolies. — Il en est des scolies comme des copies manuscrites ; celles de l'*Odyssée* sont loin de valoir celles de l'*Iliade*.

Les plus anciennement connues sont les *Scholia vulgata* appelées aussi *Petites Scolies* ou *Scolies du Pseudo-Didyme*. Ce recueil nous a été transmis comme un ouvrage indépendant, et non sous forme de notes marginales : c'est un abrégé d'un commentaire ancien, qui comprenait des notes empruntées aux critiques alexandrins et à leurs héritiers, en particulier à Didyme ; il est regrettable que l'auteur de cet abrégé n'ait pas su mieux profiter de tant de ressources. L'édition princeps est de 1528, in-8, Venise.

En outre, un grand nombre des manuscrits de l'*Odyssée*, dispersés dans les diverses bibliothèques de l'Europe, contiennent des notes marginales, dont beaucoup sont encore inédites. La plupart de ces notes sont sans intérêt, soit parce qu'elles répètent ce qui est dit dans les *Petites Scolies,* soit parce qu'elles font double emploi avec le Commentaire d'Eustathe, que nous possédons. On les désigne par le nom des manuscrits auxquels elles appartiennent (*Scholia Marciana, Scholia Ambrosiana,* etc.) Il est inutile de les énumérer ici. Les meilleures sont les Scolies du manuscrit harleïen (*Scholia Harleiana*), recueillies par Porson, Cramer et Dindorf.

Toutes les Scolies de l'*Odyssée* qui ont paru mériter quelque attention ont été publiées en un seul recueil par Dindorf (*Scholia graeca in Odysseam ex codicibus aucta et emendata edidit* G. Dindorfius, 2 vol. in-8, Oxford, 1855).

A côté des scolies proprement dites, nous devrions mentionner ici pour l'*Odyssée*, comme nous l'avons fait pour l'*Iliade*, quelques travaux de critiques anciens qui nous ont été conservés. Nous renvoyons, pour éviter des répétitions inutiles, à cette partie de la bibliographie de l'*Iliade* (voir plus haut, en tête du ch. II).

Editions. — L'*Odyssée* se trouve réunie avec l'*Iliade* dans la plupart des éditions savantes qui ont été indiquées ci-dessus. — Rappelons donc simplement ici celles de Florence (1488), des Aldes, de Rome (1542-1550), d'Henri Estienne (1566) — cette dernière signalée déjà comme la source de la Vulgate, — l'édition de S. Clarke (1729-1740), améliorée par Ernesti (1759-1764) et par G. Dindorf (1824), celles de Wolf (1804-1807), de Porson, avec une collation du manuscrit harléïen (1800), de G. Dindorf (1827), dont la récension a été reproduite dans la collection Didot, enfin de Bekker (1858).

En outre, l'*Odyssée* a été plusieurs fois publiée à part, et surtout de notre temps, où l'on a mieux compris que les questions relatives à ce poème étaient jusqu'à un certain point indépendantes et en tout cas distinctes de celles qui touchent à l'*Iliade*.

L'édition de Baumgarten-Crusius (3 vol., Leipzig, 1822-1824) contient, en forme de notes, des extraits bien choisis du commentaire d'Eustathe et des principales Scolies. — G. Dindorf a donné en 1855, à Oxford, une récension nouvelle du poème. — Parmi les éditions récentes, les plus connues sont celles de J. La Roche (Leipzig, 1867-68) avec des Prolégomènes et 11 fac-simile de manuscrits, celle de A. Pierron (Paris, 1875), de A. Kirchoff (Berlin, 1879), avec de remarquables appendices sur la formation et la composition du poème, et enfin les éditions anglaises de W. Merry (1876-1878) et de H. Hayman, cette dernière encore inachevée. — Nous devons signaler aussi, à titre de tentative intéressante bien qu'à notre avis fort hasardeuse, la restitution de l'*Odyssée* dans sa prétendue forme primitive, c'est-à-dire éolienne, par G. Fick (Gœttingen, 1885).

Parmi les éditions à l'usage des classes, les plus dignes d'attention sont celles de H. Düntzer (1863), de J. H. Faesi (1849) et surtout de K. Ameis (1865-1871), avec des notes explicatives en allemand.

SOMMAIRE.

I. Indépendance des questions relatives à l'*Odyssée*. Les quatre premiers livres. — II. Livres V-VIII : Ulysse chez les Phéaciens. — III. Livres IX-XIII : les récits d'Ulysse (Ἀλκίνου ἀπόλογοι). — IV. Livres XIII-XVI : la rentrée d'Ulysse à Ithaque. — V. Livres XVII-XX : les épreuves d'Ulysse dans son palais. — VI. Livres XXI-XXIV : la vengeance d'Ulysse.

I.

L'*Odyssée* est le second chef-d'œuvre de l'épopée grecque. De même que l'*Iliade*, elle s'offre à nous sous la forme d'un long poème continu attribué à un seul et même auteur, qui est encore Homère. Il est clair que si l'unité primitive de l'*Iliade* n'est pas admise, celle de l'*Odyssée* devient par là même fort douteuse. Ces deux grands développements narratifs se ressemblent en effet tellement malgré les différences particulières, qu'il paraît presque impossible au premier abord de ne pas appliquer à l'un les observations générales qui conviennent à l'autre. C'est là toutefois une simple impression qui ne peut pas tenir lieu d'une étude raisonnée. Après tout, il aurait pu arriver que l'*Iliade*, en se constituant comme poème, servît de modèle à l'*Odyssée*, née un peu plus tard. Dans ce cas, il n'y aurait rien de contradictoire à admettre que celle-ci ait été dès sa naissance ce que celle-là n'est devenue que tardivement. Les questions relatives aux deux poèmes sont donc indépendantes les unes des autres et elles demandent à être traitées séparément[1].

L'*Odyssée* débute par quatre livres qui peuvent être considérés ensemble comme une introduction[2]. On les désigne quelquefois sous le titre collectif de *Télémachie*, parce que le jeune Télémaque, fils d'Ulysse, en est le héros[3].

Et d'abord, comme dans l'*Iliade*, une invocation à la Muse, accompagnée d'une sorte de sommaire des événements qui vont être racontés. Le manque de suite qui s'y fait sentir dans les idées dénote plusieurs remaniements et des additions[4]. Ce qui semble primitif dans ce morceau ne vise que la première partie du poème, les voyages d'Ulysse et tout ce

---

1. L'analyse critique de l'*Odyssée* a été surtout éclairée par Kirchhoff dans les notes et appendices de l'édition citée plus haut, où il a résumé ses travaux antérieurs sur le même sujet. Nous avons profité largement de ses remarques, tout en nous écartant souvent de ses opinions. Bergk, dans son *Hist. de la littér. grecque*, a présenté aussi une analyse détaillée du poème. Mentionnons enfin l'ouvrage très utile de A. Jacob, *Über die Entstehung d. Ilias und d. Odyssee*, Berlin, 1856, et celui de Bonitz déjà cité (p. 185).

2. La division de l'*Odyssée* en vingt-quatre *livres* ou *rhapsodies* est entièrement analogue à celle de l'*Iliade*. Nous renvoyons le lecteur à ce qui a été dit plus haut à ce sujet (p. 109).

3. Principale étude spéciale sur la *Télémachie*, Hennings, dans les *Neue Jahrbücher für Philologie*, 3e vol. de *Suppléments*, p. 133 et suiv.; publié à part, Leipzig, 1858.

4. Les vers 6-9, relatifs au crime commis par les compagnons d'Ulysse envers Hélios, semblent intercalés dans un morceau plus ancien. Ils donnent une importance exagérée à un fait qui tient peu de place dans le poème, et dont le récit, comme nous le verrons plus loin, n'appartient pas aux parties primitives. Quant aux vers 15-19, ils rompent l'enchaînement naturel des idées, qu'il serait aisé de rétablir, comme l'a remarqué Kirchhoff, en rapprochant du commencement du vers 15 (ἐν σπέσσι γλαφυροῖσι) la fin du vers 19 (θεοὶ δ'ἐλέαιρον ἅπαντες).

qu'il a souffert loin de son pays : il n'y est nullement question de ce qui remplit les douze derniers livres de l'*Odyssée*, c'est-à-dire de la lutte ouverte ou cachée du héros contre les prétendants. Toute cette seconde série d'événements n'apparaît qu'un peu plus loin, dans une allusion assez vague (v. 18), au milieu d'un passage qui rompt l'enchaînement des idées, et qu'il est difficile par suite de ne pas considérer comme ajouté plus tard. On peut conclure de là que cette sorte de prélude poétique a dû être composé en vue d'un groupe de chants qui comprenait les événements notables de la première partie, dans un temps où la seconde n'existait encore qu'à l'état de légende.

Le récit proprement dit commence. Dans une première scène, le poète expose son sujet avec une simplicité pleine de grandeur. Tous les héros achéens de la guerre de Troie sont morts ou rentrés chez eux ; seul, Ulysse, est encore retenu loin de sa patrie par la nymphe Calypso, malgré l'ardent désir qu'il a de revoir la fumée de son toit et sa terre natale. Les dieux ont pitié de lui, sauf Poséidon, qui l'a pris en haine, depuis qu'il a tué le Cyclope, son fils. En l'absence de ce dieu, Athéné, la déesse protectrice d'Ulysse, intervient en sa faveur auprès de Zeus. Elle obtient qu'Hermès soit envoyé immédiatement à Calypso pour lui donner l'ordre de laisser partir Ulysse. Autant cette scène (v. 16-87) est bien conçue, autant la façon dont elle se termine trompe notre attente. La décision que vient de prendre Zeus reste sans effet, Hermès ne se met pas même en devoir d'accomplir son message, et il faudra, au commencement du livre V, que la même scène soit répétée à l'aide de vers empruntés pour ramener une seconde fois la même décision qui aura enfin ses conséquences naturelles. Il est bien difficile par suite de douter que cette assemblée des dieux du livre I n'ait été primitivement l'introduction du livre V; on l'en a séparée pour donner place à tous les récits intermédiaires qui constituent aujourd'hui les quatre premiers livres.

Ces récits s'ouvrent par la descente d'Athéné à Ithaque. La déesse, sous les traits de Mentès le Taphien, ancien hôte d'Ulysse, vient trouver le jeune Télémaque dans son palais envahi par les prétendants. La raison évidente de cette invention, c'est de donner un motif divin, et par conséquent conforme à l'usage épique, au voyage de Télémaque. La déesse, accueillie hospitalièrement, s'entretient avec le jeune homme et lui suggère la conduite qu'il tiendra dans la suite immédiate du récit. L'entretien est long et peu dramatique, et les conseils de la déesse ne sont rien moins que précis. La seule chose qui en ressorte avec netteté, c'est qu'il ferait bien d'aller auprès de Nestor à Pylos et de Ménélas à Sparte pour s'enquérir du sort de son père. Ainsi est introduite la donnée du voyage de Télémaque. Athéné disparaît dès que le poète n'a plus besoin d'elle, et nous voyons alors les prétendants se livrer dans le palais à la bonne chère et à la joie (Μνηστήρων εὐωχία), tandis que l'aède Phémios leur chante le retour des Achéens. Il n'y a rien dans cette description qui révèle la vigueur originale d'un grand génie. On n'y admire vraiment que la courte scène où est représentée Pénélope descendant au milieu des prétendants (v. 328-367), épisode gracieux qui reparaîtra presque dans la même forme au livre XXI (v. 57 et suiv., 343 et suiv.); la comparaison des deux passages ne permet guère de douter que celui du XXI° livre ne soit l'original. La journée se termine avec le banquet : quelques paroles échangées entre Télémaque et les prétendants accusent plus fortement peut-être l'hostilité déjà connue ; mais on est surpris d'entendre le jeune homme, en annonçant l'assemblée du lendemain, révéler d'avance ce qu'il compte y faire, et par là détruire lui-même sa meilleure chance de succès. C'est l'indice d'une certaine faiblesse d'invention qui paraît d'ailleurs dans tout ce premier livre.

Le second a pour sujet principal l'*Assemblée* ('Ιθακησίων ἀγορά), dont le départ de Télémaque (Τηλεμάχου ἀποδημία) forme la suite naturelle. Point de dissonance notable à signaler dans ce livre[1]. Le poète représente habilement dans une série de discours la variété des sentiments que la discussion met en jeu. Télémaque dénonce au peuple les violences des prétendants ; mais, malgré les encouragements de quelques amis, il n'obtient rien, pas même le vaisseau qu'il demande pour aller à la recherche de son père.

Dans ce débat plein de mouvement, chacun des personnages voit les choses selon sa situation ou ses passions, et tous disent avec force et naturel ce qu'ils ont à dire. Toutefois il s'en faut de beaucoup qu'aucun des caractères soit mis en relief avec la grandeur qui éclate dans le premier livre de l'*Iliade*[2].

---

1. L'interpolation la plus considérable est le passage du discours d'Antinoos (v. 93-110), dont l'original est mis ailleurs dans la bouche de Pénélope elle-même (XIX, 138-156). Voyez Kirchhoff, *Odyssée*, note relative à ce passage.

2. Parmi ces personnages, celui de Mentor est à remarquer. Aux vers 224 et suiv., il est dit qu'Ulysse en partant lui avait confié le gouvernement de sa maison. Cela ne s'accorde nullement avec la seconde partie du poème où il ne joue aucun rôle. L'auteur de la *Télémachie* la connaissait cependant, mais il se souciait peu de cette exactitude.

Après que l'assemblée s'est dissoute, Télémaque, dont toutes les demandes ont été repoussées, se rend tristement au bord de la mer comme Achille après la querelle, et là il prie Athéné de lui venir en aide. La ressemblance avec l'*Iliade* est ici frappante, et elle permet de croire que l'imitation du premier chant de ce poème n'a pas peu contribué à suggérer à l'auteur de la *Télémachie* cette scène de l'*Assemblée* qui est inutile à l'action proprement dite, mais qui met en relief les caractères. Grâce à la déesse, qui prend les traits de Mentor, Télémaque se procure les moyens d'entreprendre son voyage ; la fin du livre II nous fait assister à ses préparatifs et à son départ; sujet médiocre en lui-même, dont le poète a tiré parti non sans habileté.

Télémaque se rend d'abord à Pylos chez Nestor, et le séjour qu'il y fait est le sujet du livre III (τὰ ἐν Πύλῳ). L'arrivée du jeune homme et de ses compagnons, la description de la fête célébrée par Nestor en l'honneur de Poséidon, l'accueil du vieux roi et ses récits, la disparition d'Athéné et le sacrifice qui lui est offert, enfin le départ de Télémaque pour Sparte en forment les épisodes. Aucune interpolation grave dans ce récit. Considéré dans son ensemble, il se relie naturellement au livre précédent comme au suivant. On ne peut douter que ce n'aient été là dès l'origine les parties d'un même tout. Le dessein du poète de la *Télémachie* se poursuit. Télémaque étant son héros, il le grandit ingénieusement en nous le montrant si bien accueilli par le noble Nestor. Nous nous habituons ainsi à voir en lui le digne fils d'Ulysse. La représentation des mœurs et des caractères, moins dramatique que dans l'*Assemblée* du livre II en raison même de la différence des situations, est pourtant agréable par un naturel simple et gracieux, qui décèle le même art, plus ingénieux que vigoureux.

Au quatrième livre, Télémaque arrive à Sparte, chez Ménélas. Celui-ci est en train de célébrer le double mariage de son fils et de sa fille. La magnificence de son palais et celle de la fête sont décrites avec complaisance par le poète. Télémaque, reconnu pour le fils d'Ulysse, est accueilli avec joie ; Ménélas et Hélène se font un plaisir de louer devant lui son père. Puis, quand il s'est reposé, Ménélas lui raconte ce qu'il a lui-même appris de la bouche du dieu Protée au sujet d'Ulysse. Il ne faudrait pas conclure de l'étendue de ses récits que la narration primitive ait été plus tard développée. Les aventures de Ménélas ont paru à l'auteur de la *Télémachie* un sujet, épisodique sans doute, mais fort propre à intéresser ses auditeurs par leur caractère fantastique. La façon même dont il présente Ménélas, la splendeur dont il l'entoure, tout exige que les récits mis dans sa bouche aient une certaine ampleur et quelque chose de merveilleux. Après ces récits, la narration est interrompue inopinément. Télémaque, qui annonce son intention de repartir aussitôt (v. 599) et qui reçoit même de ses hôtes les présents du départ, va cependant rester un mois entier à Sparte. Il ne se remettra en route qu'au livre XV, où la scène des présents sera répétée textuellement. Maladresse évidente, mais nécessaire, si la *Télémachie*, comme nous le pensons, a été composée après le reste du poème. Télémaque en effet ne devait pas rentrer à Ithaque avant son père, puisqu'il n'avait aucun rôle à y jouer en l'attendant ; et d'autre part le poète ne pouvait justifier par aucune raison acceptable la longue durée de son séjour à Sparte. Il a préféré la dissimuler plus ou moins habilement, et c'est en somme ce qu'il avait de mieux à faire. Nous nous éloignons donc de lui brusquement, et nous venons sans lui à Ithaque. Les prétendants s'aperçoivent de l'absence de Télémaque ; ils s'entendent pour le perdre à son retour, et, dans ce dessein, préparent une embuscade [1]. Leurs préparatifs révélés à Pénélope par Médon la remplissent d'inquiétude. Mais elle est rassurée en songe par le fantôme de sa sœur Iphtimé que lui envoie Athéné. Ainsi est exposée complètement la situation sur laquelle se termine l'introduction du poème.

De tout cela ressortent les qualités et les défauts qui sont propres à l'auteur de cette introduction. Sa manière est plus narrative que dramatique, et d'une abondance un peu prolixe. Les caractères de Ménélas et d'Hélène plaisent au lecteur, et toutefois il y a chez l'un et l'autre, mais surtout chez Ménélas, un certain abus de paroles, un goût de déclarations exagérées qui tranche avec la simplicité d'autres parties du poème [2].

Sans entrer encore dans l'étude de la formation de l'*Odyssée,* qui fera le sujet du chapitre suivant, nous avons deux choses à retenir comme résultat principal de l'analyse de ces quatre premiers livres. D'une part, ils interrompent mal à propos l'action commencée au début du poème par l'assemblée des dieux, et par là ils se désignent eux-mêmes comme

---

1. Un curieux indice de l'âge relativement récent de cette partie du poème a été relevé par Kirchhoff (note du vers 640). Il est fait allusion dans ce vers à Eumée, qui n'est pas nommé, mais simplement appelé le *porcher,* συβώτης. Cela est très simple pour nous qui avons lu la suite du poème et qui connaissons par conséquent le porcher et l'importance de son rôle ; mais il était impossible qu'on s'exprimât ainsi avant que cette suite fût connue.

2. Voyez notamment v. 104-110 et 169-182.

l'œuvre d'un continuateur. Leurs caractères propres témoignent également de cette origine ; c'est une poésie élégante, facile, qui a de la grâce et de la vie, mais qui manque de force et de concision. Les comparaisons y sont rares et pauvres. Le don du pathétique, qui est si remarquable chez le poète des livres V, VI et VII, fait presque défaut à l'auteur de ceux-ci. Il peint des situations touchantes sans nous toucher réellement. Si l'auteur des chants primitifs de l'*Odyssée* avait eu l'intention de donner à ses récits une introduction de cette sorte, il est hors de doute qu'il l'eût faite bien plus courte et par là même bien plus émouvante. Sa grande imagination, voulant peindre l'audace des prétendants et le pillage des richesses d'Ulysse accompli sous les yeux de son fils, lui aurait fourni sans peine des traits bien autrement énergiques et originaux. Nous concluons de là sans hésiter que ces quatre livres sont une addition aux chants primitifs. Mais d'un autre côté nous nous refusons à croire qu'ils aient eu jamais une existence indépendante. L'idée d'une *Télémachie*, d'abord distincte de l'*Odyssée*, et plus tard réunie à ce poème, doit être absolument écartée. Quoi qu'on puisse dire, il n'y a pas matière à une série de récits indépendants dans ces quatre livres, par la raison qu'il n'y a pas d'action. Ce n'en est pas une qu'un voyage dont le principal acteur se borne à écouter ce qu'on lui dit. Les quatre premiers livres n'ont donc pu être composés que pour tenir la place qu'ils occupent[1].

1. Kirchhoff (*Odyssée*, IV, 619, note) suppose que les quatre premiers livres se reliaient primitivement au livre XV et qu'ils constituaient ensemble un récit qui a été plus tard disloqué et dont quelques parties seulement sont entrées dans l'*Odyssée*. L'hypothèse est compliquée, mais elle n'améliore en rien l'opinion que nous combattons ici.

II

Avec le cinquième livre, commence la plus belle partie de l'*Odyssée*. Elle embrasse les livres V, VI, VII et peut-être une partie du livre VIII. Ce qui la caractérise éminemment, outre la force créatrice de l'imagination, c'est le don du pathétique.

Pour la reconstituer, il faut naturellement faire disparaître la scène de la seconde assemblée des dieux au début du cinquième livre (v. 1-28); simple raccord, fait de vers empruntés qui ont été artificiellement soudés les uns aux autres[1]. Cette scène écartée, nous reprenons, pour la remplacer, la scène analogue, que nous avons déjà rencontrée et admirée au début du premier livre; elle se rattache en effet, sans la moindre difficulté, à ce qui suit[2]. Dès lors, tout marche à souhait. Zeus envoie Hermès à Calypso pour lui ordonner de laisser partir celui qu'elle retient. L'ordre est porté, et le poète prend soin de nous décrire les enchantements de l'île d'Ogygie, avant de nous faire voir Ulysse assis à l'écart, dédaigneux de tout ce qui pourrait charmer ses yeux,

---

1. Tout le discours d'Athéné (v. 7-20) se décompose ainsi : 7-12 = II, 230-236; 13-17 = IV, 556-560; 18-20 = IV, 700-702. Ce n'est rien autre chose qu'un centon.

2. Il ne serait pas surprenant certes que, dans les remaniements signalés, plusieurs vers eussent disparu. Mais M. Kirchhoff a montré ingénieusement qu'il suffisait d'un seul vers pour raccorder le vers 87 du livre I au vers 29 du livre V, en supprimant la *Télémachie* qui les sépare aujourd'hui; et pour rendre la démonstration plus sensible, il rétablit ainsi ce vers par conjecture en l'empruntant à l'*Iliade* (XVI, 458), comme une des formules usuelles de l'épopée : Ὡς ἔφατ', οὐδ' ἀπίθησε πατὴρ ἀνδρῶν τε θεῶν τε — αἶψα δ'ἄρ'... κ. τ. έ.

pleurant sur le rivage, et regardant au loin à travers l'immensité de la mer. L'impression est saisissante; l'homme nous est immédiatement révélé.

Les plaintes de Calypso en réponse au message d'Hermès sont en quelque sorte l'expression sensible de la dure captivité qui pesait sur Ulysse. Il faut que nous sentions combien le lien est difficile à rompre pour que la délivrance du héros ait toute son importance morale. L'ordre de Zeus met fin à la résistance de Calypso, mais le poète a soin que la volonté personnelle d'Ulysse se manifeste aussi dans cette rupture. La déesse vient à lui, parée, pleine de séductions, elle lui annonce qu'il est libre et qu'il va préparer son départ; et comme il doute, elle confirme ses paroles par les serments les plus solennels; mais en même temps, elle cherche à lui inspirer le regret de ce qu'il va faire et elle veut lui faire sentir combien Pénélope lui est inférieure en tout. Ulysse se révèle tout entier dans sa réponse. Ce que Calypso lui dit, il le sait, et il en convient sans difficulté. Oui, la traversée est pleine de périls; oui, Pénélope n'est qu'une femme, et elle ne peut se comparer à une déesse; mais, malgré cela, ce qu'il veut, ce qu'il espère, c'est de rentrer chez lui, c'est de voir luir le jour du retour. Cette noble obstination de l'homme dans les sentiments humains, cet attachement du mortel à ses affections mortelles, voilà dès ce début la source profonde du pathétique.

Ulysse se met à l'œuvre. Il fait son radeau de ses propres mains. Il part, et le voilà seul sur les flots, assis au gouvernail nuit et jour. Dix-sept jours se passent; la terre des Phéaciens est en vue. Alors Poséidon entre en scène. Il aperçoit son ennemi qui va lui échapper; par son ordre, la tempête se déchaîne, et Ulysse lutte contre les éléments bouleversés. Cette lutte admirable, c'est toute la seconde moitié du récit. Avec une imagination aussi puissante que docile à l'idée première, le poète en varie les péripéties, non pour le plaisir de décrire, mais afin de mettre en lumière pleinement la nature morale de son personnage. Pour lui, Ulysse est tout. C'est lui qui attire nos regards au milieu des flots; ses émotions, une à une, se répètent en nous; nous partageons son accablement, nous nous associons à ses doutes ou à ses résolutions, nous jouissons de son courage, et à la fin nous triomphons de son succès lorsqu'il touche le rivage, lorsqu'il adresse au fleuve hospitalier une si touchante prière et lorsqu'il embrasse pieusement le sol nourricier.

Rien de suspect dans tout ce beau récit, que quelques vers isolés et sans importance. Nous nous sentons là en présence de l'œuvre d'un poète créateur, impression qui se continue dans les livres suivants.

Les livres VI et VII font étroitement suite au livre V. Mais autour du personnage principal, toujours le même, la scène change à vue d'œil, de façon à nous charmer par la plus agréable diversité. Au lieu de la mer et de la tempête, le calme d'une belle campagne, les rives d'un fleuve large et fécond; puis l'activité toujours intéressante d'une grande et riche ville maritime, un port, des chantiers, une agora, et à l'écart un superbe palais aux portes d'or et d'argent, paisible et pourtant joyeux au milieu des riches vergers qui l'entourent[1]. Tel est

---

[1]. Les raisons qui ont déterminé MM. Friedländer (*Philologus*, 1851, p. 669 et suiv.) et Kirchhoff à considérer comme une interpolation la description des vergers d'Alkinoos et ce qui précède immédiatement (v. 103-131) ne me paraissent pas concluantes.

le fond du tableau. Quant aux personnages, l'imagination du poète n'est pas moins heureuse pour les créer. C'est d'abord la jeune et gracieuse Nausicaa entourée de ses compagnes. La scène célèbre où elle accueille Ulysse est vraiment admirable par la vive lumière qu'elle jette sur le caractère du héros. Dans cette nature si énergique apparaissent ici tout naturellement la douceur, le respect pour des jeunes filles, un don de persuasion incomparable, quelque chose de caressant dans le langage, et une touchante fierté jusque dans la supplication la plus humble. C'est une sorte de repos que cet entretien après l'action tourmentée du livre précédent, mais un repos qui est encore profitable au développement du caractère principal.

Les scènes suivantes, c'est-à-dire l'entrée d'Ulysse dans la ville des Phéaciens, son arrivée au palais, l'accueil du roi Alkinoos et de la reine Arété, ne sont pas moins profondément empreintes du dessein original de l'auteur. Au milieu des descriptions, c'est toujours le personnage d'Ulysse qui prédomine. Assis en suppliant dans la cendre du foyer ou invité par le roi à prendre place auprès de lui, il garde sans effort sa dignité naturelle. Quelque chose de supérieur, qui est en lui, le relève de son humiliation et se fait sentir soit dans la beauté simple de sa prière, soit dans la gravité forte et modeste de son récit.

Toutefois c'est avec ce premier récit d'Ulysse

Le changement de temps (le présent succédant à l'imparfait) est un simple procédé de style des plus naturels ; et il n'y a rien à conclure de ce que le poète décrit des choses qu'Ulysse ne peut voir ; car cette remarque s'appliquerait aussi bien à la description précédente que l'on ne songe pas à suspecter.

(VII, 241 et suiv.) que commencent d'assez sérieuses difficultés. Tout d'abord le début même de ce récit, par certaines maladresses évidentes[1], trahit un raccord[2]. Puis Alkinoos promet par deux fois à Ulysse de le faire reconduire chez lui le lendemain matin (VII, 189-191 et 318). Or en réalité Ulysse passera chez les Phéaciens toute la journée du lendemain à des jeux, il emploiera la nuit suivante en récits, et en définitive ne partira que le surlendemain soir, sans que ce retard s'explique d'aucune manière. Il paraît donc certain que cette partie du poème a dû être allongée, peut-être même à plusieurs reprises.

Il est fort difficile de dire quelle part doit être faite à ces remaniements dans la fin du VII° livre, et ce qui a été tenté à cet égard n'a qu'une valeur trop conjecturale. En revanche, la plus grande partie du huitième livre peut bien être considérée comme formée d'additions, car tout ou presque tout y est purement épisodique. C'est une sorte d'intermède entre l'arrivée d'Ulysse et ses récits, et on ne peut nier que les scènes dont il se compose, quel que soit le mérite propre de quelques-unes, ne fassent longueur dans l'ensemble. L'assemblée des Phéaciens (VIII, 1-45) n'offre que peu d'intérêt, et Athéné y joue sans nécessité le rôle de héraut (v. 7), comme au second livre de l'*Iliade*. L'épisode du premier chant de Démodocos (v. 62-95) est attachant, et l'on a eu tort de considérer la peinture de l'émotion d'Ulysse comme une imitation postérieure du passage analogue

---

1. Comparer les vers 244-246 et 254-255.
2. Il est fort probable que M. Kirchhoff a très bien vu en supposant que primitivement les récits d'Ulysse (l. IX-XIII), ou du moins les parties anciennes de ces récits, étaient placés là. Mais il a tort, je crois, de suspecter la fin du livre VII, qui, même en acceptant sa supposition, se justifie de la manière la plus naturelle.

qui se trouve à la fin du même livre (v. 521 et suiv.), car c'est surtout par l'effet produit sur Ulysse que ce premier chant nous intéresse. La description des jeux, bien que peu utile à l'action, est adroitement combinée pour mettre en relief à la fois la fierté d'Ulysse, sa force et son adresse. En revanche le récit des *Amours d'Arès et d'Aphrodite*, mis dans la bouche de l'aède, est entièrement étranger au sujet ; en outre, cette sorte de satire, légère et moqueuse, dont les dieux sont l'objet, semble bien peu d'accord avec l'esprit de gravité religieuse qui règne d'ailleurs dans tout le poème ; et il faut ajouter encore que ce morceau est loin de se relier naturellement à ce qui précède, car de toute façon un tel chant ne peut être l'accompagnement d'une danse, comme cela résulte de la forme actuelle du récit. Des critiques anciens, comme l'attestent les scolies, en suspectaient déjà l'origine. Il y a donc lieu de le considérer comme intercalé après coup dans l'ensemble du livre VIII.

La fin de ce livre nous offre le tableau du repas du soir et nous fait assister à un second chant de Démodocos, qui provoque encore l'émotion d'Ulysse. Cette émotion éveille la curiosité amicale d'Alkinoos, et ainsi est amené dans le poème actuel le commencement des récits d'Ulysse, que ce huitième livre prépare, avec une intention évidente, mais un peu longuement.

III

Les récits d'Ulysse chez Alkinoos (Ἀλκίνου ἀπόλογοι) forment dans l'*Odyssée* un groupe de chants des plus curieux à étudier. C'est là en effet que nous saisissons peut-être le mieux la diversité des éléments qui ont constitué le poème.

Le neuvième livre comprend les épisodes des Cicones, des Lotophages, des Cyclopes. Les deux premiers sont présentés sous une forme sommaire, sans qu'aucune des scènes particulières qui les composent soit développée. Il semble que nous ayons là sous les yeux un spécimen de la manière narrative qui devait être en usage avant l'épopée homérique et qui probablement se maintint assez longtemps encore à côté d'elle. L'épisode du Cyclope (Κυκλώπεια) commence à cet égard comme les précédents, mais presque aussitôt la forme change : le récit s'élargit et s'anime, et au lieu d'une simple esquisse nous voyons se dérouler une admirable narration, à la fois descriptive et dramatique, qui met en scène des personnages pleins de vie. D'une part, la férocité du Cyclope, sa nature bestiale, et, parmi ses instincts sauvages, un attachement touchant pour les animaux qui partagent sa misérable vie ; de l'autre, les émotions des compagnons d'Ulysse, leurs angoisses, le courage du héros, sa ruse, son sang-froid, et à la fin cette imprudence héroïque qui lui fait braver un danger inutile pour insulter son ennemi. Malgré cette différence profonde entre les parties du neuvième livre, il est difficile de croire qu'il ne soit pas tout entier du même poète et qu'il n'ait pas été conçu en une seule fois ; mais ce poète, selon toute vraisemblance, travaillait sur des récits poétiques antérieurs qui lui servaient en quelque sorte de matière [1], et tandis qu'au début il s'y atta-

---

[1] Kayser (*Abhandlungen*, p. 34) a remarqué fort justement que, dans tous ces récits d'Ulysse, Athéné ne joue nullement le rôle de protectrice active qu'elle a dans le reste du poème. C'est là une différence très frappante en effet, et il est bien difficile d'en rendre compte autrement que par la diversité d'origine.

chait avec une sorte de timidité, dans l'épisode du Cyclope au contraire il s'est livré hardiment à son inspiration [1].

Le dixième livre a dans son ensemble un caractère beaucoup plus fabuleux que le neuvième. Les inventions y sont plus merveilleuses, quoique moins dramatiques. C'est d'abord le séjour d'un mois dans l'île flottante d'Éole et le don que ce dieu fait à Ulysse d'une outre où sont renfermés les vents contraires à son retour. Il est à remarquer qu'il n'y a nulle trace dans le reste de l'*Odyssée* de la domination attribuée ici à Éole sur les vents (v. 21-22). Nous avons donc affaire visiblement à une fiction mythologique moins ancienne que les récits primitifs. En outre, d'un bout à l'autre de la narration, règne une insouciance vraiment étonnante dans l'invraisemblable. Ulysse s'endort juste au moment où il apercevait déjà la terre d'Ithaque (v. 29 et suiv.); puis il raconte en détail ce que ses compagnons ont dit pendant son sommeil, ce qu'il n'a pu entendre par conséquent[2]; enfin les vents déchaînés ramènent précisément le vaisseau en arrière à l'île

---

1. On trouve une preuve à l'appui de cette conjecture dans le début même de cet épisode. Le poète y décrit les Cyclopes d'après une donnée évidemment traditionnelle (v. 105-115), dont il s'écartera dans la suite assez notablement. Les mots οὐδ' ἀλλήλων ἀλέγουσιν de ce passage ne sont pas en conformité avec les vers 399 et suivants.

2. M. Kirchhoff a cru voir dans ce fait la preuve que ce récit n'était pas primitivement dans la bouche d'Ulysse, et qu'une appropriation maladroite lui avait donné plus tard sa forme actuelle, en substituant la première personne à la troisième. Cette appropriation toute mécanique me paraît fort difficile à admettre, et l'hypothèse est vraiment bien inutile, puisqu'elle ne supprimerait qu'une seule invraisemblance dans un récit où l'invraisemblable abonde.

flottante qu'il a quittée depuis neuf jours. C'est là un merveilleux inutile, purement artificiel, et fort différent de celui du livre précédent. — Le même caractère est sensible dans l'épisode des Lestrygons qui suit immédiatement (v. 77-132). Ulysse raconte encore ici ce qu'il n'a pu voir par lui-même ni apprendre de personne (v. 103 et suiv.) ; et tandis que les Lestrygons sont des géants anthropophages, la fille du roi Antiphate ne se distingue en rien des femmes ordinaires (comparer 105-110 et 111-112). En outre l'épisode dans son ensemble n'est qu'une variante de celui du Cyclope, mais une variante sans valeur originale. — Fuyant avec un seul vaisseau, Ulysse arrive dans l'île d'Æa, qu'habite Circé. Il faut noter ici, en passant d'un épisode à l'autre, la monotonie des transitions (IX, 565 ; X, 78 et 133) qui sont copiées uniformément sur le vers 105 du neuvième livre (ἔνθεν δὲ προτέρω πλέομεν ἀκαχήμενοι ἦτορ). C'est ce dixième livre, à vrai dire, qui rend impossible toute géographie de l'*Odyssée*, parce que son auteur n'en a eu aucune lui-même dans l'esprit, à la différence de celui du neuvième livre, qui se représentait avec une certaine précision l'itinéraire de son héros[1]. Le trait caractéristique de l'épisode de Circé, c'est la magie, qui ne figure nulle part ailleurs dans l'*Odyssée*[2]. Mais outre cela, le récit se distin-

---

1. Eratosthène disait (Strabon, I, p. 31 Meineke) que pour déterminer l'itinéraire d'Ulysse, il faudrait d'abord retrouver l'ouvrier qui avait cousu l'outre où étaient enfermés les vents. Il y avait beaucoup de vérité dans ce bon mot ; car une fois l'outre ouverte, nous sommes perdus.

2. Il est à remarquer qu'en effet Circé n'opère pas ses métamorphoses par un pouvoir divin qui soit en elle, comme font ordinairement les dieux homériques, mais à l'aide de drogues et

gue des parties anciennes du poème par les mêmes caractères que nous venons déjà de signaler. Là aussi Ulysse raconte ce qu'il ne peut savoir, et là aussi le poète se contente d'amuser son public sans aucun scrupule de vraisemblance. L'intervention des dieux est pour lui un simple procédé qui le dispense d'invention [1]. Les incidents, les détails curieux, tels que la description des quatre servantes de Circé (v. 348 et suiv.) ou la métamorphose des compagnons d'Ulysse (v. 391 et suiv.), remplissent presque tout le récit, aux dépens du véritable intérêt dramatique, qui est très faible. Nulle étude profonde de sentiments, ni chez Circé, qui reste si inférieure à Calypso, ni chez Ulysse. Il y a plus : l'oubli du vrai caractère du héros est manifeste. Tandis que l'auteur du cinquième livre nous le montrait chez Calypso uniquement préoccupé de son retour, ce qui est la donnée essentielle du poème, celui du dixième livre nous le fait voir endormi dans le bien-être et ne songeant au départ que sur les instances pressantes de ses compagnons (v. 467 et suiv.). C'est avec la même indifférence à l'égard des vraisemblances et de la partie morale du sujet que le poète invente l'épisode final, où Circé fait savoir à Ulysse qu'il doit se rendre chez les morts pour consulter Tirésias. Aucune raison valable n'est alléguée à l'appui de cet ordre qu'Ulysse accepte en gémissant, mais sans la moindre discussion. Il est trop clair que le poète se propose ici tout simplement de rattacher son propre récit à un autre récit antérieur, celui du

---

d'une baguette merveilleuse, ce qui constitue proprement la magie. De là l'épithète de πολυφάρμακος (X, 276) qui est caractéristique.

1. Rôle inutile d'Hermès, v. 278 et suiv. Notez surtout les vers 305-306. — Merveilleux inutile et tout artificiel, v. 570-574.

voyage chez les morts, que nous allons étudier dans le livre suivant.

On voit déjà que le dixième livre dans son ensemble est une addition manifeste aux chants primitifs. La vraie nature de cette addition nous apparaîtra plus clairement, lorsque nous retrouverons le personnage de Circé au douzième livre.

Le livre XI est rempli tout entier par le *Voyage d'Ulysse chez les morts* (proprement le *Sacrifice aux morts*, Νεκυία). L'ensemble en est égal aux beaux récits du neuvième livre: même simplicité d'invention, même naturel et même pathétique dans les sentiments, même conduite dramatique du récit[1]. Quelques passages ajoutés au récit primitif se laissent aisément reconnaître, et il suffira que nous les signalions chemin faisant. Dès le début, une vingtaine de vers de raccord à noter ; quand le dixième livre a été inséré dans le poème, ils ont servi à le rattacher à celui que nous étudions. Aussitôt après, commence le développement narratif original. Ulysse sacrifie, et les morts accourent en foule autour de l'autel; multitude confuse, décrite en quelques vers pleins d'effroi et de pitié, dont Virgile s'est souvenu pour les traduire. Parmi les morts, est Elpénor, compagnon d'Ulysse, que nous venons de voir périr par accident à la fin du dixième livre dans le palais de Circé ; tout ce qui le concerne (v. 51-83) est donc lié à ce dixième livre ; et, en fait, la moindre attention démontre que cet épisode ne tient pas au reste du récit, avec les données duquel il est absolument en

---

[1]. On peut lire dans les *Opuscula philologica* de Kœchly, t. II, p. 393, une excellente étude littéraire et critique sur ce XIe livre de l'*Odyssée*.

désaccord[1]. Mais voici, au milieu de la foule, Anticlée, la mère d'Ulysse ; celui-ci l'écarte tout d'abord, bien à contre-cœur, pour écouter Tirésias. Le vieux devin prédit au héros son retour[2], sa victoire sur les prétendants, et surtout les événements de sa vieillesse, de telle sorte que la prédiction dépasse le poème actuel, qui manifestement n'est pas fait pour elle. Alors a lieu la magnifique scène entre Ulysse et sa mère, entrevue profondément touchante, et l'une des belles inspirations de l'épopée homérique (v. 152-224). Le contraste est grand entre cet entretien pathétique et le long épisode du défilé des femmes illustres (v. 225-332), qu'il paraît impossible d'attribuer au même poète. C'est en réalité un simple catalogue ou dénombrement à la manière hésiodique, sans rien de dramatique. Ulysse ne joue dans tout ce morceau aucun rôle effectif ; il est là comme un simple nomenclateur, et le poète ne nous apprend rien de ses sentiments, ce qui est justement le contraire de la manière homérique.

Les récits d'Ulysse ont déjà rempli deux livres et demi sans interruption. Une courte suspension a lieu après le dénombrement des femmes, par conséquent au milieu même de la Νέκυια (v. 328-384).

1. Ulysse s'entretient avec Elpénor, bien qu'il ne veuille adresser la parole à aucun mort avant d'avoir interrogé Tirésias et qu'il écarte même sa mère pour consulter le devin. Elpénor parle, sans avoir bu le sang des victimes. Enfin on retrouve dans cet épisode l'esprit sceptique du poète qui se plaît à faire ressortir lui-même les invraisemblances de son récit (v. 58). C'est bien le même qui au Xe livre décrivait à sa façon le *Moly* (X, 304-306).

2. J'adopte complètement l'opinion de M. Kirchhoff qui considère les vers 104-113 comme une addition due à l'auteur du XIIIe livre. Il est évident en effet qu'ils sont en rapport étroit avec ce livre, d'origine plus récente, comme nous le verrons.

Comme cette scène épisodique ne paraît avoir d'autre objet que de dégager Alkinoos de sa promesse du VII⁰ livre en reculant d'un jour le départ du héros, il y a lieu de croire qu'elle a été insérée là, lorsque l'allongement graduel du récit primitif eut rendu l'accomplissement de cette promesse impossible.

La seconde partie de la Νέκυια a pour sujet les entrevues successives d'Ulysse avec ses anciens compagnons d'armes, Agamemnon, Achille, Ajax[1]. Toutes ces scènes sont pleines de sentiments justes et profonds, sans merveilleux inutile, tout ce qu'elles ont de pathétique étant tiré de la nature humaine. On est ému de la tristesse qui pèse sur ces grandes âmes, de leurs souvenirs, de leur attachement à leurs affections terrestres, enfin de leur regret de la vie. La plainte d'Achille est admirable; la sombre colère d'Ajax ne l'est pas moins. Mais après qu'il s'est éloigné sans parler, commence un morceau bien différent (v. 565-626). C'est une description de quelques personnages mythologiques fameux, punis ou non dans les enfers. Ce morceau est en désaccord manifeste avec l'ensemble de la description, comme les scoliastes anciens l'ont fait remarquer déjà dans des notes répétées. Jusqu'ici en effet, nous avions sous les yeux une grande prairie, d'abord déserte, puis remplie peu à peu par la foule des morts qui sortent de l'Érèbe. Ici au contraire les personnages dont parle le poète ont nécessairement un séjour fixe; c'est Minos sur son tribunal, Tityos étendu et lié sur

---

1. Elle commence au vers 385 par un raccord visible. Le rôle attribué à Perséphoné semble suggéré par le vers 635 du même livre, mais il n'est en accord ni avec ce vers, ni avec la donnée générale, car Perséphoné est au fond de l'Aïdès et ne doit pas paraître ni agir.

le sol, Tantale plongé dans son marais, Sisyphe roulant une roche pesante sur le flanc d'une montagne. Evidemment ces deux conceptions sont contradictoires. Cela suffit à prouver que ce morceau a été ajouté à la Νεκυία primitive. Si on le retranche purement et simplement, les derniers vers du livre XI (628-635) se rattachent sans difficulté au départ d'Ajax (v. 568), et la narration commencée s'achève ainsi naturellement.

Ce livre se compose donc en résumé d'un récit d'une grande beauté, dans lequel ont été intercalés trois ou quatre morceaux facilement reconnaissables.

Le douzième livre au contraire est tout entier d'origine plus récente, et nous y retrouvons, à n'en pas douter, le poète du livre X avec sa manière propre. Les événements qui le remplissent sont le retour d'Ulysse et de ses compagnons auprès de Circé, les prédictions et les avertissements de la déesse, le départ, l'épisode des Sirènes, celui de Charybde et de Scylla, l'arrivée dans l'île de Thrinacie et le sacrilège commis là sur les troupeaux du Soleil, la tempête, la mort des compagnons d'Ulysse, enfin les souffrances du héros lui-même, jeté seul au bout de neuf jours d'épreuves dans l'île de Calypso où il doit séjourner sept ans. Comme au livre X, tout ici est fantastique. Le goût de l'extraordinaire, la recherche du merveilleux pour lui-même s'y révèlent à chaque instant ; et, comme au dixième livre aussi, ce merveilleux prédomine sur l'intérêt moral, qui est médiocre. Avec cela, une géographie purement imaginaire[1]. Le poète n'a

---

1. L'île d'Ææa est à l'Orient, car c'est là que le soleil se lève (XII, 3-4). Il est impossible d'accorder cette donnée avec le reste du récit.

d'ailleurs, ici encore, qu'un souci extrêmement faible de la conduite du récit et des vraisemblances de détail. Pourquoi au début ramène-t-il Ulysse et ses compagnons chez Circé? Son seul motif est le désir de placer dans la bouche de la déesse une prédiction, qu'on pourrait appeler le programme du spectacle. Il se plaît tant à ces merveilles qu'il tient à nous les montrer ainsi deux fois de suite, en abrégé d'abord et comme de loin, puis d'une manière plus détaillée et plus sensible dans des descriptions dont quelques-unes sont, il est vrai, d'un grand mérite. Les petites difficultés continuent à ne pas l'arrêter. S'il a besoin d'éloigner Ulysse de ses compagnons pour que ceux-ci puissent immoler les bœufs du Soleil, il raconte simplement que le héros s'en va dans l'intérieur de l'île prier les dieux de lui enseigner la route du retour, et qu'il s'y endort (v. 333 et suiv.). Quand les bœufs sont immolés, son Ulysse sait ce qui s'est passé entre Lampétie et Hypérion, et, ici encore, l'auteur, selon son habitude, accuse lui-même l'invraisemblance par une explication qui l'aggrave (v. 389-390). Ce sont là des traits qui ne permettent pas de le méconnaître. Son genre d'imagination, son goût pour l'extraordinaire, ne sont pas moins reconnaissables dans la description si peu homérique des prodiges qui s'accomplissent après que les bœufs ont été dépecés (v. 394-397). Enfin il faut ajouter qu'il ne se préoccupe guère de raccorder ses récits à l'ensemble de ceux qu'il développe. Car évidemment, c'est lui qui a introduit dans l'*Odyssée* le motif de la colère d'Hélios Hypérion, inconnu au poète primitif. Pour celui-ci, Ulysse n'a d'autre ennemi que Poséidon qui venge son fils Polyphème[1].

---

1. Il n'est question d'Hypérion ni dans l'assemblée des dieux

L'auteur du douzième livre lui en a donné un second, et c'est lui par suite qui a dû également mettre dans le poème les deux allusions à cette seconde inimitié qui se trouvent, l'une au XI° livre dans la prédiction de Tirésias (XI, 104-113), l'autre au premier, dans l'exorde (I, 6-9)[1].

Il résulte de ce qui précède que les Ἀλκίνου ἀπόλογοι se composent de deux récits entremêlés, l'un primitif, qui comprend les livres IX et XI, sauf les interpolations, l'autre, plus récent, qui est constitué par les livres X et XII et qui a été relié au précédent par quelques raccords assez faciles à découvrir. Ce second récit a pour héroïne Circé, fille d'Hélios et sœur d'Eétès, roi de Colchide, l'un des principaux personnages de la légende des Argonautes. Or c'est aussi dans cette partie de l'*Odyssée* que se trouve l'allusion célèbre aux chants relatifs à cette légende (XII, 70, Ἀργὼ πᾶσι μέλουσα). C'en serait assez pour soupçonner que ces développements du récit primitif ont été composés sous l'influence de poésies contemporaines qui avaient pour objet l'expédition des Argonautes. Ce soupçon, comme l'a démontré M. Kirchhoff[2], se change presque en certitude, lorsqu'on note certaines ressemblances tout à fait frappantes entre la légende des Argonautes et plusieurs passages des développements en ques-

---

du premier livre, ni dans le cinquième, lorsque Ulysse quitte l'île de Calypso. Dans ces deux circonstances décisives, c'est Poséidon seul qui est l'ennemi d'Ulysse. Voyez notamment I, 19, θεοὶ δ' ἐλέαιρον ἅπαντες — νόσφι Ποσειδάωνος. Le poète qui parle ainsi ne sait rien de la haine d'un autre dieu.

1. Ce qui est tout à fait probant à cet égard, c'est que les deux passages en question rompent l'un et l'autre la suite naturelle des idées.

2. *Odyssée*, 1re partie, Excursus II, p. 287 et suiv.

tion[1]. Ajoutons que le caractère même du récit complèterait encore cette preuve, s'il était nécessaire. Les inventions fantastiques que nous avons notées sont d'un merveilleux moins simple que les inventions anciennes de l'*Odyssée*, et il n'est pas douteux que ce goût ne se soit principalement développé en Grèce après le grand essor de la poésie homérique, lorsque l'épopée, forcée de se renouveler, recourait aux légendes de la Colchide et de la Thessalie.

IV

Avec le treizième livre, commence la seconde partie de l'*Odyssée*. Les voyages d'Ulysse sont finis; il est dans son île et bientôt dans son palais; il y prépare sa vengeance, et, quand l'heure en est venue, il l'accomplit.

Cette seconde partie est manifestement une continuation de la première ou du moins des récits primitifs de celle-ci; elle les suppose connus et le poète y fait allusion fréquemment. Mais cette continuation a des caractères propres, que nous allons essayer de faire ressortir en l'analysant. Le plus remarquable, c'est la lenteur de l'action et la grande place faite aux entretiens qui deviennent presque la forme principale de l'action. Les grandes qualités dramatiques y sont subordonnées d'une manière générale à la peinture délicate des sentiments. D'ailleurs cette seconde partie est d'une nature pres-

---

[1]. M. Kirchhoff rapproche par exemple avec raison l'épisode des Lestrygons du débarquement des Argonautes à Cyzique, et les roches Planctae des roches Symplégades.

que aussi composite que la première. La manière dont les fils qui forment la trame du récit sont entremêlés semble nous avertir déjà qu'il y a eu là aussi plusieurs desseins successifs. L'étude des détails et l'observation des différences littéraires confirment pleinement cette première impression, mais elles ne doivent pas nous faire méconnaître une véritable unité de conception que notre analyse mettra en lumière et dont nous rendrons compte dans le chapitre suivant.

Le livre XIII raconte d'abord le départ d'Ulysse quittant l'île des Phéaciens, sa navigation nocturne, son arrivée à Ithaque où on le dépose endormi sur le rivage avec ses trésors, et le prodige qui transforme en rocher le vaisseau phéacien conformément à un ancien oracle. Cette première moitié du livre XIII (v. 1-184) a dû être considérée nécessairement comme la fin de l'*Odyssée* primitive par ceux qui la conçoivent comme un poème complet et distinct de sa continuation[1]. Sans ce complément en effet, ce premier poème n'aurait pas de dénoûment, et par conséquent ce ne serait pas un poème. Mais si l'on conçoit les choses d'une manière plus libre, analogue à celle que nous avons appliquée à l'*Iliade*, il n'y a aucune raison pour couper ainsi en deux le treizième livre. Au point de vue moral et poétique, les deux parties en sont réellement inséparables. La seconde nous montre le réveil d'Ulysse dans son île, et nous fait assister à son entretien avec la déesse Athéné, sa protectrice, qui vient d'abord à lui sous la forme d'un jeune pâtre et bientôt se révèle sous son vrai nom. L'objet de cet entretien est manifestement d'introduire dans les chants nou-

---

1. C'est l'opinion de M. Kirchhoff notamment.

veaux le personnage d'Athéné qui manquait dans un certain nombre des anciens, et de justifier cette différence, ce que le poète fait ingénieusement. Athéné allègue qu'elle n'a pas voulu combattre Poséidon (v. 312-351). Mais cette justification même, tout habile qu'elle est, révèle le continuateur, soucieux de raccorder ses propres conceptions avec le plus de vraisemblance possible à des créations poétiques déjà célèbres[1]. Tout le treizième livre porte d'ailleurs au plus haut degré les caractères qui vont dominer dans les meilleurs chants de la fin du poème. Le récit y est peu dramatique, mais d'une poésie simple et pure, qui a parfois sa grandeur et qui attache par la vérité morale. L'auteur se plaît aux fictions ressemblant à la vérité, telles que le récit de pure invention fait par Ulysse au jeune pâtre. Il est conteur avant tout, et il l'est avec un grand agrément. Le merveilleux est pour lui un élément traditionnel qu'il emploie à propos, plutôt qu'une ressource poétique : au lieu d'en user, comme l'auteur des chants relatifs à Circé, pour le plaisir d'étonner, il s'en sert discrètement pour les besoins de son récit, mais il n'y attache aucune importance, parce que l'intérêt à ses yeux est ailleurs. C'est par la finesse délicate du sentiment qu'il excelle, et la grâce spirituelle est innée en lui. L'entretien du héros et de la déesse, si ingénieusement varié dans ses diverses phases, est à cet égard un véritable chef-d'œuvre, bien que peut-

---

1. Il est à peine besoin de faire remarquer combien la raison donnée par Athéné est insuffisante au fond. Car antérieurement à l'offense faite par Ulysse à Poséidon, elle n'agit pas plus en sa faveur qu'après, et de plus cette réserve qu'elle s'attribue ici n'est guère en accord avec l'initiative hardie qu'elle prend dans l'assemblée du premier livre.

être le charme n'en puisse être complètement senti aujourd'hui que par des esprits bien préparés.

Une chose importante à noter, c'est que cet entretien d'Ulysse et d'Athéné est évidemment une introduction aux récits qui remplissent la fin du poème. Si donc il a été composé avant ces récits, il faut admettre que ceux-ci ont été conçus dès lors par le poète, sinon comme un poème continu, du moins comme un groupe de chants qui devait dans sa pensée comprendre au moins trois actes essentiels auxquels il faisait par avance allusion, le *Séjour chez Eumée* (v. 404 et suiv.), l'*Epreuve dans le palais* (v. 335-336 et 403-404), et la *Vengeance* (v. 394-396). Nous croyons que cette hypothèse est vraie, et l'analyse des chants suivants la confirmera[1].

Ulysse, débarqué à Ithaque, cherche d'abord un abri dans la campagne ; il arrive chez son vieux serviteur, le porcher Eumée, qui lui donne l'hospitalité ; cette arrivée chez Eumée, cet accueil forment le sujet du quatorzième livre, un des meilleurs de la seconde partie de l'*Odyssée*. C'est un des actes annoncés, comme nous venons de le voir, dans l'entretien d'Athéné et d'Ulysse au livre précédent. L'intention principale du poète semble avoir été de nous faire sentir d'une manière dramatique combien les plus fidèles amis d'Ulysse désespéraient de son retour, au moment même où il était déjà rentré dans sa terre natale : c'est là ce qui ressort en effet de toutes les paroles d'Eumée, si

1. A la fin de l'entretien, Athéné dit quelques mots à Ulysse de son fils Télémaque qui est à Sparte (v. 413-428), et, quand elle le quitte, c'est là qu'elle se rend pour l'en ramener (v. 439-440). Ces deux passages ne peuvent être que des raccords, s'il est vrai, comme nous le croyons, que les voyages de Télémaque ont été composés après la seconde partie de l'*Odyssée*.

dévoué à son maître et si découragé. Et en même temps il a voulu aussi mettre en œuvre cette donnée, si émouvante par elle-même, Ulysse traité en étranger dans son propre domaine par un serviteur excellent qui ne le reconnaît pas. Il y a réussi admirablement. Le caractère d'Eumée, bon, religieux, hospitalier, aussi fidèle après vingt ans qu'au premier jour, mais en même temps défiant comme un homme qu'une longue expérience a instruit, est peint de la manière la plus délicate et la plus naturelle. Deux personnages remplissent seuls la scène, et il n'y a pas d'action à proprement parler, car tout se passe en récits. Mais les sentiments de ces deux personnages et leur situation nous intéressent profondément. En outre le tableau de la vie rustique qui sert de fond à cette scène lui prête un charme tout particulier. Si la longueur des récits n'est pas entièrement justifiée par l'intention principale qui vient d'être indiquée, c'est que le poète, comme nous l'avons déjà remarqué, se plaît à ce genre d'inventions. Remarquons d'ailleurs qu'en vue même de la récitation, il sentait certainement le besoin de donner à son récit partiel une assez grande étendue pour qu'il pût se suffire à lui-même et constituer la matière d'un chant isolé [1].

Autant le quatorzième livre est facile à embrasser dans son ensemble, autant le quinzième l'est peu. Ce n'est plus une scène qui se développe régulièrement,

---

[1]. Il n'y a guère à signaler dans ce livre comme addition de quelque importance que les vers 174-184 relatifs au voyage de Télémaque à Pylos. Nous les supprimons comme tous les passages du même genre qui dans cette partie du poème se rapportent à Télémaque, et l'on peut voir, en étudiant le texte de près, que cette suppression est tout naturellement indiquée par la suite même des idées.

c'est un assemblage de pièces et de morceaux. On nous transporte successivement à Sparte et à Ithaque, et tout ce va-et-vient ne tend visiblement qu'à relier les situations exposées au commencement du poème avec celles qui vont suivre. Le retour de Télémaque (v. 1-300) forme la première partie du livre. Athéné, qui a quitté Ulysse à Ithaque après l'entretien du XIIIe livre, arrive à Sparte, où nous avons laissé Télémaque chez Ménélas à la fin du livre IV [1]. Elle apparaît en songe au jeune homme et l'exhorte au départ. Au point de vue moral, son discours (v. 10-42) s'accorde bien peu avec le reste du poème, car il défigure le personnage de Pénélope; et au point de vue littéraire, il offre l'exemple d'emprunts singuliers [2]. Il a de plus le tort de nous faire remarquer l'invraisemblable durée du séjour de Télémaque à Sparte. Ce séjour a duré en effet tout près d'un mois, bien que Télémaque eût manifesté dès le lendemain de son arrivée la ferme intention de repartir immédiatement et que rien absolument n'ait motivé depuis lors un changement d'idée de sa part. La scène des adieux de Télémaque et de Ménélas ne prête pas moins à la critique, malgré ses mérites. Ménélas y offre à son jeune hôte un présent qu'il lui a déjà offert au livre IV, et cela dans les mêmes termes [3], sans qu'il soit possible de supprimer ces vers ni dans l'un ni dans l'autre de ces deux passages [4].

---

1. Elle y arrive dans la nuit, quand Télémaque est endormi, bien qu'elle ait quitté Ithaque le matin. C'est là une de ces petites contradictions auxquelles ne pouvait échapper un poète préoccupé de raccorder les uns aux autres des morceaux originairement distincts.
2. Comparer v. 10 et suiv. avec III, 312 et suiv.
3. IV, 613-619 et XV, 113-119.
4. Nous croyons qu'ils appartiennent originairement au livre IV

Télémaque quitte alors Sparte, passe à Pylos sans s'y arrêter, et s'embarque pour revenir dans son île. Sur le rivage de Pylos, il rencontre et recueille le devin fugitif Théoclymène et l'emmène avec lui à Ithaque. C'est un personnage inutile pour le moment, mais qui aura son rôle au vingtième livre. Le sort de cet épisode, au point de vue critique, est donc lié à celui de ce livre ou tout au moins du passage de ce livre où figure le devin ; l'un et l'autre ont dû être insérés dans le poème en même temps. — Tandis que Télémaque est en mer, le récit nous ramène brusquement à Ithaque (v. 301-492). Une nuit et un jour se sont écoulés depuis que nous avons laissé Ulysse chez Eumée ; ce temps est resté sans emploi ; Ulysse est toujours chez Eumée, et nous assistons à un nouvel entretien qui se prolonge dans la nuit. Il est clair qu'après la conversation si intéressante de la veille, celle-ci est sans objet. Elle ne sert qu'à donner à Télémaque le temps d'arriver. Eumée raconte à Ulysse comment il a été enlevé tout enfant par des pirates phéniciens et vendu à la femme de Laerte. La narration est intéressante en elle-même, mais comme un conte étranger à l'action du poème. Il semble évident qu'un tel développement n'est devenu possible qu'après que le rôle d'Eumée eut grandi, grâce aux chants postérieurs, à celui du *Massacre des prétendants* en particulier. Lorsqu'on l'eut vu combattre à côté de son maître, lorsqu'il fut devenu ainsi presque un héros, on comprend que l'intérêt public fut excité en sa faveur ; on prit plaisir alors à savoir quelque chose de

---

et que toute cette partie du livre XV n'est qu'un raccord. Elle ressemble beaucoup aux premiers livres du poème par les caractères de l'invention.

son origine, de ses aventures antérieures, de sa vie. Son récit servit donc à la fois de complément et de raccord aux chants primitifs[1]. — Télémaque était censé naviguer pendant ce temps. A la fin du livre, nous quittons Eumée et Ulysse, pour assister à son débarquement. Il envoie ses compagnons à la ville avec le vaisseau, et s'achemine seul vers la demeure d'Eumée.

Le père et le fils se trouvent ainsi en présence. Leur reconnaissance mutuelle est la principale scène du seizième livre, dont elle remplit la première partie. Mais le besoin d'assurer la continuité du récit en reliant les unes aux autres les scènes primitives y a fait ajouter ensuite toute une seconde partie singulièrement inférieure en mérite.

Télémaque arrive chez Eumée; le vieux serviteur accueille son jeune maître avec une joie touchante, et lui présente son hôte, Ulysse, qui s'est donné pour un Crétois et dont Télémaque n'a garde de deviner le secret. Pour que la reconnaissance soit possible, il faut que le poète éloigne Eumée. Il imagine de le faire envoyer par Télémaque à sa mère Pénélope pour l'informer secrètement de son retour. On ne peut s'empêcher de remarquer combien cette invention, qui serait bonne en elle-même, concorde mal avec la fin du livre précédent. Les compagnons de Télémaque sont déjà rentrés à Ithaque, sans qu'il leur ait recommandé le silence sur son retour; ils en ont répandu la nouvelle, et Eumée la trouvera parfaitement connue. Comment donc Télé-

---

1. Eumée raconte, à partir du vers 420, des choses qu'il n'a pu savoir; nous avons déjà noté ce genre d'invraisemblance dans les livres X et XII. Ce procédé narratif, une fois admis, ne pouvait en effet manquer d'être imité en raison même de la facilité qu'il donnait au narrateur.

maque peut-il lui recommander de ne parler de son
retour à personne qu'à sa mère, de peur que ses
ennemis n'en soient instruits ? Deux scènes qui se
contredisent si manifestement ne sauraient être
attribuées au même poète. Dès qu'Eumée est parti,
Ulysse se fait reconnaître de son fils, moment plein
d'émotion, auquel le poète a su donner une beauté
à la fois noble et touchante. Puis le père et le fils
se concertent sur ce qu'ils ont à faire. Dans cette
délibération, figure une sorte de catalogue des
prétendants (v. 245 et suiv.), dénombrement fort suspect, qui excitait déjà la surprise des critiques anciens ; une véritable armée passe devant nos yeux ;
on sent là ce goût d'exagération que nous avons déjà
signalé dans les parties récentes de l'*Iliade*. Quant
aux instructions d'Ulysse à son fils (v. 281-298), Aristarque les rejetait, comme empruntées au début du
livre XIX, où nous les retrouvons en effet textuellement. On a démontré de nos jours que le passage
du seizième livre était au contraire le modèle dont
celui du dix-neuvième est l'imitation [1].

A côté de cette belle scène, tout le reste du
seizième livre accuse une infériorité de conception
notable en même temps que ce manque de netteté
dans l'ordonnance qui trahit les raccords. Tout le
monde s'y agite, sans qu'il en résulte rien de vraiment utile ni rien qui intéresse le lecteur. Les
compagnons de Télémaque arrivent à Ithaque. Les
prétendants, qui l'apprennent, sortent du palais,
fort inquiets. On se rappelle qu'à la fin du quatrième
livre, c'est-à-dire un mois auparavant, ils avaient
envoyé quelques-uns des leurs sur un vaisseau pour
attendre le fils d'Ulysse à son retour de Pylos. L'em-

---

1. Kirchhoff, *Odyssée*, 2ᵉ partie, Excursus II.

buscade a été déjouée, et ceux qui s'en étaient chargés reviennent justement à ce moment. Ainsi réunis tous les prétendants délibèrent, mais leur délibération n'aboutit à rien. Ils rentrent dans la grande salle du palais, où Pénélope, sans raison suffisante, vient essayer de les détourner de leurs mauvais desseins contre son fils. Eumée cependant a quitté la ville, et nous le voyons revenir auprès de Télémaque, à qui il rend compte de sa mission.

Il est bien clair que ces deux parties du seizième livre ne sauraient être jugées de la même manière. La seconde n'a ni unité, ni valeur dramatique originale ; elle est indispensable à la continuité du récit, voilà tout. La première au contraire constitue par elle-même un chant complet, et à ce titre elle aurait pu figurer dans une série primitive. Toutefois il faut remarquer qu'elle implique la donnée d'un retour de Télémaque arrivant chez Eumée après une absence plus ou moins longue. On a supposé qu'à l'origine, dans la forme primitive du récit et avant l'invention de la *Télémachie,* Télémaque arrivait, non d'un voyage lointain, mais simplement de la ville. Cela n'est pas impossible ; l'addition de la *Télémachie* aux chants plus anciens de l'*Odyssée* a certainement entraîné des remaniements profonds, dont nous surprenons à chaque instant la trace, et il est évident que cela est vrai surtout du rôle de Télémaque. Mais c'est précisément parce que ces remaniements ont été assez importants, que les conjectures sur l'état de certains chants primitifs sont aujourd'hui fort hasardeuses. Il est peut-être plus sage de s'en abstenir et de se borner à faire voir l'état réel des choses [1].

1. Je ne puis m'empêcher de soupçonner quant à moi que les

V.

Le groupe des quatre chants qui suivent nous montre Ulysse dans son palais, où il reste inconnu, déguisé en mendiant, où il est outragé et maltraité par les prétendants, tandis qu'il emploie toute sa force d'âme à dissimuler en épiant l'occasion de la vengeance. La situation est si émouvante par elle-même, elle mettait si bien en relief quelques-uns des traits du caractère hellénique, et par conséquent elle devait intéresser si vivement les auditeurs de l'*Odyssée*, qu'on ne peut s'étonner de voir les scènes primitives grossies d'additions assez nombreuses, quelquefois difficiles à démêler.

Le dix-septième livre est proprement le récit de la *Rentrée d'Ulysse dans son palais*. Mais il débute par une de ces scènes accessoires, qui attestent comment le dernier ordonnateur de l'*Odyssée* a dû procéder pour ne laisser aucun personnage en arrière dans le développement général de l'action. Télémaque a pris les devants. Il arrive le premier au palais où sa mère l'accueille avec une tendresse pleine de

---

corrections faites aux chants primitifs ont été plus profondes qu'on ne le suppose, dans cette partie du moins. Il y a des passages du livre XVII, où la conduite de Télémaque en face des outrages faits à son père ne s'explique pas suffisamment par la convention conclue entre eux. On se demande en les lisant si primitivement la reconnaissance n'était pas postérieure à ces scènes. Peut-être avait-elle lieu plus tard dans le palais, et il y a bien quelques indices de cela dans le récit actuel du livre XVI (v. 165, le mot μέγαρον; v. 202, ἔνδον ἐόντα). Quand on inséra la *Télémachie* dans l'*Odyssée*, on dut tout naturellement changer cet ordre, afin de ménager un retour intéressant à Télémaque, et la nouvelle reconnaissance fut composée avec tout ce qu'on put garder de l'ancienne.

joie[1]. Le récit qu'il lui fait de ses voyages est en grande partie un assemblage de vers empruntés au livre IV, c'est-à-dire à la dernière partie de la *Télémachie*; et il faut avouer que ces emprunts dénotent une composition plus expéditive qu'adroite ou réfléchie, car Télémaque y répète mot pour mot des affirmations de Ménélas dont le mouvement même semble singulier dans la bouche d'un narrateur parlant d'après ses souvenirs[2]. — Après ce début emprunté, commence le récit original. Nous y retrouvons toutes les hautes qualités qui font le prix des livres XIII et XIV. Tout y est juste et dramatique, d'une invention simple et frappante. Ulysse et Eumée cheminent ensemble vers la ville, et arrivent à la source voisine où est l'autel des nymphes. Ils y rencontrent le chevrier Mélantheus, serviteur insolent et pervers, qui insulte et frappe le mendiant. Puis l'arrivée au palais, avec la peinture si délicate des sentiments d'Ulysse, l'épisode admirable du chien Argos reconnaissant son maître et mourant à ses pieds, et enfin la scène tout homérique qui nous représente Ulysse d'abord assis sur le seuil de la

---

1. Les paroles par lesquelles Pénélope accueille Télémaque sont précisément les mêmes que celles par lesquelles Eumée l'accueillait un peu auparavant. Il est assez singulier que le langage de la tendresse maternelle soit identique à celui du dévoûment domestique. Cette répétition inopportune atteste le genre de négligence qui est si fréquent et si aisément explicable dans les raccords de l'*Odyssée*.

2. Voyez en particulier vers 132 et suiv. — Il s'exprime même parfois de façon que Pénélope ne devrait pas pouvoir le comprendre. L'expression γέρων ἅλιος du vers 141, qui désigne Protée, est parfaitement claire dans le passage identique du livre IV, lorsque ce personnage mythologique vient d'être nommé et décrit, mais ici elle est absolument inintelligible pour Pénélope, qui ne sait pas que Ménélas a consulté Protée.

grande salle, ensuite allant mendier de table en table, insulté et frappé par Antinoos, qu'il maudit. Tout cela est plein de vie, et le mouvement des sentiments y est aussi profond que naturel. Plus on dégage ces grandes parties du poème, plus elles apparaissent dans leur beauté.

A la fin de ce dix-septième livre, Pénélope, prévenue de l'arrivée du mendiant, le fait inviter par l'intermédiaire d'Eumée à venir la trouver pour lui dire ce qu'il sait. Ulysse lui fait répondre qu'il s'entretiendra avec elle après le départ des prétendants. Le sujet futur du XIX⁰ livre, c'est-à-dire précisément cet entretien de Pénélope avec Ulysse déguisé, est donc visé ici expressément par-dessus le dix-huitième, et il en résulte que le dix-septième et le dix-neuvième livre forment ensemble un groupe. Au contraire, si l'on compare ce même dix-septième livre au quatorzième, on s'aperçoit qu'il y a entre eux à la fois accord et divergence. La façon dont Eumée annonce et fait connaître le mendiant à Pénélope se rapporte bien à ce qu'il en a appris lui-même dans leurs entretiens du quatorzième livre. Mais quand Ulysse, interrogé par les prétendants, leur raconte ses prétendues aventures (v. 419-444), la narration qu'il leur fait diffère notablement de celle qu'il a faite précédemment à Eumée (XIV, v. 199 et suiv.); or celui-ci est présent à ce second récit, et par conséquent Ulysse, par cette contradiction, se compromet ici sans aucune nécessité aux yeux d'un homme qu'il doit ménager. Ne peut-on pas conclure de là que le dix-septième livre n'était pas destiné à faire suite au quatorzième? Il appartenait primitivement à un groupe différent, qui sans doute supposait la connaissance des faits racontés dans les chants précédents, mais qui s'y rapportait sans aucun scrupule d'exactitude rigoureuse.

Une série d'épisodes, dont aucun n'est indispensable à l'action générale, voilà le dix-huitième livre. Le premier, de beaucoup supérieur aux autres, nous représente le mendiant Iros et sa lutte avec Ulysse (v. 1-157), invention ingénieuse et dramatique, qui fait ressortir la force du héros sans la révéler complètement. Quelle qu'en soit l'origine, il est difficile de croire qu'il ait été composé avant les grandes scènes qui suivent dans le poème actuel. C'est un de ces récits secondaires qui ont dû se grouper naturellement autour des principales situations indiquées par les chants primitifs[1]. — Le second épisode est celui de la visite de Pénélope aux prétendants (v. 158-303). Nous retrouvons là un motif poétique qui figure à plusieurs reprises dans l'*Odyssée* et dont l'original semble être au livre XIX. Toutefois la démarche de Pénélope a cette fois un but différent. Elle vient pour se faire donner des présents par les prétendants en les trompant sur ses intentions, et elle y réussit; Ulysse qui la voit faire est charmé de son adresse. Bien que cette scène assurément ne doive pas être jugée avec nos idées modernes, il faut avouer qu'elle semble peu conforme au caractère réservé que le poète primitif avait attribué à Pénélope. Un plus grave inconvénient, au point de vue dramatique, c'est qu'elle met les deux époux en présence l'un de l'autre avant le moment opportun. Le poète du dix-septième livre avait différé leur entrevue afin d'en faire l'objet d'un récit spécial; dans sa pensée la beauté de la situation devait consister

---

1. On peut en trouver une preuve de détail dans l'allusion du vers 156 qui paraît viser le vers 284 du livre XXII, avec une différence de noms ('Ἀμφίνομος pour 'Ἀμφιμέδων), due sans doute soit à un souvenir inexact, soit à une faute de texte.

surtout en ce qu'Ulysse, après vingt ans d'absence, se retrouverait tout à coup en présence de sa femme, sans qu'il lui fût permis de trahir son émotion ; or ici, à propos d'une circonstance insignifiante, voici que le héros revoit Pénélope : l'effet de la scène principale en est affaibli d'avance comme à plaisir. Et, chose remarquable, l'auteur oublie même de nous signaler ce fait, dont l'importance morale est pourtant si grande dans le développement de l'action. Comment douter dès lors que l'épisode en question n'ait été ajouté aux récits primitifs, lorsqu'on cherchait à les grossir par des inventions accessoires ? Remarquons seulement qu'il est postérieur à celui d'Iros, auquel il se réfère par une allusion directe (v. 233 et suiv.). — La scène qui suit (v. 304-345) n'est pas moins inutile à l'action générale. Les servantes viennent pour éclairer la salle pendant les danses des prétendants. Ulysse veut les congédier ; mais insulté par l'une d'elles, Mélantho, il ne peut les renvoyer qu'en les menaçant. L'insolente Mélantho est visiblement une copie du grossier et brutal Mélantheus du XVIIe livre ; la ressemblance même des noms accentue celle des sentiments et des actions. On ne comprendrait guère que le poète primitif se fût ainsi imité lui-même et presque répété sans motif. C'est donc là encore un épisode ajouté, postérieur lui aussi à celui d'Iros comme le prouvent les vers 333 et suivants. Le récit de l'insulte faite à Ulysse par Eurymaque clôt cette série de scènes à peine liées entre elles. Nous avons là sous les yeux une variante de l'épisode d'Antinoos au XVIIe livre, mais la copie reste fort inférieure au modèle. En somme tout ce dix-huitième livre paraît étranger au groupe des chants primitifs, et l'impression qu'il donne est celle d'une sorte d'intermède, formé d'une suite de développements qui ont été greffés les uns sur les autres.

L'entrevue d'Ulysse et de Pénélope (Ὀδυσσέως καὶ Πηνελοπείας ὁμιλία), annoncée dès le dix-septième livre, remplit presque entièrement le dix-neuvième. Toutefois, avant cette entrevue, Ulysse, Télémaque et la déesse Athéné emportent les armes hors de la grande salle, où les prétendants ont l'habitude de se réunir, et vont les déposer dans une pièce intérieure ; morceau épisodique qui a dû être inséré là tardivement[1]. Au début de l'entrevue, Ulysse est encore insulté par Mélantho, que réprimande Pénélope ; si le rôle de Mélantho n'est pas primitif, il y a eu là nécessairement un remaniement. Mais passons sur les détails. L'entretien des deux époux dans tout son développement est digne des belles

1. Ce morceau a été fait certainement d'après un passage des instructions d'Ulysse à son fils au seizième livre ; plusieurs vers sont même reproduits textuellement. D'autre part, il est en rapport direct avec le passage du livre XXII (v. 141), où Mélanthios dit aux prétendants : « J'irai dans la chambre secrète vous chercher « des armes pour vous en revêtir ; car sans doute, c'est là, au fond « des appartements et non ailleurs, qu'Ulysse et son fils ont dé- « posé les armes. » Toutefois le morceau en question ne s'accorde pas complètement avec le XVIe livre. L'auteur du XVIe livre a supposé que l'enlèvement des armes devait se faire furtivement, sur un signe d'Ulysse, et par conséquent en présence des prétendants, tandis qu'ici cet enlèvement s'accomplit dans de tout autres conditions. De plus, d'après le XVIe livre, Télémaque devait réserver des armes pour son père et pour lui, ce qu'il ne fait pas au XIXe. L'intention du poète me paraît être de rester ici en accord avec le XXIIe livre, où ces armes réservées ne figurent pas. On peut conclure de là que tout ce morceau est un raccord et une conciliation entre le XVIe livre et le XXIIe ; ces deux récits contradictoires se font, pour ainsi dire, des concessions mutuelles par son intermédiaire, et la contradiction est ainsi affaiblie au point d'échapper à un lecteur ou à un auditeur médiocrement attentif.

parties du poème. Pénélope, qui ignore qu'elle est en présence d'Ulysse, laisse voir par tout ce qu'elle dit combien elle est attachée à son époux absent. Les récits du héros déguisé sont admirablement conduits pour exciter dans cette âme impressionnable une variété d'émotions qui donne à toute cette scène le naturel le plus touchant. D'ailleurs le poète y a introduit à propos un élément dramatique en y intercalant la reconnaissance d'Ulysse et de sa vieille nourrice Euryclée [1]. On s'imagine aisément cette *Entrevue d'Ulysse et de Pénélope*, sous sa forme primitive, différant seulement de ce qu'elle est aujourd'hui par l'absence de quelques raccords, moins étroitement rattachée par conséquent aux autres parties du récit, et jusqu'à un certain point indépendante dans la série de scènes que l'imagination du poète tirait librement de la légende [2].

Après cette scène si largement faite et si bien

1. Il convient seulement d'en retrancher, comme une addition manifeste, le long récit relatif à la blessure d'Ulysse (v. 398-467), explication inutile, jetée mal à propos, sous la forme d'une narration développée, au milieu d'une scène pleine de sentiment.

2. Dans son état actuel, le dix-neuvième livre se relie au vingt et unième par l'idée de l'épreuve de l'arc que Pénélope soumet à son hôte à la fin de l'entretien et que celui-ci approuve. Mais cette liaison pourrait à bon droit être regardée comme l'œuvre d'un arrangeur. Au XXIe livre, en effet, le poète nous présentera comme l'effet d'une suggestion immédiate d'Athéné (XXI, 1 et suiv.) ce que nous voyons ici décidé d'un commun accord entre Ulysse et Pénélope. D'ailleurs, à la fin de l'entretien, la proposition de Pénélope n'est nullement en accord avec l'ensemble de la scène, puisque l'entrevue même suppose qu'elle conserve encore quelque espoir de revoir Ulysse et que les discours du mendiant, ainsi que le songe qu'elle raconte, ont dû confirmer en elle cet espoir. Cette proposition se présente donc là de la manière la plus inopinée, et Pénélope ne prend aucun soin de la justifier (XIX, v. 577 et suiv.).

ordonnée, nous retrouvons une série d'épisodes à peine liés entre eux, quelque chose d'analogue au dix-huitième livre ; c'est le vingtième. Les anciens l'appelaient simplement *Avant le massacre des Prétendants* (Τὰ πρὸ τῆς Μνηστηροφονίας), et en effet ce titre, qui ne dit rien, est le seul qui convienne à un récit sans unité. Quelques-unes de ses parties sont pourtant belles et même utiles à l'action générale ; par exemple le réveil d'Ulysse au lever du jour dans la cour du palais et les pronostics qui l'accompagnent; ou encore l'arrivée du bouvier Philœtios, dont le caractère est tracé avec une exquise vérité. C'est un second Eumée, aussi dévoué que le premier à son maître absent, et il ne pourrait guère figurer comme il le fera au vingt-deuxième livre dans le massacre des prétendants, s'il n'avait été auparavant présenté déjà au public. Il faut donc bien que cette partie au moins du vingtième livre soit antérieure au vingt-deuxième. Il y a aussi une grandeur saisissante dans la prédiction du devin Théoclymène annonçant la mort prochaine des prétendants et dans la description de la folie subite qui s'empare de ceux-ci. Mais ces beautés de détail ne peuvent nous empêcher de remarquer le défaut d'ordonnance de l'ensemble et le manque d'une invention simple qui groupe ces scènes diverses en un ensemble vraiment dramatique. On est surpris d'ailleurs de voir Télémaque (au vers 144) sortir pour se rendre à l'assemblée, bien qu'il n'y ait aucune assemblée indiquée ; on ne l'est pas moins d'entendre parler des préparatifs d'une fête splendide en l'honneur d'Apollon (v. 156, puis 276 et suiv.), fête dont, à partir de ce moment, il ne sera plus qu'à peine question d'une manière incidente (XXI, 258). Enfin l'outrage fait à Ulysse par Ctésippe n'est qu'une répétition de ce que nous avons déjà vu à deux reprises. La véritable nature de ce vingtième livre est par suite fort difficile à déterminer, et nous ne croyons pas qu'elle ait été encore complètement éclaircie. Il ne serait pas impossible qu'il ait été composé comme une sorte d'introduction aux grandes scènes qui font suite. On remarquera en effet qu'il pouvait suppléer dans une certaine mesure à tout ce qui précède, puisqu'il offrait comme un résumé de la situation, et qu'ainsi il formait avec les livres XXI et XXII une véritable unité de récitation[1].

VI

Nous touchons au dénoûment du poème. Tout ce qu'il y a d'essentiel est contenu dans les livres XXI, XXII et dans la première partie du livre XXIII. Ces scènes, auxquelles aboutissent toutes les autres, ont dû figurer dans le plus ancien développement donné par un grand poète à cette seconde partie de la légende d'Ulysse. Aussi n'avons-nous affaire ici qu'à un petit nombre d'interpolations de médiocre importance qui n'ont altéré en rien la physionomie primitive de l'œuvre.

Le XXI° livre nous met sous les yeux l'épreuve de l'arc, qui est la préparation immédiate du massacre des prétendants. Le récit, d'une simple et belle ordonnance, se fait remarquer par la fine peinture

---

1. L'allusion aux fêtes d'Apollon a été expliquée par M. Kirchhoff comme résultant d'un emprunt à un autre récit aujourd'hui perdu, qui aurait été plus ou moins fondu dans le récit actuel. C'est une conjecture bien hasardeuse, mais il faut avouer que de toute façon il y a là de sérieuses difficultés.

des sentiments, qui, sans être passionnés, sont intéressants et animés. L'épopée ici, en nous dépeignant la vaine présomption des concurrents, la diversité de leurs défis, et les nuances du dépit qui vont chez eux de l'humiliation à la colère, se rapproche plus de la nouvelle comédie que de la tragédie ; et toutefois l'élément tragique y est fortement représenté par le personnage d'Ulysse dont la dissimulation couvre à peine la colère toujours grandissante et dont la force vengeresse se révèle déjà. Signalons, comme épisodes, d'abord la scène entre Pénélope et son fils (v. 343-358), déjà rencontrée plusieurs fois dans le poème sous forme d'imitations ; puis la reconnaissance d'Ulysse par Eumée et Philœtios (v. 188-244), moins pour sa beauté dramatique — car le poète semble l'avoir un peu sacrifiée — que pour la manière dont elle prévient ce que la scène principale aurait pu avoir de monotone ; enfin la description d'Ulysse essayant son arc (v. 404-423), morceau admirable de tout point, qui semblait fait pour servir un jour de modèle soit à un peintre, soit à un sculpteur.

Dès qu'Ulysse a en main cette arme redoutable, le moment de la vengeance est venu. Le vingt-deuxième livre est le récit du combat, qui se termine par un massacre[1]. Si l'on peut reprocher à l'ensemble quelques longueurs, il est impossible en revanche de ne pas admirer la force d'imagination qui éclate presque partout. La révélation d'Ulysse au début est saisissante, et la façon dont la lutte

---

1. Tout y semble primitif, sauf peut-être l'épisode de l'intervention du faux Mentor (v. 201-240) et un léger remaniement dans les vers 290-291 qui font allusion à l'outrage de Ctésippe raconté précédemment dans un passage suspect du vingtième livre.

s'engage jette tout d'abord dans l'âme du lecteur une émotion profonde. L'effroi des prétendants, l'éclat terrible de la colère du héros, la prière de ses ennemis, la violence superbe de son dédain, autant de coups de théâtre d'une incomparable grandeur. Le récit du combat lui-même, malgré sa beauté, est moins parfait ; une sorte de symétrie dans les mouvements y donne à l'ordonnance générale quelque chose d'artificiel : on dirait que le poète, bien différent de celui de l'*Iliade*, a besoin de péripéties empruntées à des causes extérieures, la lutte elle-même ne lui offrant pas assez de ressources. En revanche, il se retrouve tout entier dans les scènes finales, qui suivent le massacre, lorsque la violence des passions s'apaise et qu'à la fureur du vainqueur se mêle quelque clémence. L'horreur de la vieille Euryclée à la vue de son maître tout couvert de sang et entouré de cadavres est d'une invention aussi forte que hardie (v. 398 et suiv.) ; et la purification solennelle du palais après le châtiment des servantes coupables clôt dignement par une scène d'une gravité religieuse cette série de tableaux d'une grandeur terrible et sinistre.

On ne peut douter que la partie principale du vingt-troisième livre, c'est-à-dire la *Reconnaissance d'Ulysse et de Pénélope*, n'ait été conçue et racontée dès l'origine dans la forme où nous la possédons par l'auteur même des scènes précédentes. En effet, si le sommeil merveilleux qui s'empare de Pénélope au XXI° livre (v. 357) la dispense heureusement de prendre aucune part aux événements sanglants du XXII°, il implique nécessairement que le poète lui ménage au réveil la surprise par laquelle ses longues épreuves vont prendre fin. Nous retrouvons d'ailleurs, dans la scène même de la reconnaissance, l'art délicat qui le caractérise : là comme partout, il excelle à conduire au but les sentiments de ses personnages par des détours un peu lents, qui en font valoir les nuances et multiplient d'une manière ingénieuse les péripéties[1].

Quand les deux époux se sont reconnus, quand Ulysse, redevenu le maître de son palais, y a retrouvé la tendre affection de sa femme, nous avons épuisé la série des scènes vraiment intéressantes que fournissait la légende. Aussi les plus judicieux critiques de l'antiquité, Aristophane de Byzance et Aristarque, considéraient-ils le vers 296 du XXIIIe livre comme marquant la fin de l'*Odyssée*[2]. La plupart des modernes se sont ralliés à cette opinion. Les morceaux principaux dont l'assemblage forme la fin du poème actuel doivent donc être signalés surtout comme exemples des additions qui ont constitué le texte définitif.

Les récits d'Ulysse à Pénélope (v. 300-343), sorte de résumé rapide de ceux qu'il a faits antérieurement à Alkinoos, allongent aujourd'hui fort inutilement la scène de la reconnaissance, alors qu'elle est abso-

---

1. M. Kirchhoff supprime de cette scène les vers 111-176, pendant lesquels la scène de la reconnaissance est comme suspendue par l'entretien d'Ulysse et de Télémaque qui délibèrent sur les conséquences probables du meurtre des prétendants. Cette suppression me paraît inutile et même fâcheuse. Il est bien dans la manière du poète d'interrompre la scène principale par un épisode. Quant aux préoccupations d'Ulysse au sujet de la vengeance des parents des prétendants, elles sont en somme fort naturelles, et elles ont pu figurer là avant la composition du vingt-quatrième chant qui est un développement ultérieur de l'idée exposée ici.

2. Eustathe, p. 1498 : Ἰστέον δὲ ὅτι κατὰ τὴν τῶν παλαιῶν ἱστορίαν Ἀρίσταρχος καὶ Ἀριστοφάνης, οἱ κορυφαῖοι τῶν τότε γραμματικῶν, εἰς τό, ὡς ἐρρέθη, « ἀσπάσιοι λέκτροιο παλαιοῦ θεσμὸν ἵκοντο », περατοῦσι τὴν Ὀδύσσειαν.

lument terminée. Le départ du héros pour la campagne où habite son père Laerte (fin du livre XXIII) n'est qu'un raccord entre ce livre et la principale partie du XXIV°.

Au début du vingt-quatrième livre se place l'épisode que l'on appelait ordinairement dans l'antiquité la seconde Νέκυια. C'est un de ceux qui trahissent le plus clairement une origine postérieure. Les âmes des prétendants, conduites par Hermès, arrivent chez les morts, où Agamemnon déplorait son malheureux sort en s'entretenant avec Achille. Le récit que fait le prétendant Amphimédon de la vengeance d'Ulysse fournit à Agamemnon l'occasion de louer la fidèle Pénélope en la comparant à Clytemnestre, et cette comparaison semble être l'objet principal de tout cet épisode, d'un si médiocre intérêt. On peut voir dans les scolies les nombreuses raisons qu'Aristarque faisait valoir contre l'authenticité de la seconde Νέκυια. Ces raisons sembleront généralement inutiles aux modernes; car, outre la faiblesse du morceau, il fait double emploi d'une manière si choquante avec la première Νέκυια, qu'il paraît impossible de l'attribuer au même poète.

La fin du poème nous fait assister à la reconnaissance d'Ulysse et de son père Laerte, puis au combat qu'ils soutiennent contre les parents des prétendants et enfin à l'arrangement qui rétablit la paix dans Ithaque. Ces scènes ne sont pas isolées les unes des autres; elles forment un tout qu'il faut accepter ou rejeter dans son entier. Leur principal tort est de venir à un moment où l'intérêt est épuisé et d'arrêter notre attention sur des tableaux qui rappellent de trop près quelques-uns de ceux qui précèdent. Au reste, la reconnaissance entre Ulysse et Laerte, prise en elle-même, n'est inférieure à aucune des scènes analogues du poème, et si la fin est traitée sommairement, avec une sorte de hâte d'en finir, c'est là une inégalité qui n'aurait pas lieu de nous surprendre beaucoup chez l'auteur de la seconde partie de l'*Odyssée*. Toutefois une raison au moins empêche de lui attribuer ce dénoûment supplémentaire ; c'est la conception du personnage de Dolios. Dans les chants précédents, Dolios figure comme le père de Mélantheus, et son nom est évidemment caractéristique de sa nature perfide, dont son fils est l'héritier. Ici, au contraire, c'est le type du vieux serviteur fidèle, un autre Eumée, aussi dévoué à Laerte que le premier l'est à Ulysse. Il est peu probable que le même poète se soit ainsi contredit lui-même, et il semble plus naturel de voir dans ce dernier chant l'œuvre d'un disciple ou d'un continuateur, qui a voulu mener les choses jusqu'à leur terme extrême.

Cette analyse laisse entrevoir déjà la constitution véritable de l'*Odyssée*. Elle est moins simple que celle de l'*Iliade*, et elle implique des séries de chants qui ressemblent bien plus à des poèmes continus. Nous allons essayer d'éclaircir cette idée en montrant comment le poème a pu se former.

CHAPITRE VI

FORMATION DE L'ODYSSÉE

SOMMAIRE.

I. Système de l'unité primitive : Nitzsch et Otfried Müller. — II. Système des chants indépendants : la *Télémachie*, les *Récits d'Ulysse*, les chants de la seconde partie. — III. Essais de reconstitution des groupes fondamentaux : Kœchly et Kirchhoff.— IV. Naissance de l'*Odyssée* : l'élément primitif.— V. Développement de l'*Odyssée* par la continuation du récit. — VI. L'achèvement du poème.

I

Avant de tirer de l'analyse qui précède nos conclusions au sujet de la formation de l'*Odyssée*, nous devons exposer rapidement, comme nous l'avons fait pour l'*Iliade*, les diverses explications qui ont été données de l'unité actuelle de ce poème.

La plus simple, en apparence du moins, c'est de se représenter un seul poète imaginant le développement dans son entier, se faisant à lui-même un plan, et le réalisant successivement dans toutes ses parties. Cette façon de concevoir les choses a été celle de toute l'antiquité, pour l'*Odyssée* comme pour l'*Iliade*. Rappelons les paroles d'Aristote à ce sujet: quoi qu'on pense de l'opinion exprimée par le philosophe, il n'est permis ni de l'ignorer ni de la traiter légèrement : « Homère, qui l'emporte en tout sur les autres poètes, a eu en particulier le mérite de bien voir, soit par sa connaissance de l'art, soit par instinct, ce qui fait l'unité d'un poème. Quand il a composé l'*Odyssée*, il n'a pas pris pour sujet tous les événements de la vie d'Ulysse, par exemple la blessure qu'il reçut sur le Parnasse, ou la folie qu'il simula au moment où se rassemblait l'armée : car aucun de ces deux événements n'était tel que l'autre dût en sortir nécessairement, ni même vraisemblablement. Au lieu de cela, il a composé toute l'*Odyssée* autour de ce que nous appelons une action unique, et de même pour l'*Iliade*[1]. » Cette action unique de l'*Odyssée*, Aristote a pris soin de la résumer lui-même dans un autre passage : « Toute l'*Odyssée* peut être exposée en quelques mots. Un homme est absent de chez lui depuis plusieurs années; retenu au loin par Poséidon, il est seul; de plus, la situation de sa famille est cause que ses biens sont dissipés par des prétendants qui méditent la mort de son fils. Il arrive, échappé à la tempête; diverses reconnaissances ont lieu ; il attaque ses ennemis, se tire lui-même du danger et les fait périr. Voilà l'essentiel du poème ; tout le reste n'est qu'épisodes[2]. » Ce qui frappe Aristote, c'est

---

1. *Poét.*, ch. viii : Ὁ δ' Ὅμηρος, ὥσπερ καὶ τὰ ἄλλα διαφέρει, καὶ τοῦτ' ἔοικε καλῶς ἰδεῖν ἤτοι διὰ τέχνην ἢ διὰ φύσιν. Ὀδύσσειαν γὰρ ποιῶν οὐκ ἐποίησεν ἅπαντα ὅσα αὐτῷ συνέβη, οἷον πληγῆναι μὲν ἐν τῷ Παρνασσῷ, μανῆναι δὲ προσποιήσασθαι ἐν τῷ ἀγερμῷ, ὧν οὐδὲν θατέρου γενομένου ἀναγκαῖον ἦν ἢ εἰκὸς θάτερον γενέσθαι, ἀλλὰ περὶ μίαν πρᾶξιν, οἵαν λέγομεν, τὴν Ὀδύσσειαν συνέστησεν, ὁμοίως δὲ καὶ τὴν Ἰλιάδα.

2. *Poét.*, ch. xviii : Τῆς γὰρ Ὀδυσσείας μικρός ὁ λόγος ἐστίν. Ἀποδημοῦντός τινος ἔτη πολλὰ καὶ προφυλαττομένου ὑπὸ τοῦ Ποσειδῶνος καὶ μόνου ὄντος, ἔτι δὲ τῶν οἴκοι οὕτως ἐχόντων ὥστε τὰ χρήματα ὑπὸ μνηστήρων

donc l'unité du plan. Il est vrai qu'il le simplifie en l'exposant, puisqu'il omet entièrement la *Télémachie* et le séjour chez les Phéaciens. Une seule pensée principale régulièrement développée et des récits accessoires intimement mêlés à ce développement dès son origine, telle est en somme sa conception de l'*Odyssée*.

Cette manière de voir ayant été contestée de nos jours, comme nous le verrons un peu plus loin, les défenseurs de l'unité primitive des deux poèmes homériques l'ont naturellement reprise et défendue. Ici encore, c'est Nitzsch et Otfried Müller que nous pouvons choisir comme les représentants les plus considérables d'une opinion qui a pour elle un très grand nombre de partisans [1].

Nitzsch se ralliait sans réserve aux idées d'Aristote [2], et il les commentait en ces termes : « Aristote avait bien observé que l'*Odyssée*, dès son début, vise à son dénoûment, qu'en outre elle amène habilement Ulysse à une situation esquissée par les premiers livres, enfin qu'après avoir grossi peu à peu la culpabilité des prétendants elle le fait apparaître comme vengeur, tout cela au moyen d'une combinaison si savante qu'il n'en est point de comparable ailleurs [3]. » Il est à remarquer tout d'abord qu'en

---

ἀναλίσκεσθαι καὶ τὸν υἱὸν ἐπιβουλεύεσθαι, αὐτὸς δὲ ἀφικνεῖται χειμασθείς, καὶ ἀναγνωρίσας τινὰς αὐτοῖς ἐπιθέμενος αὐτὸς μὲν ἐσώθη, τοὺς δ' ἐχθροὺς διέφθειρεν. Τὸ μὲν οὖν ἴδιον τοῦτο, τὰ δ' ἄλλα ἐπεισόδια.

1. Pour la critique du système unitaire, on consultera avec fruit la dissertation d'Herm. Bonitz déjà citée à propos de l'*Iliade*, *Ueber den Ursprung der homerischen Gedichte*, 5ᵉ édition, Vienne, 1881.
2. *Erklärende Anmerkungen zur Odyssee*, t. II, Préface.
3. *Historia Homeri*, fasc. poster., cap. v : Persuasissimum habemus considerate Aristotelem ac merito etiam descriptionis laudem carminibus homericis praecipuam dedisse. Observaverat

admettant l'exactitude de ces observations, on ne serait nullement obligé d'en conclure l'unité primitive du poème. Car si la *Télémachie* par exemple a été ajoutée postérieurement, comme nous le pensons, à un groupe de chants primitifs, il est fort naturel qu'elle fasse pressentir et qu'elle prépare le dénoûment du poème, puisqu'elle était faite justement pour s'y raccorder. De même, pour ce qui est de la culpabilité des prétendants peu à peu grossie par les scènes successives de la seconde partie, n'est-il pas évident que toute invention nouvelle en ce genre devait produire précisément l'effet que l'auteur de l'observation citée attribue sans hésiter à la conception première? Il faut donc reconnaître que cette vue d'ensemble, bien que spécieuse, est en réalité sans force pour résister aux objections de détail qui se dégagent de l'analyse précédente. Mais il y a plus : on est en droit d'en contester la justesse. Est-il vrai par exemple que la culpabilité des prétendants soit grossie progressivement jusqu'au dénoûment? Aucun lecteur attentif ne pourra le penser. Le dix-septième livre, qui est le premier où Ulysse se trouve en face de ceux qui ont envahi sa maison, est aussi celui où la réprobation qu'ils excitent est la plus forte. Bien loin qu'elle s'accroisse dans la suite, c'est à peine si l'on peut dire qu'elle ne s'affaiblit pas. Ne sommes-nous pas en droit par suite de retourner l'argument que nous discutons? Si un seul poète avait conçu toute la seconde partie de l'*Odyssée* d'après un plan bien arrêté,

---

Odysseam, statim ab initio in exitum intentam, eo artificio Ulyssem in adumbratam prioribus libris condicionem adducere auctaeque sensim culpae vindicem sistere ut cum hujus operis implicatione ac sollertia nullum posset carmen comparari.

il n'aurait pas manqué, ce semble, de répartir les humiliations et les injures d'Ulysse en deux ou trois scènes de plus en plus frappantes, selon la véritable ordonnance homérique, de manière à pousser aussi loin que possible l'impatience de ses auditeurs avant de faire éclater la vengeance. Le défaut de progression qui règne dans cette partie du récit actuel n'est-il pas l'indice le plus certain du manque d'unité dans la conception première?

Otfried Müller n'est pas moins affirmatif sur la question qui nous occupe[1]. « L'unité du sujet, écrit-il, règne incontestablement dans l'*Odyssée* aussi bien que dans l'*Iliade*, et on ne pourrait supprimer aucune des parties essentielles de ce poème sans laisser une lacune dans le développement de l'idée principale. » C'est dans cette seconde proposition qu'est toute la difficulté. Quelle est cette idée principale? Quelles sont ces parties essentielles? La *Télémachie* par exemple est-elle de ce nombre? Otfried Müller a raison incontestablement de remarquer qu'il y a une véritable unité dans l'*Odyssée*, mais il s'agit de savoir comment cette unité s'est formée et de quelle nature elle est au juste. Trouvons-nous dès le début du poème une conception nette de l'ensemble? et toutes les parties du développement semblent-elles être sorties, chacune selon leur ordre actuel, de cette idée première? L'affirmation d'Otfried Müller, sous sa forme générale, ne jette aucune lumière sur cette question. D'ailleurs le point de vue critique qu'elle suppose est-il exact? Faut-il juger l'authenticité des parties de l'*Odyssée* d'après le rapport plus ou moins étroit qu'elles ont soit avec le développement de

---

[1] *Hist. de la littér. gr.*, chap. v; trad. Hillebrand, in-12, t. I, p. 113.

l'action, soit avec celui du caractère principal? Nous en viendrions ainsi à concevoir des doutes sur quelques-uns des plus beaux morceaux du poème. Voici par exemple l'épisode de Nausicaa ou encore celui de l'entretien d'Ulysse et d'Eumée? Est-il vrai de dire qu'en les supprimant on créerait une lacune dans l'action? Assurément non. Sont-ils du moins indispensables à la peinture du caractère d'Ulysse? On ne peut guère le soutenir. Ils le complètent, ils y ajoutent quelques traits délicats et agréables; sans aucun doute; mais s'ils manquaient, l'*Odyssée* ne subsisterait pas moins, avec son enchaînement régulier d'événements et son unité morale. Les réflexions de cette sorte ont donc plus d'apparence que de force réelle; elles ne sont point de nature à nous faire passer par-dessus les divergences de détail qui ont appelé notre attention dans le chapitre précédent.

Outre le défaut de progression dans la seconde partie du poème, la grande objection d'ensemble contre l'unité primitive sort naturellement du rôle de Télémaque. La façon si peu satisfaisante dont les quatre premiers livres se relient au récit principal et l'imperfection évidente des raccords dans la seconde partie jusqu'au seizième livre inclusivement ne semblent pas pouvoir se concilier avec l'hypothèse d'une seule idée première développée selon un dessein arrêté. De plus, pour l'*Odyssée* comme pour l'*Iliade*, le point faible du système de l'unité primitive, ce sont les concessions indispensables dont il ne peut se défendre. Si l'on admet, pour l'*Iliade*, que la *Dolonie*, c'est à dire un épisode développé, constituant aujourd'hui tout un livre, a été ajouté postérieurement au récit primitif, on avoue implicitement par là même que ce récit est resté, pendant un certain temps au moins, ouvert à des additions étrangères, qui, une fois admises, devenaient partie intégrante du tout. Ce fait étant reconnu, le principe du système est manifestement détruit ; il n'y a dès lors à débattre qu'une question de plus ou de moins. Il en est de même pour l'*Odyssée*. Les défenseurs les plus résolus de l'unité primitive ne peuvent guère se refuser à une concession au moins, en reconnaissant que la seconde Νεκυία, c'est-à-dire l'épisode de l'*Arrivée des prétendants aux Enfers* au XXIVe livre, est l'œuvre d'un poète qui a surajouté ses inventions à d'autres inventions déjà existantes. Le même raisonnement devient alors applicable. Tout morceau qui ne tient pas étroitement au plan général, ou qui ne porte pas l'empreinte manifeste du génie du premier poète, est suspect ; et de proche en proche, c'est l'unité primitive elle-même qui est attaquée. Ces considérations, s'ajoutant aux objections de détail que nous avons signalées, nous paraissent décisives[1].

II

Toutefois il est manifeste, d'après l'analyse du poème, que celui-ci se prête encore moins que l'*Iliade* à une décomposition complète. Aussi bien cette tentative n'a-t-elle jamais été faite d'une manière méthodique. Wolf n'avait fait que poser la question ; et Dugas-Montbel, qui, s'inspirant librement des *Prolégomènes*, admet en principe que les deux épo-

---

1. Il faut citer encore parmi les principaux partisans de l'unité primitive de l'*Odyssée*: Grote, *History of Greece*, II, 166 ; Düntzer, *Kirchhoff, Kœchly und die Odyssee*, Cologne, 1872 ; et E. Kammer, *Die Einheit der Odyssee*, Leipzig, 1874.

pées homériques ont été fabriquées de pièces et de morceaux, n'a pas poursuivi méthodiquement, comme il aurait dû le faire, la démonstration de ses idées[1]. En fait, la plupart des chants de l'*Odyssée* révèlent clairement qu'ils ont été composés en vue de leur destination actuelle et ne se prêtent point à l'hypothèse d'un isolement primitif. Quelques-uns seulement, en petit nombre, auraient pu à la rigueur exister par eux-mêmes, en dehors du groupe auquel ils appartiennent maintenant. Mais nous croyons que pour ceux-là même une étude attentive est peu favorable à cette idée.

Ce sont d'abord les chants relatifs à Télémaque. M. Kirchhoff, qui a tant fait, dans son édition de l'*Odyssée*, pour éclaircir les questions relatives à la formation de ce poème, a cru y voir les débris d'un poème distinct dont Télémaque était le héros. Nous avons dit et nous devons répéter qu'un tel poème paraît entièrement inconcevable. On ne saurait imaginer un personnage moins propre à jouer le premier rôle dans un poème épique qu'un jeune homme irrésolu, timide, qui a conscience de sa faiblesse et demande conseil à tous ses amis successivement. D'ailleurs le prétendu sujet du poème n'est pas non plus à proprement parler un sujet. Une série de voyages peuvent bien servir de matière à un roman moral et didactique, tel que le *Télémaque* de Fénelon, où l'intérêt de l'action est en somme secondaire dans la pensée même de l'auteur ; il s'agit là d'instruire, et par conséquent de mettre sous les yeux

---

1. Voir l'*Histoire des poésies homériques* en tête de la traduction de l'*Iliade*, et notamment les passages cités au chap. III du présent volume, p. 187. Consulter aussi les notes qui accompagnent la traduction de l'*Odyssée* du même auteur.

du lecteur le plus grand nombre d'exemples possible sous forme d'événements imaginaires; l'action ne sert qu'à faire naître ces exemples, en y mêlant un élément dramatique qui ne devient jamais prédominant. Mais on ne se représente vraiment pas un poème épique ainsi constitué. Si les chants relatifs à Télémaque nous semblent déjà longs et languissants dans l'*Odyssée*, combien ne seraient-ils pas plus dénués d'intérêt, s'ils nous étaient présentés comme quelque chose de distinct et s'ils prétendaient nous attacher par eux-mêmes. Une telle hypothèse est contraire à l'évidence même des choses. Destinés dès l'origine à servir d'introduction, ces chants ont tiré de là leur caractère propre, et si l'imperfection des raccords trahit un arrangement, ce n'est pas une raison pour méconnaître le dessein manifeste du poète qui l'a opéré.

Un autre groupe qui pourrait, dans l'*Odyssée* actuelle, se prêter à l'hypothèse d'un isolement primitif, est celui des récits d'Ulysse chez les Phéaciens. Sur ce point, il importe de bien s'entendre. Si l'on veut dire simplement que ces récits ont pu exister en tout ou en partie sous une forme primitive avant d'être mis dans la bouche d'Ulysse, nous l'admettons et nous chercherons même à l'établir un peu plus loin. Mais si l'on prétend que les récits de l'*Odyssée* ne sont autre chose que ces chants antérieurs textuellement reproduits, sauf les modifications de désinences nécessaires pour les mettre dans la bouche du héros lui-même, cela nous paraît impossible à accepter. M. Kirchhoff a soutenu cette opinion pour une partie de ces récits (livres X et XII), en faisant remarquer ingénieusement qu'Ulysse raconte dans plusieurs passages des choses qu'il ne peut savoir; invraisemblance qui disparaîtrait si le récit était fait, non par le héros, mais par le poète parlant en son propre nom. Si spécieuse que soit cette raison, elle doit être écartée ici. Les morceaux en question, comme l'a remarqué M. Kirchhoff lui-même, trahissent une origine plus récente que les autres parties des récits d'Ulysse ; celles-ci existaient donc déjà, lorsqu'ils prirent naissance. Comment concevoir dès lors qu'ils aient pu constituer à ce moment un groupe indépendant, différent des autres par la forme, quand ils en étaient en réalité la continuation et le développement ? Une invraisemblance de détail, qui est certainement devenue de très bonne heure une convention poétique, ne peut prévaloir contre les difficultés d'une telle hypothèse.

Enfin quelques critiques modernes[1] ont pensé que toute la seconde partie de l'*Odyssée* se composait de chants primitivement isolés, réunis plus tard par un arrangeur. Que ces chants n'aient pas formé à l'origine un poème proprement dit, nous l'admettons ; mais qu'ils aient été composés sans autre relation des uns aux autres que le fond commun de la légende, et cela par des poètes différents, c'est ce que dément, à notre avis, toute étude attentive de leur état actuel.

Nous pouvons donc dire en somme que toutes les parties de l'*Odyssée*, sans exception, ont été composées en vue de leur destination actuelle, bien qu'elles n'aient été ni conçues simultanément, ni exécutées par le même poète d'après un plan primitif. Il reste à expliquer comment elles sont nées les unes des autres pour former l'unité que nous avons sous les yeux.

---

1. Voyez R. Volkmann, *Commentationes epicae*, p. 79 et suiv.; Meister, dans le *Philologus*, t. VIII.

III.

La première chose à faire pour résoudre ce problème, c'est évidemment de rétablir autant que possible les chants de l'*Odyssée* dans leur forme première, afin de pouvoir les comparer entre eux et déterminer ainsi leurs rapports mutuels. Ce travail a été entrepris plus tard pour l'*Odyssée* que pour l'*Iliade*; mais il se poursuit aujourd'hui avec activité. Nous dirons ici quelques mots des essais de Kœchly et de M. Kirchhoff, en raison de leur importance.

Kœchly divise l'*Odyssée* primitive en groupes et chacun de ces groupes en chants[1]. La première partie du poème, comprenant les douze premiers livres et le premier tiers du treizième, forme deux groupes, le *Voyage de Télémaque* et le *Retour d'Ulysse*. Le *Voyage de Télémaque* se compose de quatre rhapsodies, la première postérieure aux trois suivantes; le *Retour d'Ulysse*, de cinq rhapsodies, comparables aux cinq actes d'une tragédie, savoir: *Calypso, Nausicaa, Ulysse chez les Phéaciens, l'Aventure d'Ulysse,* le *Retour d'Ulysse* proprement dit. La seconde partie du poème est formée de huit rhapsodies principales, auxquelles se sont ajoutés plus tard quelques autres développements; ces huit rhapsodies sont: l'*Arrivée d'Ulysse à Ithaque, Ulysse et Eumée, la Reconnaissance d'Ulysse et de Télémaque, Ulysse en présence des prétendants, Ulysse en présence de Pénélope,* le *Massacre des*

---

1. *Opuscula philologica*, t. 1: *De Odysseae carminibus dissertationes*, I, II, III (1862-1863); t. II, *Ueber den Zusammenhang und die Bestandtheile der Odyssee* (1862) et *Ueber das elfte Buch der Odyssee* (1864).

prétendants, *l'Arrangement*, *la seconde Scène chez les morts*.

Ce qu'il faut approuver dans cette tentative, quelques critiques de détail qu'elle soulève, c'est qu'elle tient compte des deux faits essentiels qui ressortent de l'analyse du poème, c'est-à-dire de son unité et de sa multiplicité. Kœchly fait la part très grande à l'unité, et cela de deux manières: d'abord en reconnaissant que toutes les parties du poème ont été faites les unes pour les autres, les plus récentes ayant été composées en vue de s'adapter aux plus anciennes; puis en admettant l'existence de groupes primitifs qui réunissaient plusieurs chants, bien qu'il fût toujours possible de réciter ceux-ci isolément. C'est une manière de concevoir les choses qui répond trop bien à l'impression même que nous donne l'étude du poème, pour n'être pas très voisine de la vérité. Mais ce qui a surtout compromis cette tentative aux yeux des critiques prudents, c'est que, dans un sujet où la certitude est impossible, l'auteur n'a jamais su ignorer. Nous devons signaler en cela un des torts les plus fréquents de la critique homérique moderne. Kœchly et ceux qui l'ont suivi veulent reconstituer jusque dans les moindres détails les chants primitifs dont ils signalent l'existence; et cédant à la tentation naturelle des esprits trop ingénieux, ils les recomposent au moyen de vers empruntés de côté et d'autre qu'ils rapprochent avec une adresse merveilleuse[1]. Il est clair qu'une telle méthode se détruit

1. Voici par exemple quelle est pour Kœchly la composition de la rhapsodie qu'il intitule *le Retour d'Ulysse* (Ὀδυσσέως ἀπόπλους): ν, 1-3; λ, 363-369; ν, 4-9; θ, 392-520; ν, 29-35; θ, 417-422, 425, 430-434, 440-448; ν, 36-63; θ, 457-469; ν, 63-69. Les éléments en sont donc dispersés dans trois des livres actuels du poème, et tellement dispersés qu'il faut reprendre trois vers d'un côté, cinq

elle-même par ses propres résultats ; car si réellement les chants primitifs ont subi des remaniements qui les aient ainsi défigurés, jamais une science prudente ne voudra croire qu'il soit possible de les reconstituer. La critique ne peut procéder avec quelque certitude que sur des ensembles bien caractérisés : il y a contradiction évidente à signaler la trace de remaniements successifs aussi profonds et à vouloir déterminer avec tant d'exactitude l'état primitif de l'œuvre poétique.

M. Kirchhoff a été en général plus prudent, et sa critique de l'*Odyssée* est dans son ensemble une des œuvres remarquables de la science moderne.

Le poème actuel, pour M. Kirchhoff, se compose essentiellement de trois éléments bien distincts. Le premier, c'est le vieux *Retour d'Ulysse*, qui remplit aujourd'hui six livres et demi environ (V-XIII, v. 184); l'arrivée d'Ulysse chez les Phéaciens, ses récits chez Alkinoos et son départ, tel en est le sujet; sous sa forme primitive, cette composition était d'un tiers environ plus courte qu'elle n'est aujourd'hui. Le second élément, c'est la fin du poème actuel, à partir du moment où Ulysse est à Ithaque (XIII, v. 185); il faut en retrancher des additions très considérables qui l'ont grossi postérieurement; cette seconde partie est une continuation du récit primitif, et jamais elle n'en a été indépendante. Enfin le troisième élément comprend la plupart des grandes additions qui ont donné au poème sa forme définitive, par conséquent les *Voyages de Télémaque* avec tout ce qui en dépend.

Le grand mérite de cette conception, c'est de jeter une vive lumière sur le développement organique

de l'autre, pour reconstituer l'ensemble primitif (Kœchly, *Opusc. philolog.*, t. I, p. 187 et suiv.).

du poème. Au lieu de le décomposer en morceaux indépendants, M. Kirchhoff nous le montre grandissant peu à peu par une sorte d'évolution intérieure qui amène le germe à produire tout ce qu'il contient. Son tort, à nos yeux, c'est de se représenter constamment l'*Odyssée*, aux différentes phases de cette évolution, comme un poème complet ; de là résulte en effet l'obligation de trouver dans le groupe primitif une action aboutissant à un dénoûment, et dans la seconde partie, dégagée des additions plus récentes, une continuité qui ne peut être obtenue sans effort. Ici encore, c'est en combinant deux systèmes divers, en empruntant à l'un l'idée du développement organique, à l'autre celui d'une certaine indépendance des parties, que nous croyons pouvoir approcher plus près de la vérité.

IV

Lorsque l'auteur du premier livre de l'*Odyssée* nous montre l'aède Phémios racontant aux prétendants pendant le repas le *Retour des Achéens*, il semble attester par là que de son temps encore on n'avait pas perdu la tradition de ces chants d'ensemble embrassant sommairement toute une longue série d'événements. On ne peut douter qu'en réalité le *Retour des Achéens* n'ait été ainsi chanté avant la naissance de l'*Odyssée*. S'il en fallait une preuve, nous la trouverions dans le rôle d'Athéné. Dès qu'Ulysse a eu sa légende particulière, Athéné est devenue sa protectrice, sans doute à cause d'une certaine ressemblance de caractère qui est notée dans un passage de l'*Odyssée*[1]. Et pourtant les évé-

---

1. XIII, 296 et suiv.

nements mêmes de ce poème sont inexplicables si la poésie ne l'a pas représentée à un certain moment comme irritée contre tous les Achéens et par conséquent contre Ulysse lui-même. Poséidon en effet n'est l'ennemi du héros qu'à partir du jour où celui-ci s'est vengé du Cyclope Polyphème ; mais antérieurement Ulysse n'a-t-il pas été déjà écarté de sa patrie par la tempête et jeté sur des côtes inhospitalières ? Quelle divinité l'a éprouvé ainsi, sinon Athéné elle-même, irritée contre tous les Achéens indistinctement[1] ? Il a donc fallu que la poésie racontât ces choses et qu'elle en établît la tradition avant que cette déesse fût devenue l'amie particulière et la protectrice toujours bienveillante d'Ulysse, c'est-à-dire avant qu'il y eût des chants particuliers relatifs à ce héros. Nous rattachons ainsi avec certitude les parties anciennes de l'*Odyssée* à des compositions poétiques antérieures qui embrassaient dans un développement sommaire toute la légende des *Retours* sous sa forme élémentaire. Les aventures d'Ulysse n'étaient alors qu'un simple épisode dans un ensemble relativement restreint.

Le poète qui eut l'idée de les en détacher fut le créateur de l'*Odyssée*. C'est dans les *Récits d'Ulysse chez Alkinoos* (à partir du livre IX), que nous croyons surprendre son premier essai. Un caractère frappant de ces récits, c'est en effet leur inégalité, qui semble attester encore quelque hésitation. Certaines parties sont de simples sommaires qui rappellent l'ancienne manière préhomérique, d'autres au contraire sont développées avec ampleur[2]. Rien de plus naturel si

---

1. *Odyssée*, V, 108 : Ἀτὰρ ἐν νόστῳ Ἀθηναίην ἀλίτοντο, — ἥ σφιν ἐπῶρσ' ἄνεμόν τε κακὸν καὶ κύματα μακρά.
2. Voyez au chap. précédent l'analyse du livre IX.

nous les concevons comme l'œuvre d'un aède qui met à profit des chants existants, et tantôt se contente d'une légère appropriation, tantôt s'étend avec complaisance sur les épisodes qui plaisent à son imagination. La forme de ces récits est certainement de son fait : c'est lui qui a eu l'idée de les mettre dans la bouche d'Ulysse lui-même. Mais cela n'implique pas nécessairement qu'il eût d'abord raconté en détail l'arrivée du héros chez les Phéaciens. Dans le *Retour* qui existait déjà, le séjour chez les Phéaciens, peuple merveilleux, était évidemment mentionné comme la dernière étape des voyages d'Ulysse. Il était donc tout naturel de lui faire raconter là ses aventures, pour que le cycle en fût à peu près complet. Les auditeurs étaient mis au courant, si cela était nécessaire, au moyen de quelques vers d'introduction, qui rattachaient ces chants nouveaux et particuliers à un groupe de récits légendaires déjà connus. Quiconque est tant soit peu familier avec les épopées homériques, sait à quel point cette façon de raccorder un épisode à une série d'événements était ordinaire dans l'art de ce temps.

Toutefois, nous l'avons vu, une partie considérable des récits d'Ulysse semblent avoir été ajoutés postérieurement, à l'imitation des premiers, et pour multiplier des sujets de chants qui charmaient le public d'alors. Laissons-les donc de côté. Les plus anciens, c'est-à-dire ceux des livres IX et XI, sont l'élément primitif de l'*Odyssée*, et ce sont ceux-là dont nous nous occupons.

L'*Arrivée d'Ulysse chez les Phéaciens* (livres V-VIII) en est, dans l'*Odyssée*, l'introduction naturelle, et c'est la plus belle partie du poème. En la comparant avec certains épisodes des récits d'Ulysse, celui du Cyclope par exemple, nous sommes frappés de la ressemblance. Il paraît donc naturel d'admettre que c'est l'auteur de ces récits, qui, encouragé par son succès, a développé ainsi cette introduction. C'était lui en somme qui avait donné, par sa précédente invention, une importance particulière au séjour d'Ulysse chez les Phéaciens. Ce thème lui appartenait ; il le mit en œuvre avec la grandeur d'imagination qu'il avait déjà montrée, mais avec une liberté toute nouvelle, parce qu'il n'était plus assujetti à suivre aucun récit antérieur.

Le livre V (avec son début naturel, c'est-à-dire l'*Assemblée des dieux* du premier livre), les livres VI, VII et peut-être quelque chose du livre VIII, sauf la part à faire aux additions et aux remaniements, sont le fruit de cette grande idée. La pensée dominante du poète fut de mettre en lumière le caractère d'Ulysse dans une sorte de drame librement créé. Il avait raconté déjà ses aventures, il ne pouvait y revenir ; mais d'après la légende, Ulysse, après avoir erré trois ans, en avait passé sept dans l'île d'Ogygie ; c'est au terme de ce séjour qu'il plaça le premier acte de son drame, *Calypso,* c'est-à-dire l'affranchissement. Le second acte, *Nausicaa,* le troisième, *Ulysse chez Alkinoos,* succédèrent naturellement. Il est impossible de dire aujourd'hui si c'est à tort ou à raison que quelques critiques croient entrevoir sous ces larges développements une forme de récits plus simple. Rien sans doute n'empêche de croire que le poète ait lui-même peu à peu modifié et agrandi son œuvre. L'épisode de Nausicaa par exemple a bien pu n'être ajouté par lui qu'ultérieurement : mais comme nous n'avons aucun moyen de résoudre ces questions, il est inutile de les soulever.

Ainsi fut constitué l'élément primitif de l'*Odyssée :*

d'une part les récits d'Ulysse, de l'autre, avant ces récits, une sorte d'introduction dramatique, qui, en fait, les dépassait de beaucoup en importance. Ce n'était pas un poème, car il n'y avait pas de dénoûment ni même de régularité dans le développement de l'action : c'était un groupe de chants, et rien de plus. Mais ce qui en faisait déjà l'unité profonde et ce qui allait en faire la fécondité, c'était l'admirable conception du caractère d'Ulysse, c'était l'intérêt puissant que le poète avait su donner à cet immense et unique désir de la patrie et du foyer domestique, si fortement imprimé dans l'âme de son héros.

V

Il en fut de l'*Odyssée* comme de l'*Iliade*. Le premier groupe de chants qui apparut en suscita d'autres par son succès même. Mais il y eut une différence notable. Les premiers chants de l'*Iliade* laissaient entre eux des intervalles d'action que les premiers continuateurs se mirent naturellement à remplir. Ceux de l'*Odyssée* formaient une série plus continue : il n'y avait rien d'intéressant à insérer entre l'arrivée d'Ulysse chez les Phéaciens et ses récits[1] ; les récits eux-mêmes pouvaient, il est vrai, être augmentés, et ils le furent effectivement, mais ce développement ne se serait pas prolongé sans monotonie. D'ailleurs, avant de les étendre, il y avait mieux à faire : c'était de ramener Ulysse dans sa patrie. Le premier groupe de chants avait rendu le

1. On y inséra pourtant la plus grande partie du livre VIII en plusieurs fois, mais le vide même de ce développement accuse la stérilité du sujet.

personnage populaire. Or sa légende n'était pas épuisée; le vieux *Retour*, qui servait alors de matière à une poésie plus hardie, parlait aussi, plus ou moins brièvement, de sa rentrée à Ithaque et de la manière dont il avait repris possession de son palais. C'était là un thème magnifique à développer.

L'aède qui s'en chargea n'était pas complètement l'égal du premier. Il n'avait ni la même force d'imagination, ni la même grandeur naturelle; mais c'était encore un admirable poète, nourri des meilleures traditions, et doué d'un sentiment aussi délicat que profond de la vérité morale. Quelques-unes des situations qu'il a traitées ont pu lui être fournies par des chants antérieurs[1], mais la peinture des mœurs lui appartient en propre, et il y excelle.

Autant que nous pouvons en juger, il dut réaliser la pensée qu'il avait conçue en développant successivement dans des chants séparés les principales situations qui s'offraient à lui dans la légende ou que son imagination créait. Son premier mérite fut de les dégager, le second de donner à chacune d'elles une valeur propre qui la rendît à jamais attachante. C'est ainsi sans doute qu'il chantait le *Débarquement d'Ulysse* (l. XIII), *Ulysse chez Eumée* (livre XIV), la *Reconnaissance d'Ulysse et de Télémaque* (partie du livre XVI), *Ulysse en présence des prétendants* (l. XVII), *Ulysse inconnu en présence de Pénélope* (l. XIX), *Philœtios* (partie du livre XX), enfin l'*Epreuve de l'arc*, le *Massacre des prétendants* et la *Reconnaissance d'Ulysse et de Pénélope* (l. XXI, XXII et partie de XXIII), ces

---

1. Voyez la note d'Otfr. Müller (*Hist. de la littér. grecque*, t. I, p. 117) sur l'arc d'Eurytos, et aussi les notes de M. Kirchhoff sur cette partie de l'*Odyssée*. Tout cela d'ailleurs est extrêmement conjectural.

trois derniers chants étroitement unis ensemble et formant un groupe presque indissoluble. Il serait téméraire de vouloir déterminer aujourd'hui avec précision dans quel ordre chronologique les différents actes de cette longue série épique ont été produits. Dans leur état actuel, ils se font suite les uns aux autres, mais les premiers ne sont pas si indispensables aux derniers que ceux-ci n'aient pu exister d'abord sans les autres. Il est donc possible que le poète, allant d'abord aux situations principales, ait ensuite agrandi son œuvre à loisir. Tout en ce genre lui était permis, et chaque jour lui apportait son inspiration.

On peut dire que l'*Odyssée* en cet état devait avoir un charme et une beauté, qui, loin de s'être accrus dans la suite par des perfectionnements apparents, en ont été plutôt diminués. Nous voyons trop aujourd'hui, dans la seconde partie, un poète qui se donne de la peine pour mener parallèlement plusieurs récits, et en somme un certain nombre de scènes sont plus utiles que vraiment intéressantes. Au contraire tout était attachant et vivant dans ces scènes primitives qui se succédaient sans être liées. Poésie sans entrave, sans scrupule dogmatique, sans raideur d'aucune sorte, essentiellement souple et indépendante, qui choisissait librement dans un vaste sujet les parties aimables et fécondes, et n'avait aucun souci d'être complète pourvu qu'elle fût dramatique et qu'elle plût. L'imagination des auditeurs suivait celle du poète et ne lui imposait pas d'exigence pénible. Nulle habitude de prose ne se mêlait encore à ce délicieux commerce de pure poésie entre des esprits également jeunes. On ne demandait pas à l'épopée de ressembler à une chronique, ni de marcher sur une grand'route à pas comptés. Fille de l'imagination, elle avait des ailes et osait encore s'en servir pour voler. Ce n'était plus, il est vrai, cet élan superbe, qui, au temps de l'*Iliade*, la soulevait si puissamment et l'emportait dans la plus haute région de poésie ; mais c'était encore un vol charmant, plein de grâce et de fierté, qui errait au-dessus des servitudes de la terre.

S'il paraît probable que les scènes mentionnées sont l'œuvre d'un même poète, il ne faut cependant pas être trop affirmatif à cet égard. Dans un temps où l'essor poétique est uni à une docile simplicité, il se peut fort bien que l'œuvre du disciple se confonde avec celle du maître. En tout cas, en admettant que toutes les scènes principales aient été produites par un seul et même génie, il ne paraît guère possible de ne pas attribuer à des imitateurs les scènes secondaires qui les grossissent aujourd'hui. Il suffit en effet de se représenter la série de chants que nous venons d'indiquer pour comprendre combien le succès qu'elle obtint devait engager de nouveaux aèdes à la développer par des chants accessoires. Ceux-ci trouvaient place tout naturellement au milieu des précédents, et tantôt ils étaient liés dans la récitation à quelques-uns d'entre eux, tantôt ils s'en séparaient. Tous les épisodes du dix-huitième livre par exemple, la lutte avec Iros, la visite de Pénélope aux prétendants, l'insolence de Mélantho, l'outrage d'Eurymaque à Ulysse peuvent être considérés comme des additions de ce genre. Nous nous contenterons ici de signaler d'une manière générale ces chants accessoires. On les reconnaît souvent à leur caractère d'imitation ; il arrive même que des emprunts textuels plus ou moins considérables contribuent à les déceler. L'étude de ces emprunts est, pour l'*Odyssée* comme pour l'*Iliade*, une des ressources les plus importantes dont dispose la critique, quand elle veut s'instruire de l'origine et de l'âge relatif des parties du poème.

VI

Ce fut sans doute l'achèvement de l'*Iliade* qui détermina celui de l'*Odyssée*. Nous avons vu comment l'*Iliade*, en grossissant peu à peu par des chants intercalés, finit par former un ensemble qui ne pouvait plus s'étendre sans inconvénient, et comment alors, sous l'influence sans doute de l'instinct historique qui commençait à naître, quelques raccords plus ou moins habiles lui donnèrent la forme d'un poème achevé. L'*Odyssée* subit naturellement les mêmes modifications. Elle aussi tendit de plus en plus à devenir un poème.

Dans l'état où nous venons de la décrire, elle était assez notablement inférieure à l'*Iliade* en étendue. Il semble que le poète qui l'acheva ait été préoccupé du désir de rendre les deux poèmes aussi semblables que possible l'un à l'autre.

Sa création principale fut la *Télémachie*, c'est-à-dire le groupe des quatre premiers livres actuels. L'*Odyssée* primitive étant constituée comme nous l'avons dit, il était impossible, à moins d'un remaniement complet, de tirer de la légende même du retour d'Ulysse la matière d'un préambule quelconque. Les récits du héros chez Alkinoos, avec les chants d'introduction, l'embrassaient en effet tout entière. Le poète y suppléa de la manière la plus ingénieuse. Il s'avisa de grossir l'*Odyssée* par des emprunts à la légende générale du retour des Achéens, et pour cela il mit en scène quelques-uns des compagnons d'Ulysse racontant leurs aventures. Le personnage du jeune Télémaque lui servit fort heureusement à renouer cette addition à la série des chants déjà existants. En racontant ses voyages chez Nestor et Ménélas, il ajouta toute une partie préliminaire au poème. Cette addition entraîna par une conséquence naturelle des remaniements assez profonds dans la seconde partie. Comme Télémaque y jouait déjà un rôle, il fallut le ramener à Ithaque après l'en avoir éloigné ; et de là les raccords médiocrement heureux que nous avons signalés en analysant la partie du poème qui s'étend entre les livres XIII et XVI.

Si les dernières scènes du vingt-quatrième livre, c'est-à-dire la *Reconnaissance d'Ulysse et de Laerte* et le *Combat avec les gens d'Ithaque*, ne constituent pas une des additions mentionnées tout à l'heure, c'est sans doute aussi à ce poète qu'il faudrait les attribuer. L'*Odyssée* en effet, telle qu'elle allait sortir de ses mains, n'était plus une série de scènes, c'était une action complète, agencée dans toutes ses parties, et qui devait par conséquent aboutir à un dénoûment. Si ce dénoûment n'existait pas encore, il ne put faire autrement que de l'ajouter.

Grâce à ce travail d'achèvement, l'*Odyssée* devint le poème que nous possédons, sauf peut-être quelques interpolations postérieures sans grande importance. Quelles que fussent les dissemblances qui subsistaient entre ses parties, elle prit l'aspect extérieur d'une composition qui aurait été faite d'après un plan arrêté d'avance. L'arrangement de cet ensemble eut même en apparence quelque chose de plus réfléchi que celui des parties de l'*Iliade*. Cela provint de deux causes : d'abord de l'idée primitive qui avait fait d'Ulysse lui-même le narrateur de ses propres aventures, idée qui avait eu l'influence la plus profonde sur la constitution de la partie la plus ancienne du poème; en second lieu, de la manière dont le poème avait été complété par la *Télémachie*. Un heureux instinct poétique et une nécessité avaient ici collaboré, malgré l'intervalle des temps. Il n'y avait en réalité rien de savant dans la combinaison qui en était résultée.

CHAPITRE VII

LE GÉNIE ET L'ART DANS L'ODYSSÉE

SOMMAIRE.

I. Etendue et proportions du poème. Unité du sujet; marche de l'action. L'*Odyssée* moins variée que l'*Iliade*. — II. Le récit. Caractères nouveaux : moins d'émotion et plus de curiosité. Les grandes scènes : la *Tempête*, la *Mort des prétendants*. Ton général du poème : rareté des comparaisons, vraisemblance et finesse du récit. L'homme et la nature; l'habitation d'Eumée. Fantaisie. Le naturel dans le merveilleux : le Cyclope. — III. Les personnages : Ulysse; valeur poétique et morale de son caractère; sa prééminence dans le poème. — IV. Personnages secondaires : les alliés d'Ulysse, Télémaque, Eumée et Philœtios; ses ennemis, les prétendants. Personnages légendaires : Alkinoos, le roi hospitalier; Nestor et Ménélas. — V. Les femmes : Pénélope; Arété et Hélène; Nausicaa. — VI. Les dieux dans l'*Odyssée*. Ils sont plus unis et plus moraux que dans l'*Iliade*. Différences de détail. Rôle d'Athéné. — VII. La langue de l'*Odyssée*.

I

En quoi l'*Odyssée*, au point de vue de l'art, ressemble-t-elle à l'*Iliade*? En quoi s'en distingue-t-elle? Essayons de compléter et de préciser ici ce qui ressort déjà des précédents chapitres à cet égard[1].

---

[1]. Les différences entre les deux poèmes homériques ont été assez vivement senties déjà dans l'antiquité pour que deux critiques alexandrins, Xénon et Hellanicos, aient mérité le nom de *chori-*

L'*Odyssée*, considérée dans son ensemble, est, comme l'*Iliade*, un poème facile à embrasser d'un coup d'œil, εὐσύνοπτον. Même ampleur et même mesure à la fois dans le récit : lorsqu'on le lit de suite, on arrive à la fin sans avoir rien oublié d'essentiel. Comme l'*Iliade* aussi, l'*Odyssée* se partage naturellement en scènes dont l'étendue semble avoir été principalement déterminée par les habitudes de la récitation publique. Ces scènes, grâce à la manière dont le poème s'est formé, se répartissent même plus facilement en groupes que celles de l'*Iliade*, et ce groupement spontané vient encore en aide à la mémoire pour retenir la suite des événements. De là résulte que l'*Odyssée* est un des poèmes épiques les plus attrayants, celui peut-être où l'on se retrouve le plus vite et avec le moins d'effort. C'est un de ses mérites que de coûter très peu de peine pour être bien connu.

Que faut-il penser toutefois de la proportion des parties ? L'analyse nous a montré combien l'étendue des scènes particulières y est peu en rapport avec l'influence qu'elles ont sur la marche de l'action. Dans l'*Iliade*, il est vrai, on voit aussi des épisodes secondaires développés avec une ampleur qui nous étonne ; mais les grandes scènes du poème, celles qui attirent le plus le regard, sont en même temps les plus nécessaires ; chose naturelle, puisque l'action a été tout d'abord dessinée dans son entier par le poète créateur. Il n'en est pas de même dans

---

zontes en refusant d'attribuer l'*Odyssée* à Homère ; leur opinion fut vivement combattue par Aristarque. Consulter sur ce sujet Sengebusch, *Homerica dissert. prior*, p. 56 et suiv. La question ainsi posée était encore débattue au temps de Sénèque (*De brevitate vitae*, 13). Les chorizontes, peu nombreux dans l'antiquité, ont certainement pour eux la majorité des critiques modernes.

l'*Odyssée*. Là, comme on vient de le voir, les scènes particulières semblent choisies et développées bien plus d'après l'intérêt qu'elles offrent par elles-mêmes que d'après leur rapport à l'action générale. Dès le début, les longs récits de la *Télémachie* en sont un exemple frappant. Puis voici le groupe central du poème, c'est-à-dire l'arrivée et le séjour d'Ulysse chez les Phéaciens, où presque tout est épisodique, sans en excepter le VIe livre avec le rôle de Nausicaa. Dans la seconde partie, qui ne sent combien l'étendue des entretiens chez Eumée est hors de proportion avec leur importance dramatique? De même pour l'entrevue d'Ulysse et de Pénélope. De telle sorte qu'à une ou deux exceptions près, les scènes les plus connues et les plus largement développées sont aussi celles dont l'action générale du poème pourrait le plus aisément se passer. C'est là un fait qu'on ne saurait trop remarquer. Lorsqu'on loue la composition de l'*Odyssée* comme plus savante que celle de l'*Iliade*, on se laisse tromper par une simple apparence. En réalité, il n'y a de composition savante, à proprement parler, ni dans l'un ni dans l'autre des deux poèmes ; mais les fondements de l'*Iliade* ont été jetés par une main plus puissante, à qui est due l'extrême simplicité de la construction. L'*Odyssée* au contraire, plus vaguement dessinée à l'origine, s'est prêtée à des combinaisons plus complexes, mais moins profondes ; et par suite elle laisse voir plus clairement la disposition d'esprit des poètes de ce temps, pour lesquels l'action générale était en somme peu de chose, et qui s'attachaient à chaque scène selon l'intérêt qu'elle leur offrait.

Donc plus de laisser aller, en ce qui concerne les proportions, dans l'*Odyssée* que dans l'*Iliade*. En outre, une liaison moins nécessaire entre les parties.

L'*Iliade* sort tout entière d'une situation morale et, pour ainsi dire, d'une passion ; on ne saurait trop admirer la puissance et la fécondité du génie qui a tiré cette situation de la légende, qui l'a rendue tout d'abord si intéressante, et qui a marqué avec tant de vigueur les deux ou trois phases principales de son développement. Dans l'*Odyssée*, les événements du poème ne sont pas les conséquences d'une situation morale posée dès le début. La destinée d'Ulysse est indépendante de sa volonté, en grande partie du moins ; il la subit, mais il ne la fait pas ; par là même les phases de l'action sont moins fortement liées les unes aux autres.

Toutefois l'unité de l'*Odyssée* est évidente et Aristote a eu raison de la mettre en lumière comme il l'a fait. Mais elle n'appartient pas comme celle de l'*Iliade* à un seul auteur : elle est l'œuvre commune des trois poètes principaux dont nous avons distingué dans le poème actuel les inventions successives. Le plus ancien, l'auteur des *Récits d'Ulysse* et de son séjour chez les Phéaciens, en a déposé le germe dans ses chants en prêtant à Ulysse une pensée dominante, celle de rentrer dans sa maison ; l'unité totale lui doit plus qu'à tout autre. Après lui, l'auteur des principaux chants de la seconde partie a développé ce germe en prenant précisément comme sujet l'accomplissement de cette pensée d'Ulysse ; c'est grâce à lui que l'aventure du héros est devenue un tout, puisqu'il lui a donné sa fin naturelle. Enfin le poète de la *Télémachie*, loin de méconnaître ou d'oublier cette unité, a plutôt cherché à la fortifier, en faisant entrevoir et désirer dès le commencement du poème le retour et la vengeance d'Ulysse qui en forment le dénoûment.

Malgré cette collaboration si intelligente, non seulement les événements de l'*Odyssée* sont moins fortement liés que ceux de l'*Iliade,* mais ils sont aussi moins condensés. Quel que soit le nombre des épisodes dans l'*Iliade*, le tissu du poème est remarquablement serré. Tous les événements principaux y tiennent dans un court espace de temps. Depuis la promesse de Zeus à Thétis, au premier livre, jusqu'à la mort d'Hector, au vingt-deuxième, il ne s'écoule que cinq jours. Dans un récit fort étendu, l'action est pressée ; cela tient à sa nature même : une situation violente produit ses conséquences rapidement. En agrandissant les données primitives, on a dû accumuler les scènes secondaires entre des scènes principales peu distantes les unes des autres. Aussi le récit est-il chargé, parfois même avec excès. Dans l'*Odyssée* au contraire, les événements remplissent un peu plus d'une trentaine de jours ; c'est une durée six fois plus longue ; et il faut remarquer que ces événements sont fort peu nombreux, car les aventures proprement dites d'Ulysse, présentées sous forme de récits épisodiques, sont censées s'espacer dans une période de dix ans qui est en dehors du poème. Si donc l'*Iliade* est trop remplie, l'*Odyssée* ne l'est peut-être pas assez. Le développement en est trop étendu pour le sujet, et on croit y sentir dans certaines parties la préoccupation d'atteindre, en dépit de la matière, aux dimensions en quelque sorte typiques de l'*Iliade*.

Inférieure à l'*Iliade* pour la structure, l'*Odyssée* l'est aussi pour la variété. Cela est d'autant plus remarquable, qu'à considérer seulement le sujet on pourrait s'attendre à ce qu'il en fût autrement. Toute l'action de l'*Iliade* se passe dans un camp ; il semble que nous ne devions avoir sous les yeux que des scènes de guerre. L'action de l'*Odyssée* au contraire se déroule sur plusieurs théâtres très différents, tantôt sur les mers, tantôt dans une île merveilleuse, tantôt à la campagne, tantôt dans le palais d'Ulysse. Mais c'est là une variété plus extérieure que profonde. Celle qui vient du poète lui-même, de ses inventions personnelles, est moindre dans l'*Odyssée* que dans l'*Iliade*. Toute la *Télémachie* est d'un même ton, qui, malgré la brièveté relative de cette partie du poème, ne laisse pas que d'être monotone. Mais c'est surtout à partir du treizième chant jusqu'à la fin, que ce manque de variété se fait sentir. Nous ne trouvons pas là, comme dans l'*Iliade*, ces alternatives puissantes, ces scènes gracieuses ou touchantes, mêlées à des scènes passionnées, ces différences de ton et de manière qui réveillent sans cesse l'attention[1]. Rien ne révèle mieux la différence d'âge des deux poèmes. Quand l'*Iliade* se fait, la poésie épique, toute jeune encore, laisse à l'initiative de chaque poète une ample liberté ; au contraire, au temps de l'*Odyssée*, les traditions sont devenues plus assujettissantes ; l'art a ses procédés qui le rendent plus facile, mais aussi moins original : l'aède a moins d'efforts à faire, et, par une conséquence nécessaire, il est moins personnel.

Ajoutons que l'*Odyssée*, selon la remarque bien connue de Longin, est moins dramatique que l'*Iliade*.

---

1. La critique de la Harpe à ce sujet n'est pas aussi injuste qu'on l'a dit quelquefois, malgré son exagération évidente. « La marche de l'*Odyssée*, dit-il, est languissante. Le poème se traîne d'aventures en aventures, sans former un nœud qui attache l'attention, et sans exciter assez d'intérêt. La situation de Pénélope et de Télémaque est la même pendant vingt-quatre chants, etc. » (*Cours de littérature*, chap. IV, section première.) Tout cela est plutôt dur dans la forme, qu'entièrement inexact quant au fond.

La narration y tient souvent la place de l'action [1]. On ne peut nier, ce me semble, que le poème par suite ne languisse en plus d'un passage ; on y sent quelquefois ce que l'auteur du *Sublime* appelle la vieillesse d'Homère, et ce que nous appellerons, nous, l'affaiblissement, peu sensible encore, mais pourtant réel, de la poésie épique, après le grand effort qui avait produit l'*Iliade*.

II.

Ces différences générales entre les deux poèmes, nous les retrouvons jusque dans le récit. Non que l'art narratif de l'*Odyssée* soit autre que celui de l'*Iliade* ; la manière de composer un récit, de le conduire à sa fin, de le varier, en un mot l'ensemble des procédés instinctifs ou traditionnels, ne diffère pas sensiblement d'un poème à l'autre. Ce qui est nouveau dans l'*Odyssée*, ce n'est pas la forme de la narration, c'est l'esprit du narrateur.

Les grandes scènes à proprement parler, celles qui exaltent puissamment l'imagination et qui nous remuent jusqu'au fond du cœur, y sont aussi rares qu'elles étaient fréquentes dans l'*Iliade*. Et il ne faut pas dire que cela tient au sujet et à la nature même des choses. Le même sujet pouvait être traité d'une

---

[1]. *Traité du Sublime,* chap. vii (traduction de Boileau) : « De là vient, à mon avis, que comme Homère a composé son *Iliade* durant que son esprit était dans sa plus grande vigueur, tout le corps de son ouvrage est dramatique et plein d'action, au lieu que la meilleure partie de l'*Odyssée* se passe en narrations, qui est le génie de la vieillesse : tellement qu'on peut le comparer dans ce dernier ouvrage au soleil quand il se couche, qui a toujours sa même grandeur, mais qui n'a plus tant d'ardeur ni de force. »

manière toute différente. Il eût été facile à un poète d'une âme ardente, comme l'était l'auteur des scènes primitives de l'*Iliade*, d'inventer des épisodes, qui, sans modifier la marche légendaire de l'action, lui auraient donné un autre aspect. Nous imaginons sans peine une *Odyssée* où les voyages tiendraient moins de place, où le séjour chez Eumée serait à peine indiqué, et qui se concentrerait presque entièrement dans le récit de la vengeance, grossi de quelques scènes pathétiques ; un poème tragique, animé d'un souffle guerrier, quelque chose comme les *Niebelungen* hellénisés. Si le poète qui a créé l'*Iliade* avait aussi créé l'*Odyssée*, il nous semble qu'il l'aurait ainsi conçue. Nous ne pouvons soupçonner assurément tout ce que sa puissante imagination aurait tiré de son sujet, mais nous sommes certains qu'il aurait su d'une manière ou de l'autre remplir son œuvre des passions énergiques de l'*Iliade*. Il est clair qu'aucun des auteurs de l'*Odyssée* n'avait cette fougue ni cet essor de pensées. Sans doute le temps même où ils composaient les prédisposait à un goût différent. Autour d'eux, on admirait moins qu'autrefois la force du guerrier et le déchaînement brusque des passions ; on se détournait de plus en plus de la violence ; on appréciait chaque jour davantage les qualités qui sont propres à la vie civile, la justice, l'intelligence, la sociabilité. En toutes choses, l'idéal était désormais plus humain. Et dans la poésie même, on voulait moins d'âpreté, moins de grands élans peut être, mais plus de finesse, plus d'observation délicate, plus de détails vraisemblables et curieux. Le plaisir de l'esprit se mêlait de plus en plus à celui du sentiment. A coup sûr les auditeurs demandaient toujours au poète de les émouvoir, mais ils préféraient une émotion plus tempérée, qui laissait à l'intelligence la liberté de s'instruire et de reconnaître les choses dont on lui parlait. L'épopée, pour leur plaire, devait donc se rapprocher de l'histoire, c'est-à-dire de la réalité.

Il n'y a guère dans l'*Odyssée* que deux scènes, qui rappellent par des effets grandioses ou terribles certains passages de l'*Iliade* : la description de la tempête, au V⁰ livre, et celle du massacre des prétendants au XXII⁰. La première a précisément le genre de grandeur que nous avons noté dans l'*Iliade;* quelques effets simples et frappants, produits par un petit nombre de traits énergiques, qui ressortent d'autant plus que la description est moins chargée de détails :

« En parlant ainsi, Poséidon rassembla les nuages, et saisissant à deux mains son trident, il bouleversa la mer. Tous les souffles des vents se déchaînèrent à la fois de tous côtés; un voile épais de vapeurs enveloppa soudain la terre et la mer; et du ciel une masse de ténèbres descendit. Euros et Notos fondirent ensemble sur les flots, et avec eux Zéphyre au souffle terrible, et Borée né au plus haut des cieux, roulant devant lui les flots amoncelés[1]. ... Comme en un jour d'automne, quand Borée chasse à travers la plaine des ronces arrachées aux buissons, qui s'enlacent étroitement en faisceau, ainsi, à travers la mer, les rafales poussaient Ulysse çà et là; et tantôt le vent du Midi le lançait comme un jouet au vent du Nord, tantôt le vent d'Est le livrait au vent d'Ouest qui le chassait devant lui[2]. »

Toutes les terreurs et toutes les violences de la tempête sont ici comme rassemblées en quelques mots. Et cette impression de grandeur ne résulte pas seulement d'un ou deux passages du récit, elle subsiste depuis le commencement jusqu'à la fin. Mais

1. *Odyssée*, V, 290-298.
2. *Odyssée*, V, 327-332.

outre que cela est exceptionnel dans l'*Odyssée*, il faut reconnaître que là même les caractères nouveaux du récit épique apparaissent. Si importante que soit par elle-même la description de la mer déchaînée, il y a quelque chose dans ce morceau qui attire davantage l'attention, c'est la fine et curieuse analyse de ce qui se passe dans le cœur d'Ulysse. Nulle part dans l'*Iliade* on ne trouverait une succession de sentiments aussi exactement déduite que celle qui remplit ces deux cents vers. Et il ne s'agit pas seulement des émotions principales, abattement, retour d'énergie, défiance, obstination, efforts héroïques, prières, élan de joie; dans chacune de ces phases, que de moments divers à distinguer! comme le poète se plaît à cette analyse toujours juste, où il excelle! Suivez-le pas à pas; voyez-le créer ingénieusement des circonstances; point de minuties assurément, mais que de finesse déjà dans cette peinture si large encore!

Si cela est vrai de cette grande scène de la tempête, combien plus encore du massacre des prétendants! Ici, la différence avec l'*Iliade* est d'autant plus frappante, qu'il y a plus d'analogie dans le sujet. Rappelons-nous les batailles épiques qui ont été précédemment étudiées. Ne semblait-il pas qu'en dehors même des passions personnelles des combattants, chacune d'elles eût sa vie propre? Les diverses heures du jour, les accidents du combat, surtout l'intervention des dieux, produisaient tour à tour dans le développement de la lutte des variations dramatiques. Derrière les rencontres individuelles, quelque chose d'immense apparaissait, la bataille elle-même, avec ses redoublements de fureur et ses alternatives de succès. Rien de semblable dans la scène du massacre. La force de la conception y éclate surtout à deux moments, au début dans l'admirable révélation d'Ulysse, à la fin, lorsque la tuerie est achevée, et que nous avons sous les yeux la cour pleine de morts et la salle pleine de sang. Quant au combat lui-même, c'est par l'étude des caractères et par l'ingénieuse invention des péripéties qu'il nous frappe. Le triomphe du poète, c'est de nous montrer d'une part la colère implacable d'Ulysse, sombre et sûr de sa vengeance, de l'autre les sentiments variés des prétendants, leur effroi, leurs vaines adresses, leur désespoir ; c'est de cela qu'il fait son drame, et celui qu'il compose est admirable. Mais l'épopée ainsi conçue fait déjà pressentir l'histoire.

Voulons-nous dire que le récit dans l'*Odyssée* manque généralement de grandeur ? Rien n'est plus loin de notre pensée. Mais c'est une grandeur plus calme et plus égale. L'*Iliade* nous ravit d'admiration, s'empare de nos âmes et les exalte puissamment. L'*Odyssée* nous élève doucement jusqu'à une région de poésie sereine, dont elle déroule devant nous les larges et curieuses perspectives.

Cette différence se marque, pour ainsi dire, extérieurement dans un fait significatif, qu'on a plusieurs fois noté. Les comparaisons abondent dans l'*Iliade*, elles sont très-rares dans l'*Odyssée*. N'est-ce pas parce que la comparaison, telle que les anciens poètes l'employaient, était une manière brillante d'idéaliser les choses, qui ne répondait plus au goût nouveau ? Le récit du massacre des prétendants offrait au narrateur bien des occasions de mettre en usage ce procédé traditionnel ; il les a toutes négligées. Le combat est raconté dans les trois cents premiers vers sans une seule comparaison, et c'est seulement à la fin, pour peindre la dispersion effarée des vaincus et l'acharnement des vainqueurs, que le poète revient par exception à l'ancienne manière[1]. Ce n'est pas tout ; non seulement le nombre des comparaisons est beaucoup moindre dans l'*Odyssée* que dans l'*Iliade*, mais en outre celles qu'on y trouve ont un caractère différent. Le plus souvent, elles servent, non plus à agrandir les conceptions, ni à orner le récit, mais à expliquer les choses représentées. Lorsque Ulysse, avec l'aide de ses compagnons, enfonce le pieu brûlant dans l'œil du Cyclope, le poète le compare à un charpentier qui à l'aide d'une tarière perce une poutre, et il nous fait voir le mouvement de l'outil, tiré alternativement dans les deux sens par deux équipes d'ouvriers[2]. Recherche d'exactitude qui prouve assez que le besoin de décrire avec précision commençait à prédominer dans la poésie sur le désir d'idéaliser. Et cela est plus sensible encore, quand, aussitôt après, le narrateur nous dépeint l'horrible blessure du Cyclope :

« Lorsqu'un forgeron plonge dans l'eau froide une lourde hache ou une doloire qu'il veut tremper — car c'est là ce qui donne au fer sa force — le métal bouillant crie au milieu de la vapeur ; ainsi l'œil du monstre sifflait autour du pieu d'olivier[3]. »

Si un des poètes de l'*Iliade* avait eu à traiter ce passage, on peut être assuré, ce me semble, qu'il n'aurait pas décrit de cette manière. Ce qui l'eût préoccupé, c'eût été de traduire par une comparaison hardie et saisissante la force de la douleur subite qu'éprouve le monstre ou l'intensité effroyable de ses clameurs. Par instinct, il aurait cherché l'effet

1. *Odyssée*, XXII, 299-309.
2. *Odyssée*, IX, 384-388.
3. *Odyssée*, IX, 391-394.

dramatique là où le poète de l'*Odyssée* cherche plutôt la justesse descriptive.

Si cette manière nouvelle est inférieure à l'ancienne par certains côtés, il faut reconnaître qu'elle a mis à la disposition des poètes des ressources qui ont bien leur prix. Ce qu'ils perdent en puissance, ils le regagnent en agrément. Les chants de l'*Odyssée* qui représentent Ulysse chez Eumée marquent vraiment l'avènement d'une poésie nouvelle. C'est dans cette partie du poème peut-être qu'il y a le moins d'action ; mais c'est là aussi que se laisse le plus délicatement sentir ce qu'on pourrait appeler le mérite propre de l'*Odyssée*. L'épopée, tout en gardant sa noblesse native, se fait là presque familière ; le poète est tout près de devenir conteur ; il se plaît aux petites choses, et il sait en dégager admirablement tout ce qu'elles contiennent d'aimable ou de touchant. La nature agreste, qu'on entrevoyait seulement çà et là dans l'*Iliade* par ces échappées de vue dont nous avons parlé, prend ici bien plus d'importance. Sans doute, ce n'est encore qu'un fond de scène, et l'action reste toujours, pour le narrateur comme pour nous, la chose principale. Mais ce fond de scène n'est pas un décor indifférent : il prête à l'action un charme particulier, et il nous occupe assez agréablement pour qu'elle puisse se ralentir sans que nous songions à nous en plaindre. Qui ne sait gré à l'épopée grecque d'avoir un peu oublié ses traditions de grandeur idéale pour nous peindre, comme elle l'a fait, la demeure rustique du bon Eumée ?

« Ulysse le trouva assis devant sa maison : là était une haute étable, grande et belle, située sur un point élevé, et accessible de toutes parts. Le porcher l'avait construite lui-même pour ses animaux, après le départ du roi, sans l'ordre de Pénélope ni du vieux Laerte ; il l'avait faite en grosses pierres et avait garni le mur de prunier sauvage. En dehors, il avait enfoncé en terre une longue série de pieux très serrés, tous taillés dans du cœur de chêne. En dedans de la cour, il fit douze hangars rapprochés, pour y loger les porcs. Dans chacun de ces hangars, cinquante truies étaient couchées sur le sol, destinées à l'accroissement du troupeau ; les mâles dormaient au dehors, bien moins nombreux, car les prétendants, divins héros, en avaient pris beaucoup pour leurs festins... Tout auprès, des chiens, semblables à des bêtes féroces, veillaient, la nuit ; ils étaient quatre, nourris par le porcher, chef des serviteurs. Eumée était occupé alors à attacher à ses pieds ses chaussures à l'aide de courroies qu'il avait coupées dans un solide cuir de bœuf. Des autres serviteurs, trois étaient allés de divers côtés avec les troupeaux de porcs ; le quatrième, Eumée l'avait envoyé à la ville, pour conduire un porc aux prétendants orgueilleux — dure nécessité — afin qu'après le sacrifice ils eussent de quoi banqueter à leur aise[1]. »

Cette représentation des choses familières, si finement exacte sans être jamais fatigante ni surchargée, nous la trouvons partout, et toujours avec plaisir, dans cette seconde partie de l'*Odyssée*. Ici, c'est la campagne ; ailleurs la grand'route, la source des Nymphes où les passants ont coutume de s'arrêter, le palais, avec ses cours, ses salles, l'appartement des femmes, les pièces où sont gardées les armes, les dépendances où vont et viennent les serviteurs. La vie rustique et celle qu'on menait alors dans les demeures des grands nous sont racontées et décrites avec une foule de détails aussi variés qu'intéressants. Voici par exemple le retour des troupeaux à l'étable et le sacrifice qui précède le repas du soir :

« Ulysse et Eumée s'entretenaient ainsi, lorsque revinrent à l'étable les troupeaux de porcs accompagnés de leurs gar-

1. *Odyssée*, XIV, 5-28.

diens. On sépara les animaux par groupes pour la nuit; et un grand bruit s'éleva quand ils se précipitèrent dans leurs étables. Alors Eumée dit à ses compagnons : — Amenez-moi le plus gras de ces animaux, afin que je le sacrifie en l'honneur de l'étranger, notre hôte. Nous en profiterons aussi, nous qui prenons tant de peine pour les élever et les garder. Le fruit de nos fatigues, ce sont des étrangers qui le consomment. — En parlant ainsi, il fendait du bois avec sa hache. Les autres amenèrent un porc de cinq ans bien engraissé, et ils le tinrent debout près de l'autel. Le porcher n'oublia pas les dieux, car c'était un homme religieux. Il jeta dans le feu, comme prémices, quelques poils coupés sur la tête du porc aux dents blanches, et il pria tous les Immortels pour que le sage Ulysse revînt dans sa maison. Puis soulevant un lourd morceau de chêne, qu'il avait mis de côté en fendant le bois, il frappa la victime; celle-ci tomba. Les hommes l'égorgèrent alors et la firent rôtir; ensuite, ils la découpèrent. Le porcher, prélevant les prémices de chaque membre, les enveloppait dans la graisse; et les saupoudrant de la farine sacrée, il les jetait dans le feu. Le reste fut partagé en morceaux et grillé sur des broches..... Le porcher se leva pour servir, car il savait ce qui est juste. Il divisa le tout en sept parts; la première, il l'offrit en priant aux Nymphes et à Hermès, fils de Maïa; les autres, il les distribua aux convives. A Ulysse, il attribua la part d'honneur, un morceau du dos du porc aux blanches dents. Et il réjouit le cœur du roi. Aussi le sage Ulysse lui dit-il : — Puisses-tu, Eumée, être aussi agréable à Zeus que tu as su l'être à ton hôte, toi qui m'honores ainsi, dans l'état où je suis. — Et le porcher Eumée lui répondit : — Mange, hôte vénérable, et profite de ce que nous avons. Les dieux peuvent donner ou refuser, selon qu'il leur plaît; car tout est en leur puissance[1]. »

Cette manière de peindre les hommes et les choses par des détails familiers, cette fine naïveté qui sait choisir, ce goût de l'exactitude piquante, cet art de donner une valeur à des actions et à des réflexions en apparence insignifiantes, voilà bien ce qui est nouveau dans l'*Odyssée* et ce qu'on ne se lasse pas

1. *Odyssée*. XIV, 409-445.

d'y admirer. Il avait fallu plus de génie sans doute pour représenter les masses d'hommes qui se heurtaient avec fureur dans la plaine d'Ilion ; mais, pour tracer ces charmants tableaux, il fallait plus d'esprit et presque autant de poésie.

Un autre trait propre aux récits de l'*Odyssée*, c'est la part qu'ils font à la fantaisie, du moins dans les chants où Ulysse raconte ses voyages. Ces longues chaînes d'aventures merveilleuses ne ressemblent guère à la série des scènes guerrières de l'*Iliade*. De narrateur épique qu'il était autrefois, le poète s'est fait conteur, presque à la façon des Orientaux. C'est là encore un des charmes propres de l'*Odyssée* : nous l'aimons pour son merveilleux, comme nous aimons l'*Iliade* pour son héroïsme.

Ce qu'il y a d'exquis dans ce merveilleux, c'est qu'il concilie constamment et sans le moindre effort deux choses qui semblent s'exclure, la naïveté enfantine des inventions et la vraisemblance morale la plus délicate[1]. Cette fine étude des sentiments que nous venons de signaler comme le trait caractéristique de la seconde partie du poème, elle est aussi partout dans ces aventures merveilleuses, mais elle y est, sans contrarier en rien la liberté gracieuse de l'imagination. Ce sont de vrais contes d'enfants que les récits relatifs aux Lotophages et aux Cyclopes, mais qu'il y a de vérité humaine et d'art inaperçu dans ces contes ! L'épisode du Cyclope est le chef d'œuvre en ce genre. Avec quelle habileté peut-être instinctive ce géant fantastique n'est-il pas placé dès le début du récit dans un milieu qui lui prête, pour ainsi dire, toute

---

1. Nous n'avons en vue ici que la partie ancienne des récits d'Ulysse, telle que nous l'avons déterminée précédemment. Pour les parties plus récentes, il faudrait faire des réserves.

la réalité dont il est susceptible! Nous ne le voyons pas tout d'abord; mais voici sa grotte, son troupeau, tout ce qui atteste la présence d'un habitant; et avec cela, en quelques mots, une sorte de description préalable du monstre, de son humeur farouche, de ses habitudes, comme pour nous accoutumer à lui :

« Quand nous arrivâmes au rivage voisin, nous vîmes devant nous, à la lisière de l'île, une grotte, tout près de la mer; elle était haute et tapissée de lauriers; des troupeaux nombreux, brebis et chèvres, y reposaient; un mur entourait leur parc; clôture formée de pierres qu'on avait dû tirer du sol, et achevée avec de longs sapins et des chênes à la cîme superbe. C'est là qu'habitait un homme gigantesque, qui gardait ses troupeaux seul à l'écart; jamais il ne se mêlait aux autres, mais il restait dans sa solitude farouche, ennemi de toute justice. C'était un monstre prodigieux; il ne ressemblait pas à un homme habitué à se nourrir de blé, mais à un pic couvert de forêts, qui se détache seul au milieu d'une chaîne de montagnes[1]. »

Le voilà bien tel que la légende naïve le représentait aux contemporains du poète, mais l'adroit conteur ne nous le laisse voir ainsi que dans le lointain. Dans toutes les scènes qui suivent, l'homme-montagne est devenu tout simplement une sorte de sauvage, d'une taille gigantesque, d'une nature inculte et grossièrement cruelle, dont la bestialité native est tempérée pourtant par une sorte d'attachement domestique pour son troupeau. Ainsi représenté, le Cyclope n'est plus un simple épouvantail, propre à terrifier des enfants, c'est un être vivant, qui devient concevable pour nous, qui est accepté par notre imagination, et qui dès lors nous intéresse tout en nous faisant horreur. Cette transformation

---

1. *Odyssée*, IX, 180-192.

s'opère insensiblement dans le récit par les détails choisis, par les entretiens, moyens bien simples en apparence, grâce auxquels le narrateur nous révèle peu à peu dans cette brute gigantesque une sorte d'âme, demi-humaine, demi-animale, où s'agitent des instincts conformes à sa nature. Voilà comment nous ne sommes pas choqués de le voir rapproché d'hommes semblables à nous, aussi vivants, aussi naturels que le sont dans le même récit Ulysse et ses compagnons.

Quel que soit donc l'aspect sous lequel nous envisagions le récit homérique dans l'*Odyssée*, nous en revenons toujours à ce mérite prédominant d'un fin naturel et d'une délicate vraisemblance. C'est par là que cette admirable composition s'est fait aimer si profondément de l'antiquité grecque avant de charmer les autres peuples. L'*Iliade* était le poème héroïque par excellence, celui dans lequel l'âme nationale reprenait sans cesse conscience de ses plus hautes qualités, mais l'*Odyssée* était à la fois un rêve charmant, qui donnait à l'imagination un délicieux essor, et le plus aimable tableau de la vie antique dans sa simplicité primitive, où tant de finesse se mêlait si agréablement à tant de naïveté.

III

Ce que nous venons de dire du récit s'applique assez bien, d'une manière générale, aux caractères des personnages[1]. Moins fortement conçus que ceux de

---

[1]. L'édition de l'*Odyssée* de Hayman contient dans l'appendice E une analyse assez détaillée du caractère des principaux personnages, Ulysse, Pénélope, Télémaque, Pallas, Antinoos, Eurymaque, Ménélas, Hélène.

l'*Iliade*, ils plaisent par une vérité délicate et souvent familière, grâce à laquelle plusieurs d'entre eux, dans des situations fort analogues, se distinguent pourtant les uns des autres.

Ulysse est le digne héros du poème, dont il soutient, pour ainsi dire, presque tout le poids. On ne saurait douter qu'avant même la naissance des premiers chants de l'*Odyssée*, son caractère n'ait été déjà assez nettement esquissé par les récits poétiques qui avaient cours. Dans l'*Iliade*, il est représenté à la fois comme brave et comme habile ; sa réputation de prudence énergique et de savoir faire est déjà bien établie ; mais rien dans le poème ne justifie l'épithète de πολύτλας, « durement éprouvé », qui y revient à plusieurs reprises. Si donc elle n'a pas été introduite dans l'*Iliade* postérieurement à l'*Odyssée*, ce que nous croyons peu probable, elle fait allusion à une légende déjà formée relative aux voyages du héros. C'est de cette légende qu'a dû sortir la première esquisse du rôle. Ulysse par conséquent s'est offert au plus ancien poète de l'*Odyssée* comme un type d'homme avisé, endurci à la peine, indomptable dans la souffrance, et constamment en possession des merveilleuses ressources de son esprit comme de celles de son courage.

Voilà ce que ce poète a reçu, mais voici maintenant ce qu'il a créé de lui-même. Cette énergie intelligente d'Ulysse, il a su la rendre vraiment dramatique, en nous la présentant, dans un récit tout nouveau, non comme une sorte de résignation passive ou de vertu naturelle, mais comme l'effort d'une volonté généreuse appuyée sur un motif profondément humain. Son Ulysse n'est pas seulement un homme qui souffre avec courage ; ce qu'il y a de vraiment supérieur en lui, c'est l'attachement à son idée, qui elle-même est au fond une affection. Il veut revoir son foyer, et rien ne peut étouffer en lui ce désir, ni même le diminuer. C'est une passion moins ardente, moins tumultueuse surtout, que celle d'Achille, mais aussi fortement enracinée. Elle tient à l'homme et c'est par elle seule qu'il agit. Quand il paraît pour la première fois dans le poème, retenu encore chez Calypso, c'est dans l'attitude de l'exilé qui n'a qu'une seule pensée, celle du pays natal :

« Tout le jour assis sur les rochers et sur le sable du rivage, usant ses forces dans la douleur, dans les larmes et dans les gémissements, il tenait ses regards attachés à l'horizon des flots, les joues humides de pleurs[1]. »

Ce regard, qui cherche Ithaque à travers l'étendue infinie des mers, nous explique du premier coup le rôle tout entier. Il y a un amour profond dans cette âme si forte et si maîtresse d'elle-même, un regret complexe, celui de la famille, du foyer, des lieux où l'on a vécu, des êtres que l'on a chéris. Lorsque Calypso cherche à inspirer du moins à Ulysse un peu d'hésitation, cet amour se révèle tout entier en quelques mots :

« Déesse, ne te fâche pas contre moi pour ce que je vais dire. Je sais, moi aussi, que Pénélope n'a point ta beauté ni ta taille divine; elle est mortelle, et toi tu es immortelle et toujours jeune. Mais malgré cela, ce que je veux, ce que je désire sans cesse, c'est de revenir chez moi, c'est de voir luire le jour de mon retour. Et si quelque dieu doit me faire souffrir encore au milieu de la mer sombre, eh bien ! je supporterai cela, car j'ai un cœur habitué à la souffrance. Déjà j'ai enduré bien des peines et bien des fatigues sur les flots et dans les combats; que ce mal nouveau s'ajoute aux maux que j'ai subis précédemment![2] »

1. *Odyssée*, V, 155-159.
2. *Odyssée*, V, 214-224.

Ulysse, dans l'*Odyssée*, est le type de l'homme qui veut parce qu'il aime, et qui réussit parce qu'il veut. Cette conception, si frappante et si noble, est d'ailleurs exempte de toute raideur. Bien loin de s'endurcir dans une sorte d'obstination méprisante et surhumaine, l'âme du héros reste ouverte à toutes les émotions. La souffrance semble toujours neuve dans ce cœur si exercé à souffrir. Rien de plus touchant que sa plainte quand la tempête le saisit au milieu de la mer :

« Ah! trois et quatre fois heureux ceux des Danaëns qui ont péri dans la grande plaine de Troie pour venger l'offense des Atrides! Moi aussi, que ne suis-je mort avec eux! Que n'ai-je vu le terme de ma destinée le jour où les Troyens en masse m'accablaient sous leurs javelots d'airain autour du cadavre d'Achille! Si j'étais tombé là, j'aurais eu de glorieuses funérailles, et les Achéens auraient célébré mon nom. Au lieu qu'à présent, voici l'horrible mort que le destin m'avait réservée[1]. »

Il gémit, il espère, il se réjouit tour à tour avec une naïveté qui nous enchante. Quel tableau que celui de sa délivrance, quand il aborde à l'embouchure du fleuve dans l'île des Phéaciens :

« Ecoute-moi, ô fleuve, quel que soit ton nom! Avec quel désir je viens à toi, échappé des flots et sauvé des menaces de Poséidon! Il est digne de la pitié des Immortels, l'homme qui vient à eux vagabond, comme je viens aujourd'hui vers tes eaux courantes, comme je me jette à tes genoux, ô dieu, brisé par la souffrance. Pitié, roi de ces eaux! je suis ton suppliant. » — Il parla ainsi; et le fleuve soudain suspendit son cours; il calma ses vagues, et devant le malheureux il étendit ses eaux en une nappe unie, et il le laissa trouver un refuge dans son estuaire. Alors Ulysse fléchit les deux genoux et laissa retomber ses bras robustes, car la vague avait brisé son

---

1. *Odyssée*, V, 303-312.

courage. Son corps était enflé, l'eau salée coulait de sa bouche et de ses narines; sans souffle et sans voix, il restait étendu sur le sol, à demi-mort; une fatigue douloureuse le pénétrait. Mais quand il eut repris haleine, quand le sentiment se réveilla en lui, il rejeta au loin l'écharpe d'Ino... et faisant quelques pas pour s'écarter du fleuve, il se coucha dans les roseaux du bord et il baisa la terre nourricière des hommes[1]. »

Sa douceur, quand il s'adresse à Nausicaa, sa dignité chez ses hôtes phéaciens, forment autant de nuances délicates dans son caractère et révèlent une nature riche dans sa simplicité.

Une fois qu'Ulysse est à Ithaque, c'est-à-dire dans toute la seconde partie du poème, sa force d'âme se montre à chaque instant par la contrainte qu'il exerce sur lui-même jusqu'au dénoûment, en se dissimulant soit à ses ennemis, soit même à ses amis. C'est un grand et touchant spectacle que celui de cet homme qui est enfin dans sa patrie si désirée et qui ne peut en jouir comme il le voudrait. Mais lorsque de plus il est insulté par le chevrier Mélantheus ou même outragé et maltraité par Antinoos, alors cette dissimulation devient vraiment dramatique, car elle implique une lutte terrible de la volonté contre la plus naturelle des passions:

« Tout en parlant, Antinoos avait lancé l'escabeau qui frappa Ulysse à l'épaule droite, entre le dos et le cou. Il resta ferme comme un rocher, inébranlable sur ses pieds. Le projectile d'Antinoos ne le fit pas même chanceler; mais, muet, il secoua la tête, sombre et absorbé dans ses pensées[2]. »

S'il y a quelque chose à reprocher à cet admirable rôle dans cette partie du poème, c'est peut-être un certain excès dans cette possession de soi-même.

1. *Odyssée*, V, 445-463.
2. *Odyssée*, XVII, 462-465.

Nous voudrions que des sentiments si durement contenus vinssent tout-à-coup à se décharger. Ils éclatent au XXII⁰ livre, au commencement du massacre des prétendants, dans l'explosion de colère par où débute cette scène :

« Ah ! chiens, s'écria le héros, vous ne pensiez pas que je reviendrais chez moi du pays lointain d'Ilios, lorsque vous ruiniez ma maison, lorsque vous faisiez violence à mes servantes, lorsque, moi vivant, vous courtisiez ma femme, sans craindre ni les dieux, qui habitent le vaste ciel, ni la vengeance future d'aucun homme. Eh bien ! aujourd'hui, tous, tant que vous êtes, vous voici aux portes de la mort[1]. »

Cela est superbe, mais nous voudrions un peu plus. Il y avait d'autres passions dans l'âme d'Ulysse que la colère et la soif de se venger. Ces affections si profondes qui sont restées vivantes dans son cœur depuis vingt ans, nous avons besoin de les voir déborder librement après cette violente contrainte. Elles se montrent assurément dans les scènes de reconnaissance de cette seconde partie. Mais il semble que le narrateur ait quelque scrupule d'insister sur ces divines faiblesses du cœur et qu'il nous en ménage le spectacle d'une manière bien parcimonieuse. Ulysse est plus tendre, plus profondément humain dans les chants de la première partie ; il devient plus dur dans ceux de la seconde, où la contrainte est une nécessité de son rôle, et l'idéal de fermeté que le poète a devant les yeux ôte à son génie quelque chose de sa liberté.

Mais quoi qu'il faille penser de ces légères défectuosités qu'on rencontre dans toute œuvre humaine, la haute valeur poétique et morale de ce caractère ressort d'elle-même et frappe immédiatement tous

---

1. *Odyssée*, XXII, 35-41.

les yeux. Si les épreuves d'Ulysse sont d'une nature exceptionnelle, elles ressemblent cependant à toutes les épreuves possibles par les souffrances qu'elles infligent à celui qui en est victime et par les qualités morales ou intellectuelles qu'elles l'obligent à mettre en jeu. Nous avons donc là sous les yeux l'exemple d'inquiétudes, de regrets, d'angoisses, de craintes, d'humiliations plus ou moins analogues à celles qui se rencontrent dans toute existence humaine ; à ce point de vue, le rôle d'Ulysse est unique dans l'épopée ; il nous offre comme un raccourci des épreuves et des douleurs auxquelles nous sommes sujets, et il nous donne le spectacle fortifiant du triomphe de l'intelligence associée à l'énergie. On sait combien l'antiquité en a été frappée. Même sans la *Télémachie*, l'*Odyssée* aurait été populaire dans le Péloponnèse et particulièrement à Sparte ; une allusion qui subsiste encore dans un fragment du poète Alcman prouve qu'elle y fut bien connue et aimée[1]. Rien de plus naturel. Le héros de l'*Odyssée* était en quelque sorte le type de la vertu lacédémonienne, avec moins de raideur toutefois et plus d'adresse. Plus tard la philosophie a repris cette idée et l'a encore exagérée. Elle a semblé prêter aux vieux poètes des intentions d'enseignement qu'ils n'ont pu avoir et qui auraient nui à leur exquise naïveté[2]. La poésie homérique ne tenait pas école de morale. Mais comme toutes les grandes poésies, elle servait la morale en représentant la vie humaine qui ne s'en sépare pas. Dans cet ordre d'idées, la

---

1. *Poet. lyrici græci* de Bergk, *Alcman*, fr. 41.
2. Horace, *Épîtres*, I, 2, v. 17 et suiv.
   Rursum quid virtus et quid sapientia possit
   Utile proposuit nobis exemplar, Ulyssem.

figure héroïque d'Ulysse est une des plus nobles qu'elle ait créées.

IV

Le sujet même de l'*Odyssée*, non moins que la conduite du poème, donne au personnage d'Ulysse une prééminence peut-être excessive.

A côté de son rôle, il n'en est aucun qui ait l'importance des rôles secondaires de l'*Iliade*. C'est même là une des causes qui font que ce dernier poème est plus varié. On ne saurait comparer, au point de vue dramatique, ni Télémaque, ni Eumée, ni Antinoos à Agamemnon, à Diomède, à Hector, à Priam. Tout ce qui paraît dans l'*Iliade* est grand ; dans l'*Odyssée*, il n'y a de grandeur que chez Ulysse ; il suffit que les autres personnages soient vrais et diversement intéressants.

Nommons d'abord Télémaque, puisqu'il remplit les premiers chants et reste en scène depuis le commencement jusqu'à la fin. Ce que nous avons conjecturé de la formation du poème explique les incertitudes de son caractère. Télémaque n'a dû figurer d'abord dans les chants primitifs de la seconde partie qu'à titre d'auxiliaire indispensable de son père, par conséquent dans une situation subordonnée. Plus tard, l'auteur de la *Télémachie* et des raccords de la seconde partie en a voulu faire un véritable personnage d'épopée. Il semble s'être inspiré principalement pour cela du rôle du jeune homme dans le vingt-et-unième chant actuel. Il a voulu représenter en lui, au point de vue moral, la transition entre l'adolescence et la virilité. Conception singulièrement difficile à réaliser, puisqu'elle excluait d'avance tous les traits accusés qui conviennent le mieux à la grande poésie épique. On ne peut nier ni le succès partiel du poète, ni les défauts de son œuvre. Son Télémaque ne nous est pas indifférent : il y a en lui une sorte d'ingénuité fière qui nous attache, et en même temps un sentiment de sa faiblesse qui parfois le rend touchant. Mais avec cela, nous ne le comprenons pas entièrement. On ne sait trop ce qu'il veut ni ce qu'il attend de sa mère. Il y a même à cet égard de véritables contradictions dans le poème[1]. Qu'elles proviennent de surcharges plus ou moins récentes, cela se peut ; mais ces surcharges mêmes auraient été impossibles si la conception première eût été plus nette. — A côté de Télémaque, il suffit de mentionner le vieux Laerte, dont il n'est question que dans la seconde partie du poème. Il ne paraît en personne qu'au vingt-quatrième chant. Tout son rôle est contenu dans une seule scène, bien touchante, celle de sa reconnaissance avec Ulysse. Elle a le tort peut-être de renouveler un genre d'émotion que les récits antérieurs ont à peu près épuisé. Mais isolée de ce qui précède, elle échappe à cet inconvénient, et elle garde le charme éternel de tout ce qui est vrai et profond.

Toutefois, parmi les auxiliaires d'Ulysse, celui qui tient le premier rang, ce n'est ni son père Laerte, ni même son fils Télémaque, c'est l'excellent serviteur que Fénelon appelait gracieusement « le bonhomme Eumée »[2]. Si l'on admet que la création

---

1. Comparer notamment, XIX, 530, avec l'ensemble du caractère. Nulle part, dans l'*Odyssée*, Télémaque ne joue auprès de sa mère le rôle indiqué par ces vers.
2. Fénelon, *Lettre à l'Acad.*, art. V. « Cette simplicité de mœurs semble ramener l'âge d'or. Le bonhomme Eumée me touche bien

du personnage d'Ulysse appartient surtout à l'auteur du groupe primitif, on serait tenté de dire que le rôle d'Eumée est le chef d'œuvre du poète de la seconde partie. Plus fin moraliste et plus agréable conteur que narrateur pathétique, il a trouvé dans la peinture de ce caractère l'occasion d'utiliser ses plus charmantes qualités. Eumée est un vieillard ; les grandes passions sont étrangères à son âge comme à sa situation ; c'est donc surtout par le fin naturel des sentiments qu'il devait plaire, et le poète qui l'a représenté y a pleinement réussi. Il agit peu et ce qu'il fait est de médiocre importance. Mais il nous intéresse et nous attache sans agir. Son dévouement et sa fidélité à l'égard d'Ulysse et des siens n'ont rien de servile. C'est chez lui un sentiment ancien et profond qui a grandi peu à peu ; la reconnaissance et l'intérêt même y ont eu part au début ; puis l'habitude s'est formée, et avec l'âge cette affection respectueuse est devenue comme une seconde nature ; l'absence d'Ulysse, les malheurs de Pénélope et de Télémaque l'ont avivée. Eumée joue auprès d'eux le rôle d'une sorte de protecteur, bien humble et bien impuissant, mais utile pourtant par son expérience et son dévouement. Il veille avec un soin jaloux sur le bien de son maître absent. Il est bon, hospitalier, pieux, et avec cela actif comme il convient à un homme chargé d'intérêts importants, défiant ou tout au moins prudent, comme on l'est toujours plus ou moins quand on a beaucoup vécu. Il aime à parler, ce qui est bien de son âge, et il parle surtout de son maître, dont sa pensée ne se détache jamais. On est ravi de voir comment le

---

plus qu'un héros de *Clélie* ou de *Cléopâtre*. Les vains préjugés de notre temps avilissent de telles beautés. »

poète a su faire de lui une figure épique et lui prêter même une sorte de majesté patriarcale sans le grandir pourtant au delà des convenances de sa condition. — Le bouvier Philœtios n'apparaît pas dans le récit avant le XVᵉ chant. Son rôle est donc beaucoup moindre que celui d'Eumée, auquel il ressemble par son dévouement. Il se peint tout entier dans les paroles qu'il adresse d'abord à Ulysse sans le connaître (XX, 199-225). Rien de plus délicatement observé que la manière dont le souci de son intérêt personnel se mêle au regret qu'il a de ne pas voir revenir son maître. C'est une nature droite et honnête, bien qu'un peu vulgaire, un bon et courageux serviteur, dont le poète n'a pas voulu faire un héros. — Ajoutons qu'on aime chez ces deux humbles personnages la simplicité de la vie antique, une résignation courageuse aux peines nécessaires, l'acceptation du labeur quotidien, l'attachement au foyer. Tout un état social dont l'histoire ne nous dit rien revit en eux. C'est là une cause accessoire d'intérêt, qui est puissante.

Le groupe des ennemis d'Ulysse est inférieur en valeur poétique à celui de ses amis. Le poète qui a créé les chants fondamentaux de la seconde partie de l'*Odyssée* n'avait rien de l'esprit d'Archiloque. Il était sans doute trop bon lui-même pour bien représenter les méchants. Les prétendants sont dans le poème ce qu'ils ont dû être dans la légende, une foule bruyante, dissipée, insolente parfois, mais ils n'ont pas la rudesse de mœurs ni la violence d'instincts que suppose leur rôle. Quand Horace les qualifie en badinant de *nebulones*[1], il emploie une expression juste, bien que légère. Ce sont en effet de

---

1. Horace, *Épîtres*, I, 2.

« mauvais sujets » plutôt que des méchants. Quels sont leurs sentiments à l'égard de Télémaque? Ils veulent le faire périr, sans doute, mais il n'y a pas une scène où leur haine s'exprime d'une manière qui la rende effrayante. On la suppose parce qu'elle est nécessaire, plutôt qu'on ne la sent. Il faut ajouter que parmi eux il n'en est presque aucun qui ait une physionomie très distincte. Antinoos et Eurymaque sont à peu près les seuls qui ne se confondent pas dans la foule. La scène de l'outrage qui met en lumière la dureté insolente d'Antinoos est une des plus fortes de la seconde partie. Celle de l'épreuve de l'arc les montre aussi tous deux sous un aspect vivant et intéressant. Il n'en est pas moins vrai qu'il n'y a pas là en face d'Ulysse un seul adversaire digne de lui. Le poète de la *Télémachie* n'a pas surpassé à cet égard celui de la seconde partie. Plusieurs des discours tenus dans l'assemblée d'Ithaque au deuxième livre sont pleins de vigueur. Mais c'est l'action surtout qui dans une épopée doit mettre en relief les personnages prééminents.

Passons rapidement sur le rôle peu étendu des serviteurs infidèles, Mélantheus et Mélantho. Mélantheus est le modèle dont Mélantho est la copie. La courte scène du XVIIᵉ livre, où le chevrier insulte son maître déguisé, est excellente, mais ce n'est qu'une scène.

Tous les personnages dont nous venons de parler sont aussi près de la réalité que la poésie épique le permet. Il n'en est pas tout à fait de même du roi des Phéaciens Alkinoos, non plus que de Nestor et de Ménélas.

Alkinoos n'est pas à proprement parler un personnage qui ait un caractère, et il est aisé de comprendre pour quelles raisons. Les Phéaciens sur lesquels il règne sont un peuple merveilleux ; en eux se personnifient plus ou moins distinctement quelques-uns des rêves que les marins grecs d'Ionie emportaient dans leurs navigations lointaines et quelques-unes des légendes qu'ils en rapportaient. Opulence et bien-être, joie perpétuelle, palais lambrissés d'or, vergers enrichis par un été sans cesse renaissant, voilà ce que le poète primitif de l'*Odyssée* a imaginé pour les caractériser. Alkinoos par suite est moins pour lui un personnage humain, semblable aux autres, que le représentant idéal de ce peuple, tout idéal lui-même. Son seul caractère doit consister, et consiste en effet, à se montrer fastueux et hospitalier comme un monarque de féerie. C'est un roi riche et heureux, exempt de soucis, chez lequel on fait bonne chère, on danse, on écoute d'excellents aèdes et on raconte ou l'on entend des histoires merveilleuses. Horace, élève des philosophes et interprète de leurs jugements, l'en a gourmandé très mal à propos en s'adressant au jeune Lollius :

... Alcinoique
In cute curanda plus aequo operata juventus,
Cui pulchrum fuit in medios dormire dies et
Ad strepitum citharae cessatum ducere curam.

Ce qui scandalisait ainsi les moralistes grecs et latins faisait au contraire l'admiration du poète primitif comme de ses auditeurs ; et la postérité leur a donné raison au point de vue littéraire. C'est un excellent décor épique que cette vie phéacienne un instant entrevue et goûtée par le malheureux naufragé ; et Alkinoos reste pour nous comme environné de l'éclat qui rayonne dans le poème autour de lui.

A coup sûr Nestor et Ménélas n'étaient pas pour les auditeurs de l'*Iliade* et de l'*Odyssée* des personnages d'une nature aussi idéale. Mais il semble que l'auteur de la *Télémachie*, quand il voulut les représenter, se soit souvenu, volontairement ou non, de cette hospitalité d'Alkinoos qui hantait les imaginations. Il faut ajouter que l'*Iliade*, en popularisant ces héros, leur avait aussi prêté une grandeur merveilleuse que l'admiration populaire augmentait chaque jour. De là cette représentation complaisante du luxe et du bonheur glorieux qui les entourent. Ils apparaissent dans l'*Odyssée* comme des héros d'un autre âge, témoins des grandes choses du passé, jouissant en paix de leur gloire et bien supérieurs à tous les hommes qui vivent auprès d'eux.

V

Les femmes de l'*Odyssée* sont presque aussi nombreuses que celles de l'*Iliade*, et si leurs rôles sont moins pathétiques, la délicate peinture de leurs sentiments les rend néanmoins fort attachants[1].

Au premier rang parmi elles, figure Pénélope. Dans l'état actuel du poème, l'étude générale de ce caractère est rendue un peu difficile par les remaniements qui l'ont altéré. Pour en reconnaître les traits essentiels, il faut les chercher dans les scènes primitives de la seconde partie. Les plus caractéristiques sont l'*Entrevue d'Ulysse et de Pénélope*, l'*Epreuve de l'arc*, et la *Reconnaissance des deux époux*. Dans l'entrevue, Pénélope, en face du mendiant inconnu qu'elle interroge, se montre pleine de prudence et

---

1. Voir, dans l'ouvrage déjà cité de Camboulin (*Les femmes d'Homère*), les études sur Hélène, Nausicaa, Arété, Euryclée et Pénélope.

d'habileté ; son intelligence déliée, qui apparaît à la fois dans ses récits et dans ses questions, justifie l'épithète d'*avisée*, qui est comme attachée à son nom, περίφρων Πηνελόπεια. En même temps, elle plaît par le double charme de la beauté et de la tristesse. Semblable dans sa démarche aux déesses Aphrodite et Artémis, elle exprime ses regrets et sa douleur avec une dignité simple qui n'ôte rien à la force de ses sentiments. L'*Epreuve de l'arc* nous la fait voir au milieu des prétendants, imposant le respect par une sorte de noblesse royale qui est en elle ; elle règne dans le palais, elle y fait reconnaître son autorité, mais elle cède à son fils, dès que celui-ci revendique son droit. Dans la *Reconnaissance,* nous retrouvons les mêmes traits : la prudence y domine, poussée même jusqu'à une défiance qui semble excessive ; mais quand cette défiance est dissipée, la tendresse éclate et tous les sentiments contenus débordent à la fois. Voilà les traits principaux du caractère. S'ils ne font pas de Pénélope un personnage égal à l'Andromaque de l'*Iliade*, ils lui constituent du moins une noble et touchante physionomie.

Toutefois il y a, au fond de ce caractère, quelque chose d'indécis qui tient en partie à la légende même et en partie, semble-t-il, à la conception trop peu précise du poète qui a fait les principaux chants de la continuation. Pourquoi Pénélope n'oppose-t-elle pas aux prétendants un refus absolu ? Pourquoi les amuse-t-elle par des paroles trompeuses ? Que gagne-t-elle à leur laisser croire qu'elle se décidera plus ou moins prochainement en faveur de l'un d'entre eux ? Redoute-t-elle leur violence, ou réserve-t-elle l'avenir ? On se demande parfois si ces deux idées n'ont pas eu chacune leur tour dans la série des scènes auxquelles elle est mêlée. La première a surtout pour elle une sorte de tradition vague et d'impression générale mal raisonnée : au fond, il est difficile de comprendre en quoi Pénélope pourrait empirer sa propre situation ou celle de son fils en déclarant formellement qu'elle entend rester à jamais fidèle au souvenir d'Ulysse : ce sont ses propres hésitations, réelles ou apparentes, qui donnent une sorte de prétexte au séjour persistant des prétendants dans le palais. Il y a donc là dans la situation même quelque chose d'obscur qui jette une ombre sur son caractère. Il semble probable que dans la légende antérieure à l'*Odyssée*, Pénélope, au moins à l'origine, devait être partagée entre deux sentiments, le désir de contracter, dans le cas où Ulysse serait mort, une nouvelle alliance propre à lui assurer un protecteur et une maison, et l'espérance de voir reparaître encore son époux absent et perdu. Cette donnée expliquait fort bien comment ses délais n'étaient jamais des refus. Le poète de la seconde partie de l'*Odyssée* l'a trouvée trop bien établie pour la modifier profondément ; mais en fait, il a donné aux choses un tout autre aspect ; les calculs de la Pénélope primitive ont disparu et sa fidélité a pris un caractère entièrement désintéressé. La physionomie du personnage est devenue ainsi conforme à un idéal nouveau qui tendait alors à se former[1]. Toutefois ce qui restait dans ce rôle des

1. Et ainsi transformée, elle est demeurée pour la postérité ce que l'*Odyssée* l'a faite, le type de l'épouse fidèle consumée par le regret de son époux absent. Plaute, dans son *Stichus*, traduisant les *Frères amis* de Ménandre, faisait chanter à Philumena, privée, elle aussi, de son mari : Credo ego miseram — fuisse Penelopam, — soror, suo ex animo, — quae tam diu vidua — viro suo caruit. C'était un souvenir fidèle des vers admirables de la Νέκυια :

... ὀΐζυραὶ δέ οἱ αἰεὶ
φθίνουσιν νύκτες τε καὶ ἤματα δακρυχεούσῃ.

données anciennes et légendaires y a maintenu au fond une sorte de contradiction que l'art du poète dissimule le plus souvent, mais ne supprime pas.

Les autres personnages de femmes dans l'*Odyssée* sont épisodiques. Nous ne dirons qu'un mot de Calypso et de Circé, qui ont à peine droit de figurer dans ce groupe, étant immortelles. Calypso, au cinquième livre, apparaît plus comme femme que comme déesse ; le caractère est esquissé avec franchise et netteté : il y a quelques traits de passion fortement indiqués : mais ni la marche de l'action, ni peut-être les habitudes morales du temps n'ont permis au poète de les développer. Circé est fort inférieure à Calypso : il n'y a en elle ni passion, ni même, à vrai dire, aucune ébauche de caractère ; elle est magicienne, et son rôle par suite appartient plus à la fantaisie poétique qu'à l'observation morale.

Arété, Hélène et Nausicaa nous attirent bien davantage. Arété, la femme d'Alkinoos, n'est guère qu'entrevue dans le poème. Il est possible que certaines retouches aient diminué son rôle. Toujours est-il que dans son développement actuel, il ne répond pas complètement aux promesses du poète. Arété nous est présentée comme toute puissante sur l'esprit de son mari et sur celui des chefs du peuple : il semble qu'elle exerce comme une royauté morale à Skhérie. Nous la voyons, dans un passage célèbre, assise à son foyer et filant la laine, tandis que les convives se livrent dans la même salle à la joie du festin. C'est elle qui accueille Ulysse suppliant et qui l'interroge ; mais son rôle se borne là. Nous ne retenons d'elle qu'une image gracieuse et noble, qui reste dans l'esprit comme un des beaux souvenirs du poème.

Hélène est une des meilleures créations de la

Télémachie. Réconciliée avec son époux, elle a repris sa place au foyer domestique, sans que les souvenirs du passé s'élèvent entre elle et Ménélas. Si elle les rappelle pour s'accuser, il est le premier à rejeter sur les dieux la faute et à témoigner que tout ressentiment est éteint en lui. Cette situation est touchée délicatement par le poète, avec plus de grâce d'ailleurs que de force ou de profondeur. Partageant l'existence heureuse et opulente de Ménélas, Hélène participe à sa libéralité. Elle a, comme lui, pour le jeune Télémaque une bienveillance charmante, qui se distingue de celle de son époux par une nuance féminine presque maternelle, fort gracieusement indiquée.

Mais de tous les rôles secondaires de femmes dans l'*Odyssée*, il n'en est point qui soit égal en mérite à celui de la jeune Nausicaa. Un tel personnage ne pouvait évidemment figurer dans la légende, qui ne s'arrête point aux scènes purement épisodiques; il est dû tout entier à l'auteur du sixième livre actuel. C'est lui qui a conçu ce type si élégant de jeune fille, et qui a su mêler fort heureusement en elle, grâce à l'admirable délicatesse de son génie, la finesse de l'esprit, la grâce, la bonté, la timidité même avec une certaine hardiesse de race qui la distingue entre ses compagnes. Rien de plus charmant que l'adresse si féminine avec laquelle elle demande à son père la permission de sortir en char. Un songe lui a donné le pressentiment de son prochain mariage; elle veut être prête, et pour cela elle propose d'aller laver au fleuve les pièces de toile qui doivent servir à confectionner les vêtements de fête; mais ce motif vrai, elle le dissimule sous une fine invention :

« Cher père, ne voudrais-tu pas me faire préparer le char élevé, aux roues bien construites, afin que j'aille laver au fleuve les toiles fines qui ont été laissées de côté. Il faut que tu aies de beaux vêtements pour tenir ta place au conseil entre les premiers de la cité. Et tes cinq fils qui sont là dans le palais, deux sur le point de se marier, trois encore tous jeunes; ne veulent-ils pas toujours des vêtements fraîchement blanchis pour aller danser? C'est à moi de songer à tout cela[1]. »

Cette dissimulation si naturelle est aussi gracieuse que délicate. Mais à cette grâce s'ajoute une fierté hardie qui est le trait distinctif du personnage. Lorsqu'au bord du fleuve, Ulysse, sortant du fourré, apparaît tout à coup, encore couvert de l'écume des flots, les cheveux en désordre, cachant à peine sous un peu de feuillage ses membres nus et robustes, toutes les jeunes filles, saisies d'effroi, s'enfuient. Nausicaa seule reste et attend, pleine de courage et de dignité:

« Toutes tremblantes, les jeunes filles avaient fui en tous sens vers le rivage; seule, la fille d'Alkinoos resta : car Athéné lui avait mis au cœur un courage ferme, et empêchait que la crainte ne la fît fuir. Elle demeura donc, voilant son visage[2]. »

Athéné la traite ici comme les héros sur le champ de bataille, puisqu'elle ne dédaigne pas de lui inspirer une intrépidité extraordinaire. Il y a par suite de la grandeur dans ce rôle si jeune d'ailleurs et si délicat. Il y en a dans l'attitude même de la jeune fille debout, écoutant le suppliant agenouillé devant elle à distance, et bientôt le rassurant par de douces paroles. Mais le poète, toujours fidèle à la vérité, se

---

1. *Odyssée*, VI, 57-65.
2. *Odyssée*, VI, 138-141.

garde bien d'exagérer cet aspect de son personnage. Quand Ulysse, après s'être baigné et couvert d'un vêtement digne de lui, reparaît devant ses yeux, elle le contemple avec admiration, assis non loin d'elle au bord de la mer; et se penchant vers quelques-unes de ses compagnes, elle leur dit à voix basse avec cette naïveté qui est un des traits les plus charmants de la poésie homérique:

« Ecoutez-moi, chères amies ; ce n'est pas sans la volonté des dieux habitants de l'Olympe, que cet étranger est arrivé chez les Phéaciens égaux aux Immortels. Tout à l'heure, il me paraissait laid ; mais à présent il ressemble aux dieux, qui habitent le vaste ciel. Plût aux dieux qu'étant tel il voulût habiter ici pour devenir mon époux et qu'il lui plût de se fixer en ce pays[1]. »

Impossible d'indiquer plus finement cette sorte d'admiration discrète, qui n'est pas encore de l'amour, mais qui est toute prête à le devenir. Aussi le poète du VIIIe chant a-t-il été heureusement inspiré, ce me semble, quand avant le départ d'Ulysse, il a voulu amener une dernière fois Nausicaa auprès de lui.

« Elle se tint auprès de la porte de la salle, admirant Ulysse qu'elle voyait devant elle, et elle lui adressa ces paroles : — Adieu, étranger, et qu'un jour dans ta patrie il te souvienne de moi, à qui tu dois le prix de ton salut[2]. »

Dans un rôle en somme très restreint, c'est là un caractère complet, et la légèreté du dessin n'empêche pas que la physionomie ne se détache avec des traits tout personnels. Nausicaa est peut-être, après Pénélope, celui de tous les personnages féminins de l'*Odyssée* qui ressemble le plus, par la valeur morale

1. *Odyssée*, VI, 239-245.
2. *Odyssée*, VIII, 458-462.

et dramatique, par l'intensité de la vie, aux personnages de l'*Iliade*.

VI

L'homme dans l'*Odyssée* comme dans l'*Iliade*, est en rapports fréquents, pour ne pas dire incessants, avec les dieux. Ces dieux sont d'une manière générale les mêmes dans les deux poèmes; mais cette identité extérieure et mythologique couvre des différences sensibles. Benjamin Constant, dans un ouvrage célèbre, les a signalées avec force, mais non sans quelque exagération. Nous devons les relever ici sommairement [1].

Tout d'abord les dieux de l'*Odyssée* ne sont pas divisés les uns contre les autres comme les dieux de l'*Iliade*. Poséidon seul est présenté au début comme étant en dissentiment avec le reste de l'Olympe au sujet d'Ulysse. Mais ce dissentiment ne prend jamais dans le poème la forme d'une lutte ni même d'une querelle ouverte. Il est au contraire atténué partout, et il disparaît complètement au treizième livre. Il semble donc qu'au temps de l'*Odyssée*, si la croyance commune acceptait encore les discordes des dieux comme une chose possible sur la foi des grands témoignages poétiques partout répétés, une piété nouvelle et plus délicate en détournait du moins l'imagination des poètes. On ne niait pas encore ces discordes, mais on n'aimait plus à les décrire. Tandis que les auditeurs de l'*Iliade* trouvaient plaisir à voir les dieux aux prises, ceux de l'*Odyssée* préféraient se

---

1. Benjamin Constant, *De la Religion*, t. III. Bergk, dans son *Hist. de la litt. gr.*, a déjà indiqué ces différences avec précision. Nous croyons y ajouter pourtant quelques traits nouveaux.

les représenter unis. Les aèdes étaient naturellement à cet égard les interprètes du sentiment public.

Une remarque très importante à ce point de vue, c'est que les prétendants de l'*Odyssée* n'ont aucun dieu pour eux. Les divinités même qui, dans la première partie du poème, avaient des griefs contre le héros ne prêtent pas un seul instant leur secours à ses ennemis. Le fait est d'autant plus digne d'attention que bien des raisons poétiques militaient en faveur d'une conception différente. L'exemple de l'*Iliade* qui tire en partie son puissant intérêt dramatique du conflit des dieux devait engager des poètes nouveaux à faire usage des mêmes moyens; et on ne peut nier que l'intervention d'une divinité en faveur des prétendants aurait permis à un grand poète d'introduire dans les chants de la seconde partie une variété qui y fait défaut. Si donc ce moyen facile et opportun a été laissé de côté, ce ne peut être par un effet du hasard. Deux conjectures s'offrent d'elles-mêmes. Ou bien l'on n'a pas voulu montrer les dieux en lutte les uns contre les autres, et alors c'est une révélation bien remarquable de la force nouvelle que commençait à prendre l'idée de l'unité divine. Ou bien il a paru peu convenable d'accorder la protection spéciale d'une divinité à des hommes violents et injustes; mais ce second sentiment n'est pas moins nouveau que le précédent, auquel d'ailleurs il se rattache intimement. L'*Iliade* n'a point de tels scrupules. Il y a des dieux pour protéger Pâris, le ravisseur d'Hélène; il y en a même pour seconder Pandaros, quand il viole ouvertement la foi jurée. Si donc la morale, dans l'ensemble de l'*Odyssée*, a tant d'influence sur la conception du rôle des dieux qu'elle prévaut même contre des raisons d'art et de poésie, c'est là une chose tout à fait caractéristique, qui dénote certainement un progrès des idées entre les deux poèmes.

A ces remarques générales, on pourrait ajouter beaucoup d'observations de détail qui appartiennent plutôt à la mythologie qu'à l'histoire littéraire. Il suffira de signaler ici d'un mot les principales. Iris porte les messages de Zeus dans l'*Iliade*; c'est Hermès qui remplit le même office dans l'*Odyssée*. Les idées relatives au séjour des morts semblent beaucoup plus précises dans le second poème que dans le premier. Les manifestations des dieux elles-mêmes y sont différentes. L'*Iliade* montre volontiers leur puissance sous une forme plus sensible et par conséquent plus matérielle. Nous y voyons Apollon descendant à grands pas de l'Olympe et semblable à la nuit; nous entendons le bruit de son carquois; Arès est un guerrier gigantesque, dont le cri est égal à celui de plusieurs milliers d'hommes; Héré terrifie aussi ses ennemis par la puissance de sa voix; Poséidon parcourt les mers sur un char magnifique, suivi de tout un cortège monstrueux et fantastique. Cette façon de réaliser en quelque sorte la puissance des dieux, de la mesurer aux sens de l'homme et de la lui faire voir ou entendre, est familière aux poètes de l'*Iliade*; elle s'offre d'elle-même à leur imagination. Si au contraire elle apparaît çà et là dans l'*Odyssée*, c'est à l'état de souvenir, dans des descriptions traditionnelles ou dans des passages imités, mais elle ne s'y rajeunit plus dans des créations nouvelles, parce qu'elle a cessé de répondre au sentiment public. D'un poème à l'autre, l'intervalle s'est fait plus grand entre le ciel et la terre.

Le rôle d'Athéné est particulièrement à considérer dans l'*Odyssée*. Nous ne voyons pas dans l'*Iliade* une divinité liée avec un mortel par une sympathie aussi intelligente. En général les dieux de l'*Iliade* ne rendent pas raison de leurs faveurs ou de leurs préférences ; on sent qu'elles se fondent sur des traditions ou des légendes que le poète accepte sans chercher autrement à s'en rendre compte. Héré est la déesse d'Argos, Apollon est le dieu de Pergame ; ils prennent parti pour leur ville. L'Athéné de l'*Odyssée* est tout autre. Entre Ulysse et elle, il y a sympathie de nature, et leur amitié est faite d'intelligence. C'est une déesse d'esprit qui aime un homme d'esprit. La scène du treizième livre où la déesse et le mortel s'entretiennent familièrement ensemble, et où Athéné jouit des inventions imperturbables de son protégé est tout à fait nouvelle dans la poésie grecque. L'*Iliade* ne nous offre rien de semblable. On y sent une religion qui s'épure. La puissance divine s'y allie par un instinct nouveau à l'intelligence humaine, elle se donne à elle comme à l'objet naturel de sa préférence. Philosophie encore inconsciente, dont l'instinct poétique est le révélateur.

Mais, chose remarquable, le rôle de la déesse n'est pas en rapport, dans le développement du récit, avec l'idée de cette alliance. Athéné, qui s'est faite l'amie d'Ulysse, n'agit pas pour le secourir d'une manière digne d'elle. Son intervention est rare et faible. Elle change et rechange ses traits extérieurs, elle vient l'éclairer lorsqu'il transporte les armes, elle apparaît enfin un instant sous la figure de Mentor pendant le massacre des prétendants. Quels que soient les auteurs des morceaux auxquels nous faisons allusion, aucun d'eux n'a pu imaginer une scène où le rôle de la déesse eût la grandeur que nous attendions. Etait-ce seulement insuffisance de leur part? ou plutôt ne subissaient-ils pas là l'effet nécessaire du changement des idées? Athéné, en devenant peu à peu la représentation divine de l'intelligence, n'était plus propre à combattre parmi les hommes. Elle avait cessé d'être la robuste déesse qui faisait crier sous son poids l'essieu du char de Diomède. Sa puissance était désormais tout intérieure ; elle habitait dans l'esprit d'Ulysse ; et si elle figurait encore dans l'épopée, ce n'était plus que grâce à une convention, celle du merveilleux traditionnel.

VII

Il nous reste, pour terminer cette étude, à dire quelques mots de la langue de l'*Odyssée*[1]. Ici encore nous devons commencer par reconnaître que les ressemblances avec l'*Iliade* sont des plus frappantes. C'est le même vocabulaire, à peu de chose près, de part et d'autre ; ce sont les mêmes flexions, la même syntaxe. Certaines formes de conjugaison, qui plus tard furent d'un emploi assez commun, manquent également aux deux poèmes homériques[2]. Dans l'ensemble, il est incontestable que les chants de l'*Odyssée* et ceux de l'*Iliade* appartiennent à une même période de l'histoire de la langue grecque.

Mais une langue vivante n'est jamais immuable. Si donc les chants de l'*Odyssée*, d'une manière générale, sont plus récents que ceux de l'*Iliade*, il est impossible qu'il n'y ait pas entre les uns et les autres quelques différences d'élocution. Et il semble même que la connaissance de l'évolution ordinaire des

---

1. Voir les lexiques et ouvrages spéciaux cités plus haut (p. 259).
2. Par exemple le futur premier passif (en θήσομαι), l'optatif du futur actif, le parfait aspiré. Curtius, *das Verbum*, t. I, p. 8.

langages humains nous permette de dire d'avance en quoi elles doivent consister essentiellement. On doit voir tomber en désuétude dans l'*Odyssée* certaines formes encore florissantes dans l'*Iliade*, et d'autre part on doit y assister à la naissance de mots nouveaux, particulièrement de mots abstraits. C'est en effet ce qui a lieu.

L'*Iliade* contient un certain nombre de formules qui remontaient évidemment à un temps plus ancien. Telle est par exemple la qualification de « bon et grand » (ἠΰς τε μέγας τε), appliquée à plusieurs héros. On a remarqué qu'elle revenait vingt-cinq fois dans l'*Iliade*, et trois fois seulement dans l'*Odyssée*[1]. Le fait est d'autant plus remarquable qu'évidemment l'autorité de l'*Iliade* devait avoir pour effet naturel de faire durer davantage de telles manières de parler. Le rare emploi qu'en fait l'*Odyssée* prouve que cette autorité ne suffisait pas à réagir contre le mouvement naturel qui condamne à l'oubli les vieilles choses.

Les noms abstraits donnent lieu à des observations bien plus significatives encore. La langue homérique ne comprend qu'un nombre minime de substantifs servant à exprimer des états ou des qualités. On peut s'en rendre compte en parcourant un lexique spécial de cette langue et en remarquant combien il est rare d'y trouver à côté de l'adjectif le substantif dérivé. Toutefois l'*Iliade* est bien plus pauvre à cet égard que l'*Odyssée*. Sans vouloir dresser ici une statistique complète, nous croyons utile de donner pourtant quelques indications précises. Les terminaisons qui servent à former le plus grand nombre de substantifs abstraits dans la langue homérique

---

1. Article de H. Collitz dans la Revue d'A. Kuhn, XXVII, 2, p. 184.

sont les trois suivantes : ἰη, σύνη, et τύς. Il est curieux de comparer dans les deux poèmes ce qu'on pourrait appeler la fécondité relative de ces trois formations.

La terminaison σύνη est représentée dans la langue homérique par *vingt-six* mots ; sur ce nombre, il y en a *six* qui sont communs aux deux poèmes, *six* qui appartiennent en propre à l'*Iliade*, et *quatorze* qui ne figurent que dans l'*Odyssée*.

A la terminaison ἰη se rapportent *soixante-dix* mots de la langue homérique ; *dix-sept* sont communs aux deux poèmes ; *vingt-un* ne se trouvent que dans l'*Iliade*, *trente-deux* dans l'*Odyssée* seulement.

Enfin la terminaison τύς est représentée par *dix-sept* mots ; sur lesquels, *trois* sont communs aux deux poèmes, *cinq* propres à l'*Iliade*, et *neuf* à l'*Odyssée*[1].

Il résulte de ces indications que, pour chacune de ces trois terminaisons, non seulement le nombre des mots employés dans l'*Odyssée* est notablement supérieur à celui qui figure dans l'*Iliade*, mais de plus que l'on voit, pour ainsi dire, se développer dans l'*Odyssée,* par une extension naturelle due à l'analogie, des procédés de formation qui ne font encore qu'apparaître dans l'*Iliade*. Ces faits sont d'autant plus remarquables que certainement les poètes de l'*Odyssée* s'appliquaient à imiter la langue de l'*Iliade* et qu'ils se défendaient par tradition des expressions trop nouvelles du langage courant. C'était donc malgré eux, par la force naturelle des choses, que l'abstraction entrait peu à peu dans la langue poétique.

1. Il y a donc en somme 81 mots abstraits en ἰη, σύνη et τύς dans le lexique de l'*Odyssée* pour 39 dans celui de l'*Iliade*. La proportion est de plus du double. Il est impossible évidemment d'expliquer cela par le hasard, ni même par la différence des sujets traités.

Mais cette observation s'impose bien plus fortement encore, si, au lieu de se contenter d'une simple statistique, on examine de près l'histoire de quelques mots. Voici par exemple le terme *vérité* (ἀληθείη). Nous ne le rencontrons que deux fois dans l'*Iliade*, et encore dans les deux derniers livres (XXIII, v. 361 et XXIV, v. 407), au milieu de développements que, pour d'autres raisons, nous avons dû attribuer aux derniers temps de la formation du poème. On peut donc dire, sans exagération, que ce mot n'appartient pas à la langue de l'*Iliade*. Or il figure sept fois dans l'*Odyssée*. La différence est frappante, surtout pour un terme qui, en raison de sa signification même, a dû être appelé à un emploi fréquent, dès qu'il a été en usage[1]. L'adjectif *bienfaisant* (εὐεργός) est entièrement inconnu à l'*Iliade*; il se trouve trois fois dans l'*Odyssée*, et il y donne naissance au substantif nouveau *bienfaisance* (εὐεργεσίη). Le mot εὐφροσύνη *(joie)* n'est pas dans l'*Iliade*; nous le trouvons cinq fois dans l'*Odyssée*. N'est-il pas évident que de telles comparaisons, faciles à multiplier, nous font saisir sur le fait sinon la naissance de nouvelles idées morales, du moins une transformation décisive qui les faisait alors passer dans le domaine public[2]?

On peut donc dire en somme que la langue de l'*Odyssée* est plus abstraite que celle de l'*Iliade* et

---

1. Il faut remarquer en outre qu'il sert plusieurs fois dans l'*Odyssée* à opposer la réalité à la fiction. Cette opposition devenait sans doute alors plus nette, plus courante. Cela seul dénote un grand progrès de l'esprit critique, c'est-à-dire du jugement.

2. En outre l'*Odyssée* admet des mots que l'*Iliade* évitait sans doute d'employer comme trop nouveaux ou trop populaires, par exemple le mot φυγή qui est toujours remplacé dans l'*Iliade* par φύζα ou φόβος (φύξις ne figure que dans la *Dolonie*, où il revient trois fois).

qu'elle dispose d'un plus grand nombre de termes pour exprimer les choses créées par l'esprit. Il n'est personne qui ne comprenne immédiatement quelle est la valeur d'un tel indice soit pour la fixation de l'âge des deux poèmes, soit pour les questions relatives à leur origine.

CHAPITRE VIII

HOMÈRE ET LES HOMÉRIDES

SOMMAIRE.

I. Les biographies d'Homère. — II. L'histoire probable : l'élément éolien et l'élément ionien. Les Homérides de Chios. — III. Diffusion de la poésie homérique. Les aèdes. Voyages des Homérides. Les Créophyliens de Samos. — IV. Les rhapsodes. Accueil fait aux poésies homériques dans diverses cités. Lycurgue, Solon, Pisistrate. — V. De la chronologie homérique.

I

Après avoir étudié la poésie homérique en elle-même, il nous reste à rattacher autant que possible l'histoire de son développement à des lieux et à des temps déterminés[1].

S'il était prouvé historiquement qu'il y a eu un

---

[1]. On trouvera un utile résumé de ces questions avec les textes principaux et beaucoup d'indications bibliographiques dans les deux *Dissertations homériques* de Sengebusch, déjà citées plus haut. Rappelons qu'elles se trouvent en tête de l'*Iliade* et de l'*Odyssée* de G. Dindorf, dans la *Bibliothèque des auteurs grecs et latins* de Teubner. La première se rapporte spécialement aux écrits des anciens sur Homère, la seconde aux questions homériques elles-mêmes. Voir aussi Nitzsch, *Meletematum de historia Homeri*, fasc. II, pars altera, *Sententiae veterum de Homeri patria et aetate accuratius digeruntur*, Kiel, 1834.

grand poète nommé Homère, nous devrions, d'après nos précédentes conclusions, essayer de déterminer à présent quelle a été sa véritable part dans la formation soit de l'*Iliade*, soit de l'*Odyssée,* soit de l'un et de l'autre poème, et il est clair que la solution de ce problème résulterait assez naturellement de ce qui a été dit jusqu'ici. Mais il s'en faut de beaucoup qu'il en soit ainsi. Les traditions anciennes relatives à Homère présentent en grande partie le caractère de fables, et ce qu'elles renferment de vérité historique semble s'appliquer bien moins à un homme qu'à une succession de poètes. Nous devons tout d'abord les faire connaître sommairement, et nous essaierons ensuite d'y démêler, à travers la légende, ce qui peut appartenir à l'histoire.

Il nous reste huit biographies ou notices anciennes ayant Homère pour objet[1]. Il y a quelque intérêt à analyser, comme un spécimen du genre, la plus considérable, — celle qui porte, bien à tort, le nom d'Hérodote.

C'est une sorte de roman biographique, qui n'est pas absolument dénué de mérite. Au moment de la fondation de Kymé en Eolie, nous dit l'auteur, il se fit là un grand rassemblement de Grecs d'origines diverses ; parmi eux était un pauvre Magnésien, Mélanopos, fils d'Ithagène, fils de Kréthon ; il épousa à Kymé la fille d'Omyrès ; de ce mariage naquit Kréthéïs, qui devait être la mère du poète. Voilà donc les ancêtres d'Homère déterminés ; ce sont des

---

1. Westermann, *Vitarum scriptores*, I-VIII, Brunswick, 1845. La seconde biographie, celle du Pseudo-Plutarque, n'est reproduite qu'incomplètement dans cette collection. — Consulter sur toutes ces biographies la première dissertation de Sengebusch, p. 1-13.

Ioniens d'un côté et des Eoliens de l'autre. Mélanopos, en mourant, confie sa fille déjà grande à son ami Kléanax d'Argos. Bientôt Kréthéis devient enceinte du fait d'un inconnu. Kléanax, ne pouvant la garder chez lui, l'envoie alors dans la ville nouvelle de Smyrne, chez son ami le béotien Isménias[1]. C'est à Smyrne, sur les bords du fleuve Mélès, que naît l'enfant de Kréthéis, et en souvenir de cette circonstance il est appelé Mélésigène. Ainsi le père reste ignoré, l'auteur ne connaît que la mère et le lieu de naissance. Quant à l'enfant, sa vie commence d'une manière heureuse. Il est recueilli avec sa mère, à Smyrne même, par le maître d'école Phémios; devenu bientôt après l'époux de Kréthéis, Phémios fait l'éducation de Mélésigène. Celui-ci montre dès son enfance de merveilleuses aptitudes. Arrivé à l'âge d'homme, il voit mourir son second père et sa mère Kréthéis, mais il recueille leur héritage, et continue à Smyrne avec un grand succès la profession de Phémios. La réputation de son école attire vers lui les étrangers qui venaient commercer en Ionie. Parmi eux se trouve un marchand de Leucade, Mentès, homme intelligent et instruit, qui se lie avec le jeune maître, le décide à quitter son école et sa ville natale pour voyager et s'instruire en observant.

Représentons-nous donc Mélésigène parcourant le monde, comme Ulysse, sur le vaisseau de Mentès; sa vive curiosité s'intéressait à tout, il questionnait tout le monde, et sans doute même, nous dit gravement l'auteur, « il prenait des notes sur ce qu'il voyait[2]. » En revenant de Tyrrhénie et d'Ibérie, les

---

1. Le souci de la vraisemblance se fait sentir jusque dans ces fantaisies : Isménias est essentiellement un nom thébain ; Kléanax convient bien à la glorieuse Argos.

2. § 6 : Εἰκὸς δέ μιν ἦν καὶ μνημόσυνα πάντων γράφεσθαι. Il nous a

voyageurs relâchent à Ithaque. Mélésigène y est atteint d'une affection de la vue, qui oblige Mentès, partant pour Leucade, à le laisser là, confié aux soins de son ami Mentor. C'est pendant ce séjour à Ithaque, dans la maison hospitalière de l'honnête Mentor, que Mélésigène recueille les traditions relatives à Ulysse. Bientôt Mentès revient, reprend son ami plus ou moins guéri, et leurs voyages recommencent, jusqu'au jour où à Colophon le pauvre Mélésigène devient complètement aveugle. Il retourne à Smyrne, et c'est alors qu'il débute comme poète.

Là aussi commencent ses malheurs. Réduit à la misère par suite de son infirmité, il mène désormais une vie errante. Nous le suivons d'abord à Néontichos, où il est accueilli par le bon Tychios, ouvrier en cuir, qui devait un jour figurer dans l'*Iliade* comme fabricant du bouclier d'Ajax. Il récite là, pour gagner son pain, la *Thébaïde* et les *Hymnes*; l'auteur dit avoir vu encore la place où il s'asseyait; un peuplier noir y avait poussé depuis lors. De Néontichos, Mélésigène revient à Kymé, patrie de sa mère, et dans cette ville, comme à Néontichos, il charme ses auditeurs par ses poésies et ses entretiens; on s'assemblait autour de lui dans les « leschés des vieillards »; encouragé par ses admirateurs, il ose demander au sénat de la ville de lui assurer l'hospitalité au nom de l'État, promettant de payer en gloire ce qu'on ferait pour lui. Mais les sénateurs de Kymé n'étaient ni intelligents ni généreux. L'un d'entre eux fit valoir que si l'on recueillait ainsi tous les

---

précédemment avertis que probablement il songeait déjà à s'adonner à la poésie : ἴσως γὰρ καὶ τῇ ποιήσει ἤδη τότ' ἐπενόει ἐπιθήσεσθαι.

aveugles (ὁμήρους)[1], les caisses publiques seraient bientôt vides. Mélésigène ne gagna donc à sa démarche que le nom d'aveugle (Ὅμηρος), qui lui resta désormais. Devenu ainsi Homère, il s'éloigne de Kymé, après avoir exhalé sa douleur et son indignation dans des vers qui nous sont rapportés, et il se rend à Phocée. Là, mêmes récitations dans les leschés. Son succès inspire au maître d'école Thestoridès[2] l'idée d'un marché singulier. Il propose au poète de le nourrir, à condition que celui-ci lui permettra de s'attribuer ses poésies. Homère accepte, et compose pour lui la *Petite Iliade* et la *Phocéide*. Avec ce bagage poétique, Thestoridès abandonne Phocée et va s'établir à Chios, pensant avec raison qu'il se ferait plus aisément passer pour poète devant des auditeurs qui ne le connaîtraient pas. Il réussit en effet, et bientôt le bruit de ses succès pousse Homère à quitter Phocée pour aller à Chios démasquer l'imposteur. Il se rend dans cette intention à Erythrées, y trouve des pêcheurs qui refusent d'abord de le transporter, mais qui bientôt, rejetés à la côte par le vent et les flots, sont forcés de céder à ses prières. Ils le prennent avec eux et le déposent sur le rivage de Chios près de Bolissos.

Accueilli par le pauvre chevrier Glaucos, Homère le charme par ses récits. Glaucos le conduit à Bolissos et l'introduit auprès de son maître, qui confie au poète errant l'éducation de ses enfants. Homère

---

1. L'auteur nous assure que les gens de Kymé appelaient ainsi les aveugles. Ce témoignage, confirmé par la seconde biographie qui est attribuée à Plutarque et par celle de Proclos, n'en reste pas moins fort suspect.

2. On remarquera que ce maître d'école porte le nom patronymique de Calchas (*Il.*, I, 69).

compose pour eux la *Batrachomyomachie* et d'autres poésies du même genre, qui le font bientôt connaître jusque dans la ville même de Chios. Thestoridès effrayé s'enfuit; et Homère vient alors s'établir comme maître d'école à Chios, où il amasse quelque fortune, se marie, et devient père de deux filles. C'est là qu'il compose l'*Iliade* et l'*Odyssée*, où il fait figurer par reconnaissance ses anciens amis Mentès, Mentor, Tychios. Sa renommée se répand dans toute la Grèce, et pour en jouir, il forme le projet de se rendre soit à Athènes, soit à Argos. Il se met en mer et débarque d'abord à Samos; une prêtresse l'écarte d'un sacrifice, et il la maudit; au contraire, une phratrie l'admet à son banquet de fête, et il la récompense par des éloges gracieux. C'est là aussi qu'il compose pour des potiers le Κάμινος, et qu'au retour du printemps, accompagné d'une troupe d'enfants, il va chanter de porte en porte, devant les maisons des riches, l'Εἰρεσιώνη. Il s'embarque cependant pour Athènes. Un malaise le force à relâcher dans l'île d'Ios, où des enfants lui proposent une énigme qu'il ne peut résoudre. Sa maladie s'aggrave, et il meurt à Ios. Un tombeau lui est élevé sur le rivage par ses compagnons de vaisseau et ses compatriotes. L'auteur achève son récit en démontrant à sa façon qu'Homère était Eolien et non Ionien, et qu'il naquit six cent vingt-deux ans avant l'expédition de Xerxès (en 1102 av. J.-C. par conséquent).

Il est bien superflu, après cette analyse, de démontrer que ce conte n'est pas d'Hérodote, malgré l'annonce du début[1]. Non seulement l'auteur n'est pas d'accord avec le grand historien sur la chrono-

---

1. Ἡρόδοτος Ἁλικαρνασσεὺς περὶ Ὁμήρου γενέσιος καὶ ἡλικίης καὶ βιοτῆς τάδε ἱστόρηκε, ζητήσας ἐπεξελθεῖν εἰς τὸ ἀτρεκέστατον.

logie homérique ni sur la façon de considérer les poèmes du cycle, mais, ce qui est bien plus grave, il n'y a rien de commun entre la bonne foi simple de l'un et les combinaisons industrieuses au moyen desquelles l'autre dissimule son ignorance des faits réels. Son roman est visiblement composé de trois éléments, qui sont : quelques traditions locales de Kymé, de Phocée, de Smyrne, de Néontichos, de Chios, de Colophon ; quelques poésies anciennes d'origines diverses, épigrammes, fragments épiques, inscriptions, oracles, chants populaires, énigmes, qu'il s'arrange pour introduire dans son récit ; enfin ses inventions personnelles, empruntées soit à des réminiscences des poèmes homériques, soit à une vraisemblance générale qu'il apprécie à sa manière.

Voilà donc comment on traitait l'histoire d'Homère en un temps qui ne devait pas être éloigné du siècle des Antonins[1]. Le crédit obtenu par un tel récit, qui s'est transmis jusqu'à nous à travers les écoles byzantines, montre assez combien l'on était dépourvu de renseignements authentiques. C'est ce que confirment d'ailleurs les autres notices[2]. On s'ac-

---

1. La date de cette prétendue biographie est incertaine, et elle a été fort discutée ; voyez Sengebusch, *Homerica dissert. prior*, p. 8 et suiv. Il me semble qu'on y sent la manière de ces historiens sophistes qui imitaient Hérodote et dont Lucien s'est moqué. D'ailleurs l'école d'Homère à Smyrne y est évidemment conçue à peu de chose près comme l'*auditoire* d'un professeur d'éloquence. L'auteur se représente le vieux poète comme Polémon, et son personnage ressemble à ceux qui figurent dans les *Vies* de Philostrate.

2. Nous avons sous le nom de Plutarque une sorte de traité en deux livres, intitulé *Vie et poésie d'Homère* (περὶ τοῦ βίου καὶ τῆς ποιήσεως Ὁμήρου, *Plutarchi moralia*, éd. Didot, t. III, p. 100). Ces deux livres constituent en réalité deux ouvrages différents. Le premier seul est biographique. L'auteur y rapporte d'une part le

cordait à peu près, il est vrai, à représenter le vieux poète comme aveugle et errant. Mais ce n'étaient pas là des traits vraiment individuels. Ils faisaient partie du type même de l'aède : car les poètes chanteurs allaient de ville en ville, et la poésie était parfois une ressource pour ceux que la cécité privait d'autres moyens d'existence. Nous voyons figurer dans l'*Odyssée* l'aède aveugle Démodocos, et un passage de l'*Iliade* cité précédemment (p. 75) nous raconte comment les Muses privèrent de la vue le poète Thamyris ;

témoignage d'Ephore sur la naissance d'Homère, de l'autre celui d'Aristote. Celui d'Ephore s'accorde à peu près avec le récit analysé plus haut, sauf quelques détails sans importance, et une parenté fabuleuse avec Hésiode, imaginée par l'historien pour honorer sa patrie. Quant au récit imputé à Aristote, c'est une pure légende ; Homère y est représenté comme fils d'un satyre ou de quelque autre divinité champêtre ; sa mère Critheis épouse Méon, roi de Lydie, etc. Il est évident que si ces fables figuraient réellement dans le troisième livre de la *Poétique* d'Aristote, comme l'affirme l'auteur, elles y étaient rapportées comme fables par le philosophe, qui se gardait bien de les prendre à son compte. Le second livre du traité de Plutarque est une introduction grammaticale, littéraire, philosophique, religieuse, médicale, astronomique, etc., à la lecture de l'*Iliade* et de l'*Odyssée*. Il n'est pas impossible que ce curieux recueil soit une œuvre de la jeunesse de Plutarque, propre à donner l'idée de la façon dont on commentait alors la poésie épique ancienne dans les écoles.

Une autre notice se trouve mêlée au récit anonyme intitulé *Homère et Hésiode, leur origine et leur concours* (Περὶ τοῦ Ὁμήρου καὶ Ἡσιόδου καὶ τοῦ γένους καὶ ἀγῶνος αὐτῶν, dans les *Vitarum scriptores* de Westermann, n° 8, et dans l'Hésiode de Gœttling). Cela ressemble beaucoup comme genre aux inventions du faux Hérodote. C'est l'œuvre d'un lettré du second siècle, qui écrivait, semble-t-il, peu après la mort de l'empereur Adrien (§ 3). On y trouve des détails précis sur quelques poèmes perdus du cycle, et en outre d'autres poésies qui semblent anciennes et que l'auteur a mises à profit comme documents. (Voir sur cet écrit Marckscheffel, *Hesiodi fragmenta*, p. 33-42.)

enfin l'aède de l'*Hymne à Apollon Délien* se donne aussi pour aveugle. En réalité donc, lorsque l'antiquité prétend nous raconter l'histoire d'Homère, elle compose le roman de l'aède ionien. Mais elle le compose dans l'intention manifeste de concilier des traditions divergentes en accordant quelque chose à chacune d'elles, et par conséquent d'après certaines données réelles que nous devons maintenant nous appliquer à dégager.

II

Nous avons vu que l'*Iliade* et l'*Odyssée* reposaient sur une légende dont l'origine éolienne ne saurait être mise en doute. L'*Iliade* en particulier unit les traditions achéennes d'Argos à celles de la Phtiotide thessalienne. Elle est donc comme la poésie naturelle de ces Achéens qui se sont réunis pour fonder les colonies éoliennes d'Asie Mineure[1].

Si nous cherchons, parmi les légendes biographiques dont il vient d'être question, ce qui est en accord avec cette donnée capitale, nous remarquons immédiatement que les plus autorisées rapportent la naissance ou l'origine d'Homère à deux villes éoliennes d'Asie, Kymé et Smyrne[2]. Toutefois ces

---

1. Signalons simplement, à titre de curiosité, l'opinion de B. Thiersch qui fait d'Homère un Grec d'Europe, antérieur au retour des Héraclides : *Jahrbücher für class. Philologie*, t. I (1826), p. 435-468, et *Ueber das Zeitalter und Vaterland des Homer*, Halberstadt, 1824 et 1832.

2. Je dis les plus autorisées par la vraisemblance générale, et non par le crédit personnel de leurs auteurs. Car le plus remarquable des critiques homériques, Aristarque, faisait d'Homère un Athénien (2ᵃ et 5ᵉ biographie de Westermann).

deux villes n'ont pas des titres égaux. Kymé nous est représentée comme la patrie de Kréthéis, mère du poète ; c'est à cette ville que se rattache sa maternité ; mais c'est à Smyrne, au bord du fleuve Mélès, qu'elle donne le jour à son enfant, d'abord appelé Mélésigène. Phocée enfin et Néontichos, autres villes éoliennes, nous sont citées comme des lieux où il aurait séjourné. D'autre part, lorsque Homère est devenu homme, lorsque déjà la gloire lui semble assurée, Kymé le repousse et il abandonne Smyrne de lui-même pour aller s'établir dans l'île ionienne de Chios. Il n'est pas douteux que nous n'ayons là de précieux indices pour l'histoire vraie de la poésie homérique. Kymé peut être considérée avec vraisemblance comme le premier foyer de poésie héroïque dans la Grèce d'Asie ; c'est là sans doute que, dans l'âge immédiatement antérieur à *l'Iliade*, les premiers chants épiques relatifs à la guerre de Troie, au roi de Mycènes Agamemnon, au héros achéen Achille, se sont formés et répandus. En ce sens, c'est en ce pays éolien qu'Homère a été conçu, car c'est là que l'épopée future a puisé les premiers éléments de la vie, et il n'est pas indifférent de remarquer que le nom de sa mère fictive Kréthéis rappelle de près celui de Krétheus, un des fils d'Eole et l'un des ancêtres des tribus éoliennes. Kymé fut longtemps la position avancée de l'Eolide grecque avant d'en être la capitale[1] ; elle tint tête aux Pélasges de Larissa et elle bâtit contre eux la forte place de Néontichos (le nouveau rempart), qui finit par les réduire. Au milieu de ces populations guerrières naquirent les chants rudes et belliqueux, qui furent la source prochaine des grandes inspirations de *l'Iliade*.

1. Strabon, XIII, 3, 2.

De Kymé, la légende nous transporte à Smyrne, toujours en pays éolien. Homère y voit le jour, mais il ne s'appelle pas encore Homère. C'est là un détail qu'il faut remarquer, car il ne s'explique que par la nécessité de respecter une tradition ancienne. A Smyrne, la légende homérique a un caractère mythique. Le nom de Mélésigène indique clairement qu'à l'origine le poète y était considéré comme le fils du fleuve[1]. C'était une manière allégorique de marquer l'origine locale de la poésie homérique ; elle était née pour les habitants de Smyrne du fleuve qui coulait près de leur ville, comme les premiers rois d'Athènes étaient nés pour les Athéniens du sol lui-même. En langage historique, cela veut dire qu'à Smyrne eut lieu la première éclosion brillante de poésie épique. Kymé n'avait produit que des chants encore rudes ; ce germe est venu éclore à Smyrne, comme l'enfant que Kréthéis portait dans son sein est venu naître sur les bords du Mélès. Est-ce à dire que les premiers chants de l'*Iliade* aient été composés à Smyrne ? Rien de moins probable, d'abord parce qu'il faudrait alors se livrer à des combinaisons plus ingénieuses que solides pour expliquer l'emploi du dialecte ionien dans ces premiers chants ; en second lieu, parce que la légende nous représente Homère composant ses grands poèmes, non à Smyrne, mais à Chios. La poésie épique de Smyrne a dû être une poésie éolienne dans la forme comme dans le fond ; elle n'a produit ni l'*Iliade* ni l'*Odyssée*, mais elle a donné naissance à des chants déjà remarquables,

---

1. Tradition conservée dans plusieurs des notices précédemment indiquées, notamment dans le Γένος Ὁμήρου qui figure sous le numéro 4 dans les *Scriptores vitarum* de Westermann : Κατὰ δ' ἐνίους (Ὅμηρος ὁ ποιητὴς υἱὸς ἦν Μέλητος τοῦ ποταμοῦ καὶ Κριθηίδος νύμφης.

sans lesquels l'*Iliade* et l'*Odyssée* seraient inexplicables. Homère a donc été là vraiment à l'école de Phémios, puisque le génie poétique éolien y a donné au génie ionien les grandes leçons dont celui-ci a si admirablement profité bientôt après.

En réalité, c'est Chios qui est la patrie d'Homère, au sens propre du mot, car c'est bien là que s'est rencontré le grand poète qui a jeté, comme nous l'avons dit, les fondements de l'*Iliade*[1]. La légende nous représente Homère abordant en premier lieu à Bolissos, sur la côte occidentale de l'île, au pied du mont Pélimnæos. Evidemment un détail aussi précis a sa signification, et cela d'autant plus qu'en venant d'Erythrées il n'était pas naturel que le poète prît terre sur ce point. Etienne de Byzance nous apprend que Bolissos était une ville éolienne. Des Eoliens étaient donc venus s'établir là au milieu de la population ionienne de l'île. Sans doute ils y apportèrent avec eux les légendes et les chants héroïques qui étaient alors florissants à Smyrne. Des aèdes éoliens de cette ville durent y être attirés dès qu'ils trouvèrent là des hommes de leur race, et ainsi la poésie épique éolienne pénétra dans Chios.

Des témoignages anciens irrécusables attestent qu'il existait à Chios dans les temps historiques un γένος qui s'appelait lui-même et qu'on appelait les *Homérides* (Ὁμηρίδαι)[2]. Que la signification de ce nom

---

1. Les principaux témoins en faveur de Chios sont Acusilaos, Pindare, Simonide et Thucydide. Pindare, semble-t-il, hésitait entre Smyrne et Chios ; on voit avec quelle raison. Consulter la première dissertation de Sengebusch, p. 157, 163, 166, 169, 140 et 147.

2. Harpocration, *Lexique*, Ὁμηρίδαι ; Strabon, XIV, 35 ; Suidas, *Lexique*, Ὁμηρίδαι ; Pseudo-Lucien, *Eloge de Démosthène*, 17 ; Scoliaste de Pindare, *Néméennes*, II, 1. On trouvera les textes

ait été étendue dans l'usage à de simples amateurs de poésie homérique, cela est possible[1], mais l'existence du γένος de Chios n'en reste pas moins un fait certain. Les Homérides se donnaient pour les descendants du poète Homère. Cette prétention, attestée déjà par le vieil historien Acusilaos, s'expliquerait fort naturellement si la poésie homérique, et par conséquent la personnalité fictive d'Homère, était l'œuvre des Homérides. C'est donc ce point qu'il faut essayer d'éclaircir. Voici en peu de mots comment on peut se représenter leur histoire et leur rôle.

Les Homérides existaient sans doute déjà à Chios comme γένος, lorsque la poésie éolienne, venue de Smyrne par Bolissos, commença à s'y répandre. D'où leur venait ce nom? Nous l'ignorons, et il serait aussi vain de le rechercher que de se demander quelle a été l'origine historique de la plupart des γένη athéniens[2]. Tous se rattachaient à un ancêtre, réel ou imaginaire, qui échappe absolument à l'histoire, les Butades à Butès, les Kéryces à Kéryx, etc. Il en était de même du γένος des Homérides de Chios avant son illustration : son ancêtre, Homéros, homme ou demi-dieu, appartenait à la même classe. C'est

---

anciens sur les Homérides rassemblés dans la seconde dissertation de Sengebusch, p. 47 et suiv.

1. Voyez la scolie de Pindare citée dans la note précédente. Cf. Isocrate, *Eloge d'Hélène*, 65; Platon, *Ion*, p. 530 (H. Est.), *République*, p. 599, *Phèdre*, p. 252.

2. Les étymologies les plus diverses ont été proposées pour le nom d'Homère (ὁμοῦ-αἴρειν, rassembler; ὅμηρος, ôtage; ὅμηρος, aveugle, etc.). Aucune n'est certaine. Et peu importe vraiment : tous les noms propres ont eu un sens à l'origine, mais les gens avisés n'ont jamais cru jusqu'ici que chacun d'eux fût, à cause de cela, une notice biographique en abrégé. — Pour la discussion de ces étymologies, voir Sengebusch, *Diss. homer. poster.*, p. 89 et suiv.

chez ces Homérides que naquirent les poésies homériques. Il se rencontra parmi eux un certain nombre d'aèdes, les uns créateurs, les autres continuateurs, auxquels doit être attribuée toute cette longue élaboration poétique qui a été analysée plus haut. Cela ne veut pas dire, comme on l'a compris quelquefois à tort, que le γένος des Homérides fut une sorte d'association d'aèdes ; nulle part en Grèce, nous ne voyons le mot γένος servir à désigner une société de ce genre. C'était simplement, comme tous les γένη, un groupe de familles qui se rattachaient à un même ancêtre ; entre ces familles, il y en avait une ou plusieurs, où, selon l'usage du temps, la discipline poétique se transmettait plus ou moins régulièrement des pères aux enfants ; tous assurément n'étaient pas poètes, mais il suffisait que chaque génération fournît un petit nombre d'hommes qui avaient à cœur de conserver et d'augmenter le trésor domestique. Ainsi s'expliquent les passages de Platon et d'Isocrate, qui représentent les Homérides comme en possession d'une sorte de dépôt de poèmes et de traditions dont ils étaient les gardiens[1]. Un de ces Homérides, Kynæthos, dont la date est d'ailleurs tout à fait incertaine, nous est particulièrement désigné comme l'auteur de nombreuses interpolations dans les poésies homériques[2]. L'auteur de l'hymne à Apollon Délien, que ce soit ce même Kynæthos ou tout autre, était certainement aussi un de ces Homérides, car il se donne lui-même pour habitant de Chios, et

---

1. Platon, *Phèdre*, p. 252 ; *Ion*, p. 530 ; *République*, p. 599 ; Isocrate, *Éloge d'Hélène*, 65.

2. Scoliaste de Pindare, *Néméennes*, II, 1 : Ὁμηριδῶν ἐπιφανεῖς ἐγένοντο οἱ περὶ Κύναιθον, οὕς φασι πολλὰ τῶν ἐπῶν ποιήσαντας ἐμβαλεῖν εἰς τὴν Ὁμήρου ποίησιν.

sa manière le rattache étroitement à la tradition de cette famille. Enfin d'autres Homérides encore, un Thestor, un Parthénios, d'ailleurs inconnus, sont mentionnés comme poètes épiques[1]. Il y a dans ces faits réunis une bien frappante concordance avec les conclusions qui ressortent de l'étude même des poèmes attribués à Homère. Ces poèmes révèlent un long travail successif, une série d'additions coordonnées ; les témoignages nous montrent à Chios, dans le γένος des Homérides, la possibilité de ce travail, l'explication vivante de ces additions si bien adaptées les unes aux autres. Nous trouvons là une série de poètes, une tradition pieusement conservée, un esprit de famille au service d'une grande œuvre poétique. Nous ne pouvons faire autrement que de leur attribuer la création et le développement de l'*Iliade* et de l'*Odyssée*.

On comprend très bien que, dans cette grande famille, l'œuvre de chacun fût anonyme. Ce n'était pas la poésie de tel ou tel, c'était celle des Homérides. Mais après plusieurs générations, quand les souvenirs personnels furent obscurcis, il devait arriver et il arriva que cette poésie de famille, qui faisait la gloire des Homérides et qui portait partout leur nom, fût attribuée par eux et par leurs auditeurs à l'ancêtre de leur γένος ; c'était en effet la poésie d'Homère, puisque ceux qui l'avaient créée étaient eux-mêmes les fils d'Homère. L'ancêtre personnifiait la famille ; la gloire commune de ses descendants lui appartenait naturellement.

---

1. Eudocie, *Violarium*, 812.

III

Ces aèdes homérides de Chios ne durent pas rester enfermés dans leur île natale. Bien qu'ils eussent là leur domicile et la source de leur poésie, ils s'en éloignaient sans cesse pour y revenir. Membres d'une famille et rattachés à un même culte, ils n'en avaient pas moins les mœurs et les habitudes qui étaient alors celles de tous les poètes chanteurs, quels qu'ils fussent.

L'aède était essentiellement nomade. Changer fréquemment de public était une nécessité de sa profession : il évitait ainsi de lasser ses auditeurs. D'ailleurs, lorsqu'il avait acquis quelque réputation, on n'attendait pas qu'il lui prît fantaisie de venir, on l'appelait, comme on appelait le médecin, ou le devin, ou le charpentier[1]. Il était reçu dans les palais des princes, et il prenait part à leurs festins ; la manière dont Phémios et Démodocos sont traités dans l'*Odyssée* montre combien leur art était apprécié d'une aristocratie, qui goûtait de plus en plus les plaisirs élégants et délicats. Nous avons reproduit ailleurs en partie (p. 96) la scène entre Ulysse et Démodocos ; on se rappelle les paroles flatteuses du héros à l'égard des aèdes : « Tous les hommes qui habitent « sur la terre, dit-il, honorent et vénèrent les aèdes « à cause des récits que la Muse leur enseigne ; car « elle aime la race des aèdes[2]. » Cette haute estime tenait, comme on le voit, à l'idée partout répandue

---

1. *Odyss.*, XVII, 382 et suiv., surtout 386 : Οὗτοι γὰρ κλητοί γε βροτῶν ἐπ' ἀπείρονα γαῖαν.

2. *Odyss.*, VIII, 479-481.

que l'aède était inspiré par les dieux. Mais il ne faut pas se méprendre sur la valeur de ce privilège ni oublier qu'en ce temps toute habileté supérieure était censée venir des dieux. Le forgeron renommé, l'architecte, le constructeur de vaisseaux passaient pour inspirés dans la pratique de leur art aussi bien que l'aède[1]. La Muse était pour celui-ci ce qu'Héphæstos ou Athéné était pour les ouvriers habiles ou les artistes ; et tout en croyant fermement à la suggestion divine, personne n'ignorait qu'il devait en grande partie son talent à un apprentissage régulier.

Il fallait en effet que l'aède sût jouer de la cithare et chanter. Il est vrai que cette partie technique de son art était fort simple. Avec un instrument tel que celui dont il disposait, l'effet musical ne pouvait être que subordonné à l'effet poétique. L'aède préludait par quelques notes qui annonçaient le chant et lui donnaient le ton ; c'était là ce qu'on appelait ἀναβάλλεσθαι (commencer)[2]. Le récit chanté suivait. Sans doute la cithare ne servait plus pendant ce récit qu'à soutenir la voix de loin en loin, car il est évident qu'il ne pouvait être question d'un véritable accompagnement. Le chant lui-même se réduisait à une sorte de récitatif[3]. L'aède s'interrompait de temps à autre, soit pour se reposer, soit pour réveiller l'attention de ses auditeurs. Ceux-ci, comme nous le voyons au VIIIe livre de l'*Odyssée*, l'encourageaient alors par des acclamations et le pressaient de continuer[4]. Ignorants des formes poétiques plus savantes

---

1. *Odyss.*, VI, 232-235.
2. *Odyss.*, VIII, 266 : Αὐτὰρ ὁ φορμίζων ἀνεβάλλετο καλὸν ἀείδειν.
3. Cette manière de chanter, la seule qui puisse convenir au récit épique, est encore celle des chanteurs serbes et russes.
4. *Odyss.*, VIII, 87, 90-91.

que l'art devait un jour produire, ils trouvaient un plaisir naïf et profond dans ces longues et pathétiques narrations, qui étaient pour eux l'image même de la vie.

Les aèdes en général n'étaient pas de simples récitateurs. Ceux de l'*Odyssée* sont évidemment conçus comme les auteurs des chants qu'ils récitent, puisque la Muse est censée les leur avoir enseignés, et on ne peut douter qu'au temps où la poésie épique était en plein essor, il n'en fût ainsi le plus souvent. Le véritable aède était donc un poète, et, outre l'aptitude naturelle, il avait besoin, à ce titre, de posséder une réelle science acquise. Cette science consistait dans la connaissance pratique de la versification, dans l'expérience de la langue épique, et enfin dans la connaissance des légendes qui formaient le fonds naturel de toute poésie. Bien qu'aucun témoignage contemporain ne nous apprenne comment se faisait l'éducation technique des aèdes, il est permis d'affirmer qu'il en était de cet art comme des autres, de la divination ou de la médecine par exemple. Les maîtres le transmettaient à des disciples, et souvent les pères à leurs enfants. Lorsque Phémios, dans l'*Odyssée*, se donne pour autodidacte[1], c'est là ou un fait exceptionnel qu'il allègue en sa faveur afin de rehausser son mérite, ou peut-être même une simple manière de parler, par laquelle il donne à entendre qu'il s'instruit lui-même des légendes nombreuses et variées, matière naturelle de la poésie.

Les aèdes du γένος des Homérides ne différaient en rien des autres. De Chios, ils durent, dans leurs voyages, porter leurs chants dans les villes de la Grèce

---

1. *Odyss.*, XXII, 347 : Αὐτοδίδακτος δ' εἰμί· θεὸς δέ μοι ἐν φρεσὶν οἴμας — παντοίας ἐνέφυσεν.

d'Asie et dans les îles voisines. Les relations des cités ioniennes entre elles favorisèrent particulièrement la propagation de leur poésie. Plusieurs de ces cités avaient gardé dans les temps historiques des traditions relatives à Homère, qui pourraient bien s'expliquer en grande partie par ces voyages et ces séjours des Homérides. L'aède de l'*hymne à Apollon Délien* venait ainsi de la « rocheuse Chios » aux fêtes de Délos, et demandait aux jeunes Déliennes d'y garder son souvenir. Les habitants de la petite île d'Ios montraient le tombeau d'Homère, et, sur la foi de leurs déclarations, les biographes font mourir le grand poète dans cette île ; quelques-uns même, parmi lesquels Aristote, croyaient que sa mère en était originaire. Il est peu probable que cette tradition n'ait aucun fondement ; sans doute elle s'explique par le séjour et la mort à Ios de quelque aède homéride, peut-être d'un des auteurs de l'*Iliade* et de l'*Odyssée*.

Bien entendu, les Homérides n'étaient pas les seuls en ce temps à composer des chants épiques. Plusieurs passages de l'*Iliade* et de l'*Odyssée* font allusion à des légendes poétiques alors en vogue ou parfois même à des chants où ces légendes étaient développées. Nous avons mentionné, à propos de la formation de l'*Odyssée*, l'influence que les chants relatifs au navire Argo semblent avoir eue sur ce poème. On y trouve également, semble-t-il, des allusions à une *Orestie*[1]. La *Thébaïde* anonyme, qui plus tard fit partie du Cycle, pourrait bien avoir été aussi, en partie du moins, contemporaine des poèmes homériques. Il est donc probable qu'à côté des Homérides qui travaillaient à l'*Iliade* et à l'*Odyssée*,

---

1. Welcker, *Episch. Cyclus*, t. I, p. 297.

beaucoup d'autres aèdes, dans les villes d'Ionie, produisaient des chants épiques, et qu'une influence réciproque des uns sur les autres s'exerçait incessamment[1]. La faiblesse de ces aèdes fut de n'être pas associés entre eux comme les Homérides. Au lieu de grandes épopées, ils ne produisirent que des chants détachés, qui disparurent bientôt, tandis que l'œuvre homérique subsistait.

Créophyle de Samos semble avoir été le chef ou l'un des membres principaux d'une famille samienne qui présente quelque analogie avec le γένος des Homérides de Chios[2]. La tradition mettait Créophyle en rapports personnels avec Homère. Selon les uns, il aurait reçu de lui, comme prix de l'hospitalité qu'il lui donna, un poème, la *Prise d'Œchalie*, qu'il aurait ensuite publié sous son propre nom avec l'autorisation d'Homère; selon d'autres, Créophyle aurait au contraire composé lui-même la *Prise d'Œchalie* et l'aurait ensuite attribuée à Homère qui aurait bien voulu en prendre par reconnaissance la responsabilité[3]. Il semble probable que cette historiette fait allusion à des relations réelles et sans doute à des échanges poétiques qui eurent lieu entre les Homérides de Chios et des aèdes de Samos. La légende d'Héraclès, dont la prise d'Œchalie n'était qu'un épisode, a certainement exercé, comme nous l'avons vu, une influence appréciable sur quelques

1. On ne sait que penser de ce Mélésandre de Milet, auteur d'un *Combat des Lapithes et des Centaures*, qu'Élien mentionne (*Hist. var.*, XI, 2) comme antérieur à Homère et qui n'est cité nulle part ailleurs. Comme il figure dans ce passage à côté de Darès le Phrygien, son existence est plus que suspecte.

2. Sur les Créophyliens de Samos, voir Welcker, *ouv. cité*, t. I, p. 219 et suiv., avec les témoignages anciens.

3. Strabon, XIV, p. 638.

parties de l'*Iliade*. D'autre part Plutarque rapporte que Lycurgue recueillit les poésies d'Homère à Samos, où elles lui furent transmises par les Créophyliens[1]. Ceux-ci étaient donc entrés alors en partage du trésor littéraire qui s'était formé originairement entre les mains des Homérides. Ce sont là des faits qui nous permettent de nous représenter avec quelque précision les échanges d'idées et de poésie que la simple vraisemblance nous obligerait d'ailleurs à concevoir, en l'absence même de tout témoignage. Pythagore eut encore pour maître à Samos un descendant de Créophyle[2]. On ne peut douter en somme qu'il n'y ait eu réellement une famille samienne, qui, sans atteindre à la gloire des Homérides, tira quelque illustration, elle aussi, d'une culture héréditaire de la poésie épique.

IV

Aux aèdes succédèrent plus tard les rhapsodes. A quel moment ce nouveau nom se substitua-t-il à l'ancien et quelle fut à l'origine sa signification essentielle? Nous l'ignorons.

L'étymologie du mot reste encore à éclaircir[3]. Une

---

1. Plutarque, *Lycurgue*, c. IV.
2. Porphyre, *Vie de Pythag.*, 1; Jamblique, *Vie de Pythag.*, 2, 9; Diog. Laerce, *Vies des philos.*, VIII, 2; Suidas, Πυθαγόρας; Apulée, *Florida*, II, 15.
3. Dès l'antiquité, quelques-uns le faisaient dériver de ῥάβδος (baguette) et de ἀείδειν (chanter), de telle sorte que le mot, d'après eux, aurait désigné originairement les chanteurs de poésie épique qui renoncèrent les premiers à la cithare et débitèrent les vieux poèmes sans les chanter, en tenant à la main une branche de laurier. Mais il est fort difficile de comprendre comment les deux

chose du moins est certaine ; c'est que les rhapsodes, comme les aèdes, récitaient des morceaux épiques divers, qu'ils ajustaient les uns aux autres de manière à en constituer des groupes. Voilà pourquoi Pindare les appelait, en jouant sur leur nom, des chanteurs de « morceaux ajustés »[1]. Aucune distinction donc ne dut être faite tout d'abord entre rhapsodes et aèdes. Mais peu à peu le mot rhapsode prit une signification plus précise. Tandis qu'on appelait indifféremment *aèdes* tous les chanteurs, aussi bien ceux qui figuraient dans les funérailles et y faisaient entendre les thrènes funèbres que les interprètes de la poésie épique, le nom de *rhapsodes* fut attribué

---

radicaux en question ont pu former le mot ῥαψῳδός ; pour échapper à cette difficulté, on avait imaginé le mot ῥαβδῳδός, cité par Eustathe, pure fantaisie grammaticale, qui n'est jamais entrée dans l'usage. D'autres, en plus grand nombre, tirent le mot ῥαψῳδός des éléments ῥάπτειν et ἀοιδή. Ici encore les lois de l'étymologie ne sont guère respectées, car le changement du π en ψ demeure inexpliqué. Au reste, en admettant la possibilité de cette formation, il y a encore doute et divergence sur l'interprétation. Que signifie ῥάπτειν ἀοιδήν ? est-ce *assembler* des morceaux divers ? ou bien *ajuster* des vers les uns à la suite des autres de façon à former un discours poétique continu par opposition aux strophes de la poésie lyrique ? ou enfin n'est-ce pas tout simplement *composer* ? L'usage homérique du mot ῥάπτειν confirmerait plutôt cette dernière hypothèse. Ῥάπτειν, en poésie, signifie, d'après le *Lexique* d'Apollonios, *combiner*, *produire quelque chose par combinaison* (μεταφορικῶς μηχανᾶσθαι καὶ κατασκευάζειν), et on trouve, dans Homère, κακὰ ῥάπτειν τινί (*Od.*, III, 118 ; XVI, 423 ; *Iliade*, XVIII, 367), φόνον, θάνατον, μόρον ῥάπτειν (*Od.*, XVI, 379, 421). Le rhapsode, en ce sens, ne serait autre chose qu'un poète. C'est avec cette signification sans doute que l'expression ῥάπτειν ἀοιδήν figure dans les vers attribués à Hésiode par le scoliaste de Pindare (*Ném.*, II, 1) : Ἐν Δήλῳ τότε πρῶτον ἐγὼ καὶ Ὅμηρος ἀοιδοὶ — Μέλπομεν, ἐν νεαροῖς ὕμνοις ῥάψαντες ἀοιδήν, — Φοῖβον Ἀπόλλωνα χρυσάορον, ὃν τέκε Λητώ.

1. *Ném.*, II, 1 : Ῥαπτῶν ἐπέων... ἀοιδοί.

exclusivement à ces derniers, et on s'habitua à ne plus les désigner autrement. Cette nouvelle dénomination prit faveur en un temps où l'usage de la phorminx commençait à être abandonné dans les récitations épiques. Sans doute les progrès nouveaux de la musique avaient rendu les auditeurs plus difficiles ; cet accompagnement primitif semblait monotone et insignifiant ; on y renonça. En outre, comme le génie épique allait s'affaiblissant, ces artistes qui récitaient les vieux poèmes cessèrent d'être eux-mêmes des poètes. Ainsi le mot *rhapsode* prit dans l'usage un sens déterminé qu'il n'avait probablement pas eu à l'origine. Il désigna ceux qui récitaient en public, sans accompagnement musical, des poésies épiques, dont ils n'étaient pas les auteurs[1].

Si l'histoire des rhapsodes nous était mieux connue, celle des poésies homériques le serait par là même ; car ils furent incontestablement les propagateurs de cette poésie à travers le monde grec[2]. C'est sans doute l'arrivée de rhapsodes samiens à Sparte dans le cours du neuvième siècle, que la tradition mentionnée par Plutarque représentait allégoriquement, quand elle attribuait à Lycurgue l'introduction dans sa patrie des poésies homériques recueillies par lui dans la Grèce d'Asie[3]. Le génie dorien, à ce qu'il semble,

---

1. Quand nous lisons, dans Athénée (XIV, c. xii), que des poésies d'Archiloque, de Simonide, d'Empédocle ont été *rhapsodiées*, cela veut dire par conséquent qu'elles ont été récitées sans accompagnement musical et sur une scène, avec l'appareil ordinaire des rhapsodes.
2. Sur les récitations rhapsodiques, cf. Sengebusch, première dissertation, p. 91, 128, 147.
3. Plutarque, *Lycurgue*, 4 ; Elien, *Var. hist.*, XIII, 14 ; Héraclide

fit d'abord quelque résistance à cette poésie venue du dehors ; mais enfin il se laissa séduire complètement, et il y eut à Sparte, en Crète, à Cyrène, des concours de rhapsodes ou tout au moins de solennelles représentations rhapsodiques[1]. Hérodote mentionne expressément des concours de rhapsodes qui avaient lieu à Sicyone au VIe siècle et que le tyran Clisthène fit cesser[2]. Argos, glorifiée dans l'*Iliade*, ne dut pas être moins hospitalière pour les rhapsodes, et il n'est pas douteux qu'ils n'aient figuré dans les fêtes homériques que cette ville, d'après un témoignage ancien, célébrait périodiquement[3]. Mais l'accueil que leur fit Athènes a une importance toute particulière, à cause de l'influence qu'elle eut sur la constitution et la conservation du texte écrit des poèmes d'Homère.

Si nous en croyons Diogène Laerce, le grand législateur d'Athènes, Solon, ne dédaigna pas d'imposer

---

de Pont, Περὶ πολιτειῶν, *Polit. Laced.*, 2, dans les *Histor. graec. fragm.* de Müller, t. II.

1. Max. de Tyr, XXIII, 5 : Ὀψὲ μὲν γὰρ ἡ Σπάρτη ῥαψῳδεῖ, ὀψὲ δὲ καὶ ἡ Κρήτη, ὀψὲ δὲ καὶ τὸ Δωρικὸν ἐν Λιβύῃ γένος. Voir à ce propos Mareckscheffel, *Hesiodi fragmenta*, p. 246. — D'après le scoliaste de Pindare cité plus haut (*Ném.*, II, 1), ce serait Kynæthos qui aurait le premier rhapsodié les poèmes homériques à Syracuse dans la 69e Olympiade (504-501). Cette date tardive est fort suspecte, et pourrait bien provenir d'une simple erreur de transcription. Eustathe dit aussi fort obscurément (*Comm. sur l'Iliad.*, p. 16 et 17) : Τοῦ ἀπαγγέλλειν τὴν Ὁμήρου ποίησιν σκεδασθεῖσαν ἀρχὴν ἐποιήσατο Κύναιθος ὁ Χῖος.

2. Hérod., V, 67.

3. *Concours d'Homère et d'Hésiode*, § 18. Il est dit, dans le même récit, qu'Homère a rhapsodié ses poèmes à Corinthe. Il y a là probablement une allusion à l'éclat des récitations rhapsodiques dans cette ville. On sait qu'un épisode de l'*Odyssée* figurait sur le coffret célèbre dans l'histoire de l'art sous le nom de coffre de Kypsélos (Pausan., V, 19, 7).

un règlement public aux rhapsodes. Ce seul fait montre assez quelle importance avaient prise alors leurs récitations. L'État, qui organisait les fêtes publiques et qui en arrêtait le programme, y faisait place officiellement à l'épopée, en l'obligeant à se montrer dans toute sa grandeur. Malheureusement le texte de Diogène Laerce, qui contient cette intéressante mention, soulève de graves difficultés, qui l'ont rendu suspect, en tout ou en partie. Peut-être ces difficultés ont-elles été exagérées. « Solon, dit le « biographe, ordonna que les poésies homériques « seraient récitées par les rhapsodes d'après un texte « écrit, de telle sorte que chacun d'eux commence- « rait au point où le précédent aurait fini. Solon a « donc plus fait pour mettre Homère dans tout son « jour que Pisistrate, comme l'a dit Dieuchidas dans « le cinquième livre de ses Mégariques. » L'auteur veut dire évidemment que jusqu'à Solon, les rhapsodes, qui récitaient à Athènes, n'étaient soumis à aucun contrôle. Ils choisissaient dans l'*Iliade* et dans l'*Odyssée* les morceaux qui leur convenaient le mieux, et les groupaient selon leur fantaisie. Solon décida qu'il y aurait désormais un texte officiel, et que les récitations des rhapsodes seraient contrôlées sur ce texte, moins en vue de l'exactitude absolue des détails, qu'afin d'assurer la succession régulière des morceaux. L'*Iliade* et l'*Odyssée* devaient ainsi, dans la pensée du législateur, se dérouler tout entières devant l'imagination attentive des Athéniens comme des récits historiques non interrompus [1].

---

1. Diog. Laerce, I, 2, 57 : Τά τε Ὁμήρου ἐξ ὑποβολῆς γέγραφε ῥαψωδεῖσθαι, οἷον ὅπου ὁ πρῶτος ἔληξεν, ἐκεῖθεν ἄρχεσθαι τὸν ἐχόμενον· μᾶλλον οὖν Σόλων Ὅμηρον ἐφώτισεν ἢ Πεισίστρατος, ὥς φησι Διευχίδας ἐν πέμπτῳ Μεγαρικῶν. La difficulté vient des mots ἐξ ὑποβολῆς.

Une telle réglementation dut être d'abord difficile à appliquer. Elle supposait en effet un texte invariable, seul reconnu par l'Etat. Or ce texte n'existait pas. Lorsque les rhapsodes étaient en désaccord sur l'authenticité, la place ou la forme exacte de tel ou tel morceau, il n'y avait aucune autorité qui pût trancher le différend. On dut vivre d'accommodements pendant un temps plus ou moins long ; mais l'inconvénient était trop vivement senti pour qu'on n'y cherchât pas un remède. De là le grand travail accompli par Pisistrate et par ses fils.

Ce travail est connu par une tradition ancienne dont nous trouvons l'attestation chez plusieurs auteurs. Des divergences légères de détail et des inexactitudes évidentes ne doivent pas faire mettre en doute le fait lui-même[1]. L'intention de Pisistrate

---

G. Hermann, dans une solide dissertation (*Opusc.*, t. III), a démontré que ces mots signifiaient nécessairement « d'après un texte qu'un *souffleur* rappelait au rhapsode ». Ce sens ne paraît pas en accord avec l'explication donnée par Diogène. Il semble en effet que l'auteur ait pris les mots en question comme synonymes de ἐξ ὑπολήψεως, « en se succédant sans interruption ». On a conclu de là que l'explication avait été ajoutée au texte après coup et qu'elle n'était pas de Diogène. Cela n'ôterait rien en tout cas à la valeur du témoignage principal, qui est indépendant de la proposition interprétative subséquente. Mais je crois avoir montré en traduisant qu'on pouvait laisser aux mots ἐξ ὑποβολῆς le sens indiqué par Hermann et néanmoins conserver la seconde proposition, à condition de considérer ce qu'elle énonce, non comme une interprétation, mais comme une conséquence. La récitation devient continue par ce seul fait qu'elle est assujettie à un texte.

2. Epigr. anon. (Anth. Jacobs, t. IV, p. 186) :

Δίς με τυραννήσαντα τοσαυτάκις ἐξεδίωξε
δῆμος Ἐρεχθῆος, δὶς δ' ἐπανηγάγετο,
τὸν μέγαν ἐν βουλαῖς Πεισίστρατον, ὃς τὸν Ὅμηρον
ἤθροισα, σποράδην τὸ πρὶν ἀειδόμενον.

Cic. *de Orat.*, III, 34 : Quis doctior iisdem illis temporibus aut

fut de doter Athènes d'un texte définitif des poésies homériques, texte qui serait imposé aux rhapsodes et qui d'ailleurs se recommanderait de lui-même par sa grande autorité. Pour le constituer, il forma une commission, dont le principal personnage fut le poète Onomacrite d'Athènes [1]. On devine au travers des légendes ce qui dut se passer [2]. La commission appela à elle les rhapsodes les plus renommés ; elle les écouta, elle fit écrire les deux poèmes entiers sous leur dictée, et son travail propre consista surtout à les mettre d'accord. L'*Iliade* et l'*Odyssée* étaient alors achevées depuis bien longtemps, mais comme on ne les récitait guère que partiellement, bien peu de personnes savaient au juste ce qu'elles contenaient. Certains morceaux de mérite inférieur, comme la *Dolonie* par exemple, étaient considérés par les uns comme authentiques, par d'autres comme étrangers au poème primitif. Voilà comment on a pu dire que Pisistrate les avait introduits dans l'*Iliade*. En fait, il était impossible qu'une commission s'entendît pour une fraude de ce genre. Le rêveur mystique Onomacrite, qui avait composé de fausses poésies

---

cujus eloquentia litteris instructior fuit quam Pisistrati, qui primus Homeri libros, confusos antea, sic disposuisse dicitur, ut nunc habemus ? — Pausan., VII, 26. — Elien, *Var. hist.*, XIII, 14. — Libanius, *Socratis apologia*, t. III, p. 25, Reiske.—Suidas, Ὅμηρος. — Eustathe, *Comm. sur l'Iliade*, l. I, v. 1 et l. X, v. 1.

1. Scolie de Tzetzès, publiée en latin par Ritschl (*De bibliothecis alexandrinis et Corollar. disputat. de bibloth. alexandrinis deque Pisistrati curis homericis*) et en grec par H. Keil, *Rheinisch. Museum*, 1848. Les autres commissaires nommés sont Zopyre d'Héraclée, Orphée de Crotone et un certain Conchylos ; la lecture de ce dernier nom est incertaine.

2. On peut voir ces légendes dans deux scolies sur un ouvrage de Denys de Thrace (*Anecdota graeca* de Villoison, t. II, p. 182).

de Musée[1], dut respecter néanmoins les vieux poèmes ioniens, et on ne saurait trop faire remarquer, pour mettre ce fait important hors de doute, qu'ils ne portent nulle part la moindre trace de ses idées personnelles. La grande œuvre des commissaires de Pisistrate, ce fut de mettre fin à toutes les divergences et de constituer un texte complet. Ce texte différait sans doute fort peu de celui qui est venu jusqu'à nous. L'exemple donné par Athènes fut suivi en divers temps par plusieurs autres villes qui voulurent avoir aussi leur exemplaire officiel[2]; de là les éditions dites *des villes*. Les différences qui les distinguaient étaient minimes, ce qui prouve sans doute deux choses à la fois, d'abord que le travail fait par les ordres de Pisistrate servit de modèle à tous les autres, et ensuite que ce travail lui-même n'avait introduit aucune modification profonde dans les poésies homériques. Les critiques alexandrins vinrent après ceux des villes, et, en se guidant sur des principes généraux, ils s'efforcèrent d'effacer jusqu'à ces légères différences.

Lorsque Athènes eut un texte officiel de l'*Iliade* et de l'*Odyssée*, il devint tout naturel d'y régulariser les récitations rhapsodiques, en leur assignant une date fixe. C'est ce que fit probablement l'un des fils de Pisistrate, Hipparque, d'après le témoignage de l'auteur du dialogue platonicien qui porte ce nom[3].

---

1. Sur Onomacrite, consulter Hérodote, VII, 6, qui raconte comment il fut convaincu par Lasos d'Hermione d'avoir fabriqué de faux oracles de Musée et chassé d'Athènes pour ce fait. Cf. Pausan., I, 22.

2. Les notes du manuscrit de Venise citent les éditions de Sinope, de Chio, de Marseille, de Cypre, de Crète, d'Argos.

3. *Hipparque*, p. 228, B : Ἱππάρχῳ ὃς τὰ Ὁμήρου ἔπη πρῶτος ἐκόμισεν εἰς τὴν γῆν ταυτηνί (exagération évidente, qui provient sans

Il ordonna que les poèmes d'Homère seraient récités par les rhapsodes aux Panathénées, et qu'ils le seraient d'un bout à l'autre ; usage qui subsistait encore au temps où ce dialogue fut composé. Un autre dialogue platonicien, l'*Ion*, nous représente de la manière la plus vive ce qu'étaient ces grandes représentations rhapsodiques un siècle plus tard. Le rhapsode, revêtu d'un costume de couleurs variées et portant une couronne d'or, déclamait en acteur les vieux récits, qui, grâce à une mimique passionnée, se transformaient en un véritable drame. Ce n'était plus l'ancienne épopée, grave et modérée jusque dans le pathétique, c'était une immense tragédie, qui arrachait des larmes à un public innombrable et excitait en lui les émotions les plus variées[1]. L'art des rhapsodes, devenu de plus en plus semblable à celui des acteurs tragiques, contribuait ainsi, autant que les bibliothèques et les écoles, à perpétuer la gloire d'Homère[2].

V

Nous n'avons presque rien dit jusqu'ici de la chro-

---

doute d'une fausse interprétation du fait qui suit) καὶ ἠνάγκασε τοὺς ῥαψῳδοὺς Παναθηναίοις ἐξ ὑπολήψεως ἐφεξῆς αὐτὰ διιέναι ὥσπερ νῦν ἔτι οἵδε ποιοῦσι. — Il y avait aussi des récitations analogues dans le dème de Brauron ; Hésychios, Βραυρωνίοις. — Sur ce sujet des rhapsodes de l'âge attique, voir la dissertation spéciale de Nitzsch, *De rhapsodis aetatis atticae*, Kiel, 1835.

1. Platon, *Ion* ; en particulier, ce qui est dit au § 6 (p. 535, H. Est.).

2. Cet art, ainsi compris et pratiqué, vécut bien au delà de la période classique. On le voit florissant à la cour d'Alexandre, à celle des Ptolémées, et dans les panégyries béotiennes, à Orchomène, à Thespies, pendant la période romaine (*C. I. G.*, 1583-1587 ; Athén., XII, p. 538, et XIV, p. 620 ; Plut., *Prop. de table*, IX, 1, 2).

nologie. C'est qu'en dépit de tout ce qui a été tenté, la détermination des dates, en ce qui concerne les poèmes homériques, ne peut être qu'approximative.

Essayons d'abord de bien poser la question. Si tous les historiens anciens s'accordaient, à quelques années près, sur les dates de l'existence d'Homère, nous aurions à interpréter ces dates d'après les idées que nous avons exposées au sujet de la formation des poèmes homériques. Mais il n'en est rien, et les divergences sont telles qu'elles constituent un écart d'environ cinq cents ans [1]. Philostrate rapporte en effet que quelques-uns plaçaient Homère vingt-quatre ans après la prise de Troie [2]; en d'autres termes, ils le considéraient comme contemporain des événements qu'il avait racontés. D'autres au contraire, tels que l'historien Théopompe, estimaient qu'il avait vécu cinq cents ans après ces événements [3]. Voilà bien l'écart indiqué. Entre ces deux opinions extrêmes, dont la première faisait d'Homère le contemporain d'Oreste, tandis que la seconde le ramenait jusqu'au temps d'Archiloque, une foule d'autres avaient place, et presque toutes s'appuyaient

1. Voyez Clinton, *Fasti hellenici*, et Sengebusch, *Diss. homer. poster.*, p. 75 et suivantes, dont le système est résumé par ces mots : « Videtur hoc commune fuisse omnibus fere civitatibus in quibus Homericae scholae reperirentur, ut eo tempore Homerum natum esse sibi persuaderent, quo quaeque ipsa Homericae poeseos particeps reddita esset » (p. 84). Malheureusement ces dates de l'introduction des poésies homériques dans les principales villes d'Asie sont elles-mêmes le résultat de combinaisons bien fragiles.
2. *Héroïque*, XVIII, 1.
3. Théopompe, dans Clément, *Stromata*, I (p. 388, Pott., p. 141 Sylb.). Clément rapporte dans ce passage la plupart des témoignages des auteurs grecs relatifs à cette question. Cf. Tatianus, *Oratio ad Graecos*, ch. 31 (Otto); G. Syncelle, *Chronographia*, p. 180 D.

sur des autorités considérables, telles qu'Eratosthène, Aristote, Hérodote, Philochore, etc.[1]. Il est impossible aujourd'hui de critiquer directement ces témoignages, parce que nous ignorons entièrement sur quel calcul chacun d'eux était fondé. Ce qu'il importe de remarquer, c'est que d'après les idées émises précédemment, la formation des poèmes homériques a dû remplir une assez longue période de temps, et que par conséquent nous ne sommes tenus en aucune façon de choisir une date précise à l'exclusion de toutes les autres : il pourrait se faire à la rigueur qu'elles fussent toutes vraies simultanément. Considérées ensemble, elles déterminent une vaste étendue de temps, qui est bien celle pendant laquelle les poèmes homériques ont dû naître et grandir. Elle commence au douzième siècle avant notre ère, et elle finit avec le huitième ; limites extrêmes que personne sans doute ne sera tenté d'élargir. Mais est-il possible de les restreindre ? C'est là ce que nous avons à examiner.

Et tout d'abord les faits historiques, que nous avons essayé de dégager des légendes dans les pages précédentes, nous permettent déjà de rapprocher la première limite. D'après la chronologie d'Eratosthène, qui pour les grands faits de l'histoire primitive semble la plus solide, Lesbos aurait été occupée par les Eoliens cent trente ans après la prise de Troie, soit en l'an 1053 avant notre ère. L'émigration ionienne d'autre part aurait eu lieu en 1044 ; la fondation de Kymé en 1033, celle de Smyrne en 1015. Si l'on se rappelle que la poésie homérique se rattache par ses premières origines à ces deux villes,

---

1. Tous ces témoignages ont été recueillis par Clinton, *Fasti hellenici*, t. I, p. 145-148.

il devient évident qu'elle n'a pu naître avant l'an 1000. Mais il faut nous souvenir en outre que nous n'avons pu attribuer soit à Kymé, soit à Smyrne que des chants préparatoires en quelque sorte, et non ceux qui constituent aujourd'hui l'*Iliade*. Ceux-ci sont nés à Chios sous une influence éolienne, par conséquent après que la poésie épique des Éoliens avait pris déjà son essor et que la légende de la guerre de Troie était devenue populaire. Bien qu'il soit impossible évidemment d'apprécier le nombre d'années nécessaire à ces divers progrès de la poésie, on voit que les premiers chants de l'*Iliade* ne peuvent remonter au delà du milieu du dixième siècle avant notre ère (950).

Mais est-il certain ou même probable qu'ils soient aussi anciens? L'ensemble de l'*Iliade* était certainement achevé depuis peu de temps vers le commencement des Olympiades, c'est-à-dire au milieu du huitième siècle, lorsque les premiers poètes cycliques, Arctinos de Milet notamment, entreprirent de raconter les événements qui avaient précédé ou suivi ceux du poème. On ne comprendrait pas en effet comment le mouvement poétique qui avait produit l'*Iliade*, et qui allait produire le cycle, aurait été interrompu pour reprendre quelque temps après.

Si donc l'*Iliade* avait été commencée au dixième siècle, il aurait fallu deux cents ans pour conduire ce poème à sa fin. Il y a plus de vraisemblance, semble-t-il, à supposer que la période préparatoire, celle qui a eu pour théâtre Kymé et Smyrne, s'est prolongée pendant le dixième siècle tout entier; ce serait alors au neuvième seulement que les premiers chants de l'*Iliade* auraient pris naissance. Nous nous trouverions ainsi d'accord avec Hérodote, qui pensait qu'Homère avait vécu quatre cents ans avant lui (vers 850)[1].

C'est en vain d'ailleurs qu'on a cherché à tirer de l'*Iliade* elle-même des indices qui permissent d'en fixer les dates[2]. Les allusions à l'opulence de Thèbes d'Egypte (*Il.*, IX, 381 et suiv. ; cf. *Odyss.*, IV, 126) ou à la puissance de Rhodes (*Il.*, II, 653 et suiv.) sont de telle nature qu'il est impossible d'en déduire aucune conclusion solide. Il en est de même, à bien plus forte raison, de celles qui sont purement hypothétiques[3]. Quant à la peinture des mœurs et des institutions, elle ne peut rien nous apprendre de précis relativement à la chronologie du poème, non plus que l'archéologie, dans l'état actuel des connaissances sur ces matières. Le mieux est donc de répudier absolument les conjectures spécieuses qu'on est tenté parfois d'élever sur ce fondement fragile.

L'*Odyssée*, comme nous l'avons vu, est certainement postérieure dans son ensemble à l'*Iliade*. Toutefois elle ne peut l'être de beaucoup. La partie la plus ancienne du poème, celle qui raconte les voyages d'Ulysse, a dû naître avant le grand essor de la navigation hellénique en dehors de l'Archipel, c'est-à-

---

1. Hérodote, II, 53 : Ἡσίοδον καὶ Ὅμηρον ἡλικίην τετρακοσίοισι ἔτεσι δοκέω μευ πρεσβυτέρους γενέσθαι, καὶ οὐ πλέοσι.
2. Gladstone, *Homeric synchronism*. Bergk, dans son *Histoire de la litt. grecque*, a eu tort, selon moi, de ne pas renoncer franchement à ce genre de tentatives hasardées.
3. Bergk a pensé que le rôle sympathique attribué à Hector dans le poème s'expliquait en partie par le fait qu'un Hector ionien régnait alors à Chios (Pausan., VII, 4). Mais il est à remarquer d'abord que les dates du règne de cet Hector sont loin d'être aisées à déterminer. Ensuite la plupart des personnages troyens de l'*Iliade*, Pâris, Hécube, Andromaque sont représentés aussi bien qu'Hector sous des traits qui n'ont rien d'odieux. C'est donc là une habitude de la poésie homérique.

dire avant le mouvement de colonisation du huitième siècle. Elle suppose une connaissance très vague encore de l'Afrique à l'occident de l'Egypte, de la Sicile, de l'Italie méridionale. Tous ces pays ne sont entrevus par le poète qu'au travers des légendes. Cette partie du poème ne peut donc pas être moins ancienne que la première moitié du huitième siècle, et il est plus vraisemblable qu'elle remonte à la fin du neuvième (vers 800). D'autre part la seconde partie, bien que plus récente, n'aurait guère pu s'adapter à la première, si celle-ci avait eu une longue existence indépendante. Elle est d'ailleurs trop homérique pour qu'on puisse la supposer contemporaine des poèmes cycliques. En fixant comme date extrême à la composition des derniers grands morceaux de l'*Odyssée*, la première moitié du huitième siècle, nous croyons donc être aussi près que possible de la vérité.

Ce rapide coup d'œil sur la suite des temps qui ont vu naître la poésie épique nous conduit naturellement à ce qu'on nomme le cycle. Nous trouverons dans l'étude que nous allons en faire une confirmation indirecte de ce qui vient d'être dit.

CHAPITRE IX

LA POÉSIE CYCLIQUE

BIBLIOGRAPHIE

ÉDITIONS. Les fragments du cycle, avec l'extrait de la *Chrestomathie* de Proclus qui s'y rapporte, ont été publiés et traduits en latin dans l'*Homère* Didot, *Homeri carmina et Cycli epici reliquiae,* Paris, 1837-56, d'après la récension de G. Dindorf. — Les autres éditions sont celles de C.-G. Müller, Leipzig, 1829, avec traduction latine; de H. Düntzer, Cologne, 1840; de G. Kinkel dans le tome I de ses *Epicorum graecorum fragmenta,* Leipzig, 1877.

Les fragments de la *Thébaïde* ont été édités séparément avec un commentaire par E.-L. von Leutsch, Gœttingen, 1830. Quelques débris des *Chants cypriens* se trouvent dans les *Parerga Pindarica* de Tycho Mommsen, Francfort, 1877. F. Wüllner a aussi rassemblé des fragments du cycle avec des extraits de la *Chrestomathie* de Proclus dans son ouvrage intitulé *De Cyclo epico poetisque cyclicis commentatio,* Münster, 1825.

Ce qui reste de Pisandre de Rhodes se trouve dans l'*Hésiode* Didot, Paris, 1840, dû à Fr. Dübner, et dans les *Epicorum graecorum fragmenta* de Kinkel cités plus haut.

La *Chrestomathie* de Proclus a été publiée en entier avec l'*Enchiridion* d'Héphæstion par Gaisford, Leipzig, 1832, et Oxford, 1855; puis par R. Westphal dans le tome premier de ses *Scriptores metrici graeci,* Leipzig, 1866.

IDÉE GÉNÉRALE DU CYCLE

SOMMAIRE.

I. Idée générale du cycle. — II. La partie troyenne du cycle. Arctinos de Milet, *Éthiopide* et *Prise d'Ilios*. Leschès, *Petite Iliade*. Stasinos de Chypre, *Chants Cypriens*. Agias, *Les Retours*. Eugammon, *La Télégonie*. — III. Les poèmes cycliques thébains. *La Thébaïde*, *Les Épigones*, *L'OEdipodie*. — IV. Les autres poèmes cycliques. *Titanomachie*, *Danaïde*, *Guerre des Amazones*, *Minyade*, *Prise d'OEchalie*, etc. — V. Pisandre de Rhodes. *L'Héraclée*. Les *Théogamies héroïques*.

I

Qu'est-ce que le cycle? Comment sont nés les poèmes qui le composent et comment se sont-ils groupés? Quels sont leurs rapports avec l'*Iliade* et l'*Odyssée*? Quelques mots suffiront pour répondre à ces questions.

Représentons-nous d'abord l'état des légendes épiques vers le commencement des Olympiades, lorsque l'*Iliade* et l'*Odyssée* furent achevées. La partie de ces légendes qui figurait dans ces deux poèmes venait de prendre un développement disproportionné avec son importance réelle. La querelle d'Agamemnon et d'Achille d'une part, le retour d'Ulysse de l'autre, simples épisodes dans l'ensemble des récits relatifs à la guerre de Troie, avaient mis dans l'ombre tout le reste. Il est vrai que les autres événements de cette guerre avaient été traités dans des chants plus anciens, qui sans doute subsistaient encore; mais ces chants, sommaires et peu dramatiques, ne pouvaient en aucune façon se raccorder aux grands poèmes dans lesquels une manière entièrement nouvelle venait de prévaloir. D'un côté, une action riche et variée, fertile en incidents, en descriptions, en scènes émouvantes, des discours, des entretiens, de l'éloquence, en un mot le spectacle même de la vie; de l'autre, une simple énumération d'événements qui désormais semblait pauvre et insignifiante. C'étaient deux genres de poésie différents et inconciliables, la poésie de l'enfance, naïve, timide, superficielle, et celle de la jeunesse, ardente, vigoureuse, pleine d'idées et de passions.

L'œuvre des poètes cycliques s'explique tout entière par ce simple contraste. Pendant deux cents ans environ, depuis le milieu du huitième siècle jusqu'au commencement du sixième, des hommes de talent, épris de la poésie épique, travaillèrent à raccorder ces vieux chants, tombés dans le discrédit, avec les poèmes brillants et grandioses de l'âge homérique. Ils s'efforcèrent de rendre autant que possible aux diverses parties des légendes leurs proportions primitives. Ils voulurent, pour ainsi dire, ramener les récits de l'*Iliade* et de l'*Odyssée* à leur rang de simples épisodes dans un grand ensemble; et pour cela, reprenant à la manière nouvelle les principaux événements, antérieurs ou postérieurs à l'action de ces deux poèmes, ils se mirent à les traiter avec d'amples développements, de façon à leur rendre l'importance relative qu'ils avaient perdue.

Une telle tentative était sans doute fort naturelle. En ce temps, où la poésie épique était l'histoire même, il n'y avait aucune raison pour sacrifier certains grands événements. La Grèce, de plus en plus curieuse de savoir et de mettre en ordre ses connaissances, voulait embrasser d'un coup d'œil tout son passé, dont ses grands poètes épiques venaient de glorifier quelques parties. Le rapt d'Hélène, le rassemblement des Grecs à Aulis, leur double débarquement en Troade, les prises de villes et les incidents divers qui étaient censés avoir rempli neuf ans avant la querelle par laquelle s'ouvre l'*Iliade*, et d'autre part la mort d'Achille, la défaite des derniers alliés de Priam, et enfin la prise même d'Ilion, tout cela ne pouvait désormais rester perdu dans de vieux et obscurs récits poétiques qu'on n'osait plus chanter. Et les retours des chefs, et leur dispersion, et leurs malheurs domestiques, et les fondations de colonies lointaines, n'était-ce pas là une foule vivante de souvenirs nationaux qui appelait la poésie, qui réclamait son concours, et qui se plaignait d'être injustement oubliée?

Malheureusement, si impérieuse que fût cette nécessité morale, tout essai de ce genre était condamné à de médiocres résultats. L'*Iliade* et l'*Odyssée* avaient absorbé par avance ce que le génie épique pouvait créer de meilleur. Après tout, les genres littéraires ne sont pas inépuisables. Il était au-dessus des forces humaines de construire désormais, sur le même fond de légendes, de longs récits, sans y ramener des situations analogues, des sentiments presque identiques, des personnages déjà connus sous d'autres noms. Et ce n'était là que le moindre inconvénient de l'entreprise ; le plus grave tenait à une raison plus intime. L'*Iliade*, dans sa lente élaboration, avait trouvé son unité, comme nous l'avons montré, dans un fait moral simple et prédominant: la colère d'Achille, ses phases et ses conséquences. L'*Odyssée* avait grandi de même autour du personnage d'Ulysse attaché à un seul sentiment. Mais comment donner ce genre d'unité aux récits nouveaux où tant de choses devaient trouver place ? Qu'on imagine par exemple la situation d'un poète essayant de traiter les événements de la guerre troyenne antérieurs à l'*Iliade*. Pour se conformer à la manière de son modèle homérique, ce n'était pas un poème seulement qu'il se serait vu obligé de composer, c'étaient vingt ou trente grands poèmes ; la véritable unité ne se trouve en effet que dans des sujets relativement restreints, parce que seuls ils peuvent être dominés par un même personnage et montrer le développement d'une même situation morale. Mais, sous cette forme, l'entreprise était irréalisable. Que fallait-il donc faire ? Choisir quelques événements notables et négliger tous les autres, c'est-à-dire se résigner à être incomplet ? L'esprit historique, qui grandissait, s'y opposait absolument. Voilà comment on dut rassembler de longues séries d'événements dans chaque poème nouveau, et compter par années là où les poètes de l'âge précédent comptaient par journées. On eut ainsi des narrations épiques, amplement développées sans doute relativement aux chants primitifs dont elles s'inspiraient, mais sommaires et complexes tout à la fois relativement à l'*Iliade* et à l'*Odyssée* ; dans ces conditions, l'unité qu'on peut appeler homérique était impossible. Pourquoi dès lors nous étonnerions-nous de ce que le secret de la composition semble s'être perdu après l'*Iliade* et l'*Odyssée* ? On avait trop à dire pour bien composer. Un procédé narratif nouveau répondait à des besoins nouveaux, et il se substituait à l'ancien comme l'histoire a succédé un jour à l'épopée et la prose à la poésie. C'est une loi commune qui est entrée en jeu ici : du moment que la force des choses imposait au peu de génie épique encore survivant la conservation des vieilles légendes dans leur entier et leur adaptation aux poèmes d'Homère, il était impossible que l'épopée ne s'acheminât pas vers la chronique.

Prenons donc les choses telles qu'elles sont. Le cycle marque un nouvel âge de la poésie épique. L'indépendance créatrice dominait dans le précédent; l'imitation et l'adaptation sont les caractères principaux de celui-ci. Les auteurs n'ont plus la même liberté. Tandis que les aèdes homérides créaient des incidents nouveaux et des scènes entières à leur gré, batailles, rencontres de héros, assauts, aventures merveilleuses, les nouveaux venus, historiens en même temps que poètes, se virent obligés à ce titre de suivre pas à pas des séries d'événements données. S'ils ont produit ainsi de moins belles œuvres, ce n'est pas une raison pour les dédaigner : leur manière caractérise une phase importante de l'histoire littéraire. Ceci posé, venons-en aux faits eux-mêmes.

Le principal témoignage ancien relatif au cycle, le plus propre à en bien expliquer la nature, est celui de Proclus[1], rapporté par Photius : « Proclus, dit « celui-ci, s'étend ensuite (dans le second livre de « sa *Chrestomathie*) sur ce qu'on appelle le *Cycle* « *épique*. Ce cycle commence à l'union fabuleuse du « Ciel et de la Terre, d'où naissent trois géants à « cent bras et trois Cyclopes; il continue en traver-

---

1. Confondu à tort avec le célèbre philosophe néoplatonicien du ve siècle, ce Proclus était probablement le grammairien Eutychius Proclus de Sicca, l'un des maîtres de Marc Aurèle. Il avait composé, sous le titre de Χρηστομάθεια γραμματική, une sorte de *Cours de littérature* en quatre livres, qui nous est connu partiellement soit par l'analyse sommaire qu'en a donnée Photius dans sa *Bibliothèque* (n° 239), soit par quelques fragments importants trouvés dans deux manuscrits d'Homère (*Codex Escorialensis* et *Codex Venetus*, 484); voy. la *Bibliographie* en tête de ce chapitre.

« sant les autres fables des Grecs relatives aux dieux
« ainsi que les quelques traditions vraies qui peu-
« vent s'y trouver mêlées ; et enfin, *en réunissant les*
« *œuvres combinées de divers poètes,* il arrive à son
« terme, c'est-à-dire au débarquement d'Ulysse dans
« son île d'Ithaque, où il est tué par son fils Télé-
« gonos qui ne le reconnaît pas. Proclus dit que
« les poèmes du cycle épique subsistent encore et
« qu'ils sont recherchés généralement, moins pour
« leur mérite que pour les événements dont ils pré-
« sentent la succession. Il indique le nom et le lieu
« de naissance de ceux qui ont composé le cycle
« épique[1]. » Il résulte de ce témoignage qu'il existait
au temps de Proclus, au second siècle de notre ère,
une série continue de récits, formée de poèmes entiers
ou de fragments de poèmes combinés entre eux, qui
embrassait toutes les principales légendes mythologiques et héroïques. L'*Iliade* et l'*Odyssée*, comme nous
l'apprenons d'ailleurs par un morceau conservé du
même ouvrage de Proclus, étaient incluses dans cette
série. On l'appelait le *cycle* (κύκλος, cercle) parce qu'elle
formait comme un vaste cercle de connaissances.

Ce cycle ne s'était pas entièrement organisé de lui-
même. Il avait été probablement constitué par le
grammairien alexandrin Zénodote d'Éphèse, au commencement du IIIe siècle avant notre ère[2]. Son travail

---

1. Bibl. Didot, *Homeri carmina et Cycli epici reliquiae*, p. 581.
2. Welcker, *Der Epische Cyclus*, t. I, p. 8 et suiv. — Cela résulte du double témoignage d'un scoliaste d'Aristophane et du poète Ausone. Scolie de Caecius (Tzetzès) sur le *Plutus* d'Aristophane (Didot, *Scholia graeca in Aristophanem*, Proleg., p. XXII) : Alexander Aetolus et Lycophron Chalcidensis et Zenodotus Ephesius, impulsu regis Ptolemaei, Philadelphi cognomento, ... artis poëtices libros in unum collegerunt et in ordinem redegerunt, Alexander tragoedias, Lycophron comoedias, *Zenodotus vero Ho-*

dut consister à choisir entre de nombreux poèmes ceux qui se prêtaient le mieux à former une série continue et qui étaient en même temps les plus intéressants, à en exclure par conséquent un certain nombre d'autres, puis à fixer le texte des poèmes choisis, et enfin à les grouper dans un ordre fixe au moyen d'un catalogue. Ce fut en somme une savante et ingénieuse classification, et cela seul suffirait presque, indépendamment des témoignages cités, à dénoter l'intervention d'un des bibliothécaires alexandrins. Il est probable que les poèmes ainsi associés ne s'ajustaient pas toujours exactement les uns aux autres ; nous verrons par exemple un peu plus loin que la prise d'Ilion avait été racontée à la fois par Leschès et par Arctinos. Si donc le critique alexandrin n'avait pas mutilé ces anciens textes pour les faire entrer artificiellement dans sa combinaison, il devait y avoir dans son cycle des répétitions. Elles disparurent sans doute plus tard, puisque l'analyse de Proclus n'en porte aucune trace. De quelle façon? Peut-être après Zénodote, le cycle subit-il une sorte de rétrécissement, afin de s'accommoder de plus en plus aux besoins et au goût des lecteurs; ceux-ci, selon le témoignage cité, y cherchaient plutôt un exposé complet de la mythologie et des légendes héroïques que de beaux morceaux de poésie; voilà pourquoi ils laissèrent de côté ce qui faisait double emploi.

Il résulte de tout cela que pour étudier la poésie cyclique en elle-même, il ne faut pas tenir trop de compte des diverses combinaisons anciennes, qui sont en somme artificielles. Leur seul mérite pour

---

meri poemata et reliquorum illustrium poetarum. — Ausone, *Ep.*, XVIII, 29 : Quique sacri lacerum collegit corpus Homeri. Le nom d'Homère désigne ici toute la poésie épique primitive.

nous, c'est de laisser apercevoir un autre groupement, celui-ci primitif et spontané, beaucoup moins rigoureux, sans lequel elles auraient été impossibles. En essayant de le dégager, nous verrons dans quels rapports les divers poèmes du cycle étaient entre eux à l'origine, et nous nous rendrons compte ainsi de l'influence que les anciennes compositions épiques exerçaient les unes sur les autres. Etudions dans cette intention d'abord les poèmes troyens, puis les poèmes thébains, et en dernier lieu tous les autres [1].

II

La partie troyenne du cycle a été de beaucoup la plus populaire dans l'antiquité, et de là vient qu'elle est aussi la mieux connue. Un des fragments conservés de la *Chrestomathie* de Proclus nous donne l'analyse presque complète des poèmes qui la cons-

---

1. Le classement alexandrin des poèmes du cycle n'a pu être restitué que d'une manière hypothétique, en combinant les indications de l'inscription Borgia (*C. I. G.*, 6126) avec celles de la *Chrestomathie* de Proclus, et en s'aidant encore de la chronologie fabuleuse. Cette restitution est donc fort conjecturale. Voici la série complète, telle que la donne Welcker (*Cyclus*, t. I, p. 35) : 1 *Titanomachie*, 2 *Danaïde*, 3 *Atthide ou Amazonie*, 4 *OEdipodie*, 5 *Thébaïde ou Expédition d'Amphiaraos*, 6 *Epigones ou Alcméonides*, 7 *Minyade*, 8 *Prise d'OEchalie*, 9 *Chants cypriens*, 10 *Iliade* d'Homère, 11 *Ethiopide*, 12 *Petite Iliade*, 13 *Prise d'Ilios*, 14 *Retours*, 15 *Odyssée* d'Homère, 16 *Télégonie*. — L'inscription Borgia, ici mentionnée, est un fragment d'une table iliaque, trouvée à Vélitres ; elle est aujourd'hui au musée de Naples, après avoir appartenu à l'antiquaire Stefano Borgia, d'où son nom. On appelle *Tables iliaques* des tablettes de marbre ou d'une matière analogue, sur lesquelles étaient représentées en relief des épisodes de la guerre troyenne. Sur l'usage de ces tables, voir la dissertation de Bœckh (*C. I. G.*, 6125).

tituaient[1], et diverses représentations figurées, ainsi que de nombreux témoignages antiques, viennent à l'appui de cette analyse.

Il y a de fortes raisons de croire que les plus anciens de ces poèmes sont l'*Ethiopide* et la *Prise d'Ilios* d'Arctinos de Milet. Ce poète vivait au commencement des Olympiades, par conséquent vers le milieu du VIIIe siècle avant notre ère[2]. Son premier mérite fut de bien comprendre où en était l'*Iliade*. Au lieu de chercher, comme les aèdes homérides l'avaient fait jusque-là, à la grossir par le dedans en y intercalant de nouveaux épisodes, il entreprit résolument de la compléter par le dehors en la continuant. Pensée féconde, qui marqua la fin d'une période et le commencement d'une autre. L'auteur de la *Dolonie* ou celui de la seconde *Scène des morts* dans l'*Odyssée*, avait été peut-être le dernier des aèdes; Arctinos fut le premier des poètes cycliques.

L'*Iliade* s'arrêtait à la mort d'Hector. Arctinos se mit à raconter les événements qui avaient suivi jusqu'à la chute d'Ilion. Son œuvre comprenait une longue succession de scènes sans unité intime[3]. L'Amazone Penthésilée venait avec ses compagnes au secours des Troyens. Elle était tuée par Achille. Thersite insultait le héros en se moquant de son amour pour la belle guerrière tombée sous ses coups. De là meurtre de Thersite par Achille, dissentiments violents parmi les Achéens, et enfin purification d'Achille

---

1. *Homeri carmina et Cycli epici reliquiae*, éd. Didot, p. 581.
2. Suidas, Ἀρκτῖνος. Saint-Jérôme, *Chron.*, Ol. I et Ol. IV. Georges le Syncelle, Ol. I.
3. Voyez l'analyse de Proclus mentionnée plus haut et la table iliaque du musée du Capitole (*C. I. G.*, 6125, avec une planche qui reproduit les scènes en question).

par les soins d'Ulysse dans l'île de Lesbos. Après l'Amazone Penthésilée, Memnon, fils de l'Aurore, arrivait à son tour comme allié du vieux Priam, et une nouvelle série d'événements commençait. Memnon tuait Antiloque et périssait ensuite de la main d'Achille. Mais celui-ci succombait dans sa victoire même, atteint par la flèche de Pâris que dirigeait Apollon. Alors le poète décrivait les funérailles d'Antiloque, puis celles d'Achille, et la querelle d'Ulysse et d'Ajax au sujet de ses armes. Cette série de scènes constituait, d'après Proclus, le poème appelé *Ethiopide*, qui comprenait cinq livres, et que l'on distinguait de la *Destruction d'Ilios* dont nous allons parler.

Il est à peine besoin de dire que cette division ne saurait être attribuée à Arctinos lui-même. Celui-ci ne composait pas des poèmes distincts ; il complétait la série de chants qui constituaient l'*Iliade* par d'autres chants, qui devaient peut-être, dans sa pensée, s'incorporer au groupe déjà existant[1]. De même que les chants de l'*Iliade* étaient connus sous les noms de *Chant de la querelle, Exploits de Diomède, Patroclie*, etc. de même sans doute ceux d'Arctinos s'appelaient l'*Amazonie*, l'*Ethiopide*, la *Destruction d'Ilios*, sans que l'usage de ces dénominations impliquât la division de son œuvre en plusieurs poèmes formant chacun un tout. Ce fut donc plus tard que les récits d'Arctinos,

1. Le début même du poème se rattachait de la manière la plus intime à la fin de l'*Iliade*. Celle-ci se termine par ce vers : Ὣς οἵ γ' ἀμφίεπον τάφον Ἕκτορος ἱπποδάμοιο. Le scoliaste nous apprend qu'un autre texte portait : Ὣς οἵ γ' ἀμφίεπον τάφον Ἕκτορος· — ἦλθε δ' Ἀμαζών — Ἄρηος θυγάτηρ μεγαλήτορος ἱπποδάμοιο. Welcker considère ce dernier vers comme le commencement de l'*Ethiopide* d'Arctinos. En tout cas, c'est au moins une transition qui ne pouvait servir qu'à lier l'*Ethiopide* à l'*Iliade*.

n'ayant pas été incorporés à l'*Iliade*, acquirent leur indépendance définitive contrairement à l'intention de leur auteur. On en forma alors deux sections sous les deux noms d'*Ethiopide* et de *Destruction d'Ilios*.

Cette *Destruction d'Ilios* n'est en réalité que la suite de l'*Ethiopide*. Elle comprenait les épisodes du cheval de bois, de Laocoon, de Sinon, le retour des Achéens devant Troie et leur entrée secrète dans la ville, puis les massacres et le partage des captives, enfin l'incendie de la ville, tels à peu près qu'ils sont connus par l'imitation qu'en a faite Virgile au second livre de l'*Enéide*[1].

Quelle était l'originalité d'Arctinos dans le développement de ce sujet? Nous voyons clairement qu'un certain nombre de scènes avaient été faites d'après des scènes connues de l'*Iliade*. Par exemple, le rôle de Thersite dans l'*Ethiopide*, son insolence, sa méchanceté agressive rappelaient certainement quelques passages du second livre de l'*Iliade*. Antiloque, tombant sous les coups de Memnon et vengé par Achille, ne pouvait pas ne pas ressembler à Patrocle tombant sous les coups d'Hector et vengé par le même Achille. D'autres rapprochements analogues s'offrent d'eux-mêmes[2]. L'antiquité n'avait donc pas tort, lorsqu'elle considérait Arctinos comme un disciple d'Homère[3]. L'*Iliade* était son unique modèle, et il l'avait toujours présente à l'esprit, soit volon-

---

1. Le second livre de l'*Enéide*, d'après Macrobe (*Saturn.*, V, 2, 4), serait presque entièrement traduit de Pisandre. S'il en est ainsi, Pisandre lui-même avait suivi de très près Arctinos; car l'analyse de Proclus montre que celui-ci avait traité précisément toutes ces scènes.

2. Voir dans Welcker, *Cyclus*, t. II, l'étude sur les deux poèmes d'Arctinos.

3. Μαθητής Ὁμήρου, Artémon, dans Suidas, Ἀρκτῖνος.

tairement, soit à son insu. Mais ce disciple dut être en même temps un vrai poète : la popularité dont jouirent les personnages de Penthésilée et de Memnon atteste qu'il y avait dans son récit des parties fortes et brillantes, des scènes pathétiques, des caractères attachants. Il inspira Eschyle, ce qui est déjà un honneur.

Leschès ou Leschéos, fils d'Æschylinos, était un Lesbien, de Mitylène ou de Pyrrha, et appartient au siècle suivant. Il vivait vers la 30ᵉ Olympiade (660-657), environ cent ans après Arctinos, et une cinquantaine d'années seulement avant Sapho et Alcée[1]. Son œuvre, connue sous le nom de *Petite Iliade* ('Ιλιὰς μικρά) se rattachait à celle d'Arctinos, mais avec bien plus d'indépendance que celle-ci ne se reliait elle-même à la grande *Iliade*. Il semble que la pensée de Leschès ait été non seulement de compléter les récits d'Arctinos, mais aussi de les renouveler partiellement. Proclus, dans l'ouvrage que nous ne cessons de suivre ici, analyse quatre livres de la *Petite Iliade*, qui vont de la folie d'Ajax jusqu'au moment où les Troyens viennent de faire entrer le cheval de bois dans leurs murs. Leschès prend donc pour point de départ un des événements principaux racontés par Arctinos, la mort d'Achille, mais il suppose qu'après cet événement et avant ceux qui suivaient immédiatement dans le récit d'Arctinos, d'autres sont intervenus qui n'ont pas été racontés précédemment : il en fait la matière propre de ses chants. Ses héros sont Philoctète et Néoptolème, personnages nouveaux dans l'épopée, et Ulysse, personnage ancien, dont l'importance a singulièrement grandi sous l'influence de

---

1. G. le Syncelle, Ol. XXX. Pausan., X, 25, 3. Table iliaque du Capitole (*C. I. G.*, 6125).

l'*Odyssée*. C'est lui qui au début obtient, de préférence à Ajax, les armes d'Achille; c'est lui encore qui s'empare du devin troyen Hélénos et le force à révéler que Troie succombera sous les coups de Philoctète. Il va chercher à Scyros le jeune Néoptolème, qui devient dans ces récits un second Achille, quand il a reçu d'Ulysse les armes de son père. C'est encore le roi d'Ithaque qui s'introduit dans la ville et prépare avec Hélène la trahison décisive; il y rentre peu après avec Diomède et enlève le Palladium. Enfin s'il ne construit pas lui-même le cheval de bois, œuvre d'Epéos et d'Athéné, il dirige du moins l'exécution du stratagème et il est le véritable chef des guerriers qui pénètrent ainsi dans la ville. Ce fut peut-être pour grandir aussi le rôle d'Ulysse dans l'épisode final que Leschès refit, après Arctinos, une description de la prise de Troie. On ne peut douter en effet que cette description ne figurât dans son poème, bien que l'analyse de Proclus ne la mentionne pas. Cela est prouvé par plusieurs témoignages[1]. Cette simple analyse laisse deviner ce que valait l'esprit ingénieux et indépendant de Leschès; quelques courts fragments encore subsistants confirment cette impression[2]. C'est sans doute parce que Leschès avait refait à sa manière un récit déjà fait par Arctinos, qu'une légende ancienne le représentait, en dépit de

---

1. Aristote, *Poétique*, ch. 23. Pausanias, X, 25, 26, 27. Ce dernier décrit, dans ces passages, le tableau de Polygnote représentant la prise de Troie, composé, dit-il expressément, d'après la *Petite Iliade* de Leschès.
2. *Hom. carm. et cycli epici reliq.*, éd. Didot, p. 595 et suiv., particulièrement fr. 4 et 9. Ménélas épargnant Hélène à cause de sa beauté (fr. 15) est un sujet dont les arts plastiques ont tiré profit; J. Martha, *Archéologie étrusque*, p. 107.

la chronologie, comme ayant concouru avec ce poète [1]. D'après cette légende, il serait même sorti vainqueur de ce concours. Cet hommage lui était dû : Arctinos n'avait fait que continuer l'*Iliade;* Leschès, plus hardi, avait tenté de renouveler ce qui existait déjà, en partie du moins; son succès fut assez grand pour que son œuvre méritât d'être appelée la *Petite Iliade* et de figurer sous ce titre à côté de la grande *Iliade*. Cela même semble indiquer qu'elle ne s'y rattachait pas très aisément et qu'elle constituait en fait une série de chants distincte.

Le nom de Stasinos de Chypre est inséparable de ceux d'Arctinos et de Leschès [2]. Aucun renseignement chronologique relatif à ce poète ne nous est parvenu; mais la nature même de son œuvre, toute pénétrée déjà des idées qui allaient dominer dans la poésie lyrique, ne permet pas de le considérer comme antérieur à Leschès. L'épopée qui lui est attribuée était connue dans l'antiquité sous le nom de *Chants cypriens*, d'après le lieu de son origine. Elle se rattachait aussi étroitement à l'*Iliade* que celle d'Arc-

---

1. Phanias chez Clément d'Alex., *Strom.*, I, 21, 131.
2. Stasinos de Chypre est cité comme auteur des *Chants cypriens* par le scoliaste d'Homère, *Iliade*, I, 5. Proclus (dans Photius, *Biblioth.*, cod. 239) le mentionne également en cette qualité, mais en ajoutant que d'autres attribuaient ces chants à Hégésinos de Salamine (en Chypre). Athénée, VIII, p. 334 C, nomme Stasinos avec une réserve. Hérodote (II, 117) parle des *Chants cypriens* pour dire qu'ils ne peuvent être d'Homère, mais il n'en nomme pas l'auteur. En général, lorsque les anciens citent les *Chants cypriens*, ils disent simplement ὁ τὰ Κύπρια γράψας ou se servent d'une expression analogue. Le nom de Stasinos ne peut donc pas être considéré comme définitivement acquis à l'histoire littéraire. — Sur les traditions cypriotes relatives à Homère et sur les liens de Stasinos avec l'ancienne épopée, voir la 2ᵉ dissertation homérique de Sengebusch, p. 57.

tinos, mais elle en différait profondément par l'esprit. L'objet du poète avait été de réunir dans un récit continu les événements de la guerre troyenne antérieurs à l'action de l'*Iliade*; mais en même temps, obéissant à un besoin d'esprit nouveau, il s'efforçait d'expliquer tout l'ensemble de cette légende par des vues générales, qui attestent déjà l'éveil de la raison philosophique et théologique :

« On raconte », dit un scoliaste ancien [1], « que la Terre, accablée par la multitude des hommes, qui ne connaissaient aucune piété, pria Zeus de la soulager de son fardeau. Zeus suscita d'abord la guerre de Thèbes, grâce à laquelle il en détruisit un grand nombre. Puis, un peu plus tard, suivant le conseil de Momos, il réalisa ce qu'Homère appelle le *dessein de Zeus* [2]. Au lieu de détruire tous les hommes par la foudre et par les déluges comme il l'aurait pu, il s'en laissa dissuader par Momos, qui lui suggéra de marier Thétis à un mortel et de faire naître une jeune fille d'une beauté admirable; de ces deux événements résulta la guerre entre les Grecs et les barbares, et cette guerre fut un soulagement pour la Terre, car beaucoup de guerriers y périrent. Cela est raconté chez Stasinos, l'auteur des *Chants Cypriens,* qui s'exprime ainsi :

Il y eut un temps où des myriades d'hommes erraient
. . . . sur le vaste sein de la terre.
Zeus, qui vit cela, eut pitié, et dans sa sagesse
Il résolut de soulager la terre nourricière trop chargée d'hommes;
Et il lança parmi eux la grande discorde de la guerre troyenne,
Afin que la mort fît un vide dans la foule pesante; alors dans la Troade
Les héros périssaient, et ainsi s'accomplissait le dessein de Zeus. »

En admettant, comme il est probable, que le rôle ici assigné à Momos appartient à un développement

---

1. Scol. *Iliade*, I, 5 (Didot, *Cycli reliq.*, p. 591).
2. Allusion au vers 5 du livre I de l'*Iliade*, Διὸς δ' ἐτελείετο βουλή, passage dont le sens paraît d'ailleurs différent de celui qui est indiqué ici.

plus récent de la légende, on voit par les vers mêmes du poète comment toute la guerre de Troie était issue pour lui d'une sorte de nécessité inhérente aux destinées du genre humain. Zeus est déjà le dieu jaloux d'Hérodote, qui arrête l'essor de l'homme. Sa volonté, réfléchie et implacable, dominait tout le récit du poète. Après Zeus, c'était Aphrodite, la déesse de Chypre, qui y jouait, semble-t-il, le principal rôle. Hélène et Achille étaient les deux personnages marqués pour l'accomplissement des desseins d'en haut. Le poète racontait les noces de Thétis et de Pélée, le jugement de Pâris qui en fut la suite, l'enlèvement d'Hélène, le rassemblement des Achéens, leur première expédition en Teuthranie, pays qu'ils avaient pris pour la Troade, puis leur second rassemblement à Aulis, le sacrifice d'Iphigénie, le débarquement en Troade et les principaux événements du siège jusqu'à la querelle, notamment ceux auxquels il est fait allusion dans l'*Iliade*. Cette simple énumération suffit à montrer combien les *Chants cypriens* contenaient de faits qui sont restés au premier rang dans la tragédie et dans la légende. Les quelques fragments qui subsistent, si insuffisants qu'ils soient pour nous faire connaître le poème, attestent tout au moins le talent descriptif de son auteur[1].

On peut voir par les trois poèmes ou séries de chants[2] dont nous venons de parler comment le tra-

---

1. En particulier, le fragm. 14, où le poète décrit la parure d'Hélène.
2. J'emploie ici ces deux expressions simultanément parce qu'il me paraît impossible de déterminer laquelle convient le mieux à ces œuvres nées précisément au temps où les séries de chants primitives étaient de plus en plus considérées comme des poèmes. Dans toute évolution, les états extrêmes sont aisés à distinguer et par conséquent à nommer, mais non les états intermédiaires.

vail poétique qui avait constitué l'*Iliade*, antérieurement aux Olympiades, se continua dans le premier siècle de l'ère nouvelle. L'*Odyssée* ne fut guère moins féconde que l'*Iliade*. Son influence est attestée dans le cycle par deux poèmes qui l'encadrent et qui la rattachent à la série complète des événements de la guerre de Troie: ce sont *les Retours* et la *Télégonie*.

Les Retours sont attribués par la plupart des témoignages anciens à un poète de Trézène, nommé Agias ou Hégias[1]. En l'absence de toute donnée chronologique positive, on peut en faire par conjecture un contemporain de Leschès. Plusieurs raisons nous y autorisent: d'abord, la patrie même du poète; les *Retours* n'ont pu être composés par un Trézénien qu'au temps où la poésie homérique et l'*Odyssée* en particulier étaient déjà très connues dans le Péloponnèse; puis, l'importance donnée dans le poème aux légendes locales (légendes de Colophon, des Molosses), qui ne se sont greffées que peu à peu sur la légende primitive plus générale, et qui prirent un si grand développement dans la poésie lyrique à partir du VIIe siècle; enfin la forme même du poème, qui révèle un effort sensible vers l'unité en dépit du sujet. — Le poète raconte le retour des Grecs après la prise de Troie. Il prend les événements au point où Arctinos les avait laissés, c'est-à-dire immédiatement après le pillage de la ville et le partage du butin, et il les conduit jusqu'au moment où tous les Grecs

---

1. Proclus, *Chrestom.* (Didot, *Cycli reliq.*, p. 584). Pausan., I, 2. — Cependant Eustathe, *Odyssée*, XVI, 118, dit que l'auteur des *Retours* était de Colophon. Sengebusch (*Diss. homer. poster.*, p. 59) suppose qu'il avait au moins profité d'un poème antérieur, œuvre d'un Colophonien.

sont rentrés chez eux, sauf Ulysse, c'est-à-dire jusqu'au début de l'*Odyssée*. Les aventures d'Ulysse, seul entre tous les héros Achéens, sont laissées de côté. Il n'est donc pas douteux que *les Retours* n'aient été composés en vue de se raccorder à l'*Odyssée*. Ils s'y rattachaient d'ailleurs par le développement qu'Agias avait donné aux faits racontés d'une manière sommaire dans la *Télémachie* par Nestor et par Ménélas. Néanmoins l'intention du poète semble bien avoir été de constituer un poème distinct : il avait essayé en effet de donner à son œuvre l'unité, à laquelle les événements qu'il racontait ne se prêtaient guère naturellement. On voit par l'analyse de Proclus que les rôles d'Agamemnon et de Ménélas dominaient tout le récit et que les aventures des autres héros étaient habilement encadrées dans les leurs ; à tel point qu'un auteur ancien a pu désigner *les Retours* sous le nom de *Rapatriement des Atrides*[1]. Ce qui nous reste du poème ne permet pas de l'apprécier. On sait par un passage de Pausanias (X, 28) qu'il contenait une description de l'Hadès et de ses terreurs, sans doute quelque chose d'analogue à la Νεκυία de l'*Odyssée*, sauf les changements dus au progrès des idées religieuses.

Si le poème des *Retours* servait en quelque sorte d'introduction à l'*Odyssée*, la *Télégonie* en formait le dénoûment. C'était une œuvre de peu d'étendue : les Alexandrins la divisèrent en deux livres seulement. L'auteur était un Grec de Cyrène, nommé Eugamon ou Eugammon, qui vivait, d'après la chronique d'Eusèbe, dans la LIIIe Olympiade (568-565

---

1. Athén., VII, p. 281, B. Il est difficile de ne pas admettre avec Welcker que le titre de Κάθοδος τῶν Ἀτρειδῶν désigne en effet dans ce passage le poème d'Agias de Trézène.

av. J.-C.)¹, c'est-à-dire vers le temps de Solon et de Pisistrate.

Le temps de l'épopée était alors passé ; c'était la poésie lyrique qui régnait. Aussi le poème d'Eugamon ne fut-il sans doute qu'une œuvre médiocre. Il racontait, en s'inspirant des prophéties de Tirésias dans l'*Odyssée*, les dernières aventures d'Ulysse après son retour à Ithaque. Le héros allait chez les Thesprotes, y contractait un nouveau mariage, et combattait pour le peuple qui l'avait accueilli. Revenu à Ithaque, il était tué par Télégonos, né autrefois de ses relations avec Circé ; et le poème se terminait par le double mariage de Télégonos avec Pénélope et de Télémaque avec Circé. Eugamon évidemment se souciait peu des vraisemblances et de telles inventions dénotent un art bien déchu².

III

En face du groupe des poèmes troyens, le génie épique de la Grèce primitive en avait constitué un autre dont les légendes thébaines étaient la matière. Le siège de Thèbes n'était guère moins célèbre dans l'antiquité que le siège de Troie. Plusieurs généra-

---

1. Proclus, *Chrestom.* (Didot, *Cycli reliq.*, p. 504); Eustathe, *Odyss.*, p. 1796, 49; Clém. d'Alex., *Strom.*, VI, p. 751. — Eusèbe, LIII⁰ Ol.

2. Eugamon avait voulu probablement mettre en lumière une légende domestique des princes thesprotes qui prétendaient se rattacher à Ulysse. Les traditions de Cyrène, sa patrie, devaient figurer aussi dans le poème, s'il est vrai, comme le rapporte Eustathe, qu'il donnait pour fils à Pénélope, outre Télémaque, un certain Arcésilas, chef sans doute de la lignée royale des Arcésilas de Cyrène (Eustathe, *Odyss.*, p. 1796).

tions d'aèdes sans doute se transmirent, en les grossissant, les traditions glorieuses qui s'y rapportaient, et de là sortit toute une famille d'épopées.

Ce groupe était représenté dans le cycle de Zénodote par trois poèmes, choisis peut-être entre beaucoup d'autres, l'*OEdipodie,* la *Thébaïde,* et les *Epigones.* De ces grandes œuvres épiques, rien n'a subsisté. Nous n'avons même pas, pour nous les représenter, la ressource d'une analyse comparable à celle de Proclus. Il en faut chercher la trace chez les mythographes, chez les poètes lyriques et tragiques, et enfin dans quelques rares témoignages isolés.

La *Thébaïde* ou *Expédition d'Amphiaraos* était l'*Iliade* de ce groupe. Ce poème est le seul dans le cycle, avec les *Epigones*, dont l'auteur nous soit entièrement inconnu. On le mentionnait sans nom de poète ou on l'attribuait à Homère. Pausanias, qui pouvait encore le lire et le comparer aux autres poésies cycliques, le mettait hors de pair[1], et cette appréciation semble confirmée par l'influence qu'il a exercée. La *Thébaïde* a inspiré Pindare[2], elle a fourni des sujets de tragédies à Eschyle, à Sophocle, à Euripide, elle a suscité un imitateur au v° siècle dans le poète épique Antimaque qui a voulu la refaire sur un plan nouveau. Chez les Latins, Properce l'attribuait encore à Homère et admirait l'audace de son ami Ponticus, qui osait rivaliser avec le grand poète en traitant à son tour ce sujet[3]; enfin Stace, que la poésie homé-

---

1. Pausan., IX, 9 : Τὰ δὲ ἔπη ταῦτα Καλλῖνος, ἀφικόμενος αὐτῶν εἰς μνήμην, ἔφησεν Ὅμηρον τὸν ποιήσαντα εἶναι (il est probable qu'il s'agit ici du poète Callinos, bien que cela ait été très contesté). Καλλίνῳ δὲ πολλοί τε καὶ ἄξιοι λόγου κατὰ ταῦτα ἔγνωσαν. Ἐγὼ δὲ τὴν ποίησιν ταύτην μετά γε Ἰλιάδα καὶ τὰ ἔπη τὰ ἐς Ὀδυσσέα ἐπαινῶ μάλιστα.

2. Pindare, *Olymp.*, VI, 20 et suiv.

3. *Elégies*, I, vii : Dum tibi Cadmeae dicuntur, Pontice, Thebae,

rique tentait, composait sa *Thébaïde*, en prenant, il est vrai, Antimaque pour modèle, mais sans doute en suivant aussi de loin le poème cyclique, comme il allait un peu plus tard suivre les poèmes troyens dans son *Achilléide*. Tous ces faits réunis prouvent au moins la grande importance littéraire de la *Thébaïde*. On ne peut douter qu'elle n'ait été un de ces poèmes féconds, qui, par l'heureux choix du sujet ou par la force de l'invention première, agissent puissamment sur les imaginations et renaissent pendant longtemps dans des œuvres toujours nouvelles.

Bien que la date de cette composition poétique ne nous ait été donnée par aucun témoignage ancien, on est en droit d'en affirmer la haute antiquité. Anonyme comme l'*Iliade* et l'*Odyssée*, la *Thébaïde* semble appartenir à cette période primitive où la poésie était encore presque impersonnelle. En outre, certains traits de mœurs tout à fait barbares ne permettent guère de la rapporter à une date plus récente[1]. D'ailleurs les allusions de l'*Iliade*, et en particulier celles du livre IV, qui sont fort détaillées, nous montrent que la légende, sinon le poème, était déjà entièrement formée lorsque l'*Iliade* fut achevée.

« Tydée, dit Agamemnon dans un de ces passages [2], vint en ami à Mycènes, avec le héros Polynice, quand il cherchait à rassembler l'armée qui ensuite marcha contre les murailles de Thèbes. Tous deux priaient pour qu'on leur

---

— armaque fraternae tristia militiae, — atque, ita sim felix, primo contendis Homero...

1. Tydée mourant y brisait le crâne de son ennemi Mélanippe, pour dévorer sa cervelle (Welcker, *Cyclus*, t. II, p. 364, d'après un fragment de Sophocle, chez Hérodien, Περὶ σχημάτων, p. 57).

2. *Iliade*, IV, 376 et suiv. — Autres allusions, V, 803 sqq.; VII, 223; X, 285.

donnât de vaillants auxiliaires. On se laissa persuader, on accorda ce qu'ils demandaient ; en vain Zeus détournait les Mycéniens de cette entreprise par des signes funestes. Quand l'armée fut partie et qu'elle eut fait déjà beaucoup de chemin, elle parvint aux rives de l'Asopos, bordées de joncs épais et couvertes de gazon ; là, les Achéens s'entendirent pour charger Tydée de porter des propositions. Il alla donc et trouva les Cadméens réunis en nombre pour un festin dans la demeure d'Etéocle. Tout étranger qu'il était, le vaillant cavalier Tydée n'eut aucun effroi, seul au milieu de cette multitude de Cadméens. Il les provoqua à des combats simulés, et il les vainquit tous sans aucune peine : tant il était assisté par Athéné. Pleins de colère, les Cadméens, ardents cavaliers, allèrent lui dresser une embuscade, comme il retournait vers les siens ; cinquante jeunes gens l'attendirent, et ils avaient deux chefs, Méon l'Hémonide semblable aux Immortels, et le fils d'Autophonos, le belliqueux Polyphontès. Mais Tydée fit tomber sur eux la mort affreuse, il les tua tous, sauf un, qu'il laissa rentrer dans sa maison. »

Tous ces détails précis dénotent une légende déjà popularisée par des chants épiques[1]. Est-ce à dire toutefois que le poème lui-même existât dès ce temps, sous sa forme complète et définitive ? On peut en douter, car il est dit dans l'*Odyssée* (XV, 244 et suiv.) que le devin Amphiaraos mourut sous les murs de Thèbes ; or la tradition recueillie dans la *Thébaïde* était différente et plus merveilleuse ; le devin, englouti sous la terre avec son char, continuait à y vivre glorieusement en rendant des oracles. Cela ferait croire que la *Thébaïde* ne fut achevée et constituée en poème qu'après l'*Odyssée*[2]. Une tradi-

---

1. Notez aussi le grand rôle de Tirésias au XIe livre de l'*Odyssée*. Tirésias est le devin thébain par excellence : il devait être déjà populaire, quand ce XIe livre fut composé.
2. Welcker, *Cyclus*, t. II, pass. cité.

tion antique¹ rapportait qu'Homère l'avait composée
à Néontichos en Eolide. Sans doute la *Thébaïde*
comme l'*Iliade* eut pour point de départ des chants
éoliens, mais, comme elle aussi, elle ne devint
réellement une grande œuvre poétique qu'entre les
mains des aèdes ioniens, peut-être des Homérides.

Le sujet du poème était l'expédition funeste que
le roi d'Argos, Adraste, excité par ses gendres Polynice et Tydée, conduisit contre le roi de Thèbes,
Etéocle. Les deux principaux personnages, Amphiaraos, le sage devin, et Adraste, le fougueux et impré-
voyant auteur de la guerre, étaient opposés l'un à
l'autre par un contraste frappant, qui devait rappeler
à quelques égards celui d'Agamemnon et d'Achille
dans l'*Iliade*². Amphiaraos, sans être le chef de
l'expédition, tenait néanmoins le premier rang dans
le poème, comme Achille; c'est ce qu'indique le
titre secondaire d'*Expédition d'Amphiaraos* qui lui fut
donné. Les phases dramatiques du récit étaient le
rassemblement des combattants, mentionné dans le
passage de l'*Iliade* qui vient d'être cité, l'institution
des jeux Néméens, l'ambassade de Tydée, l'assaut donné aux murs et la mort de Capanée, le
combat singulier des deux fils d'Œdipe, la défaite
et le massacre des Argiens auprès du fleuve Ismé-
nos, la disparition d'Amphiaraos, la fuite d'Adraste
sauvé par la rapidité merveilleuse de son cheval
Arion. De tout cela, il ne nous reste aujourd'hui que
deux fragments du début, où sont rapportées les ma-
lédictions d'Œdipe contre ses fils³. L'épopée grecque
n'a pas subi de perte plus considérable que celle-là.

1. *Vie d'Homère* attribuée à Hérodote, § 9.
2. Welcker, *Cyclus*, t. II, p. 320 et suiv.
3. *Cycli reliquiae*, Didot, p. 587.

De même que l'*Iliade* était encadrée dans le cycle entre les *Chants cypriens* et l'*Ethiopide*, de même la *Thébaïde* l'était entre l'*OEdipodie* et les *Epigones*. Il n'est pas douteux que ces deux poèmes n'aient été faits pour se raccorder au précédent.

Le poème des *Epigones* ou *Alcméonide*[1] était anonyme comme la *Thébaïde* et tellement lié à celle-ci par le sujet qu'on a pu quelquefois les considérer comme les deux parties d'une même composition[2]. Il paraît plus probable toutefois que l'*Alcméonide* n'était qu'une suite ajoutée postérieurement. Le parallélisme des deux poèmes semble impliquer en effet que l'auteur du second était simplement un imitateur sans grande originalité personnelle. Il avait raconté la seconde expédition argienne contre Thèbes, celle qui fut conduite par Alcméon, fils d'Amphiaraos, et à la suite de laquelle les Cadméens vaincus quittèrent leur ville. Son poème avait exactement la même étendue que la *Thébaïde*[3]; mais la ressemblance extérieure devait faire ressortir plus vivement l'infériorité de l'invention. Tandis que le principal poème était riche en grandes scènes qui ont fait fortune dans la littérature, le second n'a, pour ainsi dire, rien laissé après lui[4].

L'*OEdipodie* était à la *Thébaïde* ce que les *Chants cypriens* étaient à l'*Iliade*, une sorte d'introduction.

---

1. L'identification des deux titres ne semble pas douteuse, bien qu'elle ait été contestée. Voyez Welcker, *Cyclus*, t. I, p. 195.
2. Photius (*Lexique*, v. Τευμησία) cite, comme étant de la *Thébaïde*, un passage des *Epigones*.
3. *Concours d'Homère et d'Hésiode*, § 14.
4. On peut voir dans Apollodore, *Biblioth.*, III, combien la seconde guerre de Thèbes est pauvre en événements relativement à la première. Peut-être le sujet avait-il été moins préparé par les chants antérieurs.

L'inscription Borgia nous en fait connaître l'auteur, qu'elle nomme Kinæthon. Ce poète, désigné ailleurs comme lacédémonien, vivait au commencement des Olympiades ; c'était un contemporain d'Arctinos[1]. L'*OEdipodie*, comme son titre l'indique, racontait l'histoire d'Œdipe. Que valait-elle au point de vue poétique? Il ne nous reste ni fragment ni témoignage qui nous permette d'en juger.

Ce groupe de poèmes thébains était relié dans le cycle de Zénodote au groupe des poèmes troyens par d'autres poèmes dont nous allons parler. Mais à ce sujet une remarque est nécessaire: l'adaptation primitive que nous avons observée précédemment fait ici défaut; nous sommes en présence d'un rapprochement purement artificiel opéré par le critique alexandrin. A l'origine, le cycle thébain a dû être absolument indépendant du cycle troyen: la *Thébaïde* a pu subir l'influence de l'*Iliade* et l'*Odyssée*, mais elle n'a pas été composée en vue de les compléter. Si l'on veut appliquer à toute l'ancienne poésie épique ce mot de cycle, il doit être entendu qu'il y a eu originairement en Grèce, non pas un cycle unique, mais plusieurs cycles qui se sont formés les uns à côté des autres.

IV

Lorsque Zénodote voulut relier le cycle thébain au cycle troyen, il dut naturellement imaginer un ensemble beaucoup plus vaste dans lequel ils trouveraient place l'un et l'autre ; pour le construire il

---

1. Eusèbe, *Chron.*, Ol. V. Il n'y a aucune raison pour confondre Kinæthon de Lacédémone avec Kinæthos de Chios, comme le voulait Welcker.

recueillit un certain nombre de vieux poèmes qui certainement n'avaient pas été destinés à cet usage. Ces poèmes sont loin d'offrir le même intérêt que les précédents, et ce que nous en savons se réduit à bien peu de chose. Contentons-nous de les mentionner rapidement.

La *Titanomachie* est attribuée par les témoignages anciens soit à Eumélos de Corinthe, soit à Arctinos, soit à Kinæthon, qui vivaient tous trois au commencement des Olympiades. D'autres la citent sans en nommer l'auteur. On sait que le combat des Titans contre Zeus, qui en formait le sujet, est raconté sommairement dans la *Théogonie* d'Hésiode. Quel but s'était proposé l'auteur de la *Titanomachie?* Dans quel esprit avait-il remanié les vieilles légendes mythologiques et quels développements nouveaux y avait-il ajoutés? Nous l'ignorons absolument.

Le poème des *Danaïdes* est cité dans l'inscription Borgia comme celui qui figurait dans le cycle immédiatement après la *Titanomachie*. Il est clair que, malgré ce rapprochement, ces deux compositions étaient entièrement indépendantes l'une de l'autre; quel autre lien supposerait-on en effet que celui d'une chronologie fabuleuse entre le mythe des Titans et la légende argienne des filles de Danaos?

Après les *Danaïdes* venait un poème dont le nom a disparu dans l'inscription en question, par l'effet d'une mutilation. On a supposé que c'était la *Guerre des Amazones*[1]; conjecture fort incertaine. A cette

---

1. Welcker, *Cyclus*, I, p. 292 et suiv. La principale raison de cette conjecture, c'est que ce poème a été quelquefois cité comme l'œuvre d'Homère, d'où l'on conclut qu'il devait appartenir au cycle; l'événement qui en faisait le sujet, c'est-à-dire probablement l'invasion de l'Attique par les Amazones, lui assignerait dès lors assez naturellement cette place dans la série. Welcker assimile

Guerre des Amazones on a rattaché, plus arbitrairement encore, la *Minyade*. Ce poème nous est connu seulement par quelques passages de Pausanias[1] qui l'attribue, avec doute, à un certain Prodicos de Phocée. Le titre indique assez que le sujet était emprunté à l'histoire légendaire des Minyens, ancienne race qui avait occupé une partie du sol de la Béotie et lutté contre les Cadméens de Thèbes. L'épopée, avant de mourir, cherchait à recueillir tous les grands souvenirs nationaux et croyait leur donner une vie qui n'était plus en elle. On trouvait dans la *Minyade* une description de l'Hadès, où figurait le batelier Charon, personnage inconnu des vieux poètes. Cette description, selon Pausanias (IX, 28), fut mise à profit par le grand peintre Polygnote ; preuve intéressante de l'influence exercée sur les arts par ces épopées aujourd'hui perdues.

La *Prise d'OEchalie* était beaucoup plus célèbre dans l'antiquité. « On a raconté, dit Strabon[2], que Créophyle de Samos, ayant donné l'hospitalité à Homère, reçut de lui en retour le poème qu'on appelle la *Prise d'OEchalie* avec la permission d'y inscrire son propre nom. Callimaque présente ce fait d'une manière différente dans une épigramme ; il y attribue le poème à Créophyle, qui l'aurait fait passer sous le nom d'Homère, pour se payer de son hospitalité :

<blockquote>
Je suis l'œuvre du Samien, dans la maison duquel le divin Homère
Fut reçu ; je pleure les malheurs d'Eurytos
Et la blonde Iolée. On m'appelle poème homérique ;
Grande récompense pour Créophyle, par le nom de Zeus! »
</blockquote>

d'ailleurs cette *Guerre des Amazones* avec l'*Atthide* que Pausanias (IX, 29) attribue à un certain Hégésinoos, ce qui est encore plus incertain.

1. Pausan., IV, 33 ; IX, 5 et 28 ; X, 31.
2. Strabon, XIV, p. 638.

Il résulte de ces vers de Callimaque que la *Prise d'Œchalie* était considérée par les Alexandrins comme l'œuvre du Samien Créophyle, mais qu'ils la classaient en même temps parmi les poésies homériques, c'est-à-dire sans doute dans le cycle. Ce Créophyle, dont nous avons déjà parlé, était, on s'en souvient, l'ancêtre, réel ou mythique, d'une famille samienne, celle des Créophyliens, analogue au γένος des Homérides de Chios. On peut donc supposer que ce poème, quel qu'en fût d'ailleurs l'auteur, appartenait aux aèdes de cette famille, à l'origine du moins. Le sujet, d'après l'épigramme citée, était l'expédition d'Héraclès contre Œchalie, ville du roi Eurytos, qui avait refusé au héros la main de sa fille Iolé, au mépris d'une convention formelle. On s'explique par suite que le poème fût aussi appelé *Héraclée* (Paus. IV, 2, 2). Nous en ignorons la date. Toutefois il faut se rappeler quelle influence, signalée précédemment, les légendes d'Héraclès ont exercée sur l'*Iliade*. Il est donc certain qu'au temps où le grand poème homérique s'achevait, ces légendes prenaient corps, et il est assez vraisemblable que la *Prise d'Œchalie* a été l'œuvre la plus considérable de cette poésie relative à Héraclès, puisqu'on ne cite pas d'autre épopée antique composée sur le même sujet qui ait effacé celle-ci par son éclat.

Cette énumération est loin d'épuiser la liste des poèmes épiques que la Grèce vit naître entre le VIIIe et le VIe siècle avant notre ère. On peut encore lire sur l'inscription Borgia le nom mutilé de Lycaon, qui devait être le héros d'un récit poétique également rattaché au cycle[1]. D'autres poèmes, qui furent

---

1. Welcker le nie (*Cyclus*, I, p. 35), sans en donner aucune

laissés en dehors du cycle parce qu'on ne pouvait pas y faire tout entrer, n'auraient pas eu moins de droits sans doute à notre intérêt, si quelque chose en était parvenu jusqu'à nous[1]. Il faut se représenter cette période et celle qui l'avait immédiatement précédée comme un temps d'abondante production poétique, où les récits épiques naissaient presque en tous lieux et s'entrelaçaient à l'infini. Il n'y avait alors ni drame, ni histoire, ni philosophie; mais l'épopée pour les Grecs de ce temps était un drame, une histoire, une philosophie. Elle répondait à tous les besoins moraux et intellectuels à la fois, et voilà pourquoi elle se prodiguait pour les satisfaire. De tous ces poèmes, fort inégaux sans doute en valeur, quelques-uns seulement ont survécu, du moins à titre de souvenirs; les autres ont disparu peu à peu; mais ceux-là même ont souvent laissé leur trace, plutôt soupçonnée aujourd'hui que distinctement aperçue, dans la poésie lyrique et dans la tragédie.

V

Entre les compositions poétiques qui ne furent pas rattachées au cycle, il n'en est guère qu'une seule à

---

raison. La légende arcadienne de Lycaon se prêtait aussi bien qu'une autre au développement épique.

1. Les anciens citent un certain nombre de poèmes épiques, tels que la *Théséide* (Arist., *Poét.*, 8), la *Phoronide* (Scol. Apollon., I, 1131), la *Phocéide* (Ps. Hérod., *Vie d'Homère*, 16) attribuée à Homère par les habitants de Phocée, etc. On ne saurait affirmer qu'ils appartiennent à la période épique primitive, bien que cela soit probable pour plusieurs d'entre eux. — Sur Mélisandros de Milet, auteur d'un combat des Lapithes et des Centaures, voir Élien, *Hist. var.*, XI, 2.

laquelle l'histoire littéraire doive une mention : c'est l'*Héraclée* du Rhodien Pisandre.

Tous nos renseignements sur ce poète proviennent d'une notice de Suidas, pleine d'erreurs manifestes[1]. En la débrouillant autant que cela est possible, on en déduit avec vraisemblance que Pisandre, fils de Pison, était né à Camiros, dans l'île de Rhodes, et qu'il vivait vers la 33ᵉ Olympiade (648-645 av. J. C.)[2]. C'était donc un contemporain du Lesbien Leschès, à quelques années près. Il dut composer son *Héraclée* après la 37ᵉ Olympiade (632-629 av. J. C.)[3]. Le choix du sujet s'explique en grande partie par le lieu de naissance du poème : Tlépolème, colonisateur de Rhodes, étant fils d'Héraclès, celui-ci pouvait être considéré par les Rhodiens comme un héros national et un ancêtre[4]. Ses travaux étaient racontés par le poète. Une inscription attribuée à Théocrite et placée plus tard sur le piédestal d'une statue de Pisandre en fait foi :

« L'homme que vous voyez ici, Pisandre de Camiros, a été le premier parmi les disciples de la Muse qui ait retracé toute la vie du fils de Zeus, vainqueur du lion, combattant aux bras robustes ; toutes les épreuves du héros, le poète les a racontées. Voilà pourquoi ce peuple, il faut qu'on le sache, a voulu l'honorer, lui aussi, en dressant cette statue d'airain après bien des mois et bien des années[5]. »

1. Suidas, v. Πείσανδρος.
2. Notice sur Pisandre dans l'Hésiode de Didot, en tête des fragments de Pisandre.
3. Otfr. Müller, *Doriens*, t. II, p. 477.
4. D'autres poètes rhodiens avaient déjà rendu honneur à Héraclès. Clément d'Alexandrie affirme que Pisandre avait fait de nombreux emprunts à un certain Pisinos de Lindos qui nous est entièrement inconnu (*Stromat.*, VI, p. 751).
5. Théocrite, *Epigr.*, XX.

Cette préoccupation d'être complet et d'embrasser dans un seul récit tout un cycle d'événements est pour nous le trait caractéristique de l'œuvre perdue de Pisandre. Elle révèle bien en lui un contemporain des poètes dont nous venons de parler, tous plus ou moins dominés par l'esprit historique. Un épisode de la vie d'Héraclès, la prise d'Œchalie, avait suffi autrefois à Créophyle de Samos; mais Pisandre ne choisissait plus, il visait surtout à ne rien laisser perdre. Nous ne savons rien d'assez précis sur l'*Héraclée* pour la juger littérairement. Toutefois il semble que Pisandre, voulant rajeunir un sujet déjà ancien, avait eu recours à des inventions plus ou moins merveilleuses. Ce fut lui qui, le premier, donna un grand nombre de têtes à l'hydre de Lerne, afin de la rendre plus terrible[1]; dans une intention analogue sans doute, au lieu de représenter son héros armé de toutes pièces, conformément à la tradition, il le montra triomphant de ses plus redoutables ennemis avec une simple massue[2]; conception dont le succès durable atteste l'autorité du poète.

Outre l'*Héraclée*, on attribuait à Pisandre, au dire de Suidas, d'autres œuvres qui n'étaient pas de lui. La plus célèbre semble avoir été une sorte de cycle mythologique en vers, intitulé les *Théogamies héroïques*[3]. C'était une série de récits comprenant toutes les principales légendes de la Grèce : on ne doit pas être surpris qu'un tel ouvrage soit souvent cité par les scoliastes. Virgile, d'après Macrobe, l'aurait suivi de près dans le II{^{e}} livre de l'*Enéide*[4]; cela semble

---

1. Pausan., II, 37, 4.
2. Suidas, v. Πείσανδρος.
3. Dans l'Hésiode de Didot, *Fragmenta Pisandri*.
4. Macrobe, *Saturn.*, V, 2.

indiquer que l'ouvrage était consulté tout au moins comme un recueil de faits, et qu'à ce titre il dispensait de recourir à d'autres récits plus anciens dont il offrait une sorte de résumé[1]. Si une composition de ce genre a pu être attribuée à Pisandre sans trop d'invraisemblance, c'est sans doute que ses œuvres authentiques présentaient déjà quelque chose de ce caractère qu'on serait tenté d'appeler encyclopédique.

Pisandre est le dernier des poètes épiques primitifs qui ait continué avec éclat la tradition homérique. Si nous connaissions mieux ses devanciers et ses contemporains, il serait aisé sans doute de dégager avec précision les causes qui ont amené peu à peu l'oubli de cette tradition et qui ont fait disparaître pour un temps la poésie épique. Telles que nous les entrevoyons, elles peuvent se résumer en quelques mots. Les vieilles inventions étaient épuisées; on répétait ce qui avait été déjà dit, ou l'on sortait du naturel pour redevenir original. Mais ce n'était pas là le seul mal. Le plus grave, c'est que la poésie épique n'était plus assez libre. Elle s'assujettissait de plus en plus à l'histoire, qui lui imposait ses longues et lourdes successions d'événements. La vieille liberté homérique avait passé aux poètes lyriques qui, eux, choisissaient à leur gré les plus belles légendes, les traitaient en récits ou par simples allusions, selon qu'il leur plaisait, et les associaient à une philosophie personnelle qui les rajeunissait. Dans leurs œuvres, éclataient la vie et l'invention toujours nouvelle ; les poètes épiques n'étaient plus que des narrateurs fatigués et monotones.

1. C'est pour cela sans doute que Pisandre a été quelquefois rapproché d'Homère et d'Hésiode comme un des anciens témoins des choses primitives; Censorinus, 9 : Cum sint antiquissimi poetarum, Homerus, Hesiodus, Pisander.

CHAPITRE X

ANTÉCÉDENTS DE LA POÉSIE HÉSIODIQUE. HÉSIODE.

SOMMAIRE.

I. La poésie hésiodique est essentiellement didactique; elle appartient à la Grèce continentale. — II. Eléments de la poésie didactique avant Hésiode : 1º Elément généalogique ; 2º Mythes moraux. — III. Apologues. Sentences. Préceptes techniques. — IV. Hésiode. Légendes et histoire. — V. En quel temps a vécu Hésiode ?

I

Nous venons de suivre dans tout son développement l'histoire de la poésie homérique. Une autre forme de poésie épique appelle à présent notre attention : c'est celle dont Hésiode est le représentant le plus illustre.

Une chose la distingue essentiellement de la poésie homérique : elle est didactique. Ni l'*Iliade* ni l'*Odyssée,* ni aucun des poèmes dont nous avons parlé jusqu'ici n'étaient des œuvres d'enseignement. Non pas qu'il n'y eût dans les chants des aèdes bien des leçons de toute sorte : en premier lieu, ils faisaient connaître le passé ; car pour eux, comme pour leurs auditeurs, le fond de leur récit avait une valeur historique; de plus, la mise en scène des passions humaines, telle qu'ils la concevaient, ne pouvait manquer d'être instructive. Ils enseignaient donc en un certain sens, parce que toute grande œuvre de l'esprit enseigne, à l'insu même et sans l'intention de son auteur ; mais en somme, ce n'était pas là ce qu'ils se proposaient. Leur objet était de glorifier les grandes actions, c'est-à-dire de faire ressortir dans de beaux récits tout ce qu'avaient fait et souffert les glorieux ancêtres. Ils visaient avant tout à l'effet narratif, ils recherchaient les scènes dramatiques, le jeu des passions, les descriptions émouvantes, en un mot tout ce qui pouvait toucher et charmer leurs auditeurs. Préoccupés de plaire plus que de toute autre chose, ils traçaient avec liberté un tableau idéal, dont le sujet était bien emprunté à la tradition, mais que leur imagination embellissait sans scrupule.

Bien différente est la poésie dont nous avons maintenant à parler. Certes, celle-ci n'est pas non plus dénuée du désir de plaire, sans lequel ce ne ne serait pas à proprement parler une poésie ; mais une autre intention la domine, elle veut instruire. Soit qu'elle donne des préceptes moraux, soit qu'elle enseigne à bien conduire les travaux des champs, soit qu'elle traite de navigation, d'astronomie, de divination, soit qu'elle déroule en longues énumérations les généalogies des dieux et celles des héros, elle a toujours pour objet principal de graver dans la mémoire de ses auditeurs des choses qu'il est bon pour eux de savoir. Si elle cherche à les charmer, c'est que le plaisir est le meilleur appât de l'attention et le meilleur auxiliaire de la mémoire. Elle veut se faire écouter afin qu'on retienne ce qu'elle proclame. Tout chez elle est subordonné à une vue générale d'utilité qui lui donne son caractère propre.

Cette poésie n'appartient pas à une école [1]. Ses représentants sont en général étrangers les uns aux autres, et plusieurs d'entre eux semblent avoir cultivé simultanément les deux genres que nous opposons l'un à l'autre. Mais, chose remarquable, presque tous sont originaires de la Grèce continentale : ils sont béotiens, locriens, corinthiens, lacédémoniens. Au contraire, comme on l'a vu, la poésie homérique, par ses origines et par son principal développement, appartient à la Grèce d'Asie, elle vient de Kymé, de Chios, de Colophon, de Milet. Opposition frappante : d'un côté une poésie brillante, capricieuse, pleine de liberté et d'essor, œuvre des Grecs d'Asie ; de l'autre une poésie sensée, recueillie, moins libre d'imagination, mais plus mordante et plus spirituelle, œuvre des Grecs du continent. Quelque chose en somme comme le contraste de deux tendances innées et profondes, vraiment helléniques toutes deux, qui semblent tout d'abord bien plus séparées qu'elles ne le sont réellement, mais qui, en se développant, s'appelleront mutuellement pour se confondre dans les œuvres de l'âge suivant.

Il est admis aujourd'hui d'une manière à peu près unanime que l'essor de la poésie didactique de la Grèce continentale est postérieur en date à celui de la poésie homérique. Nous toucherons plus loin à cette question de chronologie. Mais dès à présent, il est bon de faire remarquer, pour l'intelligence de la poésie hésiodique, que cela résulte en quelque sorte de la comparaison même de leurs caractères

---

1. La notion inexacte d'une école hésiodique a été détruite par G. Marckscheffel dans un livre que j'aurai souvent l'occasion de citer, *Hesiodi, Eumeli, Cinaethonis, etc., fragmenta*, Leipzig, 1840.

respectifs. Il y a plus d'imagination dans l'une et plus de réflexion dans l'autre. Or, dans une littérature telle que la littérature grecque, où l'on voit les divers genres naître chacun à leur tour d'une manière spontanée, sans que rien vienne troubler gravement l'ordre naturel de leur succession, c'est presque une nécessité morale d'admettre que l'œuvre d'imagination a précédé l'œuvre de réflexion.

II

Quels sont les antécédents de la poésie didactique en Grèce ? A défaut de témoignages, il n'y a que la poésie hésiodique elle-même qui puisse nous renseigner à ce sujet. Tout occupée du présent, elle laisse apercevoir un passé, qu'on pourrait appeler l'enfance de la réflexion pratique. Chacun des éléments essentiels dont elle se compose est le produit d'un long travail intellectuel dû à des générations plus ou moins nombreuses. Essayons, en distinguant ces éléments, de nous représenter ce qu'ils pouvaient être avant Hésiode.

Les généalogies sont le fond de la *Théogonie* comme des *Catalogues* et de tous les autres poèmes de ce genre. Evidemment, il n'est pas possible de supposer qu'un poète, en dehors de tout usage traditionnel, se soit avisé un jour de mettre en vers ces longues filiations et qu'il ait ainsi constitué un genre nouveau. Le succès de cette forme de poésie en Grèce ne s'explique que par un besoin social fort ancien, et ce besoin a dû susciter, avant les grandes œuvres que nous connaissons, bien des essais qui ont disparu. C'est aux hymnes religieux qu'il est naturel de rattacher les origines de la poésie généalogique, comme nous y avons rattaché celles du chant épique proprement dit. Sans doute nous ne possédons pas d'hymnes antérieurs à Hésiode, et nous ne pouvons par conséquent nous appuyer sur des preuves positives. Mais la *Théogonie* elle-même n'est-elle pas en quelque sorte une série d'hymnes généalogiques[1]? L'auteur de ce poème emploie à plusieurs reprises l'expression consacrée ὑμνεῖν pour désigner son récit; n'est-ce pas donner à entendre qu'il se considère bien comme l'héritier des poètes d'hymnes qui l'avaient précédé ? Et comment d'ailleurs pourrait-il en être autrement ? L'élément généalogique n'était-il pas en effet comme le fond nécessaire des hymnes primitifs ? Dans une religion polythéiste qui n'avait pas de livres sacrés, il fallait bien que chaque culte local se définît lui-même par les chants dont il se servait ; il ne pouvait mieux le faire qu'en racontant l'origine du dieu qu'il honorait. D'ailleurs aux dieux se rattachaient les héros et à ceux-ci les rois d'alors. Les généalogies étaient comme les archives vivantes des grandes familles, et les hymnes comme le dépôt sacré de ces archives[2].

---

1. Ménandre le rhéteur, *de Encomiis* (Walz, *Rhetor. graeci*, t. IX, p. 149): Σπανίως ὕμνον εὑρεῖν εἴη ἂν τῶν θεῶν, ἐν ᾧ τὸ γενεαλογικὸν μόνον φέρηται, πλὴν εἴ τις ὑπολαμβάνοι τὰς Θεογονίας ὕμνους εἶναι θεῶν.

2. Il est curieux de retrouver dans l'Inde moderne l'usage de la poésie généalogique. On y rencontrait encore, il n'y a pas fort longtemps, « des généalogistes chantants qui retenaient par cœur la suite des filiations, et venaient aux mariages et aux fêtes, rappeler les hauts faits et les traditions de la famille ». (Rob. de Bonnières, *Une journée à Lahore*, Revue politique, 10 avril 1886.) Quelque chose d'analogue existait chez les anciens Bretons ; voir Aug. Thierry, *Conquête de l'Angleterre par les Normands*, t. I, p. 37 : « D'antiques généalogies, conservées soigneusement par les

C'est sans doute aussi à cette même poésie religieuse que sont dus les mythes hésiodiques qui se rapportent à la destinée humaine, tels que ceux de Prométhée et de Pandore et des âges du monde. Déjà, dans les poèmes homériques, nous en trouvons quelques-uns de ce genre : le mythe des Prières, au IXᵉ livre de l'*Iliade* (v. 502 et suiv.), celui des deux tonneaux où Zeus puise les biens et les maux au XXIVᵉ (v. 527), celui d'Até au XIXᵒ (v. 91). Mais, chez Homère, ces récits d'un caractère si particulier paraissent trop étrangers à la poésie dans laquelle ils sont mêlés pour qu'on puisse admettre qu'ils y ont pris naissance. Dans une narration toute dramatique, voici des traces d'une philosophie déjà spéculative : la réflexion des aèdes homériques était-elle assez tournée vers ces conceptions générales pour qu'ils aient pu créer eux-mêmes de tels mythes? Remarquons qu'en les racontant, ils semblent rapporter toujours de vieilles et saintes choses venues à eux par tradition. Ces mythes préexistaient; ils les ont trouvés tout faits, et ils s'en sont servis. Où les ont-ils trouvés ? Non pas assurément dans la tradition populaire, car ils portent tous la marque d'un esprit philosophique qui sait dégager déjà la pensée abstraite et la revêtir de formes vivantes. Ce sont des poètes qui ont dû les créer ; et quels poètes, sinon ceux qui, célébrant les dieux et leur puissance, étaient plus particulièrement appelés à réfléchir sur les rapports de l'homme avec la divinité et par conséquent sur la destinée humaine en général? Les mythes moraux ont eu leur place naturelle dans les hymnes religieux dès que la pensée hellénique se

poètes, servirent à désigner ceux qui pouvaient prétendre à la dignité de chefs de canton ou de famille. »

fut élevée à un certain degré de réflexion ; leur multiplication et leur popularité furent certainement un des faits marquants de la période immédiatement antérieure aux poèmes hésiodiques.

Au reste, ce qui le prouve d'une manière frappante, c'est qu'Hésiode, quand il s'en sert, les suppose connus de ses auditeurs dans ce qu'ils ont d'essentiel. Lorsque l'auteur des *Travaux* introduit dans son poème le personnage de Prométhée, il ne se croit pas tenu de le présenter à ses auditeurs comme s'il leur était étranger ; laissant de côté beaucoup de choses que tout le monde sait, il n'insiste que sur ce qui convient à son dessein ; l'obscurité de quelques parties de son récit provient précisément de ce qu'il procède par allusion là où nous aurions besoin d'un exposé complet. Cet ensemble qui nous manque existait alors sous une forme arrêtée et jusqu'à un certain point populaire. Ce n'était pas assurément dans un chant épique proprement dit ; c'était donc dans des chants narratifs d'un caractère religieux, c'est-à-dire dans des hymnes.

III

Outre les généalogies et les mythes moraux, que trouvons-nous encore dans la poésie hésiodique? Des apologues, des sentences, des préceptes techniques. Chacun de ces éléments mérite d'être étudié dans ses antécédents ; mais d'une manière générale, ils se ramènent à une double origine, à la fois populaire et religieuse.

Si l'on considère dans le poème des *Travaux et des Jours* cette sorte de calendrier qui s'appelle proprement *les Jours*, on ne peut s'empêcher d'être frappé de son caractère dogmatique et religieux. Ce n'est pas au nom de l'expérience que le poète enseigne, c'est en vertu d'une science traditionnelle qui s'autorise d'une révélation des dieux[1]. A qui cette science appartenait-elle? A ceux sans doute qui faisaient profession de deviner l'avenir. Un autre poème hésiodique était intitulé l'*Ornithomantie;* nous trouvons dans ce titre la confirmation d'une hypothèse qui s'impose à nous. Il n'est guère possible que les devins n'aient pas résumé de très bonne heure les préceptes de leur art dans des recueils versifiés qui étaient pour eux comme des codes sacrés. De même que le vers épique a été employé dès la plus haute antiquité pour les oracles, afin de leur donner plus d'autorité et de les rendre plus aisés à retenir, il ne pouvait manquer de l'être aussi pour fixer ces préceptes arides et immuables qui ressemblaient tant à des oracles. Ce n'est pas tel ou tel poète en particulier qui a pu être l'inventeur de cette poésie chresmologique : c'est la force des choses qui l'a rendue nécessaire et qui l'a créée, dès qu'il y eut une versification assez souple pour cet usage. Cela étant, on ne peut douter que la poésie hésiodique ne procède, en ce qu'elle a de prophétique, de cette poésie toute spéciale. Par là encore elle est religieuse dans ses origines et jusqu'à un certain point sacerdotale, bien que l'auteur des *Travaux* lui-même n'ait été rien moins qu'un prêtre.

Dans le même ordre d'idées, il faut tenir compte aussi de l'influence que les oracles proprement dits ont exercée sur elle. Nous avons vu que les anciens attribuaient quelquefois à la première Pythie, Phémonoé, l'invention du vers hexamètre. Sans prêter à

---

1. *Trav.*, v. 769 : Αἵδε γὰρ ἡμέραι εἰσὶ Διὸς παρὰ μητιόεντος.

cette légende plus de valeur qu'elle n'en a, on peut au moins en conclure que les oracles versifiés de Delphes remontaient à une très haute antiquité[1]. Ces oracles étaient souvent rendus pour trancher des questions morales, et leurs réponses ressemblaient alors à s'y méprendre à telle ou telle courte série de vers moraux que l'on pourrait recueillir dans Hésiode. Hérodote en rapporte un curieux exemple, qui remontait au commencement du VIe siècle[2]. Un certain Glaucos de Sparte consultait l'oracle pour savoir s'il ferait bien de s'approprier un dépôt au moyen d'un faux serment. Il lui fut répondu :

« Glaucos, fils d'Epikydidès, oui, il y aura profit pour toi quelque temps à déjouer la réclamation par un serment et à faire de ces biens ta proie. Jure, car l'homme qui respecte son serment n'est pas exempt de la mort. Mais le serment a un fils sans nom, qui n'a ni bras ni pieds; et pourtant il vole à la poursuite du coupable, jusqu'à ce qu'il ait détruit dans son étreinte sa race tout entière et toute sa maison. Au contraire la descendance de celui qui respecte son serment est heureuse d'année en année. »

Le dernier vers se retrouve mot pour mot dans les *Travaux* d'Hésiode[3]. De quelque façon que l'on veuille expliquer cette rencontre, elle montre clairement quelles relations étroites existaient entre cette poésie morale des oracles et celle que nous lisons dans Hésiode : les sept vers que nous venons de citer auraient pu être transportés littéralement dans le poème

---

1. Strabon, IX, 3, 5, parle de poètes attachés au temple pour mettre en vers les oracles. Cf. Plut. *de Pyth. oracul.*, 25. Nous n'avons aucun détail malheureusement sur l'histoire de cette curieuse profession.
2. Hérod., VI, 86.
3. *Trav.*, v. 285 : Ἀνδρὸς δ' εὐόρκου γενεὴ μετόπισθεν ἀμείνων.

des *Travaux* ou dans tout autre poème moral de ce genre, sans y paraître déplacés. Et si, au lieu de quelques vers isolés, nous possédions un recueil complet des sentences qui furent rendues pendant plusieurs siècles par le collège sacerdotal de Delphes, la ressemblance, qu'il faut chercher aujourd'hui, apparaîtrait avec évidence. A cette poésie des oracles la poésie d'Hésiode a certainement emprunté ce tour sentencieux et ce ton d'autorité qui la caractérisent si nettement[1].

A côté de ces origines religieuses, les origines populaires. Les siècles suivants nous feront voir le chant de l'élégie et de l'iambe associé fréquemment aux repas et tenant ainsi sa place dans la vie de société. Un tel usage ne naît pas du jour au lendemain ; et certes ce goût de moraliser sous une forme vive et spirituelle n'a pas dû attendre pour se produire en Grèce que la forme élégiaque ou iambique fût créée[2]. Deux choses révèlent particulièrement chez Hésiode l'influence de la vie sociale contemporaine : les proverbes, qui abondent chez lui, et l'apologue dont il fait usage incidemment. Il y a quelques proverbes déjà chez Homère, mais en petit nombre relativement ; il y en a beaucoup chez Hésiode. Quelques-uns ont pu être créés par le poète lui-même, mais n'est-il pas probable que le plus souvent il s'est contenté de formuler d'une manière plus durable des vérités qui avaient cours de son temps ?

---

1. La tradition d'emprunts faits par la poésie épique aux oracles existait dans l'antiquité. Homère, selon une opinion rapportée par Diodore (IV, 66, 7) aurait dû beaucoup aux prétendus oracles de Daphné, fille de Tirésias, confondue avec la Sibylle. Peut-être sous cette légende y avait-il un soupçon de la vérité.

2. Hymne à Hermès, 55 : Θεὸς δ' ὑπὸ καλὸν ἄειδεν — ἐξ αὐτοσχεδίης πειρώμενος, ἠύτε κοῦροι — ἡβηταὶ θαλίῃσι παραίβολα κερτομέουσιν.

La finesse spirituelle de l'esprit grec se prêtait particulièrement à ce genre de création. Quant à l'apologue, quelle qu'en soit l'origine, rien ne convenait mieux à un peuple inventif et conteur que cette forme ingénieuse qui plaît en même temps à la raison et à l'imagination. Satire et drame à la fois, où l'esprit et la fantaisie trouvaient également leur compte ; on démontrait une vérité morale, et on imaginait une historiette ; l'allusion vivement saisie doublait l'agrément du récit. Les Grecs attendirent-ils jusqu'à la fin du vi^e siècle, temps où une tradition plus que suspecte fait vivre le fabuleux Ésope, pour user familièrement de l'apologue ? Rien de moins probable. L'apologue est une des formes naturelles de l'improvisation malicieuse ; Archiloque l'employait ainsi ; bien d'autres ont dû le faire avant lui. Hésiode lui-même très certainement n'a pas été inventeur à cet égard. Lorsqu'il racontait la fable de l'épervier et du rossignol, soyons persuadés qu'il ne faisait que suivre une mode déjà établie. Un peu plus tard, le goût des énigmes se répandra en Grèce: nous n'en trouvons guère de traces bien nettes dans la poésie hésiodique ; mais l'apologue est précisément une sorte d'énigme en action.

Hésiode est vraiment ingrat quand il signale comme des lieux dangereux ces *leschés* où l'on se réunissait pour converser. Il leur a dû beaucoup. En hiver, c'est lui qui nous l'apprend, la tentation était grande pour le villageois béotien, quand il passait près de la forge où quelques amis causaient autour du feu, ou près de la lesché abritée du vent et bien exposée au soleil. On s'entretenait donc là une bonne partie du jour; et de quoi, sinon des misères présentes, des mécomptes de la veille et des espérances du lendemain? C'était là aussi sans doute que l'expérience agricole trouvait ses docteurs. On y formulait en préceptes rustiques ce que la pratique quotidienne avait enseigné. Ces sortes de proverbes spéciaux, relatifs aux changements du temps, à la culture, à toutes les choses de la vie des champs, sont de tous les pays. Comment auraient-ils manqué en Béotie plutôt qu'ailleurs? Un poète, expert lui-même en cette matière, n'avait qu'à les recueillir, à les coordonner, à y mettre son empreinte personnelle, pour en constituer un genre nouveau de poésie plein de saveur.

N'insistons pas : nous voulions faire sentir combien la poésie d'Hésiode est loin d'être réellement ce qu'elle nous paraît aujourd'hui, quelque chose d'isolé, sans racines dans le passé. C'est elle-même qui nous a rendu témoignage. Lorsqu'on l'étudie attentivement, on s'aperçoit qu'elle tient à tout ce qui existait alors et qu'elle n'en est qu'une heureuse adaptation. Elle procède des hymnes religieux, des poésies chresmologiques, des oracles, des improvisations de société, des entretiens populaires. Mais ce qu'elle a d'admirable, c'est qu'elle a su fondre ces éléments divers, de manière à en constituer des œuvres qui ont leur unité propre et leur physionomie distincte. Cette adaptation ou cette combinaison créatrice fut conçue et exécutée par un homme dont le caractère personnel est resté fortement empreint sur son œuvre.

IV

Les récits relatifs à la vie d'Hésiode que l'antiquité nous a légués, ne contiennent guère, outre des légendes sans autorité, que des faits empruntés aux poèmes hésiodiques eux-mêmes. C'est donc à cette source que nous devons remonter, nous aussi, pour trouver l'homme dans le poète[1].

L'auteur des *Travaux* (v. 639) désigne la petite bourgade béotienne d'Ascra, au pied de l'Hélicon, comme le lieu où son père vint s'établir. Il ne dit pas qu'il y soit né lui-même ; mais la tradition à peu près unanime supplée sur ce point à son silence[2]. Pour qu'aucune ville de Béotie, pas même Orchomène, n'ait disputé cet honneur à l'obscure bourgade de l'Hélicon, détruite fort anciennement par les gens de Thespies, il faut bien que ses titres aient paru incontestables[3]. D'après le même passage des *Travaux* (v. 632 et suiv.), le père du poète, primitivement habitant de Kymé, dans l'Eolide d'Asie, aurait été réduit par la pauvreté à quitter sa ville natale, et serait venu s'établir en Béotie. Hésiode, béotien de naissance, serait ainsi originaire du lieu qui fut

1. Nous avons trois documents biographiques principaux sur Hésiode : 1º le récit anonyme que nous avons déjà cité souvent sur le *Concours d'Homère et d'Hésiode* ; 2º une *Vie d'Hésiode*, attribuée par erreur à Proclus, mais qui semble être l'œuvre de Tzetzès (F. Ranke, *de Hesiodi Operibus et Diebus commentatio*, p. 4) ; 3º la courte notice du lexique de Suidas, au mot Ἡσίοδος. Ces notices se trouvent dans le recueil des *Vitarum scriptores* de Westermann et dans les principales éditions d'Hésiode. Voyez sur la vie d'Hésiode les Prolégomènes de Göttling dans son édition des œuvres d'Hésiode.

2. Pausan., IX, 38, 4, inscription du tombeau d'Hésiode à Orchomène. *Anthol. pal.*, VII, 52. Nicandre, *Theriaca*, II. Moschos, III, 88. Virgile, *Églogues*, VII, 70 ; *Géorgiques*, II, 170 etc.

3. Suidas seul rapporte qu'Hésiode était de Kymé et qu'il fut amené tout enfant à Ascra par son père. Si cette tradition avait eu quelque autorité, elle aurait trouvé d'autres appuis. — On a vainement tenté d'interpréter le nom du poète comme une désignation générale équivalente à *poète* ou *chanteur* (Ἡσίοδος de ἱέναι-ᾠδήν). L'étymologie nous paraît se refuser à cette interprétation.

le berceau de la poésie homérique. Il n'y a aucune raison positive à alléguer pour mettre en doute l'authenticité de ce passage des *Travaux;* la seule chose qui le rende suspect au fond, c'est que si ces faits sont réels, la réalité a ici le tort de trop ressembler à une combinaison ingénieuse. Ce n'est peut-être pas après tout une raison suffisante pour refuser d'y croire [1].

Une seule circonstance de la vie d'Hésiode nous est connue, ses débats avec son frère Persès au sujet de l'héritage paternel. La situation respective des deux frères forme la donnée fondamentale du poème des *Travaux.* Est-ce une fiction ou un fait réel? Lorsque les poètes de ce temps avaient besoin d'une donnée fictive, c'était à la mythologie qu'ils l'empruntaient. L'auteur des *Préceptes de Chiron,* qui fut peut-être Hésiode lui-même, mettait ses conseils dans la bouche du centaure Chiron s'adressant au jeune Achille, son élève; il leur donnait ainsi plus d'autorité. Mais, dans les *Travaux,* les deux frères n'ont rien de mythologique : ce sont deux personnages bien réels, d'humble origine et de modeste condition. D'ailleurs, s'il s'agissait d'une fiction destinée à servir de simple prétexte à une série de conseils et d'enseignements, cette fiction ne serait-elle pas nécessairement exposée au début sous forme d'introduction narrative? Elle ne se révèle que par allusions successives et quelquefois obscures : indice certain d'un fait réel qu'on n'arrange pas pour les

---

[1]. Quant au nom de Dios, attribué au père d'Hésiode, il est à peu près évident qu'il doit son origine à un simple malentendu. Δῖον γένος (*Travaux,* 299) est une expression qui doit être entendue comme le δῖος ὑφορβός de l'*Odyssée.* On a eu tort de faire de δῖος l'adjectif d'un nom propre Δῖος, ou de corriger δῖον en Δίου.

besoins de la composition. Voici ce fait : la succession du père a été partagée entre ses deux fils. Persès, envieux et dissipateur, ne s'est pas trouvé satisfait de ce qui lui était attribué. Pour augmenter sa part, il a plaidé contre son frère, et des juges gagnés par ses présents l'ont en effet favorisé aux dépens d'Hésiode. Ce bien mal acquis ne lui a pas profité : ennemi du travail, il a laissé dépérir sa propriété ; et réduit à la misère, tantôt il vient implorer son frère, tantôt il songe à plaider de nouveau contre lui.

D'après cela, on peut se représenter Hésiode, pendant une partie de sa vie au moins, comme établi dans son pays natal auprès de l'Hélicon, et là travaillant énergiquement à faire valoir son petit domaine, que son frère lui dispute. Voilà certes un poète bien différent des aèdes ioniens. Ceux-ci sont des chanteurs de profession, qui gagnent leur vie en exerçant leur art ; hôtes salariés, ils vont de maison en maison, fréquentant surtout les riches et les grands. Le poète béotien ne fait pas de la poésie son gagne-pain ; c'est pour lui une noble distraction ou un moyen d'exprimer avec autorité des vérités utiles ; aussi ne flatte-t-il personne ; son œuvre est un enseignement et quelquefois une satire, jamais une glorification. Il a déjà ce franc parler, cette liberté hautaine et mordante, qui dénote l'homme indépendant, les mêmes qualités au fond qu'Archiloque poussera bientôt jusqu'à l'excès. Lorsque Lucien raillait Hésiode, il avait tort de méconnaître ce qu'il devait, lui moqueur et satirique, à l'un des pères de la franchise et de la libre parole.

C'est par cette franchise innée qu'il faut expliquer la vocation poétique de l'auteur des *Travaux*. Mais une raison si simple ne pouvait suffire aux naïfs auditeurs du poète. Aussi le plus remarquable héritier de son génie, l'auteur de la *Théogonie,* a-t-il représenté cette vocation d'une manière tout idéale dans un morceau justement célèbre (*Théogonie,* v. 22 et suiv.) : ce sont les Muses héliconiennes, dit-il, qui autrefois enseignèrent à Hésiode ses beaux chants, tandis qu'il faisait paître ses troupeaux au pied de l'Hélicon divin. Cette fiction gracieuse d'un disciple ne se rapporte à aucun souvenir précis qu'on puisse essayer de retrouver sous le récit légendaire. Il n'est pas même question de troupeaux dans les *Travaux,* et s'il faut faire des conjectures, l'auteur de ce poème était plutôt un laboureur qu'un berger.

Un événement assez notable de la vie du poète béotien serait acquis à l'histoire, si l'on pouvait tenir pour authentique un passage intéressant des *Travaux* (v. 650 et suiv.) : l'auteur y rapporte qu'il a navigué une fois seulement dans sa vie, pour aller d'Aulis à Chalcis en Eubée, que là il prit part à un concours poétique pendant les funérailles d'Amphidamas et fut vainqueur de ses rivaux ; victoire récompensée par un trépied, qu'il consacra aux Muses de l'Hélicon. A ce passage des *Travaux* quelques-uns ajoutaient un vers d'après lequel Homère aurait été en cette circonstance le rival malheureux d'Hésiode[1], et cette légende forme le sujet même de l'écrit déjà cité sur le concours des deux poètes ; mais l'auteur anonyme ne se contente pas de mentionner le fameux trépied que vit aussi Pausanias, il donne en outre une prétendue inscription, qui, d'après lui, y aurait figuré[2], bien que Pausanias, si

---

1. Ὕμνῳ νικήσαντ' ἐν Χαλκίδι θεῖον Ὅμηρον.
2. Ἡσίοδος Μούσαις Ἑλικωνίσι τόνδ' ἀνέθηκεν, — ὕμνῳ νικήσας ἐν Χαλκίδι θεῖον Ὅμηρον.

exact, n'en dise rien[1]. Tout cela, il faut l'avouer, ressemble fort à une fable arrangée peu à peu ; et de là le soupçon d'interpolation élevé contre ce passage des *Travaux*. Plutarque, dans son *Commentaire*, le rejetait absolument[2] ; et presque tous les critiques modernes se sont ralliés à son opinion : il est en effet non seulement inutile, mais mal amené et mal rattaché au reste. Seulement, en écartant la fable relative à Homère, et en reconnaissant dans les vers en question l'œuvre d'un interpolateur, ne reste-t-il pas au moins une tradition ancienne, dont celui-ci s'est fait l'interprète, et qui n'a rien en elle-même d'inacceptable ? Si elle est vraie, ce serait à Chalcis, dans un concours poétique, que le génie d'Hésiode aurait reçu sa plus brillante consécration.

La mort d'Hésiode a été racontée d'une manière à demi fabuleuse par plusieurs auteurs anciens[3]. La narration la mieux faite est celle que l'on trouve dans le *Banquet des sept sages* attribué à Plutarque. La voici : à défaut de vérité assurée, elle a une certaine grâce qui la recommande au lecteur :

« Un certain Mélésias, avec qui Hésiode partageait le vivre et le couvert chez un hôte commun en Locride, ayant eu des relations secrètes avec la fille de cet hôte, fut découvert. On soupçonna Hésiode d'avoir eu connaissance de la chose dès le début et de l'avoir cachée ; bien qu'innocent, il fut victime de la colère et de la calomnie. Les frères de la jeune fille l'attendirent et le tuèrent auprès du Néméon en Locride, et avec lui son serviteur, qui s'appelait Troïlos. Puis leurs corps furent jetés dans la mer. Celui de Troïlos, poussé par les flots jusqu'à l'embouchure du Daphnos, s'arrêta sur un rocher

---

1. Pausanias, IX, 31.
2. Plutarque, *Fragmenta* (Didot), *Comment. sur Hésiode*, c. 26.
3. Proclus, Γένος Ἡσιόδου. — Anonyme, *Concours d'Homère et d'Hésiode*. — Plut., *Banquet des sept Sages*, c. 19.

battu des vagues qui s'élevait un peu au-dessus de la mer : ce rocher a gardé jusqu'à nos jours le nom de Troïlos. Quant au corps d'Hésiode, une troupe de dauphins le prit dès le rivage et le porta vers le Rhion jusqu'à Molycrie. Les Locriens étaient alors réunis pour la fête et la panégyrie des Ariadnées, qu'ils célèbrent encore aujourd'hui à cet endroit avec beaucoup de solennité. Dès que le corps poussé par les flots fut aperçu, tous, surpris, comme il était naturel, accoururent au rivage, et ayant reconnu le mort qui n'était pas encore défiguré, ils n'eurent rien de plus pressé que de rechercher les meurtriers à cause de la gloire d'Hésiode. La recherche fut prompte. Les meurtriers furent précipités vivants dans la mer, et leur maison fut détruite. »

Les divergences des autres récits sont ici insignifiantes et la précision des désignations locales semble dénoter une tradition renfermant une part de vérité. Quoi qu'on doive penser des circonstances accessoires, il est donc probable qu'Hésiode passa les dernières années de sa vie chez les Locriens Ozoles, aux environs de Naupacte, et qu'il y mourut[1]. Il y fut aussi enseveli. Plus tard les Orchoméniens, sur un ordre de l'oracle de Delphes, vinrent y chercher ses restes et les transportèrent dans leur propre ville[2]; c'est à Orchomène que Pausanias, au second siècle de notre ère, vit encore le tombeau d'Hésiode[3]. Selon une autre tradition, ce serait à Ascra que les Orchoméniens seraient allés chercher les restes du poète, après que la bourgade de l'Hélicon, détruite par les Thespiens, fut devenue

---

1. Cf. Plutarque, *De animal. solertia*, c. 13, où il est encore question de Naupacte à propos de la légende du chien d'Hésiode faisant découvrir le meurtrier de son maître. Pausan., IX, 31; Pollux, V, 42.
2. Plutarque, *Banquet*, l. c.
3. Pausan., IX, 38.

un lieu désert[1]. Les deux récits ne sont pas inconciliables : le corps d'Hésiode a pu être ramené d'abord de Naupacte à Ascra, et plus tard transporté d'Ascra dans le tombeau d'Orchomène[2].

Une tradition ancienne, évidemment fondée sur une simple méprise, donnait pour fils à Hésiode le poète lyrique Stésichore[3]. Nous n'avons pas à y insister autrement.

Il est certainement impossible de tirer d'une biographie aussi incomplète et aussi mélangée de fables une idée arrêtée du caractère de l'homme. Ce que nous en savons vient de ses œuvres mêmes, et par conséquent c'est en étudiant son principal poème que nous pourrons utilement le mettre en relief. Toutefois quelques traits dominants de sa physionomie sont en rapport si étroit avec les circonstances de sa vie qu'il est bon de les indiquer dès à présent en quelques mots.

Hésiode est un homme de labeur en même temps qu'un homme de génie. Ce double caractère est imprimé sur son œuvre. Habitué par la dureté de la vie à beaucoup de travail pour un médiocre résultat, il entreprend avec hardiesse une tâche considérable, celle de donner un corps à la sagesse populaire et traditionnelle, de la fixer dans un poème qui soit comme la loi écrite de la vie pour l'homme attaché à la terre. Plein de son idée, il envisagera en face toutes les peines, toutes les désillusions, toutes les

---

1. Plutarque, *Comment. sur Hésiode*, c. 26.
2. De là sans doute la fable d'une résurrection d'Hésiode, qui avait été enseveli deux fois (à Naupacte et à Ascra). Proclus, dans le Γένος, et Suidas, au mot Ἡσιόδειον γῆρας, attribuent à Pindare l'épigramme suivante : Χαῖρε δὶς ἡβήσας καὶ δὶς τάφου ἀντιβολήσας, — Ἡσίοδ', ἀνθρώποις μέτρον ἔχων σοφίης.
3. Philochore, chez le scoliaste des *Travaux*, v. 271.

amertumes, toutes les monotonies des jours qui succèdent aux jours, des années qui s'amassent et qui jettent leur ombre sur toute chose humaine. Conception virile, qui dénote chez son auteur une sorte de courage profond et sans éclat, une énergie morale durement exercée et longuement mûrie. Tandis qu'ailleurs la poésie se détourne du réel pour chercher dans la liberté charmante de l'idéal l'oubli des ennuis et des inquiétudes, l'exaltation joyeuse des sentiments, et, pour ainsi dire, le déploiement brillant de toutes les facultés humaines, voici un poète, qui, pouvant, lui aussi, donner l'essor à son imagination et se laisser aller aux rêves agréables ou dramatiques de la fable, préfère s'attacher au sol. Bien loin de dédaigner les petites choses, les préceptes arides, les descriptions techniques, il les aime au contraire, pour elles-mêmes d'abord, parce qu'elles sont la réalité quotidienne, et pour leur utilité ensuite, parce qu'elles peuvent servir à mieux faire. Le réalisme de sa poésie tient donc au fond de son caractère. Ce n'est pas chez lui doctrine d'école; c'est le reflet même de toute sa manière d'être, de ses plus profondes habitudes de pensée et de sentiment. Et ainsi s'explique ce qu'il y a de plus curieux peut-être dans le caractère moral de sa poésie : Hésiode est, comme le paysan, volontiers mécontent, grondeur, accusant les hommes et les choses, grossissant ses désappointements et diminuant ses profits, quand il en parle, mais avec cela incapable de découragement; luttant avec une patience invincible contre les difficultés, jouissant des rares instants de repos qui détendent ses membres et son âme, il est au fond intimement satisfait de tout ce qu'il obtient par son savoir-faire, son énergie et sa prudence. Ce qui le caractérise éminemment, c'est la façon dont ces éléments divers s'associent en lui : les *Travaux* sont une œuvre vraiment individuelle, portant la marque personnelle de son auteur, presque autant que pouvaient la porter les poésies d'Archiloque. Nouveauté bien digne d'attention dans l'histoire de la littérature grecque. L'homme qui a eu le premier en Grèce la puissance nécessaire pour s'approprier la poésie, pour en faire sa chose et la marquer de son nom, ce n'est aucun des aèdes homériques, c'est Hésiode.

V

L'originalité même du caractère du poète nous rend plus désireux de rapporter le temps de sa vie à des dates précises. Malheureusement l'antiquité ne nous a transmis en ce qui le concerne aucune indication chronologique sur laquelle on puisse s'appuyer avec confiance. Les auteurs anciens fixent le temps d'Hésiode par comparaison avec celui d'Homère, mais dans cette comparaison ils sont en complet désaccord. Pour les uns Hésiode est antérieur à Homère[1]; pour d'autres, parmi lesquels est Hérodote, les deux grands poètes semblent contemporains[2]; les derniers, à la suite des critiques alexandrins, reconnaissent qu'Hésiode a dû vivre après Homère[3]. Des affirmations qui se contredisent ainsi

---

1. Ephore et L. Accius dans Aulu-Gelle, III, 11. Le Marbre de Paros place Hésiode 161 ans avant la première Olympiade, et Homère 130 ans seulement avant la même ère.
2. Varron, dans Aulu-Gelle, III, 11. Hérodote, II, 53. Cornelius Nepos, dans Aulu-Gelle, XVII, 21. Clém. d'Alex., *Stromata*, I, p. 139 et 146, éd. Sylburg.
3. Philochore et Xénophane, dans Aulu-Gelle, III, 11. Posi-

et dont nous ignorons d'ailleurs les raisons sont à peu près sans valeur. Avons-nous donc, en dehors des témoignages, des arguments propres à nous décider? C'est là, on peut le dire, toute la question[1].

De nos jours, on s'est attaché principalement aux preuves qu'on peut appeler historiques. Les poèmes attribués à Hésiode, particulièrement la fin de la *Théogonie* et les *Catalogues,* renferment en grand nombre des noms de peuples et des noms de lieux ; ils font allusion à des légendes qui cachent des événements réels, et ceux-ci ne semblent pas toujours impossibles à découvrir. On a essayé de tirer parti de tout cela pour obtenir quelques dates certaines qui se rapportent généralement au VIIIe et au VIIe siècle. Que vaut cette méthode? Pour nous, elle est absolument condamnée par un argument décisif : c'est que les poésies mises sous le nom d'Hésiode appartiennent manifestement à des auteurs qui ont vécu en divers temps et en divers lieux. A supposer donc qu'on pût déterminer ainsi la date où fut composé tel ou tel poème, qu'en résulterait-il relativement à la personne même d'Hésiode? D'ailleurs peut-on douter qu'un genre où les énumérations héroïques et les généalogies tenaient une si grande place n'ait dû susciter plus que tout autre le zèle des interpolateurs? Les archives de noblesse sont sujettes, comme on sait, à grossir en vieillissant, et nous ne pouvons nous dissimuler que les poésies hésiodiques n'aient été souvent de véritables archives. Comment ne pas se demander par suite, lorsqu'on détermine une date,

---

donios, dans Tzetzès, *Exeg. in Iliad.*, p. 19, 2 Herm. — Opinion des grammairiens alexandrins, Scol. Venet. *Iliad.*, XXIII, 683.

1. Voyez, dans les Prolégomènes de Gœttling déjà cités, la section II : *De tempore, quo Hesiodus vixerit.*

si ce n'est pas plutôt celle de l'interpolation que celle de l'ouvrage même?

Cette méthode étant écartée, il faut s'en tenir à l'examen des caractères propres aux poèmes, et il semble bien qu'on puisse obtenir de cette manière une détermination chronologique, au moins approximative. Si la comparaison entre la mythologie d'Homère et celle d'Hésiode, entre la géographie de leurs poèmes, entre leurs opinions morales, ou entre les conditions sociales dont ils présentent le tableau, ne donne aucun résultat bien certain à cause de la différence des pays, il n'en est pas de même des observations relatives à la langue[1]. Les poèmes hésiodiques, malgré certaines particularités dignes d'attention, sont composés dans la même langue que les poèmes homériques, et cette langue est dans son ensemble une langue ionienne. Un tel fait n'a pu se produire dans la Grèce centrale, en Béotie et en Locride, que sous l'influence d'une grande poésie épique ionienne qui s'imposait alors à tous comme un modèle nécessaire. Comment expliquer cette influence sans admettre que les poèmes homériques étaient déjà en grande partie achevés et qu'ils commençaient à être connus au loin, lorsque les poèmes hésiodiques furent composés? S'il en est ainsi, Hésiode lui-même n'a pas pu vivre avant la fin de la période homérique, peu de temps par conséquent avant le commencement des Olympiades.

Est-il vraisemblable d'autre part qu'il appartienne

---

8. Cela a été parfaitement mis en lumière par Bergk, dans son *Histoire de la littérature grecque*. — En outre il est certain qu'Hésiode a été, sinon l'initiateur, du moins le premier témoin des pratiques mystiques, inconnues à Homère, « seculi mystici quasi antecursor » (Lobeck, *Aglaoph.*, t. I, p. 309).

à une période plus récente? Le commencement des Olympiades marque en Grèce celui de la chronologie à peu près historique. Des poètes, tels qu'Arctinos de Milet, Eumélos de Corinthe, Kinæthon de Lacédémone, qui ont vécu dans les premières Olympiades, figurent à leur rang dans les tableaux dressés par les chronographes grecs. Si Hésiode, bien plus illustre qu'eux, avait été leur contemporain, ou s'il eût vécu après eux, il serait étrange que tant d'incertitude eût subsisté autour de lui. La divergence extrême des opinions en ce qui concerne les dates de sa vie semble prouver qu'il appartient à un temps plus ancien. C'est donc en somme aux environs de l'an 800 avant notre ère que nous sommes amenés à circonscrire nos conjectures.

CHAPITRE XI

LES TRAVAUX ET LES JOURS ET LA POÉSIE PRATIQUE

BIBLIOGRAPHIE.

Bien que ce chapitre ne se rapporte qu'au poème des *Travaux*, nous réunissons ici toute la bibliographie hésiodique pour éviter des répétitions.

On trouvera une bibliographie hésiodique détaillée dans l'édition Kœchly-Kinkel, et un bon abrégé dans l'édition Gœttling-Flach. — Nous nous bornons à en résumer les indications essentielles.

Manuscrits. Les manuscrits d'Hésiode sont nombreux, mais beaucoup n'ont aucune valeur. Citons seulement ceux qui sont regardés comme les meilleurs :

1° A Florence, trois manuscrits de la bibliothèque laurentienne, savoir : M 5 (*Mediceus*, XXXI, 39), du xie siècle, contenant seulement *les Travaux et les Jours*, le meilleur de tous. — M 3 (*Mediceus*, XXXII, 16), du xiie siècle, contenant *la Théogonie et le Bouclier*. Sur ces deux manuscrits, consulter Flach, *Die beiden æltesten Handschriften des Hesiod*, Leipzig, 1877. — M 2 (*Mediceus*, XXXI, 32), du xive siècle, *la Théogonie et le Bouclier*.

2° A Paris : — P 1 (*Parisinus* 2708), du xive siècle, *les Travaux, la Théogonie, le Bouclier*. — P 2 (*Parisinus* 2771), du xie siècle, *les Travaux et les Jours* avec le commentaire de Proclus.

3° A Messine : — μ (*Messanius*), du xiie siècle, *les Travaux et les Jours*; reproduit en grande partie, d'après Flach, dans P 3 (*Parisinus* 2773).

4° S (*Schellershemianus*), du xive siècle, autrefois à Florence, aujourd'hui en Allemagne, contenant toutes les œuvres d'Hésiode.

5° A Venise : — V 1 (*Venetus*, Cl. IX, cod. VI), du xive siècle, contenant toutes les œuvres d'Hésiode, avec des scolies. — V 2 (*Venetus*, Bibl. S. Marc, cod. 464), contenant également toutes les œuvres d'Hésiode, écrit de la main de Démétrius Triclinius entre les années 1316-20 (on l'appelle aussi *Triclinianus*).

Scolies. Sur les scolies d'Hésiode, consulter d'une manière générale les Prolégomènes de H. Flach dans ses *Glossen und Scholien zur Hesiodischen Theogonie,* Leipzig, 1876, et la dissertation du même auteur intitulée *De fontibus grammaticis scholiorum ad Hesiodi Opera et Dies,* Jahrbüch. f. cl. Philol., 1877, p. 433 et suiv.

Les grammairiens et critiques anciens, ceux d'Alexandrie et de Pergame d'abord, puis ceux de la période romaine, s'étaient occupés des poèmes d'Hésiode presque autant que des poèmes d'Homère. Zénodote, Aristophane de Byzance, Apollonios de Rhodes, Aristarque, Séleucos d'Alexandrie, Didyme Chalcentère, Aristonicos, Cratès de Malles, Démétrios Ixion, Denys de Corinthe, Hiéronyme et Epaphrodite, enfin Plutarque, avaient annoté, commenté ou édité ses œuvres. De tout cela, il nous reste seulement ce qui a été recueilli par les commentateurs plus récents dont les œuvres sont venues jusqu'à nous. Ces commentateurs sont :

Proclus dont l'œuvre critique (Ὑπόμνημα εἰς τὰ Ἡσιόδου Ἔργα καὶ Ἡμέρας) n'a été conservée qu'en partie (Edition spéciale, dans les *Opera et dies* de Vollbehr, Kiel, 1844) ; c'est ce qu'il y a de meilleur dans les scolies d'Hésiode. On y trouve quelques fragments du commentaire de Plutarque sur les *Travaux*. — Jean Diaconus Galenus (Εἰς τὴν τοῦ Ἡσιόδου Θεογονίαν ἀλληγορίαι). — Jean Tzetzès (Ἐξηγήσεις εἰς Ἔργα καὶ Ἡμέρας et Ἐξηγ. εἰς τὴν τοῦ Ἡσιόδου Ἀσπίδα). — Deux anonymes, auteurs de remarques sur le *Bouclier* et la *Théogonie*. — Jean Diaconus Pedasimus (Σχόλια παραφραστικὰ εἰς τὴν τ. Ἡ. Ἀσπίδα). — Jean Protospatharius (Commentaire sur le calendrier qui fait partie des *Travaux*). — Manuel Moschopoulos (Remarques sur les *Travaux*). — Démétrius Triclinius (Scolies sur la

Théogonie). — Planude (Scolies sur les *Travaux*). — Constantin Lascaris (Scolies sur le *Bouclier*).

La collection des scolies d'Hésiode a été publiée par Th. Gaisford dans le tome II de ses *Poetae minores graeci*, Oxford, 1814-1820, et Leipzig, 1823. — Pour celles qui se rapportent à la *Théogonie*, voir la collection de H. Flach, citée plus haut.

Éditions. — Les principales éditions d'Hésiode sont :

xve siècle : L'édition princeps de Démétrius Chalcondyle, sans indication de lieu ni de date, probablement Milan, 1493 ; elle contient seulement *les Travaux et les Jours*. — L'édition des Aldes (Œuvres complètes), 1495.

xvie siècle : Éditions des Junte, 1515 et 1540 (Œuvres complètes). — Édition de Bâle, 1542 (Œuvres complètes avec la traduction latine de N. Valla et de Boninus Mombritius). — Édition d'Henri Estienne, Paris, 1566.

xviie siècle : Édition de Daniel Heinsius, Leyde, 1603, avec une étude sur la doctrine des *Travaux*. — Reproduite en 1632 par G. Pasor, avec un index nouveau. — Édition de Schrevelius, Amsterdam, 1650, avec l'index de Pasor considérablement accru : souvent rééditée.

xviiie siècle : *Hesiodi Ascraei quae exstant*, ed. variorum, de Lœsner, Leipzig, 1778, ample recueil où se trouvent réunis ou résumés tous les travaux antérieurs. — *Theogonia* par Wolf, Halle, 1783. — *Opera et Dies*, par Brunck, Strasbourg, 1784.

xixe siècle : *Hesiodi carmina*, de Gaisford, dans ses *Poetae graeci minores* (voy. plus haut). — *Hesiodi carmina*, de Gœttling, Gotha, 1831 ; 3e édition due à J. Flach, Leipzig, 1878 ; prolégomènes et notes fort utiles. — *Hesiodi carmina et fragmenta*, de F. Dübner (Biblioth. Didot), Paris, 1840. — *Hesiodi, Cinæthonis, etc., fragmenta*, de G. Marckscheffel, Leipzig, 1840. — *The epics of Hesiod*, de Paley, Londres, 1861. — *Hesiodea quae supersunt omnia*, de Armin. Kœchly et God. Kinkel, Leipzig, 1870, œuvre de critique fort remarquable, a beaucoup fait pour l'établissement du texte ; reproduite dans la petite édition d'Hésiode par Kœchly, qui fait partie de la Biblioth. Teubner. — La *Théogonie* a été publiée à part par Welcker avec des notes critiques et explicatives et un *Essai sur la poésie hésiodique,* Elbersfeld, 1865; avec une traduction allemande par Schœmann, Berlin, 1868; avec des Prolégomènes par H. Flach, Berlin, 1873. La correction du texte de la *Théogonie* a été préparée surtout par Mützell dans son ouvrage *De emendatione Theogoniae hesiodeae,* Leipzig, 1833.

SOMMAIRE.

I. Analyse du poème des *Travaux et Jours*. — II. Unité primitive du poème. — III. Des sentiments qui inspirent la poésie d'Hésiode. — IV. Les mythes dans les *Travaux*. — V. Mérite descriptif. Comment Hésiode a vu la nature. — VI. La langue d'Hésiode. — VII. Autres œuvres de poésie pratique.

I

Le poème intitulé *Travaux et Jours* ("Ἔργα καὶ Ἡμέραι) est la plus originale et la plus authentique des œuvres attribuées à Hésiode[1]. Avant de l'étudier

---

1. Aucun doute ne s'est élevé dans l'antiquité sur l'attribution des *Travaux* à Hésiode. C'était, au dire de Pausanias (IX, 31), le seul entre les ouvrages dont on le croyait l'auteur, qui fût reconnu comme authentique par les Béotiens de l'Hélicon. La tradition du texte est néanmoins assez incertaine. Dans un des passages principaux (la description de l'âge d'or), la critique moderne a dû rétablir trois vers consécutifs (120-122) qui ne figurent dans aucun manuscrit et ne sont commentés par aucun scoliaste. Ces vers ont été cités comme appartenant aux *Travaux* par Diodore, Origène et le scoliaste d'Aratos. On avait donc, au temps de ces écrivains, un texte de ce poème plus complet que le nôtre.

au point de vue littéraire, il est nécessaire toutefois d'en discuter rapidement l'unité primitive : car, malgré sa brièveté [1], il paraît composé d'éléments si divers qu'on ne peut s'empêcher à première vue d'en être étonné. Une analyse sommaire nous permettra de faire ressortir cette variété.

L'ensemble se divise en quatre groupes principaux: 1° (du début au vers 382) une exhortation morale au travail, entremêlée de sentences diverses ; 2° (du v. 383 au v. 694) un traité d'agriculture, suivi de quelques conseils sur la navigation ; 3° (du v. 695 au v. 764) un corps de préceptes à demi religieux ; 4° (du v. 765 à la fin) une sorte de calendrier, où sont marqués les jours heureux et les jours malheureux. Le titre général du poème s'applique particulièrement à deux de ces groupes, le nom de *Travaux* se rapportant au second, celui de *Jours* au quatrième.

I. *L'Exhortation* (v. 1-382) se compose d'une série de morceaux principaux, qu'on pourrait sans doute détacher les uns des autres sans grand inconvénient, mais qui sont pourtant reliés, si l'on veut y faire attention, par une même pensée morale : quelques morceaux accessoires de moindre valeur s'y trouvent mêlés. La pensée morale dominante, c'est la nécessité du travail : elle se développe sous diverses formes sans progression sensible. D'abord l'*allégorie des deux Eris* (v. 11-24), l'une personnifiant l'émulation féconde, l'autre la jalousie stérile ; la première encourage l'homme au travail, la seconde l'en détourne. Puis le *mythe de Prométhée et de Pandore* (v. 42-105), destiné à expliquer comment le mal est entré dans le monde, et par conséquent comment le travail est devenu nécessaire, comment la souf-

---

1. Dans sa forme actuelle, il compte 828 vers.

france s'est appesantie sur l'humanité. *Le mythe des cinq âges du monde* (v. 108-201) a au fond la même signification : sorte d'histoire fabuleuse du monde s'enfonçant peu à peu dans les ténèbres et dans la misère ; il en ressort que la condition de la vie humaine, c'est une lutte constante contre des maux inévitables. *L'apologue de l'épervier et du rossignol* (v. 202-212), condamnation de la violence et de l'injustice, sert indirectement à montrer encore que le travail est le seul moyen de s'enrichir. Enfin un parallèle dramatique entre les *Bienfaits de la Justice* et le *Mal de la Violence* (v. 213-264); le poète y donne à ses idées une consécration religieuse, en représentant la surveillance exercée secrètement sur les hommes par les trente mille gardiens invisibles qui parcourent sans cesse la terre au nom de Zeus (v. 248-255). Quelques admonitions spéciales (265-335) se ramènent à la même pensée. Tel est, pour ainsi dire, le corps de la première partie, dépouillé de ses accessoires [1].

Tout cette première partie, sauf les recommandations de la fin, est étroitement rattachée à la donnée dramatique du poème, c'est-à-dire au dissentiment d'Hésiode et de son frère Persès. Le nom de Persès y revient fréquemment, et les allusions à la situation respective des deux frères y sont mêlées au développement. Elle porte donc la marque personnelle de l'auteur. Si l'unité fondamentale n'en est pas très apparente, elle se laisse néanmoins sentir, comme

---

1. Nous y trouvons en outre au début une sorte d'hymne en l'honneur de Zeus (v. 1-10), débris probable d'anciennes poésies, que nous avons précédemment cité comme tel (voir plus haut, p. 78), et à la fin (v. 336-383) une série de recommandations détachées, qui n'ont vraiment que des rapports très incertains avec la pensée principale.

on vient de le voir, sous des additions et remaniements probables, qu'il est aussi difficile de nier que de déterminer en détail. Dans l'ensemble du poème, l'*Exhortation* se distingue par le nombre des mythes qui y figurent; elle doit ce caractère à ce qu'elle est particulièrement consacrée aux idées morales et philosophiques, dont le mythe était alors la forme par excellence.

II. Viennent ensuite les *Préceptes d'agriculture*[1] et les *Conseils sur la navigation*, formant la seconde partie du poème (v. 383-694); ensemble d'observations qui constituent un tout bien défini.

Rien de savant, ni de très réfléchi, dans l'ordre du développement; mais cet ordre est naturel et facile à suivre. D'abord une courte introduction (v. 383-404), où le poète détermine la durée des travaux rustiques; habitants du rivage, de la plaine ou de la montagne, tous sont conviés par lui à la tâche nécessaire; mais c'est à son frère Persès qu'il entend s'adresser en particulier, et il l'interpelle avec une sorte de dureté impérieuse qui donne à ses conseils l'accent d'une sommation :

« Travaille, insensé ; le labeur est la loi que les dieux ont assignée aux hommes ; crains qu'un jour avec les enfants et ta femme, inquiet et accablé, tu ne te voies forcé d'aller demander à tes voisins de quoi vivre, et qu'ils ne se détournent de toi. Deux ou trois fois peut-être, tu obtiendras quelque chose ; mais si tu les importunes plus souvent, ce sera en vain, et tu perdras tes paroles ; on te fera largesse de discours. Ecoute-moi : songe à te libérer de tes dettes et à te préserver de la faim. »

Les préceptes généraux sur l'installation agricole, sur la confection des instruments de culture, sur le

---

1. Lucien, *Entret. avec Hésiode*, 1, παραινέσεις γεωργικαί.

choix des serviteurs sont naturellement les premiers qu'il expose (v. 405-447) : quelques faits d'expérience, quelques observations pratiques, et rien de plus. Après quoi, il aborde le cycle des travaux qu'il doit énumérer. C'est à l'automne qu'il le fait commencer, par le labour et les semailles (v. 448-492), car c'est là le travail qui prépare et rend possible tout ce qui suivra. Sur ce sujet même, il est bref; peu ou point de préceptes techniques; il s'agit de choses simples et traditionnelles, que chacun connaît; l'activité, l'à-propos, la prière adressée aux dieux avant d'ouvrir le sillon, voilà tout ce qu'il recommande, ou à peu près. Une fois la terre ensemencée, il faut s'arrêter. L'hiver (v. 492-563) interrompt tout; dure saison, dont le poète décrit les rigueurs avec une vérité saisissante, comme un homme qui a souffert du froid et vu souffrir la nature; ce froid, c'est peut-être pour le paysan, s'il s'en garantit mal, la maladie et la mort; aussi insiste-t-il sur les précautions à prendre, lui faisant un art de se bien vêtir. Enfin le printemps revient (v. 564) « cinquante jours après le solstice d'hiver », l'hirondelle se montre, on taille la vigne, et la vie active recommence. Alors se déroule la série des travaux de l'été. Ici encore, même rapidité; ces travaux sont connus et toujours les mêmes, le poète ne les énumère pas; ce qu'il indique, ce sont les vertus qu'ils exigent, fuir la mollesse, subir la fatigue et la chaleur, demander beaucoup à ses serviteurs et à soi-même. Il vient pourtant un moment où le travail serait dangereux : les jours de la canicule sont des jours de repos (v. 582-596), intermède nécessaire dans la vie laborieuse du cultivateur, courts instants où le poète lui permet de se délasser à l'ombre du rocher en buvant du vin de Naxos. Avec la fin de l'été, les soins et les plaisirs de la récolte (597-617): plus de soins que de plaisirs, comme on peut s'y attendre. Il faut battre le blé, l'emmagasiner, le faire garder, rentrer les fourrages. C'est aussi le temps de la vendange, dont il n'est dit qu'un mot, comme pour terminer.

Les *Conseils sur la navigation* (v. 618-694) sont encore bien plus incomplets dans leur genre que les préceptes d'agriculture. La navigation, pour le poète, n'est pas une profession: c'est en quelque sorte un complément de la vie agricole; le cultivateur se fait marin pendant quelques semaines pour aller vendre les produits de son champ. Brièvement, Hésiode rappelle les soins à prendre en vue de conserver l'embarcation pendant l'hiver, puis les rares moments de l'année favorables à la navigation: c'est de préférence la fin de l'automne, à condition qu'on soit de retour avant l'hiver; au printemps, quelques jours aussi peuvent être mis à profit, mais on s'expose alors à de bien plus grands dangers. A ces conseils s'ajoutent des souvenirs personnels (v. 631-660); nous avons dit plus haut pourquoi ils avaient été justement suspectés, en partie ou en totalité, par la critique ancienne et moderne [1].

Toute cette seconde partie du poème étonne le lecteur par son manque de proportion et par ses lacunes. Sur certains points, les préceptes techniques qu'on attend font défaut; d'autre part quelques descriptions semblent trop développées. Presque rien des semailles, de la nature des terrains, rien du choix des céréales, rien des travaux d'irrigation ou d'assèchement dont il est fait mention pourtant dans l'*Iliade*, rien de la culture des arbres fruitiers, et fort peu de chose en somme à propos des travaux

---

1. Voy. chapitre précédent, p. 474.

mêmes qui sont mentionnés. Le poète n'a vraiment d'enseignements précis à donner que sur la confection des instruments aratoires et sur quelques points relatifs au labour. En revanche la longue peinture de l'hiver, abondante en traits énergiques, dépasse de beaucoup la mesure des autres descriptions du poème. De plus, çà et là, des vers qui rompent le sens. Si ces derniers défauts trahissent des additions ou des remaniements, disons toutefois que pour nous ni les remaniements ni les additions n'expliquent d'une manière satisfaisante l'état général de la composition : nous aurons à en chercher plus loin la raison dans les intentions du poète et dans ses habitudes d'esprit. Ce qu'il importe de remarquer dès à présent, c'est que, sous les altérations présumées, en dépit des lacunes et des disproportions, apparaît une ordonnance régulière, manifestée par l'enchaînement des préceptes selon l'ordre des temps et des travaux. Cette ordonnance ne permet pas de douter que tout cet ensemble de préceptes n'ait été conçu et exposé en une seule fois.

Non moins que la première partie du poème, ce second groupe se rattache à la donnée fondamentale des rapports d'Hésiode avec Persès. On a beau supprimer quelques passages qui ont pu être ajoutés postérieurement, il est impossible de l'en distraire complètement sans user d'une sorte de violence.

III. Une troisième partie comprend les *Préceptes mêlés* qui suivent (v. 695-764). Rien de plus difficile que de les réunir sous une seule dénomination : il y a un peu de tout dans ces prescriptions qui semblent associées au hasard. Pensées sentencieuses sur le mariage, sur les relations sociales, puis sur certaines observances religieuses, tout cela sous forme purement gnomique, c'est-à-dire par maximes détachées.

Dans un recueil de ce genre, ce serait chose absolument vaine que de poser la question d'authenticité : quel moyen aujourd'hui de discerner parmi ces maximes celles qui appartiennent au poète primitif de celles qu'on a pu lui prêter plus tard? Au reste, il n'y est plus question du personnage de Persès, et aucun des préceptes énoncés n'a le moindre rapport avec la situation qui sert de donnée fondamentale au poème des *Travaux*. Tout ce qu'on peut dire, c'est que la plupart d'entre eux conviennent particulièrement à la vie rustique, et qu'ils constituent une sorte de code de morale prudente à l'usage des habitants de la campagne.

IV. Les *Jours* forment la quatrième et dernière partie du poème (v. 765-fin). C'est une sorte de calendrier, dans lequel sont énumérés ceux des jours du mois qui doivent être regardés comme favorables ou défavorables pour telle ou telle chose. La sagesse religieuse, dont le poète est l'interprète, le dispense, comme nous l'avons déjà remarqué, de rapporter ou d'inventer des raisons quelconques pour justifier ses arrêts[1]. Nomenclature passablement aride, relevée parfois par le mérite de l'expression, et fort curieuse d'ailleurs comme témoignage de superstitions populaires. Persès n'y figure pas plus que dans la troisième partie ; s'il n'est pas impossible à la rigueur de trouver une relation entre ce calendrier et l'intention générale du poème, il faut avouer qu'elle

---

1. v. 768. Αἵδε γὰρ ἡμέραι εἰσὶ Διὸς παρὰ μητιόεντος. Il est curieux de voir comment cette sagesse qui se croit inspirée et qui dogmatise en conséquence était jugée par la sagesse rationaliste qui lui succéda en Grèce un peu plus tard. Héraclite, dit Plutarque (*Camille*, 19), reprochait à Hésiode d'avoir distingué les jours en bons et mauvais, et de n'avoir pas su reconnaître qu'ils étaient tous de même nature (ὡς ἀγνοοῦντι φύσιν ἡμέρας ἁπάσης μίαν οὖσαν).

reste assez mal définie et que le poète n'a rien fait pour la rendre plus sensible.

II

Ce simple exposé fait pressentir et justifie en même temps le travail auquel s'est livrée la critique moderne pour élucider la question de l'unité primitive du poème.

Cette unité a été absolument révoquée en doute par quelques-uns. Dès 1815, Twesten, dans un commentaire hardi [1], faisait ressortir les incohérences de détail qu'il découvrait en maint endroit dans cette composition, regardée jusqu'alors comme un développement continu. Une vingtaine d'années plus tard, Lehrs, s'inspirant et s'aidant de ce premier travail, soumettait le même poème à une critique attentive et vigoureuse [2]. La conclusion de son remarquable travail, c'était que les *Travaux et les Jours* ne constituent pas un poème. Il y distinguait : 1° Un *Traité poétique de l'agriculture et de la navigation*, la seule partie de l'œuvre qui offrît, selon lui, un développement régulier ; encore regardait-il cette partie même comme profondément altérée par des suppressions, par des additions et par des remaniements provenant du mélange de plusieurs récensions ; — 2° Un calendrier, *les Jours,* d'un caractère différent, œuvre ancienne, qui, d'après lui, aurait subi aussi quelques brèves additions ; — 3° Une vaste *Chrestomathie*, recueil de pensées morales, de conseils pra-

---

1. *Commentatio critica de Hesiodi carmine, quod inscribitur Opera et Dies.* Kiel, 1815.
2. K. Lehrs, *Quaestiones epicae*, III. Kœnigsberg, 1837.

tiques, de récits mythiques, attribués à Hésiode, mais dus en réalité à des poètes divers. Bien loin de présenter une suite logique, ce recueil, selon le critique, n'était qu'un assemblage purement artificiel, dans la formation duquel de simples rapprochements de mots avaient déterminé l'association des idées: l'ordre adopté serait en somme un ordre alphabétique approximatif[1].

Cette critique a eu deux bons résultats, qu'on peut regarder comme acquis. Elle a parfaitement mis en lumière les remaniements nombreux dont le texte hésiodique a été l'objet, et elle a détruit pour jamais l'habitude d'y chercher une suite de pensées non interrompue. Nous lui reconnaissons ce mérite, mais nous ne pouvons accepter ses conclusions.

Et d'abord est-ce une idée bien juste que d'attendre d'un poète de cet âge une logique tout à fait conforme à la nôtre? La difficulté de lier les idées abstraites, de les comparer entre elles, de les ramener à leur unité véritable, cette difficulté si manifeste à l'origine de toutes les littératures, est un des fardeaux qui partout ont pesé le plus longtemps sur l'esprit humain. Beaucoup d'exercice est nécessaire à la réflexion pour arriver à former ces longues chaînes de pensées, ces associations claires, bien que complexes, qui constituent un développement oratoire ou didactique sur un sujet de morale ou de philosophie. N'avons-nous pas remarqué précédemment combien l'argumentation des orateurs dans les poèmes homériques est encore rudimentaire? Ils touchent aux pensées

---

1. Lehrs va même, dans cette méthode d'analyse et d'émiettement, jusqu'à distinguer dans le Mythe des âges l'œuvre de cinq poètes différents, dont les inventions discordantes auraient été combinées (p. 230, note 13).

essentielles, mais faute d'analyse, ils en aperçoivent mal les rapports intimes, et ils les lient entre elles bien plus par instinct, par imagination, par sentiment, que par raison profonde ; l'accident a une part notable dans leur éloquence. Et pourtant les raisonnements des personnages de l'épopée se rapportent à des faits présents ; la suite de leurs idées leur est donnée en quelque sorte par les choses elles-mêmes ; ils ont une proposition à faire et ils vont droit à leur but. S'ils rencontrent des matières de morale générale, qu'en font-ils ? Ils les énoncent par sentences ou les traduisent sous forme de mythes. Voilà un état d'esprit bien caractérisé et absolument différent du nôtre. C'est celui qu'il faut concevoir et réaliser, pour ainsi dire, en soi-même, si l'on veut bien comprendre Hésiode.

Représentons-nous un Grec, un Béotien du viii⁰ siècle avant notre ère, sans philosophie, sans aucune habitude d'un développement oratoire quelconque, formant le projet de mettre son talent poétique au service d'idées morales qui lui sont chères et que des circonstances particulières lui rendent plus précieuses encore. S'imagine-t-on qu'il ait pu se tracer un plan comme nous l'entendons, c'est-à-dire se définir exactement à lui-même son sujet et distribuer d'avance ses pensées en groupes, selon leurs ressemblances intimes ? Etait-il en état de construire un poème sur le travail à peu près comme Pope construisait son *Essai sur la critique* ou Boileau son *Art poétique ?*

Evidemment, non. La seule chose possible en ces temps reculés, c'était de grouper autour d'une donnée positive, autour d'un fait palpable, un certain nombre d'idées qui s'y rapportaient plus ou moins directement. Ce fait, c'est pour Hésiode la conduite de son frère ; il en est à la fois attristé et irrité ; il le plaint et il se fâche contre lui, il se sent menacé lui-même et il se défend ; voilà des impressions réelles, profondes, qui s'amassent jour par jour, qui suscitent mille idées et mille sentiments, qui les assemblent au fond de son âme, comme un orage toujours grossissant qui finit par éclater. L'explosion finale, c'est son poème, du moins sous sa forme première, une invective mêlée de leçons, une exhortation tantôt injurieuse et tantôt solennelle. Tout ce qui sert sa passion sert aussi son idée, et par conséquent lui est bon, sentences, apostrophes, courts développements, allégories, mythes, apologues, ce qu'il a entendu dire et ce qu'il invente, la sagesse des ancêtres, les oracles des dieux et l'expression véhémente de tout ce qui s'agite en lui-même. Quel arrangement voudrait-on qu'il eût mis dans tout cela ? L'ordre de ses idées se fait au fur et à mesure qu'elles naissent, et il se fait comme il peut. A coup sûr, ce n'est pas celui d'une démonstration méthodique ; les incidents y sont pour beaucoup : ceux de la passion, ceux de l'imagination, et parfois tout simplement ceux du langage. Un critique de nos jours entend, pour ainsi dire, sonner le même mot important dans plusieurs groupes de vers consécutifs et il croit sentir là l'artifice d'un arrangeur ; mais qui nous prouve que ces rapprochements de mots n'étaient pas tout justement une des choses qui plaisaient le plus au poète lui-même et à son public ? On suppose que cela a été fait plus tard pour les enfants qui apprenaient les vers d'Hésiode par cœur ; est-ce qu'Hésiode lui-même et ses auditeurs n'étaient pas, eux aussi, des enfants à bien des égards ? et, à défaut d'une liaison profonde et réfléchie dont ils étaient incapables, est-ce que cette liaison accidentelle, fantaisiste, faite par des associations de mots et de sons autant ou plus que par des associations de choses, n'était pas précisément ce qui leur convenait ?

A ces réflexions on peut ajouter d'ailleurs des arguments non moins concluants. Si les *Travaux* n'étaient en majeure partie qu'une *Chrestomathie* tardivement formée autour d'un poème sur l'agriculture, — ce qui est l'opinion de Lehrs, — il faudrait choisir entre deux conjectures opposées également invraisemblables. Ou bien cette chrestomathie s'est formée des débris d'un poème moral antérieur qui offrait cette unité, cette suite logique, cet ordre méthodique et réfléchi qu'on ne trouve plus dans les *Travaux*; ou bien ce poème n'a jamais existé, et la chrestomathie en question n'est qu'un recueil de morceaux détachés, pris de côté et d'autre dans des œuvres de nature diverse. Examinons ces deux hypothèses.

Si le poème qu'on nous représente a réellement existé, d'où vient que cette composition si savante a disparu ? Beaucoup d'autres grandes et belles œuvres ont été détruites, cela est vrai, mais détruites quand l'antiquité elle-même a pris fin, quand l'intelligence humaine a été comme submergée sous un flot de ténèbres ; elles ont vécu jusque-là, elles ont exercé leur influence, et nous en avons des témoignages. Ici au contraire, il faudrait supposer une disparition bien antérieure aux temps classiques ; personne dans l'antiquité n'a jamais connu un autre poème des *Travaux* que le nôtre ; comment admettre qu'une œuvre si remarquable, si extraordinaire pour le temps auquel on la rapporte, ait été ainsi oubliée ? Est-ce qu'elle ne se serait pas défendue par son unité même ? Est-ce que la beauté de ce développement si bien enchaîné ne l'aurait pas gravée à jamais dans les mémoires dociles des aèdes et des rhapsodes ? Qui pourrait sérieusement penser qu'un tel chef-d'œuvre eût été ainsi rejeté dans l'oubli, sans qu'il en fût resté même un léger souvenir ?

Devons-nous donc croire que les *Travaux* soient un simple recueil formé de pièces diverses sans origine commune ? Mais ici, c'est la donnée même du poème qui nous arrête immédiatement. Dans quelle intention un arrangeur aurait-il imaginé cette histoire des disputes de Persès avec son frère ? Une seule est vraisemblable : il aurait pu vouloir par cette fiction prêter à ses préceptes une sorte d'intérêt dramatique. Le poème, tel qu'il est constitué, répond-il à cette intention ? Nous avons déjà dit pour quelles raisons nous ne le croyons pas. Si l'histoire de Persès était fictive, elle serait exposée avec clarté, et surtout on en aurait tiré parti au point de vue poétique. En est-il ainsi ? Elle apparaît dans les *Travaux* à travers des allusions dispersées, elle n'y remplit en aucune façon l'office d'un décor qui fait valoir la pièce. La sincérité du poète se révèle clairement par l'absence de parti pris et de calcul ; il n'exploite pas cette donnée ; donc ce n'est pas lui qui l'a imaginée pour plaire à son public.

L'unité primitive des *Travaux* semble ainsi établie. Et toutefois, il importe, dans un sujet aussi hasardeux, de ne rien exagérer. La seule chose que nous ayons voulu prouver, c'est que l'ensemble du poème est bien l'œuvre d'Hésiode et qu'il l'a composé à peu près tel que nous le possédons, quant à la forme générale. Mais il ne résulte pas de là que ce poème ait été fait en une seule fois sur un plan arrêté d'avance, ni même qu'il ait jamais été produit dans son entier devant le public auquel s'adressait le poète. En l'absence de renseignements précis sur ce point, qu'il nous soit permis de nous guider encore sur la simple vraisemblance.

Les poésies hésiodiques n'ont pas plus été composées en vue de la lecture que les poésies homériques ; elles étaient faites certainement pour être récitées, et ces récitations ne devaient pas différer beaucoup des récitations homériques. L'aède, il est vrai, débitait ses vers sans accompagnement de cithare [1], probablement avec une sorte de modulation simple et monotone de la voix ; mais il les débitait dans les mêmes circonstances, c'est-à-dire dans les banquets, dans les réunions, dans les fêtes, peut-être aussi dans les leschés où l'on s'assemblait aux heures de loisir [2]. Il est difficile de croire qu'on ait écouté avec plaisir en de telles occasions une très longue suite de pensées aussi faiblement liées entre elles ; au contraire on devait y goûter vivement des morceaux courts, où une pensée morale apparaissait dans un récit mythique, entourée de réflexions qui en préparaient ou en développaient le sens. C'est ainsi sans doute que les *Travaux* ont dû naître peu à peu. Un jour le poète en a composé et porté devant son public une partie, un autre jour une autre. Les préceptes sur l'agriculture étaient par

---

1. Il n'est nulle part question dans les poésies hésiodiques de la phorminx. L'auteur de la *Théogonie* reçoit des Muses, dans cette sorte de vision rappelée au début du poème, un rameau de laurier en signe d'investiture. Aussi Pausanias rapporte-t-il (X, 7) une tradition d'après laquelle Hésiode n'aurait pas été admis au premier concours établi à Delphes « parce qu'il ne savait pas s'accompagner en jouant de la cithare ».

2. Lehrs (*Quaest. epicae.* p. 219) a ingénieusement appliqué aux récitations hésiodiques ce qu'Aratos dit au sujet de Diké rendant ses oracles parmi les hommes : Ἀγειραμένη δὲ γέροντας — ἠέ που εἰν ἀγορῇ ἢ εὐρυχόρῳ ἐν ἀγυιῇ — δημοτέρας ἤειδεν ἐπισπέρχουσα θέμιστας.

exemple éminemment propres à former la matière d'une de ces récitations ; le mythe de Prométhée et celui des âges du monde ne l'étaient pas moins : chacun de ces récits, grâce à l'idée morale qu'il contenait, servait à grouper des pensées de même nature, dont il devenait le centre. Les récitations différaient d'ailleurs les unes des autres ; le poète les découpait à son gré dans le recueil toujours grossissant qu'il se faisait à lui-même, et il avait soin de les varier, tout en restant fidèle et à ses principes bien connus et à quelques données énoncées tout d'abord. Quand nous appelons les *Travaux* un poème, l'expression dont nous nous servons ne doit donc pas être prise dans son sens étroit et rigoureusement exact. S'il fallait chercher quelque chose d'analogue dans les littératures modernes, nous comparerions une telle œuvre, en tenant compte de différences évidentes, à des collections comme les *Caractères* de La Bruyère, ouvrages sans cesse accrus, formés d'éléments divers que l'auteur a négligé de lier fortement, et pourtant doués d'une incontestable unité. Seulement le recueil du vieux poète, loin de s'être maintenu dans l'état où il l'avait laissé, a dû subir après lui bien des additions et bien des suppressions. Quelques parties en ont été oubliées, quelques-unes ont été grossies. D'autres poètes y ont ajouté tour à tour des réflexions nouvelles et peut-être des morceaux entiers. En agissant ainsi, ils n'ont d'ailleurs ni modifié le procédé intime de la composition, ni altéré très gravement la physionomie primitive de l'œuvre.

III

Il résulte de ce qui vient d'être dit que le poème des *Travaux* procède à la fois de circonstances particulières et d'une sagesse ancienne. Il est général et individuel en même temps : il révèle une civilisation et un homme [1].

La simplicité morale, voilà tout d'abord ce qui caractérise la poésie hésiodique; simplicité profonde, populaire, vraiment touchante parce qu'elle ne songe pas à l'être. La conception fondamentale des choses y est toute religieuse et traditionnelle. La puissance divine est partout, et partout elle est souveraine; rien ne l'arrête ni ne déjoue ses volontés, mais elle, quand il lui plaît, elle arrête et déjoue les calculs humains [2]. Au fond, ces idées ne sont pas différentes de celles qui remplissent l'épopée homérique; mais, par l'aspect qu'elles prennent dans le poème des *Travaux*, elles s'en écartent sensiblement. Les dieux d'Homère, révélés par le génie du poète, se montrent à nous ouvertement dans des descriptions que tout le monde connaît; ils parlent, ils agissent sous nos yeux, et ainsi, bien qu'environnés d'une splendeur immortelle, ils se rapprochent de l'humanité. Les dieux d'Hésiode, moins dramatiquement mis en scène, sont plus mystérieux, et par là même plus grands peut-être; plus leurs formes restent indécises, plus ils sont propres à inspirer l'effroi. C'est à peine si en quelques passages d'un caractère presque anecdotique, comme par exemple dans le mythe de Prométhée, on les voit réunis et s'occupant à une action déterminée. Partout ailleurs, ce sont des dieux cachés, mais qui surveillent tout avec une

---

1. Nous ne pouvons que toucher ici légèrement aux idées morales et religieuses d'Hésiode. Elles ont été exposées dans les premiers chapitres du livre déjà cité de M. Jules Girard, *le Sentiment religieux en Grèce*.
2. *Travaux*, 105 : Οὕτως οὔ τί πη ἔστι Διὸς νόον ἐξαλέασθαι.

attention jalouse. Cette présence invisible est plus saisissante que de magnifiques descriptions :

« Présents au milieu des hommes, les Immortels surveillent ceux qui par des jugements injustes se font tort mutuellement sans souci des dieux. Car il y a sur la terre nourricière trente mille Immortels, gardiens des hommes au nom de Zeus. Ils observent les jugements rendus et les actions mauvaises, enveloppés d'obscurité, errants çà et là sur la terre [1]. »

Croyance vraiment populaire et comme empreinte d'une terreur secrète. Il s'agit là, il est vrai, de démons plutôt que de dieux proprement dits. Mais les dieux eux-mêmes ne sont pas conçus différemment. C'est leur puissance bien plus que leurs personnes que le poète nous représente à tout moment, et cette puissance est aussi mystérieuse que redoutable :

« Les maladies viennent à nous de jour ou de nuit, sans attendre aucun ordre; et c'est en silence qu'elles se glissent apportant la souffrance, car le prudent Zeus les a privées de la parole [2]. »

S'il les a ainsi rendues muettes, c'est pour mieux surprendre les hommes. L'imagination du croyant ne fait donc en réalité que personnifier l'inconnu dans ce dieu qui voit tout et qu'on ne voit pas ($\pi\acute{\alpha}\nu\tau\alpha$ ἰδὼν Διὸς ὀφθαλμὸς καὶ πάντα νοήσας) [3]. C'est un juge ou un ennemi qui épie sans cesse les hommes du fond de son obscurité. Il ressemble à la force cachée des choses qui ne se laisse deviner que par les coups qu'elle frappe. Et pourtant cette divinité à demi abstraite est bien toujours le Zeus mythologique ; mais,

1. *Travaux*, v. 249-255.
2. *Travaux*, v. 102-104.
3. *Travaux*, v. 267.

par la simplicité naturelle de son âme, Hésiode simplifie involontairement la religion traditionnelle, et il faut avouer que sa pieuse naïveté l'élève, à un point de vue philosophique, bien au-dessus de la religion descriptive des aèdes ioniens.

Autre trait distinctif: cette simplicité a quelque chose de grave. La croyance hésiodique est sérieuse et pratique. Il semble que celle des Ioniens, sans être moins sincère, ait été plus extérieure, plus portée à se répandre en discours, plus sensible au plaisir des yeux et des oreilles. Il y a chez le poète-paysan d'Ascra plus de retenue et plus de profondeur: sa religion tient d'une manière intime à sa vie; elle se tourne d'elle-même en morale. Esprit droit et net, plus vigoureux que souple, attaché aux notions simples et solides et plus préoccupé d'action que de spéculation, il met cette religion tout entière au service de la justice, qui est pour lui la condition même de la vie sociale :

« La justice, dit-il, est la loi que le fils de Cronos a donnée aux hommes. Il appartient aux poissons, aux bêtes sauvages et aux oiseaux qui volent dans les airs de se manger les uns les autres, parce que la justice n'est pas en eux. Mais à l'homme, Zeus a donné la justice, qui est pour lui le premier des biens [1]. »

Les dieux d'Hésiode ne sont pas des dieux bons ni indulgents, mais ils sont justes, au moins quand la légende mythologique ne s'y oppose pas et quand leur intérêt personnel n'est pas en jeu, c'est-à-dire en somme dans toutes les circonstance ordinaires de la vie; cela suffit pour que le poète trouve dans sa foi une source de confiance et de force intérieure. Son œuvre est une âpre prédication poétique et reli-

---

1. *Travaux*, v. 276-280.

gieuse, débordant d'une âme qui ne doute pas. Une chose entre toutes est pour lui certaine: ceux qui sont justes sont récompensés par les dieux et prospèrent, les violents et les parjures sont punis:

« Si quelqu'un sait ce qui est juste et parle selon ce qu'il sait, Zeus à la voix retentissante lui accorde le bonheur. Mais celui qui, à l'aide de faux témoignages, manque volontairement à ce qu'il a juré, qui offense la justice et se rend gravement coupable, celui-là ne laisse après lui qu'une race obscure et infirme. Au contraire l'homme fidèle à son serment a des fils qui prospèrent d'année en année [1]. »

Cette idée revient fréquemment dans les *Travaux*, parce qu'elle est le fond même de la doctrine morale et religieuse d'Hésiode. Elle n'admet chez lui aucune hésitation ni aucune réserve, et de là le genre d'éloquence qui lui est propre : c'est celle qui naît non de l'abondance des pensées, mais de la prédominance d'un principe unique obstinément imposé à l'attention par une conviction qui ne se lasse jamais. Quelle est pour le poète la malédiction de l'âge de fer, c'est-à-dire du sien ? Justement le règne de la violence et du parjure, le mépris brutal de la justice. Aussi avec quelle certitude n'en prévoit-il pas toutes les affreuses conséquences!

« Le père ne sera plus un père pour ses enfants, les fils ne seront plus des fils, l'hôte reniera l'hospitalité, les amis trahiront l'amitié, le frère cessera d'aimer son frère comme cela était autrefois. A peine vieillis, les parents seront insultés par leurs enfants, et ils entendront de leur bouche des paroles dures et des reproches. Plus de souci des dieux, plus de subsistance assurée aux vieux parents, partout le droit de la force, les villes pillées et détruites. Nul respect désormais du serment, ni de la justice, ni du bien; ce sera l'homme malfai-

---

1. *Travaux*, v. 280-285.

sant et la violence hautaine qui seront en honneur; pour justice ils auront leur bras, et rien ne sera respecté. Le méchant fera tort à l'homme meilleur que lui par des discours perfides, et il y ajoutera le parjure. Parmi les humains malheureux, régnera la jalousie malfaisante, aux discours envenimés, la jalousie heureuse du mal. Alors quittant la vaste terre et montant vers l'Olympe, cachant leur aimable visage sous leurs voiles blancs, Aïdôs et Némésis abandonneront le séjour des hommes pour se réfugier parmi les Immortels. Et, sur la terre, il ne restera plus que des douleurs affreuses, le mal partout et le remède nulle part [1]. »

Tout se tient dans ce sombre tableau, et du commencement à la fin le poète suit son idée avec passion. Idée impérieuse qui l'obsède. L'injustice, libre du frein, va d'elle-même à son terme, qui est la destruction; elle se complaît dans la violence, et elle y trouve son châtiment. Et de même qu'il entasse ici fléau sur fléau avec l'assurance d'un homme de foi pour qui les conséquences du mal sont aussi certaines que le mal lui-même, de même un peu plus loin, avec une confiance non moins absolue, il décrit la prospérité nécessaire de ceux qui respectent la justice. A l'énumération des maux répond à présent l'énumération des biens:

« Ceux qui rendent la justice aux étrangers et à leurs concitoyens sans jamais s'écarter du droit, ceux-là voient prospérer leur ville et le peuple qui l'habite est florissant. Chez eux règne la paix, nourrice de la jeunesse, et jamais Zeus à la voix retentissante ne leur inflige le fléau de la guerre. Amis de la justice, ils n'ont pas à souffrir de la famine ni des calamités; sans cesse au milieu des fêtes, ils passent le temps à se réjouir. Pour eux, la terre se couvre d'opulentes moissons, et le chêne, sur les montagnes, montre au regard ses glands et cache les abeilles sous la feuillée. Les brebis sont revêtues d'épaisses toisons; les femmes mettent au monde des enfants

---

1. *Travaux*, 182-201.

semblables à leur père. La prospérité fleurit partout; et ils n'ont pas besoin de mettre le pied sur un vaisseau, tant la terre bienfaisante est pour eux prodigue de ses fruits [1]. »

Voilà certes une logique poussée jusqu'à la plus exacte symétrie : tout le bien possible pour les bons, tout le mal pour les méchants. Une telle netteté de répartition a quelque chose de bien hellénique. Sa naïveté même est d'ailleurs ce qui la rend surtout intéressante : il y a plaisir, lorsqu'on sait se faire ancien avec les anciens, à entendre parler cet homme si sûr de lui : l'autorité dogmatique avec laquelle il impose ses vues morales à toute chose fait en partie la beauté de son œuvre, parce qu'elle en fait l'unité.

Si son idéal n'est pas très élevé, les sentiments qu'il lui inspire sont forts et sincères, comme tout ce qui vient de cette nature simple. Il est loin d'avoir dans l'esprit un type humain comparable en noblesse à celui du héros homérique. Dans ses exhortations, point de déploiement soudain des hautes qualités de l'âme, point d'appel au dévouement héroïque. Toute cette région supérieure de la vertu lui est étrangère. Il déteste la guerre que chantaient les aèdes ioniens, et il la considère comme un fléau que Zeus épargne à ceux qui respectent ses lois (πό-λεμός τε κακὸς καὶ φύλοπις αἰνή). S'il parle des héros qui ont combattu sous les murs de Thèbes et de Troie, c'est pour rappeler qu'ils sont morts misérablement[2]. Il les qualifie bien « d'hommes divins », louange traditionnelle et par conséquent de peu de valeur; mais en fait, on ne sent pas qu'il éprouve la moindre sympathie pour leurs grandes passions ni le moindre enthousiasme pour leurs exploits. Son

1. *Travaux*. 225-237.
2. *Travaux*, 161-166.

objet préféré, à lui, simple habitant des champs, n'est pas la gloire, chose étrangère à sa vie, mais le bonheur. Et ce bonheur, il le conçoit, avec son esprit pratique et ses tendances positives, sous une forme presque toute matérielle, abondance et repos, point de soucis ni de souffrances :

« Les hommes de l'âge d'or, dit-il, vivaient comme des dieux, l'âme exempte de soucis, sans travail et sans douleur. La vieillesse accablante n'était pas suspendue sur leur tête ; leurs membres restaient vigoureux jusqu'à la fin, et ils passaient le temps dans de joyeux festins, étrangers à tous les maux. En mourant, ils semblaient s'endormir. Tous les biens étaient à leur disposition ; la terre féconde leur donnait d'elle-même ses fruits en abondance, et eux, tranquilles, se partageaient ces biens en paix au milieu de l'opulence. [1] »

Véritable rêve de paysan fatigué, qui se sent vieillir vite sous le poids du labeur quotidien, qui s'inquiète sans cesse pour sa subsistance mal assurée, et qui n'imagine rien de plus désirable en fin de compte que de pouvoir manger à sa faim et boire à sa soif sans user son corps par le travail ni son âme par les soucis. Cela est touchant, parce que cela est humain et sincère. Voilà le sentiment qui remplit le poème. Si Hésiode prêche si obstinément le travail, ce n'est pas qu'il l'aime ni qu'il lui attribue, selon la pensée chrétienne, une valeur morale et religieuse. Le travail est pour lui une dure nécessité que les dieux ont imposée à l'homme ; une nécessité et non une épreuve ; une vengeance, et non une punition. Il fait partie de cette immense misère humaine dont il a un sentiment si vif et si amer : « La « terre est pleine de maux, la mer en est pleine ! [2] ».

---

1. *Travaux*, 112-119.
2. *Travaux*, v. 101 : Πλείη μὲν γὰρ γαῖα κακῶν, πλείη δὲ θάλασσα.

Jamais le pessimisme n'a rien trouvé de plus désolant que cette simple lamentation, qui embrasse le monde entier. Et toutefois Hésiode n'est pas pessimiste, car il aime la vie et se rattache avec passion aux quelques joies qu'elle lui laisse espérer. Nullement curieux de philosopher, il ne tient pas à examiner longuement ce qu'on lui a raconté des origines de cette dure condition humaine. Un ou deux mythes, contes d'enfants qui amusent l'imagination et répondent d'avance à toutes les questions, c'en est assez pour le satisfaire, lui et ses auditeurs. Les dieux ont arrangé les choses ainsi : il ne se révolte pas plus contre eux qu'il ne s'incline avec respect devant leur volonté ; il s'abstient seulement de récriminer, parce que cela serait inutile ; et, prenant les choses telles qu'elles sont, son intelligence se tourne tout entière vers le présent et l'avenir. Voilà la vie qu'il faut vivre ; il s'agit de lui arracher de force ce qu'elle ne nous donne pas elle-même, un peu de bien-être et de sécurité ; et pour cela, il n'y a qu'un moyen, qui est de travailler. Une fois attaché à cette idée, Hésiode s'y donne tout entier, et, comme il arrive ordinairement, il finit par prendre plaisir, au moins en imagination, à ce qu'il recommande si fortement. La noblesse native et l'énergie de sa nature s'y intéressent ; il estime qu'il y a de l'honneur dans cette vie laborieuse, comme il y a de la honte dans l'oisiveté imprévoyante. Ainsi ses conseils deviennent peu à peu supérieurs aux raisons par lesquelles il les justifie. Un idéal obscur, mais généreux, se laisse deviner derrière l'idéal borné qu'il nous propose ; c'est le sentiment de la dignité humaine et la fière satisfaction d'avoir gagné sa part de bonheur à force d'intelligence et de volonté.

On comprendra aisément à présent pourquoi les recommandations techniques tiennent si peu de place dans la partie de son œuvre où il semble qu'elles devraient en tenir le plus. L'ennemi qu'il veut combattre, ce n'est pas l'ignorance, c'est le goût de l'oisiveté ou encore le découragement. Hésiode n'a jamais été tenté, comme Virgile par exemple quand il conçut les *Géorgiques*, de composer un beau poème régulier qui présentât un ensemble complet de préceptes. Il est douteux même qu'il crût à l'existence d'une science agricole proprement dite. Ce qu'on avait toujours fait en matière de culture lui paraissait encore bon à faire, et quoiqu'il ne dédaignât pas de formuler à l'occasion quelques-unes de ses observations personnelles, il n'avait certainement aucune idée d'en constituer une sorte de traité. Son dessein, quand il énumère les travaux des champs, est en réalité tout autre. Il dresse, saison par saison, la liste des travaux à faire, et, comme un bon surveillant, il a soin de la mettre bien en vue afin que chacun connaisse sa tâche. Son exactitude provient donc de l'intention morale qui est tout pour lui. Il éveille son homme de grand matin, il le mène aux champs ou à l'étable, il le prend par la main quand il le croit disposé à s'échapper, il le conduit jusqu'au sillon commencé, lui montre la charrue attelée et les bœufs sous le joug, et il lui dit : « Voilà ton tra-
« vail ; dépouille-toi de tes vêtements et ne crains
« pas de peiner sous le soleil. La misère et le mé-
« pris t'attendent si tu recules, le bien-être et la joie
« du repos mérité, si tu achèves ton sillon à l'heure
« dite. » Toute la partie agricole de son poème est ainsi conçue, et par là elle se relie intimement à la partie morale : celle-ci prépare celle-là. Il a posé dans l'une ses principes, il en fait dans l'autre l'ap-

plication avec cette ténacité ingénieuse et convaincue qui rend sa sagesse si originale.

IV

En étudiant l'inspiration morale du poème, nous venons d'indiquer déjà quelques-uns de ses mérites littéraires les plus frappants. Il y en a d'autres toutefois dont nous n'avons encore rien dit et qu'il serait bien injuste de passer sous silence.

Si chaque voix humaine a un son qui lui est propre et qui la fait reconnaître entre mille autres, on peut dire aussi que chaque vrai poète a dans son accent quelque chose de spécial, qu'on imite quelquefois, mais qu'on ne reproduit jamais. L'accent personnel d'Hésiode est fait de rudesse, de familiarité, d'ironie mordante, de bonhomie, d'amertume, de grâce sérieuse, en un mot d'une foule de choses contradictoires qui parfois éclatent en lui toutes à la fois. Il a du laisser-aller et de la solennité, il parle en prophète et en paysan, et il mêle à tout cela une sensibilité voilée, qui vous va au cœur. Le bon sens ferme, énergique est la note dominante de sa poésie ; mais que de fines nuances dans ce bon sens, et que de choses non exprimées qui apparaissent dans ce qu'il dit ! Tout est court dans son poème, tout s'y découpe en groupes circonscrits, parfois en vers incisifs qui se détachent comme autant de traits. Il ne crée point de grandes scènes, comme les poètes homériques, il ne met pas en lutte les passions humaines, il ne se complaît pas à des descriptions charmantes ou terribles. Est-ce à dire que l'invention chez lui soit faible et trahisse une certaine pauvreté de génie ?

Tant s'en faut, elle est seulement concentrée. Au lieu de s'étendre en beaux développements, elle se ramasse dans de courts morceaux, qu'elle anime jusqu'en leurs moindres parties. Par elle, chaque fragment du discours poétique devient quelque chose de vivant et d'individuel, qui intéresse, qui touche, ou qui invite à penser ; et par elle aussi, sans qu'on sache comment, les petites choses grandissent, et d'humbles pensées, en s'ouvrant tout à coup, laissent apercevoir je ne sais quels lointains majestueux.

Les formes mythiques dont l'usage contemporain revêtait si volontiers les pensées morales offraient à ces rares et hautes qualités de précieuses ressources. Aussi les allégories et les légendes divines abondent-elles dans les *Travaux*. Les plus courtes ne sont pas les moins excellentes. Hésiode sait mettre dans ces morceaux de peu d'étendue tout son bon sens, tout son esprit, et ce genre de grandeur qui lui est propre. Quoi de meilleur en ce genre que le mythe allégorique des deux Eris au début même du poème ? Une simple observation de moraliste en fait le fond; le poète a été frappé d'une certaine ressemblance entre deux choses bien différentes, la saine émulation et la jalousie malfaisante. Les deux sentiments ont même origine, le désir du bonheur, l'aversion instinctive de la souffrance, mais l'un tend au bien naturellement et l'autre au mal. Cette observation, il la traduit à sa manière, sous la forme d'une généalogie fictive, vraiment saisissante, qui place chacun des deux sentiments, transformés en êtres mythiques, au rang qui lui convient; et dans cette généalogie nous admirons à la fois toutes ces qualités poétiques si personnelles que nous venons d'indiquer, la variété du ton, les détails ingénieux, les mots éloquents, la vie, et, plus que tout, cette sorte d'élévation naturelle d'idées par laquelle une œuvre d'art mérite d'être appelée grande :

« Non, il n'est pas vrai qu'une seule Éris soit née à la lumière du jour : deux sœurs du même nom errent par le monde. L'une doit être louée de tout homme de sens, l'autre est digne de blâme ; opposées en tout, elles tendent à des fins contraires. Ce qui plaît à l'une, c'est de fomenter la guerre funeste et la discorde en s'acharnant au mal ; aucun des mortels ne l'aime, mais, malgré eux, par la volonté des Immortels, il faut bien qu'ils lui rendent honneur, à l'odieuse Éris. L'autre est née la première de la Nuit érébienne ; et le fils de Cronos, dieu des hautes cîmes, habitant des demeures éthérées, l'a établie sur la terre qui supporte toute chose, au milieu des hommes, pour qu'elle leur fût bienfaisante. C'est elle qui, touchant le paresseux même, l'éveille pour le travail ; et il arrive, grâce à elle, qu'un homme qui ne travaillait pas, venant à jeter les yeux sur un riche, soudain se met à labourer et à planter, pour ramener le bien-être dans sa maison. Le voisin rivalise avec son voisin ardent à s'enrichir. Voilà l'Éris qui fait du bien aux hommes[1] ».

On sent assez en lisant ce morceau et d'autres semblables que cette façon allégorique de traduire les idées abstraites n'a pour Hésiode rien d'artificiel. Sans doute, ce n'est pas lui qui l'a créée ; elle devait être commune avant lui et autour de lui ; elle caractérise un état d'esprit alors général et marque un âge de la pensée. Mais ce qui est personnel à Hésiode, c'est la vivacité d'imagination et de sentiment avec laquelle il conçoit ces êtres allégoriques. Ces deux Éris ont un rôle dramatique et des passions ; on les voit se disputer le monde ; quand l'allégorie est ainsi vivante, elle cesse d'être allégorie. Si ces êtres fictifs représentent des idées, ils sont du moins tout autre chose que ces idées revêtues d'une forme et d'un nom : il y a de plus

---

1. *Travaux*, 11-24.

en eux des traits individuels, des sentiments ardents ou délicats, un caractère même, en un mot tout ce qui constitue la personnalité et tout ce qui appelle l'intérêt.

Cette personnalité, Hésiode, bien fidèle en cela aux instincts helléniques, sait la créer en quelques mots, par une indication nette et sûre, sans emphase et sans effort. Sont-ce de simples fantômes par exemple que ces deux vierges gracieuses et indignées qu'il nous représente, dans un passage cité plus haut, abandonnant la terre qui n'est plus digne de les garder? L'une est la Pudeur, l'autre l'Indignation; mais qu'elles ressemblent peu à ces allégories subtiles et froides dont la poésie du moyen âge croyait s'enrichir aux dépens de l'Ecole! Point de descriptions ingénieuses, point d'allusions recherchées; rien qu'une vision, une délicieuse vision de poète, et de poète grec, l'esquisse d'un mouvement aussi simple que gracieux, deux divinités fuyant à travers les airs, enveloppées dans leurs longs voiles blancs; et dans cette esquisse la tristesse d'un exil éternel, une douleur pleine de confusion, admirablement indiquée par le geste si noble et si féminin des deux fugitives qui se voilent le visage.

Le personnage de Diké ou de la Justice, mis en scène à plusieurs reprises dans la première partie des *Travaux*, n'est pas moins remarquable à cet égard. Si Hésiode avait voulu en faire une représentation trop exacte de l'idée abstraite qu'elle personnifie, toute vie et toute poésie lui échappait. Mais son nom suffit à définir son rôle; et, sans aucune préoccupation scolastique, ce sont uniquement ses sentiments qu'il nous décrit, et c'est par là qu'il nous touche. Les violences des hommes, c'est elle qui les subit, semblable à une captive troyenne entraînée et maltraitée par des mains brutales :

« Horcos s'élance, dès qu'un jugement injuste est rendu, et il le suit à la piste. On entend à travers le monde les cris de Diké traînée à terre et frappée par les hommes mangeurs de présents qui jugent sans souci du droit. Et elle marche derrière eux en se lamentant, à travers les villes et les campagnes, invisible dans un nuage, apportant le châtiment aux hommes qui l'ont chassée et qui ont fait des partages injustes [1]. »

Dans l'Olympe même, au milieu du rayonnement divin qui l'entoure, elle garde encore pour le poète quelque chose de cette faiblesse et de cette grâce ; assise auprès de son père Zeus, elle rappelle Hélène auprès de Priam :

« Diké est une vierge, elle est fille de Zeus, et autour d'elle règne une douce et respectueuse vénération parmi les dieux qui habitent l'Olympe. Et lorsqu'un homme l'offense par l'outrage du mensonge, aussitôt elle vient s'asseoir auprès de son père, Zeus, fils de Cronos, et elle crie devant lui les pensées des hommes injustes, pour qu'il les châtie [2]. »

Il est curieux de voir comment cette tendance à traiter les fictions comme des réalités induit parfois le poète à obscurcir, sans s'en apercevoir, le sens primitif des récits mythiques qu'il rapporte. Pandore, dans le mythe de Prométhée, ne pouvait guère être à l'origine que la personnification de la richesse qui attire l'homme et qui le trompe ; c'est là ce qui semble

---

1. *Travaux*, 219-224. On a signalé un désaccord dans ces images et on a cru y découvrir la trace d'un mélange de deux morceaux superposés (voyez Lehrs sur ce passage dans ses *Quaestiones epicae*). Je suis peu frappé de ce désaccord ; et en tout cas l'ensemble de la description porte si nettement l'empreinte hésiodique que la question de mélange est fort secondaire.

2. *Travaux*, 256-264.

ressortir de la signification du nom et des choses elles-mêmes. Mais Hésiode, peu soucieux de l'allégorie, a traité son sujet comme une simple matière de poésie. Il a préféré le récit lui-même à sa signification cachée, et en se laissant aller à nous décrire la jeune Pandore, il lui a prêté tant de séduction féminine qu'elle est devenue, sans qu'il l'ait voulu peut-être, comme la personnification de la femme; idée qui se dégagera nettement dans la *Théogonie*, mais qui est déjà en germe dans les *Travaux* :

« Sur-le-champ, le glorieux Héphæstos façonna d'un peu de terre une forme semblable à une pudique jeune fille : ainsi le voulait le fils de Cronos. La déesse aux yeux bleus, Athéné, s'empressa elle-même de la ceindre et de draper son vêtement. Autour de son cou, les divines Charites et l'auguste Pitho mirent des colliers d'or; et sur sa tête, les saisons à la belle chevelure posèrent une couronne de fleurs printanières. Tout cela fut arrangé avec grâce par Pallas Athéné. Dans son sein, le dieu messager, Argiphontès, déposa la tromperie et les discours séduisants et un esprit artificieux. Puis il l'appela femme et Pandore, parce que tous les habitants de l'Olympe avaient mis en elle leurs dons, fléaux des hommes industrieux. [1] »

Le mythe des âges semble bien avoir subi aussi une altération analogue. Il est certain qu'en la forme où nous le lisons dans les *Travaux*, il ne satisfait pas complètement l'esprit. L'idée générale est incontestablement celle d'une dégénérescence à la fois physique et morale, dont chaque phase résulte de la précédente; mais, sans parler de l'intercalation d'un âge héroïque qui rompt la suite naturelle des choses, on ne peut nier que l'enchaînement des descriptions n'ait quelque chose de flottant. Cela ne tiendrait-il pas encore à ce que l'imagination du poète a

---

1. *Travaux*, 70-82.

traité les choses librement, arrangeant à son gré les données anciennes, bien plus d'après ses impressions personnelles que d'après la considération exacte de leur sens primitif? Le second âge par exemple, l'âge d'argent, devait être à l'origine un âge de bonheur, différent toutefois de l'âge d'or par une diminution de force et d'activité. Cette idée d'affaiblissement a frappé Hésiode, et en la développant à sa manière par des traits vigoureux et hardis, il a créé une description d'une beauté à la fois étrange et obscure, dont l'effet est aussi grand que la signification en est vague. Un monde peuplé d'enfants, mais d'enfants vieillis, à qui l'âge n'apporte point la raison, voilà ce qu'il imagine ; dans cette langueur mêlée de folie et de violences, quelle place pour le bonheur ? et sans le bonheur, que devient le sens général du vieux mythe ?

« Une seconde race bien inférieure fut faite ensuite par les habitants de l'Olympe : la race d'argent. Elle n'était égale à la race d'or ni par le corps, ni par l'esprit. Durant cent années, chaque être, enfant, grandissait auprès de sa mère en se jouant sans raison dans sa demeure. Puis, quand la jeunesse arrivait, quand ils atteignaient l'âge qui en marque le début, ils ne vivaient plus que peu de temps, souffrant de leur irréflexion. Car ils ne pouvaient s'abstenir les uns à l'égard des autres de la violence téméraire, ils ne voulaient pas rendre hommage aux dieux, ni sacrifier sur les autels des bienheureux, comme les hommes doivent le faire en suivant les coutumes. Alors Zeus, fils de Cronos, les fit disparaître, irrité de ce qu'ils n'honoraient pas les dieux, habitants de l'Olympe[1]. »

C'est un privilège pour un poète moraliste, venu dans un âge de conceptions encore mythologiques, que de pouvoir former ainsi des images qui inté-

---

1. *Travaux*, 127 et suiv.

ressent et captivent les esprits sans les satisfaire. L'obscurité et l'indécision de la pensée, derrière la clarté vigoureuse de la peinture, créent une sorte de profondeur mystérieuse, où toute une nation va chercher pendant des siècles une sagesse qui se dérobe toujours.

V

Mais ni la beauté des mythes ni la valeur des exhortations morales n'ont été les principales raisons du succès des *Travaux*. C'est surtout à titre de poème rustique que cette grande œuvre a été admirée de l'antiquité grecque et latine, et c'est encore à ce titre qu'elle nous plaît le plus aujourd'hui. Nous y sentons une poésie de la nature, non pas complète ni semblable à la nôtre, mais originale et profonde, une sorte de parfum de la terre, dont la saveur est exquise autant qu'elle est saine.

Les aèdes homériques avaient peint déjà la nature, mais en général ils ne la voyaient guère que sous ses aspects majestueux; ce qu'ils nous représentent le plus souvent, dans les comparaisons de l'*Iliade*, c'est la mer, tantôt calme et tantôt soulevée, ce sont les montagnes qui se dressent au-dessus des flots, les cîmes environnées de nuages ou baignées dans la lumière pure, les vallées sauvages où les chasseurs poursuivent les bêtes féroces, en un mot tout ce qui offre à l'imagination un grand spectacle. Les champs cultivés eux-mêmes, lorsqu'ils les décrivent, prennent un aspect grandiose; vastes plaines d'Ionie, qui se déroulent jusqu'à l'horizon, et où un peuple de serviteurs travaille sous l'œil du maître. Qu'on se rappelle la magnifique scène de labour et de moisson qui est censée figurer sur le bouclier d'Achille[1] :

« Héphæstos y représenta une molle et vaste jachère, nouvellement labourée, grasse et déjà retournée trois fois. Là de nombreux laboureurs, allant et revenant, poussaient leurs charrues sur plusieurs points à la fois. Et quand ils faisaient retourner l'attelage, arrivés à l'extrémité du champ, un serviteur venait leur mettre dans la main une coupe de vin délicieux. Ils revenaient sur leurs pas de sillon en sillon, ne songeant qu'à atteindre l'extrémité de la jachère profonde... Il avait aussi représenté un domaine couvert d'une riche moisson. Des serviteurs moissonnaient, ayant en main des faucilles tranchantes. Des poignées de blé tombaient à terre, drues et serrées, le long du sillon; d'autres, relevées par les botteleurs, étaient réunies en javelles. Trois botteleurs étaient debout : en arrière, des enfants ramassaient les blés par brassées, et les portant devant eux, les leur remettaient à mesure. Le maître, au milieu du champ, se tenait en silence sur le sillon, son bâton à la main, le cœur plein de joie. Des hérauts à l'écart apprêtaient le repas sous un chêne. Ils venaient d'immoler aux dieux un bœuf de grande taille et le faisaient rôtir; les femmes préparaient la blanche farine de froment pour le repas des serviteurs. »

Tout est large dans cette sereine et pacifique description. La poésie de la nature ainsi comprise a quelque chose d'héroïque et de royal, qui convient admirablement à l'épopée. Dans l'*Odyssée*, nous l'avons remarqué, les choses sont déjà plus simples. Les étables d'Eumée, son habitation rustique, le mur bas de la cour tout tapissé des pousses du poirier sauvage, la rude existence qu'il mène là avec ses chiens de garde à demi féroces, la nuit passée auprès du feu, tout cela forme un tableau d'un genre plus familier, où nous voyons de plus près ce que devait être en ce temps la vie du paysan grec. Mais là

---

1. *Iliade*, XVIII, 541-560.

même, la grandeur naturelle de l'épopée intervient encore, et la marche de l'action, l'importance dramatique des personnages, l'intérêt des sentiments ne laissent aux détails descriptifs qu'une valeur accessoire.

Il en est tout autrement dans les *Travaux* d'Hésiode. Ici la nature n'est plus simplement un fond de tableau ni un décor ; la vie rustique est le sujet même du poème, et la nature avec le paysan sont au premier plan. Ni l'un ni l'autre d'ailleurs n'y sont idéalisés comme dans l'épopée. Plus de lointains horizons ni de vastes domaines, plus de larges descriptions éveillant des idées de grandeur, d'abondance et d'ordre. Nous sommes à Ascra, au pied de l'Hélicon, mauvais pays, nous dit le poète, brûlé par le soleil en été, et glacé en hiver par le vent du Nord. On y travaille durement, on y souffre, on y dispute au sol une subsistance incertaine, et on a grand'peine à s'y défendre des brouillards malsains et des intempéries de l'atmosphère. En outre, le paysan d'Hésiode est pauvre ; petit propriétaire économe, qui ne possède qu'un attelage de bœufs, qui fabrique lui-même sa charrue, son vêtement de peau de chèvre et ses chaussures. Son champ est étroit et ne ressemble en rien aux riches campagnes des bords de l'Hermos. Étranger aux riantes fictions, c'est en pleine réalité que le poète se place ; donnons-nous le plaisir de l'y suivre.

S'il n'était guère philosophe dans la partie philosophique de son poème, à plus forte raison ne le sera-t-il pas dans celle-ci. Donc aucune conception de la nature dans son ensemble, comme force mystérieuse et divine ; rien de ces élans enthousiastes qui abondent chez Lucrèce et chez Virgile. Ce sont les phénomènes naturels eux-mêmes qui font impression sur Hésiode ; quant aux causes cachées, quant à l'harmonie intérieure et profonde, en un mot quant à tout ce qui est au delà de la sensation immédiate, il n'en a ni le souci ni peut-être même le soupçon. Voilà déjà un premier aspect des choses qui n'existe pas pour lui. Il y en a un second qu'il ne voit pas davantage, c'est celui du rêve. Chercher dans la nature une conformité ou un contraste avec les sentiments de l'homme qui la contemple, savourer son silence, jouir de sa sérénité ou l'en accuser comme d'une sorte d'indifférence cruelle, l'admirer enfin dans ses violences ou dans le déploiement magnifique et paisible de sa force, rien de tout cela ne lui vient à l'esprit. Et ce n'est pas seulement parce que cette façon de sentir est plutôt moderne qu'antique : quand même on en trouverait quelque chose chez d'autres poètes grecs, on pourrait être assuré qu'elle lui est étrangère. Sa préoccupation pratique est bien trop forte pour laisser ainsi courir son imagination.

La seule chose qui lui convienne, c'est d'exprimer ce qu'il a vu, entendu ou senti. En le faisant, il est grec par la précision, par la finesse, par la sobriété, par l'art de simplifier les choses et de choisir les détails. Jamais de sensations confuses ni surabondantes. Il note chaque chose par un ou deux traits descriptifs d'une exquise netteté. Et ce qui fait l'intérêt de cette notation, c'est qu'elle ne dérive pas d'une science écrite et qu'elle semble même n'emprunter presque rien à personne ; l'expérience personnelle du poète en fait tous les frais. Il a son astronomie à lui, astronomie élémentaire, qui peut bien sans doute lui avoir été enseignée en partie, mais qu'il a confirmée ou complétée dans sa vie passée au grand air et constamment curieuse d'observation. Le mo-

ment du labour est marqué par le lever des Pléiades ; il sait qu'après être restées cachées pendant quarante nuits, elles reparaissent au-dessus de l'horizon « lorsqu'on aiguise le fer[1]. » La connaissance familière des mœurs des animaux et de la vie des plantes s'associe tout naturellement à celle des astres. Il a en toutes ces matières sa science de village, faite de remarques quotidiennes et d'impressions sans cesse ravivées, dont sa poésie profite. La fin de la canicule, qui est le temps des premières pluies, c'est pour lui le moment où le corps se sent plus léger et plus souple, tout rafraîchi par cette humidité bienfaisante qui succède à l'été dévorant ; il note que le bois est alors bon à couper, « car les vers ne s'y mettent pas[2]. » On est ravi à chaque instant, en l'écoutant parler, de tous ces détails curieux, sur lesquels d'ailleurs il n'insiste jamais. Si l'on a tardé à labourer, nous dit-il, on peut encore réparer cette négligence à la dernière heure, « lors-
« que le coucou chante dans les feuilles du chêne et
« qu'il réjouit les mortels dans toutes les parties de
« la terre ; » mais il faut souhaiter alors « que Zeus
« verse la pluie le troisième jour sans s'arrêter, et
« que l'eau couvre la corne du pied d'un bœuf sans
« rester au-dessous ni monter au-dessus[3]. » Cette précision n'est-elle pas charmante ? Elle nous montre l'attention qu'il donne à ces choses, l'importance qu'elles ont pour lui et ses auditeurs, et par conséquent mille sentiments derrière une seule image, ce qui est l'essence même de la poésie.

Nous touchons là au trait le plus caractéristique

---

1. *Travaux*, v. 387.
2. *Travaux*, v. 413-421.
3. *Travaux*, 486-489.

du talent descriptif d'Hésiode. Ce qui lui est propre en effet, c'est qu'il ne décrit rien sans se faire connaître lui-même involontairement : il ne dit pas un mot qui ne découvre l'homme. Ecoutons-le nous parler de l'hiver. Le vent souffle, une pluie glacée tombe incessamment :

« Aie bien soin, dit-il, de faire ce que je t'enseigne pour préserver ta santé. Revets-toi d'une molle tunique de laine et d'un second vêtement chaud qui couvre tout le corps ; il faut que la trame en soit très épaisse par rapport à la chaîne. Enveloppe-toi de ce vêtement, de peur que le froid ne fasse frissonner le poil sur tes membres et ne le hérisse sur tout ton corps. Mets tes pieds dans des chaussures faites du cuir d'un bœuf assommé ; qu'elles soient bien adaptées, et que le poil de la bête soit tourné en dedans[1]. »

Evidemment ce moraliste qui s'interrompt ainsi pour faire de l'hygiène n'est pas un poète qui décrive pour le plaisir de décrire ; chaque détail ici est un trait de caractère : le seul vers sur le rapport de la trame avec la chaîne révèle Hésiode. N'en est-il pas de même encore lorsque, après l'hiver, il nous décrit l'été ? Un autre que lui nous peindrait l'aspect des champs desséchés, les troupeaux réfugiés à l'ombre des grands arbres, les rivières réduites à un mince filet d'eau. Qui ne connaît les beaux vers de Virgile :

> Jam rapidus torrens sitientes Sirius Indos
> Ardebat coelo, et medium sol igneus orbem
> Hauserat ; arebant herbae, et cava flumina siccis
> Faucibus ad limum radii tepefacta coquebant[2].

Mais Hésiode ne se soucie point de ce qui se passe aux Indes, que d'ailleurs il ne connaît pas ; il n'a pas

1. *Travaux*, v. 536 et suiv.
2. *Géorg.*, IV, 425.

l'imagination si vagabonde ; c'est à lui-même qu'il rapporte tout, ce sont ses sensations et ses observations personnelles qu'il exprime :

« Quand le chardon fleurit, quand la cigale bruyante posée sur un arbre fait entendre sa chanson stridente en agitant vivement ses ailes, dans la saison des chaleurs accablantes, alors les chèvres sont grasses, le vin est délicieux, les femmes sont avides de plaisir et l'homme est épuisé. Sirios brûle sa tête et dessèche ses membres : le corps est exténué par l'ardeur du soleil. Il lui faut l'ombre d'un rocher et le vin de Naxos, du pain bien cuit, le lait d'une chèvre qui vient d'être éloignée de son petit, la chair d'une génisse nourrie dans les bois et trop jeune encore pour être mère, et celle d'un tendre chevreau. Bois en outre du vin brillant, assis à l'ombre, quand ton appétit est satisfait, et tourne alors ton visage vers le souffle vif du Zéphyre, auprès d'une source intarissable et limpide, que rien n'a troublée [1]. »

Une chose bien digne d'attention et bien hellénique, c'est que ces petits tableaux, composés de menus détails, ont néanmoins de l'unité et ce qu'en matière de peinture on appelle du style. La raison en est facile à donner : aucune de ces petites choses n'est exagérée comme si elle voulait faire de l'effet par elle-même ; ce sont des traits de vérité qui concourent ensemble à une impression générale parfaitement nette ; et cette impression est si simple, si humaine, si large même, que malgré la finesse des éléments dont elle s'est formée, elle a une sorte de grandeur.

On peut se demander toutefois jusqu'à quel point ce poète si exact, si attentif à la vérité des sensations, était capable de composer un ensemble plus considérable. Il n'y a vraiment qu'un seul passage des *Travaux* qui semble offrir le moyen de répondre

---

1. *Travaux*, v. 582 et suiv.

à cette question, et ce passage est un de ceux qui ont le plus provoqué les doutes de la critique : je veux parler de la description du mois Lénæon[1]. Cette description débute par un admirable morceau, où est représentée la violence du vent Borée :

« Pendant tout le mois Lénæon, série de jours mauvais, funestes au bétail, sois sur tes gardes, défie-toi des gelées qui causent tant de soucis lorsque Borée souffle au loin à travers la terre. Du fond de la Thrace, nourricière de chevaux, il s'élance sur la vaste mer; un mugissement remplit la terre et les forêts; les chênes à la cîme élevée et les sapins touffus, saisis par lui dans les gorges de la montagne, tombent sur le sol fécond; la clameur immense de la forêt monte vers le ciel. Les bêtes sauvages frissonnent, et ramènent leur queue sous leur ventre... »

Voilà assurément de la plus haute poésie. Mais soudain ce bel élan s'arrête, et dans une comparaison des plus singulières le poète se demande quels sont les animaux qui ne souffrent pas du froid. Les bêtes fauves ont froid, le bœuf, malgré son cuir épais, a froid aussi, les chèvres sont glacées à travers leur long poil; seul, le mouton est préservé par sa toison. Une fois entré dans les détails, il n'en sort plus, et les images se succèdent avec une certaine confusion : le vieillard courbé sur son bâton, la jeune fille qui travaille dans la maison auprès de sa mère; puis une étrange observation sur la vie du poulpe au fond des mers, où le soleil ne l'éclaire pas, et de nouveau un retour aux effets produits par le froid sur tous les êtres animés. Ce désordre même est au fond le plus grave argument qu'on ait produit contre l'authenticité de ce morceau; mais il faut reconnaître qu'il est loin d'être décisif. Nous ne

---

1. *Travaux*, 503 et suiv.

devons appliquer à chaque écrivain que des règles de critique faites pour lui et d'après lui. Or rien dans les *Travaux* ne nous permet d'attribuer à Hésiode le talent de composer un morceau descriptif étendu et lié dans toutes ses parties. Son mérite est surtout de bien voir et de bien exprimer les détails; quand il les groupe, c'est, comme nous venons de le remarquer, autour d'une impression personnelle. Mais ici, il s'agit de choses lointaines, qui dépassent son expérience quotidienne. Quoi d'étonnant si son art se trouve en défaut, s'il hésite, et si, après un beau début, il revient plus ou moins adroitement à ces petites choses qu'il sait et qu'il dit si bien? La critique que l'on adresse au morceau en question est juste, mais prenons garde qu'au lieu d'en démontrer la non-authenticité, elle ne mette simplement en lumière un des traits caractéristiques de la poésie d'Hésiode.

VI

Il ne nous reste que quelques mots à dire du poème des *Travaux*. Que faut-il penser de la langue dont le poète se sert? En quoi diffère-t-elle de la langue homérique? quels en sont les caractères propres[1]?

Le dialecte dont Hésiode fait usage est à peu de chose près celui des poèmes homériques: c'est le vieil ionien, mélangé de formes archaïques et de mots qui certainement n'ont jamais eu cours que dans la

---

1. La meilleure étude à consulter sur la langue d'Hésiode est la dissertation spéciale d'Alois Rzach, *Der Dialect des Hesiodos* (*Jahrbücher für classische Philologie* de Fleckeisen, *Suppléments*, t. VIII, 1876. Cette dissertation a été tirée à part).

poésie. Nous avons déjà fait remarquer l'importance capitale de ce fait pour la chronologie littéraire[1].

Toutefois l'élément éolien a dans les *Travaux* une importance plus grande que dans les poèmes homériques. On y trouve en effet quelques formes d'un caractère éolien bien prononcé, qui sont absolument étrangères à la langue d'Homère[2]. Il est singulier que ces formes ne se retrouvent pas dans le dialecte béotien, tel qu'il nous est connu par les inscriptions et les témoignages ; elles appartiennent plutôt à l'éolien d'Asie[3]. On pourrait être tenté de voir là une confirmation inattendue de la tradition qui rattachait la famille d'Hésiode à l'Eolie asiatique ; nous croyons qu'on se tromperait : un poète parle la langue de ses auditeurs et non la sienne. La vérité est que nous connaissons trop peu les relations des divers dialectes béotiens au temps d'Hésiode pour avoir le droit de tirer d'un si petit nombre de faits des conclusions aussi précises. — A cet élément dialectal éolien, s'ajoute et se mêle, dans les *Travaux*, un élément dorien, qui deviendra plus important dans la *Théogonie*[4]. Ce fait a été ingénieusement

---

1. Ajoutons ici que la langue d'Hésiode est en progrès grammatical sur celle d'Homère. Par exemple le pronom réfléchi de la troisième personne, étranger à Homère, semble bien y apparaître déjà, même dans les *Travaux*; voy. Rzach, p. 427.
2. Αἴνημι pour αἰνέω, *Travaux*, 683. Ἀρώμεναι pour ἀροῦν, 22. Ἄψιν pour ἀψῖδα, 426. Τριηκόντων pour τριήκοντα, 696. Μελιᾶν pour μελιῶν, 115. (Rzach, p. 465).
3. Rzach, p. 464-65, d'après Ahrens (*Verhandlungen der Göttinger Philologenversammlung*, 1852, p. 73 et suiv.).
4. Les accusatifs pluriels de la première déclinaison avec la finale brève δεινὰς ἀήτας, v. 675; μετὰ τροπὰς ἠελίοιο, 564 et 663; les anciennes désinences des troisièmes personnes du pluriel dans les temps secondaires, ἔδιδον, 139; le nombre cardinal dorien, τέτορα, 698 (Rzach, p. 465).

expliqué : on l'a signalé avec raison comme un indice de l'influence exercée sur le langage d'Hésiode par celui de Delphes[1]. Nous croyons seulement que cette influence s'est exercée sur les *Travaux* autant que sur la *Théogonie*. Nous avons montré plus haut que les oracles avaient été nécessairement un des modèles du poète moraliste à qui nous devons cette œuvre : il n'est pas étonnant qu'il ait considéré comme suffisamment autorisés certains dorismes dont le dieu prophète lui donnait l'exemple.

En ce qui concerne le choix et la couleur des mots, il semble que la langue du poème des *Travaux* présente un caractère plus populaire, on pourrait presque dire plus rustique, que celle des grandes épopées ioniennes. Cela tient d'une part au grand nombre de termes techniques qui sont amenés par la nature même du sujet. Mais en outre, le poète a un goût personnel pour des expressions un peu rudes qui rendent sa pensée avec force et concision. Il dira par exemple que le cri de la grue annonçant l'époque du labour « mord le cœur de l'homme sans « bœufs » (κραδίην ἔδακ᾽ ἀνδρὸς ἀβούτεω, v. 451); jamais sans doute un aède homérique ne se fût exprimé de cette façon. Il aime aussi les mots qui décrivent minutieusement. Le pain qu'on donne au valet de charrue est « un pain à quatre entailles, partagé en huit tranches » (ἄρτον.. τετράτρυφον, ἐκτάβλωμον, v. 442). Il a des mots composés à son usage qui lui servent à traduire nettement et sans périphrase des idées complexes (v. 485, ὀψαρότης, celui qui laboure trop tard ; πρωτηρότης, celui qui laboure au commencement de la saison). Et ce n'est pas seulement aux choses matérielles qu'il applique cette précision, c'est aussi

---

1. Ahrens, ouv. cité, p. 75.

aux choses morales. Il les rend avec une concision énergique et vive qui lui est propre. Le mot imagé lui vient naturellement à la bouche : « Que le la-« boureur, dira-t-il, trace droit son sillon, *sans chercher* « *de l'œil* ses compagnons, le cœur à sa besogne [1]. » N'y a-t-il pas à la fois une peinture et un sentiment dans cette spirituelle façon de parler ? Et quand il recommande de ne pas prendre un serviteur trop jeune, avec quelle fine intelligence du langage populaire ne transforme-t-il pas une expression d'ailleurs courante pour nous faire voir son personnage rêvant à l'heure du travail aux plaisirs de son âge : « Un « homme trop jeune *a toujours l'esprit en l'air* à la « poursuite de ses compagnons [2]. » A chaque instant, chez Hésiode, nous rencontrons de ces vives inventions de style, qui révèlent le vrai poète. Il sait faire beaucoup avec peu de chose, comme tous les grands artistes ; les mots les plus ordinaires deviennent descriptifs entre ses mains par la façon dont il les approprie à son idée. Veut-il nous représenter la moisson mûre et abondante du paysan laborieux que les dieux protègent ? Il ne nous montrera pas, comme Virgile, les blés dorés qui ondulent au loin, car ces grandes images lui sont peu familières ; mais en un vers tout frappé à son empreinte, avec un mot abstrait un peu lourd et un mot pittoresque fort simple, il nous fera voir les tiges qui plient sous le poids des épis bien pleins :

ὧδέ κεν ἀδροσύνῃ στάχυες νεύοιεν ἔραζε [3].

1. *Travaux*, 444 : Μηκέτι παπταίνων πρὸς ὁμήλικας. Ce verbe est homérique, mais l'emploi qu'en fait ici Hésiode a quelque chose de hardi et de très personnel.
2. *Travaux*, 447 : Κουρότερος γὰρ ἀνὴρ μεθ' ὁμήλικας ἐπτοίηται.
3. *Travaux*, 473.

Un autre trait de la langue hésiodique, c'est l'emploi fréquent de tours indirects, de périphrases ingénieuses, où nous retrouvons encore quelque chose de la bonhomie malicieuse du peuple grec et de son goût pour les finesses du langage. Au lieu de dire tout simplement, « Si tu agis ainsi, tu pourras rem-« plir de blé tes amphores », il aimera mieux nous faire entendre la chose d'une manière détournée : « De cette façon, dit-il, tu auras lieu d'ôter les toiles « d'araignées de tes amphores[1]. » Ce n'est pas seulement l'image qui lui a plu, mais il se satisfait lui-même en disant une chose au lieu d'une autre qui y tient de près, et en faisant deviner la seconde par la première. De même encore, là où un autre dirait : « Si tu laboures trop tard, tu feras une maigre « récolte », voici comment il s'exprime : « Assis « pour moissonner, tu ne prendras dans ta main que « quelques épis et tu te couvriras de poussière en « liant tes gerbes.[2] » Ces petits artifices de langage sont absolument étrangers à la tradition homérique, et ils deviendraient fatigants si le poète en abusait ; mais employés à propos au milieu d'un poème dont la langue est en général si saine et si savoureuse, ils lui donnent un attrait de plus[3].

Au point de vue de la structure de la phrase, la poésie hésiodique dans les *Travaux* n'a pas l'ampleur ni la souplesse homériques, et on peut dire

---

1. *Travaux*, 475.
2. *Travaux*, 480.
3. Signalons aussi quelques expressions énigmatiques, telles que « le mortel à trois pieds » pour dire « le vieillard », v. 533; « l'animal sans os », pour désigner un poulpe, v. 524; « l'arbre à cinq branches », c'est-à-dire la main, v. 743. Il n'est pas sûr que les passages où elles se trouvent soient d'Hésiode, mais elles n'ont rien qui répugne à sa manière.

qu'elle ne les recherche pas. Elle aime les sentences, et en dehors même de ce qui mérite proprement ce nom, la forme sentencieuse est celle qu'elle a presque toujours en vue et dont elle se rapproche le plus possible. Peu ou point de grands mouvements ; une phrase brève, solide, bien sonnante, éminemment propre à servir toutes les qualités moyennes de l'esprit ; puis des antithèses, des rapprochements de mots, tout ce qui donne à une pensée de l'originalité et du trait[1]. Une telle manière de gouverner le langage poétique marque une évolution importante dans l'histoire littéraire du peuple grec : nous saisissons là une curieuse transition entre l'épopée et l'élégie morale, et déjà nous pressentons de loin la naissance de la prose.

VII

Au poème des *Travaux* se rattachent un certain nombre d'œuvres poétiques que l'antiquité attribuait généralement à Hésiode ; nous sommes hors d'état aujourd'hui d'en indiquer ou d'en discuter l'origine ni la date. Ces poèmes ne nous sont connus que par leurs titres, par quelques rares fragments parfois suspects, et par des témoignages insuffisants. Et toutefois, quand les titres seuls subsistent, ces titres mêmes ont un intérêt : ils nous laissent deviner l'importance et l'extension d'un genre dont nous venons d'étudier le type.

Le caractère commun des poèmes en question,

---

1. Quintilien, X, 1, 52 : Raro assurgit Hesiodus...; tamen utiles circa praecepta sententiae, laevitasque verborum et compositionis probabilis : daturque ei palma in illo medio genere dicendi.

c'était de donner des règles ou des préceptes. Les uns contenaient l'exposé des principes et des procédés de certains arts : véritables traités, ressemblant par conséquent plus ou moins à la partie des *Travaux* qui concerne l'agriculture et la navigation. Les autres consistaient en séries de recommandations morales ; ils se rattachaient ainsi plus directement à la première partie du même poème, à celle que nous avons appelée l'*Exhortation*.

On ne sera pas surpris de rencontrer tout d'abord deux traités de divination : l'*Ornithomantie* et les *Commentaires sur les prodiges*. Nous avons déjà noté les rapports du calendrier qui fait partie des *Travaux* avec l'art des devins. Hésiode, d'après Pausanias, passait pour avoir appris la divination chez les Acarnaniens[1]. Instruit par eux, il avait composé ses *poésies divinatoires*, c'est-à-dire les deux poèmes qui viennent d'être cités[2]. La divination par les oiseaux et la divination par les prodiges étant les deux formes principales de la mantique ancienne, ces deux exposés didactiques se complétaient l'un l'autre. Tout ce que nous en savons, c'est que l'*Ornithomantie* était quelquefois rattachée aux *Travaux* et considérée comme une partie de ce poème[3].

---

1. Pausan., IX. 31.
2. Ἔπη μαντικά, Pausan., *ibid*. On a fait de ces mots par méprise un titre distinct; cette opinion a été réfutée très nettement par Marckscheffel, ouv. cité, p. 173 et suiv.
3. Ce fut Apollonios de Rhodes, semble-t-il, qui sépara définitivement l'*Ornithomantie* des *Travaux*. Scolie de Proclus, *Travaux*, v. 824 : Τούτοις ἐπάγουσί τινες τὴν Ὀρνιθομαντείαν, ἅτινα Ἀπολλώνιος ὁ Ῥόδιος ἀθετεῖ. Marckscheffel a supposé, non sans vraisemblance, que le rattachement de l'*Ornithomantie* aux *Travaux* aurait eu pour cause le dernier vers de ce poème :

ὄρνιθας κρίνων καὶ ὑπερβασίας ἀλεείνων.

L'*Astronomie* n'est guère mieux connue. On rapporte, il est vrai, à ce poème quelques légendes astronomiques dispersées chez les auteurs anciens. Mais il est à remarquer que la plupart de ces récits sont simplement attribués à Hésiode, sans aucune mention spéciale de l'ouvrage auquel ils sont empruntés ; ils peuvent donc appartenir à d'autres poèmes et particulièrement aux *Catalogues*[1].

Ces trois compositions avaient sans doute plus ou moins le caractère de traités. Les *Préceptes de Chiron* étaient tout autre chose. Rien ne devait plus ressembler à la première partie des *Travaux* que ce poème tout moral. Nous savons par Pausanias (IX, 31) qu'il se composait de conseils donnés par le centaure Chiron au jeune Achille, son élève. Le début nous a été conservé[2] :

« Mets bien dans ton esprit, si tu veux être sage, chacune de ces choses. En premier lieu, lorsque tu entres dans ta demeure, accomplis en l'honneur des dieux immortels les cérémonies qui conviennent... »

Il résulte de la forme de ce passage que le centaure était censé adresser la parole au jeune héros. Cette

---

[1]. Une épigramme de Callimaque sur les *Phénomènes* d'Aratos (*Epigr.*, XXIX) semble viser ce poème, mais elle ne le nomme pas, et elle pourrait bien se rapporter simplement à la partie astronomique des *Travaux* (Marckscheffel, p. 195). L'*Astronomie* ou *Astrologie* d'Hésiode n'est mentionnée expressément que par Athénée (XI, 491 C), par Pline l'ancien (*Hist. nat.*, XVIII, 25), qui n'en admettent ni l'un ni l'autre l'authenticité, par Plutarque (*Oracles de la Pythie*, 18), par Tzetzès (*Chil.*, XII, 169 sqq.) et par le scoliaste des *Travaux* (v. 382). Aucun de ces témoignages ne remonte au delà de la période romaine. On a donc pu supposer que c'était en réalité une composition assez récente, mise sous le nom du vieux poète des *Travaux*. Otfried Muller (*Prol. ad Myth.*, p. 193) la considérait comme appartenant à la période alexandrine.

[2]. Scol. de Pindare, *Pyth.*, VI, 19.

donnée fictive était certainement fort propre à corriger l'aridité naturelle des préceptes en y mêlant un élément dramatique ; il est fâcheux qu'aucun fragment ne nous permette d'apprécier l'importance de cet élément. Toujours est-il que le poème semble avoir joui d'une grande considération dans l'antiquité. Pindare y faisait allusion : « On dit qu'autrefois dans les montagnes le fils de Philyra donnait au jeune Achille privé de ses parents ces conseils : d'honorer d'abord entre les dieux le fils de Cronos, maître redouté des éclairs et de la foudre ; puis de rendre aux auteurs de ses jours le respect et les devoirs réglés par les lois éternelles [1]. » Aristophane plus tard tournait en parodie quelques passages du même poème ; et un poète de la comédie moyenne, Phérécratès, l'imitait d'une manière non moins irrévérencieuse [2]. Quintilien enfin le citait encore comme faisant autorité en matière d'éducation [3]. Personne avant le grammairien alexandrin Aristophane de Byzance n'avait mis en doute qu'Hésiode n'en fût l'auteur [4]. Cette question d'authenticité nous échappe aujourd'hui complètement.

Il paraît certain que les *Préceptes de Chiron*, ainsi que l'*Ornithomantie*, étaient anciennement rattachés aux *Travaux*, et que ces divers poèmes ainsi groupés formaient ensemble un corps de poésie hésiodique [5]. C'était sans doute à cet ensemble, ainsi qu'on l'a supposé avec beaucoup de vraisemblance, que s'appliquait la dénomination de *Grands Travaux* (Μεγάλα

---

1. Pind., *Pyth.*, VI.
2. Bachmann, *Anecd. Graeca*, II, p. 385 (Didot, *Aristoph. fragm.*, XVIII).
3. Quintil., *Inst. orat.*, I, 1, 15.
4. Même passage.
5. Pausan., IX, 31.

Ἔργα)¹. Il est donc inutile d'admettre que l'antiquité ait possédé sous ce titre un autre poème hésiodique sur l'agriculture, beaucoup plus étendu que les *Travaux*².

Nous ne mentionnerons ici que pour mémoire un certain nombre de titres de prétendus poèmes hésiodiques qui n'ont jamais existé ou qui n'ont rien de commun avec l'ancienne poésie épique. Tels sont le *Tour du Monde* (Γῆς περίοδος), les *Discours divins* (Θεῖοι λόγοι), les *Hymmes* (Ὕμνοι), les *Histoires phéniciennes* (Φοινικικά), les *Salaisons* (Περὶ ταρίχων)³. Laissons de côté ces fantaisies pour passer à l'étude des poèmes généalogiques, seconde grande forme de la poésie hésiodique.

---

1. Athénée, VIII, p. 364.
2. L'opinion que nous rejetons ici repose uniquement sur quelques textes mal interprétés ; voir à ce sujet l'excellente discussion de Marckscheffel, *ouv. cité*, p. 202-215. Il est hors de doute que si un tel poème avait existé, nous le trouverions mentionné fréquemment et expressément distingué des *Travaux*.
3. Sur l'origine probable de ces méprises ou de ces fantaisies, consulter Marckscheffel, *ouv. cité*, p. 197 et suiv.

CHAPITRE XII

LA THÉOGONIE ET LA POÉSIE GÉNÉALOGIQUE

SOMMAIRE.

I. Idée de la poésie généalogique. — II. Analyse de la *Théogonie*. — III. Unité primitive du poème. Dessein général de l'auteur. Conjectures sur la date de l'œuvre. Accroissements probables. — IV. Mérite poétique de la *Théogonie*. Versification et langue du poème. — V. Autres poèmes généalogiques attribués à Hésiode : les *Catalogues*, les *Grandes Eées*, etc. — Petites épopées hésiodiques.

I

La poésie généalogique n'a pas moins d'importance dans l'ensemble de l'œuvre attribuée à Hésiode que la poésie pratique. Celle-ci annonce l'avènement prochain de la philosophie, celle-là fait pressentir le premier essor de l'histoire. Dans l'une, la réflexion grandissante cherche les règles de la vie, dans l'autre elle entreprend de fixer l'ordre des temps.

Nous avons dit par où cette poésie se reliait aux hymnes primitifs. Comment s'en détacha-t-elle ? Sans doute par la croissance naturelle de l'esprit historique. Dans les hymnes, les généalogies ne figuraient qu'à titre d'élément accessoire ; un temps vint où le besoin auquel elles répondaient fut assez fort pour qu'elles dussent constituer un genre à part. L'épopée ionienne, si riche en beaux récits, ne pouvait à elle seule donner satisfaction au désir qu'on avait de connaître le passé : sans doute elle représentait d'une manière dramatique et saisissante certains groupes d'événements, elle faisait revivre beaucoup de personnages illustres, mais elle ne montrait ni l'origine des traditions ni la continuité des familles. Au goût d'ordre et d'arrangement qui a toujours distingué l'esprit hellénique, cette résurrection partielle des choses anciennes ne suffisait pas : plus les mythes et les légendes se multipliaient et se compliquaient, plus il devenait nécessaire de les coordonner. Ce travail de coordination fut proprement l'œuvre de la poésie généalogique [1].

Celle-ci dut grandir par conséquent à côté de la poésie épique narrative qu'elle servit à compléter. Toujours la même au fond, elle varia dans la forme. Tantôt, comme une sorte de chronique locale, elle s'attacha exclusivement aux traditions d'une seule tribu ou de quelques tribus voisines ; tantôt plus largement hellénique, osant s'élever au-dessus des préjugés et des souvenirs du canton, elle entreprit de grouper les légendes divines et humaines en de grands ensembles que la Grèce entière pût adopter. Ces deux formes du même genre sont représentées presque également dans la collection dont nous avons à parler; mais il semble bien qu'entre tous ces poèmes, les deux plus importants, la *Théogonie,* pour

---

1. Le goût auquel cette poésie dut donner satisfaction à l'origine se retrouvait encore chez les Spartiates au temps de Platon. *Hipp. maj.*, p. 285 : Περὶ τῶν γενῶν τῶν τε ἡρώων καὶ τῶν ἀνθρώπων καὶ τῶν κατοικίσεων, ὡς τὸ ἀρχαῖον ἐκτίσθησαν αἱ πόλεις, καὶ συλλήβδην πάσης τῆς ἀρχαιολογίας ἥδιστα ἀκροῶνται.

les dieux, les *Catalogues,* pour les héros, aient dû précisément leur prééminence, en grande partie du moins, à ce qu'ils offraient l'un et l'autre au plus haut degré ce caractère panhellénique.

La *Théogonie* a seule subsisté : c'est pour nous comme le type du genre généalogique. Peu d'œuvres littéraires ont été plus discutées. Disons tout de suite que, pour la bien apprécier, les jugements portés sur Hésiode dans le chapitre précédent ne doivent pas prendre trop d'influence sur l'esprit du lecteur. En réalité, la *Théogonie* diffère absolument des *Travaux* : ni l'objet principal de l'auteur, ni sa manière de composer, ni son tour d'esprit ne sont identiques ; dès le début, nous le verrons se distinguer lui-même d'Hésiode, tout en se donnant pour un continuateur de son œuvre. Poète indépendant, considérons-le donc dans son œuvre personnelle, sans aucune préoccupation de retrouver en lui des traits qui ne sont pas les siens.

II.

La *Théogonie*, dans son état actuel, est un peu plus étendue que les *Travaux*; mais elle ne se divise pas, comme ce poème, en un petit nombre de groupes auxquels on puisse donner des noms distincts. C'est une longue énumération, dont toutes les parties ont une importance égale. Un seul morceau se détache à première vue de l'ensemble : l'introduction. En l'étudiant tout d'abord, nous entreverrons en abrégé l'histoire du poème entier.

Il n'est personne peut-être aujourd'hui qui méconnaisse la vraie nature de cette introduction (v. 1-115) : assemblage de morceaux fort divers, dont il n'est pas facile de déterminer la provenance. Nous croyons y découvrir, quant à nous, trois développements principaux qui peuvent être restitués avec vraisemblance ; le reste se compose d'additions successives qu'on ne saurait essayer de déterminer sans avoir le texte à la main.

Si nous dégageons le plus ancien de ces trois développements, nous y voyons un poète qui se met en scène lui-même ; son propre témoignage nous éclaire immédiatement sur sa personne et sur son dessein[1] :

« Commençons, dit-il, par chanter les Muses héliconiennes, les Muses qui habitent la haute et divine montagne de l'Hélicon, et qui autour de la source sombre dansent d'un pied léger, près de l'autel du puissant fils de Kronos. — Ce sont elles qui autrefois enseignèrent à Hésiode un noble chant, tandis qu'il faisait paître ses agneaux au pied de l'Hélicon divin. Quant à moi, voici en quels termes elles me parlèrent d'abord, les Muses olympiennes, filles de Zeus qui tient l'égide : « Bergers rustiques, hommes vils, qui n'avez souci que de manger, nous savons dire beaucoup de choses fictives qui ressemblent à la vérité, mais nous savons aussi, lorsque nous le voulons, proclamer des choses vraies. » Ainsi parlèrent les filles du grand Zeus, déesses au doux langage, et elles me donnèrent, comme sceptre, une branche de laurier toute en feuilles, pousse vigoureuse qu'elles venaient de cueillir. En même temps, elles firent naître en moi par leur souffle le chant divin, afin que je me misse à célébrer les choses futures et les choses présentes ; et elles m'ordonnèrent de mettre en hymnes la filiation des dieux éternels, en leur

---

1. Le système que nous proposons ici aurait besoin sans doute d'être justifié plus longuement. Mais en de telles matières l'important n'est pas d'arriver à une précision absolue, car cette précision ne serait jamais qu'apparente. Il s'agit surtout de distinguer les trois idées principales qu'on croit découvrir au fond de cette introduction. Quant à la manière de reconstituer les trois développements, elle est nécessairement conjecturale et comporte par conséquent plusieurs combinaisons qui se valent à peu de chose près.

consacrant à elles-mêmes le commencement et la fin de mes chants. — Salut, filles de Zeus, accordez-moi de plaire en chantant, et célébrez avec moi la sainte filiation des dieux éternels, ceux qui sont nés de la terre et du ciel étoilé, ceux qui sont fils de la sombre nuit, et ceux que la mer aux flots salés a mis au monde[1]. »

Tout se tient dans ce développement fort simple qui nous paraît constituer à lui seul l'introduction primitive. Le poète, quel qu'il soit, se donne pour une sorte de révélateur, inspiré directement par les Muses. La mission qu'il a reçue d'elles est analogue dans sa pensée à celle qu'elles confièrent jadis à Hésiode; et cette analogie est aussitôt expliquée : tous deux s'adressent à un auditoire de pâtres, de paysans, tout occupés des choses matérielles, et tous deux sont chargés de leur faire entendre le langage divin de la poésie, mais d'une poésie uniquement faite de vérité. Hésiode leur a enseigné le travail et la justice ; son successeur va leur dire les générations des dieux ; morale d'un côté, religion de l'autre, deux aspects de la sagesse éternelle ; voilà en quel sens la *Théogonie* se rattache aux *Travaux*. Aussitôt après cet exorde, les généalogies divines commençaient.

Si le respect des œuvres littéraires eût été connu des aèdes, ce début serait resté toujours tel qu'on vient de le lire; mais rien ne leur était plus étranger que ce sentiment. Quand l'auteur du poème eut disparu, un autre aède eut l'idée d'en modifier l'intro-

---

1. Cet exorde est formé de trois morceaux aujourd'hui séparés (1-4, 22-34 et 104-107). J'ai indiqué la séparation par des traits pour qu'elle frappât immédiatement le lecteur. Il y a là trois groupes distincts d'idées, ce qui explique qu'on ait pu intercaler entre eux des développements nouveaux; mais les trois groupes se font suite tout naturellement.

duction. Dans quel dessein? Le premier poète avait parlé de lui-même; cela intéressait peu son successeur. Une gracieuse fiction lui parut préférable; il imagina de mettre en scène les Muses elles-mêmes et de supposer que c'étaient elles qui récitaient le poème; de là un nouveau début, pour lequel d'ailleurs il emprunta sans scrupule à son prédécesseur ce qui lui parut convenable :

« *Commençons,* disait-il en reproduisant les premiers vers du début primitif, *commençons par chanter les Muses héliconiennes, les Muses qui habitent la haute et divine montagne et qui autour de la source sombre dansent d'un pied léger, près de l'autel du puissant fils de Kronos.* »

Puis il continuait :

« Elles venaient de se baigner, vierges délicates, dans les eaux du Permesse, ou dans Hippocrène, ou dans l'Olméos divin[1]; et ensuite, au plus haut de l'Hélicon, elles avaient formé leurs chœurs de danse gracieux, au rythme vif et charmant. C'est de là qu'elles partirent enveloppées d'ombres, et s'en allèrent à travers la nuit, jetant dans les airs leur voix enchanteresse; et elles chantaient Zeus qui porte l'égide, et la divine Héré, déesse d'Argos, aux sandales d'or, et la fille de Zeus, Athéné aux yeux bleus, et Phœbos Apollon, et Artémis aux traits rapides, etc. »

Suit toute une énumération brillante et sonore, premier cortège de dieux qui défilent sous nos yeux avec une pompe royale. L'énumération théogonique, c'est-à-dire le corps du poème s'y rattachait natu-

---

1. Ce changement de temps, sur lequel on a beaucoup disserté, me paraît s'expliquer ainsi tout naturellement. Les premiers vers retracent l'habitude des Muses, ce qu'elles font d'ordinaire; les suivants se rapportent à la scène particulière que compose le poète.

rellement[1]. Puis, pour terminer, le même poète, s'adressant à ses auditeurs ordinaires, princes et chefs de tribus, leur dédiait, en forme d'épilogue, un hommage où les Muses reparaissaient encore comme dans la fiction éclatante du début :

« Voilà ce que chantaient dans la nuit les Muses qui habitent l'Olympe, toutes les neuf, filles du grand Zeus, Clio et Euterpe, Thalie et Melpomène, Terpsichore et Erato, Polymnie et Uranie, et enfin Calliope. Celle-ci est la plus noble de toutes ; car c'est elle qui s'attache aux rois qu'entoure le respect public. Celui d'entre les rois issus des dieux que les filles du grand Zeus honorent et qu'elles regardent avec faveur à sa naissance, elles lui versent sur la langue une douce rosée, et de sa bouche coulent des paroles douces comme le miel ; tout le peuple a les yeux fixés sur lui, lorsqu'il résoud les procès par des arrêts pleins de justesse ; sûr de sa parole, il termine habilement les plus ardentes querelles. Ces Muses allaient alors de l'Hélicon vers l'Olympe et faisaient retentir avec grâce leur voix immortelle. La terre sombre répétait au loin leurs chants, et sous leur pied un doux bruit rythmé s'élevait, tandis qu'elles se rendaient auprès de leur père. Celui-ci est le dieu qui règne dans le ciel, le maître du tonnerre et de la foudre aux lueurs sinistres, le puissant vainqueur de son père Kronos. Il a distribué aux Immortels leurs honneurs avec équité et mis chacun d'eux à son rang. »

Magnifique morceau final, où la vision gracieuse s'achève dans une image sereine et grandiose, qui résume tout le poème[2].

1. Je suppose qu'après le vers 21 commençait la *Théogonie* proprement dite, avec le vers 115 légèrement modifié.
  Ὕμνουν δ' ὡς πρώτιστα χάος γένετ'... κ.τ.ἑ.
2. L'œuvre du second aède comprend donc un début et un épilogue. Le début est formé des 21 premiers vers du poème actuel ; l'épilogue des vers 75-87 et 68-74. C'est Otfried Müller qui a vu le premier que ces vers 68-74 devaient être un débris d'un épilogue. Je complète cet épilogue en y ajoutant les vers 75-87, grâce auxquels la fiction du chant des muses est heureusement rappelée en

Voilà donc déjà deux développements distincts dégagés de l'assemblage confus que nous étudions. Il y en a un troisième et dernier, qu'il suffit d'indiquer, car il subsiste intact dans le texte actuel : c'est un chant en l'honneur des Muses (v. 36-67). Hymne descriptif, qui célèbre la beauté de leur voix, l'enchantement qu'elles procurent aux Immortels, leur naissance et leur séjour sur le mont Olympe. Ce morceau est absolument indépendant de ce qui précède et de ce qui suit. Il constituait par lui-même un troisième début complet, fort bien approprié à une récitation de la *Théogonie* ; et comme il représente les Muses chantant non seulement les dieux, mais aussi les héros et les géants (v. 50), il semble qu'il convenait particulièrement lorsqu'on réunissait dans une même récitation certains morceaux des *Catalogues* ou de quelque *Gigantomachie* à la *Théogonie* proprement dite [1].

La juxtaposition de ces trois introductions poétiques dans l'introduction actuelle montre assez par quelles vicissitudes a dû passer le poème. Attendons-nous donc à en retrouver la trace dans quel-

---

terminant. La transposition de ces vers s'explique naturellement par les additions qui ont été faites au morceau sur les rois après le v. 87. Si cet épilogue a été placé ici, c'est que de bonne heure la *Théogonie* a cessé, pour ainsi dire, d'avoir une fin, puisqu'on l'allongeait indéfiniment par de nouvelles généalogies. On a dû alors rassembler au commencement l'épilogue ou les épilogues dont on se servait ordinairement, à côté des diverses introductions qui étaient aussi en usage.

1. Il semble très probable que ce chant était quelquefois détaché de la *Théogonie* après qu'il y eut pris place, et récité comme un hymne particulier. C'est ce qu'Otfr. Müller a conjecturé (*Hist. de la litt. gr.*, t. I, p. 187) d'après Plutarque (*Propos de table*, XIV, 1) : Ἐκ τούτου σπονδὰς ἐποιησάμεθα ταῖς Μούσαις καὶ... συνῄσαμεν... πρὸς τὴν λύραν ἓν τῶν Ἡσιόδου τὰ περὶ τὴν τῶν Μουσῶν γένεσιν.

ques parties au moins de l'énumération théogonique elle-même.

C'est le poète de la première introduction, le disciple d'Hésiode, qui est pour nous l'auteur principal du corps du poème. Ses vers nous l'ont déjà fait connaître. Homme simple et attaché aux traditions, il tient des Muses une mission qu'il veut remplir : sa poésie, dédaigneuse des fictions brillantes ou dramatiques, est uniquement au service de la vérité. Un immense enchaînement de généalogies s'offre à son esprit : non de simples généalogies humaines, mais les lignées mêmes des dieux ; dieux du ciel, dieux des eaux, dieux de la terre et des montagnes, dieux d'autrefois et dieux d'aujourd'hui ; en somme, tous les temps et tous les lieux, la série des siècles et l'immensité de l'univers. Est-il insensible à la grandeur de ce spectacle idéal qui est son sujet même ? Assurément non, mais on ne peut nier que le souci de l'ordre et de l'exactitude ne prédomine en lui. Avant tout, ce qu'il se propose, c'est un classement fidèle ; contempler et décrire les dieux n'est pas son affaire ; il a une tâche toute différente, tâche qu'il a choisie et qu'il aime, c'est de les dénombrer et de les grouper. Par suite, peu d'épisodes, mais beaucoup de noms assemblés ; des familles succédant à des familles, toutes rangées autour de leurs chefs, et gardant leur rang dans cette sorte de défilé mythologique. Comprenons bien ce qu'il a voulu, car c'est ce dessein poursuivi avec une imperturbable régularité qui explique la structure de cet étrange poème et qui en fait la grandeur.

On n'analyse pas une énumération ; mais lorsqu'elle suit une route définie, on peut en indiquer la direction générale. Celle-ci a son principe régulateur, son allure propre et persistante, ses habitudes ;

voilà ce que nous devons essayer d'indiquer brièvement[1].

Et d'abord quelle est, pour ainsi dire, la loi intime qui règle ce défilé des dieux? Il n'y en a qu'une, qui est l'ordre même des temps. D'âge en âge, en suivant le poète, nous portons nos regards des aînés aux plus jeunes. Seulement, dans ces générations si denses, où d'un même père et d'une même mère naît parfois tout un groupe de dieux, quand tous les frères ont été d'abord nommés simultanément, chacun d'eux reparaît à son tour comme chef de famille : confondu tout à l'heure avec ceux de son âge, il revient maintenant séparé d'eux, mais entouré de sa descendance. Les frères se succèdent ainsi, jusqu'à l'épuisement de leur génération. Derrière chaque chef marche toute une phalange divine, ici les enfants de la Nuit, plus loin les fils et filles de Thaumas ou de Phorcys, d'autres ensuite et encore d'autres, troupes nombreuses, qui se pressent sans jamais se confondre. Le principe qui domine l'ensemble domine aussi les parties : chacun de ces groupes se divise à son tour, et toujours selon le même mode. Une apparente dérogation à la loi commune nous frappe-t-elle? Regardons plus attentivement; presque toujours la raison d'abord cachée nous apparaîtra. Ce groupe qui ne semblait pas à sa

---

1. La *Théogonie* a été analysée en détail, d'une manière explicative et critique, par Schœmann : tout le second volume de ses *Opuscules* est consacré à ce poème. Voir aussi l'analyse de Bergk, dans son *Hist. de la littér. gr.*, et les ouvrages cités par nous dans les notes de ce chapitre. On trouvera un tableau analytique de la *Théogonie* dans l'atlas (p. 8 et 9) que M. Bouché-Leclercq a joint à sa traduction de l'*Hist. grecque* de Curtius. En France, il faut mentionner le travail de J.-D. Guigniaut, *De la Théogonie d'Hésiode*, Paris, 1835, et un chapitre déjà cité du livre de M. J. Girard sur le *Sentiment religieux en Grèce* (l. I, ch. II).

place se rattache par une alliance importante à un autre groupe plus jeune ; c'est avec celui-ci, pour ainsi dire, qu'il entre dans l'histoire, et voilà pourquoi le poète les a réunis. Son ordonnance générale est droite et simple, mais sans raideur. C'est un constructeur savant, si l'on veut, ou encore une sorte de stratège de l'armée divine, ancêtre lointain de Xénophon qui décrira un jour avec tant de goût les belles évolutions militaires, et, comme son descendant, s'il aime à la passion l'ordre et la symétrie, il l'aime en véritable Hellène, toujours souple et ingénieuse.

A l'origine des choses, trois êtres primordiaux. Au delà d'eux dans le passé, il n'y a rien, car ils sont eux-mêmes le commencement ; ni l'imagination ni la tradition helléniques ne remontent alors plus en arrière. Quels sont ces trois êtres ? Chaos, c'est-à-dire probablement l'espace vide, Gæa ou la Terre, Eros enfin ou l'Amour. Eros n'a point de postérité ; Chaos n'a enfanté que peu de temps ; Gæa seule est vraiment féconde. Les premières générations constituent le monde ; toute une cosmogonie se laisse voir en abrégé dans des indications rapides ; la masse terrestre s'organise, la lumière se dégage des ténèbres, le ciel se déroule au-dessus des montagnes naissantes, la mer se repose dans son lit profond. Phénomènes mystérieux, nullement décrits, mais contenus et comme voilés dans quelques noms expressifs, Erébos et Nyx, Ether et Héméré, Ouranos et Pontos[1] (116-132).

Alors commence à proprement parler l'immense

---

1. Sur la cosmogonie hésiodique, H. Flach, *Das System der hesiodischen Kosmogonie*, Leipzig, 1874 ; Th. H. Martin, *Mémoire sur la cosmographie grecque à l'époque d'Homère et d'Hésiode*, 1874.

déroulement des générations. Voici celles qui procèdent d'Ouranos et de Gæa : les Titans, les Cyclopes, les Hécatonchires. Ici un épisode, la révolte des Titans contre leur père Ouranos. Quelle en est au juste la portée ? Rien ne l'indique ; est-ce une révolution céleste à proprement parler, un pouvoir nouveau succédant à un pouvoir ancien ? Ainsi l'interprète la mythologie des temps postérieurs ; mais le poète lui-même n'en dit rien. Son Ouranos n'est pas un roi du monde, ni son Cronos un usurpateur. Tout à son œuvre de nomenclature, il a rapporté en passant un vieux mythe nécessaire, et sans l'expliquer davantage, il continue sa route. Avec les lignées de Nyx et de Pontos, une série s'achève : les premiers nés de l'univers ont épuisé leur fécondité (132-336).

C'est le tour des Titans, Okéanos, Hypérion, Crios et Kœos, puis Cronos. Si Japétos est omis pour le moment, c'est que sa lignée s'est illustrée uniquement par ses luttes malheureuses contre Zeus, le plus puissant des fils de Cronos. Laissons le poète nous faire connaître les Cronides, et quand Zeus règnera sur le monde, les enfants de Japétos auront leur tour.

Avec les Cronides (453) un ordre de choses nouveau semble commencer. Aux dieux primitifs qui n'ont jamais eu d'autels, succèdent ceux dont le culte était célébré dans les cités grecques. Tout à l'heure une mythologie purement poétique nous était présentée ; en voici une maintenant qui est le fond même de la religion publique. Mais ce changement, si important pour nous, le poète en a-t-il conscience ? Nulle différence de ton ni de méthode, nulle réflexion qui arrête l'esprit, nul indice, si léger qu'il soit, qui éveille la pensée. De génération en génération, il a passé des dieux d'autrefois aux dieux d'aujourd'hui, voilà tout. Les critiques peuvent diviser ingénieusement son œuvre et lui prêter la conception de grandes périodes distinctes : sa pensée à lui reste obscure : ou il n'a rien su de tout cela, ou il n'a pas exprimé ce qu'il savait.

S'arrêtera-t-il au moins à nous raconter en détail l'avènement de Zeus ? Un commencement de récit lui suffit. Zeus, sauvé par sa mère Rhéa, grandit en Crète, ignoré de son père Cronos. Devenu fort et hardi, il délivre ses frères et rend la liberté aux Cyclopes. Ceux-ci par reconnaissance lui donnent la foudre, grâce à laquelle il règne sur le monde. S'il y a eu lutte entre Cronos et son fils, le poète n'en dit rien. Cet avènement de Zeus est le plus grand fait de toute l'histoire mythique : on est surpris de voir à quel point il s'accomplit sans bruit et combien le récit lui donne peu d'importance.

Nous revenons alors à Japétos (507). Sa lignée personnifie l'humanité d'une manière à la fois grandiose et tragique. Les quatre fils du Titan sont Atlas, Ménœtios, Prométhée et Epiméthée, tous quatre ennemis de Zeus, révoltés contre lui, châtiés par lui ; mythes pleins d'attrait pour nous, vivifiés en quelque sorte par un sens hardi et obscur. Pourquoi ici encore la poésie hésiodique ne rompt-elle pas ses lisières ? Voici une belle occasion de prendre l'essor ; elle n'ose pas, ou ne comprend pas. Plus que jamais, elle s'enferme dans sa concision symétrique ; quelques mots seulement, comme un sommaire rapide d'anciens récits bien connus, c'est tout ce qu'elle accorde au sort de chacun des quatre frères. Seule, la légende de Prométhée est un peu plus développée ; mais ce développement même appartient-il à la *Théogonie* primitive ? En partie peut-être, mais non pas dans son entier ; on sent assez, avec un peu d'attention, qu'il a été doublement grossi, soit à l'aide du passage analogue des *Travaux,* soit au moyen de réflexions parasites[1].

D'où vient donc que ce poète de généalogies, nomenclateur obstiné dans ses filiations, semble tout à coup déroger à son principe ? Les lignées des Titans sont finies. Parmi les enfants d'Ouranos, il n'y en a plus que deux, Thémis et Mnémosyné, dont il n'a encore rien dit ; l'une et l'autre figureront plus loin parmi les épouses de Zeus. Pourquoi donc ne nous fait-il pas connaître immédiatement les enfants de Zeus et d'Héré, tels qu'Arès, Athéné, Héphaestos, qui ont pris place dans l'Olympe ?

Ici encore, essayons de le bien comprendre. Au fond, si l'ordre des temps règle sa marche, c'est avec l'aide d'une autre idée sous-entendue qui détermine plus ou moins le choix des noms et des épisodes. Obscure jusqu'ici, elle se dégage à présent plus clairement. Tout en racontant le passé, c'est le présent qu'il a en vue. Au moment où il compose, il se représente l'univers en paix, peuplé de dieux qui acceptent la domination de Zeus et règnent sous son autorité. Ces dieux sont inégaux entre eux : il faut que leur histoire rende compte des attributs et du degré de puissance de chacun. L'univers est en quelque sorte le patrimoine primitif d'Ouranos et de Gæa ; de génération en génération, ce bien de famille s'émiette entre les enfants des enfants, postérité innombrable, toujours croissante. Il y a des répartitions à l'amiable et des disputes, des arrangements et des violences. La *Théogonie*, pour ce béotien pra-

---

1. Il est assez probable que le développement le plus ancien se terminait au vers 534. L'énumération qui précède est complète et se suffit à elle-même.

tique, n'est que l'histoire idéalisée d'une grande famille et d'un domaine trop étroit. En définitive, tous ces dieux, si variés de nature et de caractère, de forme et de puissance, ont fini par prendre chacun leur place : mais il y a eu quelques procès bruyants, qui ont été réglés à coups de foudre, et il faut bien que le poète nous dise comment.

Deux grands événements ont établi le règne de Zeus: sa victoire sur les Titans et l'écrasement du monstre Typhoeus. Si les généalogies s'interrompent, c'est pour faire place à ce double drame : nous ne sortons pas de l'histoire domestique des dieux, car c'est entre eux qu'ils se battent et qu'ils s'allient.

Au reste, dans le drame même, notre poète reste bien ce qu'il était. Est-ce la bataille qui l'intéresse? Il préfère les négociations. Sa *Titanomachie* (617-720)[1] n'est pas, comme on pourrait s'y attendre, un récit complet de la guerre des Titans contre les dieux. Pourquoi cette guerre? Il n'en dit rien; rien non plus des péripéties qui se sont déroulées pendant dix ans : une seule chose l'occupe, l'acte final, c'est-à-dire l'alliance de Zeus avec les Hécatonchires et la victoire qui en est la conséquence. Toujours préoccupé du résultat, nous le trouvons ici tel qu'il est partout. Briaréos, Cottos et Gygès, jadis enfermés par Cronos, sont délivrés par Zeus; un traité est conclu entre les libérés et le libérateur. Alors la bataille décisive s'engage, terminée bientôt par la défaite des Titans; et leurs véritables vainqueurs, les trois Hécatonchires, les enferment dans le Tartare. Au milieu du récit, un épisode brillant se détache, celui de l'intervention personnelle de Zeus

---

1. En désignant ainsi ce morceau, nous n'entendons aucunement l'isoler du reste.

(v. 687-712); mais appartient-il à la composition primitive ? On peut en douter : la plus ancienne poésie théogonique avait-elle de ces grands éclats[1] ?

Passons rapidement sur la partie descriptive et confuse qui fait suite à ce récit dans le poème actuel (721-819). Il semble que le nom du Tartare, où les Titans viennent d'être enfermés, ait éveillé l'imagination d'une série de poètes ou excité l'industrie d'une série d'arrangeurs, qui ont rapporté ici une véritable collection de morceaux descriptifs. Voici le Tartare (721-745), à la peinture duquel il semble que tout le monde ait mis la main à la fois ; voici le séjour d'Atlas (746-766) ; la demeure d'Hadès, gardée par le chien qui ne permet à personne d'en sortir (767-774) ; puis celle de Styx, une voûte de rochers soutenue par des colonnes d'argent, et à ce propos quelques détails sur les serments des dieux (776-806) ; enfin la description d'un lieu sans nom où nous sommes tout surpris de retrouver les Titans, tout à l'heure enfermés dans le Tartare ; près de là sans doute, « aux fondements de l'Océan », Cottos et Gygès, les vainqueurs du dernier combat (811-819).

Rien ne ressemble moins à la fermeté de dessin

---

1. La plus grave objection contre l'authenticité de cet épisode, c'est qu'il s'accorde mal avec le reste du récit. Zeus semble y décider la victoire par la foudre ; mais la foudre n'est pas une arme nouvelle entre ses mains, et pourtant la guerre est censée durer depuis dix ans. Si cette arme le rend invincible, pourquoi n'a-t-il pas vaincu plus tôt ? pourquoi a-t-il dû recourir aux Hécatonchires ? le rôle de ceux-ci devient même inutile ; or tout indique, dans le reste du récit, qu'il a été au contraire conçu comme décisif. En outre, ce morceau, qui est beau, ne l'est pas comme les autres parties de la narration : il vise bien plus à l'effet. Kœchly le considère, avec beaucoup de vraisemblance, comme intercalé par un poète qui aura voulu grandir le rôle de Zeus, trop sacrifié par le premier narrateur aux Hécatonchires.

si manifeste jusqu'ici dans le poème que l'incohérence de cette partie. Il est clair que nous n'avons plus affaire à l'auteur de la *Théogonie*. On dirait qu'un premier audacieux ayant fait une brèche au monument pour y insérer un ornement de sa façon, vingt autres, suivant son exemple, sont venus apporter tour à tour, dans l'ouverture béante et sans cesse élargie, des matériaux de toute sorte. Personne ne pourrait entreprendre aujourd'hui sans témérité d'en démêler la provenance.

Si nous retranchons par l'imagination toute cette partie, la suite des idées se rétablit. Zeus a maintenu, malgré la révolte des Titans, le pouvoir souverain qu'il s'était approprié. Une seconde révolte le met dans un danger plus grand encore (820-868). Gæa elle-même suscite contre lui un monstre épouvantable, Typhoeus, en qui semble se personnifier la violence des tourbillons. La situation est au fond la même que précédemment, les circonstances seules diffèrent ; mais cette ressemblance n'a pas lieu de nous surprendre de la part de l'auteur de la *Théogonie*, le plus systématique des poètes et le plus ami de la symétrie. Si, dans son état actuel, le récit est loin d'être satisfaisant, il paraît aisé, sinon de le restaurer entièrement, du moins d'imaginer ce qu'il devait être. Gæa enfante Typhoeus que le poète décrit (820-835). Le monstre se dresse contre Zeus, et il l'aurait renversé, si le dieu ne se fût avisé d'un moyen de salut inattendu (835-838). L'exposé de ce moyen ainsi annoncé s'est perdu ; mais nous le devinons facilement par le reste du récit. Zeus délivre les Cyclopes comme il a délivré précédemment les Hécatonchires, et il obtient d'eux la foudre[1]. Ainsi

---

[1]. C'est ce qui a été annoncé plus haut au v. 141.

armé, il dompte et fait périr son ennemi (852-868)[1].
La généalogie des vents funestes (869-880), qui sont
fils de Typhoeus, nous rappelle que cet épisode fait
partie d'une œuvre surtout généalogique.

Après ces deux victoires, Zeus est roi et assuré
de son pouvoir. C'est le moment pour le poète de
nous dire la naissance des derniers Olympiens (881-
929). Zeus s'est uni successivement à Métis, à Thémis, à Eurynomé, à Déméter, à Mnémosyné, à Léto,
et enfin à Héré. Ses enfants s'appellent les Saisons,
les Parques, les Charites, Perséphoné, les Muses,
Apollon et Artémis, Hébé, Arès et Ilithye. En outre
il a donné naissance, seul, à Athéné, et Héré, seule,
à Héphæstos. Voilà donc l'Olympe au complet. Le
poème primitif devait finir là.

Qu'est-ce donc que les cent vers environ qui en
forment aujourd'hui la dernière partie? Evidemment
une addition ultérieure, ou plutôt une série d'additions. — Nous y voyons figurer d'abord une sorte de
complément des généalogies divines (930-962), mais
ce complément n'a plus rien de l'ordre si frappant
et si régulier qui règne dans tout le poème. Le
poète va au hasard et s'égare dans une énumération
confuse, dont une partie était déjà rejetée par les

---

[1]. Ce rétablissement nécessaire du récit primitif suppose que quelques vers ont été perdus et d'autres intercalés mal à propos. Quelques-uns de ceux-ci sont empruntés à la *Titanomachie* (846 = 695, 848 = 681); d'autres ont pu appartenir au récit primitif. Quant à la raison de ce bouleversement, elle est analogue évidemment à celle qui a fait introduire dans la *Titanomachie*, comme nous l'avons vu, tout un épisode. On a voulu grandir le rôle de Zeus, lui attribuer à lui seul le mérite de sa victoire, et pour cela on a supprimé l'intervention des Cyclopes. Ce dieu qui a besoin toujours de quelque auxiliaire suffisait au poète primitif; mais un peu plus tard, on fut scandalisé de le voir si peu capable de se tirer d'affaire à lui tout seul.

critiques alexandrins. Les mortelles, comme Sémélé, Alcmène, Ariane, Médée, paraissent ici à côté des Immortels. Nous rencontrons même une lignée d'Hélios, qui, si elle eût fait partie de la *Théogonie* primitive, y aurait figuré certainement à la suite de la lignée d'Hypérion (371-374) et non ici. — Vient ensuite une *Héroogonie* (964-1022), énumération des unions contractées entre déesses et mortels. L'origine relativement récente de ce morceau a été reconnue d'une manière à peu près unanime[1]. De ces unions sont nés les héros. Nous sortons donc ici de la Théogonie proprement dite pour entrer dans la série des généalogies héroïques. Les deux derniers vers du poème montrent qu'en effet les *Catalogues*, dont nous parlerons plus loin, étaient reliés à la série des générations divines par ce morceau intermédiaire : il y a lieu de croire dès lors qu'il avait été composé justement pour servir à cette liaison.

III

Une chose ressort manifestement de l'analyse qui précède : c'est que la *Théogonie* ne peut pas s'être faite peu à peu par une collaboration lente et multiple. Le lien des diverses parties consiste en une combinaison trop solide et trop rigoureusement suivie pour n'être pas due à un seul auteur. On ne comprendrait pas une succession de poètes s'assujettissant ainsi à une même méthode, et observant dans leurs compositions le même principe, sans jamais s'en laisser détourner par aucune fantaisie[2].

---

1. Marckscheffel, *ouv. cité*, p. 90 et suiv.
2. La question de l'unité primitive de la *Théogonie* doit être

Il faut ajouter que chacune des parties, prise en elle-même, est trop peu de chose pour constituer une œuvre indépendante. Elles n'ont de valeur et de force, qu'à la condition d'être assemblées, comme elles le sont dans le poème actuel. Quelques-unes des lignées énumérées seraient même absolument insignifiantes, séparées de celles qu'elles complètent: celle de Crios a trois vers, celle de Kœos en a sept; mais l'une et l'autre sont indispensables dans l'ensemble des généalogies des Titans, qui remplissent presque tout le poème. Enfin le parallélisme même de toutes ces lignées serait inexplicable, si l'on n'admettait qu'une intelligence organisatrice a tout distribué : il y aurait des rencontres, des contradictions, des confusions; certains noms appartiendraient à la fois à plusieurs généalogies distinctes; d'autres, qui sont indispensables, ne se trouveraient nulle part. Le monde divin, dans la *Théogonie*, offre l'aspect d'une belle et nombreuse armée, rangée comme pour une revue; chaque groupe y est à sa place et ne comprend que ceux qu'il doit comprendre; comment admettre que des bandes, venues successivement de côté et d'autre, eussent pu réaliser spontanément une si exacte ordonnance?

Mais il faut aller plus au fond des choses. On pourrait, tout en reconnaissant dans la *Théogonie* l'œuvre d'un organisateur, supposer qu'il s'est con-

---

étudiée principalement avec la dissertation de Schœmann, *De compositione Theogoniae*, *Opusc.*, t. II, p. 479-509, et celle de Kœchly, *De diversis hesiodeae Theogoniae partibus*, Zurich, 1860, bien que nous n'acceptions d'ailleurs les conclusions ni de l'un ni de l'autre. Sur les interpolations, consulter Schœmann, *De interpolationibus Theogoniae*, *Opusc.*, t. II, p. 425-464; sur quelques parties perdues, Gœttling, *Praefat.*, p. xxxix.

tenté de découper dans des poésies plus anciennes, hymnes ou récits, les morceaux qui convenaient à son dessein, et que tout son travail n'a consisté qu'à les coudre ensemble. L'analyse du poème se prête-t-elle à cette hypothèse ? Nous n'hésitons pas à dire que non.

Le caractère synthétique et panhellénique de la *Théogonie*, tel que nous l'avons signalé tout d'abord, s'y oppose manifestement; et ce caractère, qu'on veuille bien le remarquer, n'éclate pas moins dans les détails que dans l'ensemble. Prenons par exemple un des morceaux qui sembleraient les plus aisés à détacher du reste, la généalogie de Pontos (233-336). Nous avons, en une centaine de vers, le groupe à peu près complet des divinités ou des personnifications mythologiques qui ont rapport à la mer. Ne pourrait-on pas admettre que c'est là un développement complet en lui-même et indépendant à l'origine, que l'organisateur de la *Théogonie* s'est contenté d'annexer tel quel à d'autres développements du même genre ? Qu'on y réfléchisse. A coup sûr, on se représente aisément des légendes locales traitées ainsi isolément. Si nous trouvions par exemple en un groupe un certain nombre de légendes divines d'origine béotienne ou locrienne, ailleurs des légendes thessaliennes, ailleurs encore des légendes crétoises, il serait bien naturel alors de supposer qu'en effet chacun de ces groupes aurait existé comme poésie religieuse indépendante, avant d'être incorporé à la masse commune. Mais en est-il ainsi ? Nullement : le groupe que nous étudions renferme des divinités de toute provenance. Ce qui en fait l'unité, c'est que ces divinités appartiennent toutes à une même grande section de l'univers : c'est un des compartiments du Panthéon hellénique, et la

Grèce tout entière a contribué à le peupler. Il y a donc synthèse dans cette petite partie de la *Théogonie* aussi bien que dans l'ensemble. Cela étant, voici ce que suppose la théorie que nous discutons. Elle nous demande de croire qu'à un certain moment, il y a eu en Grèce nombre de poètes qui ont été frappés simultanément de l'utilité d'une synthèse théogonique ; et alors, sans s'être concertés, ils se sont si bien entendus et compris, que l'un a groupé d'après ce principe les dieux de la mer, un autre ceux du ciel, un autre encore les vents, et ainsi de suite ; dans ces conditions, la *Théogonie* complète a pu être facile à faire : toutes les parties de la charpente étaient taillées, il a suffi de les ajuster. On pensera sans doute avec nous qu'il suffit aussi d'ajuster toutes les parties d'une hypothèse de ce genre pour qu'elle s'écroule aussitôt.

Donc nulle hésitation possible sur ce point essentiel. Il y a eu un poète, quel qu'il soit d'ailleurs, qui a conçu la *Théogonie* en entier, comme un développement continu, et qui a réalisé cette conception dans le poème que nous possédons. Il a rassemblé un jour devant son imagination toutes les légendes divines, toutes les traditions qui lui étaient connues ; il les a comparées, jugées ; il a fait son choix parmi elles, et de cette matière confuse il a tiré une œuvre systématique dont toutes les parties sont liées entre elles. Il est évident qu'un tel travail n'aurait pas été possible, s'il n'eût été préparé à la fois par un mouvement des esprits et par un certain nombre d'essais partiels. Mais ni ces essais ne nous sont connus, ni ce mouvement n'est attesté pour nous par des faits que l'on puisse citer. Nous voyons un sérieux effort et un remarquable résultat ; comment l'un et l'autre se sont-ils produits ? Nous l'ignorons.

Il faut reconnaître la grandeur de l'œuvre et renoncer à en découvrir les antécédents immédiats.

Du moins nous ne devons pas rendre le problème plus obscur encore, en prêtant à l'auteur de la *Théogonie* des idées philosophiques qui ne sont pas réellement empreintes dans sa composition. Il y a ici une mesure délicate à garder; car il est également inexact de dire qu'il est tout à fait philosophe et qu'il ne l'est en aucune façon [1].

A coup sûr, son idée fondamentale, celle d'unifier et de simplifier la mythologie, a en elle-même quelque chose de philosophique ; tendre vers l'unité, c'est toujours tendre vers la science. En outre, il est incontestable qu'on entrevoit derrière cet immense déroulement de généalogies une idée plus ou moins claire de l'organisation progressive du monde. A l'origine, il n'y a pour le poète que deux choses, la matière et le vide, une substance et une condition d'existence. Il y ajoute un principe d'union, Eros. Il est vrai qu'il semble ensuite l'oublier; mais le seul fait de l'avoir nommé ainsi au début est de la plus haute importance : Eros, antérieur à toutes les générations divines, les domine toutes ; il est la personnification mythique d'une des grandes lois de la vie. Admettons, si l'on veut, que cette idée n'appartienne pas au poète, qu'il l'ait reçue toute faite et qu'il ne l'ait peut-être comprise qu'à demi; il n'en reste pas moins que nous trouvons là une trace incontestable d'une philosophie naissante, dont il a subi l'influence à quelque degré. Une clarté se montre à nous et

---

1. Sur la tendance philosophique de la *Théogonie*, des opinions fort diverses ont été exprimées. Voir notamment Schœmann, *Opusc.* II, p. 464 et suiv., Flach, *System der hesiodischen Kosmogonie*, p. 8, J. Girard, *ouv. cité*, p. 53 et suiv.

disparaît. On se demande s'il n'en sait pas plus qu'il ne veut en dire, ou au contraire s'il ne répète pas des choses qui lui échappent en partie. Et il en est ainsi depuis le commencement de son exposé jusqu'à la fin. Sa poésie est un voile derrière lequel on devine une sagesse déjà brillante ; mais le voile est épais et richement brodé, et l'on ne sait si la voix qui nous décrit les représentations dont il est orné vient du côté de la lumière ou du côté de l'ombre. La mutilation d'Ouranos, la défaite des Titans, la victoire définitive de Zeus après l'écrasement de Typhoeus, tous ces grands événements qui se succèdent semblent bien symboliser les phases principales d'une évolution qui va de la violence à la paix, du désordre à l'harmonie, des ténèbres à la lumière. Et pourtant, lorsqu'on veut faire de cette évolution même une des idées directrices du développement, il nous semble que l'on va trop loin. Si le poète en avait clairement conscience, dans quelle intention la cacherait-il? Quand de telles pensées s'établissent dans un esprit, elles y exercent l'empire. Si elles se dissimulent dans la *Théogonie*, n'est-ce pas parce qu'elles étaient obscures pour l'intelligence qui l'a conçue? Ne disons donc pas que l'unité du poème est dans le développement d'un système fondé sur l'idée de progrès; non, elle est simplement dans la succession des généalogies ; mais ces généalogies révèlent une philosophie latente, dont le poème a profité.

Nous croyons même qu'il faut y chercher la raison de sa naissance. Rien de plus inexact que de se représenter la *Théogonie* comme une œuvre liturgique destinée à fournir des hymnes aux cérémonies religieuses[1]. Le poème n'a rien de religieux à propre-

---

1. C'est l'opinion exprimée par Gœttling, dans les *Prolégomènes*

ment parler. Il vise manifestement à l'instruction, et non à l'édification. C'est le besoin de savoir qui l'a suscité et c'est à ce besoin qu'il s'est proposé de répondre. Avant d'être lu, il a dû être récité comme un chant épique, devant le même public et par les mêmes interprètes. De là les accroissements et les remaniements dont nous avons pu donner une idée en l'analysant. Plus il conquit d'autorité, plus la tentation fut forte pour ceux qui le récitaient d'y insérer soit des fragments d'autres poésies, soit des compléments de leur propre invention. Et il dut en être ainsi jusqu'au jour où il y eut un texte définitivement arrêté, c'est-à-dire jusqu'au temps de Pisistrate[1].

Toutes ces observations déterminent d'une manière approximative la date de la *Théogonie*. Nous avons dit déjà qu'elle n'était pas d'Hésiode et qu'elle était postérieure à ce poète. D'après le témoignage formel de Pausanias (IX, 31), les Béotiens de l'Hélicon ne reconnaissaient comme œuvre authentique d'Hésiode que les *Travaux*. Si l'on songe à la tendance qu'avaient toutes les cités grecques à revendiquer la gloire d'avoir vu naître les grandes compositions poétiques, on ne peut nier que ce désaveu n'ait en réalité, quoi qu'on en ait pu dire, une certaine gravité. Le premier début de la *Théogonie*, tel que nous avons essayé de le rétablir plus haut, est encore plus décisif. Celui qui l'a composé se donne pour l'auteur du poème, et il se distingue d'Hésiode : il faut réellement faire violence au texte pour en tirer un autre sens. Sa

---

de son édition d'Hésiode (sect. V). Elle a trouvé en général peu de créance.

1. Il est fait allusion au travail ordonné par Pisistrate à propos des poèmes d'Hésiode dans Plutarque, *Vie de Thésée*, 20.

façon de parler laisse même entendre que la gloire d'Hésiode est déjà pour lui dans un lointain plus ou moins profond, et qu'il se propose de la rajeunir. Rien d'ailleurs n'est plus conforme à la vraisemblance. L'effort d'abstraction est plus grand dans la *Théogonie* que dans les *Travaux;* on sent qu'on y est plus près des premières tentatives de la science. Et toutefois, il est impossible d'attribuer à la *Théogonie* une date trop récente. Ceux qui considèrent ce poème comme l'œuvre d'un simple arrangeur sont seuls en droit d'admettre aussi qu'il a pris naissance tardivement. En réfutant la première opinion, nous avons implicitement rejeté la seconde. Il y a une naïveté de croyance et de conception dans ces généalogies divines, qui ne permet pas de supposer que ce remarquable essai de synthèse ait pu se produire beaucoup après le huitième siècle. Le travail de Pisistrate a dû consister uniquement en une revision du texte, beaucoup moins importante sans doute que celle des poèmes homériques. Il ne peut être question, dans aucun des deux cas, ni de création ni même d'organisation nouvelle.

IV.

Il résulte de ce qui précède que la *Théogonie* a une beauté de structure qu'elle doit à l'idée profonde d'où elle est sortie. C'est un genre de beauté sévère que les Grecs semblent avoir senti, mais qui échappait déjà aux Latins, et que les modernes ont encore plus de peine à goûter. « La plus grande partie de la poésie d'Hésiode, dit Quintilien, ne consiste qu'en énumérations de noms[1]. » Evidemment celui qui parlait ainsi n'y trouvait pas grand charme, et nous croyons que de nos jours bien peu de lecteurs seraient d'un autre sentiment.

Mais il faut se dire que ces noms, insignifiants pour nous et par suite monotones, étaient pleins de vie pour le poète et ses auditeurs. Chacun d'eux leur rappelait mille souvenirs, éveillait dans leur âme mille sentiments confus, et y faisait surgir en foule des images de toute sorte. Ils étaient charmés d'ailleurs de les voir ainsi groupés ; cet ordre simple et harmonieux, qui distribuait les dieux en familles, donnait satisfaction à un besoin des esprits. On était heureux de sentir que désormais on les connaissait mieux, que l'immense domaine de la mythologie était maintenant facile à parcourir, et qu'on pouvait s'y retrouver sans aucune peine. Dans une religion qui n'avait point de livre sacré, ce poème rendait aux croyants quelques-uns des services qu'ils auraient pu attendre d'un texte révélé. Il les renseignait avec clarté et précision sur beaucoup de choses qui occupaient leur imagination. Et, indépendamment de l'ordre général, l'heureux agencement des noms dans chaque vers, la symétrie ingénieuse des groupes, la fine variété des consonances dans les énumérations, le choix et la splendeur des épithètes, tous ces menus artifices, auxquels nous faisons à peine attention, aidaient leur mémoire et donnaient du prix aux plus petites choses.

Si étrangers que nous soyons naturellement à cette façon de sentir, nous pouvons encore nous la représenter, tout au moins par moments. Lorsque le poète énumère par exemple les cinquante filles de

---

1. Quintil., X, 1, 52 : Magna pars ejus in nominibus est occupata.

Nérée, est-ce une simple liste de noms que ces vers si curieusement construits, où apparaissent successivement, avec leurs dénominations expressives, les gracieuses habitantes de la mer ?

« ... Doris et Panopé et la charmante Galatéa, — Hippothoé, vierge aimable, et Hipponoé aux bras de rose, — et Kymodocé, qui sur la mer assombrie par les nuages — apaise les flots et calme le souffle puissant des vents, — avec sa sœur Kymatolégé, avec Amphitrite aux beaux pieds —
Et Kymo et Eïoné, et Alimédé à la belle couronne, — Glauconomé souriante et Pontoporéia, — Liagoré, Evagoré et Laomédéïa, — Polynomé, Autonoé et Lyrianassa, — Evarné à la taille gracieuse et au visage ravissant[1] .. »

Toutes se suivent ainsi, avec leurs noms sonores et transparents, dont toute traduction efface le sens et défraîchit la beauté ; elles se suivent, ou plutôt elles semblent glisser mollement dans le flot limpide de la poésie, comme le poète se les représente glissant aussi, blanches et légères, dans les mille reflets des eaux qu'elles habitent. Il en est de même en maint passage, avec des variétés d'effets infinies. Ici le poète évoque de ravissantes visions, ailleurs des formes tristes et terribles :

« Péphrido, dans son vêtement aux longs plis, Enyo sous son voile rouge, — et les Gorgones qui habitent au delà du puissant Océan, — aux confins des régions de la nuit, où chantent harmonieusement les Hespérides ; — elles s'appellent Sthéno et Euryale et Méduse, vouée à souffrir[2] ».

Ajoutons à cela les allusions aux légendes connues, les renseignements nouveaux et curieux, les récits épisodiques ; autant d'éléments d'intérêt, qui nous touchent à peine, mais qui remuaient alors

1. *Théogonie*, 250-259.
2. *Théogonie*, 273-277.

fortement des âmes naïves et croyantes. Toutes ces choses agissant à la fois, on peut se représenter combien elles devaient être prises et captivées par un tel poème. Du commencement à la fin, un rêve divin se déroulait dans l'esprit de l'auditeur, un rêve plein de réalité. Ils regardaient naître et grandir ces superbes familles de dieux, et, selon la portée de leur esprit, ils entrevoyaient plus ou moins sous les mythes tout ce qui s'y cachait en fait de connaissance de l'homme et du monde. La *Théogonie* était à la fois pour eux un spectacle admirable et une suggestion perpétuelle : l'imagination, le sentiment et la finesse de l'esprit y trouvaient également leur compte.

Quelquefois ce sens profond des mythes disparaissait sous la fable, mais quelquefois aussi il restait si apparent, si facile à découvrir, qu'il ne pouvait manquer d'être immédiatement compris. Qu'on se rappelle par exemple la seconde lignée de la Nuit. N'y a-t-il pas là toute une conception douloureuse de la vie humaine ? Des ténèbres sortent naturellement les formes vagues et sombres du malheur, la maladie, les inquiétudes, et aussi les mauvais désirs, le mal qu'on subit et celui que l'on fait :

« La Nuit enfanta la Destinée odieuse, et la sombre Kère, et la Mort ; elle enfanta le Sommeil, elle enfanta la tribu des Songes ; sans s'unir à personne, voilà ceux qu'enfanta la Nuit érébienne. En second lieu, elle mit au monde Momos et la Souffrance cruelle, et les Hespérides qui, au delà de l'Océan, veillent aux belles pommes d'or et aux arbres qui les portent ; Némésis, fléau des mortels, naquit aussi de la Nuit funeste ; et après elle, la Tromperie, le Désir sensuel, la Vieillesse pernicieuse, et enfin Éris au cœur dur [1]. »

---

1. *Théogonie*, 211-225.

La confusion même de cette énumération a son charme ; il y a quelque bien au milieu des maux, de belles images au milieu des idées tristes : cela ressemble ainsi à la vie, et provoque davantage la pensée.

Toutes ces observations se rapportent aux généalogies qui forment le fond du poème. Mais à côté des longues énumérations, nous ne devons pas oublier quelques remarquables morceaux épisodiques, où d'autres mérites sont à remarquer, plus accessibles au lecteur moderne.

Ces récits ont bien plus que ceux de l'épopée homérique le caractère populaire. Les aèdes homériques, avec un sentiment merveilleux du grand art, semblent avoir su dès l'origine sacrifier dans une narration les faits secondaires, passer rapidement sur les explications préalables, et cela pour mettre en lumière les scènes décisives avec toutes leurs ressources dramatiques. Il n'en est pas ainsi dans la *Théogonie*. Le poète ressemble à ces gens du peuple qui vous racontent les préliminaires d'une chose importante avec plus de détails que la chose elle-même ; comme eux, il faut qu'il rapporte ce qu'on a dit de part et d'autre avant d'agir, et, comme eux aussi, il ne sait le rapporter qu'en faisant parler ses personnages. Cette naïveté a son charme chez lui, comme elle l'aura plus tard chez Hérodote. Chez l'un et l'autre, elle est pleine de vie et de clarté. Les narrations, il est vrai, y perdent en dignité ; elles prennent l'apparence de simples contes ; mais ces contes ont un naturel et une vérité familière qui rapprochent de nous les inventions mythiques les plus étranges et nous les rendent presque croyables.

« De tous les enfants qui naquirent de Gæa et d'Ouranos, les Titans furent les plus terribles, et leur père les prit en haine avant leur naissance. Dès que l'un d'eux venait au monde, il le dérobait, et, l'enlevant à la lumière, il le cachait dans le sein profond de Gæa ; et il se réjouissait de son action cruelle. Elle cependant, l'immense Gæa, gémissait, tourmentée dans ses entrailles par son fardeau. Et elle imagina une ruse perfide et méchante. Elle produisit un élément nouveau, un métal dur et brillant ; elle en fabriqua une grande faucille, et confia son dessein à ses enfants. Pleine de colère, elle leur dit pour les encourager : « Mes enfants, fils d'un père cruel, écoutez mes conseils, et nous nous vengerons de ses méfaits ; car c'est lui qui le premier a mal agi. » Elle parla ainsi ; et tous tremblaient ; aucun d'eux n'osait parler ; seul le grand Cronos, à l'esprit avisé, plein de courage, répondit ainsi à sa mère vénérable : « Ma mère, ce sera moi, je m'y engage, qui accomplirai ce que tu médites ; je n'ai point d'égards à observer envers un père indigne de ce nom ; car c'est lui qui le premier a mal agi. » Il parla ainsi ; et l'immense Gæa se réjouit en son cœur ; elle le plaça en embuscade, et lui mit dans la main la faucille tranchante, et elle prépara tout pour le succès [1]. »

Le reste, c'est-à-dire la mutilation d'Ouranos, est raconté en quelques mots. C'est que le poète cherche la clarté plus que l'intérêt dramatique ; il est historien déjà, bien avant l'histoire, et chroniqueur plus encore qu'historien. Il veut définir exactement le rôle de chacun ; il le fait avec une sorte de bonhomie qui contraste avec la nature des faits racontés, et il n'est personne qui ne sente ce qu'il y a de piquant dans ce contraste même.

Tel nous venons de le voir dans ce récit, tel nous le retrouvons dans celui du combat des dieux et des Titans. Ici encore, comme nous l'avons déjà fait remarquer, ce n'est pas la partie dramatique du sujet, c'est-à-dire la représentation même de la lutte, qui l'attire principalement. Chez lui, cette description sera courte ; ce qu'il tient à nous expliquer en

---

1. *Théogonie*, 154-175.

détail, c'est l'idée qu'ont eue les dieux de recourir à Cottos, à Briaréos et à Gygès, c'est le traité qui a été conclu par eux avec ces redoutables auxiliaires, ce sont en un mot, ici comme précédemment, les préliminaires de l'action bien plus que l'action elle-même ; nous assistons donc à un entretien entre Zeus et les trois Hécatonchires, comme nous assistions tout à l'heure à l'entretien de Gæa et de ses enfants :

« Ecoutez-moi, dit Zeus, enfants illustre de Gæa et d'Ouranos, afin que je vous apprenne ce que mon cœur me commande de dire. Voici bien longtemps déjà que nous combattons incessamment pour la victoire et la puissance, nous, fils de Cronos, contre les Titans divins. Vous donc, aujourd'hui, déployez contre les Titans la force redoutable de vos bras invincibles, engagez avec eux une lutte terrible, en souvenir de notre amitié, en souvenir des maux et de l'odieuse captivité dont je vous ai délivrés, quand ma volonté vous tira des ténèbres épaisses pour vous rendre à la lumière. » Il parla ainsi, et le robuste Cottos lui répondit : « Dieu puissant, ce que tu nous rappelles, nous le savons ; nous n'ignorons pas ce que vaut ton cœur, ce que peut ta sagesse. C'est toi qui nous a délivrés, nous immortels, d'une affreuse malédiction, et c'est par tes conseils qu'échappés aux ténèbres épaisses, nous avons pu sortir de l'affreuse prison, où nous souffrions, ô roi fils de Cronos, des maux inexprimables. Voilà pourquoi, maintenant, fidèles et dévoués, nous vous donnerons la victoire dans la lutte terrible, et nous combattrons contre les Titans dans vos mêlées furieuses[1]. »

Là-dessus, le combat décisif s'engage. Un aède homérique ne manquerait pas en pareille circonstance de nous décrire les combattants, d'en distinguer quelques-uns des deux côtés, de les faire parler, et de mettre dans leurs discours et dans leurs actes toutes leurs passions. Rien de pareil ici. Tout

---

1. *Théogonie*, 644-663.

se réduit à une peinture de la conflagration universelle qui résulte de la lutte. En quelques vers énergiques, le poète nous montre la terre et la mer, le ciel et les montagnes secoués et bouleversés. Il voit les choses en gros et il les exprime de même, avec plus de force que de variété. L'abondance lui manque, mais il a la puissance de l'imagination et une magnificence un peu bruyante, qui produit une vive impression :

« Au loin, le gémissement terrible de la mer immense, et le fracas de la terre sous les coups ; en haut, le murmure du vaste ciel ébranlé ; en bas, les secousses de la longue chaîne de l'Olympe, tremblant sous les pieds des Immortels ; de puissantes commotions jusqu'au Tartare ténébreux ; le bruit épouvantable des pas dans l'indescriptible mêlée, et l'écho sourd des coups violents. Les uns aux autres, ils se lançaient des projectiles à grand bruit. La voix des combattants montait jusqu'aux astres, clameurs de colère et d'encouragement ; et ils se heurtaient en jetant le cri de guerre à travers l'espace[1]. »

Dans les belles descriptions homériques, le poète disparaît ; on n'oserait dire qu'il en soit de même ici. Cela tient sans doute à ce que l'auteur de ce passage, quand il visait à ces grands effets descriptifs et dramatiques, sortait un peu de ses habitudes et de son naturel.

En ce qui concerne la langue, la *Théogonie*, comparée aux *Travaux*, n'offre guère de particularités notables, sauf peut-être une légère prédominance des formes doriennes[2]. Le vocabulaire en est moins varié, moins original. Différences qui s'expliquent

---

1. *Théogonie*, 678 et suiv. Dans l'analyse qui précède, nous avons signalé ce morceau comme une addition probable. Mais ici, nous considérons la *Théogonie* telle qu'elle est, et les belles additions font partie de la beauté littéraire du tout.

2. Rzach, *ouv. cité*, p. 465.

aisément par celle des sujets. Moins ancienne que les *Travaux* par la date, la *Théogonie* est plus rapprochée des hymnes primitifs par la tradition. Il n'est pas surprenant qu'elle en ait gardé quelque chose dans sa structure et dans son langage. L'uniformité du développement de la phrase poétique mérite particulièrement d'y être remarquée. Elle est si sensible que quelques critiques l'ont attribuée à un système de composition strophique[1]. D'après eux, le poème primitif aurait été formé d'une série de groupes de vers, tous égaux entre eux, et ces strophes auraient été altérées plus tard par des interpolations. La difficulté d'appliquer cette conjecture à toutes les parties du poème devait suffire à la faire rejeter; elle a conduit au contraire le plus hardi de ces critiques, A. Kœchly, à une seconde conjecture plus compliquée encore. Au lieu d'un seul système de strophes à demi effacé, ce sont deux systèmes superposés qu'il a cru retrouver; le poème, selon lui, aurait été d'abord composé en strophes de trois vers : plus tard ces strophes ternaires auraient été remaniées une à une de façon à former des strophes de cinq vers, en même temps sans doute que d'autres strophes quinaires étaient ajoutées; double travail, méconnu et à demi détruit dans la suite, lorsque l'arrangement définitif eut lieu. C'est là pour nous un véritable jeu de combinaisons, la fantaisie d'une critique à qui rien d'ingénieux ne semble téméraire. Mais il faut avouer que ces hypothèses mêmes eus-

---

1. Soetbeer, *Versuch die Urform der Theogonie nachzuweisen*, Berlin, 1837. Gruppe, *Ueber die Theogonie des Hesiod*, Berlin, 1841. G. Hermann, *De Hesiodi forma antiquissima*, 1844 (*Opusc.*, t. VIII). A. Kœchly, *De diversis hesiodeae Theogoniae partibus*, Zurich, 1860 (*Opusc. philol.*, t. I).

sent été impossibles, si la versification de la *Théogonie* n'avait quelque chose de monotone. La phrase poétique y est sans cesse jetée dans le même moule et elle s'enferme d'elle-même dans une mesure à peu près constante. Il est probable que cette mesure est celle de la pensée même du poète : il a l'haleine un peu courte, et chacun de ses développements s'achève naturellement en un morceau énumératif qui ne dépasse guère trois ou cinq vers. Les strophes artificielles qu'on lui a imputées ne sont donc en réalité que des groupes d'idées spontanément formés. Et toutefois, on peut aller plus loin encore. Cette monotonie involontaire a bien pu s'imposer quelquefois à un poète qui aimait évidemment la symétrie et la régularité en toute chose. Ce qu'il avait fait sans y penser et sans le vouloir en maint passage de son œuvre, il peut l'avoir pratiqué avec intention dans quelques développements dont la nature même comportait ce genre d'arrangement[1]. Il n'y a que les conjectures systématiques et inflexibles qui soient condamnables en pareille matière, parce qu'elles conduisent à faire violence au texte; toutes celles qui tiennent compte de la liberté du poète et de la variété probable de ses intentions sont acceptables.

On voit assez par tout ce qui précède que la *Théogonie*, malgré ses mérites, ne saurait être mise sur le même rang que les *Travaux*. Elle n'en a pas moins une très grande importance dans l'histoire littéraire. On en jugera par le nombre des poèmes généalogiques qui se groupent naturellement autour d'elle, et dont il nous reste à dire quelques mots.

---

1. Par exemple dans l'énumération des unions de Zeus (886-929), où la symétrie des faits appelle naturellement celle de la forme.

V

Rien n'était plus célèbre en ce genre, après la *Théogonie*, que les *Catalogues*, poème aujourd'hui perdu, dont nous ne possédons plus que quelques courts fragments. Nous avons dit plus haut pourquoi les *Catalogues* étaient inséparables de la *Théogonie*. Le même esprit anime ces deux grands ouvrages, et la même méthode avait présidé à leur formation. D'un côté, tous les dieux de la Grèce groupés par familles; de l'autre, tous ses héros. Le poète des *Catalogues*, s'élevant comme celui de la *Théogonie* au-dessus des rivalités locales, avait assemblé librement les légendes particulières, de manière à constituer en quelque sorte le livre d'or de la nation tout entière.

Un trait fort curieux de cette glorieuse énumération, c'était la prééminence accordée aux femmes par son auteur. Si on la désignait souvent du nom de *Catalogues*[1] ou de *Généalogie héroïque*[2], on l'appelait aussi quelquefois le *Catalogue des femmes*[3], et Pausanias commente en quelque sorte ce titre lorsqu'il nomme les *Catalogues* « une épopée en l'honneur des femmes[4] ». « Hésiode, nous dit Maxime

---

1. Strabon, I, p. 42, éd. Cas. Eustathe, *Odyss.*, p. 1484, l. 65; *Iliade*, p. 13, 44. Phavorin., *Eclog.*, p. 361, 9. Argument du *Bouclier d'Héraclès*, III. Scol. *Iliade*, II, 336, etc.
2. Proclus, *ad Hesiod.*, p. 4, Gaisford. Tzetzès, *Exeg. Il.*, p. 126; *ad Lycophr.*, 176, 284, 393.
3. Pausan., I, 43 et III, 24. Scol. Ven. *Iliade*, XIV, 200; *Odyss.*, I, 98. Diomède, p. 480, éd. Putsch. Proclus et Tzetzès, *ad Hesiod.*, p. 9 et 19, Gaisf. Suidas, v. Ἡσίοδος
4. Pausan., I, 9 et IX, 31. Cf. Servius, *ad Vergil. Æneid.*, VII, 268.

de Tyr, énumère les races des héros en commençant par les femmes, et en disant toujours de quelle mère chacun d'eux est né[1]. » Sans doute cette disposition remarquable tenait à des usages locaux, sur lesquels nous ne possédons plus les renseignements désirables[2]. L'énumération commençait à Pandore, épouse de Prométhée ; c'était elle, selon le poète, qui avait donné naissance à toutes les grandes races helléniques. Son petit-fils Hellen était en effet l'ancêtre commun de la nation tout entière. On voyait, pour ainsi dire, sortir de lui, dans une série de généalogies parallèles, tous les héros éponymes qui représentaient les diverses tribus ; magnifique végétation d'un peuple sur un sol prédestiné. Sans doute, comme dans la *Théogonie*, ces généalogies se succédaient avec ordre d'après un principe simple et constant ; et comme dans ce poème aussi, elles étaient interrompues çà et là par de courts récits qui expliquaient comment les races s'étaient dépossédées les unes les autres[3]. Quelques-uns de ces récits pouvaient même s'étendre plus longuement. Nous savons par exemple que l'un d'eux se rapportait à l'expé-

---

1. Maxime de Tyr, *Dissert.*, XXXII, 4 : Τῶν ἡρώων ἀπὸ γυναικῶν ἀρχόμενος καταλέγει τὰ γένη, ὅστις ἐξ ἧς ἔφυ.

2. Il semble même que les noms patronymiques fussent remplacés quelquefois dans les *Catalogues* par des noms *métronymiques*. Voyez Scol. *Iliade*, XI, 749 et Eustathe, *Iliade*, XXII, 638.

3. Par exemple le fragment cité par le scoliaste d'Apollonios de Rhodes, I, 156 (fr. XVI de Marckscheffel, XLIV de Gœttling) représente les transformations de Périclyménos et se continuait évidemment par un récit de sa mort. Le même scoliaste (I, 124) nous fait connaître l'histoire de Pélée et de la femme d'Acaste ; or cette histoire, d'après le scoliaste de Pindare (*Ném.*, IV, 95), était racontée par Hésiode, et nous en possédons encore un fragment (fr. XXI Marcksch., CX Gœttl.). On trouvera beaucoup d'autres exemples de ce genre en parcourant les fragments des *Catalogues*.

dition des Argonautes, et les fragments nous permettent encore de constater que cet événement était raconté avec quelques détails. Mais, jusque dans ces développements, l'épopée hésiodique gardait son caractère propre : profondément différente de l'épopée homérique, elle se préoccupait plus de renseigner son public que de l'émouvoir.

Le poème des *Catalogues*, d'après les témoignages anciens, fut partagé à une date inconnue en quatre livres, peut-être en cinq[1]. Nous ignorons si cette division correspondait à un certain groupement primitif des généalogies, ou si elle n'était que l'œuvre artificielle des grammairiens.

Toutefois le quatrième livre au moins n'appartenait certainement pas à l'œuvre primitive. C'était en réalité un poème distinct, qui est cité par les anciens sous le nom d'*Eées* ou *Grandes Eées* (Ἠοῖαι ou Μεγάλαι ἠοῖαι)[2]. Ce nom singulier lui venait de la formule par laquelle commençait chacun des développements partiels. Le poème était une énumération de femmes qui avaient été aimées par des Immortels ; et l'auteur, après avoir invité la Muse à lui rappeler le nom de ces femmes, illustres et belles entre toutes, continuait en disant : « Telle fut Alcmène… », et plus loin : « Telle encore… (ἢ οἵη) ». Les *Eées* ressemblaient donc aux *Catalogues* par le rôle prédominant qu'elles attribuaient aux femmes ;

1. Marckscheffel, p. 104.
2. Il n'est pas douteux que les *Eées* n'aient formé le quatrième livre des *Catalogues*. Cela résulte clairement d'un passage de l'argument du *Bouclier d'Héraclès*, d'après lequel le début de ce petit poème aurait été emprunté à ce quatrième livre des *Catalogues* ; or ce début, comme sa forme l'indique, est une *Eée* (Ἢ οἵη προλιποῦσα δόμους…). Il y avait donc identité entre les *Eées* et le quatrième livre des *Catalogues*.

mais elles en différaient par deux traits essentiels. D'abord, au lieu d'offrir un système de généalogies vraiment hellénique, elles ne touchaient qu'à un petit nombre de légendes thessaliennes et béotiennes : c'est là du moins ce qui semble résulter du fait que les cinq femmes mentionnées dans les fragments, Alcmène, Coronis, Mékionicé, Kyréné et Antiope, appartiennent à la Thessalie ou à la Béotie. En second lieu, les récits y tenaient beaucoup plus de place. Nous pouvons en juger par le fragment emprunté à l'*Eée* d'Alcmène, qui forme aujourd'hui le début du petit poème intitulé *Bouclier d'Héraclès*. Evidemment l'idée généalogique, sans être absente des *Eées*, n'y avait pas la même importance que dans les *Catalogues*.

Nous ne possédons plus aujourd'hui les moyens d'information indispensables pour discuter soit la date, soit l'origine des *Catalogues* ni des *Eées*. Tout ce que l'on peut dire à ce sujet, c'est que si les allusions historiques et géographiques qui figurent dans les fragments n'ont pas été insérées après coup dans ces poèmes, on serait en droit de les rapporter avec vraisemblance au commencement du viie siècle [1].

A ces épopées généalogiques se rattachent plus ou moins directement quelques petits poèmes, que l'antiquité avait pris l'habitude d'attribuer à Hésiode, devenu pour elle le représentant du genre tout entier.

Tel est d'abord le *Bouclier d'Héraclès*, qui est venu jusqu'à nous. C'est une composition d'environ cinq

---

1. On peut voir à ce sujet Marckscheffel, p. 135 ; mais il ne faut pas se dissimuler qu'en fait ce sont là des questions insolubles, où nous devons nous contenter de déterminations probables, mais assez vagues.

cents vers, dont les premiers sont empruntés aux *Eées*[1]. Le sujet apparent est le combat d'Héraclès contre Kycnos, fils d'Arès, qui arrêtait auprès de Pagases en Thessalie les offrandes destinées au temple de Delphes. En réalité l'auteur semble s'être proposé principalement de décrire le bouclier d'Héraclès. Cette description (v. 141-319) a donné son nom au poème tout entier; elle est imitée manifestement de celle du bouclier d'Achille dans l'*Iliade*. Tout le poème porte la marque de la décadence de la poésie épique; l'imitation y remplace l'invention. La description du bouclier est laborieuse et confuse; elle vise à l'effet par des moyens grossiers; le poète veut nous effrayer avec des figures épouvantables qui ne sont qu'odieuses ou ridicules. Il est inutile de chercher, comme on l'a fait, à distinguer dans une pareille œuvre des parties anciennes et d'autres plus récentes. Sans doute, elle a pu subir des interpolations; mais il faut le dire franchement, ce qui est ancien n'y est pas meilleur que ce qui est nouveau. Nous y voyons l'œuvre d'un rhapsode qui, profitant du succès des *Eées*, a détaché de ce poème le commencement du récit relatif à Alcmène, et sur ce fragment a greffé tout un développement à lui, moitié narratif, moitié descriptif.

Nous ne ferons que mentionner ici les *Noces de Kéyx*, l'*Epithalame de Pélée et de Thétis*, les *Dactyles de l'Ida*, simples titres représentant pour nous des œuvres entièrement ignorées. La *Descente de Thésée chez Hadès* et la *Mélampodie* ont un peu plus d'in-

---

1. *Argum.*, III : Τῆς Ἀσπίδος ἡ ἀρχὴ ἐν τῷ δ' Καταλόγῳ φέρεται μέχρι στίχων ν' καὶ ς'. Cela serait évident, même sans ce témoignage. Il a du moins l'avantage de nous bien prouver que le *Bouclier* n'est pas une des *Eées*, ce qui résulte d'ailleurs clairement de la nature même du poème.

térêt, et surtout nous devinons mieux pourquoi ces poèmes ont été rangés parmi les œuvres hésiodiques. Il est probable qu'en représentant Thésée et son ami Pirithoos aux Enfers[1], l'auteur de ce récit, quel qu'il fût, s'était souvenu de l'*Odyssée*, et qu'une énumération de morts illustres établissait quelque ressemblance entre ce poème et les *Catalogues*. La *Mélampodie* était une œuvre assez étendue ; elle fut partagée en trois livres au moins[2]. Le devin Mélampos en était, d'après l'indication du titre, le personnage principal. A côté de lui figuraient les autres devins célèbres de l'âge héroïque : Mopsos, Amphiloque, Calchas, Tirésias. Ce groupement des devins en un récit donnait sans doute au poème quelque chose de religieux et peut-être de didactique en certaines parties, ce qui l'avait fait attribuer à l'auteur des *Travaux*. Les épisodes que nous en connaissons, la mort de Calchas[3], la consultation de Tirésias par Zeus et Héré[4], la folie des filles de Prœtos[5], attestent toutefois que ce n'était pas un traité. Quelques beaux vers pleins de grandeur et de tristesse, où Tirésias, après avoir vécu sept générations d'hommes, se plaignait de sa longue vie, méritent d'être mentionnés :

« O Zeus, père et souverain, s'écriait le vieux prophète, pourquoi ne m'as-tu pas donné une vie plus courte et ma part de l'ignorance humaine ? Ce n'est pas une faveur que tu m'as faite, en m'assignant cette longue possession de la vie, prolongée jusqu'au terme de sept générations mortelles ![6] ».

---

1. Pausan., IX, 31.
2. Athénée, XI, p. 498, A, B ; XIII, p. 609, E.
3. Strabon, XIV, p. 642 Cas.
4. Apollod., III, 6, 7.
5. Apollod., II, 2, 2.
6. Il n'est personne qui ne songe en lisant ces vers à ceux

Le poète qui a conçu ce rôle et exprimé avec cette simplicité un tel sentiment ne doit pas assurément être oublié.

Malheureusement, la vraie poésie devait être rare dans les poèmes généalogiques, et il est probable qu'elle le devint de plus en plus à mesure que l'avénement de la prose fut plus proche. Si nous possédions les œuvres de ce genre dont nous connaissons encore les titres et celles que nous avons entièrement perdues de vue, le plus grand intérêt de cette collection serait sans doute de nous bien montrer par quelle lente transition cette mythologie historique se transforma peu à peu en histoire mythologique. Les premiers logographes succédèrent naturellement aux derniers poètes, et l'on peut affirmer qu'à ce moment les poètes devaient ressembler beaucoup à des logographes. Contentons-nous ici de quelques indications sommaires sur une série d'œuvres à peu près inconnues.

A côté des poèmes généalogiques attribués à Hésiode, l'antiquité en connaissait d'autres en grand nombre. — Les *Chants de Naupacte* ("Επη Ναυπάκτια) devaient leur nom à la patrie de leur auteur, Karkinos. L'expédition des Argonautes semble y avoir tenu une place considérable. C'était, comme les *Catalogues*, au dire de Pausanias, « une composition en l'honneur des femmes [1] ». — L'*Ægimios* du Milésien Kercops se rapportait vraisemblablement à la légende plus ou moins historique du vieux roi dorien Ægimios, que les tribus doriennes considéraient

---

qu'Alfred de Vigny a mis dans la bouche de son Moïse, fatigué de sa grandeur et réclamant la mort qui a toujours fui devant lui :
    Seigneur, j'ai trop vécu puissant et solitaire :
    Laissez-moi m'endormir du sommeil de la terre !

1. Pausan., X, 38.

comme un ancêtre. Il ne nous en reste qu'un petit nombre de fragments, dont plusieurs relatifs à la légende d'Io[1]. — Corinthe eut son poète épique en la personne d'Eumélos, fils d'Amphilytos, de l'illustre famille des Bacchiades; il vivait dans la seconde moitié du VIIIe siècle. La composition épique qu'on lui attribuait était ordinairement désignée sous le nom de *Corinthiaques*. Elle offrait, autant qu'on peut en juger par les fragments, un récit continu de l'histoire fabuleuse de Corinthe, depuis ses premiers rois issus d'Hélios. Le caractère du poème semble assez nettement déterminé par le titre de *poète historien* qu'un scoliaste donne à Eumélos. Il faut ajouter que les *Corinthiaques* furent transcrites en prose, probablement au siècle suivant. Du moment que la poésie s'attachait, comme l'histoire, à l'exact enchaînement des événements, la versification n'était plus pour elle qu'un vêtement superflu dont elle devait se débarrasser au premier jour[2]. — Ce qu'Eumélos

---

[1]. L'*Ægimios* est attribué tantôt à Hésiode, tantôt à Kercops de Milet; mais Hésiode pouvait aisément dépouiller Kercops, tandis que Kercops, bien moins illustre, ne pouvait guère dépouiller Hésiode; il paraît donc d'une bonne méthode de préférer l'attribution la plus obscure. Kercops est d'ailleurs un inconnu, qui ne doit pas être confondu avec le pythagoricien du même nom. Une légende rapportait (Diog. Laerce, II, 46) qu'il avait rivalisé avec Hésiode. Sans doute l'identité des sujets traités avait donné naissance au récit fabuleux d'un concours : l'*Ægimios* devait donc se rencontrer dans certaines parties avec les *Catalogues*. Nous savons qu'il comprenait au moins deux livres (Scol. Apollon. Rh., IV, 816 ; Et. de Byzance, Ἀϐαντίς). Il nous en reste neuf fragments. Le plus intéressant, au point de vue historique, est celui qui semble faire allusion à la répartition des Doriens envahisseurs en trois groupes de population (Otfr. Müller, *Doriens*, I, p. 29).

[2]. Sur Eumélos, Scol. Apollon. Rh. I, 146 ; S. Jérôme, *Chron.*, Ol. III, 2 et Ol. IX, 4; Cyrille, contre Julien p. 12, B ; Clém.

avait fait pour Corinthe, Kinæthon le fit pour Lacédémone, sa patrie. Contemporain d'Arctinos et d'Eumélos, ce poète, dont nous avons mentionné plus haut l'*OEdipodie* rattachée au cycle, dut composer ses généalogies[1] vers le milieu du huitième siècle. Le titre exact du poème est incertain. Il nous en reste quatre fragments, d'après lesquels on peut conjecturer que l'auteur, remontant jusqu'aux Atrides et peut-être plus haut, exposait les généalogies royales de Sparte et de Messène ; il touchait aussi à celles de la Crète[2]. — Asios de Samos est bien plus connu par ses élégies qu'à titre de poète épique. Mentionnons toutefois ici son poème généalogique, dont le titre et le sujet sont mal déterminés[3]. — Le nom

Alex., *Strom.*, I, p. 144, Sylburg; Pausan., II, 1. — Scol. Pind., *Olympiques*, XIII, 74, Εὔμηλός τις ποιητής ἱστορικός (cf. Tzetzès, *ad Lycophr.*, 174). — Transcription des *Corinthiaques* en prose : Pausan., II, 1; passage fort bien interprété et commenté par Marckscheffel. — Eumélos était aussi l'auteur d'un autre poème épique du même genre, l'*Europie*, qui devait se rapporter aux aventures d'Europe (Scol. Ven. ad *Iliad.*, VI, 131); Pausanias (IX, 5) appelle ce poème τὰ ἔπη τὰ ἐς Εὐρώπην. On lui attribuait aussi la *Bugonie*, poème mentionné par Varron (*de re rustica*, II, 5), mais dont il est impossible aujourd'hui de deviner même le sujet. En outre, il était en compétition avec Arctinos pour une *Titanomachie*, avec Hagias de Trézène pour un poème des *Retours* (Scol. Apoll. Rh., I, 1165; Athén., VII, p. 277; Scol. Pindare, *Olymp.* XIII, 31, avec une correction au texte). Enfin, Eumélos était encore reconnu pour l'auteur d'un *Chant prosodique* destiné à la théorie que les Messéniens envoyaient à Délos; il nous en reste un fragment de deux vers hexamètres (Pausan., IV, 4 et IV, 33).

1. Pausan., II, 3 et IV, 2.
2. Divers témoignages attribuent en outre à Kinæthon une *Télégonie*, une *Héraclée*, une *Petite Iliade* (Scol. Apollon. Rhod. I, 1357; S. Jérôme, *Chron.*, Ol. V; Scol. Vatic. ad Euripid. *Troad.*, 821 ; Tzetzès, *Exeg. Iliad.*, 45, 10.
3. Pausan., IV, 2.

de Chersias d'Orchomène, dont les œuvres étaient déjà perdues au temps de Pausanias, doit terminer cette énumération[1].

Il est aisé de comprendre, qu'entre tous les genres poétiques, celui-ci, étant le plus accessible à tout le monde, dut être un des plus cultivés. Il y fallait plus de patience que de génie. Avec une certaine industrie d'arrangeur et de versificateur jointe à une connaissance suffisante des légendes locales, on était assuré de quelque succès. Mais ceux qui en d'autres temps auraient pu être de vrais poètes préféraient sans doute le silence à un si médiocre emploi de leurs facultés. Ni l'imagination ni la pensée ne pouvaient se révéler dans ces longues énumérations monotones. Aussi, quand l'histoire parut, condamna-t-elle à l'oubli la plupart de ces poésies, qui n'étaient pas défendues par un mérite réel. On les traduisit en prose au VII⁰ et au VI⁰ siècle; puis, quand on leur eut pris tout ce qu'elles contenaient d'utile, quand les chroniqueurs en eurent fait leur profit, on les rejeta dédaigneusement, et celles qui ne périrent pas subsistèrent seulement à titre de curiosités, connues des archéologues, des érudits et des bibliophiles.

---

1. Pausan., IX, 38. On lui attribuait l'inscription du tombeau d'Hésiode. C'est sans doute lui que l'auteur du *Banquet des Sept Sages* a fait figurer au nombre de ses personnages (c. XIII).

CHAPITRE XIII

LA FIN DE L'AGE ÉPIQUE

BIBLIOGRAPHIE.

Manuscrits. — Pour les manuscrits des *Hymnes* et de la *Batrachomyomachie*, consulter Baumeister, Prolégomènes de l'édition des *Hymnes* mentionnée ci-après et Prolégomènes critiques de la *Batrachomyomachie*. D'après Baumeister, tous les manuscrits des *Hymnes* existant aujourd'hui proviennent d'un même archétype. La reproduction la plus fidèle de cet archétype est le manuscrit de Florence (*Laurentianus*, XXXII, 45; L de Baumeister), du xve siècle. Le manuscrit de Moscou (*Moscoviensis*, aujourd'hui à Leyde), du xive siècle, nous a seul conservé l'*Hymne à Déméter* (voir plus loin, p. 590); c'est le plus correct en apparence, mais non le plus fidèle au texte primitif; beaucoup de leçons qui lui sont particulières semblent dues à un interpolateur. Il y a en outre trois manuscrits des *Hymnes* à Paris (2763, 2765 et 2833, A, B, C de Baumeister, xvie et xive siècle); deux à Milan du xve siècle (*Ambrosiani* D et S de Baumeister); enfin deux au Vatican (*Palatinus* 179, xve siècle, et *Reginensis* 91, du même temps).

La *Batrachomyomachie* est ordinairement jointe dans les manuscrits à l'*Iliade* et à l'*Odyssée*. Mais elle ne figure que dans des manuscrits relativement récents, où elle est transcrite de la manière la plus incorrecte. Ces manuscrits proviennent, d'après Baumeister, d'un même archétype alexandrin.

Éditions. — Voir Baumeister, ouvrages cités. — Les *Hymnes* avec la *Batrachomyomachie* et les *Epigrammes* ont été imprimés pour la première fois dans l'édition princeps des poésies d'Homère de Démétrius Chalcondyle, Florence, 1488. — Les premières corrections de quelque importance sont dues à H. Estienne, Paris, 1566 et 1588. — Il suffira de rappeler au xviie et au xviiie siècle les noms de Barnes, d'Ernesti, de Wolf; l'*Hymne à Déméter,* découvert en 1780, a été publié pour la première fois par D. Ruhnken, Leyde, 1782. Mentionnons aussi, en raison de ses abondants commentaires, l'édition des *Hymnes,* de la *Batrachomyomachie* et des *Epigrammes,* due à Ilgen, Halle, 1796. — Dans notre siècle, les *Hymnes* ont été publiés avec la *Batrachomyomachie* par A. Matthiæ, Leipzig, 1806; les *Hymnes* et les *Epigrammes* par God. Hermann, Berlin, 1806; les *Hymnes,* les *Epigrammes,* les *Fragments* et la *Batrachomyomachie,* par Fr. Franke, Leipzig, 1828 (3e vol. des *Homeri carmina* de G. Dindorf et Fr. Franke), par Bothe (*Homeri carmina,* t. VI, Leipzig, 1835), par G. Dindorf dans la collection Didot (*Homeri carmina,* Paris, 1837). Il faut citer à part G. Baumeister (*Batrachomyomachia,* Gœttingen, 1852; *Hymni,* avec un apparatus critique et des notes, Leipzig, 1860); ce savant a plus fait que tous ses prédécesseurs pour établir le texte critique des *Hymnes. L'Odyssée* d'A. Pierron (Paris, 1875) contient, à la fin du second volume, la *Batrachomyomachie,* les *Hymnes* et les *Epigrammes;* le travail de Baumeister y est fréquemment cité et mis à profit.

SOMMAIRE.

I. Fin de l'âge épique. Les *Hymnes* dits homériques. *Les Epigrammes.* — II. La *Batrachomyomachie;* le *Margitès.* — III. L'esprit grec à la fin de l'âge épique.

I

Nous sommes arrivés au terme de l'âge épique. Mais, qu'on le remarque bien, quand l'épopée disparaît en Grèce, c'est le genre qui s'épuise, et non le génie du peuple qui s'affaiblit ; celui-ci est au contraire dans toute la force et dans tout l'éclat de sa jeunesse. S'il abandonne les longs récits, c'est pour prendre un nouvel essor dans l'élégie, dans l'iambe, dans la poésie lyrique. La sève du grand arbre hellénique est aussi abondante que jamais ; elle monte lentement des branches inférieures qu'elle vient d'animer à d'autres branches qui donnent aussitôt naissance à une végétation magnifique.

Les raisons de ce changement seront expliquées plus loin, quand nous raconterons la naissance des genres nouveaux. Mais avant d'entrer dans cette étude, nous devons essayer de résumer tout ce qui précède. On peut évaluer à quatre siècles environ la durée de la période que nous venons de parcourir. Pendant ces quatre siècles, qu'avait appris la Grèce ? Quels progrès avait-elle faits dans l'art littéraire et dans la pensée ? En répondant à ces questions, nous ferons mieux apprécier encore la haute valeur des œuvres qui viennent d'être étudiées et nous les rattacherons d'avance à celles qui vont suivre.

Il n'y a que les chefs-d'œuvre les plus rares qui exercent une influence profonde sur l'esprit d'un peuple ; mais cette influence, ce sont surtout les œuvres moyennes qui permettent de la mesurer. Voilà pourquoi le recueil des hymnes qu'on appelle homériques est précieux pour nous. Aucun de ces hymnes n'est comparable aux moindres chants de l'*Iliade* ou de l'*Odyssée*, aucun n'approche du mérite original des *Travaux* ni de la largeur d'idées de la *Théogonie*. Mais lorsqu'on a étudié l'*Iliade* et l'*Odyssée*, les *Travaux* et la *Théogonie*, on retrouve dans les hymnes comme le reflet de cette immense lumière de poésie. Un art s'y manifeste, qui procède directement de tous ces exemples. C'est une sorte de perfection acquise, d'excellence héréditaire, qui rend témoignage de la manière la plus décisive à un admirable passé.

Les hymnes dont nous parlons sont au nombre de trente-quatre : il y en a cinq qui sont de véritables compositions épiques, et dix-neuf peu étendus, dont quelques-uns ne consistent même qu'en quelques vers[1]. Leur destination à tous semble d'ailleurs avoir été la même[2]. Ce sont des préludes composés en vue de récitations épiques, soit pour de simples réunions, soit pour des concours. Les aèdes et les rhapsodes avaient coutume d'invoquer toujours un dieu avant de commencer à réciter leurs poèmes ; c'était quelquefois Zeus, quelquefois la Muse, souvent aussi le dieu dont on célébrait la fête, lorsque les récitations faisaient partie du programme de quelque solennité. C'est à ce dernier usage que

---

1. Toutes les questions critiques relatives aux *Hymnes* doivent être étudiées dans l'édition d'Aug. Baumeister. On ignore en quel temps le recueil des *Hymnes* a été constitué. Les témoignages anciens permettent seulement d'affirmer qu'il y avait une collection d'hymnes attribués à Homère dès le temps d'Auguste (Diod. de Sicile, I, 15 ; III, 65 ; IV, 2) ; cette collection est citée plusieurs fois : Scol. Pind., *Pyth.*, III, 14 ; Scol. Nicand., *Alexipharm.*, 130, et Scol. Aristoph., *Oiseaux*, 578. Plus tard, on racontait qu'Homère les avait composés à Néontichos (Pseudo-Hérodote, *Vie d'Homère*, 9) ; assertion dont l'origine nous échappe.

2. Elle est indiquée clairement par les formules qu'on lit à la fin de plusieurs de ces compositions : XXXII, 18 : Σέο δ' ἀρχόμενος, dit le poète au dieu en terminant, κλέα φωτῶν — ἄσομαι ἡμιθέων, ὧν κλείουσ' ἔργματ' ἀοιδοί. Cf. XXXI, 18. Formule analogue, II, III, IV, V, VI, VII, IX, X, XIII, XVIII, XIX, XXV, XXVII, XXVIII, XXIX, XXX, XXXIII. A la fin des hymnes VI, XI, XV, XX, XXIV, il demande le succès pour ses chants épiques ou même la victoire dans un concours.

se rapportent en général nos hymnes. Réunis, ils nous fournissent une sorte de catalogue des panégyries grecques où la poésie avait part. En les lisant, nous nous transportons tour à tour en imagination à Délos et à Delphes, à Eleusis et à Claros, à Salamine de Chypre et à Athènes ; nous y assistons aux fêtes d'Apollon, de Déméter, d'Aphrodite, d'Athéna ou d'Héphæstos, et à une foule d'autres. Il n'est point de dieu qui n'ait son hymne, point de ville qui n'ait ses fêtes, point de grande réunion sans poésie. L'épopée se montre là vraiment vivante et régnante, au milieu de ses prêtres et de ses fidèles, dans tout l'éclat de sa gloire, comme la tragédie d'Eschyle ou de Sophocle sur le théâtre d'Athènes ; nous la suivons d'Europe en Asie, à travers les Cyclades, partout acclamée et traînant la foule après elle. Quelques prologues poétiques deviennent ainsi les témoins irrécusables de l'empire qu'elle a exercé et nous permettent de le concevoir d'une manière sensible.

Bien que tous ces hymnes parlent uniquement des dieux, il n'en est pas un qui présente un caractère liturgique. Tous ceux qui ont quelque importance sont de véritables récits épiques, et les autres sont le plus souvent des abrégés de récits du même genre. Cinq seulement laissent entrevoir quelques traces, plus ou moins certaines, d'influences orphiques[1]. Les autres se rattachent directement soit à la tradition homérique, soit à la tradition hésiodique, parfois à toutes les deux simultanément.

C'est surtout l'élégance et la grâce brillante qui distinguent l'*Hymne à Apollon Délien*[2], le premier et

1. Ce sont les hymnes VIII, XIV, XXX (XXI, éd. Pierron), XXXI (XXII, du même) et XXXII (XXIII, du même).
2. L'hymne 1, *à Apollon Délien*, confondu dans les manuscrits

le plus remarquable de la collection. Destiné à une des fêtes de Délos, il a pour objet de célébrer la naissance du dieu dans l'île choisie. Rien ne manque à ce petit poème pour compter au nombre des chefs-d'œuvre, sauf la puissance de l'invention. Toutes les qualités que le long succès de l'épopée avait développées chez les aèdes sont réunies là si harmonieusement qu'elles y semblent naturelles. Pures et nobles images, simplement dessinées et pleines de vie, qui se détachent, brillantes, sur un fond presque aussi lumineux qu'elles. Les dieux y apparaissent beaux et majestueux ; le poète les groupe ou les isole sans effort, comme au fronton d'un temple ; il semble que l'art de la composition soit devenu chez lui un instinct, qui spontanément donne à chaque chose sa valeur exacte :

« Oui, il faut que je célèbre Apollon, l'archer aux traits légers, celui devant qui les dieux mêmes tremblent dans la demeure de Zeus, quand il y apparaît. Dès qu'il approche, ils s'élancent tous de leurs sièges, à la vue de son arc redoutable qu'il tend. Seule, Léto reste assise auprès de Zeus, le maître de la foudre ; elle détend l'arc du dieu, elle ferme son carquois, elle détache elle-même de ses épaules robustes l'arme flexible et la suspend contre le pilier où est adossé le siège de Zeus, à un clou d'or. Lui-même, elle le conduit à son trône et le fait asseoir. Son père lui donne alors le nectar dans une coupe d'or, en signe d'affectueux accueil ; tous les autres dieux se rasseoient autour de lui ; et la divine Léto se sent remplie de joie, parce qu'elle a enfanté ce fils, l'archer divin à qui rien ne résiste [1]. »

avec l'hymne II, à *Apollon Pythien*, en a été séparé pour la première fois par Ruhnken (*Epist. critic.*, I, p. 77) ; depuis lors cette division, bien que diversement contestée, a généralement prévalu. Dans l'édition Didot (*Homeri carmina*), les deux hymnes sont encore réunis en un seul sous le titre général εἰς Ἀπόλλωνα.

1. *A Apollon Délien*, 1-13.

Cette belle poésie transparente illumine tout ce qu'elle touche : quand elle déroule devant nous les noms des îles et des caps où règne Apollon, il semble qu'elle mette un rayon à chaque sommet. Elle sait d'ailleurs aussi animer des personnages. C'est un morceau charmant que la prière de Léto à l'île de Délos, quand elle lui demande un asile pour mettre au monde ses enfants; et la réponse de l'île n'est pas moins intéressante; il y a de part et d'autre une exquise et spirituelle naïveté dans l'expression de sentiments aussi simples que vrais. Puis, légèrement, vivement, avec cette grâce descriptive qui lui est propre, le poète nous montre les déesses qui s'assemblent pour la naissance du jeune dieu; il fait tout un drame des douleurs de Léto, des allées et venues d'Iris; et enfin, quand le moment de la délivrance est arrivé, les images les plus aimables embellissent son récit, qui semble sourire et s'éclairer tout à coup[1]:

« Alors Léto jeta ses bras autour du palmier, et elle appuya ses genoux sur la molle prairie; la terre souriait au-dessous d'elle; Apollon s'élança soudain à la lumière; et toutes les déesses à la fois jetèrent un cri.

« ... Et déjà il marchait sur la terre immense, Phœbos aux longues boucles, aux traits rapides; toutes les déesses le regardaient, saisies d'admiration; et Délos tout entière se couvrit de fleurs d'or, comme un cap élevé fleurit au printemps sous sa couronne de forêts. »

Il est impossible d'être plus à l'aise au milieu de ses descriptions que ne l'est notre poète. Aussi, à la fin, quittant son sujet aussi facilement qu'il l'a développé, il arrête nos esprits sur la fête elle-même, sur les Ioniens assemblés qui sont venus là de toutes les

---

1. v. 117.

îles, et enfin sur le chœur chantant et dansant des jeunes Déliennes, auxquelles il recommande sa renommée poétique :

« Soyez heureuses, toutes ; et souvenez-vous de moi dans l'avenir, lorsque quelque étranger, venu de loin après bien des fatigues, vous demandera : — « O jeunes filles, quel est celui de vos aèdes familiers qui vous est le plus cher, quel est celui qui vous charme le plus? » Alors, toutes, d'un commun accord, répondez-lui par ces douces paroles : — « C'est un aveugle ; il habite dans l'île rocailleuse de Chios, et ses chants resteront célèbres dans l'avenir. » Et, moi, de mon côté, je porterai au loin votre renommée chez tous les peuples où me conduiront mes courses errantes à travers les villes populeuses. Et ce que je dirai sera cru, car je ne dirai que la vérité[1]. »

Si nous avons insisté sur cette œuvre peu étendue, c'est qu'elle résume avec éclat les titres de la poésie des hymnes. Nous pouvons donc être plus brefs sur les autres.

Il y a bien moins de grâce et d'aisance dans l'*Hymne à Apollon Pythien*, qui célèbre la fondation de l'oracle de Delphes par Apollon. Non seulement l'auteur, comme tous les poètes des hymnes, imite la grande épopée, dont il emprunte les tours, les expressions, les procédés, mais il suit de près aussi l'hymne précédent. Moins libre et moins souple que

---

1. v. 166-176. Cet adieu plein de grâce prouve que l'hymne a été composé par un homéride de Chios. Thucydide y reconnaissait encore Homère lui-même (III, 104); de même l'auteur anonyme du *Concours d'Homère et d'Hésiode*. Il n'est pas douteux que cette poésie, où l'imitation est portée à la perfection, n'appartienne à un temps bien plus récent que l'*Iliade*. Selon une autre opinion assez répandue dans l'antiquité, l'aède qui se désigne ici comme habitant de Chios, serait Kinæthos de Chios (Scol. Pind., *Ném.*, II, 1), qui vivait dans la 69ᵉ Olymp. (504-501). Cette date trop récente a été suspectée avec raison.

son prédécesseur, il s'attache aux légendes locales, aux explications étymologiques, aux vieilles traditions ; il est plus historien, plus exégète, et par là même, comme l'a remarqué justement Baumeister, plus hésiodique. Et toutefois, il est familier lui aussi avec toutes les ressources de l'art, et imbu des mêmes traditions [1].

Il est bien fâcheux que l'hymne III *à Hermès* ne soit venu jusqu'à nous qu'endommagé par des altérations graves et des lacunes. C'est un récit demi-sérieux, demi-moqueur de l'enfance d'Hermès, récit adroitement ramené à l'unité de temps par le groupement des aventures. Tout se passe en quelques heures, et dans ces quelques heures, Hermès vient au monde sur le mont Cyllène, invente la cithare, vole les bœufs d'Apollon en Thessalie, les ramène en Arcadie, se défend des reproches qu'il a mérités, plaide sa cause au tribunal de Zeus, et finalement se réconcilie avec son frère Apollon au moyen de concessions mutuelles. Tout cela est raconté d'un ton léger, spirituel, ingénieusement adapté à la nature du sujet. L'auteur excelle à trouver le détail descriptif et précis, à mettre en scène ses personnages, à les faire parler. La plupart des obscurités de sa diction paraissent provenir du mauvais état du texte. C'est un conteur et un poète, mais le conteur en lui est encore supérieur au poète [2].

---

1. Quelques désignations géographiques relativement récentes, telles que les noms d'Europe et de Péloponnèse (v. 73, 74 ; 112, 113 ; 241, 252, 254), semblent indiquer que cet hymne n'appartient pas à un âge très ancien ; mais il est nécessairement antérieur à l'année 548, où eut lieu l'incendie du premier temple de Delphes, le seul qu'il connaisse (Pausan., X, 5). Cf. Baumeister, p. 117.

2. Baumeister a fait remarquer que l'*Hymne à Hermès* ne peut être très ancien, puisque la cithare fabriquée par Hermès est la

L'hymne IV *à Aphrodite* ressemble pour la facilité brillante à l'hymne délien. Il nous raconte comment la déesse Aphrodite aima Anchise le Troyen, qui la rendit mère d'Enée. On souhaiterait un développement ou moins étendu ou plus varié ; le poème est trop considérable pour le sujet, et il contient trop de discours où les récits ont plus de part que les sentiments. Nous avons affaire à un narrateur élégant et abondant, à qui une poésie depuis longtemps assouplie ne refuse rien ; une seule chose lui manque, la force qui vient de la méditation, seule capable de suppléer en quelque mesure à l'élévation naturelle qui vient du génie [1].

Toutes les bonnes traditions épiques revivent sous un aspect de gravité religieuse dans le dernier des grands hymnes, l'hymne V *à Déméter* [2]. Beau récit, clairement ordonné, qui déroule sous nos yeux tout le drame de l'enlèvement de Proserpine. La grande image de la douleur maternelle de Déméter le domine ; autour de cette image sont grou-

---

cithare à sept cordes, qui ne paraît pas avoir été en usage chez les Grecs avant le VIIe siècle. Pour cette raison, il pense qu'il a été composé vers la 40e Olympiade (620-617 av. J.-C.). Hermann arrive à une conclusion semblable en se fondant sur les particularités de la métrique (*Orphica*, p. 689) ; le procédé est en lui-même bien hasardeux.

1. Otfried Müller nous semble avoir surfait cette composition ; il a supposé non sans vraisemblance qu'elle avait pu être faite pour un prince issu de la race d'Enée (v. 196). La date en est inconnue, et il ne semble pas qu'il y ait aucun élément de conjecture sérieuse.

2. Cité dans l'antiquité par Pausanias (I, 38 ; II, 14 ; IX, 30), cet hymne ne figure que dans un seul manuscrit découvert à Moscou en 1780 par l'helléniste Christian-Frédéric Matthæi. Voyez à ce sujet les lettres de Matthæi à Ruhnken (thèse de M. Hignard sur les *Hymnes homériques*, appendice).

pées avec art les légendes attiques d'Eleusis. L'éloge qui est fait des mystères semble dénoter l'origine locale de la composition et prouve en même temps qu'elle ne doit pas remonter beaucoup au delà du sixième siècle[1].

Nous ne signalerons, parmi les autres hymnes du recueil, que le VII°, adressé à Dionysos et relatif à son aventure avec les pirates tyrrhéniens, et le XXIX°, en l'honneur du dieu Pan. Beaucoup de ceux dont nous ne disons rien sont de simples invocations. Ce que tous attestent, c'est combien les poètes de la fin de l'âge épique avaient la tête remplie des grandes œuvres de leurs prédécesseurs. Ils pensaient comme eux, ils parlaient comme eux, ils se servaient de leurs comparaisons et de leurs images comme de choses qui appartenaient désormais à tout le monde ; l'épopée ancienne était la source de leurs idées, de leurs sentiments et de leurs expressions.

Les mêmes remarques s'appliquent à la série de petits morceaux poétiques que l'on joint ordinairement sous le nom d'*Epigrammes* aux grands poèmes homériques. Ces dix-sept morceaux figurent dans la biographie d'Homère, faussement attribuée à Hérodote ; ils y sont rapportés plus ou moins adroitement à diverses circonstances de la vie fictive du poète ; mais il est visible que le récit a été fait pour les épigrammes, et non les épigrammes pour le récit. Celles-ci existaient donc antérieurement. Il paraît probable qu'un bon nombre au moins d'entre

---

1. Le texte du manuscrit offre dans la fin quelques lacunes. Certaines altérations qu'on découvre çà et là n'autorisent pas les conjectures téméraires qui ont été faites sur l'état primitif de cette composition.

elles appartiennent à la fin de l'âge épique et qu'elles ont été composées en diverses occasions par des rhapsodes. Les plaintes contre les Kyméens par exemple (Epigr. IV) semblent bien être celles d'un chanteur de Smyrne, mal accueilli à Kymé. D'autres ont une origine toute différente. L'épitaphe de Midès à Larisse (Epigr. III) était un morceau célèbre dans l'antiquité, que l'on attribuait aussi à Cléobulos de Lindos, l'un des sept Sages[1]. Les conseils au chevrier Glaucos (Epigr. XI) sont de véritables préceptes hésiodiques. Les beaux vers sur la phratrie samienne (Epigr. XIII) semblent un fragment de poème moral. L'épigramme XIV, intitulée le *Four* ou les *Potiers*, est un curieux morceau attribué par Julius Pollux à Hésiode. L'auteur, quel qu'il soit, appelle la protection d'Athéné sur les travaux des potiers, si ces derniers lui font bon accueil ; dans le cas contraire, il dévoue leurs travaux à la malfaisance d'une foule de génies dont les noms bizarres personnifient les accidents spéciaux à leur industrie. Si les *Hymnes* nous faisaient voir en imagination les rhapsodes dans les panégyries où ils apportaient leurs chants épiques, quelques-unes de ces épigrammes nous les montrent au milieu des petits accidents de leur vie errante, fêtés en tel endroit, mal accueillis en tel autre, s'adressant aux plus petits comme aux plus grands, aux gens de métier comme aux magistrats des villes. En ce sens, elles ajoutent quelques

---

1. Cette épitaphe est citée par Platon (*Phèdre*, p. 264), par Dion Chrysostome (*Orat.*, XXXVIII, p. 120), et d'une manière incomplète par Longin et Sextus. Diogène Laerce (I, 89) dit que beaucoup de personnes, au nombre desquelles il nomme Simonide, l'attribuaient à Cléobule. Voy. *Poetae lyrici graeci* de Bergk, Simonid. fr. 57.

traits intéressants à un tableau dont une trop grande partie a été effacée par le temps.

II

Rien ne marque mieux l'espèce d'avilissement des formes épiques dont nous venons de parler que le médiocre poème de la *Batrachomyomachie,* si indigne de la réputation dont le temps l'a environné. Il a fallu vraiment la petitesse d'esprit des Byzantins pour donner quelque renom à cette épopée qui veut être plaisante, et qui n'est que puérile. Le poète raconte, en imitant les formes homériques, une grande lutte imaginaire entre le peuple des rats et celui des grenouilles. Ne nous demandons pas quelle est la portée de son œuvre, car elle n'en a aucune. S'il se proposait de tourner en dérision les grands sentiments des héros, nous pourrions nous intéresser à cette révolte d'un bon sens un peu vulgaire contre l'enthousiasme et les tendances idéales. Il n'en est rien ; ni cette idée, ni aucune autre du même genre ne l'inspire. Son œuvre n'est qu'un amusement, et un amusement dénué de fantaisie. Il n'y a réellement trace d'invention que dans la représentation de l'armement des combattants et dans le choix de leurs noms ; au reste, situations, épisodes, discours, intervention des dieux, tout est imité de l'épopée. Il aurait fallu pour animer cela quelque chose du génie de notre La Fontaine ; c'est par la fine observation des mœurs des animaux et par le sentiment vif des choses de la nature, associés à un esprit satirique, qu'un tel récit aurait pu plaire ; au lieu de cela, tout se réduit dans la *Batrachomyomachie* à une sorte de drôlerie artificielle, dont le procédé est si apparent qu'on s'en lasse dès le début.

Il faut ajouter que la langue dont se sert l'auteur n'est rien moins que poétique. Tout ce qui n'est pas emprunté à la vieille épopée, tout ce qui lui appartient en propre, comme tours ou comme expression, est déjà presque de la prose. C'est là l'indice le plus certain de l'âge récent du poème. Qu'il soit l'œuvre du Carien Pigrès, frère de la reine Artémise, comme le veulent deux témoignages anciens, ou qu'il doive être attribué à un inconnu, il paraît certain qu'il n'a guère pu être composé avant la fin de la période épique[1].

Une telle œuvre bien certainement n'a pas été unique en son genre. Ces jeux d'esprit étaient trop faciles, une fois l'art épique tombé dans le domaine commun, pour ne pas se multiplier. Les anciens citent, sous le nom de παίγνια, divers poèmes, tels que les *Kercopes*, les *Epikichlides*, d'autres encore, qui nous sont d'ailleurs inconnus, et dont les titres mêmes ont donné lieu à d'arides discussions. Nous ne nous y arrêtons pas, n'ayant rien à y apprendre ; la *Batrachomyomachie* suffit à représenter pour nous un genre qui n'a vraiment qu'un intérêt minime.

Mais il faut bien se garder de confondre avec ces productions insignifiantes une œuvre dont la perte est profondément regrettable. Nous voulons parler du *Margitès*. Au jugement d'Aristote, ce poème était à l'égard de la comédie ce que l'*Iliade* et l'*Odyssée*

---

1. La *Batrachomyomachie* a été attribuée à Homère par Stace, Martial, Fulgence, et peut-être aussi, bien qu'en termes obscurs, par Philostrate et Théon le sophiste. L'auteur du *Traité sur la malignité d'Hérodote*, qui figure parmi les œuvres de Plutarque, et Suidas, dans son *Lexique*, disent que ce poème était l'œuvre de Pigrès. — Le texte en est extrêmement altéré, et il y a de graves divergences entre les manuscrits.

étaient à l'égard de la tragédie[1]. Dans un récit plaisant, dont nous ignorons malheureusement le sujet, figurait, comme personnage principal, le héros qui donnait son nom au poème, Margitès, c'est-à-dire le sot par excellence[2]. Un vers, que Platon nous a conservé, le caractérisait d'une manière aussi vigoureuse que spirituelle :

Il savait faire beaucoup de choses, mais pas une seule comme il faut[3].

Margitès n'était donc pas un pauvre d'esprit; le poète l'avait conçu plutôt comme une intelligence bizarre, pleine de velléités et d'idées incomplètes, mais dénuée de jugement et de sens pratique.

« Les dieux n'avaient fait de lui ni un travailleur de terre, ni un laboureur, ni l'homme d'aucun métier; il n'était capable de rien[4]. »

Ce qu'un poète, qui était en même temps moraliste, avait pu tirer de cette conception, nous l'imaginons aisément, et la célébrité du personnage dans l'antiquité nous encourage à l'imaginer. Son nom était passé en proverbe. On le citait comme le type de l'homme qui fait de travers tout ce qu'il fait, et se rend ridicule dans les choses les plus simples[5].

---

1. Arist., *Poét.*, c. IV : Ὁ γὰρ Μαργίτης ἀνάλογον ἔχει, ὥσπερ Ἰλιὰς καὶ Ὀδύσσεια πρὸς τὰς τραγῳδίας, οὕτω καὶ οὗτος πρὸς τὰς κωμῳδίας.
2. Μαργίτης, de μάργος, insensé.
3. Platon, *Second Alcib.*, p. 147 B : Πόλλ' ἠπίστατο ἔργα, κακῶς δ' ἠπίστατο πάντα.
4. Clém. d'Alex., *Strom.*, I, p. 281.
5. Suidas, v. Πίγρης (reproduit par Eudocie, *Violar.*, 814); Dion Chrysost., *Orat.*, LXVI; Lucien. *Hermot.*, 17; Scol. ad *Philopseud.*, 3. Harpocration, Μαργίτης. Hésychius, Μαργήτης et Μαργίτης. (Peut-être au mot Μαργήτης trouve-t-on une allusion à une des aventures comiques du héros.)

Quelle que fût l'action, Margitès s'en allait donc à travers la vie en s'achoppant à toutes les pierres et en donnant de la tête contre tous les murs ; c'était, pour ainsi dire, l'antithèse vivante d'Ulysse. Le génie grec s'était offert en celui-ci le spectacle de l'intelligence déliée, pratique, prête à tout, manifestant les qualités dont il était le plus fier ; il s'amusait à présent à considérer dans l'autre les défauts les plus opposés. L'élément satirique, qui apparaissait à peine dans l'ancienne épopée sous les traits de Thersite, s'était dégagé complètement et devenait épique à son tour dans ce récit nouveau qu'il remplissait.

Par là même, on ne peut admettre, comme l'antiquité l'a cru, que le *Margitès* ait été composé par le premier auteur de l'*Iliade*[1]. L'âge des grandes inspirations héroïques n'est pas celui de la satire, et lorsqu'on se passionne si ardemment pour les héros, on ne descend pas volontiers aux choses ridicules et vulgaires. L'esprit de ce poème, tel que nous pouvons encore le deviner, appartient manifestement à la période qui commence aux *Travaux* d'Hésiode et où brille principalement Archiloque. Un réalisme hardi et vigoureux se mêlait alors à la poésie. Celle-ci se détachait des choses du passé pour se donner à celles du jour ; la réflexion morale prenait une intensité et une âpreté toutes nouvelles ; et tout cela s'associait naturellement à la haute fantaisie aussi vivante que jamais. Le *Margitès* naquit alors, et, comme pour marquer cette association si frappante de l'épopée à la satire, le poète anonyme qui le conçut y mêla le vers iambique, dont la fortune com-

1. Arist., *Poét.*, c. iv; *Mor. à Nicom.*, VI, 7; *à Eudème*, V, 7. Platon, *Second Alcibiade*, p. 231. Plutarque, *Démosth.*, xxiii, etc.

mençait, avec le vers héroïque, déjà illustré par tant de chefs-d'œuvre [1].

III

Ce poème remarquable, simplement entrevu par nous dans une demi-obscurité, nous montre bien où en était l'esprit grec à la fin de l'âge épique.

Depuis quatre cents ans, la Grèce apprenait chaque jour à penser plus hardiment et plus fortement. Elle avait commencé par un rêve magnifique, celui de l'épopée. L'homme y menait une vie presque divine. Il y était grand par le courage, par la protection de ses dieux, par la noblesse de sa race, par le déploiement de sa force. Une sorte de rayonnement merveilleux l'y environnait. L'héroïsme était l'état naturel de son âme, et les misères de sa vie ne se laissaient voir qu'autant que l'art et la vérité poétique les réclamaient pour rendre vraisemblable cet héroïsme. L'*Iliade,* voilà le type incomparable de cette poésie tout éprise d'idéal. Mais peu à peu, l'ombre de la réalité monte sur cette grande lumière ; la vision se rapproche de l'observation. Déjà, dans l'*Odyssée*, l'héroïsme est moins soutenu, le rêve poétique est moins pur et moins haut ; une philosophie pratique, un sentiment fort des conditions vraies de la vie s'y manifestent ; soumis à des épreuves prolongées, le héros principal s'y exalte moins dans sa force et subit d'une manière plus humaine sa destinée. Et toutefois, c'est peu de chose encore. Mais, dans les *Travaux*, le changement est grand et pro-

---

1. Héphestion, *Manuel*, p. 64; Marius Victorinus, *Ars metrica*, I, II et III.

fond. Là, le rêve de la vie héroïque est dissipé; à peine si, de temps à autre, le poète nous le laisse encore apercevoir comme flottant dans le lointain. Quant à lui, il est tout entier aux choses présentes ; et c'est de ces choses même que sort sa poésie ; elle est faite des impressions quotidiennes qu'il en reçoit et des résistances que sa nature énergique y oppose. Le sentiment personnel y est puissant; elle implique une réflexion ferme et persistante, qui tend à prédominer sur l'imagination elle-même. Il est vrai que dans le même temps la poésie héroïque vit encore dans les longs récits du cycle; mais l'infériorité même de ces récits semble indiquer que le sentiment public n'est plus entièrement avec eux. On tient sans doute à conserver la mémoire des choses passées, mais on veut vivre de plus en plus dans le présent. Si la poésie hésiodique est locale à l'origine, elle n'en traduit pas moins une manière de sentir qui est générale ; la naissance d'une littérature satirique, dont le *Margitès* peut être regardé comme le type, atteste que l'homme a pris la place du héros et qu'au plaisir de rêver on associe de plus en plus celui de juger.

Voilà donc une tendance bien accusée, dont l'effet dernier ne pouvait être que de substituer à la poésie narrative une poésie plus personnelle. Mais il ne faudrait pas croire que celle-ci en naissant ait chassé l'autre au point de n'en rien laisser subsister. Non seulement la poésie épique a survécu pendant tout l'âge lyrique et au delà par les récitations des rhapsodes, mais elle y a exercé une influence de tous les instants. C'était elle qui avait constitué d'une manière définitive les principales légendes ; et ces légendes renfermaient à la fois presque toute l'histoire et toute la sagesse des siècles précédents; il était impossible de penser sans songer sans cesse à tout cela ; les jugements sur les choses présentes impliquaient une comparaison perpétuelle avec celles du passé. C'était aux souvenirs de l'épopée que la poésie lyrique allait donc emprunter les diverses images d'idéal héroïque dont elle aurait besoin, soit pour instruire, soit pour blâmer, soit pour encourager ; bien loin de rompre violemment avec ces admirables récits, elle devait en fait se les approprier pour les mettre en œuvre à sa manière.

Et à côté de cette influence visible et reconnue, combien l'influence secrète des mêmes poèmes n'allait-elle pas agir profondément ? L'épopée avait fait pendant plusieurs siècles l'éducation intime des esprits ; elle avait rempli les imaginations de belles et grandes images, elle avait mis en circulation une quantité presque infinie de sentiments et d'idées, elle avait créé un langage délicat et superbe. Lorsque le lyrisme commença à s'organiser, tout ce qu'il y avait en Grèce d'hommes sensibles à la poésie ne pensaient que par Homère et par Hésiode. Les poèmes qu'on leur attribuait étaient alors la seule littérature connue. Chacun gardait leurs vers dans sa mémoire comme l'expression la plus simple et la plus parfaite de tout ce que la vie avait enseigné aux générations antérieures. Ce n'était pas, comme pour nous, une des formes de la poésie, c'était la poésie absolument ; et la poésie, c'était tout, en fait d'expérience morale, de science historique, de satisfactions intellectuelles et esthétiques. Donc on vivait dans l'épopée, on y respirait, on y habitait. Naturellement les grandes qualités du génie hellénique qui l'avaient elle-même produite se fortifiaient à présent par elle, sans qu'on en eût même conscience. Des esprits tout imbus d'Homère et d'Hésiode étaient par là même imbus d'ordre, d'harmonie, de beauté vivante, de sincérité, de grâce exquise et de hardiesse sensée. La poésie lyrique, conçue et constituée par eux et pour eux, ne pouvait que leur ressembler.

FIN DU TOME PREMIER.

TABLE DES MATIÈRES

	Pages.
Préface	I-XXXVI

INTRODUCTION

I.	La race grecque et son génie	1
II.	La langue grecque	20
III.	Caractères généraux de la littérature grecque. Les grandes périodes de son histoire.	40

CHAPITRE PREMIER. — LES ORIGINES.

I.	Ancienneté de la poésie en Grèce	53
II.	Les Muses et la poésie thrace ou piérienne. Orphée et Linos. Musée, Eumolpe et Pamphos	56
III.	Le culte d'Apollon et la poésie apollinienne. Olen	63
IV.	Chrysothémis, Philammon et Thamyris. La poésie des hymnes	71
V.	Les Eoliens et les Ioniens en Asie Mineure	81
VI.	Les héros. Les aventures héroïques. Légendes de la guerre de Troie et des Retours	87
VII.	Les premiers chants épiques. Récits d'ensemble ; récits épisodiques. Leur groupement spontané	92

CHAP. II. — L'ILIADE. ANALYSE CRITIQUE DU POÈME.

	Bibliographie de l'*Iliade*	100
I.	Nécessité d'analyser les poèmes homériques pour trouver Homère. Division de l'*Iliade* en livres et sections	108

II.	Livre I : *la Querelle*. Sa valeur et son importance	111
III.	Livres II-X : Rupture du plan primitif. Sujets variés...	119
IV.	Livre XI : Retour à l'idée principale : la *Défaite d'Agamemnon et de ses compagnons* en l'absence d'Achille.	139
V.	Livres XII-XV : Développement épisodique de la situation : l'*Attaque du camp et des vaisseaux*.	143
VI.	Livres XV (fin)-XVII : *la Patroclie*	149
VII.	Livres XVIII-XXIV. La fin du poème ou *Achilléide*, constituée autour du récit de la *Mort d'Hector* (XXIIe livre)	153
VIII.	Conclusions	167

Chap. III. — Formation de l'Iliade.

I.	Opinion traditionnelle sur l'unité primitive de l'*Iliade*. Objections préliminaires. Invraisemblance d'une grande composition au temps où est né le poème...	168
II.	Discussion des systèmes d'unité primitive. Nitzsch et Otfried Müller.	179
III.	L'*Iliade* considérée comme un assemblage de petits poèmes indépendants. Wolf, Dugas-Montbel, Lachmann. Réfutation de cette manière de voir	185
IV.	Systèmes intermédiaires. Wolf, God. Hermann ; hypothèse de Grote ; Guigniaut et Koechly	190
V.	Vérité probable. Le premier noyau de l'*Iliade*. Chants liés en série et chants annexes	194
VI.	Chants de développement	198
VII.	Chants de raccord	208

Chap. IV. — Le génie et l'art dans l'Iliade.

I.	Dimensions et proportions du poème. Unité du sujet. Marche de l'action. Variété	214
II.	Le récit. L'ordre et la clarté associés à la vie et au mouvement. Vérité morale. Simplification hardie. Art de composition dans les principaux récits. Grandeur et idéal. Les héros et la foule.	219
III.	Descriptions et comparaisons. Discours	229
IV.	Les personnages. Caractère d'Achille ; son développement. Les autres héros. Personnages de femmes : Andromaque, Hécube, Hélène. Valeur morale et nationale de ces caractères	238

V.	Les dieux	252
VI.	La langue et la versification	259

Chapitre V. — L'Odyssée. Analyse du poème

	Bibliographie de l'*Odyssée*	270
I.	Indépendance des questions relatives à l'*Odyssée*. Les quatre premiers livres	273
II.	Livres V-VIII : Ulysse chez les Phéaciens	282
III.	Livres IX-XIII : les récits d'Ulysse ('Αλκίνου ἀπόλογοι).	287
IV.	Livres XIII-XVI : la rentrée d'Ulysse à Ithaque	298
V.	Livres XVII-XX : les épreuves d'Ulysse dans son palais	308
VI.	Livres XXI-XXIV : la vengeance d'Ulysse	316

Chap. VI. — Formation de l'Odyssée

I.	Système de l'unité primitive ; Nitzsch et Otfr. Müller.	322
II.	Système des chants indépendants : la *Télémachie*, les *Récits d'Ulysse*, la seconde partie	328
III.	Essais de reconstitution des groupes fondamentaux : Koechly et Kirchhoff	332
IV.	Naissance de l'*Odyssée* : l'élément primitif	335
V.	Développement de l'*Odyssée* par la continuation du récit	339
VI.	L'achèvement du poème	343

Chap. VII. — Le génie et l'art dans l'Odyssée.

I.	Etendue et proportion du poème. Unité du sujet; marche de l'action. L'*Odyssée* moins variée que l'*Iliade*	346
II.	Le récit. Caractères nouveaux : moins d'émotion et plus de curiosité. Les grandes scènes : la *Tempête*, la *Mort des prétendants*. Ton général du poème : rareté des comparaisons, vraisemblance et finesse du récit. L'homme et la nature; l'habitation d'Eumée. Fantaisie. Le naturel dans le merveilleux: le Cyclope.	352
III.	Les personnages : Ulysse ; valeur poétique et morale de son caractère ; sa prééminence dans le poème...	363
IV.	Personnages secondaires : les alliés d'Ulysse, Télémaque, Eumée et Philœtios ; ses ennemis, les pré-	

	tendants. Personnages légendaires : Alkinoos, le roi hospitalier ; Nestor et Ménélas..................	370
V.	Les femmes : Pénélope ; Arété et Hélène ; Nausicaa..	376
VI.	Les dieux dans l'*Odyssée*. Ils sont plus unis et plus moraux que dans l'*Iliade*. Différences de détail. Rôle d'Athéné......................................	383
VII.	La langue de l'*Odyssée*............................	387

Chap. VIII. — Homère et les homérides

I.	Les biographies d'Homère........................	392
II.	L'histoire probable : l'élément éolien et l'élément ionien. Les Homérides de Chios................	400
III.	Diffusion de la poésie homérique. Les aèdes. Voyages des Homérides. Les Créophyliens de Samos.......	407
IV.	Les rhapsodes. Accueil fait aux poésies homériques dans diverses cités. Lycurgue, Solon, Pisistrate....	413
V.	De la chronologie homérique.....................	420

Chap. IX. — La poésie cyclique

Bibliographie du cycle...............................	426
I. Idée générale du cycle............................	427
II. La partie troyenne du cycle. Arctinos de Milet, *Ethiopide* et *Prise d'Ilios*. Leschès, *Petite Iliade*. Stasinos de Chypre, *Chants cypriens*. Agias, *Les Retours*. Eugamon, *La Télégonie*..................................	434
III. Les poèmes cycliques thébains : *La Thébaïde*, *Les Epigones*, *L'OEdipodie*..............................	445
IV. Les autres poèmes cycliques : *Titanomachie*, *Danaïde*, *Guerre des Amazones*, *Minyade*, *Prise d'OEchalie*, etc.	451
V. Pisandre de Rhodes : l'*Héraclée*, les *Théogamies héroïques*.................................	455

Chap. X. — Antécédents de la poésie hésiodique. Hésiode.

I.	La poésie hésiodique est essentiellement didactique ; elle appartient à la Grèce continentale...........	459
II.	Eléments de la poésie hésiodique avant Hésiode : 1º Elément généalogique ; 2º Mythes moraux...........	462
III.	Apologues. Sentences. Préceptes techniques........	465
IV.	Hésiode. Légendes et histoire.....................	470
V.	En quel temps a vécu Hésiode?....................	479

TABLE DES MATIÈRES

Chap. XI. — Les Travaux et les Jours et la poésie pratique.

Bibliographie hésiodique...................................		483
I.	Analyse du poème des *Travaux et Jours*............	486
II.	Unité primitive du poème.........................	494
III.	Des sentiments qui inspirent la poésie d'Hésiode.....	501
IV.	Les mythes dans les *Travaux*.....................	511
V.	Mérite descriptif. Comment Hésiode a vu la nature...	518
VI.	La langue d'Hésiode..............................	526
VII.	Autres œuvres de poésie pratique..................	531

Chap. XII. — La Théogonie et la poésie généalogique.

I.	Idée de la poésie généalogique.....................	536
II.	Analyse de la *Théogonie*.........................	538
III.	Unité primitive du poème. Dessein général de l'auteur. Conjectures sur la date de l'œuvre. Accroissements probables...................................	554
IV.	Mérite poétique de la *Théogonie*. Versification et langue du poème.....................................	561
V.	Autres poèmes généalogiques attribués à Hésiode : les *Catalogues*, les *grandes Éées*, etc. Petites épopées hésiodiques.....................................	571

Chap. XIII. — La fin de l'age épique.

Bibliographie des *Hymnes*, de la *Batrachomyomachie* et des *Epigrammes*..		581
I.	Fin de l'âge épique. Les *Hymnes*, dits homériques, et les *Epigrammes*................................	582
II.	La *Batrachomyomachie* et le *Margitès*...............	593
III.	L'esprit grec à la fin de l'âge épique................	597

Chartres. — Imprimerie Durand, rue Fulbert.

BEAUDOUIN. — *Du dialecte chypriote*, In-8º 5 »
BERTRAND (E.). — *Un critique d'art dans l'antiquité. Philostrate et son école*. Gr. in-8º. 5 »
BILIOTTI et COTTRET (l'abbé). — *L'île de Rhodes*. Grand in-8º. 15 »
CAGNAT (R.). — *Cours élémentaire d'épigraphie latine*. Grand in-8º. 6 »
CAILLEMER (E.). — *Droit de succession légitime à Athènes*. In-8º. 8 »
CARTAULT. — *La trière athénienne*. Grand in-8º, planches. 12 »
CHAIGNET. — *De la déclinaison des noms en grec et en latin*. In-8º. 4 »
CHAUVET (E.). — *De la philosophie des médecins grecs*. In-8º. 8 »
COLLIGNON (Max.). — *Essai sur les monuments grecs et romains relatifs au mythe de Psyché*. Grand in-8º. 5 50
— *Catalogue des vases peints du musée de la Société archéologique d'Athènes*. Grand in-8º avec planches. 10 »
CROISET (Alfred). — *De personis apud Aristophanem*. In-8º. 2 50
CROISET (Maurice). — *Des idées morales dans l'éloquence politique de Démosthène*. Grand in-8º. 5 »
CUCHEVAL. — *Des tribunaux athéniens et des plaidoyers civils de Démosthène*. In-8º. 5 »
DECHARME (P.). — *Les muses, étude de mythologie grecque*. In-8º. 9 »
DENIS (J.). — *Histoire des théories morales dans l'antiquité*, 2º édition, 2 vol. in-8º. 10 »
— *De la philosophie d'Origène*. Grand in-8º. 10 »
DRAPEYRON (L.). — *L'empereur Héraclius et l'empire Byzantin au viiº siècle*. In-8º. 8 »
DUBOIS (M.). — *Les ligues étolienne et achéenne*. Grand in-8º, avec cartes. 7 »
DUGIT (E.). — *L'aréopage athénien*. In-8º. 8 »
DUMONT (Alb.), de l'Institut. — *Terres cuites orientales*. In-4º. 4 »
— *Peintures céramiques de la Grèce propre*. In-4º. 7 50
— *Inscriptions et monuments figurés de la Thrace*. Grand in-8º. 5 »
— *Fastes éponymiques d'Athènes*. Gr. in-8º. 5 »
— *Inscriptions céramiques de Grèce*. Grand in-8º, avec fig. et planches. 18 »
— *Études d'archéologie athénienne*. Grand in-4º, avec planches. 5 »
EGGER (E.). — *Mémoires de littérature ancienne*. In-8º. 7 »
— *Mémoires d'histoire ancienne et de philologie*. In-8º. 8 »
FABRE D'ENVIEU (l'abbé). — *Onomatologie de la géographie grecque*. In-8º. 7 »
GASQUY (A.). — *Cicéron jurisconsulte*, 1 volume in-8º. 5 »
GIRARD (P.). — *L'asclépiéion d'Athènes*. Grand in-8º, avec planches. 5 50
GRAUX. — *Mélanges Graux*. Recueil d'érudition classique à la mémoire de Charles Graux; 1 magnifique volume, gr. in-8º, avec planches en héliogravure et un portrait. 50 »
HAUSSOULLIER. — *La vie municipale en Attique*. Grand in-8º. 5 »
HAUVETTE-BESNAULT (A.). — *Les stratèges athéniens*. Grand in-8º. 5 »
HINSTIN (E.). — *Les Romains à Athènes avant l'empire*. Grand in-8º. 5 »
HOMÈRE. — *L'Iliade*, traduction en vers français par J.-C. Barbier. 2 vol. grand in-8º. 30 »
HOMOLLE (T.). — *Archives de l'intendance sacrée à Délos* (315-316 avant J.-C.). Grand in-8º avec une planche en héliogravure. 5 50

HUMBERT (G.). — *Essai sur les finances et la comptabilité publique chez les Romains*. 2 vol. grand in-8º. 18 »
HUMBERT (J.), correspondant de l'Institut. — *Mythologie grecque et romaine*. Nouvelle édition, in-12. 2 »
LAFAYE (G.). — *Histoire du culte des divinités d'Alexandrie hors de l'Égypte*. 1 vol. grand in-8º, avec planches. 10 »
LEBEGUE (J.-A.). — *Recherches sur Délos*. Gr. in-8º. 7 50
LOISEAU (A.). — *Histoire de la langue française*. 2º édition. Grand in-18 jésus. 4 50
Ouvrage couronné. (Médaille d'or.)
— *Histoire de la littérature portugaise*. In-18, jésus. 4 »
Ouvrage couronné. (Médaille d'or.)
LYALL (sir). — *Études sur les mœurs sociales et religieuses de l'Extrême-Orient*. In-8º. 12 »
MARRAST (A.). — *La vie byzantine au viº siècle*. Grand in-8º. 8 »
MARTHA (J.). — *Les sacerdoces athéniens*. Grand in-8º. 5 »
— *Catalogue des figurines en terre cuite du musée de la Société archéologique d'Athènes*. Grand in-8º, avec planches en héliogravure. 12 50
MARTIN (Alb.). — *Les cavaliers athéniens*. 1 vol. grand in-8º. 18 »
— *Scolies du manuscrit d'Aristophane à Ravenne*. Étude et collation. In-8º. 10 »
MOMMSEN (Th.) et MARQUARDT (J.). — *Manuel des antiquités romaines*. Traduit de l'allemand en français sous la direction de M. Gustave Humbert. 14 vol. gr. in-8º (sous presse et en préparation.)
En vente : *Le Droit public Romain*, par Th. Mommsen, trad. par P. F. Girard. T. 1. 10 »
MONCEAUX (P.). — *Des Proxénies grecques*. Gr. in-8º. 8 »
PERROT (G.), de l'Institut. — *Le droit public d'Athènes*. In-8º. 7 50
PETIT DE JULLEVILLE (L.). — *Histoire de la Grèce sous la domination romaine*. Nouvelle édition. In-12. 3 50
PHILOSTRATE. — *Sur la Gymnastique*, texte grec avec traduction, par Minoïde-Mynas. 3 »
POIRET (J.). — *Essai sur l'éloquence judiciaire à Rome pendant la République*. 1 vol. in-8º. 5 »
POTTIER (E.). — *Les lécythes blancs attiques à représentations funéraires*. Grand in-8º, avec planches coloriées. 6 »
POTTIER (E.) et REINACH (S.). — *La Nécropole de Myrina*. 2 vol. grand in-4º, dont un de 52 planches en héliogravure. 120 »
RIEMANN (O.). — *Étude sur la langue et la grammaire de Tite-Live*. 2º édit. Grand in-8º. 9 »
— *Recherches sur les îles Ioniennes*. 3 fascicules. Grand in-8º. 10 50
ROSSIGNOL (J.-P.), de l'Institut. — *Des artistes homériques*. Grand in-8º. 3 »
SIDOINE APOLLINAIRE. — *Œuvres complètes* (texte latin, publié par E. Baret). 1 fort vol. grand in-8º. 16 »
SUMNER-MAINE (H.). — *Histoire des institutions primitives*. 1 vol. in-8º. 10 »
— *Études sur l'ancien droit et la coutume primitive*. 1 vol. in-8º. 10 »
THOMAS (Em.). — *Scoliastes de Virgile. Essai sur Servius et son commentaire sur Virgile*. In-8º. 8 »
TZETZES. — *Allegoriæ Iliados, graecè; accedunt Pselli allegoriæ, etc., gr.; curante J. F. Boissonade*. In-8º. 4 »
VEYRIES (A.). — *Les figures criophores dans l'art grec, l'art gréco-romain et l'art chrétien*. Grand in-8º. 2 25

Chartres. — Imprimerie DURAND, rue Fulbert.

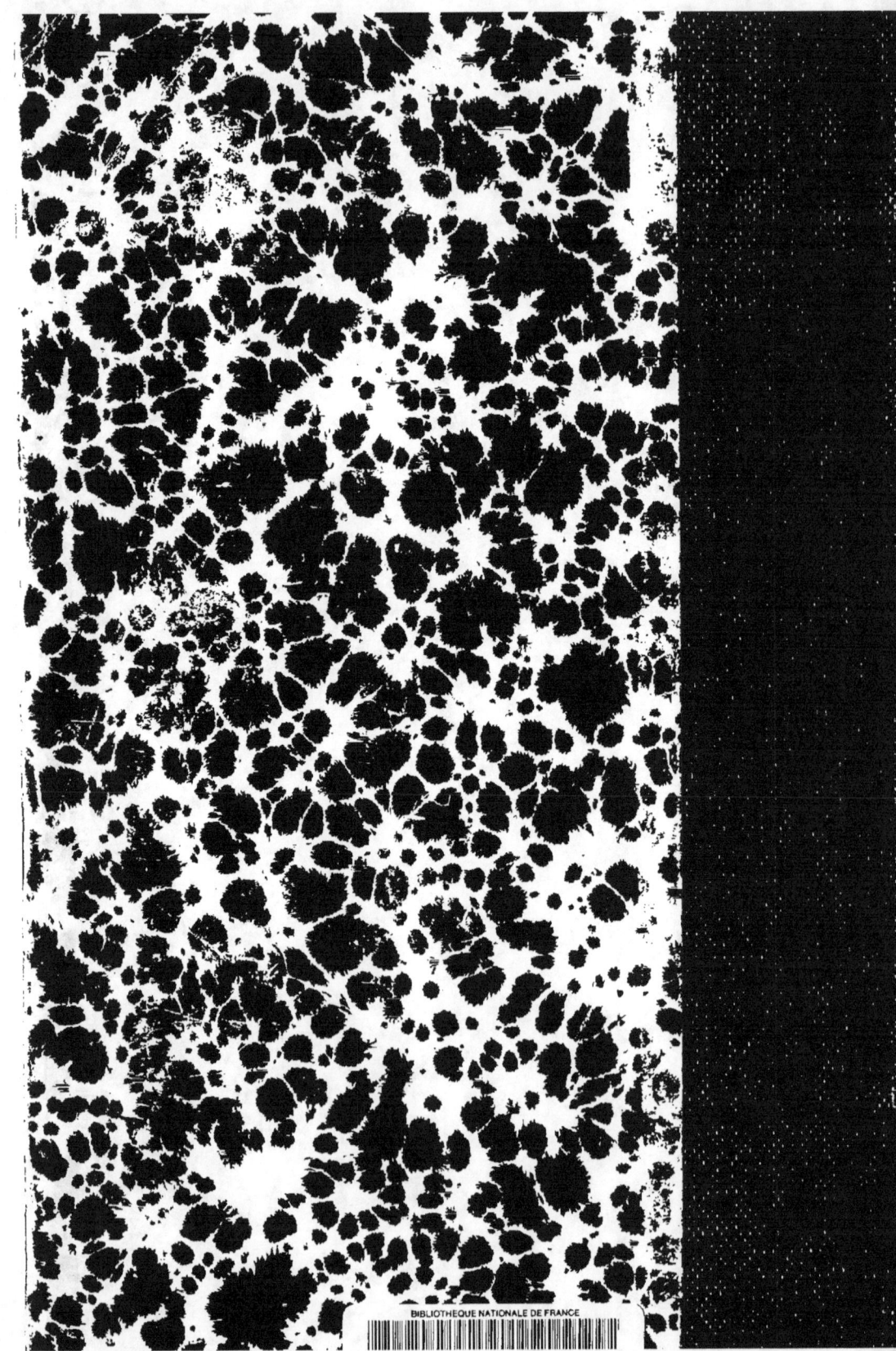

www.ingramcontent.com/pod-product-compliance
Lightning Source LLC
Chambersburg PA
CBHW050314240426
43673CB00042B/1401